中国社会科学院创新工程学术出版资助项目

中国社会科学院马克思主义理论
学科建设与理论研究工程系列丛书

中国特色社会主义与马克思主义史学理论建设

——中国社会科学院第二届马克思主义史学理论论坛论文集

朱佳木 · 主 编

张海鹏 于 沛 武 力 · 副主编

中国社会科学出版社

图书在版编目(CIP)数据

中国特色社会主义与马克思主义史学理论建设：中国社会科学院第二届
马克思主义史学理论论坛论文集／朱佳木主编. —北京：中国社会
科学出版社，2015.3
ISBN 978 – 7 – 5161 – 6523 – 2

Ⅰ.①中…　Ⅱ.①朱…　Ⅲ.①马克思主义—史学理论—文集
Ⅳ.①A851.692 – 53

中国版本图书馆 CIP 数据核字(2015)第 159978 号

出 版 人　赵剑英
责任编辑　杨晓芳
责任校对　李　莉
责任印制　王　超

出　　　版　中国社会科学出版社
社　　　址　北京鼓楼西大街甲 158 号
邮　　　编　100720
网　　　址　http://www.csspw.cn
发 行 部　010 – 84083685
门 市 部　010 – 84029450
经　　　销　新华书店及其他书店

印刷装订　北京君升印刷有限公司
版　　　次　2015 年 3 月第 1 版
印　　　次　2015 年 3 月第 1 次印刷

开　　　本　710×1000　1/16
印　　　张　43.25
插　　　页　2
字　　　数　733 千字
定　　　价　156.00 元

目　录

坚持和发展唯物史观

——在第二届马克思主义史学理论论坛上的讲话

高　翔

（中国社会科学院）

各位专家、各位学者，同志们、朋友们：

大家上午好！

在新中国即将迎来 65 周年华诞，全党全国上下全面学习、贯彻习近平总书记系列重要讲话精神，共筑中华民族伟大复兴中国梦的重要时刻，我们在这里隆重召开中国社科院马克思主义史学理论论坛第二届学术研讨会，共商中国马克思主义史学理论建设发展大计，共话当代中国马克思主义史学面临的机遇与挑战。我代表中国社科院党组，向会议的召开表示热烈的祝贺！向前来参会的京内外学者表示热烈的欢迎！

我希望这一论坛坚持办下去，办出影响，不但成为国内马克思主义史学理论家的盛会，而且逐渐发展成为世界马克思主义史学家的盛会。

历史是时代的回响。在人类历史进步的长河中，史学应该位于激流深处推波助澜，而不是站在岸边冷眼旁观，更不能逆流而动。史学的真正使命是探索社会变迁的内在逻辑与规律，为文明的提升提供借鉴与参考。真正的史学家从来都将认识人类的命运作为自己全部学术活动的出发点，力图通过对社会关系、社会形态的反思，通过对人和自然关系的反思，总结出具有普遍意义的历史结论，所谓"究天人之际，通古今之变，成一家之言"。就这一点来说，论坛组委会将会议的主题设置为"中国特色社会主义与马克思主义史学理论建设"，可谓回应了时代重大关切，体现了史学研究和史学工作者应有的品格。

结合这次会议主题，下面我就如何坚持和发展唯物史观谈三点意见，供大家参考。

第一，唯物史观是当代中国史学的旗帜和灵魂，在史学研究领域，坚持以唯物史观为指导就是坚持马克思主义。

马克思主义开辟了人类认识世界、认识社会的新纪元。作为科学的世界观，马克思主义既是工人阶级的根本利益和意志的理论表达，又是人类认识世界和改造世界所取得的最优秀思想成果，揭示了自然界、人类社会和思维发展的客观规律，实现了人类思想史上划时代的根本变革，开创了现代意义上的社会科学。

唯物史观是马克思主义哲学的重要组成部分，也是马克思主义三大理论体系中最成熟的部分。恩格斯曾经指出："正像达尔文发现有机界的发展规律一样，马克思发现了人类历史的发展规律。"① 他强调："即使只是在一个单独的历史事例上发展唯物主义的观点，也是一项要求多年冷静钻研的科学工作，因为很明显，在这里只说空话是无济于事的，只有靠大量的、批判地审查过的、充分地掌握了的历史资料，才能解决这样的任务。"② 尽管自马克思主义诞生以来，人类社会已经发生了翻天覆地的变化，但唯物史观对现实社会的解释力和指导力并没有下降，其最富有生命力、最有影响力的特征并没有改变。

五四运动以来的中国史学，是与马克思主义紧密相连的。自从马克思主义传入中国，中国革命的面貌就焕然一新，中国学术的面貌也为之一新。马克思主义特有的科学性与实践性的统一，为史学研究者提供了认识历史的科学方法，为史学研究者分清什么是与历史进步潮流相一致的先进思想，什么是与历史发展趋势相背离的落后因素指明了方向。没有马克思主义的指导，史学研究将长期漂浮在脱离社会实践的头脑中，停留在空疏词句的表层上，无法进入社会历史的深处。正是在马克思主义的指导下，我国哲学社会科学工作者对历史文化的整理与研究取得了长足进步，产生了以郭沫若为代表的一大批马克思主义史学大家，取得了一大批足以传诸久远的优秀科研成果，形成了以马克思主义为指导的具有鲜明民族特色的历史学学科基础理论体系。像20世纪五六十年代的"五朵金花"研究，就是新中国成立初期史学界运用唯物史观考察中国历史的重要尝试，不但使一批千百年来被忽略、被遗忘的历史领域得到了应有的重视，一大批沉沦埋没、几近澌灭无闻的历史资料、历史真相重见天日，而且推动史学界建立起以唯物史观为指导的学科

---

① 《马克思恩格斯全集》第25卷，人民出版社2001年版，第594页。
② 《马克思恩格斯选集》第2卷，人民出版社2012年版，第9页。

基础理论体系。而以侯外庐为代表的马克思主义史学家们，开辟了将思想史与社会史相结合的研究新途，用唯物史观的方法分析、研究中国思想史，开创了思想史研究的新境界，其卓越成就，至今仍是一座难以逾越的学术高峰。

五四运动以来，特别是新中国成立以来，马克思主义史学取得的一批又一批优秀成果，为新时期人们更加全面、深刻地认识中国历史和文化，为我国优秀文化服务中国特色社会主义事业，为中国史学走向世界，与以美国为代表的西方主流学术展开平等而有尊严的对话与交流，奠定了坚实的学理基础。坚持唯物史观的指导，继承和弘扬中华民族优秀史学传统，是当代中国史学最鲜明的学术特征，是中国史学前进的基础和出发点。

第二，坚持用五种社会形态理论考察人类历史。

坚持用唯物史观指导历史研究，不是一句空洞的口号，而是有其深刻而具体的科学内涵。这就是必须坚持从生产力和生产关系、经济基础和上层建筑相互作用的角度考察人类历史变迁，坚持人类社会经历了原始社会、奴隶社会、封建社会、资本主义社会和社会主义社会五种社会形态，也就是必须坚持马克思主义的社会形态理论。

五种社会形态理论在马克思主义关于人类社会演变的理论体系中，居于无可置疑的核心地位。离开了社会形态学说，历史唯物主义就只剩下一些所谓的基本原理，而不具有完整而丰富的科学内涵。

社会形态理论对马克思主义史学的产生和发展具有独特而深远的历史价值，坚持用社会形态的视域考察人类历史是马克思主义史学和其他史学流派的本质区别。坚持用社会形态理论研究历史问题，就必然坚持要把生产资料的所有制作为判断社会形态的根本标准，坚持人民也只有人民才是历史的创造者，坚持阶级斗争是阶级社会发展的动力。当前，学术观念、学术方法、学术词汇、学术流派不断翻新，马克思主义史学家不但要坚持用唯物史观研究历史，而且要弘扬马克思主义的批判精神，旗帜鲜明地同形形色色的反马克思主义思潮做斗争，维护马克思主义在意识形态领域的指导地位。

近些年，五种社会形态理论颇受一些人的诟病，有两种错误的观点需要我们警惕。一是认为五种社会形态理论不是马克思和恩格斯提出来的，而是斯大林强加给马克思、恩格斯的；二是认为世界上没有哪个民族完整地经历过这五种社会形态，因此，五种社会形态理论是伪命题。这两种错误观点，看似有理，实际上都缺乏起码的学理基础。

在马克思主义发展史上，斯大林确实是五种社会形态学说的较早概括者。1938 年，由联共（布）中央特设委员会编，联共（布）中央审定的《联共（布）党史简明教程》指出："历史上有五种基本类型的生产关系：原始公社制的、奴隶占有制的、封建制的、资本主义的、社会主义的。"① 五种社会形态说虽由苏共较早概括，但绝不能证明它不符合马克思和恩格斯关于人类社会历史发展的基本认识，刚好相反，它是对这一认识的科学总结。早在 19 世纪 40 年代，马克思和恩格斯就在《德意志意识形态》这一重要著作中深入探索了人类经历过的几种所有制形式：部落所有制、公社所有制、封建的或等级的所有制、现代的所有制，并分析了社会形态演变的基本原因："社会结构和国家总是从一定的个人的生活过程中产生的。但是，这里所说的个人不是他们自己或别人想象中的那种个人，而是现实中的个人，也就是说，这些个人是从事活动的，进行物质生产的，因而是在一定的物质的、不受他们任意支配的界限、前提和条件下活动着的。"② 《德意志意识形态》可以说是马克思和恩格斯深入研究社会形态变迁问题的早期著作，在历史唯物主义形成和发展史上具有重要的标志性意义。1859 年，马克思在《政治经济学批判序言》中进一步指出："大体说来，亚细亚的、古希腊罗马的、封建的和现代资产阶级的生产方式可以看做是经济的社会形态演进的几个时代。资产阶级的生产关系是社会生产过程的最后一个对抗形式。"③ 20年后，经典作家关于人类社会形态的演变显然具有了更加成熟而且体系化的认识。完成于 1884 年的《家庭、私有制和国家的起源》，主要研究的是人类从原始社会向阶级、国家时代过渡的问题。这部在历史科学中具有划时代意义的伟大著作，对社会形态演变进行了卓有成效的探讨。在《野蛮时代和文明时代》一章中，恩格斯明确指出："奴隶制是古希腊罗马时代世界所固有的第一个剥削形式；继之而来的是中世纪的农奴制和近代的雇佣劳动制。这就是文明时代的三大时期所特有的三大奴役形式。"④ 这实际上就是说：人类已经经历了原始社会、奴隶社会、封建社会和资本主义社会四个阶段。

在该文中，恩格斯还指出：资本主义（近代雇佣劳动制）绝非人类最后

① 联共（布）中央特设委员会编：《联共（布）党史简明教程》，人民出版社 1975 年版，第 137 页。
② 《马克思恩格斯选集》第 1 卷，人民出版社 2012 年版，第 151 页。
③ 《马克思恩格斯选集》第 2 卷，人民出版社 1995 年版，第 3 页。
④ 《马克思恩格斯选集》第 4 卷，人民出版社 2012 年版，第 192—193 页。

一种社会形态。他指出："阶级不可避免地要消灭，正如它们从前不可避免地产生一样。随着阶级的消失，国家也不可避免地要消失。在生产者自由平等的联合体的基础上按新方式来组织生产的社会，将把全部国家机器放到它应该去的地方，即放到古物陈列馆去，同纺车和青铜斧陈列在一起。"① 在文章的结尾，恩格斯引用摩尔根的预言，指出："管理上的民主，社会中的博爱，权利的平等，教育的普及，将揭开社会的下一个更高的阶段，经验、理智和科学正在不断向这个阶段努力。这将是古代氏族的自由、平等和博爱的复活，但却是在更高级形式上的复活。"②

因此，恩格斯尽管没有明确提出五种社会形态说，但《家庭、私有制和国家的起源》已经包含着非常清楚而且准确的五种社会形态（包括其前后递进关系）的内容，这就是：人类社会将经历原始社会（古代氏族社会，恩格斯1888年在《共产党宣言》英文版注释中称之为"原始共产主义社会"）、奴隶制、农奴制、近代雇佣劳动制和按新方式来组织生产的社会，即社会主义五个阶段。那种将五种社会形态的理论完全归结于斯大林，甚至将这种理论和历史唯物主义刻意区别的做法显然是不妥当的。

针对第二种观点，即五种社会形态理论是伪命题，我指出三个基本事实。

1. 五种社会形态理论是马克思和恩格斯对世界历史一般规律的概括，这一概括必然高于单个民族的历史逻辑。不能简单地用局部历史现象否定总体历史规律；

2. 在世界历史范围看，五种社会形态都已经出现，其先后顺序与马克思恩格斯的判断完全一致；

3. 到目前为止，世界上所有民族的社会形态，无论是其形式还是本质，都没有超出这五种社会形态的范围，都属于其中某一种社会形态。

上述三个基本事实，充分证明五种社会形态理论反映了人类社会演变的一般规律。坚持用五种社会形态理论考察人类历史，是坚持唯物史观的必然要求和应有之义。

第三，坚持马克思主义与时俱进的理论品格，不断从理论和实践的双重探索中，丰富和发展唯物史观。

---

① 《马克思恩格斯选集》第4卷，人民出版社2012年版，第190页。
② 同上书，第195页。

学术是时代的良心。历史研究如果不能上升到哲学高度，不能从人类历史的全局确定学术活动的目标与方向，就将一文不值。具体到马克思主义史学发展，那就是要从历史和时代、理论和实践的双重探索中，不断发掘新资料，发现新问题，不断进行新的理论概括，丰富唯物史观的内涵，开辟马克思主义史学的新境界。

首先，要全面、深入地研究资本主义兴起后的世界历史，形成新观点，得出新结论。在资本主义产生之前，无论是奴隶社会还是封建社会，其影响范围都不具有全球性和延展性，不容易对世界历史产生剧烈的根本性的影响；而在资本主义社会到来后，随着资本主义的扩张和殖民，世界开始了真正的一体化进程，正如《共产党宣言》所说："资产阶级，由于开拓了世界市场，使一切国家的生产和消费都成为世界性的了。""资产阶级，由于一切生产工具的迅速改进，由于交通的极其便利，把一切民族甚至最野蛮的民族都卷到文明中来了。"① 资本主义打断了世界上绝大部分民族的正常历史发展进程。随之而来，人类社会形态的演变就具有了新的特征。正是在这个过程中，"断裂"和"跨越"成了世界历史的常态。绝大多数民族自身的历史进程被中断了，成为了西方资本主义的殖民地或附属国，也有部分民族，直接跨越到了社会主义阶段。从对资本主义兴起后的世界历史——全球一体化历史进程的研究中，从对十月革命以来世界社会主义发展历程的反思与总结中，我们不但能深化对唯物史观特别是社会形态理论的认识，而且有可能用新的研究成果，丰富和发展马克思主义社会形态学说。

其次，要高度重视当代科学技术引发的社会形态变化。科学技术是第一生产力。当今科技的发展，特别是信息化社会的发展，网络时代的到来，不仅深刻改变了人们的生活方式、社会心态，而且改变了社会的组织机构和文化形态。正如恩格斯所言："随着自然科学领域中每一个划时代的发现，唯物主义也必然要改变自己的形式。"② 科技发展所带来的人类社会的变化，不但证明了唯物史观的生命力和解释力，而且为丰富社会形态理论提供了更加鲜活的时代素材。

最后，要从中国特色社会主义的伟大实践中汲取理论创新的智慧和源泉。新中国 65 年的伟大实践，不但创造了人类社会进步的历史奇迹、现代

① 《马克思恩格斯选集》第 1 卷，人民出版社 2012 年版，第 404 页。
② 《马克思恩格斯选集》第 4 卷，人民出版社 2012 年版，第 234 页。

化的历史奇迹,而且为丰富和发展唯物史观提供了极其生动的历史案例。我们必须认真总结 65 年来的宝贵经验,准确判断中国特色社会主义在人类社会形态演变中的历史方位,必须明确:中国特色社会主义,最根本的原则是科学社会主义,发展的前途、方向和出路,只能是共产主义;中国特色社会主义,立足中国历史和国情,又具有鲜明的民族特色;中国特色社会主义,是中国共产党人对马克思主义的伟大贡献,其中不少发明、创造、经验和做法,丰富和发展了马克思主义。马克思主义历史学家,必须保持高度的时代敏感性,从人民群众创造历史的伟大实践中,汲取理论创新的智慧和源泉,为马克思主义社会形态理论注入新的时代内涵。

各位专家、各位学者,习近平同志在多个场合强调要推动全党学习和掌握唯物史观,认为只有坚持唯物史观,我们才能不断把对中国特色社会主义规律的认识提高到新的水平。哲学社会科学界尤其是史学界,要认真学习习近平同志有关讲话精神,研究好、运用好唯物史观,为开辟马克思主义历史学的新境界做出自己的贡献!

谢谢大家。

(2014 年 7 月 26 日　北京)

致第二届马克思主义史学理论论坛的贺信

朱佳木

（中国社会科学院当代中国研究所）

各位代表：

　　中国社会科学院第二届马克思主义史学理论论坛即将在北京召开，我因临时有事，不能到会，特致此信，谨表祝贺，并向应邀赴会的专家学者们表示衷心感谢！

　　马克思主义史学理论论坛是中国社会科学院设立的若干学科的马克思主义论坛之一，旨在通过举办各种学术会议、出版论文集和以书代刊的论丛等方式，增强马克思主义史学理论界的合作与交流，扩大马克思主义史学理论的影响，促进马克思主义史学理论队伍的成长。去年召开的以"唯物史观与新中国史学发展"为主题的首届论坛开得很成功，学界反映很好。我们把今年的第二届论坛主题定为"中国特色社会主义与马克思主义史学理论建设"，这是因为，马克思主义史学理论的发展，从来离不开社会主义运动的实践和马克思主义理论的发展。党的十八大以后，中国特色社会主义在实践和理论两个方面，都进入了一个新的发展阶段。习近平总书记的系列重要讲话，深刻回答了新形势下党和国家发展的一系列重大理论和现实问题，提出了许多富有创见的新思想、新观点、新论断、新要求，进一步升华了我们党对中国特色社会主义规律和马克思主义执政党建设规律的认识，也为马克思主义史学理论指出了更加清晰的前进方向。同时，国内外的敌对势力也在加紧对中国特色社会主义事业的扰乱和破坏，反马克思主义思潮在历史问题上制造形形色色的歪理邪说，其根本目的正是为了否定中国特色社会主义的道路、理论体系和制度。在这个背景下，马克思主义史学理论要发展，马克思主义史学理论队伍要壮大，就必须紧密结合和积极投入中国特色社会主义的伟大事业，旗帜鲜明地同反马克思主义思潮进行斗争，努力从理论上驳倒它们散布的各种歪曲中国历史，攻击中国革命、中国共产党和中华人民共和国历史的言论，并在这一过程中构建具有中国特色和时代特征的马克思主义史学理论体系和话语体系。这是马克思主义史学理论论坛的神圣任务，也是马克思主义史学理论队伍的历史使命。

最后，预祝会议取得圆满成功，并祝愿与会代表们身体健康、工作顺利！

（2014 年 7 月 24 日）

中国社科院第二届马克思主义史学理论论坛开幕词

张海鹏

（中国社会科学院近代史研究所）

各位学者，同志们、朋友们：

大家上午好！

中国社会科学院第二届马克思主义史学理论论坛隆重开幕了。我代表这次论坛的组委会，代表组委会主席朱佳木同志，向与会各位学者致意，感谢各位积极参与马克思主义史学理论论坛的学术研讨，祝各位在这次学术研讨中对马克思主义史学理论与中国特色社会主义结合理解得更深刻，学问上收获更大。

本次论坛的主题是"中国特色社会主义与马克思主义史学理论建设"。这是一个内容极其丰富的主题，可以包括各方面的学术思考。在中国特色社会主义的大背景下，如何推进马克思主义史学理论建设，是一个大题目。这个大题目，值得在座的所有愿意从事马克思主义史学理论研究的学者去做终生的努力。学术理论界也有不同的声音。《炎黄春秋》最近发表三篇文章，把马克思主义，把马克思主义史学认识体系直指为教条主义历史虚无主义，引起了学术界的强烈关注。我们可以就此展开讨论和辩论，究竟什么是马克思主义，什么是历史虚无主义。今天，各位齐聚一堂研讨新世纪新阶段中国马克思主义史学的学术成就、发展趋向及其学科建设问题，从唯物史观来探讨历史虚无主义产生的历史背景及其可能走向，在中国马克思主义史学发展史上都具有重要的意义和价值。

在中外文化交流日益广泛和深入的今天，在学术思想日益多元化、理论形态日益多样化的形势下，马克思主义在意识形态领域的主导地位受到了猛烈的冲击，面临着严峻的挑战。经过新中国成立以来 60 多年不同历史时期的积累，中国特色社会主义在理论上取得了极大的进展，在实践上取得了许多前无古人的创造性成果。如何从马克思主义史学理论的角度，对上述进展和成果做出学术总结，以指导新的实践，并应对各种反马克思主义思潮的挑战，是社会实践向马克思主义史学理论提出的重要任务。

习近平总书记指出，中国特色社会主义道路是在改革开放 30 多年的伟大实践中走出来的，是在中华人民共和国成立 60 多年的持续探索中走出来的，是在对近代以来 170 多年中华民族发展历程的深刻总结中走出来的，是在对中华民族 5000 多年悠久文明的传承中走出来的，具有深厚的历史渊源和广泛的现实基础。这是一个具有伟大时代意义的历史命题。中国史学工作者应该发挥中国马克思主义史学关注现实、学以致用的优良传统，将中国道路问题纳入到研究日程上来，经过努力，推出具有中国民族特色和中国理论品格的学术成果。在实现中华民族伟大复兴中国梦的历史征程中，中国马克思主义史学理应有所作为，中国马克思主义史学工作者应该做出自己的独特贡献。

这是时代赋予我们的使命。

在中央马克思主义理论研究和建设工程推动下，中国社会科学院启动并实施了马克思主义理论学科建设与理论研究工作，并于 2012 年设立了包括马克思主义史学理论论坛在内的五个相关学科的马克思主义论坛。马克思主义史学理论论坛的宗旨是，坚持和发展以马克思主义唯物史观为指导的马克思主义史学理论，发挥马克思主义史学理论在史学研究中的引领作用。基本任务是通过举办各种形式的学术会议，出版论文集和论丛等方式，增强马克思主义史学理论界的合作与交流，扩大马克思主义史学理论在史学界的话语权，促进马克思主义史学理论队伍的成长。我们的马克思主义史学理论论坛倘若能够在这几方面发挥积极作用，贡献微薄力量也就达到了举办论坛的初衷。

在首届马克思主义史学理论论坛开过后，我在接受有关学者的采访中说过：坚持唯物史观指导，是历史学研究中一个需要不断强调的话题。中国社会科学院举办首届马克思主义史学理论论坛就是这个意思。首次论坛以"唯物史观与新中国史学发展"为主题，与会专家学者从哲学和中国史、世界史、史学理论、考古学等不同学科领域，分别回顾和总结了中国马克思主义史学发展的历史进程与基本经验，深入研讨了唯物史观基本原理及其在史学研究中的应用、丰富和发展，共同谋划马克思主义史学理论在新的历史条件下的繁荣和发展之计，研究唯物史观对史学研究的指导，是很有意义的。我主张马克思主义史学理论论坛一定要坚持办下去,不要只有首届,不见下文。史学理论是一个常说常新的话题,论坛要一届、二届、三届地连续开下去。现在,第二届已召开了,今后,三届、四届也会不断开下去。这个办法是推动马克思主义史学理论建设的重要方式,希望得到学者们继续不断的支持。

按照中央"八项规定"的要求和中国社会科学院创新工程的要求,我们的会议安排比较朴素、简单,敬请各位理解。

最后,预祝会议圆满成功,祝大家会议期间身体健康,精神愉悦。

谢谢!

为什么说世界观是人们控制自己的
思想和行为的总开关

——兼说历史观是世界观的组成部分

庞卓恒

（天津师范大学历史文化学院）

习近平总书记在指导河北省委常委班子专题民主生活会时强调，要"坚定理想信念，切实解决好世界观、人生观、价值观这个'总开关'问题"。这个提示十分形象，蕴含着极大的警示力。原因在于，在不理解"总开关"的蕴义以前，很多人都不清楚，自己的头脑里装着一个控制自己思想和行为的"总开关"，以致自己实际上已经在使用某个"总开关"控制自己的思想和行为，还不清楚那个"总开关"是个什么东西。

因此，我们需要认真理解为什么说世界观、人生观、价值观是人们控制自己的思想和行为的"总开关"；而要理解为什么说世界观、人生观、价值观是人们控制自己的思想和行为的"总开关"，首先需要理解什么是世界观。遗憾的是，正是在这个问题上，以往的一些论说存在不少缺陷。因此，我们就从什么是世界观说起。

一　什么是世界观

中国学者对什么是世界观的众多诠释中，以著名哲学家肖前（1924—2007）为《中国大百科全书·哲学》卷撰写的"世界观"辞目的诠释最具代表性。它大体上包含以下四层意思，其一，它是"人对世界总体的看法，包括人对自身在世界整体中的地位和作用的看法"。其二，"它是自然观、社会历史观、伦理观、审美观、科学观等的总和"。其三，"哲学是它的理论表现形式。……精神和物质、思维和存在的关系问题是世界观的基本问题（见哲学基本问题）。世界观可以划分为唯心主义和唯物主义两种根本对立的类型"。其四，"辩证唯物主义世界观是人类历史上最进步的、唯一科学的世界观，是对人类自身的力量和人类的未来充满信心的世界观"。从理论上看，这些论说都是符合当时规范的。可是，我个人觉得，这些论说过于抽象，很难从它们理解到世界观为什么会成为控制人们的思想和行为的"总开关"。例如，什么是"人对世界总体的看法"？那个"总体的看法"除了"包括人对自身在世界整体中的地位和作用的看法"以外，为什么还"是自然观、社会历史观、伦理观、审美观、科学观等的总和"？那个"总体的看法"同它"包括"的那些"部分的看法"是什么关系？还有，什么是"精神和物质、思维和存在的关系问题"，它们同"总开关"有什么关系？这一系列问题都让人难以释疑。

我觉得肖老的诠释中最可贵的是他肯定共产主义世界观"是人类历史上最进步的、唯一科学的世界观"。遗憾的是，他对于为什么说它是"唯一科学的世界观"并未做出充分的论证。

未能对共产主义世界观的科学品格做出令人信服的充分论证，不能不说是一个重大缺陷；而且这个缺陷在苏联共产党当中就一直存在着，以致像勃列日涅夫那样的苏共最高领导人都不把共产主义世界观视为科学的信仰，私下对他的亲属说"什么共产主义，这都是哄哄老百姓的空话"！

《维基百科》（wikipedia）在 World View（世界观）辞目中把西方学者对世界观的界说做了一番概括性的综述。它的总体性界说称："包罗万象的世界观，是一个个人或一个社会的基本认知取向，包含着个人或社会的全部的知识和观点。世界观可能包含自然哲学、基本定理、存在论和规范性的假设，或者命题、价值、情感、伦理标准。"该作者把这一系列互不关联的词语、概念堆积在一起，用以说明"世界观"的内涵，更加令人如堕云雾，不知其可。不过，该作者引述了比利时著名哲学家利奥·阿珀斯特尔（Leo Apostel，1925—1995）提出的世界观包含以下 5 个要素的论说颇有参酌价值。

1. 对世界来由的解释。
2. 对未来的预断（回答我们走向何方的问题）。
3. 价值观（回答我们应该做什么的伦理问题）。
4. 人类行为学，或方法论，或行动理论："应该怎样达到我们的目标？"
5. 成因学。建构起来的世界观应该包含对它自己的"积木建构"、起源和结构的说明。

　　利奥·阿珀斯特尔这个"5 要素说"使人们稍许接近于理解世界观包含哪些基本的而不是漫无边际的内容，但是他并未说明那 5 个要素相互之间的关系及其产生的根源，也没有说明为什么不同的人群中有不同的世界观；更没有说明世界观在不同的历史时代有没有或为什么会发生变化。因此，利奥·阿珀斯特尔的 5 要素说也说不上真正回答了什么是世界观的问题。

　　最终，我们只能从马克思那里找到关于什么是世界观的科学表述线索。马克思在《关于费尔巴哈的提纲》的第一条中写道："从前的一切唯物主义（包括费尔巴哈的唯物主义）的主要缺点是：只是把对象、现实、感知世界（Sinnlichkeit）当作客体加以直接洞察（Anschauung）的方式去理解，而不是把它们当做人的感知性活动，当做日常生产生活活动的产物去理解，不是从主体方面去理解。因此，和唯物主义相反，唯心主义却把能动的方面抽象地发展了，当然，唯心主义是不知道实在的、感知性活动本身的。费尔巴哈想要研究跟思想对象确实不同的感知对象，但是他没有把人的活动本身理解为客观性的［gegenstandliche］活动。因此，他在《基督教的本质》中仅仅把理论的活动看做是真正人的活动，而对于日常生产生活活动则只是从它的卑污的犹太人的表现形式去理解和确定。因此，他不了解改变现状的、至关重要的日常生产生活活动的意义。"① 马克思在该提纲第 11 条还写道："哲学家们只是用不同的方式解释世界，问题在于改变世界。"② 马克思在这里表达得十分明白：他《关于费尔巴哈的提纲》的中心内容，就是关于怎样解释世界和怎样改变世界的问题。

　　我觉得，正是从这里我们可以得出一个"什么是世界观"的简明而准确的界说：世界观就是人们认为应该怎样解释世界和怎样改变世界的基本观点。

　　这里有两点需要注意。一是这里所说的世界包括人间世界和自然世界。而且马克思的重点是考察人间世界。他早就指出："（人类）历史本身是自然史的一个现实部分，即自然界生成为人这一过程的一个现实部分。自然科

---

　　① 马克思这段论说的正式出版的最新中译文见于人民出版社 2009 年出版的《马克思恩格斯文集》第 1 卷第 499 页。笔者在此没有采用该译文，而是根据马克思著作的德文版做了改译。改译的根据将另行发表专文阐明。这里先简要说明两个关键的德文词 Sinnlichkeit 和 Anschauung 的改译情况；对前者，不像常见的中译文那样译为"感性"，而是译为"感知（本性）"或"感官（本性）"；对后者，不像常见的中译文那样译为"直观"，而是译为"直接洞察"。本文后面的行文中的"感知（本性）"或"感官（本性）"和"直接洞察"等译法，均源于此，不再说明。
　　② 见《马克思恩格斯文集》第 1 卷，人民出版社 2009 年版，第 502 页。

学往后将包括关于人的科学，正像关于人的科学包括自然科学一样：这将是一门科学。"① 在《德意志意识形态》的"费尔巴哈章"手稿中，马克思曾进一步写道："我们仅仅知道一门唯一的科学，即历史科学。历史可以从两方面来考察，可以把它划分为自然史和人类史。但这两方面是不可分割的：只要有人存在，自然史和人类史就彼此相互制约。自然史，即所谓自然科学，我们在这里不谈；我们需要深入研究的是人类史，因为几乎整个意识形态不是曲解人类史，就是完全撇开人类史。意识形态本身只不过是这一历史的一个方面。"② 二是要注意，世界观的两个组成部分——"解释世界"的观点和"改变世界"的主张——是连接在一起的，它们的逻辑关联是：既然按照世界的本来面目或规律解释了世界，当然就应该按它的本来面目或规律去改变世界。

这样定义的世界观自然就包含着价值观和人生观。所谓价值观，指的是人们判断万事万物的是非善恶或利弊得失的判断标准。人们自然会认为，符合自己解释世界和改变世界的主张或愿望的事物就是真善美的事物，同自己的主张或愿望相反的事物就是假恶丑的事物。同样，所谓人生观，指的是人们应该追求什么样的人生价值的观念，可以说，人生观就是人生价值观。再深一层看，价值观或人生价值观同时就是人性观。因为人们通常说的人性，无非就是指人们为人处世行为表现的是非善恶、利弊得失价值取向的特性。崇尚利己还是利他，认为人性善还是人性恶，是人性观，同时也蕴含着相应的价值观或人生价值观。在一定意义上，可以说人性观同时就是世界观。人性即人心。人心价值取向决定社会的道德风貌和人间祸福。如《易·咸》说："圣人感人心，而天下和平"；又如《孟子·滕文公下》说："我亦欲正人心、息邪说、距诐行、放淫辞，以承三圣者。"

在孟子辟杨墨的论说中，就展现了儒、墨、杨三种世界观，它们同时也是三种人性观、价值观和人生观。杨朱认为，人间世界只有人人既不舍己为人，也不损人利己，一心只为自己，天下才能太平。他由此主张，大家都应该"拔一毛而利天下不为"，活着只为自己，这样来改变互相争夺、侵害的人间世界；墨子则认为只有人人不分亲疏尊卑，"兼相爱"、"交相利"，天

---

① 马克思：《1844 年经济学哲学手稿》，引自《马克思恩格斯文集》第 1 卷，人民出版社 2009 年版，第 194 页。

② 见马克思、恩格斯《德意志意识形态》第 1 卷第 1 章 "费尔巴哈"。引自《马克思恩格斯文集》第 1 卷，人民出版社 2009 年版，第 516 页脚注②。

下才能太平；因此主张人人奉行"兼相爱"，"交相利"的道德和行为准则，这样来改变互相争夺、侵害的人间世界；孟子则认为，"杨子取为我，拔一毛而利天下不为；墨子兼爱，摩顶放踵利天下为"，都是祸乱天下的邪说；因为杨朱主张人人只为自己，不顾国家，也就否定了君主维护国家秩序的权力和地位，就是"无君"；而墨子主张"爱无差等"，就否定了尊老敬老的孝道，就是"无父"。"无君无父"就否定了儒家主张的"忠孝"和"仁爱"，就会把人间世界变成禽兽世界。所以孟子愤怒地谴责说，杨、墨"无君无父，是禽兽也"。孟子此言是说得有些过头了。杨、墨的主张至多也许可以说有点古代的无政府主义倾向吧。

儒、墨、杨三家世界观互相冲突的故事，既表明了任何一种世界观都必然包含着某种相应的价值观和人生观，同时也表明了任何一种人性观、价值观、人生观都必然隐含着一种相应的世界观。

正因为世界观包含着人性观、价值观和人生观，人们就自然而然地，甚至不知不觉地让它充当了控制或支配自己的思想和行为的总开关。这是因为，人们每天要应对的每一件事，都必然要对其是非善恶或利弊得失有所思虑而后采取行动，而那是非善恶或利弊得失的思虑、分辨和最后抉择，就必然要或隐或显、或强或弱地受到某种人性观、世界观的支配。但是，许多人并不清楚地知道自己的"头脑"里"安装着"某个控制或支配自己的思想和行为的"总开关"。

二 为什么说实践唯物主义的世界观是唯一科学的世界观

马克思《关于费尔巴哈的提纲》实际上揭示了三种世界观：以费尔巴哈为代表的旧唯物主义世界观、以布鲁诺·鲍威尔和斯蒂纳为代表的唯心主义世界观和马克思开创的新唯物主义或实践唯物主义世界观。

把《关于费尔巴哈的提纲》和《德意志意识形态》中的"费尔巴哈章"（即《德意志意识形态》第一卷第一章）联系起来解读，就能对此看得十分清楚。现在可以肯定，"费尔巴哈章"的初稿主要是马克思撰写的。这可从中共中央马克思恩格斯列宁斯大林著作编译局援引国外研究成果为《德意志意识形态》所做的注释得到印证。该项注释写道："《德意志意识形态》第一卷第一章"费尔巴哈"是未完成的手稿，写于第一卷写作过程中的不同时间。在手稿中，这一章原来的标题是"一、费尔巴哈"。在手稿第一章的结尾处恩格斯写有："一、费尔巴哈。唯物主义观点和唯心主义观点的对立"。显然，这是恩格斯在马克思逝世后整理马克思遗稿，重读《德意志意识形态》手稿时对原有标题所作的具体说明。"① 这里清楚地表明，"费尔巴哈章"原稿出自"马克思遗稿"。由此可以理解，为什么我们在阅读"费尔巴哈章"时，强烈地感到其中不少段落简直就像是《关于费尔巴哈的提纲》的展开论说。

据此，我们可以把马克思在《关于费尔巴哈的提纲》和"费尔巴哈章"中展示的三种世界观的要旨作如下概述。

1. 以费尔巴哈为代表的旧唯物主义世界观认为，"肉体的人"的"感官本性"或"感知本性"（Sinnlichkeit）及其决定的人的自然"本质"的力量决定着世界的面貌和人类的命运；"违反自然"的"环境和教育"给人类带来灾难；由此决定，要消除不幸和灾难，就必须依靠精英人物去唤醒大众，改变"环境和教育"，建立符合自然本性的人人相爱的"类的平等化"的新世界。②

2. 以鲍威尔、施蒂纳为代表的唯心主义世界观认为，"精神的人"的意识、观念决定着世界的面貌和人类的命运；否定利己主义的自由精神的观念、意识给世界带来不幸和灾难；由此决定，要消除不幸和灾难，就必须发挥作为主体的人的精神的能动性，从观念和意识上打破否定人的利己主义自由精神的镣铐和枷锁，建立人人以"自我"为至高无上的"唯一者"的、充满利己主义自由精神的新世界。③

3. 马克思开创的新唯物主义或实践唯物主义世界观认为，以劳动大众为主体的"实践的人"的生产生活实践活动和实践能力的发展程度决定着世界的面貌和人类的命运；劳动大众生产生活实践活动和实践能力的发展受到压制，给世界带来不幸和灾难；由此决定，要消除不幸和灾难，就必须排除对劳动大众发展生产生活实践活动和实践能力的压制，建立作为自由人联合体的共产主义社会。④

从这里可以看到，三种世界观的根本的区别点在于对决定世界面貌和人

---

① 《马克思恩格斯文集》第 1 卷注释 182，见该卷第 807 页。
② 参见《关于费尔巴哈的提纲》第 1、3、5、6、8 等条，并参见《费尔巴哈章》相关论说。
③ 参见《关于费尔巴哈的提纲》第 1 条，并参见《费尔巴哈章》相关论说。
④ 参见《关于费尔巴哈的提纲》第 1、3、5、6、8 等条，并参见《费尔巴哈章》相关论说。

类命运的根本力量的认定各不相同：旧唯物主义世界观认为是"肉体的人"的"感官本性"及其决定的人的自然本质；唯心主义世界观认为是"精神的人"的意识、观念；实践唯物主义世界观认为是"实践的人"——首先是劳动大众的生产生活实践活动和实践能力的发展程度。

那么，三种世界观谁是谁非呢？或者说，用什么标准去区分谁是谁非呢？相对主义者、折中主义者和怀疑主义者认定不可能有一个标准去判定谁是谁非，只能承认各是其是，各非其非。信奉马克思主义的人则认定，只要坚持科学的标准，就一定能够分辨出谁是谁非，而且能够毋庸置疑地证明，实践唯物主义的世界观是唯一科学的世界观。

要用科学的标准去分辨各种世界观谁是谁非，需要首先明确什么是科学。

对此，我们曾做过以下论证：

关于什么是"科学"，至今没有经得住逻辑和事实检验的定义。如《中国大百科全书》的界说是：科学是"对各种事实和现象进行观察、分类、归纳、演绎、分析、推理、计算和实验，从而发现规律，并对各种定量规律予以验证和公式化的知识体系。科学的任务是揭示事物发展的客观规律，探求真理，作为人们改造世界的指南"。[①]《不列颠百科全书》（国际中文版，修订版）的界说是："涉及对物质世界及其各种现象并需要无偏见的观察和系统实验的所有各种智力活动。一般说来，科学涉及一种对知识的追求，包括追求各种普遍真理或各种基本规律的作用。"[②] 这两种界说有一个共同点，就是，都把科学视为反映事物客观规律的知识体系。这无疑是对的。但是它们也都还有不能令人释疑之处。如《不列颠百科全书》把科学限定在"涉及对物质世界及其各种现象并需要无偏见的观察和系统实验的所有各种智力活动"这个范围，这样就把关于研究人、人的社会、特别是人的文化及其历史的知识体系排除在"科学"大门之外了。在西方学术中，研究人、人的社会、特别是人的文化及其历史的知识体系被称为不同于"科学"的"社会科学"（So-

---

① 《中国大百科全书》（简明版），第5卷，中国大百科全书出版社2004年版，第2664页。
② 《不列颠百科全书》（国际中文版，修订版），第15卷，中国大百科全书出版社2007年版，第142页。

cial Sciences）和"人文学科"（Humanities 或 Arts）。历史学大都被认为既称不上"科学"，也称不上"社会科学"的"人文学科"，或者至多也只能算是介于人文学科和社会科学之间的边缘学科。从一些西方论著看来，区分"科学"和"非科学"的标准主要是看一门学科能够在多大程度上采用自然科学那样的"定理"、"定律"来表述"基本规律"或"普遍真理"。应该说，如果按照能否揭示"基本规律"或"普遍真理"作为划分"科学"与"非科学"的界限，那是无可厚非的。如果是这样，就不应把"科学"局限于"涉及物质世界及其各种现象"的知识体系，而是一切学科只要能够揭示"基本规律"或"普遍真理"的，并且经过实践检验确实是真理的，都应该是科学。可是问题又出现在什么是"基本规律"或"普遍真理"？《不列颠百科全书》对此没有作出回答。相比之下，《中国大百科全书》对"科学"的界说倒是包含着凡是能够"反映现实世界多种现象的本质和运动规律的知识体系"都是科学的意思，但问题又出现在，什么是"现实世界多种现象的本质和运动规律"和怎样才能算是"以范畴、定理、定律形式反映现实世界多种现象的本质和运动规律"呢？

在众多关于"科学"的定义的是非得失的启示下，我们提出如下尝试性的界说：科学指的是揭示了客观事物存在和变化的因果必然性规律并经过实践检验证明对那些规律的认识确实是真理的知识体系。①

这里需要恳请朋友们谅解的是，我之所以在此冒昧地把我们6年前的一大段论述引出来，原因是至今还流行着众多不利于厘清什么是科学的观念，直接阻碍着我们当下要讨论的怎样用科学的标准分辨各种世界观谁是谁非的问题。引出的目的不是要强调自己唯一正确，而是期盼大家一起来研讨能不能或怎样才能运用科学的标准分辨不同的世界观谁是谁非的问题。

就我的理解来说，任何一个称得上科学的观点或理论体系，必须有一个确证是某项事物存在和变化的终极原因的逻辑起点，也就是希腊人说的 Axiom，任何人都否定不了的公理或公设，并能由它推导出一个因果必然性的结论。如果作为终极原因的逻辑起点并不是一个任何人都否定不了的公理或最

---

① 庞卓恒、吴英、刘方现：《唯物史观及其指引的历史学的科学品格》，《历史研究》2008 年第 1 期。

终始因，自然就不可能从那个逻辑起点推导出一个因果必然性的结论，我们也就只能判定那是一个非科学的观点或理论。

如果这个标准能够成立，我们就用它来评判上述三种世界观谁是谁非。

先看看费尔巴哈表达的旧唯物主义世界观。他认定"肉体的人"的"感官本性"或"感知本性"（Sinnlichkeit）及其决定的人的"本质"的力量是决定世界面貌和人类命运的终极原因或根本力量。直观地看，以人的肉体存在作为逻辑起点似乎说得通。马克思也说过："全部人类历史的第一个前提无疑是有生命的个人的存在。……因此，第一个需要确认的事实就是这些个人的肉体组织以及由此产生的个人对其他自然的关系。"[①] 但是马克思并不是以人的肉体组织作为他开创的世界观体系的逻辑起点。他仅仅把"这些个人的肉体组织以及由此产生的个人对其他自然的关系"作为"第一个需要确认的事实"。马克思这一提法的深层含义，我们将在后面解读。这里要着重指出的是，费尔巴哈把人的肉体存在作为逻辑起点，这一设定本身引起了无法克服的多重矛盾。例如，他说："仅仅只是力量和威力的那种力量和威力，不是属肉体的力量和威力又是什么呢？除了肌肉力以外，你还知道有另外一种与仁慈和理性之威力相区别的、听从你命令的力吗？当你不能借仁慈和道理而成就大事的时候，你就必须求助于威力了。但是，没有强有力的臂膀和拳头，你能够'成就'事情吗？你除了刑法之杠杆以外，还知道有与道德上的世界秩序之威力相区别的'另一种更活跃的原动力'吗？没有肉体的自然，不也就成了'空洞而抽象的'概念，成了'自作聪明'了吗？自然之秘密，不也就是肉体之秘密吗？'活跃的现实主义'之体系，不也就是有机体之体系吗？一般地，除了血肉之力以外，还有另一种跟知性相对立的力吗？除了感知意向之威力以外，还有另一种自然威力吗？"这就意味着，费尔巴哈强调的"肉体的人"的"自然威力"就是"血肉之力"，同时又是"感知意向之威力"。但他说的"感知"，"不是别的，正是物质的东西和精种的东西的真实的、非臆造的、现实存在的统一；因此，在我看来，感知也就是现实。"[②] 这里界定的"感知"既然是"物质的东西和精种的东西的统一"，那"感知意向之威力"就不可能仅仅是"血肉之力"，而必须同时含

---

① 马克思、恩格斯：《德意志意识形态》第 1 卷第 1 章，引自《马克思恩格斯文集》第 1 卷，人民出版社 2009 年版，第 515 页。

② ［德］费尔巴哈：《宗教本质讲演录》，引自《费尔巴哈哲学著作选集》下卷，荣庭等译，生活·读书·新知三联书店 1984 年版，第 514 页。

有"精神之力"了！但是这样又引起了新的问题：那"物质的东西和精神的东西"怎么能够在同一个"肉体的人"的"有机体"中"统一"起来呢？为了解开这个难题，他不得不求助于他自撰的"上帝与自然联姻"说，硬说被他"人化"的上帝让"思维与爱、精神与肉体、自由与性欲"这互相"对抗"的两极"统一"起来，称道那是"上帝与自然的神圣联姻所产出的嫡裔"①。

费尔巴哈虽然用神秘的"上帝与自然联姻"说把"肉体的人"和"精神的人"统于一身，而且还不时强调精神依赖于作为自然物质的肉体的首要地位，强调"没有自然的精神，是纯粹的思想物；意识仅仅由自然而发展"②，但他显然同时又感到让精神屈居于肉体之下的地位，使他无法让人相信以他自己的"新哲学"的精神力量能够改变世界面貌和消除人间苦难的承诺的可行性。于是，他不顾自己陷入自相矛盾的尴尬地位，一面强调精神依赖于作为自然物质的肉体，一面又强调"当人们实际存在，即具有肉体的时候，并不也就真正存在，即具有灵魂。只有你的心灵存在的时候，你才存在"③；还说"理性、爱、意志力，这就是完善性，这就是**最高的力**，这就是作为人的人底**绝对本质**"④；而他的任务就是用他的"新哲学"施行"精神水疗法"⑤，唤醒世人用自己的"最高的力"和"绝对本质"去消除人间世界的苦难。这样一来，他不但在解释世界上无法说明那个"最高的力"和"绝对本质"怎样从"血肉之力"生长或"发展"出来，而且在怎样改变世界的主张上就同主张精神决定论的唯心主义世界观走到一起去了。

以鲍威尔和施蒂纳为代表的唯心主义世界观同费尔巴哈表达的机械唯物主义世界观的一个重大不同点是，他们完全撇开"肉体"而直接让"精神"主宰世界。马克思和恩格斯指出，他们"用'自我意识'即'精神'代替现实的个体的人，并且同福音传播者一道教诲说：'精神创造众生，肉体则软弱无能'。显而易见，这种超脱肉体的精神只是在自己的想象中才具有精

---

① ［德］费尔巴哈：《基督教的本质》，荣震华译，商务印书馆1984年版，第135页。

② 同上书，第130—131页。

③ ［德］费尔巴哈：《未来哲学原理》，洪谦译，生活·读书·新知三联书店1957年版，第46页。

④ ［德］费尔巴哈：《基督教的本质》，荣震华译，商务印书馆1984年版，第30—31页。黑体标识为作者所加。

⑤ 同上书，第6页。

神力量。"① 他们认定"意识"、"精神"是决定世界面貌和人类命运的终极原因或根本力量，立刻就遭遇到"意识"、"精神"本身从何而来的诘问，也就是说，他们认定的原因背后还有需要追寻的原因。例如，他们认定普鲁士的"宗教、概念、普遍的东西统治着现存世界"，而且认为这种统治是"篡夺"，是钳制生命活力的"枷锁"②，但他们无法解释那样的统治、篡夺和枷锁是怎样造成的；他们认定只要用他们那种以人人把自己视为"高于一切的""唯一者"③ 的利己主义意识去代替钳制生命活力的"枷锁"意识，人类就能得到解放，但他们无法解释一百多年前的启蒙思想家们早就为那种利己主义意识呐喊呼唤，为什么除了唤起资产者和幻想成为资产者的人们起来推翻封建枷锁外，却让劳苦大众套上了新的资本主义枷锁。

马克思开创的实践唯物主义世界观认为，以劳动大众为主体的实践的人的物质生活实践活动及其实践能力是决定世界面貌和人类命运的终极原因或根本力量，也就是实践唯物主义世界观理论体系的逻辑起点。它由此既克服了把精神的人当作决定世界面貌和人类命运的终极原因或根本力量和逻辑起点的唯心主义世界观的偏谬，又克服了把肉体的人——终归转向精神的人——当作决定世界面貌和人类命运的终极原因或根本力量和逻辑起点的机械唯物主义世界观的偏谬，达到了人类有史以来唯一科学的世界观的境界。

如前所述，马克思认为应该把"这些个人的肉体组织以及由此产生的个人对其他自然的关系"作为"第一个需要确认的事实"，但他绝不把人的肉体之力视为决定世界面貌和人类命运的终极原因或根本力量。他坚持把人的"肉体存在"和动物的"肉体存在"区别开来，认定那区别的起始点就是，从类人猿进化成人之时开始，人的肉体组织就促使人产生了一种不同于其他动物的"对其他自然的关系"，那就是，人必须用劳动改变自然物质，才能获得生存资料；其他动物基本上不用劳动，主要是攫取现成的自然物质作为生存资料。因此，马克思一再强调，"这些个人把自己和动物区别开来的第一个历史行动不在于他们有思想，而在于他们开始生产自己的生活资料"；"一当人开始生产自己的生活资料，即迈出由他们的肉体组织所决定的这一

---

① 马克思、恩格斯：《神圣家族，或对批判的批判所做的批判》，引自《马克思恩格斯全集》第 2 卷，人民出版社 1957 年版，第 7 页。

② 马克思、恩格斯：《德意志意识形态》第 1 卷第 1 章，载《马克思恩格斯文集》第 1 卷，人民出版社 2009 年版，第 515 页。

③ ［德］麦克斯·施蒂纳：《唯一者及其所有物》，金海民译，商务印书馆 1989 年版，第 5 页。

步的时候，人本身就开始把自己和动物区别开来。"①

在人类世界观演进史上，在整个人类思想史上，实践唯物主义世界观是第一个，也是其迄今唯一的一个认定实践的人的物质生产实践活动及其实践能力是决定世界面貌和人类命运的终极原因或根本力量的科学世界观。把"肉体的人"的"血肉之力"——终归转向精神的人的精神之力——当作决定世界面貌和人类命运的终极原因或根本力量和观点体系的逻辑起点的机械唯物主义世界观，以及把精神的人的精神之力当作决定世界面貌和人类命运的终极原因或根本力量和观点体系的逻辑起点的唯心主义世界观有一个共同点：两者都鄙视劳动大众日常的物质生产生活活动。费尔巴哈称赞"希腊人从事人文科学、自由艺术、哲学"，鄙视古代"以色列人却并不超过旨在糊口的神学研究"，并援引《出埃及记》所言"到黄昏的时候，你们要吃肉，早晨必有食物得饱，你们就知道我是耶和华你们的上帝"；《创世纪》所言"雅各许愿说，上帝若与我同在，在我所行的路上保佑我，又给我食物吃，衣服穿，使我平平安安的回到我父亲的家，我就必以耶和华为我的上帝"……之类的经典述说，用以证明他的论断。② 马克思指出，这表明费尔巴哈的世界观同鲍威尔一样鄙视劳动大众日常的物质生产生活实践活动，即praxis③。从马克思的德文原著的上下文来看，他在此处所用的 praxis 一词既不是指"革命的"实践活动，也不是泛指一切实践活动，而是专指费尔巴哈和鲍威尔等人认为最无价值的日常的"实际生活活动"；对于这样的活动，旧唯物主义世界观代表人物费尔巴哈"只是从它的卑污的犹太人的表现形式去理解和确定"，唯心主义世界观代表人物鲍威尔把它"归结为像一根棍子那样微不足道的东西"。马克思则认为，正是费尔巴哈和鲍威尔等人视若敝屣的"实际生活活动"，具有"改变现状的（revolutionären）"、"至关重要的（kritischen）"意义④，而费尔巴哈和鲍威尔却认为只有"观念的转变"才具

---

① 马克思、恩格斯：《德意志意识形态》第 1 卷第 1 章，引自《马克思恩格斯文集》第 1 卷，人民出版社 2009 年版，第 519 页。

② ［德］费尔巴哈：《基督教的本质》，荣震华译，商务印书馆 1984 年版，第 162 页。

③ 德文 praxis 同英文 practice 一样，是一个多义词，除了指"实践"外，还有"实际"、"惯例"等义。参照马克思的德文原著的上下文，我们觉得译为"实际生活活动"或"日常生活活动"为宜。

④ 我们根据对马克思的德文原著上下文的理解，把 revolutionären 译为"改变现状的"，而不采用通常译为"革命的"译法、把 kritischen 译为"至关重要的"，而不采用通常译为"批判的"译法。如此改译的理由将另文详述。

有改变现状的、至关重要的意义。马克思强调那是"人们从几千年前直到今天单是为了维持生活就必须每日每时从事的历史活动，是一切历史的基本条件。即使感官性活动在圣布鲁诺那里被归结为像一根棍子那样微不足道的东西，它仍然必须以生产这根棍子的活动为前提"；"这种活动、这种连续不断的感官性劳动和创造、这种生产，正是整个现存的感知世界的基础，它哪怕只中断一年，费尔巴哈就会看到，不仅在自然界将发生巨大的变化，而且整个人类世界以及他自己的直接洞察的能力，甚至他本身的存在也会很快就没有了。"①

马克思之所以特别强调"至关重要的日常生产生活活动"的意义，原因在于它是马克思开创的新唯物主义或实践唯物主义的世界观同旧唯物主义和唯心主义的世界观的根本区别所在，也是新世界观的科学原理体系赖以建立的不言自明的公理（axiom）和逻辑起点所在。简明地说，这个不言自明的公理就是：人类要生存，就必须通过劳动生产生存所需的物质生活资料。马克思正是从这个谁也不可能否认或质疑的公理和逻辑起点出发，推导出他的整个世界观的科学原理体系："我们首先应当确定一切人类生存的第一个前提，也就是一切历史的第一个前提，这个前提是：人们为了能够'创造历史'，必须能够生活。但是为了生活，首先就需要吃喝住穿以及其他一些东西。因此第一个历史活动就是生产满足这些需要的资料，即生产物质生活本身"；"以一定的方式进行生产活动的一定的个人，发生一定的社会关系和政治关系"；"思想、观念、意识的生产最初是直接与人们的物质活动，与人们的物质交往，与现实生活的语言交织在一起的。人们的想象、思维、精神交往在这里还是人们物质行动的直接产物。表现在某一民族的政治、法律、道德、宗教、形而上学等的语言中的精神生产也是这样"；"生产力与交往形式的关系就是交往形式与个人的行动或活动的关系。……生存于一定关系中的一定的个人独力生产自己的物质生活以及与这种物质生活有关的东西，因而这些条件是个人的自主活动的条件，并且是由这种自主活动产生出来的。……这些不同的条件，起初是自主活动的条件，后来却变成了自主活动的桎梏，这些条件在整个历史发展过程中构成各种交往形式的相互联系的序列，各种交往形式的联系就在于：已成为桎梏的旧交往形式被适应于比较发达的生产

① 马克思、恩格斯：《德意志意识形态》第 1 卷第 1 章，引自《马克思恩格斯文集》第 1 卷，人民出版社 2009 年版，第 531、529 页。所引译文做了一些改动。

力，因而也适应于进步的个人自主活动方式的新交往形式所代替；新的交往
形式又会成为桎梏，然后又为另一种交往形式所代替。由于这些条件在历史
发展的每一阶段都是与同一时期的生产力的发展相适应的，所以它们的历史
同时也是发展着的、由每一个新的一代承受下来的生产力的历史，从而也是
个人本身力量发展的历史"；生产力的发展必然引起分工的发展；"分工只是
从物质劳动和精神劳动分离的时候起才真正成为分工"；与这种分工同时出
现的还有分配，而且是劳动及其产品的不平等的分配（无论在数量上或质量
上）；因而产生了所有制，它的萌芽和最初形式在家庭中已经出现，在那里
妻子和儿女是丈夫的奴隶。家庭中这种诚然还非常原始和隐蔽的奴隶制，是
最初的所有制，但就是这种所有制也完全符合现代经济学家所下的定义，即
"所有制是对他人劳动力的支配"；由此导致阶级和国家的产生，导致不同阶
级之间的阶级斗争；劳动阶级反对统治阶级剥削压迫的阶级斗争和生产斗争
促进劳动阶级生产生活条件逐步改善和生产力逐步发展；当劳动者的生产能
力发展到足以消除脑力劳动和体力劳动的差别之时，脑体劳动的分工和阶级
的差别必将最终消除；"当阶级差别在发展进程中已经消失而全部生产集中
在联合起来的个人的手里的时候，公共权力就失去政治性质"；"代替那存在
着阶级和阶级对立的资产阶级旧社会的，将是这样一个联合体，在那里，每
个人的自由发展是一切人的自由发展的条件"。马克思和恩格斯把那个联合
体称为共产主义社会。①

　　以上是实践唯物主义世界观对决定世界面貌和人类命运及其发展演变的
终极原因或根本力量所做的解释。这个解释跟费尔巴哈的机械唯物主义解释
和鲍威尔、施蒂纳的唯心主义解释的区别在于，它的整个解释体系的逻辑起
点，是人类必须劳动才能生存这一毋庸置疑的事实和不言自明的公理，而且
由此推导出来的每一步解释都有严格的逻辑关联和无可否认的历史事实的坚
实支撑，每一步的推演都显示出因果必然性的规律性，不像费尔巴哈和鲍威
尔、施蒂纳的解释体系那样从逻辑起点到每一步的推导都只是一个接一个的
武断。

　　实践唯物主义世界观以同一个因果必然性规律的逻辑从它解释世界的理

---

　　①　马克思、恩格斯：《德意志意识形态》第 1 卷第 1 章，引自《马克思恩格斯文集》第 1 卷，
人民出版社 2009 年版，第 531、523—524、534、536 等页；另见马克思、恩格斯《共产党宣言》，引
自《马克思恩格斯文集》第 2 卷，人民出版社 2009 年版，第 53 页。

念导出改变世界的主张：既然劳动大众生产生活的实践活动及其能力的发展程度是决定世界面貌和人类命运的终极原因或根本力量，而人间世界的不幸和灾难的根本原因在于劳动大众生产生活的实践活动及其能力的发展受到统治阶级的压迫，由此决定，必须解除统治阶级的压迫，使劳动大众生产生活的实践活动及其能力获得持续健康的发展条件，直到其发展程度达到足以消除脑体劳动差别和最终消除阶级差别之时，就必然能够建立起最终消除一切人为的人间不幸的共产主义新世界。这样一个改变世界的主张跟费尔巴哈和鲍威尔、施蒂纳的改变世界的主张的根本区别在于，前者主张以劳动大众的实践力量改变世界，后者主张以精英人物的观念、精神的力量改变世界。前者体现着与其解释世界的理念同一个因果必然性规律的逻辑，后者则体现不出任何因果必然性规律的逻辑。

我们说马克思开创的实践唯物主义世界观是唯一科学的世界观遭到的最大质疑和非议，是说它主张通过社会主义——共产主义的道路建立全面、彻底的自由平等的新世界的目标纯属幻想。而且，如前所述，就连勃列日涅夫那样的原苏共最高领导人也说"什么共产主义，这都是哄哄老百姓的空话"。可是，正是马克思和恩格斯否定了空想社会主义者试图凭着自己的善良愿望建立社会主义、共产主义的幻想，才使社会主义、共产主义的理想由空想变成了科学。由空想变成科学的一个根本标志是，它不再以空洞的人们的善良愿望作为建立社会主义、共产主义社会的推动力量，而是以实实在在的劳动大众的生产生活实践力量的增长作为建立社会主义、共产主义社会的推动力量；认定劳动大众一定要不断改善自己的生产生活条件并从而提高自己生产生活的实践能力，是一种谁也阻挡不住的自然的必然趋势和一个必然要发生的自然历史过程；一切力图阻挡它发展的反动势力，虽然能够在不同程度上阻滞或延缓发展的速度或进程，但劳动大众总要以种种不同的方式加以反制或抗争，迟早要冲破他们的阻挡和压制，使自己的实践能力增长过程按照其自然历史过程的方向继续推进；劳动大众实践能力增长的自然历史过程的推进轨迹显示出劳动大众的智能、文化素质逐渐提高，脑力和体力劳动的差距逐渐缩小的必然趋势；劳动大众的智能、文化素质逐渐提高、脑力和体力劳动的差距逐渐缩小的过程，同时就是劳动生产效率不断提高的过程；当物质生产效率提高到劳动者只需用极少时间遥控自动生产线就能生产足够全社会享用的丰富物质产品时，他们就能把绝大多数的富余时间用于发展自由个性，每个人都可能同时在自己喜爱的多个领域成为高级专家，到那时，脑体劳动的差别必将消失，一切阶级差别、社会地位的差别也必将随之而消灭，到那时，人们必然会建立起"每个人的自由发展是一切人的自由发展的条件"的共产主义社会。① 面对这样一个以周严的逻辑论证和坚实的历史验证为依据的改变世界的"路线图"，只有深怀偏见而且对历史无知的人，才会说那是空想、幻想。

由于实践唯物主义世界观是以对整个人类历史的自然发展过程及其规律的揭示为基础的世界观，所以它本身就同时是一种历史观。恩格斯把马克思开创的实践唯物主义世界观称为"在劳动发展史中找到了理解全部社会史的锁钥的新派别"，是"关于现实的人及其历史发展的科学"②。这充分说明，实践唯物主义的世界观既是科学的世界观，同时也是科学的历史观。

实际上，唯心主义的世界观也包含着一种历史观，就是唯心史观。唯心史观，说到底，就是虚无主义的历史观，因为它否认以劳动大众为主体的现实的人的生产生活实践能力的发展历史及其规律，把全部历史归结为抽象的意识、观念的改变史。机械唯物论的世界观最后也归宿为认定观念决定世界的唯心主义世界观，所以它包含的历史观最后也归结为唯心主义的，也就是虚无主义的历史观。

实践唯物主义的世界观由于以实现共产主义为改变世界的目标，所以又被称为共产主义世界观。马克思、恩格斯在第一部系统阐述实践唯物主义世界观原理的《德意志意识形态》的"费尔巴哈章"中就直接申明"实践的唯物主义者即共产主义者"③，充分表明了这两个称谓名异实同的蕴义。

正因为实践唯物主义的世界观是共产主义的世界观，所以从它诞生之日起，就遭到整个资本主义世界从四面八方发起的围攻。时至今日，资本主义世界对它的围攻更是变本加厉。

---

① 参见马克思、恩格斯《共产党宣言》，引自《马克思恩格斯文集》第2卷，人民出版社2009年版，第53页；《马克思恩格斯文集》第7卷（即马克思《资本论》第3卷），人民出版社2009年版，第928—929页；马克思：《经济学手稿（1857—1858年）》，载《马克思恩格斯全集》第31卷，人民出版社1998年12月第2版，第100—101页。

② 恩格斯：《费尔巴哈和德国古典哲学的终结》，引自《马克思恩格斯文集》第4卷，人民出版社2009年版，第313、295页。

③ 《马克思恩格斯文集》第1卷，人民出版社2009年版，第527页。

三　必须采取有力措施扭转当前科学共产主义
世界观遭到严重毁损的严峻形势

如前所述，每个人实际上都有一个充当控制自己思想和行为的总开关的世界观。

在当今世界上，人们秉持的世界观尽管多种多样，但是归根结底只有以"天下为私"为精神内核的资本主义世界观和以"天下为公"为精神内核的共产主义世界观这样两大类。

天下为公和天下为私这两种世界观都有很深的历史渊源。两千多年前的儒家典籍《礼记·礼运》对此做过一番十分精辟的追溯：

> 大道之行也，天下为公，选贤与能，讲信修睦。故人不独亲其亲，不独子其子，使老有所终，壮有所用，幼有所长，鳏寡孤独废疾者皆有所养，男有分，女有归。货恶其弃于地也，不必藏于己；力恶其不出于身也，不必为己。是故谋闭而不兴，盗窃乱贼而不作，故外户而不闭。是谓大同。今大道既隐，天下为家，各亲其亲，各子其子，货力为己，大人世及以为礼，城郭沟池以为固，礼义以为纪，以正君臣，以笃父子，以睦兄弟，以和夫妇，以设制度，以立田里，以贤勇知，以功为己。故谋用是作，而兵由此起。禹、汤、文、武、成王、周公由此其选也。此六君子者，未有不谨于礼者也。以着其义，以考其信，着有过，刑仁讲让，示民有常，如有不由此者，在埶者去，众以为殃。是谓小康。

《礼记·礼运》的作者把人间世界归为"天下为公"和"天下为家"两个类别，两个世界的区别在于"众"人之心是否认同"各亲其亲，各子其子，货力为已，大人世及以为礼"。那众人之心也就是众人的秉性，也就是前文所说的人性或人的价值意识。《礼记·礼运》的作者实际上道出了众人的人性——价值意识决定着人间世界是"天下为公"还是"天下为家"。简而言之，他们实际上是认为人性——即众人的价值意识或"世道人心"——决定人间世界的面貌。这是一种很有深度的认识。但他们不知道人性或众人的价值意识是由人们生产生活方式决定的，而且是随着后者的改变而改变的，而只能归因于神秘的"大道"是否"退隐"。

《礼记·礼运》中的《大同篇》描绘的"天下为公"的社会，没有"货力为己"的财产私有意识和制度，也没有"城郭沟池以为固，礼义以为纪，以正君臣，以笃父子"那一套政治和社会制度，可能是儒家贤哲从先民世世代代口耳相传流传下来的一些离他们最近的原始时代——尧舜时代——的记忆中摄取素材，并吸取道家、墨家某些思想要素，构成的一幅理想社会图景。《大同篇》堪称人类思想史上第一个空想共产主义文献。在欧洲，律师出身的英国王室高官托马斯·莫尔（1478 — 1535）于1515—1516年间写成的《乌托邦》，是西方世界出现的第一部空想共产主义文献。《乌托邦》跟《大同篇》的不同点在于，它是出于对资本主义原始积累过程对劳苦人民的剥削压迫的愤慨而提出的一种改变世界的理想，《大同篇》则是在原始共产主义社会解体而进入阶级社会以后，人们面对"大道既隐，天下为家，各亲其亲，各子其子，货力为已，大人世及以为礼，城郭沟池以为固……谋用是作，而兵由此起"的私有制阶级社会的冷酷争夺感到不满，从而产生对"大道之行也，天下为公"的美好社会的怀念和向往。但一切空想共产主义思想都有一个共同点：都只是出于对私有制和阶级剥削压迫的愤慨而产生的一种对没有私有制和没有阶级剥削压迫的美好社会的向往或愿景；消除私有制的呼声主要出自同情劳动人民苦难的中上层人士，他们并不理解产生私有制和阶级剥削压迫的根源及其现实可行的消除途径，也很少得到劳动大众的响应，因为那个时代的劳动者大都是小私有者，他们的主要要求是保障他们的小私有权，使他们有经营小私产的"恒产"和"恒心"。直到19世纪中叶，资本主义生产关系的发展使很大一部分小私有劳动者失去生产资料而成为无产者时，而且逐渐形成无产阶级之时，投身到无产阶级行列中的伟大学者和导师马克思和恩格斯才透过无产者反对资本主义私有制的自发斗争深入探究出了私有制和阶级产生的根源及其消除途径，这样才使空想的"天下为公"的世界观变成了科学的"天下为公"的世界观，也就是科学共产主义的世界观。

科学共产主义世界观包含的那个"公"不是通常理解的那种抽象的"无我"、"无私"的"公"。科学共产主义的世界观肯定"**各个人的出发点总是他们自己**，不过当然是处于既有的历史条件和关系范围之内的自己，而不是意识形态家们所理解的'纯粹的'个人。然而在历史发展的进程中，而且正是由于在分工范围内社会关系的必然独立化，在每一个人的个人生活同他的屈从于某一劳动部门以及与之相关的各种条件的生活之间出现了差别"①。马克思正是从分工引起的差别阐明了私有制和阶级产生的原因，进而阐明了只有消灭分工才能最终消灭私有制和阶级的因果必然性规律和普遍真理。这使我们认识到，只要脑力劳动和体力劳动的分工和差别、简单劳动和复杂劳动的分工和差别还没有消失，人们权衡个人利益得失和社会地位高低的意识就不可能从**"各个人的出发点"**意识中消失；为利益得失或地位高低而竞争甚至争斗的行为就不会绝迹，反映在人性观上就必然会有"性善"、"性恶"或"亦善亦恶"之辨；只有脑力劳动和体力劳动的差别、简单劳动和复杂劳动的差别消失之时，权衡个人利益得失和社会地位高低的意识才有可能而且必然要从**"各个人的出发点"**意识中消失；到那时，各个人都变成了"消除了一切自发性"的"完全的个人"②，科学共产主义预见的"天下为公"的社会就必然到来。但是，劳动大众的生产生活实践能力需要很长一段历史时间才能发展到消除脑力劳动和体力劳动以及简单劳动和复杂劳动的差别的程度，在此以前，要求人们普遍认同以"天下为公"为精神内核的科学共产主义世界观是极不现实的。需要说明的是，许多人对科学共产主义世界观的排斥和反感是由我们的理论和实践中的一些偏颇倾向引起的。例如"消灭私有制"，往往被理解为可以强制性地进行"社会主义改造"或使用行政手段实行公有化，结果引起走向另一极端的反弹。其实，看《共产党宣言》中所说的"消灭私有制"中的"消灭"德文原文是 Aufhebung，它兼有废除、结束、取消、扬弃等意，其中固然包含政治权力干预，如征收高额累进所得税，削弱乃至废除继承权等措施，只是逐渐弱化私有权，除了惩罚犯罪者，《宣言》没有提过强制性没收私人资本的措施。所谓"消灭私有制"像"消灭分工"一样，主要是指随着生产力的高度发展而必然发生的"消亡"过程。如马克思和恩格斯指出："我们在前面已经指出，要消灭关系对个人的独立化、个性对偶然性的屈从、个人的私人关系对共同的阶级关系的屈从等等，归根到底都要取决于分工的消灭。我们也曾指出，只要交往和生产力已经发展到这样普遍的程度，以致私有制和分工变成了它们的桎梏的时

---

① 《马克思恩格斯文集》第8卷，人民出版社2009年版，第53页；马克思和恩格斯：《德意志意识形态》第1卷第1章，引自《马克思恩格斯文集》第1卷，人民出版社2009年版，第571页。黑体着重标识为本文作者所加。

② 马克思、恩格斯：《德意志意识形态》第1卷第1章，引自《马克思恩格斯文集》第1卷，人民出版社2009年版，第582页。

候，分工才会消灭。我们还曾指出，私有制只有在个人得到全面发展的条件下才能消灭，因为现存的交往形式和生产力是全面的，所以只有全面发展的个人才可能占有它们，即才可能使它们变成自己的自由的生活活动。"① 可见分工和私有制走向灭亡是一个必然要发生的自然历史进程。共产党人在社会主义阶段为"消灭"分工和私有制采取一些人为的干预措施，理当只限于促进这一自然历史进程向前推进的适度范围之内，如果超过了那个"度"，自然要引起反弹。许多人正是趁着反弹之势宣称消灭分工和私有制是根本"违反人性"的幻想，转而相信私有化优越论和私有制永恒论。

相比之下，以"天下为私"为精神内核的世界观，不但历史渊源更为深厚，获得人们认同的现实社会基础更是宽广得多。如前所述，早在人类刚刚脱离原始野蛮状态进入阶级社会之时，"天下为家"、"货力为己"的私有意识和制度已获得普遍的认可，只是由于小生产和自然经济的局限，使"货力为己"的私有意识不得不屈从于"君臣父子"之道的人身依附关系的限制。到了资本主义时代，由于"一切劳动产品、能力和活动进行**私人交换**"，"它无情地斩断了把人们束缚于天然尊长的形形色色的封建羁绊，它使人和人之间除了赤裸裸的利害关系，除了冷酷无情的'现金交易'，就再也没有任何别的联系了"。② 这样的生产关系促使"天下为私"的利己主义世界观能够膨胀到唯我主义的极端，如麦克斯·施蒂纳表白的那样："让那种不完全属于我的事业滚开吧！你们认为我的事业至少必须是'善事'？什么叫善，什么叫恶！我自己就是我的事业，而我既不善，也不恶。两者对我都是毫无意义的"；"神的事是神的事业，人的事是'人'的事业。我的事业不是神的事，不是人的事，也不是真、善、正义和自由等等，而仅仅只是**我自己的事**，我的事业并非是普通的，而是**唯一的**，就如同我是唯一者那样。对我来说，我是高于一切的"。③ 自私自利被宣告为人类绝对不可改变的天然本性。不过，这种唯我主义的利己主义在无情的资本主义市场竞争中导致"每个人反对一切人的战争"，迫使人们承认每个人在维护自己的利己权利的同时，

---

① 马克思、恩格斯：《德意志意识形态》，引自《马克思恩格斯全集》第 3 卷，人民出版社 1960 年版，第 515—516 页。

② 马克思：《1857—1858 年经济学手稿摘选》，引自《马克思恩格斯文集》第 8 卷，人民出版社 2009 年版，第 53 页。马克思和恩格斯：《共产党宣言》，引自《马克思恩格斯文集》第 2 卷，人民出版社 2009 年版，第 33 页。

③ ［德］麦克斯·施蒂纳：《唯一者及其所有物》，金海民译，商务印书馆 1989 年版，第 5 页。

还需承认他人也有维护自己私利的同等权利。于是，唯我主义的利己主义价值观被修饰为以维护利己权利为核心和归宿的一整套适合于维护资本主义制度的伦理道德体系。霍布斯表述的"一半是野兽，一半是天使"的人性观，也就是认定"兽性"与"人性"并存为永恒不变的人类本性的人性观，得到广泛认同。这种人性观由于能以"天使"伴随"野兽"，以"人性"伴随"兽性"，首先得到贪婪而又伪善的资产者的首肯。如恩格斯指出，这种人"把唯物主义理解为贪吃、酗酒、娱目、肉欲、虚荣、爱财、吝啬、贪婪、牟利、投机，简言之，即他本人暗中迷恋着的一切龌龊行为；而把唯心主义理解为对美德、普遍的人类爱的信仰，总之，对'美好世界'的信仰。他在别人面前夸耀这个'美好世界'，但是他自己至多只是在这样的时候才相信这个'美好世界'，这时，他由于自己习以为常的'唯物主义的'放纵而必然感到懊丧或遭到破产，并因此唱出了他心爱的歌：人是什么？一半是野兽，一半是天使。"① 这种人性观在普通老百姓中也能获得广泛认同。这是因为，在自由竞争的市场经济大世界中生存的人，每个人环顾四周人群，无不是"天下熙熙，皆为利来；天下攘攘，皆为利往"②，自己怎能例外！

正是这种以"天下为私"为精神内核的人性观——世界观，对科学共产主义的世界观有着巨大的渗透力和杀伤力。仔细看看那些被揭露出来的大老虎、中老虎、小老虎的"变虎"过程，可清楚地看到，他们都是从头脑里的世界观这个总开关开始变质的。再看看那些本来在党旗下宣誓要"为共产主义奋斗终身"的人，现在却公然宣扬私有化优越论和私有制永恒论，这样的人是不是头脑里的那个总开关正在或者已经被偷换。

毋庸置疑的事实是，以天下为私为精神内核的资本主义的世界观——人性观对以天下为公为精神内核的科学共产主义的世界观——人性观的渗透、侵蚀和毁损是空前严重的，已经严重威胁到了共产党的政治生命，威胁到了共产党的领导地位的合法性。

面对这样的严峻形势，怎么办？

我个人觉得，当前迫切需要做两件事：一是要加强科学共产主义世界观的教育。二是要加强对党员特别是对党员领导干部的世界观的考察和考核。

---

① 恩格斯：《反杜林论》，引自《马克思恩格斯文集》第 9 卷，人民出版社 2009 年版，第 286 页。

② 司马迁：《史记·货殖列传》。

先说怎样加强科学共产主义世界观的教育。

应该承认，我们的世界观教育一直是极其薄弱的，甚至可以说是缺位的。

本来在各级党校和各类高校的课程设置中都设有哲学课，虽然名目不同，课时或学分也各不相同，但都要讲一点哲学的"原理"。可惜那原理主要讲的是物质与意识的关系问题，虽然讲到了世界观问题，但多是把它抽象地归结为"唯物主义与唯心主义两种世界观的对立"，从而抽象地肯定共产主义世界观的科学性或正确性。这样讲述世界观，离开了"解释世界和改变世界的基本观点"这个基本的维度，也就离开了世界观中包含的价值观、人生观和人性观这样一些同每个人的现实生活紧密相关的问题，很难使人们理解到世界观是人们控制自己的思想和行为的总开关，反而容易使人们把世界观视为与己无关的哲学家们的问题；这样抽象地肯定共产主义世界观的科学性或正确性，很难让人口服心服，很难帮助人们真正树立起科学共产主义世界观的信仰。有些论著讲到人性观，简单生硬地把人性归结为阶级性，根本不顾及马克思"首先要研究人的一般本性，然后要研究在每个时代历史地发生了变化的人的本性"① 的提示，也不顾及关于"人来源于动物界这一事实已经决定人永远不能完全摆脱兽性，所以问题永远只能在于摆脱得多些或少些，在于兽性或人性的程度上的差异"② 的论说，和恩格斯关于只有到了共产主义社会，"人在一定意义上才最终地脱离了动物界，从动物的生存条件进入真正人的生存条件"③ 的论述。这样简单化的人性观既使人难以认同，又使人们遭遇"一半是野兽，一半是天使"的人性观的碰撞时难以抵挡而只得俯首认同。一些论著在讲共产主义理想时，主要讲"各尽所能，按需分配"的美好生活，而淡化甚至忽略那是消除脑体劳动差别、能力全面发展、自由个性高度升扬的必然结果，更少讲甚至不讲"共产主义对我们来说不是应当确立的状况，不是现实应当与之相适应的理想。我们所称为共产主义的是那种消灭现存状况的现实的运动。这个运动的条件是由现有的前提产生

---

① 马克思：《资本论》第 1 卷，引自《马克思恩格斯文集》第 5 卷，人民出版社 2009 年版，第 704 页。

② 恩格斯：《反杜林论》，引自《马克思恩格斯文集》第 9 卷，人民出版社 2009 年版，第 106 页。

③ 同上书，第 300 页。

的"。① 由于忽略了这些重要论证，使人们看不到《共产党宣言》发表一百多年以来现实生活中已经发生、正在发生或势将发生的运动，如每日、每周劳动时间逐步缩短，劳动队伍中从事脑力和半脑力劳动的"白领"劳动者人数已经或正在超过从事体力劳动的"蓝领"人数，削弱资本私有权的高额累进所得税的增进，劳动阶级社保权利在不屈不挠的奋争中稳步推进……所有这些日益强劲而且不可逆转的现实运动，实际上都是在朝着共产主义的方向一步步地推进，而且这个推进潮流是任何反动逆流也阻挡不了的。共产党人置身于这些现实运动的潮头，为推进这些运动做出奉献，也就是在为共产主义事业做出奉献。共产党人在需要投入暴力斗争时理当奋不顾身投入暴力斗争，但应当懂得在实际上为共产主义准备条件的非暴力的现实运动中发挥积极作用，也是在为共产主义事业奋斗。如果理解不到这一点，就会认为共产主义天堂远在天边，遥不可及，甚至在面对资本主义势力咄咄进逼时，就会转而相信资本主义永恒论。

科学共产主义世界观教育的薄弱和缺失还表现在，一些权威性论著对马克思的唯物史观揭示的历史发展规律的诠释一直存在着难以服人的重大缺陷，却又长期得不到纠正。例如，把历史发展的普遍规律归结为"五种生产方式依次更迭规律"，把没有按照"五种生产方式依次更迭规律"的路径发展的国家的发展道路称为"一般规律"之外的特殊道路，结果正好给资本主义崇拜者提供了中国必须回到"一般规律"确立资本主义道路的口实。又如，一些论著把生产力归结为生产工具，把生产关系归结为生产资料所有制，再把生产资料所有制等同于经济基础……这样来讲"社会基本矛盾推动历史发展的规律"，越讲越让人糊涂，以致现在越来越多的人不相信历史发展有任何规律了。②

世界观教育的薄弱和缺位还表现在，一些主管部门和负责人几乎完全忽略了，世界观不仅是人们控制自己的思想和行为的总开关，也是各门人文社会学科控制自己的指导思想的总开关。每一门学科的导论性教材都包含着一

---

① 马克思、恩格斯：《德意志意识形态》，摘自《马克思恩格斯文集》第 1 卷，人民出版社 2009 年版，第 539 页。

② 不久前，中国社会科学出版社出版了吴英主编、于沛和董欣洁副主编的《马克思恩格斯列宁斯大林论历史科学》，其中汇集了马克思和恩格斯有关生产力与生产关系、经济基础与上层建筑、存在与意识……方面的基本概念和基本原理的大量论述，把那些论述同一些当代论著的相关诠释对照，可以看到有些诠释对原著本意的背离多么严重。

个本学科的分支哲学或部门哲学，如经济哲学、政治哲学、历史哲学、伦理哲学、艺术哲学……，所有这些分支哲学或部门哲学都有一个世界观内核。我们的一些主管部门和有关的负责人忽略甚至有意回避这一事实，以致让一些充斥着以天下为私为精神内核的非科学、反科学的世界观的教材在课堂上泛滥成灾。

因此，我强烈希望马克思主义研究和建设工程继续深入实施下去，首先对前一时期编出的马工程教材的实际使用情况做一番深入系统的调查，看看哪些论说确实收到了令人口服心服的效果，哪些论说未能收到那样的效果。在此基础上，组织老中青三结合的研讨班子，对调查结果进行深入分析、梳理，针对那些不能令人口服心服的论说，梳理出需要深入研究和解决的问题，逐一仔细研讨，凡是涉及世界观而又有重大疑难和争议的问题，充分展开争论，由争辩求真理，由真理取得共识。把这样的研讨成果写入新编的马工程教材初稿，邀请现任的教师前来审议和研讨，看看新编教材的论说是否还有不能令人口服心服之处；然后根据现任教师审议情况修改定稿，再拿到课堂使用；使用两轮以后，再做一次调查—分析、研讨—教师审议—再研讨、再修订。经过这样两轮的调研—研讨—修订的教材，应该能够收到帮助人们口服心服地认同科学共产主义的世界观的效果了。

加强世界观教育还有一项可以立即动手操作的工作，就是对申请入党的积极分子正式入党前进行的党课教育中加入世界观教育的内容。这样的教育应该包括提请申请人诚实地自问自己是否已经真正理解并能践行科学共产主义的世界观。如果还不能做到，就应建议他暂缓申请。如果他确认已经达到那样的境界，而且经过考察证实他所言无虚，就应及时把他吸纳到党的队伍里来。

对已经吸纳到党的队伍中的党员，特别是担任领导职务的党员，必须加强世界观状况的考核。

我们党对担任领导职务的党员干部本来有一系列的考核、考察、考评、测评制度，包括平时考核、年度考核、换届（任期）考察、任职考察等制度，而且一直坚持把政治标准放在考核、考察的首要地位，为什么还出现了那么多的大老虎、中老虎、小老虎呢？许多老虎，尤其是那些从基层攀升到高层的大老虎，至少都有二三十年的从政阅历，至少经历过十多次甚至数十次的考核、考察，竟然都能够蒙混过关，充分表明现行的干部考核和任用制度存在着巨大漏洞。我个人觉得漏洞主要在两个方面：一是在明文制度之外存在着超越明文制度的潜规则和隐蔽的干预之手，二是制度本身所列的考核项目，特别是政治、思想方面的考核、考察项目，存在空洞、抽象的缺陷，缺乏可操作性。这两方面的漏洞使得考核、考察往往流于形式。本人曾有一次参加推荐相当于厅局级后备干部提名投票的经历，至今记忆犹新。每个投票人进入投票厅后，都接到一张事先印好的候选推荐名单。投票人划圈投票之前，上级党组织分管组织人事的副书记照例做了一番指导讲话，主要是要求投票人按照该级后备干部应具备的条件仔细核查候选名单中的人谁符合或不符合那些条件。那位副书记讲到那些条件时，首先提到"首要的当然是政治条件啦"，但接着就说"这是大家都知道的，我就不多说了"。接着他就讲一系列具体条件，如年龄须在 45 岁以下，学历须在本科（或大专？记不确切了）毕业以上，现任职务须不低于处级……就这样，政治、思想条件方面，特别是涉及世界观状况方面的考核完全落空了。我无法知道有多少单位的考核已经流于纯粹走过场的形式，但出现那么多的大、中、小老虎，和那么多公然背弃为共产主义事业奋斗终身的入党誓言转而宣扬而且践行私有化优越论、私有制永恒论，却还能在高级党政机构担任高级职务的人物，这一系列严重的事实表明，现行的干部考核、考察和任用制度确实存在众多大的漏洞。必须采取强有力的措施，堵住那些漏洞，把出现蒙混过关的漏网之鱼的几率消减到最低限度。

笔者深知，上述各端都涉及当前面临的一些尖锐而敏感的问题，由于笔者水平所限，有些问题的论说难免偏颇不当，难免引起非议和争议。为此，本人特在此坦诚相告，我竭诚期待着各方专家高士、学界朋友，对本人的诸端论说提出批评和驳议，尤其期盼着对一些多年纠结难解的老大难问题展开深入、坦率的争鸣，由争鸣求真理，由真理而信仰，由信仰而坚定不移地行动，促进中国特色的社会主义建设事业持续、健康地向前推进。

马克思主义史学理论与历史研究

沙健孙

（北京大学马克思主义学院）

一　唯物主义历史观:"唯一科学的历史观"

唯物主义历史观的创立，是人类认识史上伟大的革命。

在很长的历史时期内，唯心主义在历史观的领域始终占据着统治地位。即使费尔巴哈这样伟大的唯物主义哲学家，也只是"半截子"的唯物主义者。"当费尔巴哈是一个唯物主义者的时候，历史在他的视野之外；他去探讨历史的时候，他不是一个唯物主义者。在他那里，唯物主义和历史是彼此完全脱离的。"① 针对这种情况，恩格斯指出："问题在于使关于社会的科学，即所谓历史科学和哲学科学的总和，同唯物主义的基础协调起来，并在这个基础上加以改造。"② 这一点，马克思做到了。

马克思和恩格斯把自己的全部注意力集中于"把唯物主义应用于历史，就是说，修盖好唯物主义哲学这所建筑物的上层"。③ 马克思加深和发展了哲学唯物主义，而且把它贯彻到底，把它对自然界的认识推广到对人类社会的认识。④ 这就是说，马克思主义哲学是"由一整块钢铸成的"，无论它的自然观还是历史观，都是彻底唯物主义的。这样，"唯心主义从它的最后的避难所即历史观中被驱逐出去了"。⑤

恩格斯认为：唯物主义历史观的原理"不仅对于经济学，而且对于一切历史科学（凡不是自然科学的科学都是历史科学）都是一个具有革命意义的

---

① 《马克思恩格斯文集》第 1 卷，人民出版社 2009 年版，第 530 页。
② 《马克思恩格斯文集》第 4 卷，人民出版社 2009 年版，第 284 页。
③ 《列宁专题文集·论辩证唯物主义和历史唯物主义》，人民出版社 2009 年版，第 333 页。
④ 《列宁专题文集·论马克思主义》，人民出版社 2009 年版，第 68 页。
⑤ 《马克思恩格斯文集》第 4 卷，人民出版社 2009 年版，第 544、545 页。

发现"。① 把唯物主义应用于历史，为人们开辟了一条研究历史的崭新的道路。用人们的存在说明他们的意识，·而不是像以往那样用人们的意识说明他们的存在这样一条道路已经找到了。正因为如此，列宁指出："过去在历史观和政治观方面占支配地位的那种混乱和随意性，被一种极其完整严密的科学理论所代，这种科学理论说明，由于生产力的发展，如何从一种社会生活结构中发展出另一种更高级的结构。"② 这样，马克思就为人们"指出了科学地研究历史这一极其复杂、充满矛盾而又是有规律的统一过程的途径"。③

列宁认为，"马克思的历史唯物主义是科学思想中的最大成果"。④ 它"第一次把社会学放在科学的基础之上"。他强调，唯物主义历史观是"唯一的科学的历史观"。在我们还没有看见另一种科学地解释某种社会形态的活动和发展的尝试以前，它"始终是社会科学的同义词"。⑤ 学习和运用这个科学的历史观，是科学地研究历史的必由之路。

二 科学的历史观与历史研究中的变革

唯物主义历史观对中国的历史研究发生了巨大的积极影响。

唯物主义历史观在中国的传播，是从 20 世纪 20 年代开始的。它促使中国的历史研究进入了全新的境界，发生了革命性的变革。

在 20 世纪初，梁启超曾在《新史学》中，批评中国传统史学"知有朝廷而不知有国家"；"知有个人而不知有群体"；"知有陈迹而不知有今务"；"知有事实而不知有理想"。他大声疾呼："史界革命不起，则吾国遂不可救。悠悠万事，惟此为大。""新史学"对中国历史学的进步起到了重大的推动作用。但是，它也有明显的局限性，它没有也不可能实现"史界革命"的任务。

在中国最早阐发和传播唯物主义历史观的是李大钊。在 1924 年出版的《史学要论》中，他指出"史学家固宜努力以求记述历史的整理"，"亦不可不努力于历史理论的研求"。他还呼吁，要用唯物主义历史观对中国历史

---

① 《马克思恩格斯文集》第 2 卷，人民出版社 2009 年版，第 597 页。
② 《列宁专题文集·论马克思主义》，人民出版社 2009 年版，第 68 页。
③ 同上书，第 15 页。
④ 同上书，第 68 页。
⑤ 《列宁专题文集·论辩证唯物主义和历史唯物主义》，人民出版社 2009 年版，第 163 页。

"进行改作或重作"。①

在中国，最先用唯物主义历史观开始系统地"改作或重作"中国历史的是郭沫若。从1928年8月至1929年11月，他写了《〈周易〉时代的社会生活》等5篇论文，并于1930年将其汇集成《中国古代社会研究》一书出版。在郭沫若的带动下，吕振羽、范文澜、翦伯赞、侯外庐等史学家也以唯物主义历史观为指导，写出了一批关于中国通史、中国社会史、思想史以及史学理论方面的著作。"在中国多种史学思潮中，马克思主义史学思潮显示出强大的生命力和生机勃勃的发展势头。""中国学人已经超出了仅仅于模仿西欧的语言阶段了，他们会用自己的语言而讲解自己的历史与思潮了。"（侯外庐语）② 中国史学发展进入了一个新的时代。

中华人民共和国建立以后，马克思主义史学理论为越来越多的史学工作者所接受。正如中国历史学家林甘泉所概括的："（20世纪）50年代初期，史学界掀起了一个学习马克思主义的热潮。通过学习，大多数史学工作者对以下一些基本历史观点取得了共识。

第一，历史不再被看作是一些偶然事件的堆积，而是有规律可循的自然历史过程。历史的必然性通过偶然性表现出来。

第二，历史变动的原因不应单纯用人们的思想动机来解释，而应着重考察这种变动背后的物质生活条件。生产方式的变革是一切社会制度和思想观念变动的基础。

第三，人民群众是历史的真正主人。杰出人物可以在历史上起重要作用，甚至可以在一定时期内改变一个国家或民族历史发展的方向。但从历史发展的长河来看，最终决定一个国家或民族历史命运的力量是人民群众。

第四，中国封建社会的主要矛盾是地主阶级和农民阶级的矛盾。封建国家和地主阶级对农民残酷的经济剥削和政治压迫，是导致农民起义史不绝书的根本原因。农民的阶级斗争和农民战争是推动封建社会历史发展的动力。

第五，中国自古以来是一个多民族的国家，各民族的历史都是中国历史的组成部分。历史上的民族关系，既有民族矛盾和民族战争的一面，又有民族友好、民族融合和民族同化的一面。必须把中国历史上的民族冲突和民族压迫，与近代帝国主义列强对中国的侵略和压迫严格区别开来。

---

① 《李大钊全集》第4卷，人民出版社2006年版，第412页。

② 《史学概论》，高等教育出版社2009年版，第79、80页。

第六，鸦片战争以后，中国逐步沦为半殖民地半封建社会。帝国主义和中华民族的矛盾，封建主义和人民大众的矛盾，是近代中国社会的主要矛盾。正是在上述这些基本观点获得共识的基础上，马克思主义史学在新中国成立之后很快确立了它的主导地位。"① 中国马克思主义的史学研究由此广泛而深入地开展起来。尽管经历过一个时期的严重曲折，马克思主义史学还是经过严肃的自我批判，重新走上了繁荣发展的道路。

总起来说，新中国成立以来，中国史学在中国和世界的通史、断代史、部门史、专题史和史学理论的研究方面，包括对社会主义社会发展历史的研究方面，以及在历史资料的收集、整理、编纂等方面，都取得了丰硕的成果。没有马克思主义史学理论的引导，这些成就的取得，是不可想象的。

马克思主义史学理论问世以来，还以其深刻的思想和科学的论证，影响着全世界越来越多的历史学家。英国历史学家杰弗里·巴勒克拉夫在受联合国教科文组织委托主持撰写的《当代史学主要趋势》（1980 年出版）一书中就说："1930 年以后，马克思主义的影响广泛扩展，即使那些否定马克思主义历史解释的历史学家们（他们在苏联以外仍占大多数），也不得不用马克思主义的观点来考虑自己的观点。"

杰弗里·巴勒克拉夫指出："马克思主义作为哲学和总的观念，从五个主要方面对历史学家的思想产生了影响。

首先，它既反映又促进了历史学研究方向的转变，从描述孤立的——主要是政治的——事件转向对社会和经济的复杂而长期的过程的研究。

其次，马克思主义使历史学家认识到需要研究人们生活的物质条件，把工业关系当作整体的而不是孤立的现象，并且在这个背景下研究技术和经济发展的历史。

第三，马克思主义促进了对人民群众历史作用的研究，尤其是他们在社会和政治动荡时期的作用。

第四，马克思的社会阶级结构观念以及他对阶级斗争的研究不仅对历史研究产生了广泛影响，而且特别引起了对研究西方早期资产阶级社会中阶级形成过程的注意，也引起了对研究其他社会制度——尤其是奴隶制社会、农奴制社会和封建制社会——中出现类似过程的注意。

最后，马克思主义的重要在于它重新唤起了对历史研究的理论前提的兴

① 林甘泉：《二十世纪中国历史学》，《历史研究》1996 年第 2 期。

趣以及对整个历史学理论的兴趣。"

正因为如此，他认为："马克思主义在包括美国在内的绝大多数国家的历史学家当中是产生了最大影响的解释历史的理论。""到（二十世纪）五十年代，任何历史学家（甚至包括那些反马克思主义者），不能否认睿智的马克思主义的方法和态度对历史学产生的积极影响，并且必须正视这场挑战。"①

发人深思的事实在于："先前有些无意接受唯物史观的历史学家，在功成名就之后恍然大悟，原来自己受益于唯物史观，因而尊重和推崇起发现唯物史观的马克思来。法国'年鉴派'创始人之一马克·布洛赫在《奇怪的崩溃》中写道：'如果有一天，革新派的历史学家们决定为自己建造先贤祠的话，那末，那位来自莱茵河畔的先哲的银髯飘然的半身塑像一定会端坐在殿堂之首。'（转引自《八十年代的西方史学》，中国社会科学出版社1990年版，第78页）"②

三　以科学历史观做指导，"重新研究全部历史"

马克思、恩格斯在发现唯物主义历史观的同时，就提出了"深入研究"人类史的任务。他们说："我们需要深入研究的是人类史，因为几乎整个意识形态不是曲解人类史，就是完全撇开人类史。"③

与唯心主义历史观相反，唯物主义历史观"不再是从头脑中想出联系，而是从事实中发现联系"。④坚持以唯物主义历史观做指导，从根本上说，就是坚持从历史实际出发，以严格的科学态度进行历史研究。列宁之所以高度评价恩格斯的著作《家庭、私有制和国家的起源》，就在于"其中每一句话都是可以相信的，每一句话都不是凭空说的，而是根据大量的史料和政治材料写成的"。⑤

唯物主义历史观不是构造体系的杠杆，也不是剪裁历史事实的公式，它

---

①　杰弗里·巴勒克拉夫：《当代史学主要趋势》，上海译文出版社1987年版，第1、2、3、27、32页。

②　田居俭：《唯物史观与历史研究》，《光明日报》2000年8月25日。

③　《马克思恩格斯文集》第1卷，人民出版社2009年版，第519页。

④　《马克思恩格斯文集》第4卷，人民出版社2009年版，第312页。

⑤　《列宁专题文集·论辩证唯物主义和历史唯物主义》，人民出版社2009年版，第284页。

所指示的是科学的历史研究的方向和方法。它的创始人反复讲过："我们的历史观首先是进行研究工作的指南，并不是按照黑格尔学派的方式构造体系的杠杆。""如果不把唯物主义方法当做研究历史的指南，而把它当做现成的公式，按照它来剪裁各种历史事实，那它就会转变为自己的对立物。"所以，恩格斯在1890年致康拉德·施米特的信中强调："必须重新研究全部历史，必须详细研究各种社会形态的存在条件，然后设法从这些条件中找出相应的政治、私法、美学、哲学、宗教等等的观点。在这方面，到现在为止只做了很少的一点工作，因为只有很少的人认真地这样做过。在这方面，我们需要人们出大力，这个领域无限广阔，谁肯认真地工作，谁就能做许多成绩，就能超群出众。"①

在历史研究中坚持唯物主义历史观，即遵循唯物主义的方向，采用科学的方法，是很重要的。列宁说过："如果没有坚实的哲学论据，是无法对资产阶级思想的侵袭和资产阶级世界观的复辟坚持斗争的。"② 这个告诫不仅适用于从事自然科学研究，同样也适用于从事历史科学研究的人们。他强调："沿着马克思的理论的道路前进，我们将愈来愈接近客观真理（但决不会穷尽它），而沿着任何其他的道路前进，除了混乱和谬误以外，我们什么也得不到。"③

坚持唯物主义历史观的指导，与继承中国史学传统中的优秀遗产和有分析地吸取外国史学理论与方法中的有益成分，是不矛盾的。毛泽东说过："我们信奉马克思主义是正确的思想方法，这并不意味着我们忽视中国文化遗产和非马克思主义的外国思想的价值。"④ 唯物主义历史观并不是由什么人发明出来，而后从外部强加给历史的僵化的原则；它本身正是从无数的历史现象中抽象出来的对于历史发展的规律性的认识。它在发展中可以融合、吸纳一切对于历史的科学的观察方法和研究成果。而一切对于历史的科学的观察方法和研究成果，也是可以而且一定会与它相通的。正因为如此，坚持唯物主义历史观的指导，不仅并不妨碍，而且可以为我们正确地继承、吸纳、融化中外史学理论与方法中的有益成分，指明方向，开辟道路。

---

① 《马克思恩格斯文集》第10卷，人民出版社2009年版，第583、587页。
② 《列宁专题文集·论辩证唯物主义和历史唯物主义》，第328页。
③ 《列宁选集》第3卷，人民出版社1995年版，第103—104页。
④ 《毛泽东文集》第3卷，人民出版社1996年版，第191页。

四　研究历史，推进马克思主义史学理论的发展

学习马克思主义历史理论，归根到底是为了推动历史研究，即以此为指导，去进一步学习、研究中国和世界的历史，努力探索中国社会发展的规律和人类社会发展的规律。

马克思、恩格斯创立唯物主义历史观以来，已经有 160 多年的时间过去了。在这期间，世界历史经历了许多新的变化和发展。资本主义发展到它的最高阶段即帝国主义阶段。资本主义的世界体系被突破，社会主义首先在一国而后在多国取得胜利，尽管经历过曲折，仍在继续发展。亚洲、非洲、拉丁美洲等广大地区的民族解放运动逐步兴起并不断取得胜利，广大发展中国家应对面临的挑战，在前进中展现出许多新的特点。适应历史发展的重大变化，历史学界对世界史、地区史（包括以往很少研究的非洲史、拉丁美洲史等）、国别史、国际关系史等的研究，也都有许多新的进展。这就为进一步检验、丰富和发展马克思主义历史理论提供了重要的基础。

马克思主义的历史理论本身不能简单地从已有的理论中推导出来。它是从历史现象中抽象来的，是对历史发展进程的规律性的认识。毫无疑问，我们必须认真研读马克思主义历史理论的经典文本。但是，仅仅停留在这一步还不够。因为理论的发展历史只是史学理论的流，历史本身才是历史理论的源。这一点，只要看一看马克思的《路易·波拿巴的雾月十八日》、恩格斯的《家庭、私有制和国家的起源》这类运用和阐述唯物史观的代表性作品就清楚了。如果从事史学理论研究，却不去了解历史、不去研究历史现象，那么，这样形成的理论就难免成为无源之水、无本之木，就很难有旺盛的生命力了。

马克思主义历史理论是一个发展的、开放的体系，不是一种僵化的、封闭的学说。我们要在推进历史研究的过程中，进一步使这个理论得到丰富和发展。

当然，丰富和发展这个理论，是一项艰苦的科学工作。恩格斯早就讲过："即使只是在一个单独的历史事例上发展唯物主义的观点，也是一项要求多年冷静钻研的科学工作，因为很明显，在这里只说空话是无济于事的，只有靠大量的、批判地审查过的、充分地掌握了的历史资料，才能解决这样

的任务。"学习马克思主义历史理论，坚持马克思主义历史理论，发展马克思主义历史理论，这就是我们对待这个科学的历史观和方法论所应当采取的科学态度。

马克思的两部《历史学笔记》
——文本、前沿和现代意义

于 沛

（中国社会科学院世界历史研究所）

约 1881 年底到 1882 年底，晚年的马克思写有一部史学手稿，即《历史学笔记》。在 1879—1882 年间，马克思还撰有《古代社会史笔记》（《人类学笔记》、《民族学笔记》），这两部笔记是实证性的，但与马克思、恩格斯早年提出唯物史观理论的《德意志意识形态》等著作，在理论上、方法上，以及文献资料的使用和具体内容上，都有着十分密切的内在联系。马克思《历史学笔记》第 1 册包含有人类学的内容。因此，研究者多将《古代社会史笔记》（《人类学笔记》）和《历史学笔记》结合起来进行研究。这两部笔记集中体现了马克思晚年的历史研究。所以人们又常把这两部研究历史的笔记，合称为马克思的"两部历史学笔记"。

马克思的两部《历史学笔记》表明，历史研究在马克思的科学研究工作中占有重要的地位。马克思主义唯物史观是一个系统的科学整体，马克思的史学方法，是辩证的逻辑分析与实证的历史分析相结合的方法。明确这些，对于澄清种种反马克思主义思想造成的思想混乱，全面、准确地理解唯物史观基本原理，坚持历史研究中的马克思主义的理论指导，具有重要的理论意义和现实意义。

一

马克思晚年为什么要写作《历史学笔记》？国内学术界较流行的看法是：马克思晚年放弃或暂时搁置了《资本论》的写作，而致力于发展唯物主义历史观。这种看法缺乏依据，是主观臆断。马克思的《历史学笔记》是一部编年史，但它并非马克思所做的唯一编年史，马克思在其一生的历史学研究中一共做了 7 个编年史摘录，分别是：克罗茨那纳赫笔记中关于法国和德国的 2 个编年史；巴黎笔记中关于古罗马的简短编年史；1857 年 1 月关于俄国的编年史；1860 年 6 月关于欧洲历史的编年史；1879 年《印度史编年稿》；1881—1882 年《历史学笔记》。

从前 6 个编年史的写作情况看，马克思都是为了使自己熟悉所研究问题的历史背景而做的。可以说，就像"读书就作摘录"的习惯一样，通过做编年史以熟悉所研究问题的历史史实已成为马克思的研究习惯。它是马克思进行科学研究所做的基础性工作。相对于前 6 个编年史来说，《历史学笔记》篇幅比较大，但这并不能改变它作为"基础性工作"的性质。马克思做这个编年史与它晚年的土地所有制研究有直接关系。马克思晚年的土地所有制研究是他经济学写作计划的重要内容。

学习和研究《笔记》中所摘录的文献资料，有助于从理论与实践的结合上深入理解马克思主义的唯物史观和马克思的历史思想。中文本《历史学笔记》系根据苏联 1938 年、1939 年、1940 年和 1946 年出版的《马克思恩格斯文库》第 V、VI、VII、VIII 卷翻译，1992 年 9 月由红旗出版社出版。2004 年春，中国人民大学出版社建议重印此书，译校者（中央编译局马列著作编译部）借此机会对译文做了修订，2005 年 11 月出版。

《历史学笔记》写有 4 个笔记本，约合中文 165 万字。《笔记》写下后几个月，马克思逝世。恩格斯在整理这部手稿时，为其加上《编年摘录》（Chronologiche Auszuge）的标题，并为每个笔记本加上了编号。因此，后来也有人将这部《历史学笔记》称为《编年摘录》、《世界史编年摘录》，或《编年大事记》。世界历史研究是马克思科学研究的重要内容之一，这部《历史学笔记》是马克思在研究世界通史时撰写的，表明马克思的世界历史研究，是有计划地进行着。

在《历史学笔记》中，马克思对公元前 1 世纪到公元 17 世纪欧洲的历史做了批判性的评述，其主要关注点是：封建制度瓦解；资本主义发展时期的现代民族国家的起源；资产阶级为确立自己的统治所进行的斗争；与这一时期欧洲历史有关联的一些亚洲和非洲国家的历史。马克思当时使用的主要文献资料是：德国历史学家施洛塞尔的《世界史》（18 卷）；博塔的《意大利人民史》；科贝特的《英国和爱尔兰的新教改革史》；休谟的《英国史》；马基雅弗利的《佛罗伦萨史》；卡拉姆津的《俄罗斯国家史》；赛居尔的《俄国和彼得大帝》；格林的《英国人民史》。

《历史学笔记》的内容十分丰富，保存有不少今天已经难以找到的重要历史文献。四册笔记涉及的具体历史时期和内容如下：

第一册，公元前 1 世纪初到 14 世纪初。内容包括早期罗马帝国；意大利封建制度形成；欧洲各民族的历史；5 世纪到 12 世纪的阿拉伯人、土耳其人、蒙古人、花剌子模人的历史；14 世纪中叶以前北欧和东欧诸国的历史；罗马天主教会和法、德、意、英诸国封建主的"十字军远征"等。在附录中，摘抄有卡尔洛·博塔的《意大利人民史》和施洛塞尔的《世界史》中的有关内容，通过对照阅读，有助于对《历史学笔记》的理解。

第二册，内容与第一本关系密切，14 世纪到 15 世纪 70 年代的欧洲封建社会的历史。市民阶层作为一种新的社会力量开始增长；社会动荡，阶级矛盾尖锐，阶级斗争激烈，爆发了大规模的农民起义，如法国扎克雷运动、英国瓦特·泰勒起义、捷克胡斯战争等。所有这一切都严重动摇着封建社会的统治基础。马克思认为胡司是争取捷克人民解放的民族英雄，而将其出卖给康斯坦茨主教的西吉斯蒙德皇帝则被认为是"可怜的寄生虫、懒汉、乞丐、酒囊、饭袋、小丑、懦夫、伪君子"。[①] 马克思在关注群众革命运动的同时，也对封建国家行政机构的发展给予了充分的重视。

第三册，1470—1580 年西班牙、意大利、法国、德意志、英国、匈牙利、捷克、尼德兰等欧洲国家的历史，以及施马尔卡尔登战争结束前的土耳其的历史等。无论对世界史还是对欧洲史，这一时期都具有特别重要的意义，这是因为在 16 世纪揭开了资本主义发展的序幕 。随着资本主义生产关系的萌生和发展，盛极一时的封建制度走向衰落。摘录的主要内容包括宗教改革及与其有关的战争，发生在 16 世纪的德国、意大利和法兰西的内战等。

第四册，约 1580—1648 年的历史，以发生在 1618—1648 年的欧洲三十年战争为重点。在这一册笔记中，较为详细地摘抄了战争爆发前后的重要历史事件，参战相关国家的历史，以及这些国家之间的关系，各国外交政策和国际关系的演变等。与前三册相比较，有关俄国历史的内容明显增多。英国史，包括英国资本主义原始积累的历史过程研究，占重要地位。这册所研究的内容和《资本论》的撰写密切相关。本册的附录是格林《英国人民史》的有关章节，包括托马斯·莫尔论圈地运动，这对于人们具体了解在英国"羊吃人"的历史，以及"羊"怎样"吃人"的历史是有益的。

---

① 《马克思历史学笔记·第二册》，红旗出版社 1992 年版，第 131 页。

这部《笔记》的重要特点之一，是马克思在摘录历史学家撰写的一些历史著作时，按照自己的逻辑，表达了他对书中所述及的各种历史现象、历史过程的理解和评价，同时补充了某些被遗漏的重要事实，订正了一些记述不够准确的地方，因此，《历史学笔记》不是作为文献积累简单地摘抄或复述，它是马克思世界历史研究的一部分，具体反映了马克思的历史观点、历史理论及方法。

在马克思看来，历史过程是人类创造的实际历史进程，只有详尽、深入地研究具体的史实才能真正地看清历史的真相。为此，马克思毕生都在阅读历史书籍，写有大量的提要和摘录，《历史学笔记》只是其中之一。马克思在《〈政治经济学批判〉序言》中曾指出："一般说来，亚细亚的、古代的、封建的和现代资产阶级的生产方式可以看作是经济的社会形态演进的几个时代"。①这几种社会形态的具体内容，马克思在《历史学笔记》中通过实证的历史文献资料有所说明，为检验唯物史观所揭示的社会发展规律提供了必要的史料。

二

公元前 1 世纪以前欧洲历史的主要内容，是古代希腊从原始氏族制度向奴隶制度演变的历史。美国民族学家、原始社会史学家摩尔根在《古代社会》一书中，对这一过程进行了详尽的研究，马克思、恩格斯对其所取得的成果给予了高度评价。在 1879—1882 年间，马克思就公元前 1 世纪以前欧洲历史的主要内容，做了详细的摘录，即《古代社会史笔记》（《人类学笔记》、《民族学笔记》），所以马克思《历史学笔记》的内容，从公元前 1 世纪开始，不再重复在《人类学笔记》中已经涉及的内容。

1996 年，人民出版社出版中共中央编译局译《马克思古代社会史笔记》。《古代社会史笔记》的内容是：《路易斯·亨·摩尔根〈古代社会〉一书摘要》；《亨利·萨姆纳·梅恩〈古代法制史讲演录〉（1875 年伦敦版）一书摘要》；《纳·拉伯克〈文明的起源和人的原始状态〉（1870 年伦敦版）一书摘要》；《马·柯瓦列夫斯基〈公社土地占有制，其解体的原因、进程和结果〉一书摘要》；《约翰·菲尔爵士〈印度和锡兰的雅利安人村社〉》（1880 年版）。1985 年，人民出版社《马克思恩格斯全集》第 45 卷出版，

---

① 《马克思恩格斯选集》第 2 卷，人民出版社 1995 年版，第 33 页。

《人类学笔记》收入其中，其内容是《路易斯·亨·摩尔根〈古代社会〉一书摘要》；《亨利·萨姆纳·梅恩〈古代法制史讲演录〉一书摘要》；《纳·拉伯克〈文明的起源和人的原始状态〉一书摘要》；《马·柯瓦列夫斯基〈公社土地占有制，其解体的原因、进程和结果〉一书摘要》。

对这部笔记的称谓，大体有以下三种：一是《人类学笔记》或《民族学笔记》。"人类学"和"民族学"这两个概念在西方学术传统中有相通之处。1972年，克拉德将马克思晚年笔记整理出版的书名就是《卡尔·马克思的民族学笔记》。在别的场合，他还将马克思晚年的这些笔记称为《人类学笔记》。此后的唐纳德·凯利、诺曼·莱文以及布洛赫等人沿用了克拉德的用法。

二是《古代史笔记》或《东方社会笔记》，这主要以苏联的学者为代表。他们认为马克思晚年笔记的主要问题，是要探索根据西欧材料建立的社会发展规律对于世界历史，尤其是古代史的实际适用性，并探求东方社会的独特发展道路。

三是统称《马克思晚年笔记》。这种称谓不涉及笔记的具体内容，可以避免一些形式上的无谓争论，但毕竟是研究之初的权宜之计。

以上三种称谓中，《人类学笔记》称谓正为越来越多的研究者所接受。这一称谓是对马克思晚年笔记的误读，具体表现为以下两方面：第一，将马克思关于"人的科学"同现代意义上的"人类学"混为一谈。在马克思的许多著作中，"人类学"是个广义概念，被当作"人本学"的同义词使用，含有关于人的本质及其社会发展的含义。譬如在《1844年经济学哲学手稿》中，马克思提出的"人类学的本体论"（anthropological ontology），也就是"人本学"（Anthropoontology）的意思。第二，忽略了对马克思理论革命性特征的关注。1880年，纽约《太阳报》记者约翰·斯温顿采访马克思时，曾问及"什么是存在"这个问题，马克思"严肃而郑重地回答说'斗争'"，这实际上是马克思一生理论生涯的写照。

晚年马克思摘录的笔记，并非是受"不可饶恕的学究气"驱使，躲进书斋进行纯粹学术性的人类学理论的探讨。恰恰相反，马克思并没放弃他一直从事的资本主义批判工作。他的《古代社会史笔记》，摘录的对象虽是人类学著作，但其理论目的却是为了完善革命的唯物史观，从国家和文明起源的角度论证资本主义私有制和国家存在的历史暂时性，及其灭亡的历史必然性。

《古代社会史笔记》的主要理论贡献，首先是完善了历史唯物主义。如关于社会结构的理论，希腊和罗马的氏族，以往是个谜，如今可以用印第安人的氏族来说明了，因而也就为全部原始历史找到了一个新的基础。此外，阶级社会的经济基础和上层建筑相互关系的原理，也适用于说明氏族社会的社会结构。丰富了关于社会形态划分的理论；如在《德意志意识形态》（1845—1846）中，经典作家第一次排出人类社会历史发展的序列：部落所有制、古代公社所有制和国家所有制、封建的或等级的所有制形式。后在《〈政治经济学批判〉序言》（1859）中提出，"一般说来，亚细亚的、古代的、封建的和现代资产阶级的生产方式可以看作是经济的社会形态演进的几个时代"。[①] 1881 年，俄国女革命家查苏利奇给马克思写信，请求马克思谈谈他对俄国历史发展的前景，特别是他对俄国农村公社的命运的看法。马克思在给查苏利奇的回信中，首先引用了自己在《资本论》中关于分析资本主义生产的起源的论述，然后指出："可见，这一运动的'历史必然性'明确地限于西欧各国。"[②] 1877 年，马克思在给俄国《〈祖国纪事〉杂志编辑部的信》中写道：他（俄国社会学家、政治家，自由主义民粹派的著名代表米海洛夫斯基）"一定要把我关于西欧资本主义起源的历史概述彻底变成一般发展道路的历史哲学理论，一切民族，不管他们所处的历史环境如何，都注定要走这条道路，——以便最后都达到在保证社会劳动生产力极为高度发展的同时又保证人类最全面的发展的这样一种经济形态。但是我要请他原谅，他这样做，会给我过多的荣誉，同时也会给我过多的侮辱"。[③] 此外，关于从公有制社会向私有制社会转化的理论，经典作家也提出了新的观点。1848 年 2 月《共产党宣言》曾写道："至今一切社会的历史都是阶级斗争的历史。"马克思研究了古代社会史之后，对此进行了纠正：1888 年英文版《共产党宣言》在上面那句话加了一个注释："这里指有文字记载的全部历史"。1847 年前，人类的史前史、成文史以前的社会组织，几乎无人知道。

其次，对一些政治经济学的论断进行了修正。马克思在研究古代社会史的同时，并没有停止政治经济学的研究，没有停止《资本论》第一卷的修改；没有停止《资本论》第二、三卷的写作。例如，指出俄国的土地关

---

① 《马克思恩格斯选集》第 2 卷，人民出版社 1995 年版，第 33 页。
② 《马克思恩格斯选集》第 3 卷，人民出版社 1995 年版，第 774 页。
③ 同上书，第 343 页。

系，具有不同于西欧的特殊形态；俄国的土地所有制和对农业生产者的剥削具有多种多样的形式。

依据印度村社土地所有制演变的实证资料，在一定程度上纠正了马克思恩格斯以前关于东方"不存在土地私有制"的论断。马克思高度重视各国土地制度及其演变的差异性和多样性，反对用西欧模式说明东方各国的土地制度及其演变，如印度不存在"西欧意义上的封建主义"。（土地庄园化、社会的农奴化、政治分权割据……）在其次，丰富和发展了科学社会主义理论。通过实证的研究，进一步论述了资本主义必然为社会主义所代替、共产主义必然胜利的理论、无产阶级革命同盟军的理论，以及东方革命与西方革命的相互关系理论等。

马克思的《人类学笔记》和《历史学笔记》一样，是他历史理论的深化。如果说《人类学笔记》是马克思历史理论的第一次深化，那么，《历史学笔记》则是继《人类学笔记》之后的第二次深化。

三

1972 年，马克思的《人类学笔记》由美国人类学家劳伦斯·克拉德编纂、整理、注释，并写有长篇绪论，交荷兰的出版公司出版发行，书名为《卡尔·马克思的社会文化人类学笔记》，引起广泛反响，很快日文、德文、西班牙文、意大利文、法文等多种文本面世。

1974 年再版。劳伦斯·克拉德最初整理的是《路易斯·亨·摩尔根〈古代社会〉一书摘要》、《亨利·萨姆纳·梅恩〈古代法制史讲演录〉一书摘要》、《纳·拉伯克〈文明的起源和人的原始状态〉一书摘要》、《约·布·菲尔〈印度和锡兰的亚利安人村庄〉一书摘要》四部著作的笔记，后又整理出版了马克思的另一部重要的人类学笔记，即《马·柯瓦列夫斯基〈公社土地占有制，其解体的原因、进程和结果〉一书摘要》。

马克思晚年的这五本人类学笔记约合中文 40 万字。在研究马克思晚年思想时，仅仅研究马克思的《人类学笔记》，或将其与《历史学笔记》等他在晚年的其他笔记割裂、对立起来是不妥的。《历史学笔记》是一部未能引起足够重视的马克思晚年的重要著述。认真研究马克思的《历史学笔记》，对于正确理解马克思晚年的思想，澄清一些错误的认识，具有重要的意义。

在马克思晚年思想研究中，近年西方学者提出一种颇有影响的观点：鉴于马克思晚年的多种笔记中多涉及俄国、印度等东方国家和古代村社制度，于是他们就误以为马克思晚年在理论上出现了"困惑"，表明马克思的学术兴趣发生了"明显转移"，放弃了《资本论》的研究与写作，进而得出一些错误的结论。

例如，认为马克思对东方古代社会的研究，表明唯物史观所揭示的社会形态"依次更迭"理论"行不通"了，"人道主义"代替了唯物史观。还有人提出所谓马克思晚年的"东方社会发展理论"，和马克思中年的"西方社会发展理论"两个概念，并将两者对立起来，将统一的马克思主义学说割裂成对立的两部分，否认马克思主义学说是一个有内在联系的科学体系。

西方一些学者还提出"回归论"，即所谓"晚年马克思向早年马克思的回归"。还有"对立论"，将马克思和恩格斯对立起来，例如，美国学者诺曼·莱文在《可悲的骗局：马克思反对恩格斯》、《马克思恩格斯思想中的人类学》、《辩证唯物主义和村社》等著述中，即持这种观点。在他看来，马克思是"辩证唯物主义者"，从来没有提出固定的社会发展模式；而恩格斯是"经济决定论者"，认为人类所有社会发展必然要经历一整套固定的发展阶段，将马克思富有活力的社会理论变成了僵死的社会决定论体系，进而得出恩格斯是"庸俗马克思主义的创始人"的谬论。

产生这些错误观点的原因很多，其中之一是西方学者出于某种政治偏见和政治目的，曲解反映马克思晚年思想重要内容的《历史学笔记》，歪曲《历史学笔记》的实质性内容。此外，对《历史学笔记》没有给予充分的重视，缺乏系统的研究。在《历史学笔记》中，马克思通过实证性的历史研究，在理论与历史研究实践相结合的基础上，对唯物史观的基本原理进行了阐释和验证。

马克思、恩格斯多次申明：

"历史是不能靠公式来创造的"，"我们的理论是发展着的理论，而不是必须背得烂熟并机械地加以重复的教条"。"如果不把唯物主义方法当作研究历史的指南，而把它当作现成的公式，按照它来剪裁各种历史事实，那它就会转变为自己的对立物"。①

---

① 《马克思恩格斯选集》第 1 卷，人民出版社 1995 年版，第 163 页；《马克思恩格斯选集》第 4 卷，人民出版社 1995 年版，第 681、688 页。

自马克思主义诞生以来直至今日，将马克思主义概念化、公式化，从教条出发肆意"剪裁历史"的重要表现之一，就是将马克思主义的历史决定论和庸俗经济决定论相混淆。1890 年 9 月，恩格斯在致约·布洛赫的信中说：

> 根据唯物史观，历史过程中的决定性因素归根到底是现实生活的生产和再生产。无论马克思或我都从来没有肯定过比这更多的东西。如果有人在这里加以歪曲，说经济因素是唯一决定性的因素，那么他就是把这个命题变成毫无内容的、抽象的、荒诞无稽的空话。经济状况是基础，但是对历史斗争的进程发生影响并且在许多情况下主要是决定着这一斗争的形式的，还有上层建筑的各种因素。[1]

如果说恩格斯在这里是从理论的高度概括上，有针对性地阐释了经济基础和上层建筑的关系，那么，马克思则在《历史学笔记》中，通过对历史进程的实证研究来阐明这些唯物史观的基本原理。例如，第 1 册笔记中有关英国、德国、法国"十字军远征"的内容占有很多篇幅，而这些内容的重点之一是罗马天主教会和教皇的作用。例如，"英诺森三世成了教皇，他立即成立一个惩治异教徒的委员会，指定西多会的一名修士和该会的另一名修士卡斯特尔诺的彼得为特使，给他们下达书面指令，其中包含了对异教徒实行最终审判（即宗教法庭）的所有要点"。"著名的'圣徒'（走狗）多明我（多明我会的创始人）和一些狂热的西班牙神职人员成为教皇的特使，他们还煽动阿拉贡国王采取行动，在这以后，对异教徒的迫害日见加剧"。[2]

马克思认为，宗教自己并无历史，它的历史不过是人类历史的歪曲反映，宗教是"现实世界的反映"，"一切宗教的内容，都是以人为本源"。[3]在第三册论及封建主义衰落和资本主义的兴起时，宗教改革和与之有关的内容占有相当多的篇幅，如"宗教改革初期的德国、西班牙、法国、英国和意大利"、"德国的宗教改革"、"宗教改革的成功"、"宗教改革运动的结果"、"亨利八世前的法国宗教战争"等，表明马克思对于宗教这一与社会历史因素相联系的特殊的"意识形态"和"上层建筑"，给予高度的重视。在人类

---

① 《马克思恩格斯选集》第 4 卷，人民出版社 1995 年版，第 695—696 页。
② 《马克思历史学笔记·第一册》，红旗出版社 1992 年版，第 141—142 页。
③ 《马克思恩格斯全集》第 23 卷，第 96—97 页。

历史发展的进程中，特别是西欧社会历史发展的进程中，宗教发挥着重要的作用。马克思通过具体的史实论证了"一切宗教都不过是支配着人们日常生活的外部力量在人们头脑中的幻想的反映，在这种反映中，人间的力量采取了超人间的力量的形式"，①强调宗教的实质内容是人，而不是神。

在《德意志意识形态》中，马克思第一次描述了人类社会历史的发展趋势：即部落所有制、古代公社所有制和国家所有制、封建的或等级所有制、资本主义所有制和未来的共产主义所有制。马克思还在其他著述中，详尽地阐释了社会发展普遍规律和社会形态相互更迭的历史过程。这些理论在马克思晚年的《笔记》中，也有精辟的探讨和论证。——关于原始氏族社会向奴隶制的发展的探讨，有关内容主要集中在《人类学笔记》中；而在《历史学笔记》中，则对奴隶制的、封建制的和资本主义的经济形态，进行了深入的研究。如果说在《德意志意识形态》等著作中对社会形态的论述，主要是通过哲学意义上的阐释，针对费尔巴哈的哲学人本主义、黑格尔的思辨哲学和青年黑格尔派的英雄史观，做出历史唯物主义的回答，那么，在马克思晚年的《历史学笔记》中，则主要是通过实证的形式深化社会形态理论的研究，使其得到更完整、更准确、更科学的表述。

一些人因马克思晚年论及俄国农村公社可以跨越资本主义"卡夫丁峡谷"，于是便认为马克思早年提出的社会形态学说不适用于东方，因此需要重新规范"历史发展道路"，建立所谓"适用于共同的社会形态的理论体系"等。这些认识的产生，是从公式、概念出发，教条主义地片面理解马克思主义的结果，完全割裂了马克思主义作为一个完整的科学体系的内在联系。那种所谓研究中心的"转移"、理论认识和观点的"改变"等问题的提出，既没有看到马克思的历史认识视野不断扩大的连续性，也没有看到唯物史观理论的不断完善和发展，总之，是用僵化的观点对待充满生机，在实践中不断发展着的唯物史观的结果。

唯物史观产生有其特定的社会历史条件和理论前提，同时也离不开对人类历史发展进程的深刻理解。如果说对唯物史观产生的社会历史条件和理论前提，以往已经有了较多的研究成果问世，人们已经有了较系统和深入的了解，那么在后一方面的研究则相对薄弱，长期以来忽略对两部《历史学笔记》的研究，即是这方面的表现。马克思在两部《历史学笔记》中所体现

---

① 《马克思恩格斯选集》第 3 卷，人民出版社 1995 年版，第 666—667 页。

的对世界历史进程的研究和关注表明，唯物史观广泛汲取了人类文明的优秀成果，是时代呼唤的产物，同时也是坚实地建立在对人类历史进程的真切了解的基础上。

马克思反对从概念出发去任意剪裁历史，强调从实际出发，具体问题具体分析，因为极为相似的东西，在不同的历史环境中出现，就会引起完全不同的结果。马克思多次以古代罗马享有公民权和选举权的"平民"的命运为例，来说明这一点。古罗马平民的遭遇，与资本原始积累时期农民的情况十分类似，几乎被剥夺了所有的生产资料和生活资料。在这个过程中，蕴含着大地产形成的过程和大货币资本形成的过程。但是，平民的沦落没有变成如《资本论》所说的那样，成为资本主义的雇佣工人，而成为"游民"；同时得到发展的是奴隶占有制，并没有出现资本主义的生产方式和生产关系。显然，马克思的这个结论不是从一般概念和原理的模式出发，而是从对客观事实的研究和判断中得出的。马克思具体地分析具体的历史环境，是对超历史的历史哲学的否定。

四

马克思《历史学笔记》提供了历史研究的科学方法。以往人们经常认为，唯物史观既是马克思主义史学的理论，也是它的方法论。实际上，唯物史观在理论和方法论意义上的指导作用，并非只是在历史学方面，而是涵盖整个哲学社会科学各学科、各领域，历史学只是其中之一。历史学有属于自己、与史学学科特征相一致的理论方法论。自然，我们所说的史学理论或方法以唯物史观为理论指导，唯物史观是其理论基础和核心。

马克思毕生没有脱离世界历史研究，他的史学研究方法或是逻辑的方法，或是实证的方法，但是，他并没有将两者对立起来，而是从揭示人类历史矛盾运动的科学性、真理性这一总体目的出发，将两者有机地结合在一起。学习和研究《历史学笔记》，可以使人们对马克思的史学方法理论有更具体、更深入的理解。

在历史研究中，人们"对它的科学分析，总是采取同实际发展相反的道路。这种思索是从事后开始的，就是说，是从发展过程的完成的结果开始的"。[①] 马克思在《〈政治经济学批判〉导言》中，曾以"人体解剖对于猴体

---

① 《马克思恩格斯全集》第23卷，人民出版社1972年版，第92页。

解剖是一把钥匙"为例，对从后推及的"溯源"方法，即从典型的高级形态追溯它的低级形态的方法，进行了具体的阐释。他说："资产阶级社会是最发达的和最多样性的历史的生产组织。因此，那些表现它的各种关系的范畴以及对于它的结构的理解，同时也能使我们透视一切已经覆灭的社会形式的结构和生产关系。资产阶级社会借这些社会制度的残片和因素建立起来，其中一部分是还未克服的遗物，继续在这里存留着，一部分原来只是征兆的东西，发展到具有充分意义，等等。"①

　　逻辑分析方法是马克思历史研究中的重要方法，但并非是唯一的方法。这在他的《历史学笔记》中可以清楚地看出。在这部笔记中马克思主要依据大量的史料，采用的是"实证"的历史分析方法，即从具体的历史文献资料出发，通过对史料的鉴别，进行比较分析。这与他早年和中年时期的《德意志意识形态》、《资本论》等著作的研究方法不同。当时的那些研究成果主要是依据逻辑的方法取得的，表现为典型的理论形态。由此可以看出，马克思的历史研究方法并非只是逻辑分析的方法，也包括实证的历史分析方法。将逻辑思维和实证分析截然对立起来，进而认为逻辑分析是马克思主义史学的唯一方法，显然是不符合实际的。

　　马克思无论在创立唯物史观之前，还是在创立唯物史观的过程中，都没有离开实证分析的历史研究方法。例如，1842 年马克思写道，"世界史本身，除了通过提出新的问题来解答和处理老问题之外，没有别的方法。因此，每个历史时期的谜是容易找到的。这些谜反映了时代所提出的问题"。②在这里可以看出马克思是通过实证的研究，而不是通过逻辑分析来探究如何回答每个历史时期的"谜"。在《德意志意识形态》中探讨美国等国家社会发展问题时，也不难看出这种实证的研究方法。

　　马克思在其一生的历史学研究中一共做了 7 个编年史摘录，马克思通过做编年史以熟悉所研究问题的历史史实是马克思的研究习惯之一，并非仅仅是在晚年。《历史学笔记》使人们认识到，马克思的史学研究方法，是逻辑分析方法和实证分析方法的辩证统一。这两种史学研究方法有机地联系在一起，在马克思的历史研究以及整个理论创造活动中，占有十分重要的地位。

　　如果说逻辑分析方法是理论描述，是"论"，那么实证分析方法则是具

---

① 《马克思恩格斯选集》第 2 卷，人民出版社 1995 年版，第 23 页。
② 《马克思恩格斯全集》第 40 卷，人民出版社 1982 年版，第 289 页。

体的历史过程的描述，是"史"。脱离实证的"史"去"论"只能是空论；而没有"论"的"史"，则是没有价值判断的史料堆砌，也不成其为"史"。只有将两者密切地结合起来，才有可能将历史研究建立在坚实的客观物质世界的基础上，透过复杂、曲折、矛盾的社会历史现象的迷雾，真正认识到历史信息所传达的历史真理的本质内容。

重新解读唯物史观的紧迫性与可能性

吴 英

（中国社会科学院世界历史研究所）

　　唯物史观对历史研究的指导地位在不断削弱乃是不争的现实。回到马克思，准确解读原著，对唯物史观做出重新诠释，并运用新的解释体系对重大的历史和现实问题做出解析，已成为一项非常紧迫的任务，也是恢复唯物史观活力及影响力的关键所在。

一

　　回顾唯物史观在中国史学研究领域地位的演化，大体可分为三个阶段：

　　第一个阶段，是唯物史观在中国史学研究领域的地位逐渐提高、影响逐渐扩大的阶段。它从李大钊系统介绍唯物史观开始到 1949 年中华人民共和国诞生为止，其间，对唯物史观的传播和扩大影响发挥主要推动作用的是 20 世纪二三十年代的社会史大论战。在论战中，唯物史观对社会史研究中重大理论问题的解释力得到展现，促使唯物史观受到越来越多的关注。在这个阶段，在"国统区"和延安的马克思主义历史学家在唯物史观指导下写出了许多有重大影响的历史论著，对扩大唯物史观的影响起到了决定性作用。著名的"五老"（指郭沫若、范文澜、翦伯赞、侯外庐、吕振羽）都是在这一时期因为研究成果的卓著而闻名的。

　　第二个阶段，是唯物史观在中国史学研究领域的指导地位确立并延续的阶段。这一阶段是从 1949 年到 20 世纪 80 年代末和 90 年代初，除少数历史研究者外绝大多数学者都以唯物史观为历史研究的指导理论。但鉴于我们对唯物史观的认识存在简单化倾向，更为严重的是在"文化大革命"期间我们的史学沦为影射史学，致使一些学者对唯物史观的科学性产生怀疑。粉碎"四人帮"后，在思想解放的大背景下，史学界对唯物史观的一些基本理论问题展开论战，像社会形态问题大论战、历史动力问题大论战等。这些论战，虽在澄清对唯物史观的简单化，甚至错误理解上产生一定作用，但由于论战对每个重大理论问题都有着多样化的解释，未能产生获得较多认同的观点，以致论战并未真正改变人们对唯物史观的认识疑惑。加之，苏东剧变、中国实行市场经济改革，以及欧美发达资本主义国家长时期保持经济上的领先地位，对这些问题，唯物史观的传统解读无法给出令人信服的解释。而从历史学本身看，随着改革开放，西方史学思潮被大量引介，人们在"求新"意识的支配下把注意力转向对这些新思潮的研究。诸多的因素使得唯物史观的重要性在史学研究领域日趋下降。

第三个阶段，是唯物史观对历史学的指导地位遭到质疑并逐步被边缘化的阶段，这一阶段从 20 世纪 80 年代末和 90 年代初持续到现在。在对重大历史和现实问题未能给出合理并令人信服的解释下，西方传入的一些史学新思潮、新史观开始同唯物史观分庭抗礼，其影响力日趋扩大，甚至开始成为历史研究和历史编撰的理论指导依据。归纳起来，这一时期流行的思潮或史观大体包括：现代化理论、后现代理论、全球史理论、文明理论，以及生态理论等。尽管中共中央于 2004 年启动马克思主义理论研究与建设工程，但在史学研究领域的效果并不十分显著。究其原因，很重要的是没有切实遵循中央"马工程"的四个分清（即分清哪些是必须长期坚持的马克思主义基本原理，哪些是需要结合新的实际加以丰富发展的理论判断，哪些是必须破除的对马克思主义的教条式的理解，哪些是必须澄清的附加在马克思主义名下的错误观点）要求的原旨，也就是说没有实现"正本清源和与时俱进"的要求，对重大的历史和现实问题尚未能给出合理和令人信服的解释。唯物史观遭到质疑和边缘化的趋势尚未有根本的改观。重新解读唯物史观的要求愈益紧迫。

二

唯物史观是否有重新解读的可能，并运用新的解释体系对重大的历史与现实问题做出合理和令人信服的解析？回答是肯定的。

首先应该看到，我们对唯物史观的传统解释体系乃是在特定历史背景下，适应特定历史需要形成的，在某些方面存在偏颇之处。比如，对唯物史观一些基本概念和基本原理的理解未能遵循原著的意旨。像对"生产力"概念，我们将它界定为由三个要素组成，即劳动者、劳动工具和劳动对象。但马克思本人论及"三要素"时说的是"劳动过程"而不是生产力（参见《资本论》第 1 卷，人民出版社 1975 年版，第 202 页）。再比如，对生产关系的理解，我们往往单从所有制方面去界定，而从生产力决定生产关系这一基本原理上却很难将生产力同所有制建立起直接的联系。因此也就主要从阶级斗争改变所有制来理解生产关系的变革，并未能贯彻生产力决定生产关系这一唯物史观的基本观点。而马克思在《德意志意识形态》中明确指出，"与这种分工同时出现的还有分配，而且是劳动及其产品的不平等的分配；因而产生了所有制"；"分工发展的不同阶段，同时也就是所有制的各种不同形式"。可见，是分工决定着所有制，阶级斗争虽然能暂时改变所有制的形式，但没有生产力发展支撑的劳动分工的改变，原有的所有制形式不可能产生根本性的变革。又比如，在社会形态演进问题上，我们一直将马克思在《〈政治经济学批判〉序言》中提出的五种生产方式作为马克思揭示的社会发展规律，但对同一时期他完成的《1857—1858 年经济学手稿》中提出的"三形态"理论却予以忽视。还有在国家职能的理解方面，我们过去更多强调马克思有关国家是阶级压迫工具的论述，而忽略国家履行公共职能的论述。这方面的例子很多。因此，我们必须重读原著，以便更全面、准确地理解唯物史观的基本概念和基本原理。

其次，我们对唯物史观一些基本理论问题的理解存在简单化的倾向，并未能把握马克思在对研究对象认识上的复杂性。马克思研究问题的方法是探寻研究对象的内在因果规律。但这种因果规律不是简单的线性因果关系，而是在不同条件下产生不同结果的条件式因果关系。马克思承认历史发展道路的多样性，并深入追溯这种道路多样性产生的原因，从而找出其中的规律性。比如，就社会发展道路问题而言，马克思明确指出，由于不同社会的自然、人文条件不同，非西方社会必然会走出自身特有的发展道路。如果谁硬要说，根据马克思的观点，非西方社会必然会按照西方社会的发展道路发展的话，那他"会给我（指马克思）过多的荣誉，同时也会给我过多的侮辱"。再比如，我们简单地把唯物史观理解为一种主张阶级斗争动力说的理论，这明显与马克思将生产力作为历史发展的终极动力观点相矛盾。马克思和恩格斯将阶级斗争比喻作"助产婆"而不是产婆，产婆乃是生产力水平的提高。也就是说，没有生产力水平的提高，或者说没有产婆十月怀胎，光靠阶级斗争是斗不出一个新社会来的，也是无法产出一个新生婴儿的。

　　再次是我们结合新出现的理论与现实问题对马克思丰富论述的开掘意识和能力不足。马克思和恩格斯的论著是一个博大精深的"富矿"。我们过去根据回应历史与现实重大问题的需要开掘的内容只是这座"富矿"的一部分。回应新的历史与现实重大问题，需要继续开掘这份宝贵的理论遗产。比如，在资本主义社会向社会主义社会过渡问题上，马克思有着十分复杂的认识。过去我们只强调以暴力革命方式推翻资本主义统治、建立社会主义的道路，这是过于简单化的认识。就发达资本主义社会而言，马克思在《资本论》第 1 卷和第 3 卷中曾论述到不同的道路。在第 3 卷中马克思提出了"自我扬弃式的发展道路"，并提出了资本主义正在自我扬弃的几种表现，像股份制、合作工厂等。就后发国家向社会主义过渡问题，马克思在《给〈祖国纪事〉编辑部的信》、《给察苏里奇的信》等几篇文献中提出了后发国家有可能跨越资本主义制度的卡夫丁峡谷而向社会主义直接过渡的道路。但这种过渡是有条件的，比如必须吸取资本主义发展的一切积极成果、必须对农村公社进行民主化改造、必须有革命以抵制资本主义对农村公社的侵袭等。再比如，当代西方社会在阶级结构方面发生的最大变化是新中间阶级的兴起，而依据我们过去对马克思的简单化理解，认为他所持有的是资产阶级和无产阶级两极化的理论。但如果我们仔细发掘则可以发现，同马克思有关资本主义社会自我扬弃发展道路的论析相联系，在《剩余价值理论》中他两次肯定中间阶级的人数不断扩大的事实。像马克思在《剩余价值理论》第 3 册中这样说道："他（指马尔萨斯）的最高希望是，中等阶级的人数将增加，无产阶级（有工作的无产阶级）在总人口中的比例将相对地越来越小（虽然它的人数会绝对地增加）。马尔萨斯自己认为这种希望多少有点空想。然而实际上资产阶级社会的发展进程却正是这样。"

　　由上可见，忠实于原著，对唯物史观的理论体系做出重新解读是非常有必要的。也只有这样，我们才能重塑唯物史观在史学研究领域的指导地位。这是非常紧迫的事，因为一再延误的负面影响将无从挽回。

历史唯物主义的特色及现实关照

李梅敬

（上海社会科学院中国马克思主义研究所）

众所周知，唯物史观是马克思的"第一个伟大发现"，在马克思哲学中占有主导地位，但是长期以来，学界对马克思唯物史观的研究都是热度不减、众说纷纭。其中原因是多方面的，唯物史观本身的复杂性、历史的不可再现性、马克思本人思想的发展性，以及学者自身理论背景的差异性等，都使得这一问题无法形成共识。这也反映出马克思唯物史观自创立以来一直保持的张力和开放性。2013 年 11 月 26 日，习近平在结束了曲阜孔府考察后，同有关专家学者代表召开座谈时表示，中华民族有着源远流长的传统文化，也一定能创造中华文化新的辉煌。研究孔子和儒家思想要坚持历史唯物主义立场，坚持古为今用、去粗取精、去伪存真、因势利导、深化研究，使其在新的时代条件下发挥积极作用。之后的 12 月 3 日下午，习近平在中共中央政治局第十一次集体学习时强调，推动全党学习和掌握历史唯物主义，更好地认识规律，更加能动地推进工作。会上习近平从回顾历史、关注当下、展望未来的角度强调：历史唯物主义有着强大的生命力，历史唯物主义的基本原理是我们理论思维的强大支撑。只有坚持历史唯物主义，我们才能不断把对中国特色社会主义规律的认识提高到新的水平，不断开辟当代中国马克思主义发展新境界。这就将历史唯物主义如何走向现实、如何指导现实的问题提上了研究日程。那么，历史唯物主义如何走向现实深处？我们认为，只有通过"人"，历史唯物主义才能走向现实的深处，这是由历史唯物主义的理论特色和实践特色所决定的。

一　历史唯物主义的理论特色

历史唯物主义的创立是马克思在摆脱黑格尔唯心主义的哲学束缚，接着又克服费尔巴哈的人本主义影响之后产生的新的思想观点。在这一过程中，形成了科学的生产关系的概念，形成了同旧历史观的分水岭；制定了科学的分工理论，突破了异化劳动的局限；形成了科学的实践观，揭示了人与自然界的对立统一关系，揭示了主体与客体、必然与自由的辩证关系，划清了同唯心论、机械论的界限……在这一研究过程中，抽象的人、现实的人，人的本质、人的需要，人的解放、人的全面发展等与人息息相关的命题不断涌现，并在中国建立了人学学科，这充分体现了唯物史观中人的主体性地位。我们认为，历史唯物主义的理论特色是将"人"作为出发点和落脚点。

（一）历史唯物主义将"人"作为出发点

对于唯物史观的出发点，学界关注较多，也形成了一些观点，比如把实践作为出发点，把人的活动作为出发点，把物质资料和生活资料的生产作为出发点，还有现实的、具体的人、人、劳动、生产力、交往关系等，这些观点都有一定道理，也都能找到相应的论据，但我们认为无论是实践还是人的活动、劳动、生产力、交往关系都离不开人，离不开人的主体性。

第一，"人"的界定。我们知道，"人作为出发点"，如果不对"人"作出界定的话，就不能揭示这一命题的正确与否。费尔巴哈也是把人作为出发点的，但他的人是抽象的人。"费尔巴哈在他的著作《基督教的本质》中曾经证明，因为在神的本质的观点中肯定的东西仅仅是人的东西，所以作为意识对象的人的观点就只是否定的东西。费尔巴哈说，为了使上帝富有，人就必须贫穷；为了使上帝成为一切，人就必须什么也不是。人在自身中否定了他在上帝身上所肯定的东西。"1886 年，恩格斯在《路德维希·费尔巴哈和德国古典哲学的终结》中在谈到黑格尔"形式是唯心主义的，内容是实在论的"时，谈到费尔巴哈恰恰相反，"他是实在论的，他把人作为出发点"。可见，费尔巴哈的哲学也是从人出发的，不同的是"关于这个人生活的世界却根本没有讲到，因而这个人始终是在宗教哲学中出现的那种抽象的人。这个人不是从娘胎里生出来的，他是从一神教的神羽化而来的，所以他也不是生活在现实的、历史地发生和历史地确定了的世界里面；虽然他同其他的人来往，但是任何一个其他的人也和他本人一样是抽象的。"（第三卷 236）因此，费尔巴哈的人是抽象的人，是"一个思想上的形象"。恩格斯认为，关于这一点，马克思早在 1845 年的《神圣家族》①　中就用"现实的人及其历史发展的科学"来代替了，从而超越并发展了费尔巴哈哲学。因此，"抽象的人"成了费尔巴哈和错误的"人"，"现实的人"成了马克思和正确的"人"。为了避免错误，都尽量不用抽象的人，比如，黄枬森在谈到人学的研究对象是人时，为避免误解，特别指出这里的人是"现实的人"。其实，马克思在反对抽象的人时，并不是反对人的抽象。人作为一个类概念，是人的抽象。同样，现实的人包括现实个人，但并非等同于现实的具体的个人。那么，在我们这里，"人"是抽象的人还是现实的人？是个人还是人类？拙见以为，这里的"人"是"处于现实关系中的抽象的人"，是一个类群体，是现实人的抽象。

第二，从"人"出发。"全部人类历史的第一个前提无疑是有生命的个人的存在"，因此马克思和恩格斯认为，考察人类社会当然要从人出发，但是这个人不是抽象的人，而是具体的人、现实的人。现实的人之所以是现实的，就在于这个人不仅是感性的、肉体的、有情欲的自然意义上的人，而且是从事物质生产活动的人。《1844 年经济学哲学手稿》将人理解为"自然的人"和"劳动的人"的统一，并将劳动视为人的现实本质，这就既超越了黑格尔唯心主义，也超越了费尔巴哈人本主义。从事物质生产活动的人构成了人的本质和根本存在方式。马克思综合了黑格尔和费尔巴哈的合理思想，扬弃了他们各自的局限性，从而科学地解决了人的本质问题，真正说明了社会历史的本质，因此唯物史观在一定意义上也是"关于人及其历史发展的科学"。马克思恩格斯指出："他们是什么样的，这同他们的生产是一致的——既和他们生产什么一致，又和他们怎样生产一致。因而，个人是什么样的，这取决于他们进行生产的物质条件。"他们一再强调，我们所理解的个人是"以一定的方式进行生产活动的一定的个人，发生一定的社会关系和政治关系"。

第三，"现实的人"。我们认为，一是从现实的人出发也就是从社会的人出发。社会的人是社会历史中最简单、最基本的东西，是社会历史的主体，既是抽象的又是具体的，是抽象与具体的统一；从社会的人出发和从物质生

---

①　俞吾金对此表示出了异议，他认为，"这是恩格斯记忆上的一个错误。实际上，在撰写《神圣家族》（1844）时，马克思对费尔巴哈的唯物主义和人的学说基本上是认同的，直到《关于费尔巴哈的提纲》（1845）开始，马克思才对费尔巴哈关于人的学说进行全面的、深刻的批判"（参见《教学与研究》2003 年第 5 期）。

产出发、从生产关系出发是一致的，是相互包含而非相互并列，更不是相互排斥的。生产方式正是人的活动方式和存在方式。人和生产的关系犹如物质和运动的关系，讲一者必谈另一者；从现实的人出发是旧哲学的痕迹，不符合实际，正是为了区别于费尔巴哈抽象的人，马克思才说从现实的人出发；马克思正是从社会的人出发，通过对生产劳动的分析后得出了社会存在决定社会意识以及共产主义的结论。二是，从现实的人出发也是从物质生产出发。"现实的人"，按照马克思的本意，是指人的物质生产活动和人的物质生活条件。《德意志意识形态》指出从现实的人出发，但在具体论述时是从物质生产活动出发的。马克思、恩格斯后来也明确指出，出发点是物质生产活动；唯物史观就是要探求人类历史的最终原因和根本动力，而物质生产正是人背后的历史发展的最终原因和根本动力；物质生产活动是人和社会存在和发展的基础，也是人和社会从自然界分化出来的基础，是不以人的意志为转移的感性的客观的活动，也是人的首要和基本的活动。

（二）历史唯物主义将"人"作为落脚点

对于唯物史观的落脚点，学界研究的不多，原因可能有：一是马克思恩格斯没有相关的专门论述，二是唯物史观的开放性和与时俱进性使得它不应有落脚点，如果有落脚点，唯物史观就会成为一个封闭的体系，会造成体系和内容的矛盾，从而滑向黑格尔哲学的沟穴，窒息唯物史观的发展。我们认为，唯物史观是有落脚点的，落脚点的存在使得它不是一个盲目的理论，使得它不仅关注思想世界，更关注现实世界。无论是出发点还是落脚点，唯物史观都不可能离开"现实的人"，只有从现实的人出发，又回到现实的人才能展开唯物史观的全部内容。

第一，"人"在历史唯物主义中具有不可或缺性和贯穿始终性。我们知道，哲学是关于世界观的学说，世界观是人们对整个世界的总的看法和根本观点。因此，可以明确，人与世界的关系成为哲学探讨的中心课题。因为世界必然是属人的世界，是与人息息相关不可分割的世界。在人与世界的关系中，人是一个能思维的有限存在物，而世界则被看成是无意识的永恒存在，于是，人与世界的关系就演变为思维与存在的关系。这一关系反映到历史领域，就具体表现为社会存在与社会意识的关系问题。在这一推理过程中，我们要展现的其实就是"人"在历史唯物主义中的不可或缺性和贯穿始终性。无论是社会发展的规律本身，还是在论证和揭示社会发展规律的过程中给人们一把认识和改造社会的钥匙，没有人，这一过程是无法完成的。也正是在这个意义上，有学者认为马克思主义哲学就是人学。不管马克思主义哲学是不是人学，"人"确实是马克思主义哲学的出发点和落脚点。历史唯物主义从现实的人的本质、人的需要出发，落脚于现实的人的解放和人的全面发展。

第二，唯物史观揭开了社会历史中被遮蔽的"人"。我们知道，在过去漫长的人类历史发展过程中，由于人自身力量的弱小、科技的不发达、认识力和创造力的局限等，使得人类创造社会历史的力量没有充分显现，人们并没有意识到自己是社会历史的主体，是社会历史的创造者，反而崇拜自然、崇拜鬼神、崇拜图腾，崇拜权力、崇拜金钱，唯独没有崇拜过人本身。马克思恩格斯创立的唯物史观去除了自然、鬼神、图腾、资本等对社会历史本真面目的遮蔽，对人的主体地位的遮蔽，对人的历史创造者地位的遮蔽，对人的"剧中人"和"剧作者"地位的遮蔽，深刻地揭示了人是社会历史发展的主体，揭示了人自己创造了自己的社会，创造了自己的历史，揭示了人类社会历史就是人自身的历史，揭示了人与历史、人与社会、人与社会历史规律的统一，揭示了社会历史发展的实质是人的发展和为人的发展。自此，人类创造社会历史的活动从自发走向自觉，人与社会历史达到了深层次的统一。比如，恩格斯在《社会主义从空想到科学的发展》中谈道："人们第一次成为自然界的自觉的和真正的主人，因为他们已经成为自身的社会结合的主人了。人们自己的社会行动的规律，这些一直作为异己的、支配着人们的自然规律而同人们相对立的规律，那时就将被人们熟练地运用，因而将听从人们的支配……只有从这时起，人们才完全自觉地自己创造自己的历史……这是人类从必然王国进入自由王国的飞跃。"①

第三，落脚于"人"，即落脚于人的发展。

首先，落脚于人并非落脚于人的动物机能。人的动物机能固然是真正的人的机能，但这一点无异于动物，因此，人的动物机能不能作为落脚点。正如马克思在《1844年经济学哲学手稿》中所言："人（工人）只有在运用自己的动物机能——吃、喝、生殖，至多还有居住、修饰等等——的时候，才觉得自己在自由活动，而在运用人的机能时，觉得自己只不过是动物。动物的东西成为人的东西，而人的东西成为动物的东西。……吃、喝、生殖等

---

① 《马克思恩格斯选集》第3卷，人民出版社1995年版，第758页。

等，固然也是真正的人的机能。但是，如果加以抽象，使这些机能脱离人的其他活动领域并成为最后的和唯一的终极目的，那它们就是动物的机能。"①

其次，落脚于"人"，即落脚于人的发展。《共产党宣言》中有一小段话脍炙人口，人们引用得很多。那就是："代替那存在着阶级和阶级对立的资产阶级旧社会的，将是这样一个联合体，在那里，每个人的自由发展是一切人的自由发展的条件。"② 因此，人的自由全面的发展成了一种终极目标，但人的自由全面发展不是无条件的，而是在社会、他人等限制范围内的自由全面发展，其实质是人的个性化发展和人的社会化发展相统一的过程。既然人是社会和历史的主体，社会和历史运动的主体、社会和历史运动规律的主体，社会和历史的一切都是人创造的，那么社会和历史的发展的实质就应该是人的发展和为人的发展。因为"人们的社会历史始终只是他们的个体发展的历史，而不管他们是否意识到这一点。他们的物质关系形成他们的一切关系的基础。这种物质关系不过是他们的物质的和个体的活动所借以实现的必然形式罢了"。③ 因此，研究社会历史发展的规律实际上就是研究人的实践活动的规律。在满足需要的社会实践活动中，"人们自己创造自己的历史，但是他们并不是随心所欲地创造，并不是在他们自己选定的条件下创造，而是在直接碰到的、既定的、从过去承继下来的条件下创造。"④ 因为，"历史的每一阶段都遇到一定的物质结果，一定的生产力总和，人对自然以及个人之间历史地形成的关系，都遇到前一代传给后一代的大量生产力、资金和环境，尽管一方面这些生产力、资金和环境为新的一代所改变，但另一方面，它们也预先规定新的一代本身的生活条件，使它得到一定的发展和具有特殊的性质⑤"。也就是说，在历史的每一阶段，人们创造历史的条件都是既定的，这个既定的条件制约着人们的需要及其满足需要的实践活动。总之，社会历史运动和发展的总趋势必定是人的自我肯定和全面而自由的发展，人类社会历史发展的最终归宿——共产主义，就是实现人的全面自由发展的社会。因为共产主义是社会形态最高的一个，因此共产主义社会中自由发展的人就成了人类发展的最高形态和目标。因此人的自由发展就成了历史唯物主

---

① 《马克思恩格斯选集》第1卷，人民出版社1995年版，第44页。
② 《马克思恩格斯选集》第4卷，人民出版社1995年版，第730页。
③ 同上书，第532页。
④ 《马克思恩格斯选集》第1卷，人民出版社1995年版，第585页。
⑤ 同上书，第92页。

义的落脚点。但这其中有一个前提，即马克思和恩格斯所讲的自由发展的人，是有条件的，即不受阶级剥削和阶级压迫的人，能够按照社会的需要、个人意愿、兴趣、条件等自由发展。它不同于放任自流，放任自流的自由就是对他人的不自由，因此人类自由发展的前提就是个人有条件的自由发展。马克思从来不承认纯而又纯的绝对的东西，更不承认绝对的自由发展。①

二 历史唯物主义的实践特色

历史唯物主义的实践特色是致力于研究和解决重大的现实问题。"理论在一个国家实现的程度，总是决定于理论满足这个国家的需要的程度。"② 历史唯物主义在中国的实现程度，也决定于历史唯物主义满足中国现实需要的程度，或曰历史唯物主义中国化的程度。马克思对黑格尔及青年黑格尔主义者的唯心主义历史观的批判告诉我们：意识、思想、观念从来就不是独立的力量，归根到底，它们源于现实生活。正如马克思所说的："意识在任何时候都只能是被意识到了的存在，而人们的存在就是他们的现实生活过程。"③ 历史唯物主义作为一种哲学历史观，也是源于现实又归于现实的。

（一）历史唯物主义把所谓学术的纯粹自律性揭示为现实的关照性

我们知道，马克思策动的划时代的哲学革命是创立了历史唯物主义，成熟时期的马克思没有提出过历史唯物主义之外的任何其他哲学理论，历史物主义作为研究对象的社会历史是涵盖自然与自身之内的，是涵盖人与自身之内的。对于当今的历史唯物主义研究而言，在强调其学术向度的同时，要重视学术研究的基本使命，也就是学术研究的实践意义：揭示并切中社会的现实。这一点与历史唯物主义本身作为思想武器的本质是一致的。致力于研究和解决重大的现实问题成为历史唯物主义学术研究的决定性基础和根本任务，这就把所谓学术的纯粹自律性揭示为现实的关照性。

（二）历史唯物主义将对现实的关照融入时代课题之中

对现实的关照依旧建立在如下时代课题之中：一是对文本、经典著作和

① 黄枬森：《马克思恩格斯关于人的思想》，《理论视野》2008 年第 7 期。
② 《马克思恩格斯选集》第 1 卷，人民出版社 1995 年版，第 11 页。
③ 《马克思恩格斯文集》第 1 卷，人民出版社 2009 年版，第 525 页。

思想史的研究；二是对整个当代世界及其理论表现的批判性研究；三是从社会现实的方面对当今中国的历史性实践进行研究。在这三项时代课题中，第三项是最复杂、最艰难的，也是最根本、最重要的。说它最复杂、最艰难，是因为它除了自身问题的研究之外，还必须以前两项研究的正确性和深入性为前提和依据，而前两项研究的正确性和深入性显然不是那么简单的事情。正如俞吾金在《被遮蔽的马克思》（《学术月刊》2012 年第 5 期）一文中指出的，马克思的本真哲学精神存在系统而严重的遮蔽，要使马克思学说脱离被遮蔽的状态，首先要正确理解马克思的本来面目。说它最根本、最重要，是因为任何理论的研究都是为了解决现实问题，无论是直接解决还是间接解决，无论是解决现实实际问题，还是解决现实思想方向问题。现实问题的研究也是马克思主义哲学的理论支点。马克思主义是我们的指导思想，唯物史观是马克思主义的基本理论，研究这个理论，对于我们建设中国特色社会主义，坚持与发展马克思主义，都具有十分重要的意义。我们知道，唯物史观不仅正确地回答了人类社会各种现象产生的根源与人类社会发展的原动力等重大问题，而且深刻揭示了人类社会发展的客观规律，即人们的物质实践活动的发展，必然要推动经济体制、政治结构、思想文化各个领域的发展，从而促成人类社会在生产力与生产关系、经济基础与上层建筑的矛盾运动中，实现社会形态从低级向高级的转换。

三　历史唯物主义通过"人"走向现实深处

早年毛泽东说过，唯物史观是吾党哲学的根据。从《毛泽东选集》之《唯心史观的破产》，到《邓小平文选》之《在武昌、深圳、上海等地的谈话要点》，都深刻阐释了中国共产党人学习运用唯物史观的成果。党的十一届三中全会以来，以唯物史观为武器，依靠广大群众，进行了深入持久的改革开放。这是当代中国的一场伟大事业。改革开放 30 年的事实表明，唯物史观具有强大的生命力，始终是我们党领导革命和建设的指导思想，始终是全体共产党人的言行准则。

在全面推进改革的今天，我们面临很多硬骨头和险滩，任何的理论工作者，都有责任为中国的改革、中国的发展分忧解难。历史唯物主义作为人类社会发展一般规律的科学，在当今时代依然有着强大生命力，依然是指导我们共产党人前进的强大思想武器。曾经，我们在革命、建设、改革各个历史时期，成功运用历史唯物主义，系统、具体、历史地分析中国社会运动及其发展规律，在认识世界和改造世界过程中不断把握规律、积极运用规律，推动党和人民事业取得了一个又一个胜利；也曾经，我们在革命、建设、改革过程中的某个阶段，因为没有正确运用历史唯物主义，没有认真分析规律或者直接违背规律，从而遭遇了或大或小的挫折和失败。历史和现实充分表明，历史唯物主义的研究有着十分重要的现实指导意义。

那么，在当代中国，如何通过历史唯物主义的研究指导我们的改革实践，是一个需要广大研究者共同努力的一件事。历史唯物主义认为，历史的所有事件发生的根本原因是物资的丰富程度，社会历史的发展有其自身固有的客观规律。这就要求我们尊重规律，以经济建设为中心，不放松经济改革，"面对错综复杂、快速变化的形势，我们要保持清醒头脑，既要充分肯定今年我国经济社会发展取得的成绩，看到我国经济社会发展基本面长期趋好的态势，也要看到国际国内各种不利因素的长期性、复杂性、曲折性，不回避矛盾，不掩盖问题，从坏处准备，争取最好的结果，牢牢把握主动权"。

历史唯物主义认为：物质生活的生产方式决定社会生活、政治生活和精神生活的一般过程；社会存在决定社会意识，社会意识又反作用于社会存在；生产力和生产关系之间的矛盾、经济基础与上层建筑之间的矛盾，是推动一切社会发展的基本矛盾。因此，我们要从中国的社会存在出发，这个社会存在就是中国的具体国情，而对中国国情的正确把握则体现了社会意识的反作用。不从国情出发会脱离实际，国情把握不准会走弯路，两者均不可忽视。

历史唯物主义认为：社会发展的历史是人民群众的实践活动的历史，人民群众是历史的创造者，但人民群众创造历史的活动和作用总是受到一定历史阶段的经济、政治和思想文化条件的制约。人民群众既是历史的"剧中人"又是"剧作者"，因此，我们要尊重人民群众，"要坚持把实现好、维护好、发展好最广大人民根本利益作为推进改革的出发点和落脚点，让发展成果更多更公平惠及全体人民"。改革要依靠人民，改革也是为了人民，只有人民的积极性、主动性调动起来了，我们的改革才能取得实效。

历史唯物主义是一种思维支撑。在这种思维支撑下，我们应深入研究阐述如何进一步解放思想、进一步解放和发展社会生产力、进一步解放和增强社会活力；深入研究阐述改革开放的出发点和落脚点是促进社会公平正义、增进人民福祉；深入研究建立以权利公平、机会公平、规则公平为主要内容的社会公平保障体系；深入研究阐述运用马克思主义群众观点和党的群众路线提高改革决策的科学性；深入研究阐述以人为本，尊重人民主体地位，发挥群众首创精神，紧紧依靠人民推动改革的经验……这些问题都是我们当下改革面临的重要问题，这些问题也都与"人"息息相关，因此，历史唯物主义一定要通过人才能走向现实深处。

1843年，马克思在《〈黑格尔法哲学批判〉导言》中指出："德国人那种置现实的人于不顾的关于现代国家的思想形象之所以可能产生，也只是因为现代国家本身置现实的人于不顾，或者只凭虚构的方式满足整个的人。"① 恩格斯在《反杜林论》中批判杜林"平等大厦"时指出："当它们不再是抽象的人的意志而转为现实的个人的意志，转为两个现实的人的意志的时候，平等就完结了；一方面是幼稚、疯狂、所谓的兽性、设想的迷信、硬说的偏见、假定的无能，另一方面是想象的人性、对真理和科学的洞察力；总之，两个意志以及与之相伴的智慧在质量上的任何区别，都是为那种可以一直上升到压服的不平等辩护的。"② 因此，在社会主义制度下，我们必须重视现实的人，重视人民的利益，重视人民的需要，以人为本，满足人民的合理愿望与需求，给人民以充分的自由、平等、公平和正义，给人民以实实在在的实惠，而不能是"虚构的方式"和"美好的承诺"。

习近平指出："我们党在中国这样一个有着13亿人口的大国执政，面对着十分复杂的国内外环境，肩负着繁重的执政使命，如果缺乏理论思维的有力支撑，是难以战胜各种风险和困难的，也是难以不断前进的。"同时，习近平要求"党的各级领导干部特别是高级干部，要原原本本学习和研读经典著作，努力把马克思主义哲学作为自己的看家本领，坚定理想信念，坚持正确政治方向，提高战略思维能力、综合决策能力、驾驭全局能力，团结带领人民不断书写改革开放历史新篇章"。我们知道，历史唯物主义的理论思维不是人人都有的，研究经典也是需要花费很大的时间和精力的，但改革不等人，因此，我们的理论工作者就可以通过自己的思维支撑和经典知识为这一过程的实现贡献自己的力量。

---

① 《马克思恩格斯选集》第1卷，人民出版社1995年版，第9页。
② 《马克思恩格斯选集》第3卷，人民出版社1995年版，第444页。

论马克思意识形态理论跃迁的
唯物史观路向

汤荣光
（南通大学党委宣传部）

人类思想与思维发展史上耸立着一座座问题峰峦。思维领域的断裂面随着意识形态营垒之间的对抗而不断扩大，打开横亘在人们面前的问题域，总会发现观念世界与物质世界相邻为壑、理念的自在性与实践的自在性难以相容自洽、思维映像与实践形态的联结链条裂痕频现等理论镜像。尽管意识形态命题众说纷纭，莫衷一是，但它终究不是孤立的思维映像，不是观念世界独立于物质世界之外的思想产物。尽管不同意识形态的诉求以及各种社会思潮结集的意识形态要素表现各异，但它总是物质条件与实践形态的反映形式。与之相映照，关乎意识形态命题的是非纷争已经延绵二百多年无休无止，其间交织着意识形态命题及其虚假性的揭示、意识形态终结论与非意识形态化思潮的跌宕起伏，尤其是 20 世纪中期以降，陆续出现了意识形态终结论、历史终结论以及非意识形态化思潮等意识形态对抗的"新变种"。由此形成一股消解和歪曲马克思主义的理论暗流，释放出从精神领域和思维方式层面否定马克思主义并篡改甚至颠覆唯物史观的种种别有用心的图谋。发轫于此，系统阐释和重新检视意识形态命题，不仅可以洞悉马克思意识形态理论演进的脉络，起到正本清源、定纷止争的作用，而且能够管窥问题的核心，开辟出整体认识马克思意识形态理论跃迁的基本路向。在此意义上，唯物史观转向的开端与马克思对意识形态的最初表述紧密关联，它延续了马克思揭示"国家之谜"、"历史之谜"两道谜题所遵循的逻辑线路与初步结论。奠基于唯物史观真正出发点之上的意识形态理论跃迁，则表明马克思对物质生产内在运动规律与意识形态自身之谜认识的深化与超越。作为唯物史观重要组成部分并奠基于唯物史观真正出发点之上的马克思意识形态理论，是唯物史观结合并运用于社会现实的理论表征、精神升华与特定内容，其中映现着唯物史观同工人运动相结合、同总结革命经验相结合、同政治经济学研究相结合的实践意蕴。马克思意识形态理论丰富并反映着唯物史观的实践内涵，其方法论意义即在于打开并拓展了意识形态的发展规律、意识形态的主导力量、意识形态的对抗问题等实践命题的论域。

一 唯物史观转向的开端与马克思对意识形态的最初表述

意识形态问题犹如一座思想的迷宫。由于理论视域存在的差异与芥蒂，勘定意识形态内涵的过程变得异常繁复，既有从世界观维度所理解的观察事物与解释世界的方法，也存在营构观念世界和表象世界并以此取代现实世界的思想惯性，更有作为极权的思想统治形式即权力的理论附庸的内在构造，当然还有集结众多社会意识形式并形成观念集合体的认知方式。凡此种种命题考辨的方式，意识形态似乎具备了观念世界独立化运动的基本走向，仿佛成为了游离于社会存在之外和社会经济关系与物质条件之上的自为自在的"价值本体"。如何穿越这思想的疑云与迷雾呢？唯有回到马克思主义哲学诞生的源头，尤其是唯物史观创立过程的关键点上，我们才能获得打开意识形态之门的方法密钥。那么掌握这一密钥的起始点在哪里？还需从马克思渐次揭开的"两大谜题"加以考察，从隐现其中并日渐清晰的主线即唯物史观思想的萌生过程中寻找答案。

早在马克思之前，意识形态的厘定就展露出观念指向与结合的特征。既可以从辞源意义上追溯至《理想国》中柏拉图指称的"高贵谎言"，也可以从欧陆哲学最先使用并以此作为观念结合体的一般特点中得到说明。1796 年法国思想家德崔希（也译作特拉西）提出意识形态概念，称之为"观念的科学"、"关于观念的学说或思想体系"，看似表面"中性"的概念表达的却是与"帝制"思想格格不入的共和主义的政治主张，不久就遭到拿破仑及其拥护者的批评与诟病，一度成为虚假观念的代名词。秉持上述观点的欧陆哲学家则被轻蔑地称为"意识形态家"或"空想家"。然而颇具戏剧性的是，在欧陆哲学思想的德国式反思中，意识形态的思想内涵得到了黑格尔哲学的提炼、升级与抽象，直至马克思展开《黑格尔法哲学批判》并随着政治经济学研究的深入，意识形态论题才重新获得了哲学的本体意味。

马克思早期批判黑格尔哲学的重要论题围绕"国家之谜"展开。以成稿于 1843 年的《黑格尔法哲学批判》为标志，马克思开始批判黑格尔哲学体系并揭示市民社会和国家的复杂关系。在这部又称为《克罗茨纳赫手稿》的著作中，马克思已经转向并受到费尔巴哈人本主义思想的影响，认为黑格尔思辨哲学充其量只是"逻辑的、泛神论的神秘主义"，其导致"神秘主义"的要害就是把政治国家和市民社会安放在"理念的各种规定"之中。马克思指出了黑格尔颠倒逻辑观念与现实事物之间关系的本质，继而阐明"哲学的因素不是事物本身的逻辑，而是逻辑本身的事物"① 的论断。基于对黑格尔为"政治国家"辩护并认为市民社会从属于政治国家观点的批判，马克思深刻揭示了市民社会与政治国家之间异化的实质，"政治国家的彼岸存在无非是要肯定这些特殊领域自身的异化。政治制度到目前为止一直是宗教领域，是人民生活的宗教，是同人民生活现实性的尘世存在相对立的人民生活普遍性的天国"。② 在资本主义社会，政治国家与市民社会相异化直接导致了人的本质的二重化，"市民社会和国家是彼此分离的。因此，国家公民也是同作为市民社会成员的市民彼此分离的。这样，他就不得不与自己在本质上分离"。③ 并且得出了与黑格尔相反并初步映现唯物史观基本脉络的"市民社会决定政治国家"、"人民创造国家"的结论。在随后所著并于 1844 年初在《德法年鉴》上发表的《〈黑格尔法哲学批判〉导言》中，马克思吸收并深化了费尔巴哈从宗教问题出发批判"人的异化"的论题。在关于宗教导致人的异化的社会根源的分析过程中，马克思找到了"反宗教的批判的根据"是"人创造了宗教，而不是宗教创造人"，政治国家和市民社会产生了宗教这种颠倒的世界意识并构成"颠倒的世界"本身，宗教作为颠倒世界的"总理论"、"总根据"是"人的本质在幻想中的实现，因为人的本质不具有真正的现实性"。④ 也正是在此意义上，马克思得出结论"宗教是人民的鸦片"，并提出"废除作为人民的虚幻幸福的宗教，就是要求人民的现实幸福"。他逐步明晰了宗教批判不是目的，彻底推翻颠倒的社会关系、推翻人性异化的社会制度，才是宗教批判的旨归，"真理的彼岸世界消逝以后，历史的任务就是确立此岸世界的真理"。⑤ 结合当时德国的状况，马克思还给出了如何达

① 《马克思恩格斯全集》第 3 卷，人民出版社 2002 年版，第 22 页。
② 同上书，第 42 页。
③ 同上书，第 96 页。
④ 《马克思恩格斯文集》第 1 卷，人民出版社 2009 年版，第 3 页。
⑤ 同上书，第 4 页。

到"人的高度的革命"的方案，认为"批判的武器当然不能代替武器的批判，物质力量只能用物质力量来摧毁"，"理论一经掌握群众，也会变成物质力量"。① 综上而论，马克思从解剖政治国家起步发现了黑格尔哲学体系与宗教观念在人的异化问题上的思想残骸，发现了德国解放与法国解放相反的情形即"实际生活缺乏精神活力，精神生活也无实际内容"，② 宣告了"哲学不消灭无产阶级，就不能成为现实；无产阶级不把哲学变成现实，就不可能消灭自身"③ 的革命方向。马克思对黑格尔哲学体系的批判，虽然没有直接表述意识形态的本质，但采用了对旧的意识形态命题予以深刻批判的方式，表明了与旧意识形态决裂的态度。此种或称为哲学批判的方式不仅为马克思后来揭示意识形态的虚假性及其阶级属性奠定了理论基础，而且为马克思转向政治经济学研究并揭示人与市民社会异化的现实条件提供了基本方向。

解开"历史之谜"可以看作马克思探寻唯物史观出发点的新开端。1844年马克思开始把从政治解放到人类解放的使命转移到社会历史领域，拓展了揭示资本主义私有制本质及矛盾的视域。他在巴黎开始了早期的经济学研究，实现了"两大转向"，即从探究政治国家与市民社会的异化关系转向深刻解剖市民社会本身；从分析资本主义上层建筑的异化问题转向经济基础的研究。以《1844 年经济学哲学手稿》为标志，马克思迎来思想发展的重要转折点，即从异化上升到异化劳动，展露出超越费尔巴哈向历史唯物主义迈进、批判改造黑格尔异化观并揭示社会历史发展辩证运动的清晰主题。尽管从手稿中可以发现构成马克思思想体系的三大组成部分发展并不平衡，但从物质资料生产寻找历史根源的新路径已经基本确立。同样，马克思意识形态理论的一些基本观点也映现并深化了这一基本路向。譬如，在构成手稿的"笔记本三"的《私有财产和共产主义》部分，马克思以较长篇幅论述了通过"扬弃私有财产"以实现"抛弃人的自然异化"的观点，作为"迄今为止全部生产的运动的感性展现"，私有财产的运动"是人的实现与人的现实"，"宗教、家庭、国家、法、道德、科学艺术等等，都不过是生产的一些特殊的方式，并且受生产的普遍规律的支配"。④ 在创立唯物史观之初，马克思把意识形态的表现形式看作社会生产的"特殊的方式"，其开拓意义是不言而喻的。这里蕴含着唯物史观创立

① 《马克思恩格斯文集》第 1 卷，人民出版社 2009 年版，第 11 页。
② 同上书，第 16 页。
③ 同上书，第 18 页。
④ 同上书，第 186 页。

的条件以及马克思意识形态理论萌芽的因素。马克思还认为，"历史本身是自然史的一个现实部分，即自然界生成为人这一过程的一个现实部分"。① 这就基本确立了把人与自然、人和人的关系也即劳动中形成的主客体关系看作自然历史过程，从物质资料生产寻找历史根源的新路径。

手稿继而在对《黑格尔的辩证法和整个哲学的批判》部分，转向批判黑格尔的《精神现象学》，提出了扬弃人的自我异化的路径，明确指出了黑格尔哲学诞生地《精神现象学》以及《哲学全书》的错误即在于"抽象的哲学思维的异化"，并且强调"在它终于发现自己和肯定自己是绝对知识因而是绝对的即抽象的精神之前，在它获得自己的自觉的、与自身相符合的存在之前"，回到自己的诞生地的思维——精神，"作为人类学的、现象学的、心理学的、伦理的、艺术的、宗教的精神，总还不是自身"。② 究竟这种以多样形式存在并且"不是自身"的思维与精神是什么呢？它只能是市民社会发展到特定阶段即资本主义私有制基础之上催生的，并为黑格尔哲学体系所终结的绝对理念、抽象精神与抽象哲学思维的异化，它的多样形式也只能是抽象精神异化的产物、过程与结果。手稿粗线条地展现了"历史之谜"的成因，不仅阐发了"私有财产"导致"人的自然异化"的基本论断，延展了向物质生产领域寻找唯物史观的理论触角，而且突破了从"国家之谜"层面批判黑格尔哲学体系的既有结论，为揭示社会意识形式相对独立于社会存在的特征并具有发展不平衡性，留下了理论伏笔并做好了论证的铺垫。

"两大谜题"的解开初步显现出哲学批判精神与政治经济学研究融聚的轨迹，马克思意识形态理论也孕育其中。也正是缘于打开了哲学批判视野并转向政治经济学研究，马克思揭示"国家之谜"与"历史之谜"所遵循的逻辑线路与初步结论得以延续，并经由家庭、政治国家、市民社会、人的异化、劳动异化的剖析，开始转向了人和社会、社会存在与社会意识、物质生产与精神生产之间的关系的阐释。随之映现的费尔巴哈人本主义的思想残余与杂质并没有得到彻底的清除，解开意识形态自身之谜的任务尤为迫切。及至 1845—1846 年成稿的《德意志意识形态》，马克思才彻底清算了费尔巴哈人本主义的思想残余并真正实现了从异化劳动转向唯物史观的飞跃，阐发了物质资料生产在人类社会发展中的决定性作用，从物质生产与精神生产关系

① 《马克思恩格斯文集》第 1 卷，人民出版社 2009 年版，第 194 页。
② 同上书，第 203 页。

层面解开了意识形态之谜与精神生产之谜。这道"谜题"既可以看作寻找并最终确立唯物史观真正出发点的关键，也涵盖并深刻表达了马克思对意识形态的基本看法。

二 奠基于唯物史观真正出发点之上的意识形态理论跃迁

历史观问题是确立唯物史观的关键节点。自《1844 年经济学哲学手稿》完成之后，马克思彻底改变了受费尔巴哈思想影响并以人的本质衡量历史发展的认识论路径。作为马克思主义哲学形成的重要标志，1845 年春天在布鲁塞尔完成的《关于费尔巴哈的提纲》，实现了从抽象的个体与类的关系向人和社会关系的研究转变。这个被恩格斯誉为"包含着新世界观的天才萌芽的第一个文献"，[①] 最为鲜明的主张就是强调立足于社会实践来理解人类历史。同年马克思和恩格斯开始合作撰写的《德意志意识形态》，则彻底批判了费尔巴哈的"抽象的人"和施蒂纳的"唯一者"，阐发了物质资料生产在人类社会发展中的决定作用，第一次深刻揭示了社会结构和社会形态更替的基本规律。这部标志着唯物史观创立的巨著，同样也是马克思意识形态理论走向成熟的经典之作，表明马克思对物质生产内在运动规律与意识形态自身之谜认识的深化与扬弃，也标志着马克思意识形态理论在唯物史观真正出发点之上达到了全新高度。

意识形态是系统阐述历史观问题的重要理论支点。《德意志意识形态》描述了物质生产与精神生产的最初质态，在那里物质活动、物质交往、物质行动等代表着物质生产的概念，精神生产的形式则囊括了"政治、法律、道德、宗教、形而上学等"，"人们的想象、思维、精神交往在这里还是人们物质行动的直接产物。表现在某一民族的政治、法律、道德、宗教、形而上学等的语言中的精神生产也是这样"。[②] 继而认为，观念、思想等的生产者受到"生产力和与之相适应的交往的一定发展"的制约，这就将意识形态命题的厘定内嵌在物质生产与精神生产的关系之中，为从历史观维度揭开意识形态之谜做好了准备。

---

① 《马克思恩格斯文集》第 4 卷，人民出版社 2009 年版，第 266 页。
② 《马克思恩格斯文集》第 1 卷，人民出版社 2009 年版，第 524 页。

《德意志意识形态》是如何阐述新的历史观的呢？意识形态命题又是怎样内嵌其中得以生发的呢？首先，马克思和恩格斯明确指出考察社会历史要"从直接生活的物质生产出发"，以此为始因和起点"阐述现实的生产过程，把同这种生产方式相联系的、它所产生的交往形式即各个不同阶段上的市民社会理解为整个历史的基础"。物质生产关系是整个社会历史的基础，与之密切联系而产生的"交往形式"即各个不同阶段上的市民社会，则是一切社会关系的基础也即生产关系，这就比较完整地阐述了经济基础和生产关系，完成了对唯物史观基本范畴的厘定。其次，对历史观的基本问题和区分两种历史观的标准做出回答，强调"从市民社会作为国家的活动描述市民社会，同时从市民社会出发阐明意识的所有各种不同的理论产物和形式，如宗教、哲学、道德等等，而且追溯它们产生的过程"。唯有如此才"能够完整地描述事物"以及事物"不同方面之间的相互作用"。在此阐明了唯物史观的唯一标准"社会存在决定社会意识"，"不是从观念出发来解释实践"，"而是始终站在现实历史的基础上"，要"从物质实践出发来解释各种观念形态"，由此得出的结论是"意识的一切形式和产物不是可以通过精神的批判来消灭的"，"历史的动力以及宗教、哲学和任何其他理论的动力是革命，而不是批判。"从而揭示了社会存在对社会意识的决定性作用以及社会意识对社会存在的依赖关系。再次，指出物质资料的生产方式是决定社会历史的基础，认为"历史的每一阶段都遇到一定的物质结果，一定的生产力总和，人对自然以及个人之间历史地形成的关系"即生产方式决定了"历史的每一阶段"，并前后承继"预先规定新的一代本身的生活条件"。故而得出结论："人创造环境，同样，环境也创造人。"物质资料的生产方式是社会存在的物质基础，也是人成其为本质的现实基础，决不因费尔巴哈和施蒂纳等以"自我意识"和"唯一者"的身份出现的哲学家们的反抗而使它的作用和影响受到丝毫干扰。复次，以反证的方式说明了社会历史发展的决定力量，指出"这种变革的观念已经表述过千百次，但这对于实际发展没有任何意义"的原因即在于缺乏"实行全面变革的物质因素"，一是生产力发展所提供的条件，二是人的因素即革命群众是社会变革的决定力量，他们"不仅反抗旧社会的某种个别方面，而且反抗旧的'生活生产'本身、反抗旧社会所依据的'总和活动'"。[①] 这就澄清了社会历史中的主客体关系，阐明了人民群众创

---

① 《马克思恩格斯文集》第1卷，人民出版社2009年版，第544页。

造历史的基本原理。

《德意志意识形态》的理论贡献还在于揭示了阶级社会意识形态的虚假性。无论是统治阶级还是"每一个企图取代旧统治阶级的新阶级,为了达到自己的目的不得不把自己的利益说成是社会全体成员的共同利益",其观念表达总是"赋予自己的思想以普遍性的形式,把它们描绘成唯一合乎理性的、有普遍意义的思想"。① 也正是在这个意义上,资产阶级思想家们虽然展开了关于人的本质问题的普遍性思考,但其思考方式也仅仅是"从天国降到人间",② 社会存在的现实条件以及阶级局限性使得资产阶级意识形态尽管试图带有普遍性真理的形式,但是无法从内容和本质加以确证,并始终拖着虚假性的尾巴。意识形态虚假性的批判并没有就此终结,恰恰相反,还原意识形态的本质意义并赋予其"中性"含义,乃马克思主义意识形态理论确立的关键。在此关节点上,意识形态被确证为"占统治地位的精神力量"和"具有普遍性形式的思想",其本质"不过是占统治地位的物质关系在观念上的表现,不过是以思想的形式表现出来的占统治地位的物质关系"。"统治阶级的思想在每一时代都是占统治地位的思想。这就是说,一个阶级是社会上占统治地位的物质力量,同时也是占统治地位的精神力量。"③ 作为与占统治地位的物质关系相适应的占统治地位的精神力量,意识形态有着独特的表现形式即"占统治地位的将是越来越抽象的思想,即越来越具有普遍性形式的思想"。④ 意识形态的"抽象的和独立的形式"不但是寻求社会制度合理性的思想基础,而且是认识意识形态自身矛盾运动的理论支点,更是唯物史观揭示社会存在与社会意识内在关系、阐明物质资料的生产方式的决定性作用不可或缺的理论证明。肇始于揭示资产阶级意识形态的虚假性和利益上的虚伪性,马克思和恩格斯在不同所有制形式和社会生存条件基础上,发现了社会存在决定统治阶级意识形态的这一思想枢纽。

---

① 《马克思恩格斯文集》第 1 卷,人民出版社 2009 年版,第 552 页。
② 同上书,第 525 页。
③ 同上书,第 550 页。
④ 同上书,第 552 页。

三 马克思意识形态理论与唯物史观
确证过程的互动关系

诚然，唯物史观的全面阐述见诸于《德意志意识形态》，表明马克思意识形态理论在唯物史观真正出发点之上达到了全新高度。但这并不是唯物史观确证与发展的终结。恰恰相反，这依然是一个新起点。唯物史观确证过程与意识形态理论的成熟程度在这样的新起点上，表现出相互融合、彼此印证的互动发展趋势。概言之，马克思意识形态理论与唯物史观基本精神在哲学范畴上具有同质性与一致性。作为唯物史观重要组成部分，马克思意识形态理论跃迁是唯物史观结合并运用于社会现实的理论表征、精神升华与特定内容。

在何种意义上马克思意识形态理论才是唯物史观的理论表征呢？思维风暴与理论主张只有在澄清各种错误思潮的斗争中，才能将理论的逻辑自洽转化为实践的源泉与动力。唯物史观与工人运动相结合就是延展意识形态理论内涵的现实条件，同时也标志着一个全新的光辉时期的到来。当清算了德国瘟疫般流行的"真正社会主义"之后，马克思开始深刻批判法国人蒲鲁东的唯心史观。著于 1847 年的《哲学的贫困》揭露了对黑格尔的辩证法与李嘉图的劳动价值论如法炮制，加以庸俗化、赝品化的小把戏，尤其是蒲鲁东对人类社会有机体的歪曲。人类社会的客观历史在蒲鲁东那里只不过是逻辑范畴演变底布上的花纹，马克思批评其"在自己的逻辑顺序中实现着无人身的人类理性"，"谁用政治经济学的范畴构筑某种意识形态体系的大厦，谁就是把社会体系的各个环节割裂开来，就是把社会的各个环节变成同等数量的依次出现的单个社会。"① 这种封闭的、虚构的经济范畴的逻辑体系错误地把生产关系的思维抽象当成生产关系本身，颠倒了现实生产关系与理论抽象的位置。马克思批判了撇开人类活动以及把人当成历史的消极工具的错误观点，得出从唯物史观考察历史主体与客体关系的论断——人"既当成他们本身的历史剧的剧作者又当成剧中人物"。② 针对蒲鲁东所代表的当时小资产阶级思想中留有的思辨哲学的阴影与形而上学历史观的印迹，马克思指出蒲鲁东卖

---

① 《马克思恩格斯文集》第 1 卷，人民出版社 2009 年版，第 603 页。
② 同上书，第 608 页。

弄黑格尔思辨哲学的意图就在于主张矛盾调和论和社会平衡绝对化，直接击中了蒲鲁东形而上学历史观的要害。马克思认为在蒲鲁东之类的"意识形态家"远离历史康庄大道的迂回曲折的道路中，"天命是一个火车头，用它拖蒲鲁东先生的全部经济行囊前进远比用他那没有头脑的纯粹理性要好得多"。① 人道学派与博爱学派均属于"神秘的天命论"，博爱论者否认矛盾运动存在"愿意保存那些表现资产阶级关系的范畴，而不要那种构成这些范畴并且同这些范畴分不开的对抗"，② 这就在意识形态理论中增加了如何调适和处理社会历史发展的规律性与个体社会实践的目的性之间关系的新内容。在《哲学的贫困》第二章《政治经济学的形而上学》"最后一个说明"中，马克思考察以对抗为基础的生产方式并诘问，"生产力在其中发展的那些关系，并不是永恒的规律，而是同人们及其生产力的一定发展相适应的东西，人们生产力的一切变化必然引起他们的生产关系的变化吗?"③ 马克思指明蒲鲁东唯心史观脱离现实经济关系得出经济范畴抽象形式的错误，再度明确生产力对生产关系的决定性作用，实际上也是对资产阶级意识形态虚假性与新变种的深刻揭露，更是对唯物史观立场的秉持。

如果是说唯物史观的运用在《哲学的贫困》中只是肇始于对资产阶级的哲学与经济学实践危害的揭露，那么在 1848 年《共产党宣言》中唯物史观与工人运动的结合所发挥的威力，则是马克思主义哲学、经济学、科学社会主义相互贯通，研究资本主义发展史的典范之作。首先，贯通了资产阶级产生的物质条件与其意识形态的关系。马克思找到了资本主义的社会结构以及资产阶级产生的原因与根据，认为"现代资产阶级本身是一个长期发展过程的产物，是生产方式和交换方式的一系列变革的产物"，"资产阶级在历史上曾经起过非常革命的作用"，④ 资本主义社会不同于过去一切时代的地方就在于交织着"生产的不断变革"与"一切社会关系不停的动荡"。资产阶级"用公开的、无耻的、直接的、露骨的剥削代替了由宗教幻想和政治幻想掩盖着的剥削"。⑤ 资本主义社会建立在私有制基础之上并构建起与这种生产关系相适应的家庭关系、教育制度以及宗教的、道德的、哲学的、政治的、法

---

① 《马克思恩格斯文集》第 1 卷，人民出版社 2009 年版，第 611 页。
② 同上书，第 616 页。
③ 同上书，第 613 页。
④ 《马克思恩格斯文集》第 2 卷，人民出版社 2009 年版，第 33 页。
⑤ 同上书，第 34 页。

的观念。资本主义的物质条件及经济关系始终对社会意识形式起着决定作用。其次，指明了资产阶级意识形态的特征与意识形态发展的趋势。马克思强调资产阶级意识形态与社会结构并没有分裂而是变成了相容的整体，"你们的观念本身是资产阶级的生产关系和所有制关系的产物，正像你们的法不过是被奉为法律的你们这个阶级的意志一样，而这种意志的内容是由你们这个阶级的物质生活条件来决定的"。① 在唯物史观立场与社会发展基本规律面前，马克思辩证看待资本主义社会的发展，肯定资产阶级在人类历史发展中的积极作用，并在意识形态发展问题上强调了这样的结论，"人们的意识，随着人们的生活条件、人们的社会关系、人们的社会存在的改变而改变"。② 再次，揭示了阶级社会意识形态发展的基本走向。马克思通过历史规律尤其在"近代史"阈限内资本主义社会发展特征的揭示，发现了理解几千年来私有制与阶级压迫的钥匙——"阶级斗争"，进而得出了用阶级分析方法考察意识形态的一般性结论，"社会上一部分人对另一部分人的剥削却是过去各个世纪所共有的事实"，阶级社会的意识形态千差万别，但有着特定的运动形式以及走向消亡的总体趋势，"总是在某些共同的形式中运动的，这些形式，这些意识形式，只有当阶级对立完全消失的时候才会完全消失"。③ 综上而言，《共产党宣言》从发生学意义上阐释资产阶级意识形态本质以及阶级社会意识形态运动趋势，不仅反映出唯物史观与工人运动结合的理论特质，而且彰显出马克思主义作为科学历史观与方法论的魅力。

马克思意识形态如何贯穿法德革命经验总结之中？换言之，唯物史观能否在正经历的政治事件即"现代史"中得到充分的证明呢？正是在亲历和总结革命经验的过程中，马克思进一步深化了对意识形态的传统功能与惯性、对意识形态的起源的认识。在 1848 年法国二月革命到六月革命的短暂时间内，无产阶级经历了革命的胜利与失败，两度付出过血的代价，终于从小资产阶级社会主义者、"可怜的空想家与伪善者"不断重复的博爱的幻想中醒来，以革命的失败赢得了摆脱资产阶级意识形态束缚的机会，赢得了在自身意识形态胜利中得以加倍补偿的机会。《1848 年至 1850 年的法兰西阶级斗争》这样总结道，陷于灭亡的原因不是革命，"而是革命前的传统的残余，是那

① 《马克思恩格斯文集》第 2 卷，人民出版社 2009 年版，第 48 页。
② 同上书，第 50 页。
③ 同上书，第 51 页。

些尚未发展到尖锐阶级对立地步的社会关系的产物，即革命党在二月革命以前没有摆脱的一些人物、幻想、观念和方案，这些都不是二月胜利所能使它摆脱的，只有一连串的失败才能使它摆脱"。① 马克思认为无产阶级付出血的代价才认清了旧意识形态的思想残余。这也就从旧意识形态的虚假性中宣告了抽象人道主义的寿终正寝。

审视由抽象人道主义即资产阶级意识形态传统主导的 1848 年法国二月革命，这场胜利并非偶然也并非传统观念超越物质条件的结果。马克思在 1852 年的《路易·波拿巴的雾月十八日》做了形象的描述，"恰好在这种革命危机时代"，"资产阶级战战兢兢地请出亡灵来为自己效劳，借用它们的名字、战斗口号和衣服，以便穿着这种久受崇敬的服装，用这种借来的语言，演出世界历史的新的一幕"。② 代表资产阶级上升时期的 1848 年法国革命，为何存留着对罗马共和国的理想、艺术形式的幻想？为何从伟大历史悲剧的高度寻找斗争的理由？马克思在此尖锐指出："新的社会形态一形成，远古的巨人连同复活的罗马古董"就都消失不见了，除了资产阶级社会代言人，"它的真正统帅坐在营业所的办公桌后面，它的政治首领是肥头肥脑的路易十八。资产阶级社会完全埋头于财富的创造与和平竞争，竟忘记了古罗马的幽灵曾经守护过它的摇篮。"③ 其中隐藏着旧意识形态传统的惯性，反映了资产阶级意识形态适应并服务新的经济基础的本来面目。由此也逐步揭开了意识形态的本质及其起源问题，即被冠名为"整个上层建筑"的来源，并且就意识形态反映的内容而言，整个上层建筑由"整个阶级在其物质条件和相应的社会关系的基础上创造和构成"，既有其赖以存在的物质条件与所有制形式，也有着特定阶级的人为"臆造"与"制造"的色调。尽管意识形态与一定阶级和所有制形式紧密联系，但它并不是与既有阶级出身相对应的思想证明，它还是精神生产者在其精神产品中为实际物质利益所主导和影响的产物。正如马克思所分析的法国小资产阶级民主派在意识形态立场上的多变性那样，"他们的思想不能越出小资产者的生活所越不出的界限，因此他们在理论上得出的任务和解决办法，也就是小资产者的物质利益和社会地位在实际生活上引导他们得出的任务和解决办法。一般说来，一个阶级的政治代表

---

① 《马克思恩格斯文集》第 2 卷，人民出版社 2009 年版，第 79 页。
② 同上书，第 471 页。
③ 同上。

和著作界代表同他们所代表的阶级之间的关系，都是这样"。① 由此就不难理解资产阶级意识形态在 1848 年革命中起着钝化和消弭阶级对立作用的真正原因，不难理解资产阶级意识形态不断变化的背后始终反映的物质条件与阶级关系及矛盾，不难理解无产阶级需要属于自己的意识形态"从未来汲取自己的诗情"② 的实践意涵。

马克思意识形态理论如何嵌入唯物史观与经济学研究结合的过程呢？在《资本论》形成以前的三个手稿以及《政治经济学批判》的导言与序言中，意识形态理论始终贯彻着唯物史观的逻辑必然性，并经由特定的理论形式走向了成熟。譬如在《政治经济学批判（1857—1858 年手稿）》导言中，虽然马克思重点阐述了政治经济学研究的对象和方法以及生产的社会性与生产关系的结构，但也阐释了意识形态上层建筑和经济基础之间、物质生产与文学艺术之间的关系。马克思围绕"物质生产的发展例如同艺术发展的不平衡关系"这一论断，历数了艺术、教育、美国同欧洲的关系、罗马私法同现代生产的关系等意识形态论域内，真正的困难点就在于"生产关系作为法的关系怎样进入了不平衡的发展"，进而以"艺术"为例证表述了"两个决不成比例"的思想，即"关于艺术，大家知道，它的一定的繁盛时期决不是同社会的一般发展成比例的，因而也决不是同仿佛是社会组织的骨骼的物质基础的一般发展成比例的"。③ 又如《政治经济学批判（1857—1858 年手稿）》贯穿着人既是社会发展的手段更是社会发展的目的的思想，描绘出以"人的依赖关系"为基础的最初的社会形式、以"物的依赖性"为基础的人的独立性、以"个人全面发展"为基础的自由个性等纵向发展的结构，④ 由此不仅概括出人和社会发展的阶段性与连续性相统一的特征，而且可以管窥意识形态发展的阶段性与连续性、普遍性与特殊性、手段与目的交互性的特点。

马克思对意识形态与社会存在关系的经典表述主要集中在 1859 年的《〈政治经济学批判〉序言》之中。物质生产的决定性作用是第一位的，"人们在自己生活的社会生产中发生一定的、必然的、不以他们的意志为转移的关系，即同他们的物质生产力的一定发展阶段相适合的生产关系。"精神生活与人们的意识由物质生活的生产方式规制，包括意识形态在内的社会意识

---

① 《马克思恩格斯文集》第 2 卷，人民出版社 2009 年版，第 501 页。
② 同上书，第 473 页。
③ 《马克思恩格斯文集》第 8 卷，人民出版社 2009 年版，第 34 页。
④ 同上书，第 52 页。

由社会存在决定，"物质生活的生产方式制约着整个社会生活、政治生活和精神生活的过程。不是人们的意识决定人们的存在，相反，是人们的社会存在决定人们的意识"。但其作用机制的发挥不是机械的恒定不变的，往往呈现出"上层建筑随着经济基础的变更也或慢或快地发生变革"的趋势。马克思将考察这些变革的方法区分为两类：一种富含精确性的变革即"生产的经济条件方面所发生的物质的、可以用自然科学的精确性指明的变革"，另一种富含冲突性的变革即"人们借以意识到这个冲突并力求把它克服的那些法律的、政治的、宗教的、艺术的或哲学的，简言之，意识形态的形式"。政治思想、法律思想、道德、艺术、宗教、哲学等以特殊的方式，从不同侧面反映社会存在和社会生活。它们相互联系，彼此制约，构成了意识形态的有机整体。还必须看到，采用意识形态形式的社会意识不是判断变革时代的根据，相反，"这个意识必须从物质生活的矛盾中，从社会生产力和生产关系之间的现存冲突中去解释"。① 马克思进而得出结论，作为社会生产过程的最后一个对抗形式，资产阶级的生产关系创造着解决这种对抗的物质条件，并构成人类社会史前时期的社会形态的最后形式。这既是对唯物史观总体性和最具代表性的概括，也反映出马克思在经济学研究不断走向成熟的过程中，能够从上层建筑、意识形态与精神生产等范畴所处的地位和作用中，对"物质生活的生产方式"和生产关系加以完整阐释与确证。

恩格斯延续了从生产关系及社会条件阐释意识形态的基本路向。唯物史观被恩格斯誉为"马克思一生的两个伟大发现之一"。1880 年恩格斯在就《反杜林论》某些章节改编而成的《社会主义从空想到科学的发展》中这样评价道，"这两个伟大的发现——唯物主义历史观和通过剩余价值揭开资本主义生产的秘密，都应当归功于马克思。由于这两个发现，社会主义变成了科学"。② 他认为以往的全部历史都是自己时代的经济关系的产物，"每一个历史时期的由法的设施和政治设施以及宗教的、哲学的和其他的观念形式所构成的全部上层建筑，归根到底都应由这个基础来说明。"他指出唯物史观与黑格尔唯心史观的区别就在于"用人们的存在说明他们的意识，而不是像以往那样用人们的意识说明他们的存在"。③ 在此指出了两种历史观的根本区

① 《马克思恩格斯文集》第 2 卷，人民出版社 2009 年版，第 591—592 页。
② 《马克思恩格斯文集》第 3 卷，人民出版社 2009 年版，第 545—546 页。
③ 同上书，第 544 页。

别，回答了意识形态的归属及其本质，清晰地反映出上层建筑和意识形态作为唯物史观重要内容和组成部分的基本特点。写于 1883 年 3 月 18 日前后的《在马克思墓前的讲话》也恪守着唯物史观的这一基本精神，"直接的物质的生活资料的生产，从而一个民族或一个时代的一定的经济发展阶段，便构成基础，人们的国家设施、法的观点、艺术以至宗教观念，就是从这个基础上发展起来的，因而，也必须由这个基础来解释"。① 1893 年恩格斯在写给弗兰茨·梅林的信中指出："意识形态是由所谓的思想家通过意识、但是通过虚假的意识完成的过程。"意识形态的内容与形式都是以"纯粹的思维"以"独立历史这种外观"呈现的，因为在所谓的意识形态家看来，"一切行动既然都以思维为中介，最终似乎都以思维为基础"。② 既往的认识一般将此归结为对意识形态虚假性的揭示，确切地讲，这乃是对资本主义社会这一特定社会发展阶段抑或如马克思所言的"最后对抗形式"的意识形态悖论的重新审视与研判。综上，正是从唯物史观确立的维度把意识形态理解为思想上层建筑并表现为具体的社会意识形式，经典作家才最终能够在精神与观念层面深刻阐释社会存在决定社会意识的基本规律，以及物质资料的生产方式的决定性作用。

四　马克思意识形态理论反映唯物史观内蕴的方法论意义

正是奠基于唯物史观真正出发点之上，马克思意识形态理论才开始走向成熟并具备了方法论价值。唯物史观的确证与发展，提供了马克思意识形态理论发展的思想基础。与此相应，马克思意识形态理论丰富并反映着唯物史观的实践内涵。我们可以从唯物史观同工人运动相结合、同总结革命经验相结合、同政治经济学研究深化相结合的过程中，发现马克思意识形态理论贯彻唯物史观逻辑必然性的理论特质。由此也集中呈现了马克思意识形态理论反映唯物史观内蕴的方法论意义。

意识形态有没有发展规律可循？一直是能否秉持唯物史观的重要论题。马克思和恩格斯从《德意志意识形态》中发掘奠基于"直接生活的物质生

① 《马克思恩格斯文集》第 3 卷，人民出版社 2009 年版，第 601 页。
② 《马克思恩格斯文集》第 10 卷，人民出版社 2009 年版，第 657—658 页。

产"这一唯物史观真正出发点之上的意识形态理论，关键并不在于得出"社会存在决定社会意识"的结论，必须结合他们对意识形态命题进行反证并揭开意识形态自身之谜加以体认和深化。《德意志意识形态》扉页上就清晰标注："对费尔巴哈、布·鲍威尔和施蒂纳所代表的现代德国哲学以及各式各样先知所代表的德国社会主义的批判。"[①] 手稿的删除部分亦认为，黑格尔之后的德国哲学家在他们的黑格尔的思想世界中迷失了方向，"德国唯心主义和其他一切民族的意识形态没有任何特殊的区别。后者也同样认为世界是受观念支配的，思想和概念是决定性的本原，一定的思想是只有哲学家才能理解的物质世界的奥秘"。[②] 他们认为意识形态产生的根源在其考察方法上，采用了把意识仅仅看作是有生命的个人，以及把意识仅仅看作是德国唯心主义哲学家的意识等两种路径。"如果在全部意识形态中，人们和他们的关系就像在照相机中一样是倒立成像的"，"从他们的现实生活过程中还可以描绘出这一生活过程在意识形态上的反射和反响的发展"，因此，"道德、宗教、形而上学和其他意识形式，以及与它们相适应的意识形式便失去独立性的外观了"。[③] 在此，马克思揭开了旧哲学崇尚观念世界支配物质世界的奥秘，阐明了意识形态考察现实生活的内在机制是"倒立成像"，进而奠定了从社会历史进程审视社会存在与社会意识关系的基调。因此，以发掘唯物史观真正出发点为基础，《德意志意识形态》的理论贡献即在于打开了马克思意识形态理论跃迁的视野，其中关于意识形态发展规律的命题已经清晰可见。马克思在 1852 年的《路易·波拿巴的雾月十八日》中分析了正统派和奥尔良派之间的对立，并认为，"在不同的财产形式上，在社会生存条件上，耸立着由各种不同的，表现独特的情感、幻想、思想方式和人生观构成的整个上层建筑。整个阶级在其物质条件和相应的社会关系的基础上创造和构成这一切"。[④] 此番形象描述意在指出，对意识形态即有着独特表现的"上层建筑"起决定性作用的是它们赖以维系的物质条件和所有制形式。这就实现了从一般意义上揭示意识形态的本质向阐明意识形态发展规律的转变。

怎样认识意识形态的主导力量？始终存在着唯物史观与唯心史观的对立。以 1848 年革命为分水岭，马克思认为不是自由、平等、博爱的原则背

---

① 《马克思恩格斯文集》第 1 卷，人民出版社 2009 年版，第 507 页。
② 同上书，第 510 页。
③ 同上书，第 525 页。
④ 《马克思恩格斯文集》第 2 卷，人民出版社 2009 年版，第 498 页。

离了资产阶级，而是资产阶级所主导的意识形态总会随着阶级关系和矛盾的变化而变化。无产阶级如何获得属于自己的意识形态主导权呢？马克思在《路易·波拿巴的雾月十八日》中指明了清晰的方向，以前的革命为的是向自己隐瞒自己的内容，"19 世纪的革命一定要让死人去埋葬他们的死人，为的是自己能弄清自己的内容。从前是辞藻胜于内容，现在是内容胜于辞藻"。① 进而认为资产阶级不仅试图"把无产阶级的狮子催眠入睡"，而且在面对自身锻造的反对封建制度的武器倒戈之时，一味表示反对并断然抛弃了最初的理想，全然"不管它是在为人类的痛苦感伤地哭泣，不管它是在宣扬基督的千年王国和博爱，也不管它是在用人道主义态度漫谈精神、教育和自由，或是在空泛地臆造一切阶级的协调和幸福的制度"。② 在意识形态归谁主导这个核心问题上，马克思坚持从意识形态的来源与反映的内容来分析和评价阶级社会的矛盾与冲突。《政治经济学批判（1861—1863 年手稿)》中认为"资产阶级从自己的立场出发，力求'在经济学上'证明它从前批判过的东西是合理的"，有着这样的前提即"一旦资产阶级把意识形态阶层看做自己的亲骨肉，到处按照自己的本性把他们改造成为自己的伙计"。③ 由此强调在革命经验和社会现实的境遇面前，无产阶级坚持唯物史观与资产阶级采用托古改制的旧的历史观有着本质的区别，无产阶级需要确立反映社会历史进程并代表自身阶级利益的意识形态。

如何回答意识形态的对抗问题？归根结底这依然属于历史观讨论的范畴。19 世纪至今，马克思主义的传播与发展已经跨进了第三个世纪。在这段由许多重大历史事件构成的历史进程中，社会主义和资本主义两种意识形态对抗的主线依然十分鲜明，厘清这根主线仍然需要以马克思主义科学方法论做指导并加以回答和评析。马克思认为人既是物质生产者又是精神生产者，作为人的实际生活的反映与回声，意识形态乃精神生产的产物。1847 年的《哲学的贫困》也阐明，人在适应生产力需求的基础上创造了一定的生产关系以及与之相应的"原理、观念和范畴"，"这些观念、范畴也同它们所表现的关系一样，不是永恒的。它们是历史的、暂时的产物"。④ 不同意识形态的对抗与冲突反映出不同生产关系的特征和内容，并表现出内容复杂多变、

---

① 《马克思恩格斯文集》第 2 卷，人民出版社 2009 年版，第 473 页。
② 同上书，第 515 页。
③ 《马克思恩格斯文集》第 8 卷，人民出版社 2009 年版，第 241 页。
④ 《马克思恩格斯文集》第 1 卷，人民出版社 2009 年版，第 603 页。

主题快速切换、矛盾长期存在的特点。于今观之，交织在不同意识形态对抗中的各种观念和范畴层出不穷、错综复杂，诸如人本主义历史观、文明冲突论、历史终结论的唯心史观，以及对待两种社会制度所持有的改良论、趋同论和折中主义历史观等，都无一例外地试图占据历史观的思想席位，衍生了不同时期和特定阶段意识形态抗争的论题。由此亦逐渐清晰地汇集为如何深刻认识当代资本主义与如何深刻把握社会主义前途和命运的时代命题。

恩格斯民族习惯法理论及其
在中国史研究中的应用

李玉君　张新朝

（辽宁师范大学历史文化旅游学院）

习惯法，通常是相对于国家制定法而言的，它是特定群体共同意志的体现，源于社会中业已存在的各种各样的习惯。民族习惯法是各民族在长期的生产生活实践中逐渐形成的本民族的习惯法，用于维护本民族的整体利益和民族内部秩序，促进民族地区的安定和发展。恩格斯在一系列著作中，分析了欧洲特别是德国的民族习惯法的历史和特点。他发现在欧洲历史上，当处于被统治地位时，有些民族的习惯法得以长久保留，而其他一些民族的习惯法则只是留有残余或彻底消亡。究其原因，正如恩格斯所说，"法"的基础不是"意志"，而是社会物质生活，即"相互制约的生产方式和交换方式"。民族习惯法的保留或者消亡，直接取决于相应物质基础的存留与否。

中国自古就是一个多民族国家，各民族都创造了自身的独特民族文化，包括民族习惯法文化。民族习惯法在维护本民族的繁荣稳定等方面有着诸多积极意义。在中华民族多民族统一和融合的历史进程中，法文化之间也一直在彼此影响。研究古代民族习惯法，对中国当前的社会主义法制建设，仍然有着重要的借鉴意义。本文将探讨恩格斯在民族习惯法方面的理论成果，并将其应用到中国古代少数民族习惯法研究中去。

一　恩格斯论欧洲历史上的民族习惯法

恩格斯在《古代法》中写道，"在社会发展某个很早的阶段，产生了这样一种需要：把每天重复着的生产、分配和交换产品的行为用一个共同规则概括起来，设法使个人服从生产和交换的一般条件。这个规则首先表现为习惯，后来便成了法律。"① 他在和马克思合著的《德意志意识形态》一书中又说："个人的完全不依他们的单纯'意志'为转移的物质生活，即他们的相互制约的生产方式和交往形式，是国家的现实基础，而且在分工和私有制还是必要的一切阶段上都是这样，这是完全不依个人的意志为转移的。这些现实的关系绝不是国家权力创造出来的，相反地，他们是创造国家权力的力量。"② 这些论述指出，"法"的基础不是某一社会集团（更不是某些个人）的"意志"，而是由社会物质生活——也就是"相互制约的生产方式和交换方式"所决定的。对此，马克思还在《区乡制度改革和〈科隆日报〉》中强调："甚至撇开一般理由不说，法律只能是现实在观念上的有意识的反映，只能是实际生命力在理论上的自我独立的表现。"③ 总之，根据马克思和恩格斯的观点，只要产生民族习惯法的物质生活基础还存在，民族习惯法就仍然具有生命力。

对于民族习惯法这种基于相应物质生活基础的顽强生命力，恩格斯在《德意志人的古代历史》中进行了剖析。首先，他指出了古代德意志人的民族习惯法在遭遇罗马法后仍然顽强保留达千年以上的事实："可惜，瓦鲁斯和他的传播文明的使命，走在历史前面差不多有 1500 年，因为大约经过了这么多的岁月之后，德意志方才成熟到能够'接受罗马法'的地步。"④

其次，恩格斯指出冲突源于罗马法与古代德意志人的财产分配制度格格不入。前者是依照罗马法的规定分配和占有私有财产，而后者则是在土地公社所有制顽固地保持下来的基础上，多个家庭刚刚有少量的私有财产。因此，"罗马法及其对私有财产关系的经典分析，在德意志人看来纯属荒谬，因为他们正在发展中的少量私有财产，只在他们土地公社所有制的基础上才能拥有"⑤。

最后，之所以古代德意志人不肯接受罗马法，也是因为罗马法与古代德意志的民族习惯法的法律程序不同："德意志人习惯于根据祖传的风俗，在公开的民众法庭上面，在几小时以内就可以自己作出判决，所以罗马审判程

---

① 《马克思恩格斯选集》第 2 卷，人民出版社 1995 年版，第 538—539 页。

② 《马克思恩格斯全集》第 3 卷，人民出版社 1995 年版，第 377 页。

③ 《马克思恩格斯全集》第 1 卷，人民出版社 1995 年版，第 314 页。

④ 恩格斯：《论德意志人的古代历史》，载《马克思恩格斯全集》第 25 卷，人民出版社 2001 年版，第 216 页。

⑤ 《马克思恩格斯全集》第 25 卷，人民出版社 1974 年版。

序上的隆重仪式、抗辩和无休止的延期，在他们看来，不外是一种拒绝审判的花招，而围绕着总督的一群辩护士和百般刁难的家伙，不过是一帮十足的强盗——实际上他们也正是一帮强盗。"①

罗马行省总督瓦鲁斯掌握着最高司法权，并想利用这种权力把罗马法强加到日耳曼人身上，企图"用更快的速度和更大的压力把日耳曼人改造过来"，他"像对奴隶一样对他们发布命令，像对臣民一样对他们索取金钱"②（狄奥语）。尽管德意志人不得不屈服于罗马人的统治之下，但是武力并不能迫使他们接受不适应他们的生产组织形式的罗马法；德意志人的民族习惯法仍然保留了差不多一千五百年，民族习惯法的顽强生命力可见一斑。

民族习惯法的久远生命力与民族的精神、感情一样根深蒂固、源远流长。这正如恩格斯指出的："部落、氏族及其制度，都是神圣而不可侵犯的，都是自然所赋予的最高权力，个人在感情、思想和行动上始终是无条件服从的。"③ 欧洲的许多古老民族，不管遭遇到怎样的历史变迁，只要是其古代民族（或氏族）组织形式得以保留，其民族习惯法即长期被遵行；换言之，要废除民族习惯法，只有摧毁原有的民族组织形式。对此恩格斯在其多部论著中有精到的概括。如关于德国古老的马尔克制度，他说："这些人从 12 世纪起就在地主的土地上，以村的形式被安置下来，而且是按德意志的法律，即古代的马尔克法律进行的。"④ 这里说的是马尔克制度的长久沿用。而在《家庭、私有制和国家的起源》中，恩格斯更广泛地揭示出古代克尔特氏族和英伦三岛古老民族的情形：

> 克尔特人的保存到今天的最古的法律，使我们看到了仍然充满着活力的氏族；在爱尔兰，甚至到今天，在英国人用暴力破坏了氏族以后，它至少还本能地存在于人民的意识中；在苏格兰，在上世纪中叶，它还处于全盛时期，在这里它也只是由于英国人的武器、立法和法庭才被消灭的。⑤

---

① 《马克思恩格斯全集》第 25 卷，人民出版社 1974 年版。
② 《马克思恩格斯选集》第 4 卷，人民出版社 1995 年版，第 96 页。
③ 《马克思恩格斯全集》第 19 卷，人民出版社 1995 年版，第 363 页。
④ 恩格斯：《马尔克》，载《马克思恩格斯全集》第 25 卷，人民出版社 1974 年版，第 578 页。
⑤ 恩格斯：《家庭、私有制和国家的起源》，载《马克思恩格斯选集》第 4 卷，人民出版社 1995 年版。

在威尔士被英国人征服以前数世纪，即至迟于十一世纪所制定的古代威尔士的法律，还表明有整个村落共同耕作的事情，虽然这只是一种普遍流行的早期习俗的稀有残余；每个家庭有供自己耕作的五英亩土地；此外，另有一块土地共同耕种，收获物实行分配。就其跟爱尔兰和苏格兰类似这一点来说，毫无疑问这种农村公社乃是一种氏族或氏族分支，即使对威尔士法律的重新考查——我没有时间去这样做（我的摘要是在 1869 年做的）——未必能直接证实这一点。①

分析恩格斯对欧洲历史所做的论述可以发现，欧洲诸多古老民族的民族习惯法在遭遇异族统治时的两种结局都直接决定于其生产组织形式的存留与否：一种情况是，原先的村社制度或其民族（有的是氏族）组织得以保存，使得民族习惯法有可能与征服者的法律相抗衡，从而保持生命力。比如克尔特人的古老法律竟能保存到 19 世纪；古代威尔士至迟制定于 11 世纪的法律在被英国人征服之后数个世纪仍然实行着。另一种情况则是，古老的居民遭遇强大的异族而陷于被征服的命运，统治者采用暴力来摧毁被统治者的生产生活组织形式（如氏族），并依靠武器和立法等手段来废除民族习惯法，以此解决其制定法与当地习惯法的冲突。古代的爱尔兰和苏格兰在英国人的统治下时就属于这种情况。

总之，恩格斯认为，民族习惯法根植于民族组织形式之中，前者的保留情况完全取决于后者存留与否。若某一民族在被武力征服之后其民族组织形式或者生产生活形式却被保留下来，则其民族习惯法也会被保留。反之，若统治民族摧毁了被统治民族的民族组织形式，则被统治者的民族习惯法也将随之消亡；民族组织形式被摧毁得越彻底，则相应的民族习惯法也消亡得越彻底。某种意义上说，被统治民族习惯法的保留情况可以反映出统治民族对前者所创造文明的态度。

二 中国历史上民族习惯法遭遇制定法后的归宿

以恩格斯揭示出的观点来指导中国历史研究，我们可以更深刻地认识和

① 恩格斯：《家庭、私有制和国家的起源》，载《马克思恩格斯选集》第 4 卷，人民出版社 1995 年版，第 130 页。

理解历史发展的脉络，揭示中国历史演进道路的鲜明特点。一方面，"民族习惯法"在其相应的生产生活组织形式得以保留的前提下可以长久沿用的原理，对于中国历史研究是很有指导意义的。这证明中外历史的发展确有其相同或相似之处。同时也要注意，中国历史有其自身的独特之处。首先，恩格斯在论述古代德意志人和英伦三岛（威尔士、苏格兰）的历史时，"民族习惯法"都是指在被征服民族（如日耳曼人、威尔士人等）中存在的，而征服民族的法律（如罗马法）则相应成为国家制定法。而在中国历史进程中，无论哪一方处于统治地位，中原汉民族的法律总是表现为国家制定法，而少数民族的法律则相应地充当了民族习惯法。其次，欧洲民族习惯法的最后归宿——长久保留，部分残余或者荡然无存——与中国的少数民族的民族习惯法归宿不同。中国历史上的民族习惯法几乎都可以归结为一种情况，就是先与制定法短暂并存，然后迅速融合于制定法之中，即使是在少数民族入主中原、居于统治地位时也不例外。

这里我们以辽、金两个较典型的朝代为例。辽金时期，与中原汉法相对应，征服民族契丹人和女真人的法律成为"民族习惯法"。由于契丹、女真居于统治地位，建国之初自然倾向于以其原有的民族习惯法为国家法律，同时排斥中原汉法。尽管两种法律体系互相冲突，少数民族习惯法与中原汉法在辽、金政权初建时总是先短暂并存，而后又迅速呈现出融合趋势，这也是国家统一、民族关系大大加强的时代精神的产物。该结论主要基于以下两方面的基本史实。

一方面是，建政之初，辽和金全都在汉人地区单独实行汉法，也就是所谓的民族分治。辽太祖耶律阿保机在创建契丹国家之初就任用汉人韩延徽等进行改革，"定制契丹及诸夷之法，汉人则断以律令"，① 可见并不排斥中原汉法。继任者辽太宗耶律德光规定"以国制治契丹，以汉制待汉人"，② 即对"畜牧畋渔以食，皮毛以衣，转徙随时，车马为家"③ 的本族人实行契丹法统治，对"耕地以食，城郭以居"的汉族人则适用唐律。不可避免地，这种法律政策也带有民族不平等的色彩，史书记载"契丹及汉人相殴致死，其法轻重不均"，契丹人"殴死汉人者，偿减牛马；汉人则斩之，仍以亲属为

---

① 《辽史》卷61《刑法志上》，第937页。
② 《辽史》卷45《百官志一》，第685页。
③ 《辽史》卷32《营卫志中》，第373页。

奴婢"。① 北方各族原有杀人赔偿马牛的习惯，而杀人者死则是中原法律文化的传统，虽然各有渊源，毕竟轻重不均。直至圣宗统和十二年时，这种法律面前不平等的状况才得以改善，"诏契丹人犯十恶，亦断以律"，② "至是四姓相犯，皆用汉法"。③ 在司法审理方面，依辽制实行南北二院分治政策。北院设夷离毕院，专管契丹本族属国的刑狱，南院设南面分司官，治理汉人庶狱。

金太祖建国之初，在接受汉制方面尚且不如辽初，法制上主要采用女真习惯法，尚无成文法，甚至还在原辽国统治地区废除已汉化的"辽法"，推行女真习惯法。天辅二年（1118 年）金太祖颁诏："国书诏令，宜选善属文者为之"④，似乎开始认识到制定成文法的重要性，尽管仍然是使用女真习惯法。第三代皇帝熙宗很重视学习封建法制经验，常研读《贞观政要》等书籍，认为唐太宗君臣的议论"大可规法"。天眷三年（1140 年）攻取河南等地后，即宣布在当地"刑法皆从律文（即中原汉法）"，从此不再强制推行落后的女真习惯法。

另一方面来说，由于中原汉法适用于基于农业生产的农耕文明，相对于基于游牧、渔猎等生产方式的民族习惯法较为先进，因而对处于统治地位的契丹族和女真族很有吸引力。因此，辽朝和金朝统治者主动将汉法部分地吸收于自身的法律制度中；或者是以较为隐蔽的方式加以吸纳借鉴，对原有的法律做了程度不同的修改。辽代建国初的政策是民族分治，自太宗开始逐步扩大汉制适用范围，如规定："治渤海人，一依汉法。"⑤ 契丹人授汉官者从汉仪，听与汉人婚姻。第六代皇帝圣宗即位后，命专人翻译律令（当时所谓律令，指唐、宋律令），开始了辽朝法律汉化的进程。一方面废除"契丹人及汉人相殴致死，其法轻重不均"⑥ 之法，一方面在契丹人内部也采用"十恶"、"八议"等汉制。辽律还采取了一些保护农桑的措施，如指令地方官吏"劝农"，禁止契丹人砍伐农民桑梓等。此外还普遍实行赋税制，使俘掠奴隶逐渐转化为向朝廷纳税的编民。又于太平六年（1026 年）下诏："贵贱

---

① 《辽史》卷 61《刑法志上》，第 939 页。
② 同上。
③ 《武溪集·契丹官仪》。
④ 《金史》卷 2《太祖本纪》，第 32 页。
⑤ 《辽史》卷 61《刑法志上》，第 937 页。
⑥ 同上书，第 939 页。

异法，则怨必生；……自今贵戚以事被告，不以事之大小，并令所在官司按问，具申北、南院复问得实以闻；其不按辄申，及受请托为奏言者，以本犯人罪罪之。"① 取消了契丹贵族犯案不受地方官府审理的司法特权。其后，圣宗下诏："更定法令凡十数事"②，把以上举措体现到法令之中。第七代皇帝兴宗颁行的《新定条制》（共547条，史称《重熙条制》），虽然吸收了不少"汉制"，但仍以"契丹、汉人风俗不同"③ 为由，给契丹人保留了许多特权。辽朝第八代皇帝道宗认为，契丹、汉人风俗虽然不同，但国法不可异施，所以下令修订《重熙条制》，"凡合于律令者，具载之，其不合者，别存之"，④ 最终修成吸纳了大量中原汉法律文的《咸雍重修条制》，共789条，在辽政权下一体适用。

金朝也先后开展了制定成文法的活动，其法制汉化的步伐显然比辽朝更快。先是在皇统年间（1147—1149年）"以本朝旧制，兼隋、唐之制，参辽、宋之法"，⑤ 制定了一部一体适用的法典《皇统制》，也是金国第一部成文法典。第四代皇帝海陵王进一步完善推进法制的汉化，颁布《续降制书》，与《皇统制》并行。第五代皇帝世宗时期，又综合这两部法典与其他有关法令编纂新法，于大定十九年（1179年）编成《大定重修制条》。前述几部法典的"汉化"，是就其内容而言，但在法制形式上，则属律、令、制条合一的法典。第六代皇帝章宗继位后，又下令成立专门立法机构"详定所"，解决法律形式的汉化，最后于泰和元年（1201年）修成《泰和律义》、《泰和令》、《六部格式》、《新定敕条》等，形成如宋朝一样的律、令、格、式、编敕体系。元人脱脱认为《泰和律义》"实唐律也"。⑥ 从此，金朝法制从形式到内容实现了全面汉化。

辽金两朝在建立政权之后，由于受中原政权的影响，以及任用汉族知识分子参政，加上治下从事农耕生产的汉族人口所占比例越来越大，政策上倾向于接受汉法，其结果是促进了全国范围内民族的交流与融合。在此过程中，民族习惯法与汉法从并存到融合的过程值得引起注意。金初，女真人还

① 《辽史》卷61《刑法志上》，第940页。
② 同上书，第939页。
③ 《辽史》卷62《刑法志下》，第945页。
④ 同上。
⑤ 《金史》卷45《刑志》，第1015页。
⑥ 同上书，第1024页。

保留收继婚的习俗，"父死则妻其母，兄死则妻其嫂，叔伯死则侄亦如之。故无论贵贱，人有数妻"（这里的"母"当非生母，即父亲的其他妻妾）。①金代初期已经是封建社会，至少已经迈入了封建社会的门槛。妻母妻嫂的行为与儒家封建观念绝不相容，封建成文法不应该允许这种行为的存在。但由于这种行为符合女真人的传统习惯法，加之金政权建立未久，传统习惯的势力还很强大，成文法只能迁就习惯法，所以金初的法律允许这种行为的存在。金朝第五代皇帝世宗即位之初，下诏暴扬海陵王十七大罪状，其中主要就是纳了被杀掉的政敌的妻子为妃，包括其姊子、嫂子、侄媳等。按照女真旧俗，这种收继婚并不能构成罪名。由于此时女真统治者已经接受了汉文化的封建伦理观，本民族原来的习俗就被指为不合伦理了，这正说明金朝宗室已经从心理上认同了汉文化。世宗的母亲贞懿皇后是汉化很深的渤海人，尽管是女真皇后，她却在睿宗死后放弃"兄死则妻其嫂"的女真旧俗转而遵循汉族的儒家礼教。为保持贞洁，贞懿皇后受戒为尼，号通慧圆明大师。金法也肯定本族原有的收继婚俗，这种婚俗甚至还推行到汉人、渤海人范围。金世宗大定九年定制："汉人、渤海兄弟之妻，福满归宗，以礼续婚者，听"。② 这里强调的是"以礼续婚"，已经是一种女真习惯法与中原汉法的折中和融合。

三　运用恩格斯的理论探讨中国历史的特点

"马克思主义的普遍原理与中国实际相结合"是新中国成立以来历史研究的重要指导思想。恩格斯在其著作中阐发的"法"的基础不是某些人的"意志"，而是社会物质生活这条历史规律，以及对民族习惯法在古代欧洲历史上存留情况的研究，对中国历史研究非常具有理论指导意义和借鉴意义。如前文所述，中国历史上入主中原的少数民族的习惯法的归宿大多是在"因俗而治"的原则下，先与中原王朝制定法短暂并存，再迅速融合到后者中去，与欧洲的情况不尽相同。一方面，这种独特的特点符合恩格斯阐发的历史规律，因为进入中原的少数民族都接受了农耕文明而迅速封建化，生产生活组织形式的改变自然导致习惯法的改变。另一方面，

① 《大金国志校证》卷39《婚姻》，第554页。
② 《金史》卷6《世宗本纪上》，第144页。

"因俗而治"也是中国历史的特点或是一种民族心理。事实上，"因俗而治"是我国的封建王朝的一贯政策，甚至可以说是中华文化的基因。《礼记·王制》说，"中国戎夷五方之民皆有性也，不可推移"，因而应"修其教不易其俗，齐其政不易其宜"。中原王朝当政者大多能认识到这一点，知道民族习惯法因为地理、文化等因素已经深深地植根于少数民族社会，不宜武断地去改变。

早在秦朝时，"秦惠王并巴中，以巴氏为蛮夷君长，世尚秦女，其民爵比不更"①；秦昭王与"巴郡阆中夷人"订盟，"秦犯夷，输黄龙一双；夷犯秦，输清酒一钟。"② 这些都是尊重当地民族风俗、因俗而治的举措。汉朝对设置了郡县的少数民族地区允许"不用天子之法度"，③ 仍以当地旧俗治理。《汉书·食货志下》载："汉连出兵三岁，诛羌，灭两粤，番禺以西至蜀南者置初郡十七，且以其故俗治"④；又，马援平峤南后，"条奏越律与汉律驳者十余事，与越人申明旧制以约束之"⑤。北魏统一过程中，许多少数民族的部落酋长率领所部人口和牲畜自动归附。北魏对鲜卑本族虽然屡次下令"离散诸部，分土定居"，⑥ 但考虑到"五方之民各有其性"，故而实行了"修其教，不改其俗，齐其政，不易其宜；纳其方贡，以充包廪，收其货物，以实库藏"⑦ 等政策以保持其原有部落的宗教信仰、语言和风俗习惯。隋唐王朝面对"方隅之大，南尽百越，未制万全，择将置守，常安难之"⑧ 的社会现实，采取了"分置酋首，统其部落"，"因其俗而抚驭之"的民族政策。唐王朝在法制上对少数民族实行"以本俗法"的政策，如《唐律·名例第一》中有"诸化外人同类自相犯者，各依本俗法，异类相犯者以法律论"⑨ 的条文。这实质上是给少数民族一定的行政管理权利和立法自治权。辽金时期的情况如前文所述，辽代的南北面官制度、西夏和金代的藩汉官制，都是"因俗而治"法律方针的体现。此后，元明清的民族法制赋予少数民族的民族自

---

① 《后汉书》卷86《南蛮西夷列传》，第2841页。
② 同上书，第2842页。
③ 《汉书》卷64《严助传》，第2778页。
④ 《汉书》卷24《食货志下》，第1174页。
⑤ 《后汉书》卷24《马援传》，第839页。
⑥ 《魏书》卷83《贺讷传》，第1812页。
⑦ 《魏书》卷110《食货志》，第2850页。
⑧ 《粤西文载》《制敕》。
⑨ 《唐律·名例第一》。

治权则进一步制度化、法律化了。如元朝为了加强对少数民族酋领的驾驭与控制，创立了"蒙夷参治"之法，官有"流"、"土"之分，开始了"土司制度"。明清在此基础上有所损益。可以说，历代封建王朝的法治政策一脉相承地体现了中华文化兼容并蓄的特质和开放心胸：在政治上"大一统"的前提下，法律形式可以多种多样。

中国历史上的国家制定法与民族习惯法"先并存再融合"这种迥异于欧洲国家的特点，有其深刻的根源，与中华民族多民族统一融合的必然历史趋势是分不开的。在欧洲大陆上形成了很多的稳定民族共同体，并不存在统一趋势。之所以中国历史有多民族统一融合这一特点，有以下三个原因：

一是各民族的活动都在一个共同的疆域内，必然发生紧密的联系。中华民族的生存环境是一个自然格局上相对独立的空间：北有大漠，西面是难以逾越的高山，西南是急流和峡谷，东面和南面是浩瀚的海洋，四周构成天然的屏障。在这样相对隔绝的格局下，古代民族的活动很难越过这些天然的障碍。几千年来，各民族就在这片共同疆域中繁衍生息，逐步通过接触、交流甚至摩擦、战争来相互了解、合作。

二是，在民族融合过程中起到核心作用的汉族拥有先进的农耕文明。中国幅员辽阔，境内有平原、高原、丘陵、山地，地理环境不同造成了各地区经济发展的差异和不平衡。中原地区土地肥沃、气候湿润，适合发展农业，得天独厚的自然环境由此滋养了汉族（形成于汉代，其先是华夏族）先进的古代农业文明，最早进入农耕时代。而在周边地区，人们主要采取游牧、渔猎等较原始的生产方式。后进文明总是要向先进文明学习和看齐，由此推动了文明进步和民族融合。汉族在长期的历史进程中，通过和中原周边各族的经济往来、军事攻伐以及人口流动和重组，不断吸收周围各民族的居民，融合其血统。这不仅是汉族本身的贡献，实际上也是古代以来各民族的贡献。故梁启超称汉族为"混血而成"，还专门撰文论述中华民族"多元结合"、"诸夏一体"。

三是，具有兼收并蓄特质的中原文化在多民族统一和融合过程中具有巨大的凝聚力和精神纽带的作用。中原文化之所以有此特点，源于中原地区在地理位置上居天下之中，为八方辐辏，便于汉族学习和吸收周边地区先进的生产技术和生活经验。与此同时，中原地区也成为周边民族不可或缺的交流平台和联结纽带，成为向边远地区传播先进文化的中心。事实上，中原汉文化本身就具有多源性，来自于新石器时期产生的多个文化源头，如仰韶文化

（河南）、龙山文化（山东）、河姆渡文化（长江下游）和屈家岭文化（长江中游）等。① 汉族就是凭借优越的自然条件发展精耕细作的农业经济，同时广泛吸收周边民族的先进生产技术和文化成败经验，总结同少数民族打交道的策略心得，始终保持先进的文明。中原地区也从而成为周边地区民族向往之所在，孕育出汉文化兼收并蓄的特点和包容同化的心胸。这突出地表现为儒家开明的夷夏观，认为"夷"、"夏"可以互变，二者应从文化上而非种族上来区分。这种观点对于促进民族间的友好交流和共同进步有着十分深远的意义。

总之，恩格斯阐发的民族习惯法将在其对应的生产生活方式被保留的基础上得以保留的历史规律同样也适用于中国历史。由于中原农耕文明的先进性以及中原文化兼收并蓄的特点，少数民族在进入中原地区后大都主动接受中原文明，无论是否居于统治地位，其民族习惯法总是与中原王朝的制定法"先并存再融合"。这与中国多民族统一与融合的必然历史趋势是一致的。深入地研究、理解中国古代历史上民族习惯法与中原汉法的关系，可以为我们这个多民族国家当前的法制建设提供有益借鉴。

---

① 费孝通：《中华民族之多元一体格局》，中央民族学院出版社 1989 年版，第 7 页。

五种形态说与时代分期论

耿元骊

（辽宁大学历史学院）

五种形态说，是建立在所有制基础上的历史分期方式。这种分期方式的起源建立在现实政治问题上，由 20 世纪 20—30 年代的中国社会史论战，开启了古史分期问题的大讨论。①在当时的历史环境下，如何分析"中国向何处去"，成为重大问题。一般认为，中共六大决议和陶希圣的文章，挑起了"中国社会性质大论战"。争论的双方，最开始是在争论现实问题。但是随着争论的深入，历史问题被逐步地提出来以作为各家观点的证明基础。德里克认为，1928 年，陶希圣为了解决革命运动受挫所产生的问题而转向史学研究，并希望以此能使革命重回正确的道路。②按德里克的总结，在参与论战的作者里面，出现了 34 位作者的 35 种分期方式，③无一例外，这些作者都是马克思主义的信徒。但是，"由于马克思主义视历史分期不仅为一种组织历史资料的方便之道，而且是一种对基本的社会经济作用的表达，所以它要求史学家深入地挖掘社会最根本的层面。最优秀的马克思主义史学家，无论他们的历史分期方法多么机械，亦是为他们寻求中国历史进程的社会经济分界线的理论预设所驱使"。④这种寻找中国历史进程的分界线的努力，促使古史分期讨论逐渐深入，但也逐步地更加教条化。

---

① 关于社会史论战和古史分期问题的综述很多，最有学术性的讨论见陈峰《民国史学的转折——中国社会史论战研究（1927—1937）》，山东大学出版社 2010 年版。亦可参考温乐群、黄冬娅《二三十年代中国社会性质和社会史论战》，百花洲文艺出版社 2004 年版；罗新慧《20 世纪中国古史分期问题论辩》，百花洲文艺出版社 2004 年版。

② ［美］德里克：《革命与历史：中国马克思主义历史学的起源，1919—1937》，翁贺凯译，江苏人民出版社 2005 年版，第 153 页。

③ 同上书，第 154 页。

④ 同上书，第 200 页。

一 古史为何需要分期

按照王彦辉的总结，古史分期讨论从 20 世纪 30 年代一直延续到 80 年代，到 1978 年之前大致可以分为三个阶段。第一阶段是 30 年代，前文已述及；第二阶段是 40 年代，马克思主义史学家运用他们所理解的唯物史观原理来重新认识中国历史，按五种形态划分历史时期。特别是奴隶社会和封建社会的划分阶段，成为讨论的重中之重；第三阶段从 1949 年至 1976 年，参与学者之多，涉及范围之广都是前所未有的，形成了三论五说共八种不同的意见。[①]不过，观点虽有大不同，但是，"研究方法却惊人的相似，无非是援引马恩列斯的相关论述作为立论的理论依据，再采择中国历史上不同时期的有关资料作支撑，进而论证各自的分期学说"。王彦辉因此认为，"五种社会形态'必经论'是对马克思社会形态学说的简单化和教条化，是对马克思主义理论的歪曲和反动，是一种神秘主义学说。作为一种理论框架和发展模式不仅不符合中国的历史实际，也不符合大多数民族国家的历史实际。按照这种模式去斧削各个国家的历史，只能把丰富多彩的人类历史描绘得千人一面，历史研究如果简单到用各个民族国家的历史素材去填充这个理论框架，历史学的研究价值也就无从体现了"。[②]虽然有着如此教条化的重大缺陷，但是，五种形态说本质上是一种给长时段历史划分出段落的学说。也就是说，"分期论"本身还是有着重要的学术意义，是学术发展的内在要求。这与新史学的发展密切相关，是现代史学发展刺激之下的产物。

1949 年以后，中国内地轰轰烈烈进行古史分期问题讨论的同时，战后日本在马克思主义的刺激之下，中国史研究学者也投入了大量精力来研究历史的阶段性问题。特别是自认以唯物史观作为指导的东京学派（历史学研究会），根据唯物史观，在对京都学派批判的基础上形成了新的中国史分期理论，而且，日本学者从 20 世纪 40 年代末期一直争论到 70 年代，大到如何理解中国社会，小到个别现象的实证考据都有巨大的分歧，存在着极为激烈的论辩。这种争论是战前争论的继续，特别是由京都学派关于历史分期的论

---

① 王彦辉、薛洪波：《古史体系的建构与重塑——古史分期与社会形态理论研究》，河南大学出版社 2010 年版，第 26 页。所谓三论五说，即西周封建论、战国封建论、魏晋封建论；春秋封建说、秦统一封建说、西汉封建说、东汉封建说、东晋封建说和中唐封建说。

② 同上书，第 84—85 页。

述所引发的。

在 20 世纪第一个 10 年形成的京都学派，一直要把中国史纳入世界史的领域里面，以便寻找其普遍性和特殊性的原理原则。[①]其学派开创人内藤湖南认为，依照文化的时代特色而划分时代，是最自然、最合理的方法。所以从开天辟地到后汉中期，这是上古时代，是中国文化形成和向外部发展的阶段；从五胡十六国到唐代中期，这是中世时代，是外部力量大量冲击的阶段；从宋元以后，是近世时代，基本等同于西欧的资本主义时代。在后汉的后半期到西晋时期，是第一过渡期，由唐末到五代，是第二过渡期。[②]同一学派的宇都宫清吉认为，到秦汉为止，这是上古发展的终结之处，"古代帝国"到这里结束。宫崎市定认为，汉武帝时代，是古代社会经济的顶峰，汉末逐渐进入了中世。而川胜义雄和谷川道雄认为，汉末是"里共同体"崩溃，"豪族共同体"建立的时期，所以汉末是古代的终点。

东京学派坚决反对京都学派的观点，认为唐末五代才是古代的结束，中世的开始。前田直典继承加藤繁的学说，认为唐以前是奴隶社会性质。西嶋定生认为，秦汉到隋唐是古代，由于国家权力结构一致，具有独特的性质。在生产关系上，土地制度在唐中叶均田制崩溃，发生重大变化。仁井田升也根据生产关系进行立论，认为古代是奴隶制，中世是封建制。从奴隶制到封建制，就是唐宋间的变革。堀敏一也同样以生产关系转变来作为判断标准，以均田制崩溃作为标志，社会各方面均发生重大变化。木村正雄也以均田制崩溃作为标准，认为古代社会结束，中世开始了地主佃户制。[③]

围绕着唐末五代到底是古代还是中世的结束点，宋代是中世还是近世的开端问题，日本学术界也展开了激烈的争论。按高明士的判断，京都学派得以成立，东京学派所以形成，都和唐宋时代性质的争论有着密切的关系。无论是京都学派还是东京学派，都认为在这个时期发生了重大变化。但是，关于变化的性质和作用，争论极大。

内藤湖南认为，唐宋之间在文化上有重大差异，在八个具体问题上有差异。宫崎市定在社会经济方面补充了内藤的看法，他认为三分法是可用于东洋史的，唐末五代在佃户性质、资本主义萌芽、商业都市等方面均有重大的

---

① 高明士：《战后日本的中国史研究（修订版）》，第 49 页。参见谷川道雄《"唐宋变革"的世界史意义——内藤湖南的中国史构想，李济沧译，《魏晋南北朝隋唐史资料》第 23 辑，2006 年。

② ［日］内藤湖南：《中国史通论——内藤湖南博士中国史学著作选译》，第 5 页。

③ 参见高明士《战后日本的中国史研究（修订版）》，第 51—103 页。

变化，这些变化是资本主义意义上的，所以宋代是近世开始。同时，视作西欧中世纪农奴的部曲在此时段解放，人群在社会上广泛流动，反映出社会发生重大变化。岛田虔次认为，宋代以后是平民可以自由研究，类似于西欧的文艺复兴。

内藤和宫崎的观点，引起了东京派的大批判。周藤吉之认为，在社会经济方面，佃户无自由，唐宋之间庄园特别发达，这些都是中世的特征，所以宋以后是中世。柳田节子认为，宋代有着地域性的差别，四川等地是落后地带，在佃户身份上仍然保持着古代特征，江南则是先进地带，具有近世特征。仁井田陞认为，五代宋初的佃户，还是资本主义以前的农奴性质，因此宋代还是中世特点。[①]

京都派和东京派的争执，按照谷川道雄的看法，是由于重建中国史研究体系的需要。"二战后，日本历史学界的一个重要课题就是需要重建中国史研究。……因为在战前，把日本的先进性、进步性同中国的落后性、停滞性做比较的史观根深蒂固，而且这一比较史观还在日本军国主义侵略中国时起了帮凶的作用。所以为中国史建立一个进步的、合理的体系就成为战后的一项重要课题。"[②]争论的双方，都有一个共同的判断价值体系，有着共同认可的分期时段：上古、中世、近世，其所争者，只是具体划线时间。从某种意义上讲，这和五种形态说是同构的。它们的思想来源，都是马克思主义特别是唯物史观。其背后的学术逻辑，就是一定要把历史予以分期。五种形态是一种分期的需要，上古、中世、近世也是一种分期的需要。归根结底，都是要进行分期。

对历史予以分期，是古已有之的做法。晋唐时期，学人最愿意为历史进行分期，出现了类如《帝王世纪》、《三皇本纪》等著述。这些著述，"大抵表示了汉唐时人的古史观，不足以考见三皇五帝时代实际的状况"。[③]但是，龚鹏程认为，古人不会闲到无聊，偏偏要给茫昧之世编世系，次事迹？这说明，古人设想了这样的体系，然后用五方和五帝作为象征，就构建了一个时序第迁的框架，可以说明历史变化的原理。除了三皇五帝之说，还有《春

---

① 参见高明士《战后日本的中国史研究（修订版）》，第104页。
② ［日］谷川道雄：《日本京都学派的中国史论——以内藤湖南和宫崎市定为中心》，李济沧译，《史学理论与史学史学刊》2003年卷，社会科学文献出版社2004年版，第307页。
③ 龚鹏程：《中外史学交流格局中的中国思想史论述》，《史学理论与史学史学刊》2003年卷，社会科学文献出版社2004年版，第313页。

秋》公羊家所讲的三世之说，"所见异辞，所闻异辞，所传闻异辞"。①何休认为，三世各有特点。所传闻世见治起于衰乱，所闻世见治升平，所见世着治大平（太平），所以衰乱、升平、太平，就是三世，而且内外诸夏夷狄都结合进来。②到清末，康有为推进三世说，重新阐释为"所传闻世为据乱，所闻世托升平、所见世托太平"。③而这三世的分别，是根据文教水平高低进行的判断，是"《春秋》第一大义"。这些判断，大体为经学意义上的判断。在古代史学特别是正史的撰述中，则较少加以分期，更多的是采用朝代体系，很少有明确的给予历史以观念性时间架构的论述。

进入近代以后，首由日本学者的著述，启发了时代分期的思考。桑原隲藏的《中等东洋史》，最早被翻译过来（改名为《东洋史要》），其将中国历史分为四期：上古、中古、近古、近世。④梁启超在桑原隲藏的影响下，1902年发表《新史学》，开一代新风。梁启超认为，旧时代虽然史学发达，但是陈陈相因，有四大弊端，一是有朝廷无国家，二是有个人无群体，三是有陈迹无今务，四是有事实无理想。所以，二十四史，是二十四姓之家谱，也就是毫无变化，是循环之学。梁启超认为，历史要叙述进化的现象。现象有两种，一种循环，一种进化。所以，历史学是"往而不返，进而无极"。历史学不是孟子讲的那样一治一乱，而是叙述人群进化之现象的。但仅仅叙述进化现象还不够，更主要的目的是求得公理公例。"历史者，以过去之进化，导未来之进化者也。"⑤在另外一文中，梁启超直截了当地把中国历史比附到西人的世界史体系上，他说："叙述数千年之陈迹，汗漫邋散，而无一纲领以贯之，此著者、读者之所苦也，故时代之区分起焉。……中国前辈之脑

① 《春秋公羊传·隐公元年》，浦卫忠整理：《十三经注疏·春秋公羊传注疏》，李学勤主编，北京大学出版社1999年版，第25页。

② 宋艳萍：《公羊学与汉代社会》，学苑出版社2011年版，第22页。

③ 康有为：《春秋董氏学》卷2《春秋例·三世》，载姜义华、张荣华编校：《康有为全集》第2集，中国人民大学出版社2007年版，第324页。

④ 桑原隲藏：《东洋史要》，金为译，商务印书馆1908年版。该书的最早译本系樊炳清译，由东文学社1899年出版，未见。关于该书在史学编撰学体例当中的重要意义，参阅邹振环《晚清史书编纂体例从传统到近代的转变——以汉译西史〈万国通鉴〉和东史〈支那通史〉、〈东洋史要〉为中心》，《河北学刊》2010年第2期。关于《东洋史要》的版本及翻译历程，参见邹振环《东文学社及其译刊的〈支那通史〉与〈东洋史要〉》，《域外汉籍研究集刊》第3辑，中华书局2007年版，第360页。

⑤ 梁启超：《新史学》，原刊《新民丛报》第1、3、11、14、16、20号，1902年2—11月。引自氏著《中国现代学术经典·梁启超卷》，夏晓虹编校，河北教育出版社1996年版，第538—574页。

识，只见有君主，不见有国民也。西人之著世界史，常分为上世史、中世史、近世史等名。虽然，时代与时代，相续者也，历史者无间断者也。……史家惟以权宜之法，……以便读者。"①所以，梁启超把中国史区分为上世（黄帝到秦统一）、中世（秦统一到清乾隆末）、近世（乾隆末至今）。

这种三分的方式，还不仅仅是梁启超一人。三分的方法，夏曾佑也采用过。②胡适也把中国哲学史分为三个时代：自老子到韩非子，是古代哲学；自汉到北宋，是中世哲学；宋代以下，为近世哲学。③冯友兰也采用过，并且注意到这个分期不仅仅是时间分期，后面是有着进步和落后的含义的。"中国哲学史，若只注意于其时期方面，本亦可分为上古、中古、近古三时期"，而"直到最近，中国无论在何方面，皆尚在中古时代。中国在许多方面，不如西洋，盖中国历史缺一近古时代。哲学方面，特其一端而已。近所谓东西文化之不同，在许多点上，实即中国文化与近古文化之差异"。④不过龚鹏程引述斯宾格勒的看法，认为这种观点建立在直线进化概念上，是狭隘偏私的世界观。历史不是人类努力的结果，只是上帝旨意的实现。而历史不一定全部都是进步的，如果认为历史一定进步，就一定是简单化的进化论思想。⑤

傅斯年反对桑原隲藏的看法，反对用西洋上古、中古、近古、近世的分期方式来给中国史分期。傅斯年认为，桑原的分期方式，是远东历史的分期，而不是中国历史的分期。所以，在国史分期问题上，应该采用种族的标准。"今为历史分期，宜取一事以为标准，而为此标准者，似以汉族之变化升降为最便。"⑥但是傅斯年虽然反对桑原式的分期，但并不反对分期本身。他把中国历史分为甲乙丙丁四个大时代，甲为上世，蛮荒到隋初；乙为中世，隋到宋末；丙为近世，元到清宣统三年；丁谓现世，从民国建立开始。

---

① 梁启超：《中国史叙论》，原刊《清议报》第90、91册，1901年。引自氏著《中国历史研究法》，中华书局2009年版，第161页。亦见《梁启超全集》，北京出版社1999年版，第453页。

② 见夏曾佑《中国古代史》，河北教育出版社2000年版。吴怀祺所撰《前言》云："把整个中国历史分为三个大的时期。自草昧以至周末为上古之世；自秦至唐，为中古之世；自宋至今，为近古之世。"在这三个大分期中，又总共包含五个小周期。

③ 胡适：《中国古代哲学史》，载季羡林主编：《胡适全集》第5卷，安徽教育出版社2003年版，第201页。

④ 冯友兰：《中国哲学史》下册，华东师范大学出版社2000年版，第3—6页。

⑤ 龚鹏程：《中外史学交流格局中的中国思想史论述》，《史学理论与史学史学刊》2003年卷，第317页。

⑥ 傅斯年：《中国历史分期之研究》，载《傅斯年全集》第1卷，湖南教育出版社2003年版，第33页。

其中的上世，可划分为四个时代；中世有两个时代，即隋唐为第一期、宋为第二期；近世有三个时代。统算起来，中国历史四大时期，一共有十个时代。在中世里面，"中世一系之中，亦但有相传，而无相灭"，而中世和近世，则"趋向绝殊"，"但有相灭，而无相传"。①可见，近代以来的学者，都有分期的想法，因为大家都认为，"只有一姓之变迁不足以为历史分期之标准，并认为如果不分期，则史事杂陈，樊然淆乱"。②

这种认识事物的思路，主要是以分析的方式看待历史。这是近代以来所形成的认识世界的基本方法，也就是无限贴近事物去认识事物。但是贴近观察之后，则很难看到全貌。拆分之后，又需要再一次的综合性认识。同时，随着知识的爆炸性增长，单凭个人之力已经无法认识全部的事物，只能是分开来逐个认识。但是，要得到总体的面貌，还是要有综合性的判断。在时代分期问题上，同样是因为有了参照系，特别是有了具有带领、象征作用的欧洲，就可以分辨中国社会是什么社会。欧洲有分期，欧洲走过的路，我们也要走。如果我们是世界的一部分，是在这个世界体系里面的一分子，那么我们也应该有分期。也就是说，当世界开始成为一体的时候，才出现了"比较性"的分期问题。原来只有王朝问题，也就构不成比较性的"分期"问题。但是，在近代以前的人类，各个地区是独立发展也是独立存在的（哪怕人类都起源于非洲）。如果各个地方都是孤立的（有联系但是不具备普遍意义），那么各地是不是具有可比性？只有各个地方连接为一体，才有可能讨论比较的问题。从先秦到清前期，世界不是一体，不具备可比性。只有清中后期以来，中国被拖入到世界的洪流当中，才有了比较的可能性。因此，在中国古代历史上，并不具备划分时代分期的必要。所以，古人在历史学意义而非经学意义上最终广泛使用的是朝代分期方式，这是一个最少争议的分期方式。

随着时代风潮逐渐走过，无论是中国还是日本，三段论的分期方法已风流云散。曾经作为唯一的官方分期方式的五种形态说，既广受质疑，又多有力挺。③不过，在原有讨论的基础上，随着学术水准的提升，新的分期模式屡被提出。最近若干年来争论极为激烈的封建名实论、唐宋变革论，以及两宋

---

① 傅斯年：《中国历史分期之研究》，载《傅斯年全集》第1卷，湖南教育出版社2003年版，第35页。

② 王汎森：《"思想资源"与"概念工具"——戊戌前后的几种日本因素》，载《中国近代思想与学术的谱系》，吉林出版集团有限责任公司2011年版，第194页。

③ 高翔：《正确对待社会形态研究的历史地位》，《当代中国史研究》2007年第2期。

变革说、宋元明过渡论、元明变革论等诸多论述都可以被视作新分期论模式下的时代观。①

在上述诸说纷呈的背景下，意味着在新的讨论当中，评价标准逐渐发生了变化，评价体系也在发生变化。从这样的观察角度，应该如何看待由秦到清的历史长时段？②王彦辉认为，"（诸家）放弃传统的五种社会形态依次演进的发展图式，不再用社会心态意义上的'奴隶社会'、'封建社会'等概念来划分中国古代历史的不同阶段。在具体的历史分期上，把国家形态以后的中国古史以秦王朝为分水岭划分为两大时代，即从国家政体的角度以'帝制'为分期的标志，都承认夏商周三代和秦汉至明清属于两个不同的社会发展阶段，说明这些学者对中国古史的理解并无本质的区别"。③所以，如何认识秦汉到明清的历史阶段，就成为一个重要问题。无论是唐宋变革、两宋变革、元明变革、明清变革，这些能不能是历史的翻天覆地的转折？冯天瑜认为，秦汉以降是由宗法制、地主制、专制帝制综合而成的社会制度。其中的地主制只是一个方面的判断标准，是以土地私有为特征的地主—自耕农经济体系。④葛金芳认为，中国古代社会是四种前后相继的同质社会，有五个段落。从秦到清，则汉唐为吏民社会、宋明为租佃社会、清代为农耕游牧结合的综合体，在汉唐和宋明之间的辽夏金元为游牧社会，自成体系。⑤按葛氏的分期方法，则土地所有制也不再占有决定性的重要地位。但是各个时期虽曰

---

① 封建名实的讨论，前文已述。唐宋变革论的基本情况，可参阅前文引自张广达《内藤湖南的唐宋变革说及其影响》，柳立言《何谓"唐宋变革"？》。特别是由李华瑞及其所组织多名学者撰写的关于唐宋变革诸层面研究状况，述之甚详，见李华瑞主编《"唐宋变革"论的由来与发展》，天津古籍出版社 2010 年版。两宋变革论见刘子健《中国转向内在：两宋之际的文化内向》，赵冬梅译，江苏人民出版社 2002 年版。宋元明过渡，由美国学者提出，Paul Jakov Smith（史乐民）、Richard von Glahn（万志英）：*The Song-Yuan-Ming Transition in Chinese History*，Cambridge：Harvard University Asia Center Press，2003。未见。但柳立言有一个较为详细的介绍，见柳立言《何谓"唐宋变革"？》，第149 页。元明变革论，由李新峰提出，见氏论《论元明之间的变革》，《古代文明》2010 年第 4 期。另较为有重要参考价值的是李治安：《两个南北朝与中古以来的历史发展线索》，《文史哲》2009 年第 6 期；萧启庆：《中国近世前期南北发展的歧异与统合——以南宋金元时期的经济社会文化为中心》，清华大学历史系、三联书店编辑部：《清华历史讲堂初编》，第 198 页。萧氏明确把"明清变革"看作是与"唐宋变革"类似的重大变化，是近世史上的两大变革期。

② 王彦辉梳理总结了 20 世纪 90 年代以来关于古史分期的诸家之说，参见氏著《古史体系的建构与重塑——古史分期与社会形态理论研究》，第 238 页。

③ 王彦辉、薛洪波：《古史体系的建构与重塑——古史分期与社会形态理论研究》，河南大学出版社 2010 年版，第 250 页。

④ 冯天瑜：《"封建"考论》（第二版），第 18 章。

⑤ 葛金芳：《两宋社会经济研究》，天津古籍出版社 2010 年版，第 14 章。

相继，但性质大有不同，实际上也是断裂的。高钟则认为，中国有着自己的历史文献语言符号，重要术语足够多，是能解说中国历史的。所以，中国社会发展和演变有着独特的发展轨迹，从秦始皇创建中央集权大一统国家到汉武帝"独尊儒术"，中国社会的道统、王统、族统的三维共构模式建立，直到隋唐完成，这是磨合期。宋以下直到清末，是三维共构社会的完善期。近代以后则是转型期，加上战国以前的萌发期，是为三维共构，四期发展。①所以，在唐宋之际，王统、道统、族统均发生了前所未有的巨大变化。高氏虽然也提到了两税法的重要性，但显然，在高氏的论述里面，经济不占有重要的决定性地位。而所有制问题，已经不再是一个值得关注的问题。

前文已述，与日本学者的研究同时，在社会史大论战中，中国学者也在判断分期问题。当然，他们采纳的是各自认为最准确的马克思主义。论战的各派都自称是唯物史观派，都服膺于马克思主义。论战的各方所使用的术语都来自马克思主义，来自他们理解当中的唯物史观概念。李泽厚认为："论战各方，即使不属于中共或托派，甚至是共产党的反对者，都大体接受了马克思主义基本学说，并以之作为论证的理论依据。包括胡秋原、方亦如等人也如此。论战中各方共同使用如'帝国主义'、'封建制度'、'阶级关系'、'商品经济'等概念词汇也基本上属于或遵循着马克思主义理论学说的范围。"②而在唯物史观里面，生产关系是第一位的。按当时一位作者的观点来看，中国农村经济急遽衰败，农民经济危机陷入尖锐。这是由于"现存制度阻碍并破坏农村生产力发展"的缘故，而"此种危机的基本原因，就是，现在的农村土地关系的羁绊"。③所以，农村一切危机都是由于"土地关系"导致的，"土地问题一日不解决，中国农村经济的生产力，就一日不得发展。所以土地问题也就成为中国农村经济以及整个中国国民经济发展的一个基本问题。"再进一步论证的结果，就是："土地问题不经彻底的解决，中国农村经济生产力，没有发展的可能，农民状况，也没有坚决改善的希望。土地问题，于是就成为中国数万万农民群众的生死的问题，也就成为中国革命在目

---

① 高钟：《跳出樊笼求真我，皇帝原本未穿衣——中国社会史分期的另类视角》，载叶文宪、聂长顺主编：《中国"封建"社会再认识》，第29页。

② 李泽厚：《记中国现代三次学术论战》，载《李泽厚十年集》第3卷下，安徽文艺出版社1994年版，第74页。

③ 高军编：《中国社会性质问题论战资料选辑》，人民出版社1984年版，第228页。

前阶段的最主要的急待解决的问题。"①

最急待解决的问题，最需要历史的资源。也就是说，我们要考虑的是今后，考虑到的是长远的发展目标，为了这个长远目标，我们当下需要考虑做什么，而当下能做什么，则完全依赖于我们过去在干什么。换句话说，过去是什么样，就决定了我们将来会什么样。为了走入那个理想的"乌托邦"，我们必然要论证清楚我们的从前。所以，所有的学者都要找出一个判断标准。②而土地就是所有人判断问题的一个最基础性关键，这种把土地看作最重要的观念，贯穿了整个古史时代，虽然具体判断略有不同，但是根据土地来做出判断的原则又是一致的。其目的，是要找出长程的分期方式（五种形态说）之标准。而唐宋变革说，也是要关注长程的演变。王化雨曾概括："内藤湖南等人最初提出'唐宋变革论'，根本目的不是要说明唐宋之际的变化，而是要对整个中国古代史的演变阶段进行论述。"③所以，无论是日本学者的两派，还是唯物史观的各派，都是要给长程的历史做出一个说明、一个解释、一个判断的框架。内藤提出问题之后，唐宋变革论的逻辑基础就落脚在土地制度和佃户身份上了。因为这是日本京都派（宫崎市定开始）和东京派共同认可的评价标准，这个标准又是中国当时参与论战者所能认识到的"唯物史观"基本标准。

二　如何认识"唐宋"

唐宋之间土地制度并没有一个一般认为的那样从"公有制"到"私有制"的转变。随之而产生的，也没有奴隶与自耕农的转化，土地占有者以及耕作者，是平等的主体，并没有身份和地位的严重差别，更没有耕作者身份的严重降低。在土地的经营上，长期都是以"租佃"为主。当条件变化时，耕作者会成为土地占有者，而土地占有者也会转为耕作者。唐宋既在土地制度特别是"私有权"上没有发生任何重大的转变，则在经济的存在根本性上

---

① 高军编：《中国社会性质问题论战资料选辑》，人民出版社 1984 年版，第 229 页。

② 这种判断，又牵涉到了苏联和日本、中国之间所发生的理论争执。见陈峰《民国史学的转折——中国社会史论战研究（1927—1937）》，附录 1。

③ 王化雨：《"唐宋变革论"与政治制度史研究——以宋代为主》，载李华瑞主编《"唐宋变革论"的由来与发展》，天津古籍出版社 2010 年版，第 203 页。参阅王化雨《唐宋变革与政治制度史研究》，《中国史研究》2010 年第 1 期。

也就没有转变。这从各方所共同的基础性论证原则上打开了一个缺口，可能"唐宋变革"并不存在，唐朝和宋朝之间的连续性远远大于其分裂性。唐宋之间，是自然性的延续而不是断裂性的变革，是一个方向上的推进，而不是相反方向或者突变的跳跃。是时间的自然向前，而没有历史的大逆转或者大跳跃。其中虽有逆流、有反动，但是从来没有占据主体地位。

唐宋之间没有发生翻天覆地的"变革"，其社会、经济、政治、文化基本性质是一致的。可以说，无论政治、经济、文化、社会都具有同构性。甚至再向更远的视界观察，中国古代只有帝制的王朝。从秦始皇到溥仪，都是有皇帝的时期。秦之前无皇帝，民国后虽有短暂称帝者，但王朝亦不可复建。因之，帝制时代，或许采用朝代分期为最好，也最少争议。多有人认为朝代分期，是"王朝体系论"。而近代历史学的一大功绩，就是打破了"王朝体系论"。不过，"王朝"是个"自然"现象，或者说已经存在的历史现象，已经凝固化了。分期则是人为标准，自然现象和人为标准之间，并不具备可比性。王朝作为一个已经过去的，凝固化的历史，是无法打破也不必打破的。作为一个运行框架，"王朝体系"亦无打破的必要。

按赵轶峰的看法，"（宏观的、长时段的阶段划分）倾向于以具有哲学意义的对于历史的理解为基础，也就是说，是一种理论性质的分期。在历史编撰的实践中还有对于具体的历史过程为了叙述的方便而做的分期。后者是比较直接地基于被描述的历史主题过程的自然阶段特征的，因而是技术性的。……理论性的历史分期观念是随着历史哲学在近代的兴起而发达起来的，技术性的历史分期则是由来已久的"。①技术性的分期，是最少争议的，如果在技术性分期上可以达成共识，其他人为分期方式（也就是在历史哲学意义上的）自然可以百花齐放、百家争鸣。而一定要注意的是，这种讨论只是学术讨论，不是现实政治问题，不能把政治问题牵涉到学术问题中来。政治问题之外，学术问题上自可各说各话。长期以来，总有人试图要给学术问题最后找出一个结论。但人文学术问题，都是永恒讨论的问题。想要得出定于一尊结论的想法，本身就是无法成立的。只有在学者的反复辩难之中，有些问题可能会取得共识，但有些问题永远也无法取得共识，这是学术之常态。

---

① 赵轶峰：《历史分期的概念与历史编纂学的实践》，《史学集刊》2001年第4期。收入《学史丛录》，中华书局2004年版，第103页。

因此，在认识由秦到清的历史当中，在无法取得新共识的前提下，我们唯一可能取得共识的，或许就是新"王朝体系论"。前引赵轶峰之论认为，中国古代的史家并不重视历史分期问题，无论编年、纪传还是纪事本末，都不强调历史在自然和政治之外的分期问题。在对长时段的问题进行思考时，也从未用朝代或者概指几个朝代之外的有其他含义的命名，在史学撰写中就没有把这些问题考虑进去。笔者前文亦有判断，中国古代只有经学家才关注于时代分期问题。他们的目的，更多是通过历史来为自己的经学（哲学）判断提供一个基础。只有在 30 年代的社会史大论战中，才真正提出了社会特征或者长时段历史的总体属性问题，而这仍然是依靠于哲学家（社会学家）的启发。到了 20世纪 80 年代以后，又出现职业历史学家关于古史体系重构的诸家学说。①按王彦辉的总结，白寿彝、曹大为、田昌五、晁福林、叶文宪、王震中、冯天瑜、苏秉琦、严文明、郭沂、沈长云、赵轶峰、许苏民等均提出了自己的古史分期论。叶文宪曾将部分学说制为表格，笔者略加补充：②

时代 作者	五帝	夏	商	西周	春秋	战国	秦汉至清
白寿彝		上古时代					中古时代
曹大为		宗法集耕型家国同构农耕社会					专制个体型家国同构农耕社会
苏秉琦	古国	方国					帝国
严文明	古国	王国					帝国
许倬云	复杂社会	初期国家正式国家					帝国
田昌五	万邦	族邦					封建帝制
晁福林		氏族封建		宗法封建			地主封建
叶文宪	酋邦	封建王国		转型时期			专制帝国
王震中	邦国	王国			转变时期		帝国时代
冯天瑜	万邦	宗法封建		解体时代			皇权时代

---

① 参阅王彦辉、薛洪波《古史体系的建构与重塑——古史分期与社会形态理论研究》，河南大学出版社 2010 年版，第 238 页。

② 叶文宪：《古史分期新说述评》，《中国史研究动态》2000 年第 1 期；叶文宪：《关于重构中国古代史体系的思考》，《史学月刊》2000 年第 2 期；王震中：《邦国、王国与帝国：先秦国家形态的演进》，《河南大学学报（社科版）》2003 年第 4 期；冯天瑜：《"封建"考论》（第二版），河南大学出版社 2010 年版，第 519 页。

从这个表格中可以看出，新时期的诸家，基本还是把由秦汉到清视作一个巨大的段落。因此，在多数学者的看法里，从秦到清是帝制时期或能取得共识。然而加上"专制"二字，变成"专制帝制"却已无法取得共识。[①]所以，把从秦到清称之为"帝制时代"或曰"王朝时期"，可能会获得多数人的同意。而在帝制时代之内自然亦可再有讨论，分期论也不必完全弃如敝履。即如唐宋之间，亦可再有驳难。但是，无论哪种情况，至多可云"变化"，未可云"变革"。

---

① 参见由侯旭东引发的一系列讨论。侯旭东：《中国古代专制说的知识考古》，《近代史研究》2008 年第 4 期；黄敏兰：《质疑"中国古代专制说"依据何在——与侯旭东先生商榷》，《近代史研究》2009 年第 6 期；万昌华：《一场偏离了基点的"知识考古"——侯旭东〈中国古代专制说的知识考古〉一文驳议》，《史学月刊》2009 年第 9 期；宋洪兵：《二十世纪中国学界对"专制"概念的理解与法家思想研究》，《清华大学学报（哲社版）》2009 年第 4 期。

马列主义与苏联命运

——由俄罗斯学者某些观点引发的思考

张宏毅

（北京师范大学历史学院）

作为世界上第一个社会主义国家，苏联从 1917 年十月革命算起，到 1991 年底宣告解体，经历了 74 个年头。一个叱咤全球风云四分之三个世纪的世界大国，最终却遭到社会主义制度蜕变和多民族国家解体的厄运。导致这一悲剧结果的原因究竟是什么？人们众说纷纭。其中俄罗斯学者讨论中提到的某些观点，值得认真思考与研究。

2011 年俄罗斯《21 世纪自由思想》7/8 月一期上刊载了维克多·别尔纳茨基教授题为《科学理论和苏联经验中的社会主义》的文章。文章提到，苏联解体后俄罗斯国内外弥漫着一个疑团："苏联的危机和失败是'伟大思想'的危机和失败吗？如果这里所指的'伟大思想'是科学的、马克思主义的社会主义理论，那么，是否可以认为苏联的经验就是'伟大思想'的具体体现？有趣的是，无论是'伟大思想'的拥护者，还是反对者，对此都丝毫没有怀疑。"[①] 也就是说，他们都认为，苏联的失败就意味着马克思主义的失败。与此相联系的是，苏联解体前后，特别是苏联解体后，人们对马克思所阐明的社会发展规律产生了迷茫。"俄罗斯理论界在（20 世纪）90 年代讨论最多的理论问题之一就是为什么在俄国'先进的'社会形态被颠覆，而应当'被铲除'的社会制度却取而代之。"[②] 据称，五种社会经济形态理论在

---

① 见［俄］维克多·别尔纳茨基《科学理论和苏联经验中的社会主义》（Виктор Пернацкий, Социализм в Научной Теории и в Опыте СССР），《21 世纪自由思想》杂志（Свободная Мысль），2011 年第 7/8 期。

② ［俄］В. В 索格林：《20 世纪末俄罗斯历史与世界历史的联系：理论意义》（В. В. Согрии, Российская История Конца 20 Сголетияв Контексте Всеобщей Историй：Теоретическое Осмысление），《近现代史》杂志（Новаяи Новейшая История），1999 年第 1 期。

1985 年之后，在苏联遭受到毁灭性打击。那些过去坚持发展阶段论的人们，其中许多人面对历史现实和意识形态架构之间的明显矛盾，放弃了正统思想，而去寻找其他分析历史进程的方法。① 当然，也有些俄罗斯学者并不同意上述观点。因此，如何正确总结苏联兴亡的经验教训，如何正确对待马克思主义（更准确地说，在苏俄是马克思列宁主义），成为俄罗斯人绕不过去的一个重大课题。对于我们中国学者而言，也是一个不能不认真面对的严肃问题。它同样关系到中国的前途命运。

那么，前苏联的经历真的证明了马克思主义的失败吗？显然不是。恰恰相反，笔者认为，前苏联的成功和失败都证明了马克思主义是颠扑不破的真理。苏联的失败恰恰说明苏联在对待马克思列宁主义的认识和态度上出了问题。而当年苏联领导人公开抛弃和背叛马克思主义，则不可避免地把国家引向亡国亡党的绝路。以为社会主义制度一经被宣布建立，就可以一劳永逸地稳坐"先进"交椅，同样是大错特错。对任何先进的制度如果不加以悉心呵护，不断加以改革，都可能走向事物的反面。苏联的实例就是最好的证明。

为了说明上述看法，这里想就几个基本问题，与追踪苏联历史脉络相结合，做一些探讨。以期抛砖引玉，引起更多讨论。

一 马列主义是进行社会主义革命和 建设唯一正确的指导思想

如果仅从理论指导层面而言，资产阶级革命与社会主义革命相比较，也有极大的不同。列宁指出："资产阶级革命和社会主义革命的基本区别之一就在于，对于从封建制度中生长起来的资产阶级革命来说，还在旧制度内部，新的经济组织就逐渐形成起来，逐渐改变着封建社会的一切方面。资产阶级革命面前只有一个任务，就是扫除、摒弃、破坏旧社会的一切桎梏。任何资产阶级革命完成了这个任务，也是完成了它所应做的一切，即加强资本主义的发展。"② 这说明，资本主义发展具有相当大的自发性，尽管我们并不否认，它也有某种为其自身论证和辩护的理论存在。

---

① ［俄］B. B 索格林：《20 世纪末俄罗斯历史与世界历史的联系：理论意义》（В. В. Согрии，Российская История Конца 20 Сголетияв Контексте Всеобщей Историй：Теоретическое Осмысление），《近现代史》杂志（Новаяи Новейшая История），1999 年第 1 期。

② 见《列宁选集》第 3 卷，人民出版社 1995 年版，第 436 页。

社会主义则不同。作为一种新生事物和科学体系，社会主义需要建立在反复实践与理论探索的基础之上，需要在科学理论指导下的与时俱进。恩格斯曾经指出，"特别是领袖们有责任越来越透彻地理解种种理论问题，越来越彻底地摆脱那些属于旧世界观的传统言辞的影响，并且时刻注意到：社会主义自从成为科学以来，就要求人们把它当作科学看待，就是说，要求人们去研究它。必须以高度的热情把由此获得的日益明确的意识传布到工人群众中去，必须不断加强党组织和工会组织的团结"。① 这里，核心是"科学"二字，即要以科学态度，实事求是、与时俱进地不断探索社会主义革命和建设实践中遇到的新情况、新问题。只有这样，才能永葆社会主义事业的青春。

恩格斯所指出的"科学"，首先就是马克思和他共同创立的唯物史观，即辩证唯物主义和历史唯物主义。根据唯物史观，社会结构是由生产力、生产关系（经济基础）、上层建筑（包括意识形态）这三个层次的因素组成的。唯物史观阐明了三者间的辩证关系，既重视生产力对生产关系、经济基础对上层建筑的决定性作用，同时也承认上层建筑对经济基础、生产关系对生产力的能动反作用。唯物史观还论证了物质生产和精神生产、物质生活和精神生活、社会存在和社会意识之间的辩证关系。② 由于马克思主义从根本上讲是为工人阶级和最广大人民群众求解放、谋利益的科学，他始终把人民利益放在第一位。正是在上述根本观点的基础上，马克思阐述了社会主义的历史必然性，并指出，人类社会的史前时期"将以资本主义这种社会形态而告终"；③ 恩格斯则强调"社会主义社会不是一种一成不变的东西，而应当和任何其他社会制度一样，把他看成是经常变化和改革的社会"。④ 由于唯物史观既揭示了社会历史的客观基础，又揭示了社会历史的辩证运动，因而列宁指出，"马克思主义中有决定意义的东西，即马克思主义的革命的辩证法"。⑤ 毛泽东则把马克思主义尊重事实，一切从实际出发，按客观规律办事这一根本原则，概括为"实事求是"。邓小平称"实事求是"原则是马克思

---

① 《马克思恩格斯文集》第2卷，人民出版社2009年版，第219页。
② 卡·马克思在《政治经济学批判》序言（见《马克思恩格斯文集》第2卷，第588—594页）、弗·恩格斯《在马克思墓前的讲话》（见《马克思恩格斯文集》第3卷，第601—603页）中，集中阐明了唯物史观基本观点。
③ 见《马克思恩格斯文集》第2卷，人民出版社2009年版，第592页。
④ 见《马克思恩格斯文集》第10卷，人民出版社2009年版，第588页。
⑤ 《列宁专题文集·论社会主义》，人民出版社2009年版，第56页。

主义的精髓。正是基于上述特点，马克思主义从本质上讲是最灵活、最能与时俱进的科学，是发展的理论和开放的体系。也正因此，英国著名历史学家杰弗里·巴勒克拉夫在比较了世界各种社会科学理论、思潮之后，得出结论："今天仍保留着生命力和内在潜力的唯一的'历史哲学'，当然是马克思主义。""要否认马克思主义是有关人类社会进化的能够自圆其说的唯一理论，是很难办到的。……从某些方面来看，马克思是最不教条、最灵活的作者。"① 而当英国《独立报》2006 年 7 月 1 日在赞扬中国依据马克思主义基本原理，实行改革开放政策并取得伟大成就时，更发出这样的感叹："事实证明，中共在意识形态领域的灵活性是卡尔·马克思始料未及的。"②

马克思主义唯物史观是人类科学思想上的最大成果。它"第一次把社会学放在科学基础之上"，③ 具有强大生命力并首先在俄国土地上生根发芽。

俄国马克思主义者在长期的革命斗争中认识到，只有革命理论而没有无产阶级政党的领导，俄国工人阶级不可能取得无产阶级社会主义革命的胜利。在这种情况下，列宁把马克思主义与俄国革命的实践相结合，提出无产阶级建党学说。这一学说，丰富和发展了马克思主义关于建立无产阶级政党的思想，从而把马克思主义建党学说推进到一个新阶段。1903 年俄国布尔什维克党的建立，标志着列宁主义的诞生。

1917 年俄国十月革命胜利前后，列宁在指导革命和建设的实践中，在有关无产阶级革命、无产阶级专政、过渡时期和社会主义建设、作为执政党的无产阶级政党建设等问题上，进一步把马克思列宁主义推向前进。特别是列宁运用革命辩证法，依据历史发展的一般规律，结合俄国和东方国家的特点，充分论证了俄国进行社会主义革命和建设的必要性和可能性。他指出，"一切民族都将走向社会主义，这是不可避免的，但是一切民族的走法都不会完全一样……每个民族都会有自己的特点"。④ 这些论断，对包括中国在内的占世界国家和人口大多数的东方国家而言，具有巨大的理论意义和实践的指导作用。

---

① ［英］杰弗里·巴勒克拉夫：《当代史学主要趋势》（中译本），上海译文出版社 1987 年版，第 261 页。

② 《中国用镰刀和红旗来庆祝》，英国《独立报》2006 年 7 月 1 日。

③ 《列宁专题文集·论辩证唯物主义和历史唯物主义》，人民出版社 2009 年版，第 163 页。

④ 《列宁专题文集·论社会主义》，人民出版社 2009 年版，第 398 页。

二 十月革命胜利和苏联社会主义建设成就是坚持并创造性运用马克思主义的结果

成功地领导俄国十月革命并在苏联领导社会主义建设的是，成立于1903年的俄国布尔什维克党，即后来的苏联共产党。这个党曾是一个集中统一、组织严密的、新型的马克思主义政党。正是这个党，坚持并创造性地把马克思主义运用于俄国革命和苏联建设的探索和实践过程中。其中至少在五个方面取得了世界瞩目的伟大成就。

第一，是十月社会主义革命本身。

俄国十月革命是在二月革命未能解决和平、土地、面包和自由等一般民主主义任务，而俄国资产阶级临时政府继续进行帝国主义战争，给俄罗斯人民造成空前灾难和饥荒的背景下，由布尔什维克党领导工农兵群众发动的一场伟大的社会主义革命。为了成功地领导俄国革命，列宁和布尔什维克党在与各种错误思潮的斗争中，做了充分的理论准备。[①] 1902 年列宁的名著《怎么办?》出版，为俄国马克思主义政党奠定了思想基础。1904 年列宁的《进一步，退两步》一书出版，概括了马克思主义政党的组织原则。强调党是工人阶级先进的有组织的部队，它建立在民主集中制的原则上。1905 年列宁的《社会民主党在民主革命中的两种策略》一书出版。该书完整地提出了无产阶级在民主革命中的领导权的学说。1908 年列宁完成《唯物主义和经验批判主义》一书，为布尔什维克党奠定了理论基础。1915 年列宁发表《论欧洲联邦口号》，首次明确提出社会主义可能首先在一国胜利的理论。指出，基于资本主义发展的不平衡使得帝国主义战争不可避免，而战争使帝国主义链条上出现"薄弱环节"，从而使社会主义革命在一国或几国取得胜利成为可能。1916 年列宁依据 20 世纪初全球资本主义进入帝国主义阶段这一总特点，写下了《帝国主义是资本主义的最高阶段》这一系统阐述关于帝国主义的理论的重要著作。上述理论成果为布尔什维克党胜利领导俄国革命打下了坚实的思想基础。为了系统提高党员干部理论水平，布尔什维克党 1911 年

---

① 附带说一句，列宁 18 岁就开始研究马克思的《资本论》和普列汉诺夫的著作，22 岁就翻译了《共产党宣言》并写下第一本著作《农民生活中新的经济变动》。见国风《高山仰止》，《人民日报》2004 年 10 月 16 日。

曾在巴黎为俄国革命者开办党校。列宁是党校主讲人，他指导学员学习《共产党宣言》，并亲自讲了56讲。这些学员后来在党的革命工作中发挥了极大的作用。①

1914年爆发的第一次帝国主义大战把帝国主义时代的各种矛盾推向顶点，使交战国人民处于水深火热之中。俄国从1915年起，全国各地不断爆发革命运动。列宁和布尔什维克党深入分析了俄国革命形势，不失时机地提出"变帝国主义战争为国内战争"的口号。列宁依据俄国是一个中等发达程度的资本主义国家，无产阶级虽然不占全国人口多数，但却相对集中的特点，特别是俄国当时阶级和民族矛盾都极其尖锐，而帝国主义大战使沙皇政府的黑暗腐朽和野蛮统治暴露得淋漓尽致，各族人民必须"立即做出选择，是死亡，还是马上采取走向社会主义的坚决步骤"。② 列宁认为当时俄国在阶级力量对比方面无产阶级处于优势，而且当时俄国社会也已经具备了走向社会主义的必要物质基础，无产阶级政党要不失时机地进行社会主义革命，并利用革命形成的有利形势和条件发展和巩固革命的物质基础和环境，而不应该消极地等到俄国资本主义高度发达之后再去进行社会主义革命。他坚决驳斥了那些反对俄国社会主义革命的谬论。

事实是，从二月革命前后到十月革命这段时间，俄罗斯群众日益革命化。当时从美国驻彼得堡大使馆发回的电报证明了这一点。1917年3月17日美国驻俄大使弗郎西斯发给国务院电报称，"工人委员会继续猛烈抨击君主政体，并要求（建立）社会主义共和国。"③ 同年3月20日美国驻俄国领事温希普向国务院发回电报称，"黑面包奇缺"，立即在劳动阶级中造成了不稳定。随着严冬的到来，劳动阶级所有其他必须生活品：肉、糖、面粉、荞麦、土豆已经逐渐消失。"所有生活必需品都不得不从外省运来彼得堡。如果境况不能得到缓解，将造成进一步的严重混乱，有可能发展为一场迄今为止新的更大的具有社会主义趋向的革命运动。"④ 由此可见，俄罗斯在当时由资产阶级革命转向社会主义革命，已变得不可避免。列宁和布尔什维克党抓

---

① 见沈志华、于沛等编著《苏联共产党九十三年——1898至1991年苏共历史大事实录》，当代中国出版社1993年版，第107页。

② 《列宁全集》第32卷，人民出版社1985年版，第108页。

③ 《美国对外关系文件集》（*Foreign Relations of the United States*）1918年，俄国卷，3卷本，第1卷，华盛顿，1931年，第3页。

④ 同上书，第3、8、11页。

住时机，引导群众开展革命斗争，完全是英明的决策，是一个伟大的创举。

十月革命具有伟大的历史意义。毛泽东指出，第一次世界大战和十月革命"改变了整个世界历史的方向，划分了整个世界的时代"。① 十月革命打破了资本主义制度的一统天下，从此，社会主义作为一种崭新的社会制度出现在世界历史舞台，与资本主义长期并存，其中充满对抗和竞争，也不乏一定时期一定程度的合作，这成为世界现代历史的重要内容之一，并不断考验着社会主义的成熟性和生命力。

值得一提的是，当年布尔什维克党代表广大工农群众愿望，坚决地领导俄国社会主义革命，是要有极大的政治和理论勇气的。正如俄罗斯学者所言，十月革命前，"'西方化'一直是俄罗斯社会发展的基轴。""俄罗斯力图与西欧融合已有300年的历史，他们从那里借用一切最有利于自己发展和享乐的东西"。② 十月革命反其道而行之，坚决把俄国引向社会主义道路，率先为世界各国探索建立有别于传统资本主义的新的道路。其历史功绩随着时间的推移而日益显现出来。尽管始终有人认为十月革命是俄罗斯前进路上的刹车器，③ 但大多数俄罗斯人仍然相信，这场推翻沙皇制度把国家引向社会主义的变革是积极的。一位俄罗斯学者2006年1月在《消息报》上指出，"十月革命从民族灾难中挽救了俄罗斯。如果革命失败，俄罗斯可能建立法西斯政权。正是由于革命，俄罗斯很快从一个地处偏僻的落后国家进入世界历史的中心。从根本上说，十月革命及随之诞生的苏联是我们，作为人民——对世界历史和文化的最大贡献。""作为改变资本主义社会的最早尝试，可能十月革命的真正意义还没有显露出来。尼采曾经一语道破天机：所有伟大的事物最初来到世界上的时候面貌都是歪曲的……"文章作者特别强调指出，"对于未来，列宁的意义巨大：他创造了一个没有奴隶，天下大同的神话。他的伟大蕴含于对太阳般光芒万丈的未来的构想以及实现这一构想的决心。正是在革命进程中人们获得了巨大的满足：推翻旧政权，应历史的

① 《毛泽东选集》第2卷，人民出版社1991年版，第667页。

② 见冯·尤兹幽《俄罗斯和西方：文明冲突？》（Фэн Юицзюнь，Россияи Запад Кон фликт Цивилизацие）《自由思想》（Свободная Мысль）杂志，2000年第10期。

③ 如有的俄罗斯学者认为，二月革命和沙皇尼古拉二世退位，第一次在俄国历史上开辟了改变旧的生活结构和按欧洲先进强国的榜样走上加速社会经济和政治发展道路的现实可能性。然而，十月革命中断了这种可能性（见［俄］А. А. Искедеров，Российская Монархия，Реформы и Революция，Вопросы Истории，1999年第9期）。但这种看法是一种不顾历史事实和脱离当时广大群众愿望的主观臆断。

邀请，人们将依靠自身的力量创造自己的命运。"① 这种对于十月革命和列宁的独具只眼的见解，值得我们深思。

第二，是新经济政策的实行和列宁晚年对苏俄社会主义建设的创造性思考。

十月革命胜利后，如何在一个小农经济占优势的国家实现向社会主义的过渡，在马恩的论述中找不到现成答案，因而成为列宁苦心探索的一个重大理论问题与实践课题。列宁在1918年3月俄共（布）第七次代表大会上曾实事求是地指出："要论述一下社会主义，我们还办不到；达到完备形式的社会主义会是个什么样子，——这我们不知道，也无法说。"② "我们不敢说我们准确地知道道路怎样走；"③ "我们不知道，而且也不可能知道过渡到社会主义要经过多少阶段。"④ 十月革命胜利和白匪叛乱与外国武装干涉被粉碎后，列宁曾设想通过"战时共产主义"来实现向社会主义的"直接过渡"。但后来他承认，"现实生活说明我们错了"。⑤ 从1921年起，根据列宁的倡议，转向新经济政策。新经济政策实行的是"不摧毁旧的经济结构——商业、小经济、小企业、资本主义，而是活跃商业、小企业、资本主义，审慎地逐渐地掌握它们。"⑥ 这种间接过渡的办法，也就是要通过一系列中间环节"迂回"到社会主义道路。新经济政策指明了一条建设社会主义的新道路，即在无产阶级国家的领导监督下，利用市场和商品货币关系来发展生产，巩固工农联盟，逐步过渡到社会主义。在当时俄国的具体历史条件下，列宁的这种探索，其艰难程度可想而知。除在马恩论述中找不到现成答案，还在于在俄罗斯这个充斥着民粹主义思想色彩的国家，群众中那种反商品、反资本主义的意识和主张绕过资本主义、"直接过渡"的思想，不容忽视。⑦ 这种情绪在相当大一部分怀有革命冲动情绪和军事共产主义意识的党和国家领导人中，以及在相当大部分国家工作人员和怀有左的情绪的知识分子中存在。

---

① ［俄］格奥尔吉·伊利乔夫：《列宁今天对我们意味着什么？》，俄罗斯《消息报》2006年1月20日。

② 《列宁专题文集·论社会主义》，人民出版社2009年版，第77页。

③ 同上书，第400页。

④ 同上书，第68页。

⑤ 同上书，第247页。

⑥ 《列宁全集》第4卷，人民出版社1986年版，第245页。

⑦ 参见马龙闪《新经济政策为什么夭折？》，载《苏联真相——对101个重要问题的思考》（上），新华出版社2010年版，第140页。

他们对实行新经济政策抱有很大抵触情绪。① 面对严重阻力，作为伟大的马克思主义者，列宁仍通过坚持不懈的说服工作，把这一政策推向前进。列宁关于新经济政策的探索，具有重大历史意义，② 它再次说明布尔什维克党是一个敢于和善于结合本国实际，坚持和发展马克思主义的政党。新经济政策的实施，不仅使新生的苏俄渡过了 1921 年春天的政治、经济危机，也是马克思主义政党探索在经济、文化落后的小农国家建设社会主义的有益尝试，对社会主义的实践和科学社会主义理论的发展，都具有重要意义。邓小平曾说："可能列宁的思路比较好，搞了新经济政策，但是后来苏联的模式僵化了。"③

在实行新经济政策的同时甚至在此之前，列宁就在一个更为广阔的范围内深入思考在一个相对落后的国家如何建设社会主义的问题。他十分理智地预见到，"由于历史进程的曲折而不得不开始社会主义革命的那个国家愈落后，它由旧的资本主义关系过渡到社会主义关系就愈困难。这里除破坏任务以外，还加上了一些空前困难的新任务，即组织任务"。④ 他深刻地指出，在小农经济占优势的国家里，不可能"直接过渡"到社会主义，而只能靠"迂回的办法"，要"利用资本主义"建设社会主义。⑤ 他强调指出，"有人在这里说，不向资产阶级学习也能够实现社会主义，我认为，这是中非洲居民的心理。我们不能设想，除了建立在庞大资本主义文化所获得的一切经验教训的基础上的社会主义，还有别的什么社会主义"。⑥ 列宁在 1918 年撰写的《苏维埃政权的当前任务》的提纲中，在指出不利用大资本主义所达到的技术和文化成就便不可能实现社会主义时指出，要"乐于吸收外国的好东西：苏维埃政权 + 普鲁士的铁路秩序 + 美国技术和托拉斯组织 + 美国的国民教育等等等等 + + = 总和 = 社会主义"。⑦ 这实际上告诉人们，一方面必须坚持工农政权的性质和社会主义方向。另一方面，则必须大胆学习西方的先进

① 参见波哈诺夫等《20 世纪俄国史》（БохановА. Н.，ГориновМ. М.，ДмитренкоВ. П. идр，ИсторияРоссии 20 Век）莫斯科，1996 年版，第 22 页。

② 参见齐世荣《苏联的建立、兴盛和解体》，载于齐世荣主编《15 世纪以来世界九强的历史演变》，广东人民出版社 2005 年版，第 298 页。

③ 《邓小平文选》第 3 卷，人民出版社 1993 年版，第 139 页。

④ 《列宁选集》第 3 卷，人民出版社 1995 年版，第 436 页。

⑤ 《列宁全集》第 42 卷，人民出版社 1985 年版，第 190 页；第 41 卷，第 217 页。

⑥ 《列宁全集》第 34 卷，人民出版社 1985 年版，第 352 页。

⑦ 同上书，第 520 页。

科学技术和管理经验。两者缺一不可。由于列宁思想的影响，在一段时间里，苏联领导人还是记住了列宁关于"应当把自己的生存同资本主义的关系联系起来"①的思想，直到 20 世纪 30 年代，苏联还曾用租让制、半租让制（合资经营）吸收外国贷款，接受西方技术援助，招聘外国技术人员，发展对外贸易等方式，加快社会主义建设事业的发展。

对于新经济政策和列宁当年的经济思想，这些年来，俄罗斯学者做了大量的有益探讨，对新经济政策做了历史的肯定。但是，也有些观点值得商榷。如，有的学者认为，"新经济政策思想本身不是理论探索的结果，而是迫不得已的环境造成的结果"。②其实，列宁正是在纠正战时共产主义政策造成偏差的过程中，进行了卓有成效的理论研究之后，才坚决地采取了新经济政策。有的俄罗斯学者认为，新经济政策"只有在对政权本身的性质进行最大改变、在根本改变整个国家的经济建设模式的情况下才有可能"。③他们指责当时没有提出"市场关系完全自由化的要求"。这些观点显然要是把新经济政策曲解为一项根本改变社会主义方向的政策。这完全背离了列宁的原意。

在研究经济建设的同时，列宁花了很大精力研究布尔什维克党的建设问题。列宁认为，新生的苏维埃政权和苏联社会主义建设的成败得失，关键在于党自身的建设和执政能力。列宁强调，必须以马克思主义作为党的思想理论基础。他指出，"我们完全以马克思主义的理论为依据，因为他第一次把社会主义从空想变成科学"。④他深刻指出，"没有革命的理论，就不会有革命的运动。……必须始终坚持这种思想"。"只有以先进理论为指南的党，才能实现先进战士的作用。"⑤列宁把马克思主义看作行动指南，坚决反对教条主义地对待马克思主义。他不仅在实行新经济政策时期创造性地发展马克思主义经济理论，而且当时党内理论空气活跃，没有"万马齐喑"的局面，更

①《列宁全集》第 41 卷，人民出版社 1985 年版，第 167 页。

② 见 Шубин А. 10 Мифов Советской Страны，Москва，2008 с 142—143。转引自刘显忠《苏联解体后俄罗斯苏联史研究的变化》，《当代世界社会主义问题》2012 年第 2 期。

③ 见 Сахарова А. Н. Новейшая История России. Учебник. Москва. 2010. с 227。转引自刘显忠《苏联解体后俄罗斯苏联史研究的变化》，《当代世界社会主义问题》2012 年第 2 期。

④《列宁全集》第 4 卷，人民出版社 1986 年版，第 160 页。

⑤《列宁全集》第 1 卷，人民出版社 1984 年版，第 311—312 页。

没有因为理论上的分歧或错误而受到无情打击的现象。①

列宁还一贯坚持由他倡导的民主集中制，直到他晚年病重期间，仍在强调加强中央委员会的集体领导，加强党和国家的监督机制，以防止个人专断。他尖锐地告诫全党，"我们所有经济机构的一切工作中最大的毛病就是官僚主义"。并说"如果说有什么东西会把我们毁掉的话，那就是这个"。列宁对各种腐败现象深恶痛绝。他说，"只要有贪污受贿这种现象，只要有贪污受贿的可能，就谈不上政治。在这种情况下甚至连搞政治的门径都没有，在这种情况下就无法搞政治，因为一切措施都会落空，不会产生任何结果"。②

在有关社会主义的论述中，列宁关于无产阶级专政的实质的论述具有巨大理论意义和实践指导意义。十月革命后，列宁对无产阶级专政实质问题多次做了深刻阐述。他在强调必须以暴力手段来镇压剥削者反抗的同时，多次指出，"但是无产阶级专政的实质不仅在于暴力，而且主要不在于暴力。它的主要实质在于劳动者的先进部队、先锋队、唯一领导者即无产阶级的组织性和纪律性"。③ 无产阶级专政不只是对剥削者使用的暴力，甚至主要的不是暴力，这种革命暴力的经济基础，它的生命力和成功的保证，就在于无产阶级代表着并实现着比资本主义更高类型的社会劳动组织。实质就在这里。共产主义的力量源泉和必获全胜的保证就在这里。④ 列宁的这一深刻思想成为全世界社会主义者从事革命建设的极其宝贵的思想财富。

总之，列宁的全部理论和实践，对于苏联的建立和发展，对于马克思主义在苏联的创造性运用，都具有不可估量的作用。可惜，在列宁逝世后，他的许多重要思想未能得到贯彻执行，从而潜伏下了危机。

第三，是高速发展苏联经济，为战胜法西斯侵略者奠定基础。

列宁于 1924 年逝世后，斯大林逐步放弃了新经济政策并且到 1929 年完全终止了这一政策的实行。同时在列宁逝世后，在联共（布）党内展开理论、路线及争夺领导权的激烈斗争。最终在 30 年代中期确立了一种以高度集权的政治经济管理模式为基本特征的苏联社会主义模式。从后来的实践中

---

① 参见齐世荣《苏联的建立、兴盛和解体》，载齐世荣主编《15 世纪以来世界九强的历史演变》，广东人民出版社 2005 年版，第 300 页。

② 《列宁专题文集·论社会主义》，人民出版社 2009 年版，第 268 页。

③ 同上书，第 139 页。

④ 同上书，第 144 页。

我们看到，这一模式存在很多缺点，特别是当这种模式被固定化和神圣化之后，更是如此。

但是，也不能不看客观条件一概否定对苏联社会主义模式的探索，特别是应当与当时日益逼近的德日法西斯的侵略威胁联系起来考察。

按照马克思、恩格斯最初的设想，从事社会主义建设的国家，应当消灭商业，由社会来统一进行生产管理和产品分配。这种预测是否正确只能由实践加以验证。对于苏联共产党而言，在无前人经验可资借鉴的情况下，首次进行计划经济体制的实验，在一定程度上有其不可避免性。根据英国的《新编世界近代史》的论述，"苏联的计划化机构，正如战时经济组织的情况那样，是国家紧急状态的产物。对它的采用最初是试验性的，犹豫的；后来，由于先是在紧急状态下，接着又在第一个和第二个五年计划的转变时期，经济管理获得了实践经验而使它得到了改进。"一切都是"通过反复试验来解决的。没有事先存在的关于计划的概念。1929 年一份官方的报告说：'社会主义建设只能摸索着前进，而且，只要是实践走在理论的前面，要求创造性活动完美无缺是不可能的'"。① 苏联当年计划经济的形成，也可以看作是"摸着石头过河"，其实践初期适应了经济落后、结构简单和以增强国防能力为首要目标的状况。斯大林当时认为，苏联面临着资本主义世界发动反苏侵略战争的危险，而苏联"比先进国家落后了 50 年至 100 年，我们应当在 10 年内跑完这一段距离"。"延缓速度就是落后。而落后者是要挨打的。"② 结果，苏联用 15 年时间完成了工业化，为反法西斯战争的胜利奠定了强大的物质基础；二战后苏联经济迅速恢复成足以同美国抗衡的又一个超级大国。③

这里可以用一些实例，包括数字来进一步加以说明。在苏联社会主义模式下，工人农民生活条件得到改善。20 世纪 30 年代，苏联消灭了失业现象，建立起了居民的免费卫生保健和社会保障制度。1917—1957 年，苏联工人的收入增加了 5 倍，农民收入增加了 7 倍半，人均寿命从旧俄国时的 32 岁增长到 70 岁，3/4 的城市居民搬进了新住宅。④ 在苏联社会主义模式下，一些

---

① 莫瓦特编《新编剑桥世界近代史（1898—1945）》第 12 卷，中国社会科学出版社 1999 年版，第 87 页。

② 《斯大林全集》第 13 卷，人民出版社 1956 年版，第 37—38 页。

③ 参见俞邃《十月革命业绩与苏联模式教训》，《当代世界》1997 年第 11 期。

④ 程又中：《苏联模式的兴衰》，湖北人民出版社 2002 年版，第 321 页，转自俞良早《"稳定"的取向：苏联社会主义模式的历史必然性和合理性》，《俄罗斯中亚东欧研究》2004 年第 6 期。

落后的民族地区，如中亚、外高加索等，经济、科技和教育事业得到了长足进展。到 1985 年，这些地区不仅扫除了文盲，而且每万人拥有大学生人数甚至超过了法、德、意等西方发达国家。苏联解体后，新独立的国家，包括中亚五国，把拥有较高的智力资源和科技水平作为本国的优势之一，应该说这得益于前苏联国家的教育政策。中亚地区从前的牧场和农业地区变成有一定实力的工业农业国也是证明。①

针对许多人怀疑苏联政权在改善人民生活质量方面的成绩，俄罗斯学者、俄罗斯科学院彼得堡历史所资深研究员鲍里斯·米罗诺夫博士于 2009 年发表文章，提供了苏联时期人民生活水平提高的一些佐证。他说，"无论多么不可思议，在 1920 年国内战争结束后至 20 世纪 80 年代，也可以说一直到 1985 年—1991 年改革，男性居民的身高从未降低过，甚至在工业化、全面集体化时期出生的人身高也未降低。而且，从 1936—1940 年出生的一代起，无论首都居民还是农民和其他城市居民的身高增长都异常迅速。在 1936—1980 年这 44 年间，各地区居民身高增长幅度在 47—91 毫米，这是俄国历史上前所未有的现象。由此可见，在苏联时期，广大城乡居民的生理环境整体提高。否则，怎么解释这一现象呢？"苏联妇女地位的提高，是又一令世人瞩目的成就。19 世纪法国空想社会主义者傅里叶有句名言，"妇女解放程度是普遍解放的天然标准。"妇女教育程度的提高，对于妇女解放而言，具有决定意义。就此而言，苏联社会功不可没。米罗诺博士指出，"1897 年（俄罗斯）9—49 岁男子的识字率为 40.3%，妇女则为 16.6%，1939 年分别为 93.5 和 83.6%。1970 年，苏联扫除了文盲。1897 年受过中、高等教育的男女比例分别为 1.4% 和 0.9%；1939 年分别为 12.7% 和 9%；1959 年分别为 39% 和 34%；1970 年分别为 52% 和 45%。受过中等或高等专业教育的女性专家比例也不断提高；1940 年为 36%，1960 年则为 59%。世界上还没有一个国家的妇女有这么高的劳动积极性和文化程度。国家创造了一系列条件以提高妇女的劳动积极性，提供法律保障，工作岗位，建立稠密的学前机构和学校网，完善医疗服务，提供退休保障，对多子女家庭、单亲家庭和哺乳期、孕期妇女进行补助等，所有这一切充分地调动了女性参加社会生产社会生活的积极性。应当承认，尽管当时这个体系无法满足民众的全部需求，但

① 宫达非主编《苏联剧变新探》，世界知识出版社 1998 年版，第 402 页。

是即使是苏联时期末期，这个体系仍然存在并且发挥着一定作用。"① 值得一提的，还有苏联妇女在伟大卫国战争中的独特作用。"超过 100 万妇女"上了前线。她们担任飞行员、狙击手、高射炮手、机关枪手和坦克手，这在当时世界各国中是空前的。②

苏联实行的计划经济曾对资本主义国家产生过相当影响。当 1929 — 1933 年资本主义发生经济大危机期间，苏联经济不仅未受影响，反而不断发展。一时，"计划"一词在西方成为时髦的名词。《全球通史——1500 年以后的世界》一书的作者斯塔夫里阿诺斯在拿苏联当时经济与资本主义大危机相对照时说："大萧条的影响和意义因苏联的几个五年计划而增大。在西方经济确实是一团糟的同时，苏联正在继续进行经济发展方面的独特实验。虽然五年计划伴有严厉的压制和民众穷困，但实质上是成功的。苏联从一个以农业为主的国家迅速上升为世界第二大工业强国。这种前所未有的成就具有国际性影响，尤其是因为当时种种经济困难正使西方陷于困境。""因此，五年计划和大萧条在两次大战之间的时期里居有突出地位，它们一者衬托了另一者，两者都产生了至今仍可感觉到的影响。"③

而且，在苏联，当时人们的精神面貌也发生了很大变化。列宁在十月革命胜利后不久就明确指出，社会主义第一次造成真正广泛地真正大规模地在工农群众中运用竞赛的可能。认为社会主义革命生机勃勃的力量和不可战胜的原因，就在于使劳动者从被迫劳动转变为为自己劳动。他大力提倡集体主义和劳动光荣精神。在 20 世纪前半期，人们可以看到苏联工人群众积极参加社会主义建设的火热场面。1929 年苏联工业战线展开了劳动竞赛，30 万人获得突击手光荣称号。1935 年苏联工业战线上又产生了以创造新生产记录为主要内容的社会主义竞赛运动，即斯达汉诺夫运动。苏联人民在各条战线上自觉地为加快社会主义建设而奋斗。前苏联一位著名的不同政见者亚历山大·季诺维也夫说，马克思主义在 20 世纪前半期"在俄国革命和在推进俄

---

① 以上资料见 [俄] 米罗诺夫《论苏联的现代化与人民的生活水平》，《中国社会科学院历史研究所，中国与世界研究简报》第 9 期，2009 年 5 月 26 日。

② 见 [俄] Н. В. 巴尔苏科娃《与男人处于同等地位：伟大卫国战争年代苏联武装力量中的妇女》（Н. В. Барсукова Наравнес Мужчинами：Женщиныв Вооруженных Силах СССРв Годы Великой Отечественной Войны），《圣彼得堡大学学报》（Вестник Санкт Петербургского Университета），2012 年第 2 集第 4 分册。

③《全球通史——1500 年以后的世界》（中译本），上海社会科学院出版社 1992 年版，第 683—684 页。

罗斯在世界的领导地位上，曾发挥巨大作用"。"甚至我们的敌人都承认，在苏联年代，俄罗斯人民在精神水准上超过地球上任何其他民族（更不用说在革命前年月里他自己的精神水准了）。"① 作者这种说法可能有些绝对化，但是下一段话却是深刻的历史教训的总结，他说，"历史事实是，苏联经受住了极其困难条件的考验，在反对最强大敌人的人类历史最伟大战争中取得了胜利，并成为世界超级大国。这在很大程度上是由于苏联人民具有崇高的精神境界，而不是由于缺少这种精神境界"。②

由于长时间的社会主义思想教育，人民群众中上述基本精神面貌在二战后相当一段时期得以延续。60 年代初，苏联《共青团真理报》社会舆论研究所在全国青年中进行问卷调查，以了解青年人生活目标，对生活意义的理解，对未来的理想和打算。得出的结论是，"青年一代所具有的最明显的特点是，坚定的目的性、生活的积极性、乐观主义，这些都被'每日为共产主义理想而工作的信念'所加强"。③ 由于苏联解体所造成的社会思想的混乱，俄罗斯人正在寻求某些优良思想传统的回归，谈得最多的一点就是苏联时期的集体主义精神。④

我国学者指出，"继列宁之后，斯大林作为权力角逐的胜利者，在特定历史时期、特殊国内外形势下以马克思列宁主义为指导将关注的重心从革命夺取政权转移到一国建设，加速了马克思主义的俄国化进程，形成了系统而独特的社会主义建设思想"。并"对后来的社会主义思想，产生了深远的影响"。尽管斯大林的思想存在许多错误，但无论如何，"第一个在经济文化落后国家探索社会主义制度实践的是斯大林。他把马恩零散的关于未来社会的探讨性论断、自己对列宁主义的认识和领悟与苏联具体国情结合，对确立基本制度进行初步探索，这本身就是一项创新性实验。就斯大林将零散论述变成具体的系统实践这一点来说，不论正确与否，他是世界上第一位社会主义制度实践的伟大探索者，功不可没"。⑤

---

① ［俄］亚历山大·季诺维也夫：《意识形态杂记——第三支柱》（Александр 3 иновьев, Идеологические 3 аметки—Третья Опора）《21 世纪自由思想》杂志（Свободная Мысль），2005 年第 2 期。

② 同上。

③ 俄罗斯科学院俄罗斯历史研究所：《20 世纪俄罗斯史》（История России 20 Век）莫斯科，1996 年版，第 543 页。

④ 参见史焕翔《列宁集体主义思想及其现实意义》，《西伯利亚研究所》2013 年第 2 期。

⑤ 见张万杰《斯大林思想与 20 世纪世界社会主义》，《学术论坛》2012 年第 8 期。

第四，是苏联为反法西斯世界战争的胜利做出了卓越贡献。

由于 20 世纪 30 年代的资本主义世界危机导致主要资本主义国家矛盾空前尖锐，为摆脱并转嫁危机，重新瓜分势力范围，德意日最终发动了第二次世界大战。中国和苏联成为战争的最大受害者，同时也是为第二次世界大战胜利做出了重要贡献的两个国家。与第一次世界大战相比，社会主义因素的加入，为大战的进程和结局，注入了全新的内容。

对于在第二次世界大战中战胜德日法西斯侵略者，苏联高速发展经济所取得的成就功不可没。至 1937 年，苏联在短短 20 年时间内就越过了资本主义国家一二百年才走完的路，其工业排名由 1913 年的世界第五和欧洲第四变成 1937 年的世界第二和欧洲第一。这充分体现了社会主义制度的优越性。有了强大的工业，苏联才能在第二次世界大战中为战胜德日法西斯做出突出贡献。同时，当时苏联人民的精神面貌对于战胜法西斯德国也发挥了重要作用。德国在 1941 年 6 月进攻苏联之前，已在短短一年多时间内，几乎是以迅雷不及掩耳之势横扫了北欧和西欧，孤军作战的英国其形势变得十分危急。在苏德战场初期，面对苏联战场的失利，美英两国对苏联究竟能否经受住德国的打击心存疑虑。罗斯福、丘吉尔急于解开这个“俄罗斯之谜”。于是罗斯福指派总统个人代表霍普金斯于 1941 年 7 月 30 日至 8 月 1 日访问苏联，以求了解苏联实力真相。在 7 月 31 日会谈中，霍普金斯听取了斯大林对德苏战争的清晰而乐观的评估，被斯大林坚定而充满信心的分析所感染。[1]实际上，早在苏德战争爆发后不久，7 月 3 日，美国驻苏大使斯廷赫尔特就曾发回电报，其中述及苏联在战争中的表现，他指出，尽管当时局势对苏联而言空前危急，然而“在莫斯科没有证据证明，公众中有过度的惊恐或者早期的混乱……精神状态很好，基于德国突然进攻的愤怒而产生的战斗精神到处可见”。他特别提及当天斯大林所发表的无线电演说，认为“讲话整个说来在这里被解读为不管付出多大代价都要坚持战斗到底的决心，这也正是党员和城市工人的态度”。[2] 霍普金斯的访苏之行使他对斯廷赫尔特的观点有了进一步的认识。他在向罗斯福详细汇报了莫斯科之行后说，我对这条战线非常有信心，他们有夺取胜利的无限决心。这次访问改变了美国先前对苏联战斗能力与意志的怀疑。1941 年 12 月 7 日“珍珠港事件”爆发后，美国正式

---

[1] 《美国对外关系》（*Foreign Relations of the United States*），1941 年第 1 卷，第 805—813 页。

[2] 同上书，第 628 页。

参战，终于与苏联站到了同一个阵营内，结成了反法西斯同盟。作为一个新生的社会主义国家，苏联以强大的物质和精神力量，以在战争中死亡 2700 万人的惨重代价，消灭了法西斯德国全部官兵的 73% 以上，[①] 为反法西斯世界战争的胜利做出了不可磨灭的贡献。一些美国世界史著作曾高度赞扬 1943 年初苏联在斯大林格勒战役中取得的辉煌胜利，称"斯大林格勒不仅是战争史上的转折点，也是世界历史的转折点"。[②] 著名美国历史学家霍布斯鲍姆则指出："苏联打败了希特勒，是十月革命建立的政权的最大成就；……若无苏联付出的代价，今天在美国以外的西方世界，恐怕将只有各式各样的独裁政权，高唱着法西斯的曲调，而非今日百花齐放的自由派国会政治了。"[③]

第五，初步实践无产阶级对外政策新原则，坚持"和平共处"的外交方针。

作为一个新生的社会主义国家，究竟应当采取何种对外政策？马恩不可能做出具体回答。然而，马恩依据资本主义的本性表现为世界性，以及由此而产生的资本主义的对抗不可避免具有世界性特点，曾响亮提出"全世界无产者，联合起来"的口号。列宁继承马恩关于国际问题的基本思想，在帝国主义条件下，把世界民族划分为压迫民族和被压迫民族，把民族运动和无产阶级革命运动联系起来，提出全世界无产阶级和被压迫民族联合起来的革命口号，形成了列宁关于民族和殖民地理论的基础。后来又提出不同社会制度"和平共处"的主张。应当说，苏俄作为世界上第一个社会主义国家，在这方面的实践功不可没，尽管其中也不可避免地夹杂着错误和缺点。我们可以从以下两方面来看：

一是，苏维埃国家一成立，立即在外交上采取一系列措施，旗帜鲜明地宣布无产阶级对外政策新原则，从而在大国外交史和国际关系史上揭开了崭新的一页。

1917 年 11 月 8 日，十月革命后第二天即通过和平法令。法令严厉谴责帝国主义列强为争夺殖民地、宰割弱小民族而进行战争"是反对人类的滔天罪行"，要求交战各国立即开始和谈，实现不割地、不赔款的和约。法令还庄严宣布废除秘密外交。和平法令作为国际关系新的原则的伟大宣言而载入

---

① 见［苏］《国际生活》1975 年第 3 期，第 61 页。

② R. R. 帕尔默、乔尔·科尔顿：《近现代历史》（R. R. Palner, Joel Colton, A History of the Modern World）纽约，1966 年，第 838 页。

③ ［美］霍布斯鲍姆：《极端的年代》（中译本）上册，江苏人民出版社 1998 年版，第 11 页。

史册。接着，苏俄政府宣布废除沙俄强加给殖民地半殖民地的旧约。其中包括 1919 年和 1920 年两次发表对华宣言，宣布废除沙俄同中国缔结的不平等条约，放弃在中国的租界和特权，放弃庚子赔款，并且给了中国人民革命斗争以真诚的支持。对华宣言在中国民众中激起强烈反响。在中国全面抗日战争爆发初期的 1938 年，苏联两次贷款给国民党政府，无论从规模还是从品种来看都远远超过当时美国的援华。苏联还向中国派出了军事顾问和志愿飞行员。

新中国建立后，苏联给予中国建设以实质性援助。在我国"一五"时期苏联共援建 156 项重点工程。这些项目的建设，构成 20 世纪 50 年代中国工业建设的核心和骨干，对我国工业建设的推进起到重要作用。[1]

在对待东欧人民民主国家建立的问题上，在开始阶段，苏联的基本立场也是无可指责的。二战胜利后，东欧各国人民利用苏联军队挺进东欧的有利条件，经过自身的艰苦斗争，在苏联的帮助下，建立起人民民主国家，这些国家是波兰、匈牙利、捷克斯洛伐克、保加利亚、罗马尼亚、南斯拉夫、阿尔巴尼亚和民主德国。斯大林在 1944 年曾说，"这次战争不比以前了。现在是，谁的军队到达那里，谁就占领土地，也就在那里实行谁的社会制度"。[2]事实上，美国在战后独占日本，英国占领希腊等地，也是这样做的。他们还牢牢控制着雅尔塔会议划归他们所有的一切势力范围。西方国家在东欧问题上指责苏联，是站不住脚的。总的说，一度存在过由 15 个国家组成的社会主义阵营，在占全世界总面积 1/4 的辽阔土地上，有多达全世界总人口 1/3 的十几亿人参加建设社会主义制度的实践，这种现象堪称迄今为止人类历史最有意义的篇章之一。[3]他们成功的经验和遭遇挫折的教训，对人类今后社会主义事业的发展，都是弥足珍贵的。而当时苏联的努力是不可或缺的。

二是，提出并实践"和平共处"的外交主张。

十月革命胜利后，列宁和布尔什维克党的其他领导人都认为，在一个国家取得社会主义的最终胜利是不可能的，俄国无产阶级必须唤起国际革命，在国际范围内推翻资本主义统治。鉴于当时德国、匈牙利等国爆发革命，列宁对世界革命前景曾抱有十分乐观的态度。随着上述国家革命的相继失败，

① 见中共中央党史研究室《中国共产党历史》第 2 卷（1949—1978）上册，中共党史出版社 2011 年版，第 203 页。

② 德热拉斯：《与斯大林对谈录》1961 年版，纽约，第 114 页。

③ 齐世荣、廖学盛主编《20 世纪的历史巨变》，学习出版社 2005 年版，第 7 页。

国际形势的变化，需要苏俄及时调整对外政策，而当时苏俄也正从 1919 年春到 1920 年春，3 次粉碎协约国武装干涉的严酷斗争中走出，恰好获得了调整政策的恰当时机。西方国家对于用武力扼杀苏维埃国家感到力不从心，加上为了摆脱经济困难需要俄国的市场和原料，不得不走上同苏维埃国家建立和平关系的道路。也正是从 1919 年下半年到 1920 年初，列宁和俄共（布）开始提出"和平共处"的外交主张。1920 年 2 月 18 日，列宁在回答美国世界新闻社记者的提问时答道：愿意"同各国人民和平共居"。他还说，同美国保持和平的基础是："请美国资本家不要触犯我们。我们是不会触犯他们的。我们甚至准备用黄金向他们购买运输和生产用的机器、工具及其它东西，而且不仅用黄金买，还要用原料买。"要实现和平，"我们这方面没有任何障碍，美国的（还有其它各国的）资本家奉行的帝国主义才是障碍。""我们愿意同一切国家有生意往来"。① 列宁还认为："要在资本主义包围中利用资本家对利润的贪婪和托拉斯与托拉斯之间的敌对关系，为社会主义共和国的生存创造条件。社会主义共和国不同世界发生联系是不能生存下去的，在目前情况下应当把自己的生存同资本主义的关系联系起来。"② 这种联系之所以可能，有着深刻的根源。这就正如列宁所说："有一种力量胜过任何一个跟我们敌对的政府或阶级的愿望、意志和决心，这种力量就是迫使它们走上同我们往来道路的全世界的共同经济关系。正是这种关系迫使他们走上这条同我们往来的道路。"③

列宁和苏俄政权确立的"和平共处"方针，很快取得了成就。1924—1925 年，英、意、挪、希、法、中、日先后在法律上承认苏联，美国承认得最晚，1933 年罗斯福担任总统，美苏建立了正式外交关系。"和平共处"关系的确立，有利于二战期间社会主义苏联与资本主义民主国家联合起来，共同战胜德意日法西斯。

即使在二战后时期，苏联仍然坚持了列宁的"和平共处"方针。斯大林1947 年 4 月 9 日在回答美国共和党活动家哈罗德·史塔生关于斯大林是否认为美苏两种不同经济制度"能在战后在同一世界内共同生活和彼此合作"的问题时，十分肯定地说，"这两种制度当然能够彼此合作。就它们的合作而

---

① 《列宁全集》第 38 卷，人民出版社 1986 年版，第 158、160 页。
② 《列宁全集》第 41 卷，人民出版社 1986 年版，第 167 页。
③ 《全俄苏维埃第九次代表大会文献》，引自《列宁全集》第 42 卷，人民出版社 1986 年版，第 322 页。

论，则彼此之间的差别并无重大的意义。"斯大林说，"关于两种制度合作的思想，是列宁首先提出的。列宁是我们的导师，我们苏联人则是列宁的学生。我们从来没有违背过而且将来也不会违背列宁的指示"。[①] 从已解密的苏联大量档案材料看，战后初期，苏联外交上采取的是"安全带"政策，即积极防御政策。这种政策目标同与美国等西方国家保持和平共处关系并不矛盾。对于保证战后的恢复重建和制止美国全球扩张计划都具有积极的作用。但是，由于种种主客观原因的局限，斯大林在贯彻列宁的"和平共处"思想方面，又是有明显缺陷的。

总之，从 1917 年十月革命到 1945 年第二次世界大战结束，苏联社会在苏联共产党领导下，基本上坚持了马克思主义的指导，在社会主义内外政策和党的建设方面，都曾在不同时期做过大胆的有益探讨。是有一定的活力和凝聚力的。不管风云如何变幻，德日法西斯侵略者奈何不了她，西方资本主义国家也只有依靠与苏联的联合力量来维持自己的生存。

三 苏联失败的根本原因在于违背并
最后抛弃了马克思主义

但是，在世界上第一个系统探索社会主义革命和建设的国家——苏联，既无前人经验可资借鉴，又不得不从一个经济社会相对落后的、相当程度上带有封建专制传统的资本主义的基础上起步，其实践很难避免缺点甚至严重的失误。这些问题由于未能得到及时的、彻底的纠正和克服，在二战后变得日益明显。苏联社会一步步远离马克思主义的指导而变得越来越教条和僵化，社会分化不断扩大，各种矛盾日益突出，在这种情况下，终于在西方意识形态进攻面前最后转向"西化"而彻底解体。

第一，在政权建设和内外政策上，历史消极影响未得到认真清理，特权阶层问题留下后患。

历史地看，俄罗斯是一个后起的、勤于向他人学习、善于创造的民族。但不可否认的是，其历史传统的消极面对苏联也是一个巨大的历史包袱：俄罗斯国家所具有的专制集权的政治传统；自视为负有第三罗马救世使命的俄

---

① 见《和美国共和党活动家哈罗德·史塔生的谈话的纪录（1947 年 4 月 9 日）》，《斯大林文选 1934—1952》（下），人民出版社 1977 年版，第 491—492 页。

罗斯东正教传统；崇拜并神化沙皇的传统，以及军事封建帝国主义传统，①
都不可避免地影响到苏联布尔什维克党的执政观念。列宁在世时，十分注意
马恩所充分肯定的巴黎公社的历史经验——打碎旧的国家机器，建立无产阶
级专政的国家机器。他强调民主集中制是无产阶级政党的根本组织原则。民
主集中制的基础是民主，有了民主，才有集中；没有民主，则集中无从谈
起。列宁对官僚主义深恶痛绝，他说："我们所有经济机构的一切工作中最
大的毛病就是官僚主义。共产党人成了官僚主义者。如果说有什么东西会把
我们毁掉的话，那就是这个。"② 可是到了斯大林时期，情况发生了变化。尽
管十月革命胜利后制定过 1918 年、1924 年、1936 年和 1977 年四部宪法，这
些宪法都明文规定苏联实行的是民主共和政体，而不是君主专制君主立宪政
体，但是，斯大林逐渐集权力于一身。他从 1924 年到 1939 年间在党中央核
心领导人之中因理论与政策的意见分歧，残酷斗争与无情打击了三个"反党
集团"，即托洛茨基反对派、托洛茨基—季诺维也夫新反对派和布哈林—李
可夫右倾集团，把他们清除出党，到 30 年代大清洗中，更以莫须有的叛国、
敌特罪名加以处决（托洛茨基于 1929 年被驱逐出国，1940 年被暗杀）。③ 斯
大林集党、政、军大权于一身，并垄断了对意识形态的解释权，直到 1953
年去世。此前一年即 1952 年他授意马林可夫为接班人。这种个人集权制、
领袖终身制和指定接班人制，完全背离列宁的民主集中制原则，违背了民主
共和制。斯大林这"三制"显然是沙皇君主专制或君主立宪制的变种，它使
得苏联民主共和国的宪法在实践中发生了变异，并成为后来苏联剧变的体制
性根源。④

---

　① 参见陈之骅、吴恩远、马龙闪主编《苏联兴亡史纲》，中国社会科学出版社 2004 年版，第
4—11 页。
　② 《列宁全集》第 52 卷，人民出版社 1988 年版，第 300 页。
　③ 从《苏联人民委员会和联共（布）中央有关逮捕、检察机关监督和实施侦察的决定（1938
年 11 月 17 日）》中，可以看到被当局承认的许多违法行为，例如，"以最简单化的方式行动，实行
大规模逮捕"，规定逮捕"限额"；"侦察员通常只限于从被告那里取得口供，完全不关心给这一口
供辅以必要的补充材料（见证人证明鉴定书、物证等）"以及"经常是在被逮捕的人未承认所犯罪
之前不作审讯记录"等等。该决定"在许多地方认定是钻进侦察机关的人民敌人"和"外国侦察机
关的间谍所为"。但并没有提供明确证据。从根本上讲，上述问题的根源在于法制不健全，侦察员完
全不按法程序办事。以上材料见沈志华主编《苏联历史档案选编》第 17 卷，社会科学文献出版社
2002 年版，第 2—5 页。
　④ 见高放《从十个要点看苏联兴亡》，《中共杭州市委党校学报》2012 年第 5 期。另见陆南泉
等主编《苏联真相——对 101 个重要问题的思考》（上），新华出版社 2010 年版，第 408—425 页。

事实上，在斯大林时期，苏联在制度层面上已在一定程度上营造了一个特权阶层。1935 年访问苏联的法国作家罗曼·罗兰当时就觉察到这点。他在《莫斯科日记》中，一方面肯定了苏联建设成就，也指出苏联人"强壮、健康，外表看来营养充足"；但另一方面又有了这样的担心："没有理由，也不该有理由认为，保卫国家的伟大的共产主义军队及其领导人正在冒险变成特殊阶级，而且，比什么都严重的是，变成特权阶级。组成国家精华的精英人物不应该脱离国家，……不应该为自己攫取荣誉、福利和金钱的特权。从总体上说，对这一点看来是注意的，至少不出现金钱特权。布尔什维克党的成员所获得的最高工资，少于有功劳的非党劳动者有望获得的最高工资。可是，不必被这种分配所迷惑，因为它很容易被绕过。共产党的活跃成员利用其他特权（住房、食物、交通工具等）代替金钱，这些特权确保他们能过上舒适生活并拥有特殊地位。更不用说他们利用影响为自己和自己的亲属谋利益。"他说："宫廷中的上层达官显贵（即使应该得到这种恩赐）过着特权阶级的生活，但人民却仍然不得不为了谋取面包和空气（我想说的是住房）而进行艰苦的斗争。而且这一切的发生是为了证明革命的胜利，可革命的首要目的却是确立劳动者的平等，形成统一的阶级。"① 就分配制度而言，苏联一开始就部分但严重地出现了背离巴黎公社原则、背离马克思主义和社会主义的倾向。当然，历史地看，斯大林时期已有一批官员特权的存在，这就是"上级任命干部"（诺缅克拉杜拉）制②下的干部，但尚不意味着一个固定阶层已经形成。斯大林的镇压和小恩小惠，控制并"防止诺缅克拉杜拉把自己权利转化为私有财产，转化为他们个人所有。集体主义的共产主义意识形态和革命者把加速实现社会平等的思想作为第一信念，在不小程度上促进了这一点"。③ 斯大林逝世后，"停止大规模镇压对苏联所有居民来说是一件好

---

① 罗曼·罗兰《莫斯科日记》，上海人民出版社 1995 年版，第 9、115—116 页。

② 这些人按照一定的职务名册被直接任命。由 1923 年 6 月俄共（布）中央组织局通过的《关于任命制》的决议开始施行。20 世纪 30 年代末最终定型。这些人按不同职务享有一定物质利益和一定的特权。后来逐渐形成为苏联的官僚集团。著名苏联经济学家瓦尔加说，"斯大林的过错不在于在他执政时期死了百万人或者更多。顺便说，根据统计，从 1921 年到 1954 年被枪决了 642980 人。"瓦尔加说，他说的不是这点，"而是斯大林使具有官僚主义成分的民主工人国家，蜕化为完全另一种情况，即变成官僚主义的国家"。瓦尔加说，这是斯大林令人痛心的错误，并指出，这将招致报应。见《没有斯大林的 60 年——他的经验和对于现代俄罗斯的意义》（60 ЛетБез Сталина：ЕгоОпыти Значение Для Современной России），《自由思想》2013 年第 5 期。

③ ［俄］《20 世纪俄国史》（История России 20 Век），第 570 页。

事，然而，由于失去了对精英阶层不断地施加压力，就导致了社会上开始出现不受任何人控制的社会高层（党的权贵阶层）进入统治阶层的可能性，以及在这一阶层内人员的升迁开始越来越不取决于人的业务素质，而仅仅取决于他对上级的个人忠诚，在苏联开始出现了一种独特的仿等级体制，在这一体制中，党的等级制度的上层和中层就越来越多与基本的居民群众脱离开来"。①

同样，在对外政策的一些方面，也违背马恩和列宁的思想，对沙皇政策几乎是无批判的颂扬。例如，恩格斯曾揭露沙皇政府"有多大本领就能干出多大的伤天害理的事情"。② 竟被斯大林斥之为恩格斯当时是"忘乎所以"。列宁1918年在揭露当年沙皇俄国政策时明确指出，"我国的内外政策归根结底是由我国统治阶级的经济利益和经济地位所决定的。这一原理是马克思主义整个世界观的基础……我们要一分钟也不忽视这一原理。这样才不致掉进外交诡计的迷魂阵。这些迷魂阵有时是那些喜欢浑水摸鱼或者不得不浑水摸鱼的个人、阶级、政党和集团故意制造的。"③ 正是基于对沙俄和日本对外政策本质的认识，列宁早就把1904年日俄战争定性为一次帝国主义战争。可是，斯大林在1945年9月3日庆祝第二次世界大战结束时发表的演说中却说，"俄国军队1904年在俄日战争中失败在我国人民的意识中留下了沉痛的回忆，这是我国的奇耻大辱。我们老一代等待这一天等了40年。"④ 斯大林把反法西斯的第二次世界大战和1904年日俄之间一场狗咬狗的帝国主义战争相提并论。这种错误观念成为后来苏联推行霸权主义的根由之一，不能不在苏联外交政策上打上深深的烙印。

第二，在小农问题上偏离马恩列的基本思想。

尽管由于历史的局限，马恩并没有对社会主义国家的小农进行直接的讨论。然而，他们关于农业发展的理论十分丰富，尤其对小农经济的存在与发展进行过深入的剖析和论述。这些都成为科学社会主义理论体系的重要组成部分。马恩一方面认为小农经济没有前途，如恩格斯所说，小农经济将无法

---

① ［俄］亚·维·菲利波夫：《俄罗斯现代史（1945—2006）》，吴恩远等译，中国社会科学出版社2009年版，第84页。

② 《马克思恩格斯全集》第22卷，人民出版社1965年版，第17页。

③ 列宁：《关于对外政策的报告》（1918年5月14日），载《列宁全集》第27卷，人民出版社1963年版，第339—340页。

④ 转引自［南］弗拉迪米尔《苏南冲突经历（1948—1953）》（中译本），生活·读书·新知三联书店1977年版，第99页。

长期存在，"一句话，我们的小农，同过了时的生产方式的任何残余一样，在不可挽回地走向灭亡。他们是未来的无产者。"① 马恩都认为应当对小农进行社会主义改造，引导小农向公有制或集体所有制转变。但这种过渡过程应当是渐进的，不能以强制性措施改变小农土地所有制。马克思还认为俄国公社制度"非常特殊"。"土地公有制赋予它以集体占有的自然基础，而它的历史环境（资本主义生产和它同时存在）又给予它以实现大规模组织起来的合作劳动的现成物质条件。……而俄国土地的天然地势又非常适合于使用机器。"② 恩格斯同样认为俄国村社是小农经济转型的基础。

列宁继承和发展了马恩有关小农问题的理论，他结合俄国十月革命后的实践，特别是吸取战时共产主义政策对农民实行余粮收集制失败的教训之后，主张在苏俄应以村社制度作为组织基础，以小农自愿为原则，以集体所有制作为目标引导农民走向社会主义。但认为这是一个需要很长时间的过程，绝不可能一蹴而就。③ 马恩列的上述重要思想对于苏联的长期健康稳定发展，具有深远的指导意义。可惜，列宁逝世后，苏联在小农问题上的政策越来越偏离正确的轨道。

斯大林强调小农经济是和资本主义经济"同一类型的经济"，④ 从而创建了一种暴力剥夺农民的理论，试图用行政命令甚至惩罚镇压的方法强迫农民进入集体农庄。对拒绝者，或威胁剥夺其选举权，不提供工业品；或干脆宣布其为"准富农子女"，"苏维埃政权的敌人"，没收其土地和财产。从1928年到1930年大力强制推进农业集体化，结果遭到农民的普遍不满和反对，甚至举行武装暴动。尽管集体化被强制推行了，并在1933年初，联共（布）中央宣布"把分散的个体小农经济纳入社会主义大农业的轨道的历史任务已经完成"，⑤ 但农民生产积极性受到极大损伤，农业生产一度受到严重破坏，从而人为地造成30年代初的大饥荒。斯大林在1940年9月的一次会议上承认过去有2500万—3000万人挨饿，但此话未公开发表。⑥ 1942年，丘吉尔在同斯大林交谈时问他，集体化是否牺牲了很多人？斯大林把张开五

---

① 《马克思恩格斯文集》第4卷，人民出版社2009年版，第513页。
② 《马克思恩格斯全集》第19卷，人民出版社1963年版，第451页。
③ 参见王志远《苏联高层对马恩小农理论的发展与偏离》，《俄罗斯学刊》2013年第1期。
④ 斯大林：《论苏联土地政策的几个问题》，载《斯大林选集》下卷，人民出版社1979年版，第215页。
⑤ 《苏联共产党决议汇编》第四分册，人民出版社1964年版，第325页。
⑥ 陆南泉等主编：《苏联真相》（上），新华出版社2011年版，第260—261页。

指的双手向上一举。他用这个手势说明集体化使人民付出了 1000 万生命的代价，或者说牺牲的人很多很多。

有中国学者认为，"农业全盘集体化运动的实施，在很大程度上决定了苏联的命运，既保证了斯大林社会主义模式的形成，促进了国家的强大，也造就成经济政治的相对落后，埋下了失败的种子"。①

总体来看，斯大林坚持苏联农业走集体化道路，是符合马克思列宁主义基本观点的。但其强制性做法却大错特错。这完全不符合马克思主义有关人民群众是历史主人的观点，何况这些农民的大多数都是未来的工人阶级。斯大林的悲剧在于，他坚持社会主义大方向，但却未能把它与尊重劳动农民的意愿有机地结合起来，甚至与劳动人民对立起来。2013 年俄罗斯学者提供了这样一个发人深思的史实。同样是 1942 年 8 月，在苏德军队在斯大林格勒会战方酣之际，到访的英国首相丘吉尔在莫斯科问斯大林，对他而言，"什么是（一生中）最感危险的时期？斯大林回答道：集体化"。② 可以看出，即使在苏联面临生死攸关的斯大林格勒大战之际，对斯大林最刻骨铭心的仍是当年农业集体化的惊心动魄的场景。这或是他发自内心的回响。而斯大林在苏联农业集体化过程中的教训对苏联历史而言，则甚至远比他自己感受到的更为深刻。

第三，以教条、骄傲与僵化的态度看待社会主义和资本主义。

马恩一再强调，社会主义和其他社会制度一样，是"经常变化和改革的社会"，已如前所述。恩格斯还专门批判了那种认为，"社会主义社会并不是不断改变、不断进步的东西，而是稳定的、一成不变的东西"③ 的极端错误的观点。然而，从斯大林开始，实际上并未遵循这一重要理论的指导，而是让社会主义变得越来越僵化。

苏联一旦形成高度集权的体制之后，基本上在几十年里没有多大变化，而外部世界在第二次世界大战后却有了巨大变化。特别是 20 世纪六七十年代以后，随着世界科学技术的迅猛发展，资本主义恢复了某种活力。相比之

---

① 以上材料引自徐天新《如何看待苏联农业全盘集体化及其结果？》载陆南泉主编：《苏联真相：对 101 个重要问题的思考》（上），新华出版社 2010 年版，第 242—262 页。

② 《没有斯大林的 60 年——他的经验和对于现代化俄罗斯的意义》（60 Лет Без Сталина：Его Опыти Значение Для Современной России）《自由思想》第一届智力俱乐部会议，见《自由思想》2013 年第 2 期。

③ 见《马克思恩格斯文集》第 10 卷，人民出版社 2009 年版，第 586 页。

下，苏联模式的弊端日益凸显出来。苏联那种经济管理集中化和指令化，经济联系实物性、排斥商品货币关系，经济战略粗放型，优先发展重工业特别是军工企业导致经济结构畸形和人民生活水平提高缓慢等弊病，日益明显地暴露出来。然而，同样严重的是，对上述做法和理论的解释权又集中在个别领袖人物手中，任何怀疑和批评都往往被认为是"反社会主义的"，从而很难得到及时纠正。其中，沃兹捏辛斯基的遭遇，就是一个明显的例证。沃兹涅辛斯基在二战后任苏共中央政治局委员、部长会议第一副主席、国家计划委员会主席。他看到高度集中的指令性计划经济已不能适应战后和平经济建设的需要，要求调整计划工作。他几次要求削减由贝利亚把持的军事工业和特种工业部门的拨款，使国民经济得以综合平衡发展。这激怒了斯大林，因为优先发展军事工业是他亲自制定的并认为对于打败德国法西斯起了重要作用的工业化方针，现在居然有人要修改它，岂非大逆不道？贝利亚和马林科夫对于沃兹涅辛斯基受到斯大林重用和有可能成为接班人，早已满怀嫉妒，遂乘机挑拨，诬陷沃兹涅辛斯基、库兹涅佐夫（苏共中央书记处书记）等结成了一个反党集团。沃兹涅辛斯基等一大批干部最后被下令处决。这是继20世纪30年代大清洗运动以后的又一大冤案，从此再也没有人敢提出改革的建议。①

苏联在二战前一跃而为欧洲第一、世界第二的经济大国，没有资本主义国家的经济大危机却有二战中的巨大胜利和贡献，这些都使苏联具有一种自豪感。这是可以理解的。但是，这却成了他们盲目骄傲的资本。他们看不到也不愿承认苏联农业和轻工业长期落后，农轻重发展比例失调，经济粗放发展，效益低下等事实，还自以为苏联很快就会向共产主义过渡了。《20世纪俄国史》一书指出，二战期间，"军事上的胜利本身不仅使苏联的国际威望被提到空前的高度，也使国内制度的威望被提到空前高度。一位军人作家阿伯拉莫夫写道，我们陶醉于胜利，变得骄傲起来，我们得出答案，我们的制度是非常完美的……不仅不去改进它，相反变得更加教条化"。② 苏联领导人盲目地认为，与苏联相比，"美国处于弱势地位。"③ 而且在1950年提出

① 见齐世荣、钱乘旦、张宏毅主编《15世纪以来世界九强兴衰史》下卷，人民出版社2009年版，第696—697页。

② 俄罗斯科学院俄罗斯历史研究所：《20世纪俄国史》（История России 20 Век），莫斯科，1996年版，第468页。

③ 《美国对外关系》（Foreign Relations of the United States）1949年第5卷，第655页。

"向着共产主义前进"的口号。这种过高估计自身发展水平的脱离实际的口号是十分有害的，除了麻痹自己造成盲目乐观情绪，还将在政治上带来严重后果。连西方政界都看出其中对苏联而言潜伏的隐患。他们指出，这种"嫁接到大俄罗斯绝对主义传统文化之上，与今日管理国家的内在特征结合在一起的混合物，使得苏联毫不犹豫地迈出了与卡尔·马克思主张相反的一大步"。由于实行"完全的共产主义"，将与保留警察等工具产生矛盾。"无需辩驳的是'国家消亡'在今日苏联实践中是难以想象的。"① 西方世界的评论从一个侧面反映出苏联在如此重大问题上完全背离马克思主义基本观点而陷入极大的盲目性。

斯大林之后的苏共领导人同样陷入了这种盲目性。从 1961 年赫鲁晓夫提出"20 年基本建成共产主义社会"，到 1967 年勃列日涅夫提出"发达社会主义"概念，他们的提法都与苏联实际相去甚远，是头脑发胀。及至 1982 年安德罗波夫上台，提出苏联还处于"发达社会主义"的开端，试图纠正过去错误的认识。但他对问题的认识仍然是肤浅的。而且，他仅仅在位 15 个月就去世了。难以从根本上改变苏联党那种盲目自大的状况。

在陶醉于社会主义绝对优越的同时，苏联领导人和学者判定资本主义的前途已不可救药。例如，苏联政界与学术界依据他们的分析认定，十月革命后资本主义已处于总危机之中，并认为二战后年代证明，"资本主义国家的经济与政治不稳定性正在增长，能够消灭垄断资本统治的社会力量正在成熟"。② 这种错误认识在相当长时期内几乎成了一种定式，一种禁锢，谁若想打破这一"正统"观念，就可能招致严重后果。

与此同时，则是根本否定向资本主义学习的必要性。由于历史等方面的原因，苏联比较重视同帝国主义的斗争，这当然是必要的和不可避免的。但是，由此而忽视对资本主义的借鉴与资本主义合作一面，忽视利用资本主义来建设社会主义的必要性，则是非常有害的，是违背马克思主义基本观点的。苏联在二战后为了与帝国主义阵营对抗而提出所谓社会主义与资本主义两个"平行市场"的理论，固然有美国等西方国家对苏"冷战"造成的因素，但同时也与苏联搞自我封闭，在相当程度上把社会主义经济与世界市场

---

① 《美国对外关系》(Foreign Relations of the United States)，1950 年第 4 卷，第 1202—1203 页。
② 参见［俄］阿历克山大诺娃《现代历史（1939—1949）》（Александанова Новейшая История 1939—1949），莫斯科，1975 年版，第 271 页。

隔绝开来有关。所有这些做法，越来越使社会主义经济落后于世界经济发展的大潮流，脱离了世界科技革命的前进步伐，这就决定了社会主义走下坡路的命运。①

苏联领导人的盲目性还突出地表现在对资本主义复辟危险性的看法上。早在 1959 年赫鲁晓夫就在苏共 21 大上宣称，"资本主义在苏联复辟危险已不存在"。也正是在这时，苏联领导人却从否认向西方学习的必要性，180度地转向全方位盲目学习西方。1989 年，当苏联社会已变得岌岌可危时，一些学者还在振振有词地说，向西方、特别是向美国学习，绝不会导致苏维埃社会"西方化"和社会主义"被侵蚀"。一方面，他们麻木地认为，"没有任何人提出在苏维埃土壤上再建立美国现存的所有制体系，社会结构，或者政治组织的问题"。另一方面，他们自信地认为，俄罗斯文明具有"巨大的""吸收与改造的整合能力"，完全可以保证自己"免遭外来影响"。② 这种盲目性，或者说政治上的麻木性，自然最符合西方的意愿。

第四，马克思主义指导思想从被僵化到彻底边缘化。

上述这些错误又可以归结为一点，即苏联共产党指导思想上的教条化和僵化。正如俄罗斯学者季诺维也夫所说，在苏联历史上曾发挥过巨大作用的马克思主义，"在 20 世纪后半期新的历史条件下，开始失去了自己对现实的适应能力而变为导致苏维埃共产主义危机和灾难因素之一"。③

不能说斯大林时期指导思想中没有马克思主义因素，但他已在一些重要问题上曲解并教条化了马克思主义。《罗曼·罗兰日记》中一个例子是说明问题的。斯大林对到访的罗曼·罗兰谈起了"新人道主义"，"强调世间一切资源中，最可宝贵的和最具决定性的是人——新人和他所创造的新文化"。并且他强调，"马克思主义的本质就在于帮助人挣脱必然性的束缚并获得自由。充分的个性——这是主要目的。而且他建议罗曼·罗兰读一下《反杜林论》。"④ 斯大林这些思想当然是符合马恩思想的。然而，他在说明无产阶级

---

① 参见陆南泉等主编《苏联真相——对 101 个重要问题的思考》（上），新华出版社 2010 年版，第 535 页。

② ［俄］Э. R. 巴塔诺夫：《美国的经验和我们的改革——关于社会学的思考》（Э. К. Баталов, Американский Опыти Наша Перестройка—Социолотические Размышления），见《美国、加拿大经济、政治、思想》杂志，1989 年第 1 期。

③ ［俄］亚历山大·季诺维也夫：《意识形态杂记——第三支柱》，《21 世纪自由思想》杂志2005 年第 2 期。

④ 罗曼·罗兰《莫斯科日记》，上海人民社 1995 年版，第 25—26 页。

人道主义时却把国家机器的镇压职能夸大为"国家要求我们变得残酷无情"，① 把马克思主义引向了错误的极端。这与列宁一再强调的无产阶级专政的实质不仅在于暴力，而且主要不在于暴力，而在于无产阶级代表着并实现着比资本主义更高类型的社会劳动组织的科学论断，是有很大距离的。

如果说斯大林主要是由于教条和垄断对马克思主义解释权而使苏联党在指导思想上陷入困境，在斯大林之后的赫鲁晓夫执政时期，情况却有了不同。一些俄罗斯学者认为，"赫鲁晓夫真正的历史功绩在于，他开始破坏独裁制度，向自由迈出了一大步，尽管这种自由还十分有限和并不稳固"。② 但是，赫鲁晓夫并不是真正的马克思主义者。他从来没有认真钻研过马克思主义，却常常靠信口开河来显示自己的博学，有时则倚靠对马克思主义的曲解以攻击对手。③ 对此，尼克松有过这样的评论。他说："我和赫鲁晓夫在所谓'厨房辩论'中的相会，使我确信，他是一个彻头彻尾的极权主义者……他不是通过辩论的逻辑，或者说话的口才，而是靠他那种装腔作势、故意夸大其词的力量和威胁而取胜于对方。""他粗鲁、未经琢磨、喝得酩酊大醉，在国际社交中显然是不相称的。报界曾以描写他闹饮作乐一事而取笑他，认为与斯大林相比，他不过是一个轻量级运动员，在位的日子长不了。""他信仰共产主义事业及其胜利的必然性，但他只是逢礼拜天在理论的祭坛上做做礼拜而已。我很难设想他实际上是否读过马克思的三厚卷《资本论》。在这方面，他与斯大林不同，后者广泛阅读并写下了大量有关共产主义理论的书籍。"④ 赫鲁晓夫虽曾向苏联旧有的社会主义模式发起过冲击，但由于他缺乏理论素养，科学文化水平也较低，加之随意性强，朝令夕改，使人莫知所从，因而未能从根本上触动日益僵化的社会主义模式。相反，他在一些事关大局的问题上，却在有意无意地削弱苏共本身的战斗力乃至在瓦解苏共。一

---

① 罗曼·罗兰《莫斯科日记》，上海人民出版社 1995 年版，第 23 页。

② ПП. 切尔卡索夫：《从斯大林到叶利钦：历史学家的回忆》（П. П. Черкасов, От Сталинадо Ельцина Воспоминая Историка），《近现代史》（Новаяи Новейшая Истоия）2012 年第 4 期。

③ 斯大林逝世后，苏共党内经过一段内部斗争，平庸的马林科夫敌不过赫鲁晓夫而于 1955 年 2 月 8 日宣布辞去部长会议主席职务，并承认他关于工业发展观点上的错误。其实，此前他提出的在发展重工业的同时应以同样的速度来发展轻工业和食品业的主张是完全正确的。赫鲁晓夫却抓住马林科夫的话大做文章，指责他这"可怜的理论家"在俄国重工业和轻工业的发展问题上糊涂了，错误地理解社会主义的基本经济规律并把它作了庸俗化的解释，等等。并由此而置马林科夫于被动、挨批地位。

④ 以上的内容见 ［美］理查德·尼克松《领袖们》（中译本），知识出版社 1983 年版，第 251、232、241 页。

个典型事例是他在 1962—1964 年期间竟把苏联共产党分割为工业党和农业党，把共产党的领导作用贬低为仅仅管理工业和农业生产的两个相互独立和扯皮的行政组织。① 而他本人在和资本主义国家领导人交往过程中也越来越对社会主义产生了动摇，对美国式资本主义抱着欣赏的态度，尽管在口头上他仍时时把马克思主义和共产主义挂在嘴边。②

勃列日涅夫执政的 18 年，虽然在前期做过一些促进发展和提高人民生活水平的改革，但从总体看，这是一个停滞时期，是由盛转衰的转折时期。一些俄罗斯学者指出，"1964 年秋（即勃列日涅夫上台时）开始了一个新的 20 年的'停滞期'"。这一时期"国家政权腐败透顶"。他们预计"这种状况不可能长久继续下去"。③ 事实是，20 世纪 70 年代初期以后，改革实际上停止了。勃列日涅夫这时已十分自满，厌恶再谈改革。1971 年苏共 24 大以后，"改革"一词被禁用，而代之"完善"（社会主义）一词。勃列日涅夫对柯西金进行经济改革既嫉妒又厌恶，他说："看他（指柯西金）想出什么来了，改革、改革……谁需要这个改革？而且，谁懂得改革？现在需要的是更好地工作，这就是全部问题之所在。"改革陷于停顿，当然不能仅由勃列日涅夫一个人负责，一大批享有特权的官僚阶层安于现状、不求进取，害怕改革危及他们的既得利益。勃列日涅夫时期，"负责的岗位都成了终身的岗位"，"在停滞年代，就这样使负责干部和担任高级职务的人最终形成一个特殊阶层（共和国、州、区的干部则形成自己的'小阶层'）。这有点类似某种贵族制度。与荣誉相联系的终身职，享受高生活水平（至少按照苏联标准来看是如此）和各种特权（用品的供应、住宅的保证、医疗和休假，甚至丧葬……）。这个阶层和社会上其他人的鸿沟不断扩大。这是一个真正的越来越脱离社会的阶层"。④ 这批领导人因循保守、求稳怕乱，甚至"倾向于倒退"。⑤ 最为严重的是：他们在人们不知不觉中，逐渐削弱了苏联共产党作为

---

① О. Р. 赫列夫纽克：《赫鲁晓夫的致命改革：党机构的分开及其后果（1962—1964）》（О. В. Хлевнюк，Роковая Реформа НСХрущева Разделение Партийного Аппаратаиего Последствия 1962—1964 Годы），《俄国史》（Российская История）2012 年第 4 期。

② 参见张宏毅《美国是如何从意识形态上影响赫鲁晓夫的》，《高校理论战线》2010 年第 7 期。

③ ПП. 切尔卡索夫：《从斯大林到叶利钦：历史学家的回忆》（П. П. Черкасов，От Сталинадо Ельцина Воспоминания Историка），《近现代史》（Новаяи Новейшая Истоия）2012 年第 4 期。

④ 格阿尔巴托夫：《苏联政治内幕：知情者的见证》，新华出版社 1998 年版，第 309 页。

⑤ 同上书，第 364 页。

无产阶级先锋队的革命性和先进性。① 根据俄罗斯学者揭示，这一特殊阶层"其总人数为 50 万—70 万，加上他们的家属共有 300 万人之多，占全国人口的 1.5%"。"对于这新的一代当权者而言，马克思主义意识形态只不过是一种动听的空谈。"②《俄罗斯历史》2012 年一篇文章可说是深刻刻画了勃列日涅夫本人及其执政时期的特征。指出，勃列日涅夫 1964 年 10 月上台伊始就以异常的忌妒心对待其他领导人，早在 1965 年 4 月就与部长会议主席柯西金矛盾尖锐化起来。他有意拒绝他认为的"过分的新事物"。"勃列日涅夫永远遵循着已形成的传统和陈规"。"可以认为，在勃列日涅夫生活的最后那些年，各种仪式，其中包括各种颁奖，越来越多地暗中偷换了现实政治活动，同时就造成一种看似万事如意的'金色时代'的假象"。这些，就是对一个已蜕化为特权阶级最高代表的深度刻画。试图让这种人再谈什么坚持和发展马克思主义，简直就是缘木求鱼。③ 而正是在赫鲁晓夫和勃列日涅夫当政时，"马克思列宁主义在苏联已被彻底僵化。"④

第五，从教条、僵化转向全盘西化。

当然，即使到这时，苏联也并非命中注定走向解体和变质，仍有挽救的可能。正如一位美国学者所指出的，"事实上，在俄罗斯，在任何时候和任何情况下都不存在任何自下而上的反苏维埃革命。在 1989—1991 年实际上可以看到人民对民主和市场改革的支持的增长，以及抗议苏联共产党的专制、抗议在党和国家机关中腐败和滥用职权在增长，反对经济短缺在增长。"但客观资料，其中包括社会问卷资料都证明，极大多数的苏联公民（大约占 80%，而在某些问题上还要更高）仍然反对市场资本主义和支持苏联制度的基本的社会经济价值，其中包括国家土地所有制和其他具有全国意义的经济项目，国家调节市场，控制经济消费品价格，保障就业，免费教育和免费提供保健。或者如一位俄罗斯历史学家所言，"绝大多数居民赞同'社会主义'选择的思想"。

---

① 以上内容引自齐世荣等主编《15 世纪以来世界九强兴衰史》，人民出版社 2009 年版，第 733—734 页。

② 见俄罗斯科学院历史研究所《20 世纪俄国史》（История России 20 Век），莫斯科，1996 年版，第 571 页。

③ 见 B. 杰民格哈乌斯、A. N. 沙宾《列昂尼德·勃列日涅夫：公开露面使政权的神圣化难以为继》（В. Дённингаус，А. И. Савив，ЛеонидБрежнев：Публичность Против Сакральности Власти），《俄国史》（РоссгйсаяИстория）。

④ 见齐世荣主编《15 世纪以来世界九强的历史演变》，广东人民出版社 2005 年版，第 371 页。

"更为明显的是，相应资料证明，社会支持多民族苏维埃国家本身。在1991年3月在覆盖苏联93%居民的俄罗斯和其他8个加盟共和国举行的史无前例的全民公决中，76.4%的参加者投票赞成保持联盟，这时距联盟解体仅9个月时间。……而在1991年联盟被解散后整整10年时间，联盟的解散继续引起社会的懊悔，甚至在21世纪初，大约80%的俄罗斯公民不同意联盟的解体。"① 然而，僵化、凝固使苏联不仅丧失了对资本主义的比较优势，还为西方"和平演变"策略的顺利推行敞开了大门。此时，苏联党内一些人180度地转向西方讨生活。其中，处于最高层的戈尔巴乔夫和叶利钦这些人的恶劣作用绝不能低估。戈尔巴乔夫早自1956年苏共20大、特别是1961年苏共22大就开始形成一套民主社会主义思想，而他自己追求的则是名誉和地位。1985年戈尔巴乔夫上台后，开始时至少在表面上还主张在社会主义范围内进行改革，但1987年以后情况急转直下，当时，由于各种原因，经济改革难以推动，他便转向政治改革，提出了"更新"社会主义的口号。正是这时，暴露出了这位苏共"二十二大产儿"的真面目。他全面彻底地批判苏联社会主义建设模式，否定几十年来苏联的建设成就，向人们发出一个可悲的，对（苏联）整个制度进行诅咒的信息，同时攻击苏联的"意识形态"是改革的敌人。② 提出的解决办法则是采用非阶级的、非历史的和非意识形态的属于"全人类的共同价值标准"的"民主和人道主义"，即用所谓"全人类标准"，也就是占优势的西方标准来改造社会主义。在对外关系方面，则根据所谓"新思维"，对美国和其他西方国家做全面的让步。这大有利于美国加紧向苏联的渗透。1991年9月2日，《美国新闻与世界报道》说，"布什政府在过去6年里已经在莫斯科有了一支改革工作队，这被认为是美国的巨大成就"。③ 而戈尔巴乔夫也确实不负布氏之望，赶在他有生之年按照美国的意愿使偌大的一个苏联彻底解体。办法是首先在改革中瓦解党的领导。1990年3月他将规定"苏联共产党是苏联社会领导力量和指导力量"的宪法第6条加以废除，使苏共丧失了对国家的领导地位。1991年"八一

① 斯迪凡·科恩：《苏联的制度是否有可能被革新》（Стивен Коэн, Можнолибыло Реформировать Советскую Систему），《21世纪自由思想》（Свобдная Мысль 21）2005年第1期。

② 西尔维亚·伍德伯：《戈尔巴乔夫和苏联外交政策中意识形态的衰落》（Sylvia Woodby, Gorbachev and the Decline of Ideology in Soviet Foreign Policy），旧金山，1989年版。

③ 《美国的好消息》，《美国新闻与世界报道》（Good News for America, US News & World Report），1991年9月2日。

九”事件后他辞去苏共中央总书记职务，并建议苏共自行解散。一个具有光荣悠久历史和世界影响的苏联共产党，就这样被葬送了。紧接着，1991 年 12 月 25 日戈尔巴乔夫辞去总统职务。同日，镰刀锤子红旗落地。这样，一个成立于 1922 年 12 月，曾叱咤风云数十年的大国——苏维埃社会主义共和国联盟消失了。这时的戈尔巴乔夫对苏联解体毫无痛惜之情，而他最关心的是他在辞职后的待遇问题：退休金、保镖、秘书、汽车和别墅等。时任美国国务卿的詹姆斯·贝克在苏联解体当月的一次讲话中对戈尔巴乔夫大加褒奖。他说，瓦解共产主义的“成就可能主要归功于一个人：戈尔巴乔夫。如果没有他，我们目前正在应付的转变不会发生”，“因为这一点，世界感激他”。①

值得注意的是，与戈尔巴乔夫虽有矛盾，但是在反对和最终抛弃马克思主义和苏联社会主义道路上志同道合的叶利钦的立场，也同样大受西方的赏识。时任俄罗斯总统的叶利钦在 1991 年 7 月苏联解体前夕向自己的西方朋友担保说，“俄罗斯做出了最终选择。她将不走社会主义道路，她不会沿着共产主义道路前进。她将沿着美国和西方其他文明国家的文明道路前进。”②

在苏联解体后 15 年的 2006 年 12 月，香港《亚洲周刊》的一篇文章说，“十月革命高举理想主义大旗推翻沙皇，苏联普及教育，科技进步，战胜法西斯，闪耀骄人亮点，但由于坚持教条，官员贪腐专制，改革一拖再拖，……从经济发展来看，苏联共产党管治国家 70 多年，既取得许多传世成就，但也在经济建设中犯下可怕错误”，“僵硬的计划经济害苦了国家，也耗尽了体制的活力。”文章最后得出结论说，“什么是（苏联）变天的真正原因呢？不思进取，推迟改革，拒绝世界潮流和时代大趋势，这是最致命的错误。”③

然而，这里还必须强调的是，苏联共产党在后期之所以“如此不思进取”，是与他们思维方式的核心部分——共产主义意识形态早自 20 世纪 60 年代起“就已停止发挥作用”有关。及至 70 年代，苏联知识界和各级干部中许多人迫不及待地向美国等西方国家去探寻“真正西方”的意识形态。及

① 《美国倡议召开帮助苏联人的世界会议》，美国国务卿贝克 1991 年 12 月 12 日在普林斯顿的讲话。美国驻华大使馆新闻文化处，第 1708—1709 页。

② 见 Э. Я. 巴塔罗夫《俄罗斯思想和美国梦》（Э. Я. Баталов, Русская Идеяи Американская Мечта），［俄］《美国、加拿大经济、政治、文化》2000 年第 11 期，

③ 白煸宏：《苏联毁于理想主义双刃剑》，香港《亚洲周刊》2006 年 12 月 24 日。

至 1985 年戈尔巴乔夫上台后，这种现象便变得一发不可收拾。在戈尔巴乔夫毁灭性的内外政策下，根本否定十月革命以来的苏联内外政策，并加速在意识形态上与西方世界的一体化，成为当时苏联社会的一种时尚和苏联社会追求的方向。① 在这种情况下，还有什么真正的社会主义改革可言？苏联的悲剧正在于此。曾经在 1985 年竭力支持戈尔巴乔夫上台的苏联前外长葛罗米柯后来承认，支持戈尔巴乔夫是一个错误，并称戈氏是个不懂现实政治的"火星人"。现在看来，苏联后期在党政机关和知识分子中已经出现了一批这样的"火星人"。这些人实际上是在西方"现实政治"面前，自觉放下武器，缴械投降。其实，称他们为"火星人"是抬举了他们。他们对西方都各有所求。戈尔巴乔夫可以为了成为"国际明星"而出卖苏联东欧②，他手下的一批人也为了各自利益而各有打算。让特权者相信共产主义意识形态，无异于 20 世纪的天方夜谭。

苏联之兴，是由于以马克思列宁主义武装的布尔什维克党站在时代潮流的前头，成功地领导了十月革命，建立了崭新的社会主义制度，表现出了巨大的活力和凝聚力。苏联之亡，则是由于它教条主义地对待马克思主义，以至于架空马克思主义，未能不断地改革和完善社会主义，因而日益僵化凝固和脱离群众，特别严重的是，党内出现了特权阶级，腐败与官僚主义盛行，终于使党失去了自身的活力和党内外的凝聚力。最后倒向全盘西化，被美国等西方国家意识形态进攻和党内背叛马克思主义、背叛社会主义分子的合力所打败。

四 几点思考

第一，社会主义必须坚持马克思主义指导，并在实践中创造性地发展马克思主义。

俄国十月革命胜利和苏联社会主义建设成就是在马克思主义指导下获得的。马克思主义关于社会主义代替资本主义历史必然性的思想，关于社会主义是不断改革的社会，社会主义根本任务是发展生产力、提高劳动生产率，

① 弗拉基斯拉夫 M. 祖波克：《冷战结束的新证据——1989 年和平革命中"苏联因素"的新证据》，自 Cold War International History Project, The End of the old War. 伍德罗·威尔逊国际学者中心，华盛顿特区，2001 年秋、冬季。第5—14 页。

② 同上。

不发达国家建设社会主义必须学习和借鉴资本主义先进经验、对外开放，社会主义必须充分发挥人民群众主体作用，发扬民主，对内防止官僚主义和新的特权阶层滋生，对外防止资本主义敌对势力的西化等一系列重要思想，揭示了社会主义发展的客观要求。遵循这些基本要求并在实践中结合本国国情加以运用和发展，就能够克服任何艰难险阻，把事业推向前进，引向胜利；反之，则会导致社会主义的挫折和失败。所谓苏联失败是马克思主义社会主义理论的失败的观点是完全没有根据的。由于社会主义在实践中遇到挫折失败就想根本抛弃马克思主义指导是非常有害的和危险的。我们中国共产党坚持以马克思列宁主义、毛泽东思想、邓小平理论、"三个代表"重要思想和科学发展观作为自己行动的指南，从而保证我国社会主义事业立于不败之地。最近习近平总书记又一次强调，"马克思主义理论，这是我们做好一切工作的看家本领"。① 习近平还曾多次强调，学习马克思主义必须努力学习和掌握马克思主义立场观点方法。而始终站在人民大众立场上，一切为了人民，一切相信人民，一切依靠人民，诚心诚意为人民谋利益，这是马克思列宁主义的根本出发点和落脚点。② 这也就从根本上说明了，苏联解体前为什么那些特权者要最终抛弃马克思主义。

第二，必须毫不动摇地坚持共产党的正确领导。

从事社会主义事业必须有坚持以马克思主义指导的工人阶级先锋队即共产党的领导，这是社会主义事业性质及其共产主义前进方向决定的，在社会主义国家这一条被庄严地写进国家大法——宪法之中，对社会稳定发展起着不可替代的作用。苏联、中国社会主义成就靠的是这一条。苏联解体则与根本否定共产党领导地位相联系。共产党领导地位不是自封的，而是历史的选择、人民的拥护。正如邓小平所说，"只有共产党的领导，才能有一个称稳定的社会主义中国"。③ 但是，正因为是执政党、领导党，这种地位容易带来官僚主义、追逐名位、脱离群众甚至走向群众和历史对立面的危险。这种危险终于在苏联发生了。我们中国共产党几代领导人都高度警惕这一危险。早在中国人民革命胜利前夜的 1949 年 3 月中共中央七届二中全会上，毛泽东

---

① 习近平：《在中央党校建校 80 周年庆祝大会暨 2013 年春季学期开学典礼上的讲话（2013 年 3 月 1 日）》，《人民日报》2013 年 3 月 3 日。

② 习近平：《深入学习中国特色社会主义理论体系，努力掌握马克思主义立场观点方法》，《中国领导科学》2011 年第 10 期。

③ 《邓小平文选》第 3 卷，人民出版社 1993 年版，第 357 页。

同志就告诫全党，要在新形势下防止资产阶级"糖衣炮弹"的攻击，这是无产阶级的主要危险。① 1992 年邓小平同志再次警告，"中国要出问题，还是出在共产党内部"。② 同年 10 月江泽民总书记在党的"十四大"上强调指出，"坚持反腐斗争，是密切党同人民群众联系的重大问题，要充分认识这个斗争的紧迫性、长期性和艰巨性。在改革开放的整个过程中都要反腐败，把端正党风和加强廉政建设作为一件大事，下决心抓出成效，取信于民"。③ 2012 年 11 月胡锦涛同志在中共十八大报告中指出，要坚定不移反对腐败，永葆共产党人的清正廉洁。"这个问题解决不好，就会对党造成致命伤害，甚至亡党亡国。"④ 最近，习近平总书记在全国宣传思想工作会议上强调，"经济建设是党的中心工作，意识形态工作是党的一项极端重要的工作"，"只有物质文明建设和精神文明建设都搞好，国家物质力量和精神力量都增强，全国各族人民物质生活和精神生活都改善，中国特色社会主义事业才能顺利向前推进"。⑤ 这些警示和指导性意见都是对国际、国内正反两方面经验的深刻总结，必须予以高度重视。

第三，要坚决回击西方敌对势力对社会主义的攻击，抵御西方"和平演变"政策。

西方资本主义卫道士从来视社会主义为异己，甚至视为洪水猛兽。在用武力扼杀社会主义的图谋失败后，主要采用"和平演变"策略，以图从内部攻破社会主义堡垒。他们对苏联赫鲁晓夫、戈尔巴乔夫等人的"思想工作"是相当到位并起了作用的。对中国，他们何尝不想这样做？只是一时还难以得逞。西方在苏联解体后，以为找到了攻击并最终搞垮社会主义的最新武器，其中之一就是宣扬"历史终结论"和社会主义不可革新论。前者是由日裔美国人弗朗西斯教授"发明"的。他在 1989 年夏天发表《历史的终结？》一文，认为西方资本主义国家实行的自由民主制度是"人类意识形态发展的终点"，是"人类最后一种统治形式"，因此而构成"历史的终结"。2001 年

---

① 见毛泽东《在中国共产党七届中央委员会第二次全体会议上的报告（1949 年 3 月 5 日）》，《毛泽东选集》第 4 卷，人民出版社 1991 年版，第 1438—1439 页。

② 《邓小平文选》第 3 卷，人民出版社 1993 年版，第 380 页。

③ 《江泽民在中国共产党第十四次全国代表大会上的报告》（单行本），人民出版社 1992 年版。

④ 见《中国共产党第十八次全国代表大会文件汇编》，人民出版社 2012 年版，第 50 页。

⑤ 《习近平在全国宣传思想工作会议上的讲话》（即"八一九讲话"），《人民日报》2013 年 8 月 21 日。

他又进一步发挥自己的观点，推出了《历史的终结及最后之人》一书。① 提出这种观点的一个重要目的，除宣扬资本主义永世长存，就是企图从根本上否定社会主义存在的理由和可能。所谓社会主义不可革新论，是企图把社会主义设定为一种"原罪"而不可避免地遭致灭亡。他们把指导十月革命和苏联社会主义的思想，攻击为"畸形的"，把用暴力革命手段推翻旧政权指责为"非法的"，等等，认为这些都"转变为一种永久的罪恶，从而失去了促进发展的可供选择的方案"，② 等等。他们想从根本上否定社会主义革命的正义性、合法性。其实，真正负有原罪的是资本主义。正如一些学者说得好，资本原始积累的残酷是不是资本主义的原罪？美国立国前 200 多年历史中巨大罪恶的奴隶制是不是"原罪"。③ 有这样的原罪，为什么美国现在也号称民主国家呢？尽管"原罪"论不值一驳，其散布的错误有害观念却不会自动烟消云散，仍然值得我们加以警惕。

第四，必须以唯物史观认真总结社会主义历史的经验教训。

社会主义实践从 1917 年 1 月革命算起，至今还不到 100 年历史，虽然苏联社会主义事业暂时失败，却给了我们进一步总结社会主义实践提供了机会。问题的关键在于如何正确总结。这就需要有正确的世界观和方法论做指导。由于苏联解体就毫无根据地否定马克思主义本身，是完全错误的，至少是未能把握正确的方法论。

其实，按照辩证唯物主义和历史唯物主义观点，人们只能通过实践—认识—再实践—再认识这样一个反复的过程来提高认识，从而找到解决问题的正确途径。列宁时期的苏俄不仅坚持了马克思主义基本观点，而且开创性地运用于新生的苏俄；斯大林有本人的思想缺陷，包括思维的教条化和个人专断，但他在马恩预计社会主义不存在商品的理论框架下，在计划经济方面也做了有益探索，可惜是被教条化和僵化了。此外，斯大林时期实验的历史条件与 20 世纪 60—70 年代兴起的世界新科技革命时期有很大不同，因此不能也不应当用后来变化了的条件来要求或根本否定前者。我们不否认赫鲁晓夫改革的积极方面，然而，他十分缺乏客观的历史的分析。更不用说戈尔巴乔夫对苏联历史采取否定一切的历史虚无主义态度。倒是一些俄罗斯学者和西

① 英文原文为：The End of History and the Last Man，中国社会科学院出版社 2003 年版。

② 斯迪凡·科恩：《苏联的制度是否有可能被革新》（Стивен Коэн, Можнолибыло Реформировать Советскую Систему），《21 世纪自由思想》2005 年第 1 期。

③ 同上。

方学者，越来越赞扬中国共产党对待历史的态度。一位俄罗斯学者说现代中国历程就是一个不断从克服失误中前进的过程。他说，中国不是一个易于弄懂和可以预测的国家，但是中国就像2500年前中国伟大思想家孔夫子所说的那样，从"吾十有五而志于学，三十而立"，直到"七十而从心所欲不逾矩"，是不断从实践中积累经验而变得成熟的过程。① 一位美国学者则指出，"当苏联在试图改革自身时发生内部爆炸，10多年后，中国却明白无误地证明了共产主义治理的自我修复能力"。他认为其中一个原因就在于中国领导人找到了苏联崩溃的教训。② 而之所以能做到这点，就在于中国共产党人坚持依据唯物史观一分为二地看待本国历史和苏联历史，既不抹杀历史成就，也不回避存在的问题。事实上，苏联70多年的经验教训，对于我们如何坚持马克思主义，如何在新的历史条件下推进马克思主义都是一笔巨大财富。当然，如何做到这一点还有很长的路要走，这对我们国家乃至整个国际共产主义运动今后健康发展都是至关重要的。

---

① 见 P. A. 麦德维杰夫《中华人民共和国的60年》（P. A. Медведев，60 Лет Китайской Народной Республике），《近现代史》2009年第5期。

② ［俄］克里斯托弗·马什：《从你的同志的错误中学习：苏联过去对中国未来的强烈影响》（Christopher Marsh, Learning From Your Comrade's Mistakes: Impact of the Soviet Past on China's Future），《共产党人和后共产党人研究》2003年第9期。

政治家的史学自觉
——从毛泽东到邓小平

尤学工

（华中师范大学历史文化学院）

现实从历史中来，现实的创造离不开历史所提供的条件，其中就包括历史遗留下来的丰富经验。中国人具有浓厚的历史情结和深刻的历史意识，重视历史经验也是中国传统文化的一个特色，以至于中国传统史学被称为"鉴戒史学"。这种"鉴戒"，在中国古代社会的一个重要指向是"资治"。这使得中国古代史家对治国安邦的历史经验抱有特别的兴趣，而政治家也常常把历史经验作为制定治国战略的出发点。汉初汉高祖君臣对秦亡教训的总结，留下了《过秦论》这样的千古名篇，唐初唐太宗君臣对隋亡教训的总结和对修史工作的重视，造就了中国正史修撰的巅峰。这种对历史经验和教训的重视，表现出政治家对史学的高度自觉。它经过长期的历史积淀，逐渐成为一种传统，在治国安邦中发挥了重要作用。这个传统一直延续下来，在现代政治家身上也得到了鲜明体现，毛泽东和邓小平就是比较有代表性的两位具有高度史学自觉的政治家。毫无疑问，毛泽东时代和邓小平时代是 20 世纪中国历史中非常重要的两个历史阶段，而且在很大程度上决定着当代中国的基本面貌。他们有一个共同的特点，那就是十分重视总结历史经验，强调历史教育在治国安邦中的重要作用。今天来看他们如何根据自己时代的要求来总结历史经验，制定中国革命与建设的战略与策略，无疑是很有借鉴意义的。本文拟对这个重要问题进行初步探讨，比较毛、邓之异同，以期丰富对历史经验和历史教育之社会价值的认识。

一

毛泽东所处的时代，以新中国成立为界，前期的主要任务是革命，后期的主要任务是建设。总的来看，毛泽东在革命时期对历史经验的总结是比较成功的，对其战略思想的形成起到了十分积极的作用。而在建设时期，毛泽东对历史经验的总结与其政治实践之间的关系显然不如革命时期，存在着比较明显的脱节现象。这种情况，是多方面的原因造成的，它带来的效果对比也是相当明显的。

在革命时期，毛泽东制定中国革命战略与策略的一个基本原则，就是将马克思主义基本原理与中国革命的实际相结合，而其对中国革命实际的认识，相当部分来自于对中国历史和中国革命之历史经验的总结。

创建农村革命根据地，以农村包围城市，最后夺取城市，是中国革命的一个基本战略。它的形成，与毛泽东对中国历史上农民战争之经验教训的总结有着密切的关系。早在创建井冈山革命根据地之初，毛泽东就特别强调与流寇思想作斗争。这是他从历代农民起义的失败中得出的一条历史经验。他说："应当认识，历史上黄巢、李闯式的流寇主义，已为今日的环境所不许可。"① 据谭震林回忆，1927 年大革命失败后，毛泽东拒绝到上海党中央工作，他"总结历史上农民起义失败的教训，对我们说：'李自成为什么失败了？很重要的一个原因，就是没有巩固的根据地。'"这一历史经验的提出，对于当时的游击战争和革命根据地建设，具有非常重要的意义。在抗日战争时期，他又强调："历史上存在过许多流寇主义的农民战争，都没有成功。……只有彻底地克服了流寇主义，提出并实行建立根据地的方针，才能有利于长期支持的游击战争。"② 可见，他对这条历史经验的意义有着深刻的认识，也始终坚持以它作为现实革命斗争的借鉴。谭震林说，毛泽东创建农村革命根据地，以农村包围城市，最后夺取城市的革命战略的形成，"不是偶然的，一方面，他有很高的马克思列宁主义理论修养，掌握了具体情况具体分析这一马克思主义的精髓；另一方面，他深刻理解我国半殖民地半封建社会的特点，特别是对我国历史上农民革命的经验教训有深刻的理解，因而能够把马克思列宁主义普遍真理与中国革命的具体实践结合起来。"③ 这段话，清楚地说明了历史经验在毛泽东制定革命战略过程中所产生的重要作用。

从抗日战争到解放战争，抗日民族统一战线和新民主主义革命战略的形

---

① 《毛泽东选集》第 1 卷，人民出版社 1991 年第 2 版，第 94 页。
② 《毛泽东选集》第 2 卷，人民出版社 1991 年版，第 418—419 页。
③ 张贻玖：《毛泽东读史》，中国友谊出版公司 1991 年版，第 145 页。

成也与毛泽东对历史经验的总结和中国历史特点的认识有着密切关系。1935年，毛泽东在《论反对日本帝国主义的策略》中提出了建立"统一的民族革命战线"①的策略原则。他首先指出，百年来的中国历史证明"中国是好几个帝国主义国家共同支配的半殖民地的国家"，而"九一八"之后则"开始了变中国为日本殖民地的阶段"。这就是"目前政治形势的特点"，而它向全体中国人提出了一个"怎么办"的问题。"反抗呢？还是投降呢？或者游移于两者之间呢？"②对于这个问题，毛泽东提出"让我再讲一点历史"，这就是唐生智、冯玉祥参加革命的事情和二十六路军的宁都起义，以及马占山在东北的抗日行为。"所有这些例子都指明：在日本炸弹的威力圈及于全中国的时候，在斗争改变常态而突然以汹涌的阵势向前推进的时候，敌人的营垒是会发生破裂的。"③这个历史经验，是毛泽东"统一的民族革命战线"策略的重要依据；而这个策略是中国能够最大限度地团结全国力量，取得抗日战争最后胜利的一个重要思想保障④。同样，毛泽东在论证新民主主义革命的对象、任务、动力、性质、前途，以及新民主主义与旧民主主义革命在政治、经济、文化等方面的不同时，也是从历史认识入手的。在《中国革命与中国共产党》一文中，他从"中华民族"和"古代的封建社会"讲起，一直讲到了"百年来的革命运动"。而在《新民主主义论》一文中，他又从"中国的历史特点"入手，概述了"自周秦以来"直至"外国资本主义侵略中国"的历史，分析了其政治、经济、文化的性质，指出："这就是现时中国革命的历史特点。在中国从事革命的一切党派，一切人们，谁不懂得这个历史特点，谁就不能指导这个革命和进行这个革命到胜利，谁就会被人民抛弃，变为向隅而泣的可怜虫。"⑤这里，他很清楚而自觉地把认识中国历史特点、总结历史经验与新民主主义革命的战略联系在一起，并将前者作为后者的思想基础。《论联合政府》、《论人民民主专政》等重要篇章也采用了同样的认识方式。这种认识方式，不但对当时革命战略的形成具有重要意义，对今天的社会主义建设也有很高的借鉴价值。

毛泽东不但在中国革命的总体战略方面非常重视借鉴历史经验，而且在

---

① 《毛泽东选集》第1卷，人民出版社1991年第2版，第151页。
② 同上书，第142—143页。
③ 同上书，第146页。
④ 瞿林东：《学习毛泽东同志的史学思想》，《史学史研究》1993年第4期。
⑤ 《毛泽东选集》第2卷，人民出版社1991年第2版，第665页。

具体的策略、战术方面也由古及今，充分发挥历史经验的作用。比如，"围魏救赵"这个历史战例促使他思考中国人民的抗日游击战争的策略问题。他说："在反围攻的作战计划中，我之主力一般是位于内线的。但在兵力优裕的条件下，使用次要力量（例如县和区的游击队，以至从主力中分出一部分）于外线，在那里破坏敌之交通，钳制敌之增援部队，是必要的。如果敌在根据地内久踞不去，我可以倒置地使用上述方法，即以一部留在根据地内围困该敌，而用主力进攻敌所从来之一带地方，在那里大肆活动，引致久踞之敌撤退出去打我主力；这就是'围魏救赵'的办法。"① 这就根据历史时代的特点而赋予"围魏救赵"战法以新的内涵和方法，使历史经验为我所用，对抗日斗争起到了很好的指导作用。对于田忌赛马所采用的"驷马法"，毛泽东取其精髓，将它用在了现代战争之中。他在《孙子兵法》批注中说："所谓以弱当强，就是以少数兵力佯攻敌诸路大军。所谓以强当弱，就是集中绝对优势兵力，以五、六倍于敌一路之兵力，四面包围，聚而歼之。"② 如果我们将这段话和毛泽东的军事指挥艺术和人民军队在各个时期的基本战术结合起来，就可以看出这条历史经验的重要性。毛泽东对李自成失败的历史教训的重视，也是众所周知的，这样的例子还有很多。它们说明，毛泽东对历史经验的总结和吸收是多层次、多方面的，而将历史经验与革命斗争的需要相互融合，以历史经验指导革命斗争是其一个主要特点。

毛泽东对总结历史经验的积极态度在新中国成立之初得到了较好的延续。1954 年冬，毛泽东对吴晗说："《资治通鉴》这部书写得好，尽管立场观点是封建统治阶级的，但叙事有法，历代兴衰治乱本末毕具，我们可以批判地读这部书借以熟悉历史事件，从中汲取经验教训。"③ 这说明，此时的毛泽东依然保持着重视历史经验的一贯态度。事实上，直到毛泽东逝世前，他还在读史书，并注意总结其中的历史经验。比如，他在 1975 年还对身边的工作人员说：秦始皇在历史发展过程中的进步作用要肯定，但他在统一六国之后，丧失了进取的方面，志得意满，耽于逸乐，求神仙，修宫室，残酷地压迫人民，到处游走，消磨岁月，无聊得很。陈胜、吴广揭竿而起，反抗秦的暴政，在历史上有很大的意义④。由此可以看出，读史、释史、鉴史已经

① 《毛泽东选集》第 2 卷，人民出版社 1991 年版，第 429 页。
② 张贻玖：《毛泽东读史》，中国友谊出版公司 1991 年版，第 123 页。
③ 同上书，第 29 页。
④ 同上书，第 43 页。

成为毛泽东一生的爱好与习惯。但是，毛泽东坚持在思想意识上重视历史经验的同时，其政治实践却与历史经验存在着越来越多的脱节现象，二者的结合明显不如革命时期。试举数例：

1956 年 2 月，苏共二十大召开，对斯大林的历史地位做了评价，批判了个人崇拜现象。《人民日报》很快于 1956 年 4 月 5 日发表了《论无产阶级专政的历史经验》一文。这篇重要的文章，一方面是对苏共二十大的回应，另一方面则对包括中国在内的国际共产主义运动的道路与方向做了经验总结。中共由苏联和斯大林的历史经验和教训中得出了一个重要结论："共产党和社会主义国家的各种领导人物的责任是要尽量减少错误，尽量避免某些严重的错误，注意从个别的、局部的、暂时的错误中取得教训，力求使某些个别的、局部的、暂时的错误不至于变成全国性的、长时期的错误。"文章认为，斯大林接受和鼓励个人崇拜，实行个人专断，使他在领导者与人民群众、民主与集中的关系问题上"陷于理论和实践相脱节的矛盾"。这条历史经验，总结得很深刻、很正确。可惜，毛泽东后来却走上了个人崇拜的老路，忘掉了这个重要的历史经验。

毛泽东在读《史记·陈涉世家》时，指出陈胜、吴广起义失败有"二误"：一误是功成忘本，脱离了本阶级的群众；二误是任用坏人，偏听偏信，脱离了共过患难的干部。其结果是众叛亲离，很快就失败了①。这个历史教训，总结得很实在、很深刻。可是，当"文革"前后对他个人的崇拜热情高涨之时，这个历史经验就被忘到了脑后。他在庐山会议上不仅没有认真总结此前"大跃进"运动的教训，反而热衷于清算彭德怀等人的陈年旧账，将纠"左"变成了反"右"，还说："庐山会议解决了大问题，总结经验就要这样总结。"② 1958 年，田家英曾对李锐说，他离开中南海时想对毛泽东提三条意见：一是能治天下，不能治左右（指江青之流）；二是听不得批评；三是不要百年之后有人议论③。这三条意见，或可作为毛泽东的政治实践与历史经验相互脱节的一个注脚。

1958 年 12 月，毛泽东在读《三国志·魏书·张鲁传》时批注："中国从秦末陈涉大泽乡（徐州附近）群众暴动起，到清末义和拳运动止，二千年

① 张贻玖：《毛泽东读史》，中国友谊出版公司 1991 年版，第 43 页。
② 李锐：《毛泽东的早年与晚年》，贵州人民出版社 1992 年版，第 157 页。
③ 同上书，第 125 页。

中，大规模的农民革命运动，几乎没有停止过。同全世界一样，中国的历史，就是一部阶级斗争史。"① 这个观点，是毛泽东的一贯认识，他以前就曾在《中国革命与中国共产党》中提出过。这个历史观念对毛泽东认识建设社会主义的总任务是有影响的。他在这个问题上，即阶级斗争与经济建设何者为重的问题上，"长期摇摆不定，最后走到'阶级斗争为纲'的一条绝路"。总的感觉，这时的毛泽东，"思想、理论、实践，没有一根主线。不像抗日战争尤其解放战争时期的领导那样，得心应手，有板有眼，循序前进。"② 在这种情况下，历史认识与历史经验不但未能像革命时期那样促成正确的战略决策，反而诱发了对现实形势与任务的错误判断。前后对比，发人深省。

这样的例子还可以再举。毛泽东晚年在历史经验与政治实践上的脱节现象也引起了一些人注意，甚至提出了批评。李锐就指出，毛泽东喜欢"古为今用"，但"古为今用"要非常小心。毛泽东晚年"深挖洞"，赞扬秦始皇，搞儒法斗争，干脆让马克思主义靠边站。哲学思想将辩证法归结为一个矛盾论，对立统一规律变为"一分为二"（"一尺之棰，日取其半，万世不竭"，这也是古书上来的）。于是创造出"共产党就是讲斗争的"，要永远斗下去，一分为二永远不息的理论，将辩证法弄成形而上学。他不禁反问："古书上有无内忧外患者国恒亡一说，是不是对他也有影响？ 不然，为什么开国之后，一个运动接着一个运动，干部和群众无日安宁？"③ 这样的批评或许过于偏激，但也说明，一旦历史经验与正确的政治判断和实践相互脱节，就不能对历史和现实有清醒的认识，就不能有效地进行正确的政治决策，也就会对现实社会的发展产生很大的危害，领袖人物尤其如此。这一点，晚年的毛泽东为后人留下了深刻的教训。要开创中国社会主义建设的新局面，就必须认真总结中国社会主义建设和毛泽东本人留下的历史经验和教训。这个时代任务，是由邓小平来完成的。

二

中国的邓小平时代开始于 20 世纪 70 年代末 80 年代初。这个新的时代，

---

① 张贻玖：《毛泽东读史》，中国友谊出版公司 1991 年版，第 143 页。
② 李锐：《毛泽东的早年与晚年》，贵州人民出版社 1992 年版，第 122 页。
③ 同上书，第 124 页。

是建立在认真清理与总结此前中国革命与社会主义建设的历史经验与教训的基础之上的。

"文革"结束后，邓小平敏锐地意识到："关于毛泽东同志功过的评价和毛泽东思想，写不写、怎么写，的确是个非常重要的问题"，"对毛泽东同志的评价，对毛泽东思想的阐述，不是仅仅涉及毛泽东同志个人的问题，这同我们党、我们国家的整个历史是分不开的。要看到这个全局。""这不只是个理论问题，尤其是个政治问题，是国际国内的很大的政治问题。"① 它不仅关系到如何认识中国革命与建设的历史，而且直接关系到今后中国发展道路的选择问题。

面对这个艰巨的时代难题，邓小平除了展示出过人的政治智慧之外，还借鉴了苏共二十大评价斯大林问题的历史经验与教训②。1956 年，邓小平曾作为中国代表团副团长参加了苏共二十大。当他得知赫鲁晓夫秘密报告的内容时，当即就指出："斯大林是国际人物，这样对待他简直是胡来！不能这样对待革命领袖。"③ 在同年 3 月召开的两次中央政治局会议上，邓小平又指出，赫鲁晓夫将斯大林错误的原因归结为其个人性格和精神问题是不对的，"个人性格不能说明这么大的国家，这么大的党，在这么长的时期里犯了一系列的错误。"④ 他认为"斯大林搞个人崇拜的确是要不得的。当然不能把斯大林的所有错误都归结为个人崇拜。个人崇拜是错误的结果，而不是错误的原因"，"不能说错误都是斯大林的，没大家的份儿。功劳是大家的，没斯大林的份儿。这两个片面性都是不对的。"⑤ 9 月，他在八大《关于修改党章的报告》中说："关于坚持集团领导和反对个人崇拜的重要意义，苏联共产党第二十次代表大会作了有力的阐明，这些阐明不仅对于苏联共产党，而且对于世界其它各国共产党，都产生了巨大影响。"⑥ 联系中国党的历史经验，他说："我们党也厌弃对于个人的神化。"⑦ 1960 年 9 月，邓小平率团参加莫斯科会议时，再次表明了对斯大林评价问题的态度："我们赞成反对个人迷信，斯大林的功绩和错误不仅关系苏联国内，也关系到整个国际共运。我们

---

① 《邓小平文选》第 2 卷，人民出版社 1994 年第 2 版，第 298—299 页。
② 任晓伟：《邓小平的苏共二十大观和中国改革的政治根基》，《唐都学刊》2004 年第 3 期。
③ 师哲：《我的一生：师哲自述》，人民出版社 2001 年版，第 460 页。
④ 吴冷西：《十年论战》，中央文献出版社 1999 年版，第 8 页。
⑤ 同上书，第 18—19 页。
⑥ 《邓小平文选》第 1 卷，人民出版社 1989 年版，第 229 页。
⑦ 同上书，第 235 页。

反对的是全盘否定，尤其不能采取秘密报告的办法，恶毒攻击。"① 邓小平的这些认识，为科学评价毛泽东的历史地位奠定了很好的基础。

邓小平在思考毛泽东的评价问题时，显然参考了苏联的历史经验与教训。1978 年 11 月，他两次强调："党中央、中国人民永远不会干赫鲁晓夫那样的事。"② 1980 年 8 月，他在会见意大利记者法拉奇时再次指出："我们不会像赫鲁晓夫对待斯大林那样对待毛主席。"③ 他反对将毛泽东晚年的错误归结为个人品质，认为应当"要实事求是，分析各种不同的情况，不能把所有的问题都归结到个人品质上"，要看到制度上存在的问题，"因为过去一些制度不好，把他推向了反面。""这种制度问题，关系到党和国家是否改变颜色，必须引起全党的高度重视。"④ 这就涉及领导体制和政治体制改革的问题了。他反对全面否定毛泽东，因为"对毛泽东同志的评价，对毛泽东思想的阐述，不是仅仅涉及毛泽东同志个人的问题，这同我们党、我们国家的整个历史是分不开的"。⑤ 全面否定毛泽东，就等于全面否定这一时期的中国历史。同时，他也反对不加分析地全面肯定毛泽东。"'文化大革命'的十年，毛泽东同志是犯了错误的。在讲到毛泽东同志、毛泽东思想的时候，要对这一时期的错误进行实事求是的分析。"⑥ 通过这些论述，邓小平逐步明确了评价毛泽东的基本原则，那就是"实事求是"、"恰如其分"⑦。

在这个原则指导下，中共十一届六中全会于 1981 年通过了《关于建国以来党的若干历史问题的决议》，很好地解决了毛泽东的历史评价问题。《决议》对毛泽东的总体评价是："他对中国革命的功绩远远大于他的过失。他的功绩是第一位的，错误是第二位的。"⑧ "我们不应该把一切功劳归于革命的领袖们，但也不应该低估领袖们的重要作用"⑨。《决议》充分肯定了毛泽东思想的科学性，肯定了毛泽东对中国革命胜利的杰出贡献，指出革命胜利是全国人民、全党同志长期牺牲奋斗的结果。对毛泽东历史功绩的肯定，实

---

① 武市红、高屹：《邓小平与共和国重大历史事件》，人民出版社 2000 年版，第 92 页。

② 《邓小平思想年谱》，中央文献出版社 1998 年版，第 92、95 页。

③ 《邓小平文选》第 2 卷，人民出版社 1994 年版，第 347 页。

④ 同上书，第 301、297 页。

⑤ 同上书，第 299 页。

⑥ 同上书，第 292 页。

⑦ 同上书，第 309 页。

⑧ 《关于建国以来党的若干历史问题的决议》，人民出版社 1981 年版，第 46 页。

⑨ 同上书，第 6 页。

质上是对中国革命历史的肯定，也是对中国社会主义道路的肯定，所以《决议》不但坚持了新民主主义革命的定性，而且将新中国成立三十二年的历史概括为"进行社会主义革命和社会主义建设，并取得巨大成就的历史"。《决议》指出："社会主义制度的建立，是我国历史上最深刻最伟大的社会变革，是我国今后一切进步和发展的基础。""只有社会主义才能救中国，这是中国各族人民从一百多年来的切身体验中得出的不可动摇的结论，也是建国三十二年来最基本的历史经验。"① 这条历史经验，明确和坚定了中国的社会主义方向。

社会主义改造完成后，形势分析和国情认识的主观主义偏差曾使毛泽东错误地认为中国社会的主要矛盾仍然是工人阶级与资产阶级、社会主义道路与资本主义道路之间的矛盾。这是导致他晚年错误的一个重要因素。《决议》吸取了毛泽东错误判断社会主要矛盾的历史教训，指出社会主义改造完成后，社会的主要矛盾不再是不同阶级和不同道路的斗争，而是人民对经济文化迅速发展的需要同当前经济文化不能满足人民需要的状况之间的矛盾②。为了解决这个矛盾，就必须把工作重心由过去的阶级斗争转移到现代化建设上来。《决议》说："我们总结建国以来三十二年历史经验的根本目的，就是要在坚持四项基本原则的基础上，把全党、全军和全国各族人民的意志和力量进一步集中到建设社会主义现代化强国这个伟大目标上来。"③ 在这些历史认识与历史经验的基础上，中国社会的发展方向实现了由"以阶级斗争为纲"向建设社会主义现代化强国的历史性转变。

对于"文革"，邓小平主张将"文革"的错误和"文革"的历史区别开来。"文革"作为一场政治运动，是"严重的、全局性的错误。它的后果极其严重，直到现在还在发生影响"。而作为一个历史发展阶段的"文革"十年，不能一笔抹杀，"这十年中间，也还有健康的方面"④。这样的认识和评价，实事求是，客观公允，为新的路线、方针、政策的制定扫除了思想障碍。《决议》对 20 世纪 50 年代后期以来，尤其是"文化大革命"期间毛泽东和共产党所犯的错误进行了自我批评。其批评之严厉，以致胡乔木说出"我们对错误所做的自我批评早已超过了世界上任何一个党，再做得过多就

---

① 《关于建国以来党的若干历史问题的决议》，人民出版社 1981 年版，第 7、52 页。

② 同上书，第 15 页。

③ 同上书，第 52—53 页。

④ 《邓小平文选》第 2 卷，人民出版社 1994 年版，第 302—303 页。

必然走向反面"① 这样的话来。《决议》认为，中国的社会主义建设之所以会出问题，主要在于经验不多，对形势的分析和国情认识有主观主义偏差，"文革"前把阶级斗争扩大化和在经济建设上急躁冒进，"文革"则是全局性、长时间的严重错误。对这样的错误，"忽视错误、掩盖错误是不允许的，这本身就是错误，而且将招致更多更大的错误。"历史教给我们的态度就是"坚持真理，修正错误"，"这是我们党必须采取的辩证唯物主义的根本立场。过去采取这个立场，曾使我们的事业转危为安、转败为胜。今后继续采取这个立场，必将引导我们取得更大的胜利。"② 这条历史经验，是用"文革"十年的动荡换来的，也是用二十八年和三十二年的历史证明的。如其所言，如果真的吸取了历史教训，使这条历史经验发挥作用，今天仍然能够"引导我们取得更大的胜利"。

《决议》对中国革命与社会主义建设历史的历史经验与教训的总结，当然不限于上述几个方面。但仅从上述几个方面就可以看出，以邓小平为首的党中央在进行关系国家兴衰成败的战略决策时，是何等地重视历史经验的价值。而历史经验也确实在历史转折关头，对认识中国的发展道路、目标、方向等根本性问题发挥了重要作用。这里，邓小平运用其高超的政治智慧，成功地将历史经验与政治实践结合起来，制定了有中国特色的社会主义的发展战略，开创了改革开放的新局面，其风采、气度颇似革命时期的毛泽东。事实上，邓小平也毫不讳言他从毛泽东那里得到的历史启示。比如，对马克思主义的基本原理必须与中国的具体情况相结合这条历史经验，毛泽东运用它开创了中国的民主革命道路，邓小平则运用它开创了有中国特色的社会主义的道路，他们之间存在着紧密的历史联系。1979 年，邓小平在党的理论工作务虚会上说："过去搞民主革命，要适合中国情况，走毛泽东同志开辟的农村包围城市的道路。现在搞建设，也要适合中国情况，走出一条中国式的现代化道路。""中国式的现代化，必须从中国的特点出发。"③ 1982 年，他在十二大开幕式上说："我们的现代化建设，必须从中国的实际出发。无论是革命还是建设，都要注意学习和借鉴外国经验。但是，照抄照搬别国经验、别国模式，从来不能得到成功。这方面我们有过不少教训。把马克思主义的

---

① 《胡乔木文集》第 2 卷，人民出版社 1993 年版，第 161 页。
② 《关于建国以来党的若干历史问题的决议》，人民出版社 1981 年版，第 11 页。
③ 《邓小平文选》第 2 卷，人民出版社 1994 年版，第 163—164 页。

普遍真理同我国的具体实际结合起来，走自己的道路，建设有中国特色的社会主义，这就是我们总结长期历史经验得出的基本结论。"① 此后，他对这条历史经验再三强调，可见他是有着深刻体会的。1987 年，他在会见荷兰首相时再次回顾了从 1925 至 1927 年的大革命到"文革"的中国历史，说："我为什么讲这个历史？因为我们现在的路线、方针、政策是在总结了成功时期的经验、失败时期的经验和遭受挫折时期的经验后制定的。历史上成功的经验是宝贵财富，错误的经验、失败的经验也是宝贵财富。这样来制定方针政策，就能统一全党思想，达到新的团结。"② 邓小平还十分注重对世界各国包括非洲国家的历史经验进行借鉴，这既体现了他对历史经验重要性的充分认识和开阔的视野，也体现了总结各方面的历史经验对社会主义建设的重要意义。

三

毛泽东和邓小平对不同时期、不同内容的历史经验的认识与总结，以及这些历史经验对他们的战略决策所发挥的重要作用，已如上述。那么，他们对历史经验的认识与实践有何异同呢？我们不妨作个简单的比较。

他们的共同点比较多，概而言之，主要表现在以下几个方面：

第一，他们都对历史经验的重要性有着自觉而深刻的认识。毛泽东指出："指导一个伟大的革命运动的政党，如果没有革命理论，没有历史知识，没有对于实际运动的深刻的了解，要取得胜利是不可能的。"③ 这里，他把历史知识放到了与"革命理论"同等重要的地位，说明他已经充分认识到掌握历史知识、总结历史经验对于提高政党和干部素质，提高把握历史与现实的能力，从而提高领导民族战争走向胜利的能力所具有的重要作用。随着抗战形势的发展，历史经验的重要性愈发凸显。在进行延安整风时，毛泽东深感历史经验总结不力是一个"很大的缺点"，批评了那种"不注重研究现状，不注重研究历史，不注重马克思列宁主义的应用"的"极坏的作风"。④ 作为革命领袖，他对借鉴历史经验这样重视和强调，不但显示了其深刻的历史

---

① 《邓小平文选》第 3 卷，人民出版社 1993 年版，第 2—3 页。
② 同上书，第 234—235 页。
③ 《毛泽东选集》第 2 卷，人民出版社 1991 年版，第 533—534 页。
④ 《毛泽东选集》第 3 卷，人民出版社 1991 年版，第 797—798 页。

见识和深厚的历史修养，而且代表了马克思主义政治家对历史经验之价值的认识水平。邓小平将历史经验视为"宝贵财富"，要求领导干部"注意经常总结经验"①，并将其提到了战略高度。他指出："了解自己的历史很重要"，"我们要用历史教育青年，教育人民"。他发出这个号召的时候，正是所谓"资产阶级自由化思潮"甚嚣尘上之时。由于"青年人不知道我们的历史，特别是中国革命、中国共产党的历史"②，就不了解中国是怎样走上社会主义道路的，为什么不能走资本主义道路，也就很容易在历史前途上迷失方向。显然，他看到了总结历史经验对于帮助人们正确认识历史前途的巨大作用，所谓"用历史教育青年，教育人民"，就是要从历史上向人们阐明中国社会主义道路的由来与趋向。他不仅发出了这样的号召，还多次从中国近代史和新中国的历史说明中国只能走社会主义道路的道理。毛泽东和邓小平的认识，体现了革命家的战略眼光，也将历史经验与历史教育提到了战略发展的高度。

第二，他们都能敏锐地捕捉时代要求，并自觉地将历史经验的总结与引导时代前进的任务结合在一起，充分发挥历史鉴戒的作用。按照毛泽东对中国历史的分析，从近代以来，中国社会的主要矛盾就是帝国主义与中华民族、封建主义与人民大众之间的矛盾。这样的矛盾决定了中国近代以来的时代要求就是救亡图强，对帝国主义求独立富强，对封建主义求民主解放。我们可以看到，毛泽东正是按照这个时代要求来总结历史经验，制定中国革命的战略与策略的。也正因为他对历史经验的总结能够与时代要求相配合，才能切合中国革命的实际，不断走向胜利，担当起了引导时代前进的历史任务。同样，"文革"结束后的中国，最迫切需要解决的问题，就是社会发展方向问题。邓小平紧跟这个时代要求，通过解决毛泽东的历史评价等关键问题，在全面总结新中国成立以前二十八年和新中国成立以后三十二年历史的经验教训基础上，明确了建设有中国特色的社会主义现代化强国的发展目标，一举扭转了中国社会发展的基本方向，有力地推动了中国社会在当代的健康发展。历史证明，毛泽东和邓小平善于将历史、现实与未来联系在一起，他们的思想极具历史感与时代感，这也是他们进行政治决策的一个重要思想基础。

---

① 《邓小平文选》第3卷，人民出版社1993年版，第206页。
② 《邓小平文选》第2卷，人民出版社1994年版，第304页。

第三，他们的战略决策往往与历史经验的总结密切相关。如前所述，无论是农村包围城市战略的形成，抗日民族统一战线策略的制定，还是新民主主义理论的成熟，都与毛泽东对中国历史特点的认识和对历史经验的借鉴有着密切的关系，历史认识与历史经验也确实在其中发挥了重要作用。而邓小平在思考"文革"之后中国的发展方向时，无疑对历史经验有着更为迫切、更为自觉的要求。可以说，在他指导下完成与通过的《关于建国以来党的若干历史问题的决议》，就是一篇系统总结中国革命历史和社会主义道路探索历史之经验教训的大文章，也是中国历史进入新时期的一个重要标志。正是在借鉴这些历史经验与教训的基础上，邓小平才做出改革开放、以经济建设为中心、建设社会主义现代化强国的战略决策。可以说，历史经验的特殊价值使它得以在毛泽东和邓小平的战略决策中占据重要位置。

第四，他们都十分重视对领导干部和青少年的历史教育，并要求其自觉地总结和思考历史经验。领导干部承担着带领中国社会前进方向的重任，而青年人则肩负着国家的未来，他们的素质在一定程度上决定着国家民族的前途命运。所以，毛泽东指出："一般地说，一切有相当研究能力的共产党员，都要研究马克思、恩格斯、列宁、斯大林的理论，都要研究我们民族的历史，都要研究当前运动的情况和趋势；并经过他们去教育那些文化水准较低的党员。特殊地说，干部应当着重地研究这些，中央委员和高级干部尤其应当加紧研究。"① 毛泽东提出这样的要求，正是看到了历史经验对于提高党员、干部基本素养的重要作用。他不仅要求领导干部读史，还经常将自己认为重要的历史著作推荐给他们，鼓励他们吸取其中的历史经验。周恩来、刘少奇等人都曾有过这样的经历。对于领导干部，邓小平不仅要求他们要"注意经常总结经验"，而且要求他们"带头发扬党的优良传统"②。要做到这一点，首先就要认真学习中国革命的历史和党的历史，认识这些经验和传统是怎样在历史上形成的，发挥了什么样的历史作用，理解和体会怎样在新的时代条件下运用、发扬这些经验和传统。比如艰苦朴素、密切联系群众的优良传统，使党在群众中树立了很高的威信，受到群众拥护，得以在土地革命、抗日战争、解放战争、抗美援朝等不同时期渡过难关，取得胜利。"我们的历史经验是，越是困难的时候，越要关心群众。只要你关心群众，同群众打

---

① 《毛泽东选集》第 2 卷，人民出版社 1991 年版，第 533—534 页。
② 《邓小平文选》第 2 卷，人民出版社 1994 年版，第 215 页。

成一片，不仅不搞特殊化，而且同群众一块吃苦，任何问题都容易解决，任何困难都能够克服。"而现在有些领导干部脱离群众、搞特殊化，违背了这条历史经验，也抛弃了这个优良传统，造成了群众的严重不满，带来了一些社会问题。"现在需要全国的干部，首先是高级干部起模范带头作用，把我们党的艰苦朴素、密切联系群众的传统作风很好地恢复起来，坚持下去。"①这种要求，反映了新时期历史教育的时代特点。对于青年人，邓小平敏锐地觉察到了青年人思想上的混乱，这种混乱主要表现为对中国的社会主义道路缺乏认识和信心，甚至提出要回到资本主义道路。他分析了造成这种局面的各种原因，指出青年人对中国历史，尤其是中国革命和中国共产党的历史的不了解，是其中一个重要原因。他说："我们思想战线上出现了一些混乱，对青年学生引导不力。这是一个重大失误。我们要改变这种引导不力的软弱状态，要用我们自己的历史来教育青年。"② 所谓"用我们自己的历史来教育青年"，就是要认真总结中国历史的经验与教训，教育青年认清中国的历史前途，增强反对各种错误思想的能力。对青年人进行这样的历史教育，是非常必要的，也是影响深远的。

毛泽东与邓小平也有不同之处，这主要表现在两点：

其一，他们总结历史经验的内容与要求有所不同。虽然毛泽东和邓小平所谈到的历史经验遍及古今中外，但也并非无所侧重。总体说来，毛泽东偏重于总结中国近现代史和中国革命进程中的历史经验，邓小平则偏重于总结社会主义建设中的历史经验和教训。毛泽东在批评不注重总结历史经验的作风时指出："特别重要的是中国共产党的历史和鸦片战争以来的中国近百年史，真正懂得的很少。近百年的经济史，近百年的政治史，近百年的军事史，近百年的文化史，简直还没有人认真动手去研究。"③ 于是，他提出要加强以近百年的中国史为中心的历史研究工作，来纠正这种"极坏的作风"，推动革命事业的发展。就他本人而言，他很明确地认识到现代的中国是历史的中国的延续，所以他很注重研究中国近代以来的历史，注重总结中国近现代史提供的历史经验，作为建设现代中国的历史基础与参照。至于中国革命的历史经验与教训，更是他时常思考与借鉴的。这种方向的侧重，是革命与

<hr />

① 《邓小平文选》第 2 卷，人民出版社 1994 年版，第 228—230 页。
② 《邓小平文选》第 3 卷，人民出版社 1993 年版，第 198 页。
③ 《毛泽东选集》第 3 卷，人民出版社 1991 年版，第 797—798 页。

战争的时代环境要求的。对于邓小平而言，时代要求他解决的迫切问题是发展道路和方向问题。这个任务决定了他对历史经验的总结不能不侧重于社会主义建设时期。这一点，在《关于建国以来党的若干历史问题的决议》中反映得很清楚。《决议》虽然也回顾了新中国成立前二十八年的历史，但主要总结的则是新中国成立后三十二年的历史经验与教训。邓小平甚至将这个《决议》与 1945 年党的六届七中全会通过的《关于若干历史问题的决议》做比较，很明显地将这两个《决议》作为两个历史阶段的象征。而这两个开创了新局面的历史阶段，分别是在总结了中国革命与社会主义建设的历史经验基础上发展起来的。毛、邓的这个不同说明，不同的历史时代，对历史经验的内容与要求是不同的，总结历史经验应当顺应时代要求，方能真正体现其价值。

其二，在历史经验与政治实践的结合上，毛泽东与邓小平也有差别。应当说，在革命时期，历史经验对毛泽东的政治实践发挥了相当积极的作用，二者处于一种良性互动状态，结合得很好。但到了毛泽东晚年，历史经验与政治实践出现了脱节现象，历史经验不但不能像以前那样促进毛泽东的政治实践，反而成为他若干错误决策的一个思想诱因。造成这种状况的原因是多方面的，其中之一就是在对现实判断失误的情况下，盲目运用历史经验。这也说明一个道理，就是历史经验的总结与运用，必须与对现实的正确认识结合起来，二者应当是互为条件、互为保障的。邓小平就很清楚这个道理。他在"文革"结束之后，正确地分析了中国社会的主要矛盾，科学地解决了毛泽东的历史地位问题，在正确认识现实的基础上运用历史经验，确定了中国在新时期的发展战略和方向。应该说，邓小平在历史经验与政治实践的结合上是很成功的，一如革命时期的毛泽东。毛泽东和邓小平的经验告诉我们，只有历史经验与政治实践的良性结合，才能有利于革命与建设的发展；否则就会犯错误，走弯路。

毛泽东与邓小平在历史经验的认识与实践上的异同，一方面反映了他们各自的特色，另一方面则说明了政治家的史学自觉对社会发展的重要意义。由于政治家在社会活动中发挥着常人难以企及的影响力，所以当他们依据对历史和现实的认识制定其治国方略时，常常会影响一个国家、一个时代的发展面貌和方向。因此，政治家应当把史学自觉作为一种重要的治国素养，坚持重视历史经验和历史教育的传统，在历史的基础上创造属于自己的时代，人类文明就是在这样生生不息的传承与创造中向前发展的。

"文革"期间毛泽东关于邓小平的评价探析

沈传亮

（中共中央党校党史教研部）

毛泽东对邓小平的评价一直受到学界高度关注。由于史料欠缺，"文革"期间毛泽东对邓小平的评价研究进展不大。近年来，随着邓小平年谱、毛泽东年谱的先后出齐，使得研究"文革"期间毛泽东对邓小平的评价有了较为完整的一手史料基础。详细比对和梳理毛泽东年谱和邓小平年谱记载的毛泽东"文革"期间对邓小平的评价，可知评价与以往坊间流传存在较大差异。梳理分析这一评价，对于理解把握毛泽东和邓小平两个历史人物间的关系，认识"文革"变局，具有重要意义。

一 邓小平不仅政治强而且会打仗

"文革"期间，毛泽东不仅认为邓小平政治上强，而且认为邓小平懂军事、会打仗。不少人明了毛泽东对邓小平政治强、人才难得的评价，却很少注意关于邓小平会打仗的评价。

"文革"期间，毛泽东说邓小平政治强，发生在 1974 年 12 月 23—27 日之间。当时，毛泽东听取周恩来、王洪文关于筹备四届人大工作的汇报。听取汇报时，毛泽东当场写下了"人才难"三个字和一个"强"字，并说："小平同志政治强，人才难得。开二中全会补他为常委、副主席，并担任军委副主席、国务院第一副总理、总参谋长三个职务。"[①] 这一评价，在 2013年出版的毛泽东年谱中仅记录一次。

"文革"期间，毛泽东六次评价邓小平的军事才能，称邓小平懂军事、

---

① 中共中央文献研究室编《毛泽东年谱（1949—1976）》第 6 卷，中央文献出版社 2013 年版，第 562 页。

会打仗。一是 1966 年 5 月 5 日，毛泽东在上海会见阿尔巴尼亚代表团时，讲了邓小平。毛泽东说："他是一个懂军事的，你看他人这么小，可是打南京是他统帅的。打南京是两个野战军，差不多一百万军队。接着打上海，打浙江，打杭州，打江西，打福建，然后他们第二野战军向西占领四川、云南、贵州。这三个省差不多有一亿人口。"① 二是 1972 年 8 月 14 日，毛泽东再次指出"他协助刘伯承同志打仗是得力的，有战功。"② 三是 1971 年 9 月10 日下午，毛泽东在谈到党的历史问题时说：邓小平不同于刘少奇，要有区别。百万雄师过大江，当时有个前委，主要还是邓小平起作用的。③ 四是1973 年 12 月 21 日，毛泽东指出"打起仗来呢，此人还是一个好人啊！"④此人就指邓小平。五是 1974 年 10 月 6 日晚，毛泽东在武昌东湖客舍会见加蓬总统邦戈时，指着参加会见的邓小平说"他会打仗呢"。⑤ 六是 1975 年 4月 18 日下午，在中南海游泳池住处会见金日成时，"我今年八十二了，快不行了。我不谈政治，由他来跟你谈了，此人叫邓小平，他会打仗，还会反修正主义。红卫兵整他，现在无事了。那个时候打倒了好几年，现在又起来了，我们要他！"⑥

至今，学界依然有人认为邓小平不会打仗，只晓得战争动员、做些政治工作。这一看法确实值得商榷。首先打仗是总体战，不仅仅包括在战场上纵横驰骋、冲锋陷阵，而且要前方后方密切配合、紧密联系，后勤运输、政治动员、协调各方等都是作战的重要环节。在军队里设置政治委员，既是中共军队的鲜明特点，也是打赢战争的需要。拿衡量会打仗的标准来说，有人认为会打仗的标准只是在战场上打得赢。有人则认为会打仗的标准是能否有军事战略、军事思想。总体上看，邓小平在抗日战争时期尤其是解放战争期间显示出的军事才能足以表明毛泽东的判断。可以说，毛泽东对邓小平的了解

---

① 中共中央文献研究室编《毛泽东年谱（1949—1976）》第 5 卷，中央文献出版社 2013 年版，第 584 页。

② 中共中央文献研究室编《毛泽东年谱（1949—1976）》第 6 卷，中央文献出版社 2013 年版，第 445 页。

③ 同上书，第 401—402 页。

④ 中共中央文献研究室编《毛泽东年谱（1949—1976）》第 5 卷，中央文献出版社 2013 年版，第 514 页

⑤ 中共中央文献研究室编《毛泽东年谱（1949—1976）》第 6 卷，中央文献出版社 2013 年版，第 549 页。

⑥ 同上书，第 579 页。

比现在很多专家对邓小平的了解要深得多、广得多。

二 对邓小平"要保"

"文革"期间，从毛泽东对邓小平的评价来看，毛泽东尽管认为邓小平有问题，但对邓小平总是留一手，处理问题时常留有余地，并明确表态要保。

1967 年毛泽东谈话时就有五次涉及保护邓小平的意图。第一次是在 1 月 17 日，毛泽东在同外宾谈话中表示：下次党的代表大会，刘、邓是不是能选上中央委员？我的意见还是应该选上。[①] 第二次是在 7 月 18 日，毛泽东在武汉同周恩来等人谈话时说，明年春天"文化大革命"结束后，接着召开九大把老同志都解脱出来，许多老同志都要当代表、当中央委员，并列举了邓小平、彭真、贺龙等人的名字。[②] 8 月以后，邓小平实际上处于软禁的与世隔绝状态。第三次是在 9 月 20 日，毛泽东指出，邓小平恐怕要保。第一他打过一些仗，第二他不是国民党的人，第三他没有"黑修养"。可不可以选他当中央委员？你们讨论一下，九大谁可当选中央委员，邓小平是一个标兵。[③] 第四次是在 11 月 7 日，毛泽东审阅中共中央、中央文革小组转发陈永贵谈话的通知稿时，删去通知稿中"党内最大的一小撮走资本主义道路的当权派"后面刘少奇、邓小平、陶铸的名字。[④] 第五次是在 11 月 9 日，审阅中共中央《关于今冬明春农村基层文化大革命的指示》稿，删去"党内最大的一小撮走资本主义道路的当权派"后面刘少奇、邓小平、陶铸的名字。[⑤]

1968 年也有五次表示要保护邓小平。第一次是在 5 月 20 日晚上，毛泽东在同中央文革碰头会成员谈话时指出，"邓小平，你们总要打倒，又没有拿出多少材料来，你们总想打倒他，我就不想。他是犯了错误的，还是人民

[①] 中共中央文献研究室编《邓小平年谱（1904—1974）》（下），中央文献出版社 2009 年版，第 1936 页。

[②] 同上书，第 1938 页。

[③] 中共中央文献研究室编《毛泽东年谱（1949—1976）》第 6 卷，中央文献出版社 2013 年版，第 126 页。

[④] 同上书，第 139 页。

[⑤] 同上。

内部矛盾嘛。"① 据邓小平年谱记载，这年 5 月上中旬，邓小平专案组成立。当时康生讲话时说，邓小平的历史问题一直没搞清楚。② 此后，让邓小平写历史自传，专案组也开始彻查邓小平。第二次是在 6 月 30 日下午，毛泽东在同中央文革碰头会成员和其他负责人谈话时说："要允许人家犯错误，允许人家改正错误，不要一犯错误就不得了。人家犯错误就要打倒，你自己就不犯错误？对邓小平，我的观点还是同以前一样。有人说他与敌人有勾结，我就不相信。你们那样怕邓小平，可见这人厉害。你们应该到群众里面去，现在到时候了，要到群众中去，不要当老爷。"③ 这一记载和邓小平年谱相同。6 月份邓小平专案组提交的报告表示没有查到邓小平被捕、叛变、通敌等重大问题的线索。周恩来在阅专案组的报告时，就邓的入党问题，在报告的下脚处批："邓小平是在留法勤工俭学时入团、转党的，我和李富春、蔡畅同志均知道此事。"④ 第三次是 10 月 12 日晚上，在人民大会堂同林彪及中央文革碰头会成员开会。毛泽东说，一小撮该不该垮？这个问题是存在的。老干部整得多了。有些干部今后可能工作的，错误是有，但做点小工作还是可以的。邓小平可以做点工作。⑤ 第四次是在 10 月 13 日下午，毛泽东在主持中共八届扩大的十二中全会开幕会议时说，"邓小平这个人，我总是替他说一点话，就是鉴于他在抗日战争跟解放战争中间都是打了敌人的，又没有查出他的别的历史问题来"。⑥ 第五次是在 10 月 31 日，毛泽东专门谈道：邓小平，大家要开除他，我对这一点还有一点保留。我觉得这个人，总要使他跟刘少奇有点区别，事实上是有些区别。我这个人的思想恐怕有点保守，不合你们的口味，替邓小平讲几句好话。⑦

　　1972 年 1 月 10 日，毛泽东参加陈毅追悼会时说"邓小平的问题属于人

---

　　① 中共中央文献研究室编《毛泽东年谱（1949—1976）》第 6 卷，中央文献出版社 2013 年版，第 166 页。

　　② 中共中央文献研究室编《邓小平年谱（1904—1974）》（下），中央文献出版社 2009 年版，第 1943 页。

　　③ 中共中央文献研究室编《毛泽东年谱（1949—1976）》第 6 卷，中央文献出版社 2013 年版，第 169 页。

　　④ 中共中央文献研究室编《邓小平年谱（1904—1974）》（下），中央文献出版社 2009 年版，第 1945 页。

　　⑤ 中共中央文献研究室编《毛泽东年谱（1949—1976）》第 6 卷，中央文献出版社 2013 年版，第 204 页。

　　⑥ 同上书，第 205—206 页。

　　⑦ 同上书，第 210 页。

民内部矛盾"。① 这一记载同周恩来年谱、邓小平年谱一致。据邓小平年谱记载说，毛泽东把邓小平与刘伯承放在一起谈，并说邓小平的问题是人民内部矛盾。在场的周恩来当即示意陈毅的亲属把毛泽东的意思传出去。②

当1976年1月，邓小平写信给毛泽东提请"解除我担负的主持中央日常工作的责任"时，毛泽东对前来汇报的毛远新说："小平工作问题以后再议。我意可以减少工作，但不脱离工作，即不应一棍子打死。"③

为何毛泽东在"文革"期间，对邓小平总是留有余地，主要原因在于毛泽东觉得邓小平是不可多得的治国理政的人才，认同他的革命经历。1974年10月20日，毛泽东在会见外国客人时就曾说"法国派好"④，意指邓小平青年时代曾在法国勤工俭学。而且毛泽东比较认同邓小平的革命经历。1975年5月，在主持召开政治局会议时说邓小平"是毛派的代表"⑤。6月7日，又说邓小平"木秀于林，风必摧之"⑥。7月1日会见外国客人时还说"邓小平是个好人"⑦。邓小平主持1975年整顿的效果也给毛泽东带来了直观的感受。而邓小平相对于周恩来、叶剑英来说，身体健康，这对于当时中央领导层来说绝对利好。1975年9月24日，毛泽东就曾说："我们现在有领导危机。总理身体不好，一年开过四次刀，危险。康生身体也不好，叶剑英身体也不好，第四是我。我八十二了！（指邓小平）只有他算一个壮丁。"⑧ 正是有这几方面的原因，在江青1976年4月6日建议开除邓小平的党籍时，毛泽东并没有表态。4月8日，在听汪东兴汇报后，毛泽东指示汪东兴将邓小平转移到安全地方。⑨ 此外，毛泽东对于江青等人搞在一起不太满意，觉得"四人帮"在政治上不强。这从"文革"期间毛泽东对他们的评价和批评能够看得出来。

---

① 中共中央文献研究室编《毛泽东年谱（1949—1976）》第6卷，中央文献出版社2013年版，第424页。

② 中共中央文献研究室编《邓小平年谱（1904—1974）》下，中央文献出版社2009年版，第1958页。

③ 中共中央文献研究室编《毛泽东年谱（1949—1976）》第6卷，中央文献出版社2013年版，第634页。

④ 同上书，第554页。

⑤ 同上书，第583页。

⑥ 同上书，第589页。

⑦ 同上书，第594页。

⑧ 同上书，第609—610页。

⑨ 同上书，第647页。

三 公开表示喜欢邓小平这个人

"文革"后期，毛泽东在公开场合两次表示他比较喜欢邓小平这个人。与"文革"初期的保护邓小平、区分刘邓相比，毛泽东对邓小平的评价更加直接。

1973年2月22日，邓小平根据中共中央的通知，从江西回到北京。其间，根据毛泽东的指示，在周恩来的积极努力下，邓小平逐渐参加了国务院、军队等方面的领导工作。8月28日晚，中共十大选举出中央委员会。邓小平当选为中央委员。8月30日，中共十届一中全会选举毛泽东为中央主席，周恩来、王洪文、康生、叶剑英、李德生为中央副主席。政治局常委由毛泽东、王洪文、叶剑英、朱德、李德生、张春桥、周恩来、康生、董必武九人组成。① 12月12日晚七时至八时，毛泽东在中南海游泳池住处同周恩来、王洪文谈话后，主持召开中共中央政治局会议并讲话。毛泽东说：我和剑英同志请邓小平参加军委，当委员。是不是当政治局委员，以后开二中全会追认。你（指邓小平）呢，我是喜欢你这个人的，咱们中间也有矛盾啊，十个指头有九个没有矛盾，就是一个指头有矛盾。② 这是毛泽东第一次在公开场合表示喜欢邓小平。

为让邓小平复出后顺利开展工作，毛泽东做了不少铺垫和宣传。1973年12月14日晚上，在中南海游泳池住处同部分政治局成员谈话。谈到大军区司令员对调时，毛泽东说："现在请了一个军师，叫邓小平。发个通知，当政治局委员，军委委员。政治局是管全部的，党政军民学，东西南北中。我想政治局添一个秘书长吧，你（指邓小平）不要这个名义，那就当个参谋长吧。"③ 12月15日晚上，毛泽东在中南海游泳池住处主持召开中共中央政治局扩大会议，部分政治局成员和北京、沈阳、济南、武汉军区负责人参加。毛泽东向大家介绍邓小平说：我们现在请了一位总参谋长。他呢，有些人怕他，他是办事比较果断。他一生大概是三七开。你们的老上司，我请回来了，政治局请回来了，不是我一个人请回来的。你呢，人家有点怕你，我送

---

① 中共中央文献研究室编《毛泽东年谱（1949—1976）》第6卷，中央文献出版社2013年版，第495页。

② 同上书，第510页。

③ 同上书，第511页。

你两句话，柔中寓刚，绵里藏针。外面和气一点，内部是钢铁公司。过去的缺点，慢慢地改一改吧。不做工作，就不会犯错误，一做工作，总要犯错误的，不做工作本身也是一个错误。①

毛泽东第二次在公开场合表示喜欢邓小平是在1973年12月21日下午，毛泽东在中南海游泳池住处接见参加中共中央军委会议全体成员。接见开始时，毛泽东同邓小平等一一握手。"这位同志（指朱德）跟我们一起几十年了，我跟你，四十多年了，这位同志（指邓小平）也是。邓小平现在是中央政治局委员，军委委员了。他呢，我喜欢他，有些人有点怕他。"② 12月22日，中共中央发出通知：遵照毛主席的提议，中央决定：邓小平同志为中央政治局委员，参加中央领导工作，待十届二中全会开会时请予追认；邓小平同志为中央军事委员会委员，参加军委领导工作。此通知下达到县团级党委，并传达到党内外群众。

从"文革"期间毛泽东对邓小平的评价来看，毛泽东比较器重邓小平，不想把邓小平彻底打倒。尤其是林彪事件之后，周恩来、叶剑英等人的身体状况不佳，毛泽东对邓小平更加倚重。邓小平第二次复出之后，大刀阔斧进行整顿，党和国家的面貌迅速好转，也佐证了毛泽东对邓小平的评价。

应该指出，1976年4月毛泽东让邓小平再次脱离政坛，不仅仅是因为他们俩对"文革"的评价存在分歧，还有两个因素值得考虑，一是毛泽东在"文革"期间处于一言九鼎的位置，既没有外在力量制约，也没有内在制度刚性约束，个人专断比较突出；二是毛泽东在"文革"后期治国理政，主要靠开会、批示或让人"传话"，这一非制度化、非理性化的治理方式，容易使得决策信息遗漏进而导致决策失误。

---

① 中共中央文献研究室编《毛泽东年谱（1949—1976）》第6卷，中央文献出版社2013年版，第512页。
② 同上书，第514页。

试论邓小平科学评价毛泽东的史学意义

李　珍

（中共中央文献研究室第一编研部）

科学评价毛泽东和毛泽东思想，是邓小平最伟大的历史功绩之一，也是开创中国特色社会主义道路的前提条件。这一评价所体现的科学方法及客观结论，从中国马克思主义史学发展角度来看，对于消除教条主义、影射史学的影响，恢复马克思主义史学的本来面目，推动中国历史学更好发挥唯物史观的指导作用等方面，都起到了拨乱反正、正本清源的重要作用。

正确分析、评价毛泽东的历史功过与毛泽东思想的科学体系，是中国共产党人客观总结历史经验，团结一致向前看的重要前提。当代人评价当代史，又是史学研究中极为重要但很难把握的理论课题。邓小平深刻把握"文革"结束后历史发展形势的需要，通过理论务虚、历史决议的方式来统一思想、形成共识，体现了他在理论上敢于担当、善于处理复杂问题的鲜明特点。在他直接领导下形成的《关于建国以来党的若干历史问题的决议》，是科学评价毛泽东与毛泽东思想的马克思主义经典文献，为当代人正确运用唯物史观研究当代历史，树立了光辉典范。

解放思想、实事求是，是马克思主义史学发展壮大的理论前提。邓小平力排"左"的、"右"的两种倾向干扰，针对教条主义地运用马克思主义，绝对化地理解毛泽东思想，虚无主义地对待毛泽东和毛泽东思想的各种错误认识，旗帜鲜明地提出了恢复党的实事求是的思想路线，号召全党在马克思主义指导下打破习惯势力和主观偏见的束缚，研究新情况，解决新问题。同时，又强调解放思想绝不能够偏离四项基本原则的轨道，不能损害安定团结、生动活泼的政治局面。这一思想路线上的拨乱反正，为中国马克思主义史学摆脱教条主义、主观主义的影响，真正贯彻唯物史观的科学指导，在研究方法、研究成果上大胆创新，打下了思想基础。

站在历史的高度评价历史人物，而不是从个人恩怨或小集团的立场出发，爱憎由心、刻意褒贬，是唯物史观的基本要求。在中国马克思主义史学发展过程中，正反两方面经验都曾经有过。前者如以毛泽东为代表的第一代中央领导集体正确评价孙中山、王明、斯大林的历史功过；后者如林彪、"四人帮"反革命集团对毛泽东和毛泽东思想庸俗化的理解，以及国内外敌对势力对党的历史、党的领袖的竭力抹黑与歪曲。邓小平深刻指出，领袖是人不是神，神化毛泽东有损于他的形象。要完整、准确地学习、运用毛泽东思想。同样，对毛泽东晚年的错误评价要"恰如其分"，要分析历史的复杂背景，不能把他的错误归结为个人品质问题，不能感情用事。这些认识，为正确评价毛泽东和毛泽东思想，提供了基本立场和应有态度。

把历史人物放到一定历史背景下去看待，客观分析其历史功过，是正确评价历史人物的核心。邓小平反对孤立地看待毛泽东和毛泽东思想，主张从中国革命、建设的历史长过程中去进行研究。他说，我们是历史唯物主义者，研究和解决任何问题都离不开一定的历史条件。毛泽东同志的事业和思想，不只是他个人的事业和思想，同时也是党、是人民的事业和思想。评价毛泽东与对我们党、我们国家的整个历史的认识，是分不开的。坚持和发展毛泽东思想，是确立毛泽东历史地位最核心的一条。对于我们过去发生的各种错误，不能归之于毛泽东一个人，而且，组织制度、工作制度方面的问题更重要。要具体问题具体分析，不能把毛泽东的错误说成是路线错误，更不能把他的错误与林彪、四人帮的罪行混为一谈。这些认识，为正确评价毛泽东和毛泽东思想，提供了科学的方法和根本立足点、出发点。

在纷繁复杂的历史现象中把握主流、明辨是非，是客观评价历史人物的难点。对于评析长期担任党的领袖的毛泽东的历史功过而言，尤其是这样。在1979年理论工作务虚会及讨论历史决议草稿过程中的种种不同意见，充分反映了这一问题的困难性与复杂性。针对这种情况，邓小平提出，评价人物和历史，都要提倡全面的科学的观点。我们要对毛主席一生的功过做客观的评价。从总体上看，他的功绩是第一位的，错误是第二位的。他多次从危机中把党和国家挽救过来，为党、国家和人民建立了不朽的功勋。同样的道理，毛泽东思想这个旗帜丢不得。我们要实事求是地讲毛主席后期的错误，把它与毛泽东思想区别开来。邓小平还强调，重大历史问题的解决宜粗不宜细，引导人们在评价党史和党的领袖时，从大处着眼，从主要方面着眼，不要过于纠缠旧账。这样，就克服了人物评价中以偏概全、以点概面的弊端，为正确评价毛泽东和毛泽东思想，提供了明确的方向与理论遵循。

　　正确的方法是科学评价历史人物的基础。从中国马克思主义史学诞生之日起，史学家们就不断探索，将唯物史观的基本原理与中国传统史学的科学因素结合起来，积累了丰富的成果。从今天的角度看，由于主客观条件的限制，当时人们对唯物史观的理解，还存在着教条主义等不足。"文革"十年，更使得影射史学、以论代史等畅行无阻，科学的历史人物评价无从谈起。在这种情况下，邓小平从实事求是的思想原则出发，对毛泽东和毛泽东思想做出客观评价，无疑是中国史学重新回到唯物史观的科学轨道过程中，迈出的至关重要的一步。他所做出的客观结论，经受住了历史与现实的双重考验，已经成为中国马克思主义史学发展的重要成果。他所坚持的思想方法，则指引着中国马克思主义史学的发展方向，使其在新的历史条件下不断成长壮大。

邓小平对改革开放前 30 年历史的科学认识和判断

李自华

（中共北京市委党史研究室第三研究处）

党的十一届三中全会后，邓小平反复谈到改革开放前 30 年的历史，特别强调要总结蕴含其中的经验教训，更好地推进改革开放的社会主义现代化建设事业。邓小平指出："我们现在的路线、方针、政策是在总结了成功时期的经验、失败时期的经验和遭受挫折时期的经验后制定的。历史上成功的经验是宝贵财富，错误的经验、失败的经验也是宝贵财富。这样来制定方针政策，就能统一全党思想，达到新的团结。这样的基础是最可靠的。"① 基于这样的原则，邓小平强调，既要看到前 30 年的辉煌成就，又要认真总结前 30 年的挫折教训，同样要看到前 30 年历史与改革开放后历史之间的继承、超越关系。

一 前 30 年"取得了旧中国几百年、几千年所没有取得过的进步"

新中国成立后，党领导全国各族人民进行社会主义建设，在政治、经济、文化、国防、外交等各条战线取得了巨大的成就。成就之大，进步之快，远远超过此前的任何一个历时时期。对于这样的巨大成绩，邓小平反复强调一定要充分肯定。他说："社会主义革命已经使我国大大缩短了同发达资本主义国家在经济发展方面的差距。我们尽管犯过一些错误，但我们还是在三十年间取得了旧中国几百年、几千年所没有取得过的进步。"②

---

① 《邓小平文选》第 3 卷，人民出版社 1993 年版，第 234—235 页。
② 《邓小平文选》第 2 卷，人民出版社 1994 年版，第 167 页。

一是成功地建立了社会主义制度，找到了一条适合中国发展的正确道路。历史表明，资本主义在中国行不通，只有社会主义才能发展中国。邓小平在总结历史时指出："我们最成功的是社会主义改造。那时，在改造农业方面我们提倡建立互助组和小型合作社，规模比较小，分配也合理，所以粮食生产得到增长，农民积极性高。对资本主义工商业，我们采取赎买政策，一方面把它们改造成公有制，另一方面也没有损害国民经济的发展。我们长期允许手工业的个体经济存在，根据自愿的原则，其中大部分组织成合作社，实行集体所有制。由于我们是根据中国自己的特点采用这些方式的，所以几乎没有发生曲折，生产没有下降还不断上升，没有失业，社会产品是丰富的。"[1] 他坚信，"我们在本世纪还要用十几年时间，下世纪还要用三五十年时间，继续向人们证明，我们选择的道路是正确的。"[2]

二是将马克思主义与中国实际相结合，丰富和发展了毛泽东思想。邓小平指出："毛泽东同志在整个新民主主义革命时期，还有社会主义革命和建设的初期，都是正确的。正确的东西不能丢掉。在这个长时期中，毛泽东同志确实把马列主义的普遍原理同中国的实际结合得非常好，创造性地提出了农村包围城市的战略，走十月革命的道路，但采取与十月革命不同的方式。由于充分尊重中国的实际，一切从实际出发，我们取得了新民主主义革命的胜利，并顺利地进入了社会主义的历史阶段。"[3] 改革开放后，邓小平强调，要继续高举毛泽东思想的旗帜，恢复和坚持毛泽东同志提出的实事求是的思想路线，根据这条思想路线来探索中国怎样建设社会主义。

三是统一战线日益巩固，为社会主义现代化建设凝聚了强大的力量。在前30年中，工农联盟"在社会主义现代化建设的新的基础上更加巩固和发展"；广大的知识分子，"已经成为工人阶级的一部分，正在努力自觉地为社会主义事业服务"；各兄弟民族"早已陆续走上社会主义道路，结成了社会主义的团结友爱、互助合作的新型民族关系"；资本家中"有劳动能力的绝大多数人已经改造成为社会主义社会中的自食其力的劳动者"。各民主党派"已经成为各自所联系的一部分社会主义劳动者和一部分拥护社会主义的爱国者的政治联盟，都是在中国共产党领导下为社会主义服务的政治力量"；

---

① 《邓小平文选》第2卷，人民出版社1994年版，第313—314页。
② 《邓小平文选》第3卷，人民出版社1993年版，第206页。
③ 同上书，第254页。

台湾同胞、港澳同胞和海外侨胞"心向祖国，爱国主义觉悟不断提高"。邓小平指出："上述各个方面的变化表明，我国的统一战线已经成为工人阶级领导的、工农联盟为基础的社会主义劳动者和拥护社会主义的爱国者的广泛联盟。"①

四是为社会主义现代化建设打下了比较牢固的物质技术基础。邓小平指出："经过三十一年的努力，我们的全部工交企业单位已经发展到近四十万个，国营企业固定资产比解放初期增长近二十倍，培养了大批熟练工人和上千万专业人才，建立了比较完整的工业体系和国民经济体系。""基本上解决了吃饭穿衣问题，粮食达到自给。这是很了不起的事情，旧中国长期没有解决这个问题。"② 在国防建设上，两弹一星的研制成功，大大提升了中国在国际上的地位。邓小平说："如果六十年代以来中国没有原子弹、氢弹，没有发射卫星，中国就不能叫有重要影响的大国，就没有现在这样的国际地位。这些东西反映一个民族的能力，也是一个民族、一个国家兴旺发达的标志。"③

五是积极拓展对外交往，不断提升新中国的国际地位。新中国成立后，与苏联等社会主义国家建立外交关系，并积极推进与第三世界国家的友好合作，为我国的社会主义建设营造了良好的国际氛围。"文化大革命"期间，尽管国内动乱，外事工作仍然得到进一步的发展。邓小平举例说："一九七一年七月基辛格访华。同年十月，联合国三分之二以上的国家投票赞成恢复中华人民共和国在联合国的合法席位，使美国很难堪。一九七二年二月尼克松访华，上海公报签字。九月恢复中日外交关系。一九七四年四月，我去出席联大第六届特别会议，代表我国政府发表讲话，受到热烈欢迎，讲完以后，许多国家的代表前来热情握手。这都是事实。"④

六是对前30年中的缺点、错误"要进行严肃的批评"。在总结前30年巨大成绩的同时，邓小平对这一阶段的缺点和错误也做了实事求是的批评。他指出，"反对资产阶级右派是必要的，但是搞过分了"；"'左'的思想发展导致了一九五八年的'大跃进'和人民公社化运动，这是比较大的错误，使我们受到惩罚"；"一九五九年到一九六一年三年困难时期，工农业减产，

---

① 《邓小平文选》第2卷，人民出版社1994年版，第185—187页。
② 同上书，第356—357、405页。
③ 《邓小平文选》第3卷，人民出版社1993年版，第279页。
④ 《邓小平论中共党史》，中共党史出版社1997年版，第109页。

市场上的商品很少，人民群众吃不饱饭，积极性受到严重挫伤"；"以后就搞了'文化大革命'，走到了'左'的极端，极'左'思潮泛滥"，"从一九六六年到一九七六年搞了整整十年，党内的骨干差不多都被打倒了"。①

二　总结前 30 年的经验教训，开创中国特色社会主义事业

邓小平指出："我们总结了我国革命和建设正反两个方面的经验，从一九七八年党的十一届三中全会开始，制定了一系列新的方针政策。"② 改革开放后制定的一系列正确的路线方针政策，归因于对前 30 年经验的总结，得益于对前 30 年教训的反思，实现了对前 30 年革命和建设实践的继承和超越。

一是不断将马克思主义与中国实际相结合，坚持用马克思主义中国化的最新理论成果来指导我国的社会主义建设实践。革命和建设的实践表明，社会主义事业要健康发展，不能以僵化的、保守的、教条的思想来指导，必须坚持和发展马克思主义，以马克思主义中国化的最新理论成果为指导。邓小平指出："马克思主义必须发展。我们不把马克思主义当作教条，而是把马克思主义同中国的具体实践相结合，提出自己的方针，所以才能取得胜利。过去我们以农村包围城市，取得了革命的胜利，这一点在马克思列宁主义书本里是没有的。现在我们还是坚持马克思列宁主义、毛泽东思想。这里有继承的部分，有发展的部分。我们建设社会主义，准确地说是建设有中国特色的社会主义，这样才是真正地坚持了马克思主义。"③

二是坚持从中国的实际出发，走中国特色社会主义发展道路。邓小平指出："我们党的十一届三中全会的基本精神是解放思想，独立思考，从自己的实际出发来制定政策。因为在中国建设社会主义这样的事，马克思的本本上找不出来，列宁的本本上也找不出来，每个国家都有自己的情况，各自的经历也不同，所以要独立思考。""坦率地说，我们过去照搬苏联搞社会主义的模式，带来很多问题。我们很早就发现了，但没有解决好。我们现在要解决好这个问题，我们要建设的是具有中国自己特色的社会主义。"④ 总结

---

① 《邓小平文选》第 3 卷，人民出版社 1993 年版，第 136—137 页。

② 同上书，第 254 页。

③ 同上书，第 191 页。

④ 同上书，第 260—261 页。

"文化大革命"最根本的一条经验教训，"就是要弄清什么叫社会主义和共产主义，怎样搞社会主义。搞社会主义必须根据本国的实际。我们提出建设有中国特色的社会主义"。①

三是始终坚持以经济建设为中心，不断解放和发展生产力。邓小平指出："根据我们自己的经验，讲社会主义，首先就要使生产力发展，这是主要的。只有这样，才能表明社会主义的优越性。社会主义经济政策对不对，归根到底要看生产力是否发展，人民收入是否增加。这是压倒一切的标准。空讲社会主义不行，人民不相信。"②"从一九五八年到一九七八年这二十年的经验告诉我们：贫穷不是社会主义，社会主义要消灭贫穷。不发展生产力，不提高人民的生活水平，不能说是符合社会主义要求的。"③

四是毫不动摇地坚持四项基本原则，坚持改革开放。邓小平指出："要发展生产力，就要实行改革和开放的政策。不改革不行，不开放不行。过去二十多年的封闭状况必须改变。""经过十年来的实践检验，证明我们党的十一届三中全会以来制定的一系列路线、方针、政策是正确的，我们实行改革开放是正确的。我们现在不是要收，而是要进一步改革，进一步开放。思想要更加解放一些，改革开放的步伐要走得更快一些。改革开放要贯穿中国整个发展过程，不是三年、五年、十年、八年，也不是二十年，因为需要做的事情太多了。"④改革开放的基础，就是坚持四项基本原则。"对此我们更是不会改变，不会动摇的。不然的话，我们的社会就将是一个乱的社会，就谈不上安定团结，什么建设改革、振兴中华，都将成为空话。"⑤

五是不断加强和改进党的建设，将党建设成为领导社会主义事业的坚强核心。不断推进党的建设，是中国特色社会主义事业健康发展的重要保证。一旦党的建设被忽视，党和国家的事业就要遭受挫折。邓小平总结说："从遵义会议到社会主义改造时期，党中央和毛泽东同志一直比较注意实行集体领导，实行民主集中制，党内民主生活比较正常。可惜，这些好的传统没有坚持下来，也没有形成严格的完善的制度。""从一九五八年批评反冒进、一九五九年'反右倾'以来，党和国家的民主生活逐渐不正常，一言堂、个人

① 《邓小平文选》第 3 卷，人民出版社 1993 年版，第 223 页。
② 《邓小平文选》第 2 卷，人民出版社 1994 年版，第 314 页。
③ 《邓小平文选》第 3 卷，人民出版社 1993 年版，第 116 页。
④ 同上书，第 265 页。
⑤ 同上书，第 146 页。

决定重大问题、个人崇拜、个人凌驾于组织之上一类家长制现象，不断滋长。"① 在总结历史经验的基础上，邓小平指出："为了坚持党的领导，必须努力改善党的领导"，"除了改善党的组织状况以外，还要改善党的领导工作状况，改善党的领导制度。"② "把我们党建设成为有战斗力的马克思主义政党，成为领导全国人民进行社会主义物质文明和精神文明建设的坚强核心"。③

三 结论

邓小平对前 30 年历史的认识和判断，坚持了历史唯物主义的原则，是全面的、科学的和正确的。邓小平指出："评价人物和历史，都要提倡全面的科学的观点，防止片面性和感情用事，这才符合马克思主义，也才符合全国人民的利益和愿望。"④ 对于前 30 年的历史，光看成绩不看错误，光说错误不说成绩，成绩总结得不够，错误反思得不透，都是片面的、狭隘的，都不是马克思主义的方法和观点。邓小平在阐述这段历史时，遵循了实事求是的原则，把成绩总结到位，把错误分析透彻，同时科学地阐述了前 30 年历史与改革开放后历史的内在统一关系，为学界研究这段历史指明了正确的方向。

邓小平对前 30 年历史的正确认识的判断，为开创和推进中国特色社会主义事业发挥了基础性作用。邓小平强调："总结历史，不要着眼于个人功过，而是为了开辟未来。"⑤ "文化大革命"结束之初，对于如何评价"文化大革命"及之前的历史，党内有不同的看法；对于中国如何建设社会主义，目标也不是很清晰。邓小平对前 30 年历史的正确认识和判断，对一些重大事件做出了科学评价，有助于全党统一思想，形成共识，团结一致向前看。邓小平在总结历史经验教训的基础上，对什么是社会主义、怎样建设社会主义做了深入的思考，提出了中国要改革开放，要建设有中国特色的社会主义，找到了一条适合中国国情、具有中国特色的发展道路，从而把中国特色社会主义事业不断推向前进。

---

① 《邓小平文选》第 2 卷，人民出版社 1994 年版，第 330 页。
② 同上书，第 268—269 页。
③ 《邓小平文选》第 3 卷，人民出版社 1993 年版，第 39 页。
④ 《邓小平文选》第 2 卷，人民出版社 1994 年版，第 244 页。
⑤ 《邓小平文选》第 3 卷，人民出版社 1993 年版，第 272 页。

第二个历史决议关于坚持和发展
毛泽东思想的理论与方法

宋月红

（中国社会科学院当代中国研究所）

党的第二个历史决议回顾和总结建党特别是新中国成立以来革命、建设和改革的历史进程，在新的历史条件下回答了什么是毛泽东思想及其活的灵魂，为什么要坚持和发展毛泽东思想，以及怎样区分毛泽东晚年的错误与毛泽东思想等理论与实践问题，奠定正确评价毛泽东的历史地位、坚持和发展毛泽东思想的理论与方法论基础，成为马克思主义中国化发展史上具有继往开来意义的重要历史文献。它是十一届三中全会重新恢复马克思主义思想路线以来解放思想、实事求是的产物，集中体现了改革开放之初党的思想理论创新成果，深刻揭示了党史国史的主题与主线、主流与本质。

一　关于坚持和发展毛泽东思想的历史根据

在近现代中国历史上，毛泽东的一生贯穿中国共产党成立、新民主主义革命胜利、新中国成立以至"文化大革命"即将结束的历史进程。毛泽东对中国革命和建设最主要的贡献是创立和发展了毛泽东思想。但在起草第二个历史决议时，既有"两个凡是"与实践是检验真理的唯一标准的思想对立，又有"非毛化"与坚持和发展毛泽东思想的立场矛盾。鉴于此，党决定起草关于建国以来党的若干历史问题的决议，通过回顾新中国成立以来的历史，总结中国革命和建设的经验教训，正确评价毛泽东的历史地位和毛泽东思想，为在指导思想上完成拨乱反正，牢固树立解放思想、实事求是的思想路线奠定历史依据与理论基础，以统一全党意志，团结一致向前看。

邓小平主持起草了第二个历史决议，并在起草之初就明确了决议起草工作的指导思想。当他看了起草小组的提纲后，在 1980 年 3 月 19 日召集胡耀邦、胡乔木和邓力群谈话，提出了起草这一决议的三条中心内容，其中最根本、最核心和最关键的是"确立毛泽东同志的历史地位，坚持和发展毛泽东思想"。① 此后，决议起草工作遵循这一指导思想深入推进。

起草决议指导思想的确立，建立在党对什么是毛泽东思想和怎样对待毛泽东思想的探索与发展的基础之上，也是邓小平提出完整、准确地理解毛泽东思想的集中体现。

在马克思主义中国化的历史进程中，党的七大把毛泽东思想确立为党的指导思想，刘少奇在会上所做关于修改党章的报告和修改后的党章将毛泽东思想表述为"马克思列宁主义的理论与中国革命的实践之统一的思想"。毛泽东思想是以毛泽东为核心党的第一代中央领导集体创立的，并主要表现在毛泽东的著作中。毛泽东思想指导新民主主义革命胜利，并在此基础上建立了新中国。新中国成立后，1951 年 7 月 20 日，毛泽东在审阅时任中共中央西北局第一书记习仲勋在西北局干部会议上的报告《为加强马克思列宁主义和毛泽东思想的宣传而斗争》时，将毛泽东思想的表述修改为"马列主义和中国革命相结合的思想"②。随着新中国由新民主主义过渡到社会主义社会，并开始全面建设社会主义，毛泽东思想作为指导思想，不仅是马克思主义与中国革命实践的结合，而且是马克思主义与中国社会主义建设实践的结合，并在这一结合中丰富和发展。1962 年 2 月 6 日，邓小平在扩大的中央工作会议上的讲话中将毛泽东思想表述为"把马克思列宁主义的普遍真理同中国革命和建设的具体实践相结合的思想"。但是，在"文化大革命"中，毛泽东思想被庸俗化和割裂。对此，邓小平在 1975 年农村工作座谈会上插话指出："毛泽东思想有丰富的内容，是完整的一套"，"毛泽东思想紧密联系着各个领域的实践，紧密联系着各个方面工作的方针、政策和方法，我们一定要全面地学习、宣传和实行。"粉碎"四人帮"后，针对"两个凡是"，邓小平于 1977 年 4 月 10 日给中央写信，提出"我们必须世世代代地用准确的完整的毛泽东思想来指导我们全党、全军和全国人民，把党和社会主义的事业，把国际共产主义运动的事业，胜利地推向前进"。之后不久，他在同中央两位同志谈话时指出："毛泽东思想是个思想体系。"在党的十届三中全会上，邓小平在讲话中阐述"要用准确的完整的毛泽东思想作指导"，就是"要对

① 《邓小平文选》第 2 卷，人民出版社 1994 年版，第 291 页。
② 《人民日报》1951 年 9 月 9 日。

毛泽东思想有一个完整的准确的认识，要善于学习、掌握和运用毛泽东思想的体系来指导我们各项工作。只有这样，才不至于割裂、歪曲毛泽东思想，损害毛泽东思想"。他强调，不能只从个别词句来理解毛泽东思想，而必须从毛泽东思想的整个体系去获得正确的理解。就一个领域、一个方面的问题来说，也要准确地完整地理解毛泽东思想。邓小平的这一思想，为当时走出"两个凡是"的束缚、实现拨乱反正，指明了正确的思想理论方向。

党的十一届三中全会重新恢复了马克思主义的思想路线、政治路线和组织路线，开辟了改革开放的伟大事业。在十一届三中全会前的中央工作会议上，邓小平发表了《解放思想，实事求是，团结一致向前看》的讲话。他指出："没有毛主席就没有新中国"，"没有毛泽东思想，就没有今天的中国共产党"。① 1979 年 3 月 30 日，邓小平在根据十一届三中全会的决定而召开的党的理论工作务虚会上发表了《坚持四项基本原则》的讲话。其中，关于必须坚持马列主义、毛泽东思想，他针对当时"只拥护'正确的毛泽东思想'，而不拥护'错误的毛泽东思想'"的错误说法，明确指出："我们坚持的和要当作行动指南的是马列主义、毛泽东思想的基本原理，或者说是由这些基本原理构成的科学体系。至于个别的论断，那末，无论马克思、列宁和毛泽东同志，都不免有这样那样的失误。但是这些都不属于马列主义、毛泽东思想的基本原理所构成的科学体系。"对于什么是毛泽东思想、怎样对待毛泽东思想，邓小平立场坚定、旗帜鲜明。他在主持起草第二个历史决议工作中，把正确评价毛泽东的历史地位，坚持和发展毛泽东思想，确定为最根本、最核心和最关键的原则，并非偶然，而是其思想发展的必然。

决议起草工作成功与否，最终取决于正确评价毛泽东的历史地位、坚持和发展毛泽东思想这一指导思想是否贯彻落实到位。邓小平也在思考怎样才能够在决议中贯彻好这一指导思想。

邓小平在提出这一指导思想不久，为决议设想了一个基本框架。1980 年4 月 1 日，他在同中央负责同志谈话时说："整个设计，可不可以考虑，先有个前言，回顾一下建国以前新民主主义革命这一段，话不要太多。然后，建国以来十七年一段，'文化大革命'一段，毛泽东思想一段，最后有个结语。结语讲我们党还是伟大的，勇于面对自己的错误，勇于纠正自己的错误。"在这个设想中，邓小平强调了最根本原则。他说："决议中最核心、最根本

---

① 《邓小平文选》第 2 卷，人民出版社 1994 年版，第 148、149 页。

的问题，还是坚持和发展毛泽东思想。党内党外、国内国外都需要我们对这一问题加以论证，加以阐述，加以概括。"他总结"建国以来十七年一段"时说："有曲折，有错误，基本方面还是对的。社会主义革命搞得好，转入社会主义建设以后，毛泽东同志也有好文章、好思想。"对于错误，如"大跃进"，他指出，不应该只讲毛泽东，中央许多负责同志都有错误。在这些问题上要公正，不要造成一种印象，别的人都正确，只有一个人犯错误。这不符合事实。中央犯错误，不是一个人负责，是集体负责。在这些方面，要运用马列主义结合我们的实际进行分析，有所贡献，有所发展。

然而，起草小组之后写出的决议草稿，还是没有达到应有的目标要求与思想高度。1980 年 6 月 27 日，邓小平就决议草稿同中央负责同志谈话。他说，决议草稿不行，要重新来。决议草稿存在的问题，一是没有很好体现"确立毛泽东同志的历史地位，坚持和发展毛泽东思想"这一原先的设想，也即最根本原则。他认为，要充分地、清晰地回答毛泽东对于中国社会主义革命和建设做出了哪些历史贡献，以及高举毛泽东思想旗帜、坚持毛泽东思想指的是什么内容。二是写得太沉闷，不像一个决议。他说："重点放在毛泽东思想是什么、毛泽东同志正确的东西是什么这方面。错误的东西要批评，但是要很恰当。单单讲毛泽东同志本人的错误不能解决问题，最重要的是一个制度问题。"这里，邓小平进一步强调了决议起草工作的最根本原则、中心任务和重点内容。决议起草工作的指导思想自确立后，邓小平不仅没有动摇过，而且指导决议起草工作越来越具体和深入。

在决议起草过程中，中央政治局组织开展了对决议草稿的四千人大讨论。这次大讨论从 1980 年 10 月中旬持续到 11 月下旬。讨论中仍然存在一些"非毛化"的错误言论和思想动态。邓小平在讨论期间通过简报了解有关情况后，于 10 月 25 日同胡乔木、邓力群谈话，指出写不写、怎么写关于毛泽东功过的评价和毛泽东思想，的确是个非常重要的问题。他说："毛泽东思想这个旗帜丢不得。丢掉了这个旗帜，实际上就否定了我们党的光辉历史。总的来说，我们党的历史还是光辉的历史。"他强调决议稿中阐述毛泽东思想的这一部分不能不要，如果不写或写不好这个部分，整个决议都不如不做。而且，不写或不坚持毛泽东思想，要犯历史性的大错误。与此同时，他提出需要研究究竟怎么才能够写好的方法问题。

决议起草工作自确立指导思想以来有一段时间，仍然将认识和研究的历史局限于"建国以来"，以至于妨碍了对毛泽东历史地位的评价和对毛泽东思想的把握。邓小平起初在 1980 年 4 月 1 日同中央负责同志谈话时提出的关于决议的设想中曾有一个前言，主要是回顾建国以前新民主主义革命。这就在一定意义上突破了"建国以来"的局限性，但并不是直接地、有针对性地为解决怎样写好决议中毛泽东思想这部分内容的问题而提出。决议起草工作在贯彻指导思想中取得实质性的突破，发生在邓小平看望并听取陈云对决议起草的意见和建议之中。1981 年 3 月 24 日，邓小平前去看望陈云。在他们的这次交谈中，陈云对修改决议稿提出两条意见，除建议中央提倡学习外，另一条就是"专门加一篇话，讲讲解放前党的历史，写党的六十年"。陈云说，60 年一写，毛泽东的功绩、贡献就会概括得更全面，确立毛泽东的历史地位，坚持和发展毛泽东思想，也就有了全面的根据。[①] 写党的 60 年，也就是在建国以来历史的基础上增加党在解放前 28 年的历史。3 月 26 日，邓小平在同邓力群的谈话中转述了陈云的意见，认为"这个意见很好"。随后，决议起草根据陈云的这一意见，写了一个前言，不仅实现了邓小平原来关于决议框架的设想，而且解决了决议怎样写好毛泽东思想的难题，具体而充分地贯彻了决议起草工作的指导思想，对于为什么要坚持和发展毛泽东思想，提供了坚实的历史根据。

基于此，第二个历史决议在改革开放以来比较系统地确立了关于毛泽东的历史地位和毛泽东思想的基本历史理论。

一是关于毛泽东思想的形成、毛泽东思想的内涵和毛泽东在中国革命中的历史地位。决议回顾建国以前 28 年党领导人民进行的新民主主义革命，指出党创造性地运用马克思列宁主义的基本原理，把它同中国革命的具体实践结合起来，形成了毛泽东思想，找到了夺取中国革命胜利的正确道路。毛泽东思想是以毛泽东为主要代表的中国共产党人，根据马克思列宁主义的基本原理，把中国长期革命实践中的一系列独创性经验做了理论概括，形成了适合中国情况的科学的指导思想。毛泽东思想是马克思列宁主义普遍原理和中国革命具体实践相结合的产物，是马克思列宁主义在中国的运用和发展，是被实践证明了的关于中国革命的正确的理论原则和经验总结，是中国共产党集体智慧的结晶。如果没有毛泽东多次从危机中挽救中国革命，如果没有以他为首的党中央给全党、全国各族人民和人民军队指明坚定正确的政治方向，党和人民可能还要在黑暗中摸索更长时间。

---

① 《邓小平文选》第 2 卷，人民出版社 1994 年版，第 303 页。

二是关于新中国成立以来党史国史的主题与本质。决议对建国 32 年历史做出基本估计。概括地说，新中国成立以后的历史，是党在马克思列宁主义、毛泽东思想指导下，领导全国各族人民进行社会主义革命和社会主义建设并取得巨大成就的历史，社会主义制度的建立，是我国历史上最深刻最伟大的社会变革，是我国今后一切进步和发展的基础。

二 关于坚持和发展毛泽东思想的内涵与本质

第二个历史决议在《关于若干历史问题的决议》和党的七大精神的基础上，结合解放战争和新中国成立以来毛泽东思想的丰富与发展，比较完整地阐述了毛泽东思想的科学体系和活的灵魂。它指出，毛泽东思想以独创性的理论丰富和发展了马克思列宁主义。毛泽东思想的活的灵魂是贯穿于毛泽东思想各个组成部分的立场、观点和方法，有三个基本方面，即实事求是、群众路线、独立自主。这一论述深刻揭示了毛泽东思想的精神实质，鲜明地指出了在毛泽东思想的问题上，坚持和发展什么，以及怎样坚持和发展的思想理论基础。

第二个历史决议关于毛泽东思想的活的灵魂的概括，建立在毛泽东的科学著作和中国共产党人的革命活动的基础上，是党在新时期对毛泽东思想的精神实质的科学探索。

第二个历史决议将毛泽东思想的基本内容分为关于新民主主义革命、社会主义革命和社会主义建设、革命军队的建设和军事战略、政策和策略、思想政治工作和文化工作，以及党的建设等六个部分。这些思想内容集中表现在毛泽东的著作中，决议相应地列举了 37 篇著作。第二个历史决议在阐述毛泽东思想的活的灵魂中，将毛泽东为反对当时红军中的教条主义思想而于 1930 年 5 月写作的《反对本本主义》[①] 列为首篇。这是因为毛泽东在文中初步提出了毛泽东思想的活的灵魂的基本精神与内涵，而且将三个基本方面做了一定意义的结合，主要是：（1）没有调查，没有发言权。一切结论产生于调查情况的末尾，而不是在它的先头。否则，一定要弄坏事情，一定要失掉群众，一定不能解决问题。马克思主义的"本本"是要学习的，但是必须同我国的实际情况相结合。我们需要"本本"，但是一定要纠正脱离实际情况

①　《毛泽东选集》第 1 卷，人民出版社 1991 年版，第 109—118 页。

的本本主义。（2）社会经济调查，是为了得到正确的阶级估量，接着定出正确的斗争策略。（3）中国革命斗争的胜利要靠中国同志了解中国情况，到群众中做实际调查去。其后，毛泽东在《实践论》、《矛盾论》、《〈农村调查〉的序言和跋》、《关于领导方法的若干问题》和《人的正确思想是从哪里来的?》等著作中，比较系统地阐述了马克思主义辩证唯物主义和历史唯物主义的基本原理，并运用于中国革命和建设的实践之中，形成党的实事求是的思想路线、群众路线的根本工作路线和领导方法，以及从中国的具体实际出发，开辟了中国革命道路，深入探索了中国社会主义建设道路。

在改革开放前后，邓小平在倡导用准确的完整的毛泽东思想做指导时，强调了实事求是的思想路线和群众路线，并特别指出实事求是是毛泽东思想的精髓。1977 年 7 月 21 日，他在恢复其职务的十届三中全会上讲话指出："毛泽东同志倡导的作风，群众路线和实事求是这两条是最根本的东西。"这里，虽然是从作风上讲的，但表明邓小平把对毛泽东思想的认识重心放在了根本内涵和精神实质上。8 月 3 日，他在同胡乔木等谈话时认为，对毛泽东思想，不在引用很多毛泽东的话，而在发挥他的根本思想。9 月 19 日，他还在与方毅等谈教育战线的拨乱反正问题中说到毛泽东在延安为中央党校题词"实事求是"时指出，这是毛泽东哲学思想的精髓。1978 年 5 月 30 日，他在准备全军政治工作会议上的讲话中，强调要着重讲实事求是问题。他说，实事求是是毛泽东思想的根本态度、根本观点、根本方法。6 月 2 日，他在全军政治工作会议上发表了这个讲话，指出马列主义、毛泽东思想的基本原则，我们任何时候都不能违背，这是毫无疑义的。但是，一定要和实际相结合，要分析研究实际情况，解决实际问题。按照实际情况决定工作方针，这是一切共产党员所必须牢牢记住的最基本的思想方法、工作方法。实事求是，是毛泽东思想的出发点、根本点。这是唯物主义。不然，我们开会就只能讲空话，不能解决任何问题。他进一步指出，毛泽东历来坚持要用马列主义的立场、观点、方法来提出问题、分析问题、解决问题。马克思主义的活的灵魂，就是具体地分析具体情况。在关于真理标准问题的讨论中，邓小平明确肯定和支持这一讨论，认为争论不可避免，争得好。引起争论的根源就是"两个凡是"。① 实践是检验真理的唯一标准，是马克思主义的。他强调，

---

① 中共中央文献研究室编《邓小平年谱（1975—1997）》（上），中央文献出版社 2004 年版，第 345—346 页。

摆在我们面前的问题，关键还是实事求是、理论与实际相结合、一切从实际出发。这是政治问题，是思想问题，也是我们实现四个现代化的现实问题。一切从实际出发，我们的事业才有希望。实事求是，是毛泽东思想的精髓。①正是在坚持实事求是的思想路线的基础上，邓小平在十一届三中全会前的中央工作会议闭幕会上发表了《解放思想，实事求是，团结一致向前看》的讲话，并就党的思想路线问题指出，只有解放思想，坚持实事求是，一切从实际出发，理论联系实际，我们的社会主义现代化建设才能顺利进行，我们党的马列主义、毛泽东思想的理论也才能顺利发展。这一讲话实际上成为党的十一届三中全会的主题报告。不仅如此，邓小平还指导起草了叶剑英代表中央所做的国庆30周年的讲话。这一讲话继承了党的七大关于毛泽东思想的表述，并指出党在毛泽东领导下，经过长期的革命实践特别是延安整风，在全党确立了一条辩证唯物主义的思想路线。这就是一切从实际出发，实事求是，理论联系实际。它是无产阶级世界观的根本点，是毛泽东思想的精髓，是我们党制定政治路线和各项方针政策的基础，也是正确理解和执行党的路线、方针、政策的保证。

实事求是是毛泽东思想精髓的认识，对于起草第二个历史决议具有认识论与方法论意义。邓小平在为起草第二个历史决议确定指导思想时说，不仅今天，而且今后，我们都要高举毛泽东思想的旗帜。要写毛泽东思想的历史，毛泽东思想形成的过程。要正确地评价毛泽东思想，科学地确立毛泽东思想的指导地位，就要把毛泽东思想的主要内容，特别是今后还要继续贯彻执行的内容，用比较概括的语言写出来。他关于毛泽东的建党学说，比较强调毛泽东对于党的指导思想、党的作风是什么的内容，指出毛泽东建立了完整的建党学说，认为实事求是和群众路线特别重要。

胡乔木作为决议起草小组的负责人，比较早地提出决议起草要注意"毛泽东思想的实质是什么"的问题。1980年3月15日，他在同起草小组成员谈话时说，讲坚持毛泽东思想，是讲坚持什么。不仅要讲毛泽东思想适用于过去的，而且要讲适用于现在的。不然，"坚持毛泽东思想的这个口号就没有力量"。在谈话中，胡乔木不仅提出问题，而且回答了这一问题。他列举了十个方面的问题，其中包括后来通过的决议关于毛泽东思想活的灵魂的三个基本方面。（1）关于实事求是。他说，从理论上讲毛泽东思想，可以从

———————————
① 《邓小平文选》第2卷，人民出版社1994年版，第126页。

《实践论》的贡献讲起。一篇《实践论》，实际上是自觉地、有系统地开创了党的思想传统。我们现在还在讲的实践是检验真理的唯一标准，实事求是等等，就表明了这个事实。我们需要从马克思主义哲学的认识论来说明它的地位和价值。在这方面，之前的叶剑英代表中央发表的国庆30周年讲话在讲毛泽东思想的精髓时，不仅从《实践论》讲起，而且引用了《实践论》的有关重要论述。在此，胡乔木延续了这一讲话的认识逻辑。（2）关于群众路线。胡乔木在谈话中指出："也可以当做一个理论问题来考察"。这里，他没有细说。（3）关于独立自主。胡乔木在谈话中使用的是"自力更生为主"的概念。他说，在社会主义国家中，毛泽东首先强调了这一点。我们现在还需要作为一个问题提出来，因为对今后还有很大的作用。四个现代化的建设一定要争取外援，但不能盲目地依赖外援。尽管如此，胡乔木在这一谈话中还没有整体性地凸显出来毛泽东思想活的灵魂的三个基本方面，而是与其他方面放在一起讲的。

决议要有一种理论的力量，推动决议起草工作进一步思考毛泽东思想中贯穿始终的规律性问题，毛泽东思想的原理、原则成为决议起草工作的重要认识主题。决议要讲历史和理论，是决议起草小组的主要成员邓力群提出的，胡乔木给予重视，并着重强调了理论问题的重要性。1980年5月16日，他同起草小组成员谈话，强调决议"要有一种理论的力量"。这种力量来自于决议"要把毛泽东思想贯穿到从始至终"，使人感到党始终是坚持毛泽东思想的，在党犯错误的时候，"党里还有很多人坚持毛泽东思想，他们重新领导人民，把中国带上正确的道路"。他说，这是决议坚定不移的思想基础。决议写出后使人看了不仅仅是把历史上那些问题做一个评判，而且更重要的是要把党的目前的指导思想做一个描绘，而这个指导思想同党历来的指导思想是一脉相承的，真正的是毛泽东思想的继承与发展。决议要达到这一目的，就需要把中国革命究竟走了一条什么道路，要怎样继续走下去，写出来。因此，决议不能陷入到一件件历史事件中，而是要从理论上深刻阐述毛泽东思想的原理和原则。

在决议起草过程中，胡乔木思考新中国的历史发展，深入总结共产国际的经验教训，在阐述马克思主义普遍真理同中国实际如何相结合中，把实事求是、群众路线和独立自主结合了起来，并强调了毛泽东思想中的独立自主原则。他说，毛泽东领导中国革命得到胜利，在国际共产主义运动史和马克思主义发展史上是"一个划时代的胜利"。否则，不能解释中国共产党为什么同共产国际进行了那么长期的坚决的尖锐的斗争。在马克思主义如何在发展过程中防止教条化问题上，把调查研究当作一个指导原则、一个重要方法在共产主义运动中是没有的。毛泽东"打破了共产国际的专制、教条化倾向"。[①] 讲马克思主义普遍真理同中国实际相结合，就是要研究中国的实际，从实际出发，就是要联系群众，从群众的最大利益出发。毛泽东把这些发展成了一个观点、一个工作方法的系统，还可以加上独立自主、自力更生，"确实在世界政治上显出中国革命的特点"。胡乔木强调："中国革命是依靠自己的力量、依靠自己寻找的道路来取得胜利的。这个传统可以永远保持。"他说："要把这个思想固定下来，用显著的形式，用科学的形式、法律的形式把它固定下来。"他指出，独立自主、自力更生的观点，是马克思主义，又是马克思主义在中国革命的长期斗争中的发展。要重视这个观点，否则，"就会产生一种对我们党的历史、党的传统的虚无主义"。

共产国际不可能找到一条引导中国革命到胜利的道路。毛泽东思想是在这样的历史条件下产生的。胡乔木在思考毛泽东思想产生的历史条件的过程中，明确提出了第二个历史决议关于毛泽东思想的活的灵魂的基本内涵。

第一是实事求是。胡乔木从《反对本本主义》讲起，指出各国革命的道路要由各国党和人民自己去找出来，这是毛泽东思想产生的条件、背景。他说："革命要依靠各国革命人民在实际斗争中把马克思主义的普遍原理加以运用，同具体实际相结合，这在当时、现在以至将来，永远都是正确的，要坚持的。所以毛泽东思想强调调查研究，尊重群众的经验。"

第二是群众路线。胡乔木说，这也是从实际斗争中产生的。中国革命在失败后，在极端困难的条件下，相信群众能接受革命道理，能找到胜利的出路，能找到达到胜利的智慧和力量。建立的新的政权也完全是依靠群众。毛泽东在和平建设时期提出了许多新办法，如三结合、三同等。只要一个党要革命，就要坚持这种观点。

第三是独立自主、自力更生。胡乔木指出，中国革命、建设要胜利，主要依靠自己的力量。这不能有任何动摇。在上述基础上，他总结说："毛泽东思想是在当时历史条件下，经过很长时期发展的。这几个基本原则一直是我们的出发点。"

胡乔木所提出的关于毛泽东思想的活的灵魂的三个基本方面，回答了毛

---

① 《胡乔木传》编写组编《胡乔木谈中共党史》，人民出版社1999年版，第78页。

泽东思想最根本的就是用马克思主义同实际相结合这个原则来解决中国当前的问题，采取什么方法，依靠什么力量，坚持什么原则。这些内容当时还没有被称之为毛泽东思想的活的灵魂的三个基本方面，而是在后来的决议起草工作中加以概括和明确的，表现为决议关于毛泽东思想的重要理论创新成果。

三 关于坚持和发展毛泽东思想的基本认识范畴

在新中国成立以来的历史上，一方面毛泽东思想在新民主主义革命时期形成与确立的基础上得以继承、丰富和发展，并指导中国社会主义革命和建设；另一方面则发生了"文化大革命"等严重错误。讲清楚正确与错误并存其中的这一历史发展，其主题与主线、主流与本质是什么，特别是毛泽东思想与"文化大革命"等错误为什么发生之间的历史与逻辑关系，成为起草决议应予解决的一个具有基础性和根本性的问题。之前，叶剑英代表中央发表的国庆30周年讲话，对"文化大革命"只是做了一个简单描述和估价，起草决议势必要给予全面分析和总结。

关于"文化大革命"的问题，邓小平指出，这"势必涉及到毛主席的问题"，"毛主席是政治错误"，与林彪、"四人帮"有本质区别。在中国革命和建设中，毛泽东的功绩是占第一位的，他的错误是占第二位的。毛泽东错误的地方不包括在毛泽东思想之内。1980年11月26日，他在会见罗马尼亚政府总理的谈话中说，决议要对建国以来31年的历史做个总结，"我们还是要确立毛泽东思想的科学体系，把毛泽东思想体系同他后期犯的错误分别开来"。① 对于这些思想内容，邓小平是反复强调的，并贯彻于决议起草工作的始终。

决议起草之初，胡乔木就提出要注意"为什么发生'文化大革命'"问题。1980年3月15日，他在同起草小组成员谈话时说，决议不回答为什么发生"文化大革命"这个错误，就会失去价值。一个郑重的马列主义政党，就得对这个问题有个科学的分析。他指出，"文化大革命"发生的最根本的

---

① 《邓小平关于正确评价毛泽东和起草历史问题决议的谈话选载》，《党的文献》2011年第3期。

原因，是对阶级斗争的认识和估计犯了错误。[①] 5月16日，胡乔木同起草小组谈决议要有一种理论力量问题，把"文化大革命"与"文化大革命时期"做了区别分析。一是关于党的问题。他说，在"文化大革命"中，党受到非常大的挫折，但党的大部分干部在困难条件下还是坚持了毛泽东思想，保护党的肌体、党的力量，继续进行社会主义建设。二是关于毛泽东和毛泽东思想。胡乔木指出，毛泽东开始离开了以他为主要代表所形成的毛泽东思想，"犯了很严重的错误"，但毛泽东也没有完全离开毛泽东思想，在"文化大革命"中还是要解放干部，领导外交和经济等工作，并做了不小的贡献。因此，决议既要把错误说够，又要说清楚犯错误的同时，党的健康力量始终是存在的。因为这样，党的生命、党的事业才没有中断，一直发展下来了。他说，"文化大革命"是错误的，但是党在这个时期的工作并不是全都错误的。这就在一定意义上把"文化大革命"同"文化大革命时期"做了区分。

不仅如此，区分"文化大革命"与"文化大革命时期"，关键在于讲清楚"文化大革命"的性质。1980年5月24日，胡乔木同起草小组成员谈话，探讨了1957年以来的历史发展，特别指出，"文化大革命"不能叫革命，无论什么意义上都不能算是革命；毛泽东在建立和发展毛泽东思想的过程中起了决定性的作用，但到1966年以后，他在主要方面违背了毛泽东思想。也即是说，毛泽东发动"文化大革命"的这一晚年错误，违背了毛泽东思想。胡乔木把"文化大革命"界定为"内乱"，把毛泽东晚年的错误与毛泽东思想区分开来。

决议在起草过程中，曾使用过"毛泽东晚年思想"这一概念。据《邓小平年谱》载：1980年6月9日，邓小平同胡耀邦、胡乔木谈决议稿的修改问题，商定将"毛泽东晚年思想"改为"毛泽东晚年的错误"。[②] 这样的修改是有意义的。因为，毛泽东晚年的思想中既有正确内容，也有错误存在，不能一概而论都是错误的。而毛泽东晚年的错误既有思想上的，也有实践上的。运用"毛泽东晚年的错误"这一概念，有利于具体地分清毛泽东晚年在思想和实践上的正确与错误，也有利于把"文化大革命"的发生同毛泽东思想区别开来。7月3日，胡乔木在中央书记处会议讨论起草决议时做了发言。

① 《胡乔木传》编写组编《胡乔木谈中共党史》，人民出版社1999年版，第46页。

② 中共中央文献研究室编《邓小平年谱（1975—1997）》（上），中央文献出版社2004年版，第646页。

他进一步把为什么发生"文化大革命"与毛泽东晚年的错误相联系，指出决议一方面要对毛泽东在"文化大革命"期间犯了"左"倾错误做出判定；另一方面要历史地分析"文化大革命"的发生，说明这不是偶然的，有它历史的原因。他说："把毛主席在晚年逐步形成的'左'倾思想的发展过程，加以说明，这样才能解释'文化大革命'的发生。"进而，他明确提出："我们现在要把毛主席晚年这些思想上行动上的错误同毛泽东思想加以区别，加以对照。"他并强调，这是个非常重要的问题，给予正确解决是非常必要的。[①] 有了这样的区分，就为正确评价毛泽东的历史地位和毛泽东思想的科学体系提供了科学的概念。7 月 24 日，胡乔木同起草小组成员谈话，指出毛泽东晚年的错误不但没有动摇毛泽东思想的科学性，而且从反面证明了毛泽东思想是不能违背的，违背了就犯这样那样的错误。因此，胡乔木在论述"文化大革命"的问题上，强调毛泽东思想不包括毛泽东的错误，"我们现在没有理由丢掉把我们带到胜利的道路上的这样一个精神武器"，并认为要坚持毛泽东思想，决议也用毛泽东思想的科学体系这个提法。关于"文化大革命"的原因，毛泽东应负主要责任，但对待这样重大的问题不能不着重分析历史背景，而不应着重个人责任，尤其不应着重个人品格。毛泽东犯了错误，但他是作为一个马克思主义者犯错误的。他在"文化大革命"问题上基本上离开了马克思主义，但不能因此就说他不是一个伟大的马克思主义者。

　　第二个历史决议通过把"文化大革命"与"'文化大革命'时期"、"毛泽东晚年的错误"同毛泽东思想区别开来，阐述了新中国历史发展的阶段性与连续性的统一、毛泽东的历史贡献与毛泽东思想的统一，毛泽东的功与过的历史关系，以及新中国历史发展的经验教训。决议指出，在"文化大革命"中，党没有被摧毁并且还能维持统一，我国社会主义制度的根基仍然保存着，社会主义经济建设还在进行，我们的国家仍然保持统一并且在国际上发挥重要影响。这些重要事实都同毛泽东的巨大作用分不开。毛泽东在全局上一直坚持"文化大革命"的错误，但也制止和纠正过一些具体错误。他虽然在"文化大革命"中犯了严重错误，但是就他的一生来看，他对中国革命的功绩远远大于他的过失。他的功绩是第一位的，错误是第二位的。毛泽东发动"文化大革命"的"左"倾错误论点，明显地脱离了作为马克思列宁主义普遍原理和中国革命具体实践相结合的毛泽东思想的轨道，必须把它们

---

① 《胡乔木传》编写组编《胡乔木谈中共党史》，人民出版社 1999 年版，第 73、74、75 页。

同毛泽东思想完全区别开来。对于"文化大革命"这一全局性的、长时间的"左"倾严重错误，毛泽东负有主要责任。但是，毛泽东在犯严重错误的时候，还多次要求全党认真学习马克思、恩格斯、列宁的著作，还始终认为自己的理论和实践是马克思主义的，是为巩固无产阶级专政所必需的，这是他的悲剧所在。决议指出以下两种态度都是错误的：一是因为毛泽东晚年犯了错误，就企图否认毛泽东思想的科学价值，否认毛泽东思想对我国革命和建设的指导作用；二是以为凡是毛泽东说过的话都是不可移易的真理，只能照抄照搬，甚至不愿实事求是地承认毛泽东晚年犯了错误，并且还企图在新的实践中坚持这些错误。这两种态度都是没有把经过长期历史考验形成为科学理论的毛泽东思想，同毛泽东晚年所犯的错误区别开来，而这种区别是十分必要的。

不仅如此，第二个历史决议把毛泽东与中国革命和建设的历史，同毛泽东之后的两年"徘徊"时期和改革开放初期的历史联系起来，贯通了改革开放前后两个时期的历史，初步论述了中国特色社会主义建设的基本历史经验。决议以"历史的伟大转折"为题，增加了粉碎"四人帮"以后的四年。在此基础上，决议指出，十一届三中全会以来，党逐步确立了一条适合我国情况的社会主义现代化建设的正确道路。这条道路还将在实践中不断充实和发展，但是它的主要点，已经可以从建国以来正反两方面的经验，特别是"文化大革命"的教训中得到基本的总结。历史地看，这条道路就是中国特色社会主义道路。以毛泽东为核心的党的第一代中央领导集体，带领全党全国各族人民探索适合本国国情的社会主义建设，虽然经历了严重曲折，但党在社会主义建设中取得的独创性理论成果、具有中国特色的制度成果和历史性成就，奠定了当代中国一切发展进步的根本政治前提与制度基础，为新的历史时期开创中国特色社会主义提供了宝贵经验、理论准备、物质基础。

试论改革开放前后历史统一观

储著武

（中国社会科学院当代中国研究所）

改革开放前后历史关系问题，是当前国史研究的重大理论热点。学界在分析此问题时，常用"前后两个 30 年"、"改革开放前后两个历史时期的关系"和"两个不能否定"等话语，初步构建了理论研讨的话语基础。但必须指出，"前后两个 30 年"时间上已不完全对应，"两个不能否定"不具有思辨性，目前话语需加强概括性突出国史特点并用以分析具体历史。从国史研究话语体系建设的角度，学界不妨将这些话语简化为"改革开放前后历史统一观"，以统筹改革开放前后历史的辩证关系。本文试讨论此问题，不足之处，敬祈批评。

一 改革开放前后历史统一观的形成

改革开放 30 多年来，中国走出了一条中国特色社会主义的发展道路，创造了令世界震惊的中国奇迹。在这个过程中，改革开放前后历史统一的观念日渐形成。

"文革"结束，中国走向何方，那时并没有现成的答案。经过了两年的"徘徊"，中共意识到必须解放思想，实现工作重心的转移。十一届三中全会以后，社会主义现代化建设再出发，党提出要以"历史的"、"科学的"的态度来对待关系改革的两大历史问题（一是"文革"历史的评价，二是毛泽东和毛泽东思想的评价）。[①] 1979 年 9 月 29 日，叶剑英在庆祝中华人民共和国 30 周年讲话中指出新中国成立以来 30 年历史是"光荣伟大的三十

---

① 《三中全会以来重要文献选编》，人民出版社 1982 年版，第 12—13 页。

年"。①这为正确认识改革开放前的历史奠定了初步基础。1981 年 6 月，十一届六中全会通过的《关于建国以来党的若干历史问题的决议》中，党明确指出改革开放前后历史的联系，认为"中国共产党在中华人民共和国成立以后的历史，总的说来，是我们党在马克思列宁主义、毛泽东思想指导下，领导全国人民进行社会主义革命和建设并取得巨大成就的历史"。"社会主义制度的建立，是我国历史上最深刻最伟大的社会变革，是我国今后一切进步和发展的基础。"②对关系改革开放的两大历史问题，中国共产党采取了历史的科学的态度，勇于承认失误和错误，并认为改革开放前的失误和错误，非但不会成为改革开放的历史包袱，反而会为现代化建设提供经验教训。这种对历史的认识，显然不仅仅是为了解决历史遗留问题，根本目的还是要进行社会主义现代化建设。③此时，改革开放开始不久，党就提出要坚持中华人民共和国历史延续性和统一性的观点。④随后十二大、十三大、十四大、十五大、十六大，大体上延续了这种认识。

十七大以来，党和国家的历史进入关键的时间节点。一系列重大历史纪念活动如改革开放 30 周年纪念、中国人民共和国成立 60 周年、中国共产党建党 90 周年、毛泽东诞辰 120 周年、邓小平诞辰 110 周年、全国人民代表大会制度实施 60 周年等接踵而至。在此过程中，党对改革开放前后历史关系的认识更加清晰明确。十七大报告指出："改革开放伟大事业，是在以毛泽东同志为核心的党的第一代中央领导集体创立毛泽东思想，带领全国各族人民建立新中国、取得社会主义革命和建设伟大成就以及艰辛探索社会主义建设规律宝贵经验的基础上进行的。""新民主主义革命的胜利，社会主义基本制度的建立，为当代中国一切发展进步奠定了根本政治前提和制度基础。"⑤从表面看，以毛泽东为核心的党的第一代中央领导集体似乎与改革开放关联不大，但实则不然！改革开放前所奠定的根本政治前提和制度基础，是改革开放伟大事业得以顺利推进的必要条件。这种历史认识清晰地揭示了改革开放前后的历史关系，是对《决议》的深化和发展。⑥不仅如此，中华人民共

---

① 《三中全会以来重要文献选编》，人民出版社 1982 年版，第 29 页。
② 《关于建国以来党的若干历史问题的决议·注释本》，人民出版社 1983 年版，第 10 页。
③ 同上书，第 61 页。
④ 宋月红：《从"建国以来"到"建党以来"的发展——〈关于建国以来若干历史问题的决议〉写史范围确立过程探析》，《光明日报》2014 年 7 月 2 日。
⑤ 《十七大以来重要文献选编》（上），中央文献出版社 2009 年版，第 6 页。
⑥ 《关于建国以来党的若干历史问题的决议·注释本》，人民出版社 1983 年版，第 10 页。

和国成立 60 周年之际，不少学者如朱佳木①、张启华②等撰文集中讨论"前后两个 30 年"的问题。从重大文件文献的集中论述及学界的深入研讨，改革开放前后历史连续性、统一性愈辩愈明。

十八大以来，中共立足于中国特色社会主义的角度来认识改革开放前后的历史关系。十八大报告指出："以毛泽东同志为核心的党的第一代中央领导集体带领全党全国人民完成了新民主主义革命，进行了社会主义改造，确立了社会主义制度，成功实现了中国历史上最深刻最伟大的社会变革，为当代中国一切发展进步奠定了根本政治前提和制度基础。""以邓小平同志为核心的党的第二代中央领导集体……成功开创了中国特色社会主义。""以江泽民同志为核心的党的第三代中央领导集体……成功把中国特色社会主义推向二十一世纪。""新世纪新阶段，党中央抓住了战略机遇期……成功在新的历史起点上坚持和发展了中国特色社会主义。"③ 2013 年 1 月 5 日，习近平总书记对改革开放前后历史做出精辟概括。④ 其思想要义，一是以改革开放为关键点，将中华人民共和国的历史分为改革开放前后两个历史时期；二是承认改革开放前后两个历史时期既有联系又有区别，改革开放前历史时期为改革开放后历史时期奠定了根本政治前提和制度基础；三是强调改革开放前后两个历史时期的连续性和统一性，不能割裂两个历史时期的联系。对于习总书记的重要论述，学界将其总结为"改革开放前后两个历史时期的关系"、"两个不能否定"等。不少学者还纷纷撰文，热度空前，远甚于 2009 年前后的讨论。⑤以习近平的重要论述以及学界的集中讨论为标志，改革开放前后历史统一观正式形成。

---

① 朱佳木：《从改革开放前后两个时期的历史性质及其相互关系上认识中国特色社会主义道路的内涵》，《当代中国史研究》2008 年第 1 期。

② 张启华：《正确看待新中国两个 30 年》，《中国教育报》2009 年 9 月 15 日。

③ 《中国共产党第十八次全国代表大会文件汇编》，人民出版社 2012 年版，第 10—11 页。

④ 《毫不动摇坚持和发展中国特色社会主义，在实践中不断有所发现有所创造有所前进》，《人民日报》2013 年 1 月 6 日。

⑤ 这方面文章非常多，如宋月红《改革开放前后两个历史时期的关系研究述评》（《当代中国史研究》2013 年第 6 期）、李捷《怎样认识改革开放前后两个历史时期?》（《求是》2013 年第 24 期）、李慎明《正确评价改革开放前后两个历史时期》（《红旗文稿》2013 年第 9 期）、齐卫平《正确对待改革开放前后两个历史时期》（《思想理论教育》2013 年第 7 期）、齐彪《"两个不能否定"的重大政治意义》（《光明日报》2013 年 5 月 7 日），中共中央党史研究室《正确看待改革开放前后两个历史时期——学习习近平总书记关于"两个不能否定"的重要论述》（《人民日报》2013 年 11 月 8 日）等。

改革开放前后历史统一观，形成于改革开放的历史进程中，意在强调改革开放前后历史的连续性和统一性。思想界如此大力阐释改革开放前后历史统一观，主要原因有：

1. 全面深化改革的现实需要。改革开放前后历史关系的认识，关系到全面深化改革能否顺利推进。国际共产主义运动史上，不同社会主义国家对待历史的态度不同。一种是全盘否定过去历史，如苏联赫鲁晓夫对斯大林的评价；一种是科学地对待过去历史，如"文革"后中国对毛泽东和毛泽东思想的评价。实践表明，这两种做法结果大相径庭，前者表现为社会主义倒台，后者则成功开创中国特色社会主义道路。十一届三中全会以来，中国内部对改革从未停止过争论，要真正解决思想混乱的问题，最好的方式还是从历史出发，用历史事实说话，这样全面深化改革自然会立得住、立得稳、立得久。

2. 确立"三个自信"的客观需要。改革开放取得巨大成就的根本原因，是由于形成与发展了中国特色社会主义道路、理论体系和制度。①同样，中国特色社会主义道路自信、理论自信和制度自信，最大动力还是要始终坚持改革开放不动摇。如十七大报告指出："改革开放是决定当代中国命运的关键抉择，是发展中国特色社会主义、实现中华民族伟大复兴的必由之路；只有社会主义才能救中国，只有改革开放才能发展中国、发展社会主义、发展马克思主义。"②十八届三中全会决议指出："必须在新的历史起点上全面深化改革，不断增强中国特色社会主义道路自信、理论自信、制度自信。"③习近平总书记更是强调，要在深入把握中国特色社会主义的科学性和真理性的基础上增强自信，要在领导人民推进改革开放和社会主义现代化建设的进程中继续开拓。④尽管确立"三个自信"，在全面深化改革过程中比任何东西都重要，但首要的问题还是要弄清改革开放的历史问题。

二 改革开放前后历史统一观的内涵

1. 历史话语上，由强调"改革是一场革命"转向"全面深化改革"。

---

① 《十七大以来重要文献选编》（上），中央文献出版社 2009 年版，第 8 页。

② 同上书，第 5—6 页。

③ 《中国共产党第十八届中央委员会第三次全体会议文件汇编》，人民出版社 2013 年版。

④ 《在对历史的深入思考中更好走向未来 交出发展中国特色社会主义合格答卷》（2013 年 6 月 25 日），《人民日报》2013 年 6 月 27 日。

"文革"结束后，改革开放成为中国现代化建设的关键抉择。作为改革者，需要的是巨大的决心和勇气。为此，改革者大都强调改革与革命的一致性，提出"改革是一场革命"的思想。这种对革命话语的偏好，同中国近现代历史有莫大关联。但对于早已谙熟"革命"话语的中国人来说，既不需要与历史彻底决裂，另起炉灶，同时还能沿着毛泽东等所开创的社会主义道路继续前行。十七大同样强调，改革是"新的伟大革命"。①这正是"改革是一场革命"思想的合理性和重要性所系。十八大以来，"全面深化改革"成为党和国家治国理政的重要主题。十八届三中全会上，中共提出了推进国家治理体系和治理能力现代化建设的改革总目标。对于广大人民群众而言，切实解决各种问题才最重要；对于改革者而言，制定宏伟蓝图仅是第一步，接下来的系统改革工程才更为紧迫。一方是期待，一方是实践，二者能否达成高度一致，关系到全面深化改革的成败，更关系到中国的未来命运。但要真正破除各种妨碍科学发展的思想观念和体制机制弊端，达到全面深化改革的预期目标，绝非易事。正如习近平总书记所指出："改革开放是一场深刻而全面的社会变革，每一项改革都会对其他改革产生重要影响，每一项改革又都需要其他改革协同配合。要更加注重各项改革的相互促进、良性互动，整体推进，重点突破，形成推进改革开放的强大合力。"②正因为如此，改革只有进行时，没有完成时。

"改革是一场革命"，日益让位于改革话语本身，逐渐为改革话语所"取代"，强调更为务实的改革实践。人们不再纯粹提倡"改革是一场革命"的思想，正是中国改革者自信和自强的表现。改革开放前后历史统一观，突出了改革话语本身，更能表现社会发展的主题，实际上说明中国目前正处于新转变的时期。至于全面深化改革，能否成为新的历史发展阶段，或者说成为新世纪新阶段的重大历史时期，还有待观察。

2. 历史叙事上，从"新时期"转向"改革开放前后两个历史时期"。1978 年以来，党和国家重大文件文献常用"新时期"来指称改革开放以后的历史。如十一届三中全会公报指出："我们党所提出的新时期的总任务，反映了历史的要求和人民的愿望，代表了人民的根本利益。"③ 这里所说的

① 《十七大以来重要文献选编》（上），中央文献出版社 2009 年版，第 5—6 页。
② 《以更大的政治勇气和智慧深化改革，朝着十八大指引的改革开放方向前进》（2012 年 12 月 31 日），《人民日报》2013 年 1 月 2 日。
③ 《三中全会重要文献选编》（上），人民出版社 1982 年版，第 4 页。

"新时期",是指中国共产党及时果断地结束了全国范围大规模的揭批林彪、"四人帮"的群众运动,然后把全党工作的着重点转移到社会主义现代化建设上来的历史时期。1979 年 10 月,邓小平更明确地说:"我们的国家已经进入社会主义现代化建设的新时期。"①这表明,新时期最重要的特征是社会主义现代化建设。随后十二大、十三大,基本上延续了这种历史叙事。1992年,十四大报告指出:"新时期最鲜明的特点是改革开放。"②将改革开放的内容纳入"新时期",并认为是"最鲜明的特点"。"新时期"再次赋予新意义。1997 年,十五大报告则直接称为"社会主义改革开放和现代化建设的新时期"③。至此,"新时期"的历史叙事,涵括社会主义现代化建设和改革开放两个重要内容,甚至认为二者就是同一回事。2002 年,十六大时"新时期"所指没有变化。2007 年,十七大时"新时期"的历史叙事用"三最"来说明——"新时期最鲜明的特点是改革开放"、"新时期最显著的成就是快速发展"、"新时期最突出的标志是与时俱进"。④至此,"新时期"就是改革开放以后历史时期的同义语。目前党史国史书写中,"新时期"的历史叙事得以广泛使用。如《中国共产党历史》第二卷以"一个以改革开放和社会主义现代化建设为主要内容的历史新时期开始了"⑤来结束全书。《中华人民共和国史稿》则指出:"全会举起了改革开放的旗帜,开始了以改革开放为鲜明特征的新时期。"⑥

既然改革开放以后历史是"新时期",那么,改革开放以前历史是否是"旧时期"?这种疑问符合逻辑,但未必准确。首先,改革开放前和改革开放后的历史时期都是社会主义性质,都是探索建设中国特色社会主义;其次,"旧时期"的历史叙事,人为造成历史的割裂,让人以为两个历史时期的关联不大,甚至相互对立。这说明,"新时期"的历史叙事,尽管长期以来具有意识形态适用性,但确实容易造成认识上的模糊。有学者指出:"'新时

① 邓小平:《在中国文学艺术工作者第四次代表大会上的祝辞》,载《三中全会重要文献选编》(上),人民出版社 1982 年版,第 263 页。

② 江泽民:《加快改革开放和现代化建设步伐,夺取有中国特色社会主义事业的更大胜利》,载《十四大以来重要文献选编》(上),中央文献出版社 2011 年版,第 5 页。

③ 《十五大以来重要文献选编》(上),中央文献出版社 2011 年版,第 7 页。

④ 《十七大以来重要文献选编》(上),中央文献出版社 2009 年版,第 5—6 页。

⑤ 《中国共产党历史第二卷(1949—1978)》下册,中共党史出版社 2011 年版,第 1069 页。

⑥ 《中华人民共和国史稿·第四卷(1976—1984)》,人民出版社、当代中国出版社 2012 年版,第 55 页。

期'这一产生于 70 年代后期并在很长时间成为当代中国通用的时期范畴，携带着特定历史语境中的浓厚历史意识。它将'文革'后开启的历史时段视为一个'崭新'时代的开端，也就意味着一种相当意识形态化的'现代'想象视野中关于时代的自我认知。因为，这并非一个可以用作历史分析的时期范畴，毋宁说，它本身就是需要予以分析的历史对象。"①十八大以来，中共没有过多强调"新时期"的历史叙事，而是从中国特色社会主义的角度，将中华人民共和国成立以来的历史分为改革开放前和改革开放后两个历史时期，强调这两个历史时期的连续性和统一性。从"新时期"转向"改革开放前后两个历史时期"的历史叙事，是理论认识的重大突破。

3. 历史本质上，都是党领导人民探索实践中国特色社会主义。有这样一种说法，"毛泽东是中国特色社会主义的伟大奠基者、探索者和先行者。"②乍一看，令人费解。毛泽东及其所处时代，理论意义和实践意义上的中国特色社会主义都未展开。但如果将中华人民共和国 65 年历史结合起来看，改革开放以后所开启的社会主义现代化建设，是在以毛泽东为首的第一代中央领导集体探索建设社会主义的延续和发展。从现代化建设的过程来看，中华人民共和国成立之后，以重工业为重心的工业化建设、"四个现代化"以及"三步走"等战略，都是要实现中国的现代化。改革开放以前，中国共产党和人民希望通过大规模群众运动的革命方式来建设社会主义，但由于超越了社会发展阶段以及不符合生产力的实际水平，社会主义现代化建设遭遇挫折。改革开放以后，中国以更加开放的姿态参与国际经济、政治事务，社会主义现代化建设再出发，改革开放获得巨大成功。中国革命、建设和改革的历史，本质上都是探索实现中国特色社会主义。

4. 历史联系上，改革开放前为改革开放后奠定根本政治前提和制度基础。有研究者提出："党领导的革命、建设、改革，也是一脉相承、薪火相传、生生不息的壮丽事业。新中国取得的一切成就，都是在新民主主义革命胜利基础上接续奋斗、接力探索的结果。"③中华人民共和国成立以后，党领

① 贺桂梅：《"新启蒙"知识档案——80 年代中国文化研究》，北京大学出版社 2010 年版，第 14 页。

② 王伟光：《毛泽东是中国特色社会主义的伟大奠基者、探索者和先行者》，《中国社会科学》2013 年第 12 期。

③ 《正确看待改革开放前后两个历史时期——学习习近平总书记关于"两个不能否定"的重要论述》，《中共党史研究》2013 年第 11 期。

导人民取得新民主主义革命胜利，完成从新民主主义向社会主义的过渡，确立起社会主义基本制度，实现了中国历史上最深刻的社会变革。在这个过程中，我国在意识形态领域确立起马克思主义思想的指导地位，在基本政治制度上建立了人民代表大会制度、中国共产党领导的多党合作和政治协商制度、民族区域自治制度等。这些为改革开放后历史时期奠定了根本政治前提和制度基础。这方面成果很多，此不赘述。

三　改革开放前后历史统一观的现实价值

改革开放前后历史关系，是国史研究的重大历史理论问题。目前，学界对这个问题有两种观点：其一是"统一说"，即认为改革开放前历史同改革开放后历史具有连续性和发展性，二者的关系是统一的；其二是"割裂说"，即认为改革开放前历史同改革开放后历史关联不大，二者的关系是对立的。"统一说"虽是广大干部群众的共识，但"割裂说"的消极影响不可小觑。如果坚持不正确的立场、观点和方法，就会陷入"割裂说"的渊薮并造成思想混乱，从而不利于全面深化改革的伟大事业。从国史研究话语体系建设的角度来说，学界应提出一些具有中国特色的话语，以体现中华人民共和国65年历史的特点。在笔者看来，改革开放前后历史统一观，作为国史研究的重要话语，从本体论上能够突出中国特色社会主义道路的连续性和统一性，从认识论上能够突出改革开放前后两个历史时期的联系，从方法论上要求不能相互否定两个历史时期的重要意义。改革开放前后历史统一观，依据历史认识与历史进程相一致的原则，符合中华人民共和国65年历史的本质和主流，并不是凭空捏造的。对于国史研究，这种历史观念具有四个方面的现实价值。

一是有利于推进国史的历史分期研究。目前研究中，国史的历史分期，同建国后党史的历史分期差别不大，甚至有些论著高度甚或完全一致，难以体现两门学科自身的特点。如何做出符合中华人民共和国历史进程的历史分期，体现出国史的学科特色，这是目前困扰国史学界的一个重大问题。从改革开放前后历史统一观的角度，中华人民共和国成立近65年历史以改革开放为界，分为改革开放前和改革开放后两个历史时期，这实际是长时段的分期，即1949—1978年这个历史时期为"改革开放前的历史时期"、1978年以来为"改革开放后的历史时期"，然后再划分出小时段，并以改革开放为主题将其贯穿起来。国史与党史既有联系又有所区别，分属于两个不同学科（分别是历史学与法学），国史的历史分期只要能够体现出改革开放这一共同主题，可以不同于党史的分期，这方面研究空间极大。

二是有利于调整国史的内容书写。当代人做当代史，确实会遇到不少困难。这些困难，有的是客观条件的限制，如档案开放程度不够、当事人存在等，有的是历史学家的主观原因。但无论怎样，随着时代进步以及研究深入，国史的内容书写都会有新突破。至于如何书写国史，有学者提出人民史的历史书写，主张要以人民为中心来写中华人民共和国的历史。这种说法有一定道理，但要注意"人民"是具体的"人民"概念，而不是抽象的绝对的"人民"概念，否则很容易陷入"唯人民论"，最终写不出真正的人民史。还有学者主张以改革开放两个历史时期来书写国史，突出改革开放前后两个历史时期的连续性和统一性。《中华人民共和国史稿》（四卷本），已在内容书写上做出有益探索。无论怎样，中华人民共和国的历史书写，要突出中国特色社会主义的探索、社会主义现代化建设、维护国家主权独立这三条主线。

三是有利于应对历史虚无主义思潮。历史虚无主义思潮，不同程度地存在于国史、党史学科中。不少研究者意识到历史虚无主义思潮的危害性，纷纷撰文予以驳斥，但效果不甚理想。历史虚无主义，有些是历史学本身的问题，但大多数来源于历史学之外，如影视、文学作品、报纸杂志以及网络等。要切实解决历史虚无主义，单靠历史学界的努力远远不够，需要多方的共同努力。举例来说，学界在评价毛泽东及毛泽东思想时，有三种明显取向：一是将毛泽东神化、偶像化，认为解决当代社会问题必须回到毛泽东时代去，中国才有希望；二是将毛泽东丑化、妖魔化，认为只有全盘否定毛泽东，中国才能发展；三是提出要科学地、历史地认识毛泽东，并在新的历史条件下继承和发展毛泽东思想。对毛泽东及毛泽东思想的评价，以改革开放前后历史统一观来观之，学界不应有太多分歧，但现实情况恰恰相反，一直充满争议，根本原因还是不正确的思想取向长期存在。总体来说，前两种思想取向并不是实事求是的态度①，只有第三种思想取向才是应该不断坚持的态度。改革开放历史统一观，主张中华人民共和国史是党领导人民探索和建设中国特色社会主义的历史，重视强调改革开放前后历史的统一性和连续

① 储著武：《虚化毛泽东不可取》，《中国社会科学报》2013 年 12 月 4 日。

性，对于改革开放的任何怀疑和否定都是非历史的。如果这种观念得以传播并被广泛接受，自然是对历史虚无主义的最好回击。

四是有利于深化国史教育工作。习近平总书记说："历史是最好的教科书。学习党史、国史，是坚持和发展中国特色社会主义、把党和国家各项事业继续推向前进的必修课。"① "历史是最好的教科书"，是说历史事实本身能给人以生动的教育。反过来，"历史教科书是最好的历史"，能这样认为吗？当然不可以！通常情况下，大多数人了解历史、认识历史的途径是通过历史教科书。至于历史教科书是否是最好的历史，要做具体分析。以日本近现代史教科书为例，他们自称是"真实的历史"，但其中关于侵华战争的历史书写根本就不符合历史事实。再以在港台出版的部分近现代史著述为例，同样有不少主观臆断、歪曲事实的历史书写。对这些历史教科书和历史撰述，学界应该要保持高度警惕，予以坚决揭露和批驳。"历史是最好的教科书"，另一层意思是说"准确的符合历史事实的历史教科书才是最好的历史"。

国史中有大量可歌可泣的事件和人物，蕴含着丰富的智慧和营养，是向党员干部、青少年和普通群众进行历史教育的最好素材。国史教育，要大力强调改革开放前后历史的统一性和连续性，讲清楚中国革命、建设和改革的历史过程，说明改革开放是在以毛泽东为首的第一代中央领导集体探索社会主义基础上，由邓小平为首的第二代中央领导集体具体启动并实施的决定中国命运的关键；讲清楚改革开放前历史为改革开放后历史奠定了根本政治前提和制度基础，不能割裂二者联系；还要讲清楚改革开放以后新时期所取得的成就及存在的问题，正确分析全面深化改革的必然性和重要性，为全面深化改革提供思想动力。

四 结 语

众所周知，"话语体系，表面上是一个'说什么话、怎么说话'的语言表述问题，实质上是一个涉及思维方式、思想认同、价值立场等多方面的重大问题。"② 在全面深化改革的历史时期，中国哲学社会科学话语体系建设，

---

① 《人民日报》2013 年 6 月 27 日。
② 雒树刚：《大力推进哲学社会科学话语体系建设》，《中国社会科学报》2013 年 12 月 18 日。

可谓形势逼人，任务艰巨。但正如有学者所指出："时代在发展，理论以及理论体系下的一系列概念、范畴也要进行发展和修正。"①这种趋势，任何人都无法阻挡。中国的马克思主义历史学，同样需要适应时代趋势，提出一些为大众所接受的范畴和概念。"定义是分析的结果，是分析的出发点。研究问题应该从历史的分析开始。"②20 世纪五六十年代历史学界对历史发展五阶段论的阐释以及以"五朵金花"的讨论，奠定了马克思主义历史学的理论架构和话语体系。当前，宏大叙事退场，史学研究"碎片化"现象突出，但不能因此就认为马克思主义史学话语已过时。这个时候，学界更应该大力推进马克思主义的中国化、时代化、大众化，加强马克思主义史学话语体系建设。

国史研究，同样要在坚持以马克思主义为指导的前提下，提出一些范畴和话语，构建自己的话语体系。令人高兴的是，这项工作已得到了重视。2014 年 4 月，中国社会科学院召开"国史研究话语权建设"研讨会，首次提出国史研究话语权和话语体系建设的问题。③同样，党史学界提出要"全面推进开创和发展中国特色社会主义时间段历史研究"④。这些基础性研究工作的展开，相信会促进国史的话语体系建设。改革开放前后历史统一观，能够成为国史学界共同使用的重要话语。但如何用改革开放前后历史统一观来凝聚人心、汇集力量，为全面深化改革提供坚强的思想基础，的确需要做很多工作。

---

① 方志远：《马克思主义历史学与海外中国学》，《江西社会科学》2010 年第 6 期。
② 《毛泽东年谱 1949—1976.4》，中央文献出版社 2013 年版，第 258 页。
③ 《"国史研究话语权建设"学术研讨会举行》，《光明日报》2014 年 5 月 7 日。
④ 曲青山：《全面推进开创和发展中国特色社会主义时间段历史研究》，《中共党史研究》2014 年第 4 期。

陈云对党史国史存史工作的重视与贡献

王 蕾

（中国社会科学院当代中国研究所）

历史在记录和保存中得以传承，党史国史工作的重大作用如资政、育人都以此为基础。存史的形式多样，准确、完整的存史是党史国史研究工作的重要方面，也是一项需要付出长期和坚持努力的连续性工作。陈云作为中国革命和建设事业的亲历者，以高度的历史责任感重视党史、国史的存史工作，本文拟就及时详尽地积累、提供党史国史史料；求真务实地对党史国史史料进行证明、甄别；推动党史国史史料的征集、出版三方面对陈云的贡献做一梳理和分析。

一 及时详尽地积累、提供党史国史史料

陈云是中国共产党的早期党员和重要领导人，中国革命和建设事业的亲历者和领导人之一。陈云及时积累和整理党史国史史料的自觉性是一以贯之的。早在革命时代，陈云就使用署名撰写了许多第一手的史料。典型之一是《随军西行见闻录》。1934 年 10 月，陈云作为红一方面军第五军团的中央代表参加长征，1935 年署名"廉臣"写成的《随军西行见闻录》是最早以长征亲历者的角度介绍红军长征和毛泽东、朱德、周恩来等中共与红军领袖的文献。文章于 1936 年在巴黎《全民月刊》上发表，后又在莫斯科出版单行本，1985 年遵义会议 50 周年之际，红旗出版社出版了署名陈云的《随军西行见闻录》单行本，《陈云文选》第一卷中则将《随军西行见闻录》作为陈云在遵义会议上的手稿《遵义政治局扩大会议传达提纲》一文的附录。《随军西行见闻录》假托一名被红军俘虏的国民党军医所作，记叙了他跟随红军从江西出发历时八月、途径六省、行程一万二千里与红四方面军会合的真实见闻经历与所思所想。陈云这本以亲身经历为基础的文献系统具体地记载了

突破封锁线、转兵贵州、抢渡乌江、智取遵义、四渡赤水、佯攻贵阳、兵临昆明、巧渡金沙江、勇夺泸定桥等主要战役的经过，涉及红军的俘虏政策、群众工作、民族政策等多方面内容，如在记叙红军与彝族关系时写道："红军全部过彝民山时，彝民则牵牛送羊欢迎红军于道旁。红军则以皮衣、旧枪、盐、布送彝民。"① 红军长征倍极艰险，文字材料较少，《随军西行见闻录》十分珍贵。二是纪念鲁迅先生的文章《一个深晚》。陈云在 1932 年冬天曾为帮瞿秋白夫妇转移住处面见过鲁迅先生。当时陈云是全国总工会的党团书记。1936 年 10 月是鲁迅逝世一周年，陈云在莫斯科共产第三国际工作，他署名"史平"在中共在巴黎出版发行的《救国时报》上发表了一篇纪念文章《一个深晚》，以翔实的史料、生动的笔触记叙了会见的经过。鉴于当时处在白色恐怖之下，这方面的史实几乎都未见记载，因此，《一个深晚》为革命史和中国共产党早期党史研究澄清了许多疑难问题，提供了不少新的情况和具有研究价值的线索。《随军西行见闻录》和《一个深晚》都是当时人记载当时事，较之后来一些相距几十年再来回忆的文章内容真实清晰，较少讹误和含糊不清的地方。

新中国成立后，陈云也提供了是否参加过黎平会议等一系列史料。1958 年 10 月 31 日，陈云回信商务印书馆上海印刷厂党总支委员会，回答了他们有关二十年代后半期商务印书馆工人斗争情况的一些问题，指出：应该看到，当时商务印书馆工会虽然是上海的重要工会之一，但商务印书馆的工人斗争仅是全上海工人斗争洪流中的一部分。② 值得一提的是，陈云对于证明自己犯过错误的史料并不回避，更不刻意隐瞒，体现了一位共产党人正视历史的勇气和胸襟。20 世纪 80 年代初，有关部门编辑他的文选，他要求把东北解放战争时期自己向中央写的检讨报告收进去，检讨报告是关于辽东土改"左"的偏差的，编辑组认为这在当时带有普遍性，多次建议把这篇稿子撤下来，都被他拒绝了。他对秘书说：我就是要让大家知道，我也是有错误的，并不是一贯正确。③

"文革"后拨乱反正的过程中，陈云十分注重积累和提供史料，以史料为基础以理服人，统一认识。1978 年 9 月 5 日，中组部沙洪同志写信给陈

---

① 《随军西行见闻录》，《红旗》1985 年第 1 期。
② 《陈云年谱》中卷，中央文献出版社 2000 年版，第 437 页。
③ 朱佳木：《听陈云同志谈党史》，《中共党史研究》2005 年第 4 期。

云，反映文艺界一些同志当中，对革命文艺运动中某些历史问题存在着不同的看法和分歧，若不适当地澄清，会影响文艺队伍内部的团结。并附上徐懋庸的夫人王韦的一封信，谈到毛主席在延安和徐懋庸的谈话中有涉及对"两个口号"的争论的评价问题，还说徐懋庸在延安曾经向陈云谈过这些事情。陈云看过这封信后，认为自己在延安任中央组织部长时了解一些相关情况，立即于收信后一周都不到的 9 月 11 日写信给时任中央组织部部长胡耀邦同志，认真负责地回忆和说明了一些当年他知道的情况。① 尤其难能可贵的是，陈云不仅身体力行地为正确评价上海文艺界 30 年代的问题积累了史料，并建议中央组织部、中央宣传部对上海文艺界 30 年代的问题，对创造社，对当时其他革命文艺团体，做出实事求是的经得起历史检验的评价。陈云注重史料积累的及时性，他督促这件工作最好当年就动手做，并提醒因为亲身经历和知道当时情况的人，年龄都是七十开外八十开外了，再不动手就迟了。② 陈云的态度有效地推进了上海文艺界 30 年代问题的史料积累。据当时在文艺局工作的同志回忆，文艺局贯彻陈云同志的意见，拜访了周扬、茅盾、夏衍、阳翰笙、李一氓、丁玲、李何林、楼适夷、陈荒煤、沙汀、任白戈、林默涵等亲身经历和知道当时情况的同志，抓紧时间及时搜集、整理了一些回忆访谈和文章，为全面反映当时的历史状况，平息争议，提供了坚实详尽的史料基础③。在陈云的鼓励和引导下，在众多的史料调查研究的基础上，上述单位还向中央为胡风同志的平反问题提供了材料和依据。④ 党的十一届三中全会后，陈云兼任中纪委第一书记，主持冤假错案的平反工作。在案件的复查过程中，陈云注重及时详尽地收集大量史料来澄清真相。他委托廖承志和当年与潘汉年在上海从事过地下工作的刘晓收集有关潘汉年的史料，1981年 3 月，陈云给中共中央其他几位领导人的信中说："我收集了一些公安部的材料和与潘汉年同案人的材料，这些材料，并无潘投敌的确证。而且对于刘晓、刘长胜等同志能在上海保存下来反而提供了潘并未投敌出卖组织或某一个同志。"⑤

西路军长期被错认为是"张国焘分裂路线的产物"，涉及 2 万多红军将

---

① 《陈云年谱》下卷，中央文献出版社 2000 年版，第 224 页。

② 《陈云文集》第 3 卷，中央文献出版社 2005 年版，第 450—451 页。

③ 荣天屿：《陈云同志求真务实的文艺观》，载于《百年潮》2005 年第 6 期，第 22 页。

④ 同上。

⑤ 《陈云传》（下），中央文献出版社 2005 年版，第 1532 页。

士的政治名誉。陈云主张及时集中电报、文件等相关确凿史料，以搞清楚历史事实，为西路军问题平反。1981 年、1982 年，陈云多次与李先念谈话，指出西路军问题"不能回避，西路军过河是党中央为执行宁夏战役计划而决定的，不能说是张国焘分裂路线的产物"、"西路军是当年根据中央打通国际路线的决定而组织的"等，并提供具体回忆材料，在苏联时，曾负责同他们联系援助西路军武器弹药的事，而且在靠近新疆的边境上亲眼看到过这些装备。在看过李先念按照陈云的建议搜集到有关西路军问题的 29 份历史电报后，1983 年 3 月 8 日，陈云亲笔致信李先念："你写的关于西路军历史上几个问题的说明和所有附件，我都看了两遍。这些附件都是党内历史电报，我赞成把此件存中央党史研究室和党的中央档案馆。可先请小平同志阅后再交中央常委一阅。"随即，李先念把陈云的信、自己写的说明和附件一并送给邓小平。邓小平批示："赞成这个说明，同意全件存档。"① 党史上的这一的重大历史问题终于有了客观公正的结论。

二 求真务实地对党史国史史料进行证明、甄别

陈云是我国社会主义经济建设的开创者和奠基人之一，是负责经济工作的，但他以老一辈无产阶级革命家对党史国史事业的满腔热情和极端负责的精神，在百忙之中总是以中国革命和建设的亲身经历者和见证者的身份，尽心尽力地回忆当时的细节，加以详细甄别。

第一，积极协助档案等有关部门甄别史料，尽量准确还原历史过程。

由于中国革命战争环境尤其恶劣，详细、具体、准确的档案文件留存较少，缺乏互证材料，因此在史实鉴别上需要尤为审慎。由于陈云出席过 1935 年 1 月的遵义会议，1982 年，中央档案馆送请辨认一份有关遵义会议的历史档案。陈云对档案的辨认十分审慎，丝毫不肯随意马虎。为了确定是否自己的笔迹，他使用了"交换、比较、反复"的认识方法，先是拿给过去常替他抄写手稿的夫人于若木看，又把档案放着仔细再看。② 在经过审慎核阅后，陈云通过秘书转告中央档案馆："这份东西是我的笔迹，是我在遵义会议后，为向中央纵队传达会议情况而写的传达提纲，时间大约是在从威信到泸定桥

① 《陈云年谱》下卷，中央文献出版社 2000 年版，第 318 页。
② 朱佳木：《听陈云同志谈党史》，《中共党史研究》2005 年第 4 期。

的路上。因为过了泸定桥，中央决定我去上海恢复白区组织，从那以后我就离开了长征队伍。这份东西很可能就是当时留下的，后被其他同志带到延安。"① 陈云为党史国史的史料开具了不少证明的书面材料，这些书面材料清晰准确，成为了史料甄别的有力原始证据，对党史国史的研究与宣传裨益匪浅。1982 年 6 月 12 日，陈云就长征初期任职等事宜复信中共黔东南苗族侗族自治州委宣传部，信中说，长征初期我与刘伯承均由中央派往五军团工作，刘是红军总参谋长兼五军团参谋长，我任五军团中央代表。到遵义后，刘任遵义卫戍司令，我任政委，并参加遵义会议。但我未参加过黎平会议。②

由于当时的历史文件也不严格，时隔久远，老同志们的回忆也不一致，许多党史国史的史料都需要反复甄别，陈云总是不厌其烦，以对历史高度负责的精神，一就是一，二就是二，知道就是知道，不知道就是不知道，具体到人，具体到事。1982 年 12 月 28 日，陈云书面回复中共党史资料征集委员会《关于遵义政治局扩大会议若干情况的调查报告（征求意见稿）》的一些问题，指出六届四中全会和五中全会都没有设书记处和常委，张闻天接替博古的工作只能是接替他在中央负总的责任，而不会是接替他任总书记，并明确说明董振堂没有参加遵义会议，自己没有参加通道会议。③ 陈云的书面答复厘清了遵义会议有关历史问题甄别中历史文件或一些同志回忆的错讹、误解之处，有效地还原了历史真相，

第二，本着历史唯物主义的态度，借助史实阐明对历史问题的态度。

陈云本着共产党员从事实出发负责任的历史态度，不仅提供党史国史的证明材料，而且借助史实阐明态度。1977 年，在审查中国革命博物馆《中共党史陈列》时，陈云针对陈列中有关瞿秋白盲动主义路线的说明词指出："'八七'会议后，党号召党员积极分子参加农村暴动。当时凡是积极分子都参加了，不是积极分子的就退党了。……错误是中央领导机关犯的，牺牲的人没有责任，而且，暴动也不都是瞿秋白盲动主义。"④ 1978 年 9 月，陈云给胡耀邦写信为徐懋庸作证，指出，"我确实记得毛主席讲过：'徐懋庸给鲁迅的那封信是错误的，因此鲁迅批评了他。但徐懋庸还可教书。'所以毛主席把徐懋庸安排在抗大当教员，以后徐懋庸就在抗大加入共产党"，"在延

① 《陈云年谱》下卷，中央文献出版社 2000 年版，第 296 页。
② 同上书，第 299 页。
③ 同上书，第 315—316 页。
④ 同上书，第 213—214 页。

安时我从来没有听毛主席说过三十年代上海文艺界两个口号的论争是革命与反革命的争论。也没有听毛主席说过'国防文学'是反革命的口号"。陈云力主在历史情境下去分析和理解历史人物的行为，尊重历史事实，对历史负责地分析和评价事件和人物。1983年11月10日，中国人民解放军总政治部罗荣桓传记组来信询问应当如何反映东北解放战争初期，毛泽东在指导方针上一些失误的问题。经过思考，1984年1月，陈云通过办公室复信，指出东北解放战争初期，由于我们进入这个地区的时间不过几个月，敌人的兵力也有变化，因此，对东北的情况还处在认识的过程。在这个过程中，对和战问题、作战方针问题提出这种或那种意见，都是可以的，也是需要的。我们应当这样来理解当时毛泽东给东北局的电报上提出的一些意见，而不应当把个别意见同实际情况不符说成是毛泽东在指导方针上有什么失误。① 对于林彪的评价，陈云也坚持历史唯物主义的态度放到史料基础上去分析，指出林彪作为四野的司令员，在当时正确的地方，我们也不必否定。②

第三，站在党和国家事业的高度上，积极推动解决个人历史问题。

"文化大革命"时期出现了许多冤假错案，陈云不计荣辱安危，勇于担当，本着知无不言言无不尽的作风实事求是地证明。1966年8、9月间，陈云复信和接见来访的天津工学院的学生，证明该学院副院长、党委副书记袁血卒历史上没有问题。③ "文化大革命"后，他关心老干部的平反问题，1976年11月25日，在接到黄克诚夫人请求允许黄回京治眼疾问题的信后，立即转交给华国锋、叶剑英，并附信历数黄克诚解放前后对中国革命的贡献，④ 陈云积极推动为刘少奇、彭德怀、陶铸等冤假错案平反。1978年12月，陈云就明确指出，刘少奇的冤案是党和国家的事情，他的这个案子是要平反的。同时，他也充分肯定肖劲光的历史功绩，亲自给肖劲光文集题写书名"一代元戎"。

中国革命的历程艰难，牺牲者众多。尤其是建党初期和隐蔽战线的牺牲者，严酷的环境使得知道他们活动情况的人非常少，难以留下可资证明的书面材料。因此，少数知情人的证明就显得极其宝贵，有时甚至是唯一证据。

---

① 《陈云年谱》下卷，中央文献出版社2000年版，第345页。
② 《对编写〈辽沈决战〉一书的意见》，《陈云文选》第3卷，人民出版社1995年版，第328页。
③ 《陈云年谱》下卷，中央文献出版社2000年版，第141页。
④ 同上书，第205页。

陈云尽自己所能为他所知道的牺牲者做出复查证明和客观评价,源于革命的幸存者对烈士的深厚感情,也留存了党史国史的相关史料。1983 年,陈云在同革命烈士子女的谈话中深情地说,我们的新中国是他们和千千万万先烈用生命换来的,今天的每一个胜利都有他们的一份功劳。我们活着的人,没有忘记他们,也不会忘记他们,我们的后人,以及后人的后人,也不会忘记他们。① 1977 年 10 月,陈云收到宗益寿之子的来信,反映"文革"中其父亲和叔叔的革命烈士称号被取消,请求陈云证明他们的革命历史问题。10 月 28日,陈云书面证明宗益寿及其弟弟宗益茂的革命事迹,认为他们都是中国共产党的忠诚党员,英勇奋斗为革命献出了自己的一生。② 1983 年 8 月 8 日为纪念任作民题词:"任作民同志于三十年代初在上海、四十年代初在延安,都曾与我共事过一个短时间,他是我党建党初期的老党员,是一个对工作认真负责的同志。"③

对于年代久远,仅有一面或数面之缘的人物,陈云力求详尽地认真回忆,不放过提供任何一个可能发现有价值线索的细节,帮助澄清和解决个人历史问题。1983 年 7 月 12 日,陈云复信四川仪陇县委询问该县席懋昭是否于三十年代护送他出川一事,信中说,1935 年红军长征过大渡河后中央决定派他去上海恢复白区党的组织,当时确有一位在灵关殿任小学校长的地下党员护送他到成都、重庆。如席做过灵关殿的小学校长,即可肯定席就是当年护送过他的那位同志。此后,陈云多次函电仪陇县委和四川省委,关心复查情况。四川省委组织部经查,席懋昭确实在 1934 年、1935 年当过灵关村的小学校长。1983 年 12 月 20 日,陈云亲笔为席懋昭写了翔实的证明材料,指出:"我认为,应当肯定席懋昭为革命烈士,并记下他在完成护送我出川这一党的重要任务中的功绩。"④ 对于自己不是很熟悉的同志,陈云也力图从多方面着手解决问题。1959 年 1 月 15 日,陈云复信中共中央组织部转江苏省昆山县委五人小组,答复他们所问 1930 年农民中的党员人数和名字问题时,提出李一谔烈士的弟弟李新民可能对当年农民党员的名字还记得。⑤

---

① 《同革命烈士子女的谈话》,载《陈云文选》第 3 卷,人民出版社 1995 年版,第 321 页。
② 《陈云年谱》下卷,中央文献出版社 2000 年版,第 216 页。
③ 同上书,第 335 页。
④ 同上书,第 331 页。
⑤ 同上书,第 5 页。

三　推动党史国史史料的征集、出版

党史国史史料的征集和出版利在当代，功在千秋，是存史工作的重要方面，陈云一向十分重视，提出了许多具体建议。1981 年 11 月 8 日，陈云在特科工作者座谈会上提出把"伍豪启事"的前前后后搞清楚。中央党史资料征集委员会和文献研究室、党史研究室根据他的意见，联合撰写了《伍豪启事的前前后后》一文，说明"伍豪启事"完全出自敌人之手，我党地下组织在其刊登后即采取巧妙办法给予了揭露，陈云对文章十分重视，认真审阅了全文和全部附件，并要秘书按他的意思起草说明，由他逐字审定。①。《伍豪启事的前前后后》写作过程中积累了大量史料，因而事实确凿，极具说服力和史料价值。

党史国史回忆史料不仅具有极其珍贵的第一手史料价值，而且有亲历者从各个角度出发的所思所想，在翔实反映历史全貌方面不可复制，应加以编辑出版，以供研究工作者参考和一般读者了解和认识历史。这与陈云一向提倡的"不唯上、不唯书、只唯实，交换、比较、反复"的实事求是思想是一致的。1981 年 7 月，中央宣传部与中央组织部、社科院文学研究所等有关部门遵循陈云的意见，由贺敬之主持建立了革命文艺运动若干历史问题研究小组，社科院文学所搜集了 60 多位左联盟员写的文章，编辑出版了《左联回忆录》一书，另外还编辑出版了《"革命文学"论争资料选编》和《"两个口号"论争资料选编》两书。② 陈云对这批史料的征集出版工作始终牵挂在心，在担任党中央副主席的时候，在百忙之中请秘书打电话询问有关上海 30 年代文艺界重大问题的材料工作办得怎么样，并要求阅看。③ 陈云还建议党史国史的亲历者和见证者多写纪念文章。1982 年 11 月，陈云亲自致信与潘汉年一起工作过的夏衍，请他写一篇纪念潘汉年的文章，夏衍欣然从命。同年 11 月 23 日《人民日报》上发表了夏衍写的《纪念潘汉年同志》一文。④ 上述陈云辨明的遵义会议文件，1983 年 8 月由中共中央党史研究室编辑的《中共党史资料》第六辑刊出，题为《遵义政治局扩大会议传达提纲》，是

---

① 朱佳木：《听陈云同志谈党史》，《中共党史研究》2005 年第 4 期。
② 荣天屿：《陈云同志求真务实的文艺观》，《百年潮》2005 年第 6 期。
③ 同上。
④ 《陈云年谱》下卷，中央文献出版社 2000 年版，第 310 页。

迄今为止所发现的有关遵义会议内容的最为完整的原始材料。① 在陈云推动下征集和出版的这些史料为有关党史国史问题的研究提供了新的史料基础。

陈云注重党史国史史料征集、出版的科学性和权威性。1983 年 7 月 7 日，陈云为《辽沈决战》题写书名后，8 月上旬就编辑方针和方法问题同秘书进行了八次谈话，建议把这本书的编辑作为党史资料征集委员会的一个项目，由辽沈战役纪念馆和它合编。在了解到该书只是收入了战役参加者的回忆文章后，陈云认为，可以加入一些重要的历史文件和各方面有代表性的同志的回忆文章，使人们不仅能够从这本书中看到辽沈决战胜利的经过，而且能够看到胜利的各种基本原因。② 陈云注重书的权威性，建议一批曾在东北工作过的老同志组成编审领导班子，书编好后，要送中央军委、尚昆同志把关。改编的工作也许要花一两年的时间，不过，只要能把这段历史立全面、立准确，多花些时间是值得的。③ 根据陈云的意见，该书进行了改编。为了说明辽沈战役国共双方的战略、战术和兵力部署，在第十篇专门收集了原国民党四位将领的回忆文章，并附有东北三年解放战争的大事记、战斗序列、省军级干部名单和各种统计资料、要图。这部书系统全面地集中了东北解放战争时期的党史的史料。

陈云通过题写书名、馆名等方式引导党史国史史料的征集、出版。陈云鼓励通过多种形式出版史料集，曾为《中国职工劳模列传》、《向警予文集》、《张浩纪念集》、《孙冶方颂》等题写书名。对地方收集史料编写志书、专门史的工作，陈云也一向支持，曾为上海青浦县博物馆和《青浦县志》题写馆名、书名，为《沈阳市志》题写书名。1986 年，陈云接到上海商务印刷厂的信，该厂在信中汇报了计划编写工运史，恢复厂名，并请求陈云题写"商务印书馆上海印刷厂"。不久，上海市委宣传部就通过出版局通知厂长去拿陈云的信，陈云不仅为他们写了上海商务印刷厂的厂名，还题词："发扬革命传统，做好印刷工作"。④

党的十八大召开后，党和国家各项事业继续推向前进，党史国史事业也焕发了新的生机和活力，贯彻落实习近平总书记关于党史国史这门功课不仅

---

① 《陈云年谱》下卷，中央文献出版社 2000 年版，第 296 页。
② 《对编写〈辽沈决战〉一书的意见》，《陈云文选》第 3 卷，1995 年版，第 326 页。
③ 同上书，第 329 页。
④ 陈云故居暨青浦革命历史纪念馆编《走近陈云：口述历史馆藏资料辑录》，中央文献出版社 2008 年版，第 272 页。

必修，而且必须修好的重要指示精神，充分发挥党史国史资政育人的作用，仍然必须做好存史工作。历史是最好的教科书。重温陈云从历史唯物主义出发重视党史国史存史工作的历史，有助于坚持和发展中国特色社会主义，最终实现美好的中国梦。

胡乔木对我国社会主义精神文明建设的晚年思考

鲁书月

（邯郸学院）

精神文明建设是中国特色社会主义建设的重要内容。邓小平指出："我们要建设的社会主义国家，不但要有高度的物质文明，而且要有高度的精神文明。"① 遵照邓小平的要求，胡乔木晚年就社会主义精神文明的内涵、精神文明建设的重要性、精神文明和物质文明的关系、社会主义精神文明所要求的主导价值观以及如何进行精神文明建设等问题做了深入的研究，提出了许多有价值的新认识。

改革开放后，最早提出应该加强社会主义精神文明建设的是时任中国科学院副院长的李昌同志。对此，胡乔木回忆说，1979 年在为叶剑英准备建国三十周年讲话的过程中，"李昌同志曾向我们起草讲话稿的同志谈过，所以在剑英同志的讲话里就提出了建设社会主义精神文明的问题。但是当时提得不充分。"② 1980 年 12 月 16—25 日，中共中央在北京召开工作会议，李昌在会上致信邓小平，"再次提出这个问题"。③ "小平同志对这个建议非常赞赏"。④ 这次工作会议对此问题进行了专题讨论，邓小平也在闭幕会上就社会主义精神文明建设进行了论述。⑤

1981 年 3 月间，为加强社会主义精神文明建设，全国开展了"五讲"、"四美"文明礼貌活动。以后，邓小平"在讲话中多次谈到建设精神文明，

---

① 《邓小平文选》第 2 卷，人民出版社 1994 年版，第 367 页。
② 《胡乔木文集》第 2 卷，人民出版社 1993 年版，第 562 页。
③ 同上。
④ 同上。
⑤ 《邓小平文选》第 2 卷，人民出版社 1994 年版，第 367 页。

直到十二大把它与建设物质文明并举，作为实现现代化的四项保证之一"。①
尽管不是胡乔木首先提出，但他却对这个问题进行了深入系统的研究。

一 关于社会主义精神文明的内涵

首次把精神文明分为文化建设和思想建设两大部分。社会主义精神文明
建设包括哪些内容？1981 年 11 月，胡乔木在起草时任国务院总理的赵紫阳
向五届全国人大四次会议做的政府工作报告时，对初稿中"加强精神文明建
设"部分做了修改。他把精神文明建设分成文化建设和思想建设两大部分。
在政府工作报告中做了如下表述："精神文明的范围很广，它的主要内容必
须包括两个方面：一方面是教育、科学、文化、艺术、卫生、体育事业的发
展规模和发展水平。……另一方面是社会政治思想和伦理的发展方向和发展
水平。这是由社会制度的性质所决定，并且强烈地反作用于社会制度性质
的。……我们要通过有效的宣传教育工作、思想政治工作和其他多方面的工
作，通过进一步发展社会主义民主和健全社会主义法制，使我们的社会成员
愈来愈广泛地树立社会主义和共产主义的思想、道德风尚和劳动态度，树立
高尚的思想情操、生活方式和审美观念，树立自觉的守法精神和高度的组织
性纪律性，坚持个人利益和局部利益服从整体利益，眼前利益服从长远利
益，一切为了社会主义的四个现代化，一切为了社会主义祖国，发扬崇高的
爱国主义和国际主义精神。"② 在此之前，对精神文明的内涵的解释一般是笼
统的，是胡乔木把它做了概括并分成两大部分。胡乔木对社会主义精神文明
内涵的解释，被 1982 年 9 月召开的党的十二大所采纳。③

二 关于物质文明和精神文明的关系

精神文明和物质文明是什么关系？有人认为是精神和物质的关系。胡乔
木说，"不能认为物质文明和精神文明的关系是物质和精神的关系，因为这

---

① 《胡乔木文集》第 2 卷，人民出版社 1993 年版，第 562 页。
② 中共中央文献研究室编《三中全会以来—重要文献选编》（下），人民出版社 1982 年版，第
976 页。
③ 程中原：《1977—1982 胡乔木对中国特色社会主义的贡献》，《党史教学与研究》2006 年第 3
期。

两种文明尽管包括的范围很不相同，却都是物质和精神相互间复杂关系的产物。精神文明不能够离开一定的物质条件，但它并不是物质文明的派生物或附属品，它只能由思想战线全体同志、全党和全国各族人民在思想政治文化方面进行长期奋斗而产生和发展。"①

1982 年的 4 月 3 日，邓小平对起草十二大报告发表意见，把发展社会主义精神文明提到战略的高度，指出是实现社会主义现代化建设的四项保证之一。② 在邓小平的启发下，胡乔木 4、5 月间，在主持起草十二大报告时，对二者关系又做了进一步的阐释。5 月 1 日晚，胡乔木同起草组同志谈话时指出，精神文明方面，要讲精神文明和物质文明的关系。精神文明是上层建筑，物质文明是经济基础。精神文明是生产力和生产关系的重要体现。但生产力本身不能解决精神文明问题，只解决生产关系也不一定能解决精神文明问题。这要从理论上说清楚。认为有了先进的生产关系，其他一切问题都解决了是不符合实际的。5 月中旬讨论十二大初稿时，胡乔木明确提出两个观点：一是社会主义精神文明建设是以共产主义思想为核心的；二是社会主义精神文明是社会主义的重要特征。③

1982 年 9 月中共十二大召开，由胡乔木主持起草的十二大政治报告对物质文明和精神文明的关系做了这样的阐述："精神文明和物质文明在社会主义建设中的关系是十分密切的，物质文明的建设是社会主义精神文明建设不可缺少的基础。社会主义精神文明对物质文明的建设不但起巨大的推动作用，而且保证它的正确的发展方向。两种文明的建设，互为条件，又互为目的"。④

1982 年 10 月 8 日，胡乔木就物质文明和精神文明为什么是互为条件、互为目的解释说："我们建设社会主义，这是一种物质建设，但是建设社会主义是为了什么？不仅是为了造成许多工厂、铁路、矿山、机器，而且是要造就社会主义的人与人之间的关系，要求有社会主义的人的精神面貌。所以，我们建设社会主义物质文明，在这个意义上说，就是为社会主义精神文

① 《胡乔木文集》第 2 卷，人民出版社 1993 年版，第 483—484 页。

② 中共中央文献研究室编《邓小平年谱》（下），中央文献出版社 2004 年版，第 810—811 页。

③ 程中原：《1977—1982 胡乔木对中国特色社会主义的贡献》，《党史教学与研究》2006 年第 3 期。

④ 李颖：《从一大到十六大》（下），中央文献出版社 2002 年版，第 668—669 页。

明创造条件。而社会主义的精神文明又是要求人们不断地发展人民的物质幸福，因此，社会主义精神文明又是建设社会主义物质文明的动力。所以它们是互为条件、互为目的的"。①

胡乔木还对社会主义精神文明里面的文化建设、思想建设互相促进的关系做了进一步的说明。他说："我们要不断提高自己的思想觉悟，这种思想觉悟不能靠一种朴素的情感、简单的常识来求得，是需要掌握人类历史发展的知识。不但历史上的知识，而且现在的知识，我们都需要掌握。只有这样，才能使我们所坚持的先进的思想，不是一种简单的信仰，而是一种科学的结论。只有这样，我们才能够在对待任何复杂问题的时候，都不至于慌乱，都不至于迷糊。当然，文化是不能离开思想的，报告里面讲文化建设也必须是在共产主义思想指导下发展。我们的科学、教育、文化各种事业都是在共产主义思想指导下发展的。所以，文化的建设和思想的建设是不能分开的，是互相促进的。"②

1986 年 9 月 28 日，在党的十二届六中全会上，胡乔木又进一步指出：物质文明和精神文明是互相渗透、互相促进的并相互独立，其发展是不同步的。精神文明和物质文明的关系，不同于社会意识和社会存在、上层建筑和经济基础的关系。二者都有其独立的意义和自身的发展目的。他认为，《中共中央关于社会主义精神文明建设指导方针的决议》提出"物质文明为精神文明的发展提供物质条件和实践经验，精神文明又为物质文明的发展提供精神动力和智力支持，为它的正确发展方向提供有力的思想保证"。这个提法正确地表述了两者的关系。二者互为目的，又互为条件。我们讲两个文明一起抓就是基于这样一种观点提出来的。正因为物质文明和精神文明既有密切关系又是相互独立的，所以二者的发展并不都是同步的，这种现象在历史上是屡见不鲜的。

三　关于社会主义精神文明建设的核心

胡乔木明确提出社会主义精神文明建设要"以共产主义思想为核心"之后，他在不同的场合对要"以共产主义思想为核心"这个观点给以阐述和宣

---

① 《胡乔木文集》第 2 卷，人民出版社 1993 年版，第 220—221 页。
② 同上书，第 221 页。

传。他认为：共产主义有两方面的含义：一方面是指将来要实现的一种社会制度，一方面是指关于为什么要和怎样才能实现这种社会制度的思想。他是在后者的意义上谈共产主义思想的。他说："没有共产主义思想的共产党，没有共产主义道德的共产党，能够设想吗？社会主义社会中的违反共产主义思想、违反共产主义道德的领导，能够设想吗？当然不是说，所谓共产主义思想的领导，就是要在现在建成共产主义。这当然是不现实的。"①

胡乔木认为：社会主义思想就是现行制度的完善化、理论化，这当然是需要的，但是不能以此为最高理想。社会需要不断地进步，社会主义社会也需要不断地进步。我们共产党员是一切社会进步的急先锋。所以，我们决不能够满足于按劳分配，如果停止在按劳分配阶段，那末我们就不是共产主义者了。所有的党员在坚持共产主义思想、共产主义精神、共产主义道德、共产主义劳动态度这个根本问题上，丝毫都不能含糊。如果有一点含糊，我们就会在群众里造成思想混乱，就会在群众里歪曲我们党的形象，削弱我们党的威信。另外，他认为，在改革开放的新时期，要抵抗资本主义思想的侵蚀，单靠社会主义的按劳分配原则是不够的，"主要要靠共产主义思想才能抵抗资本主义思想的侵蚀"。② 当然，他也明确指出：我们现在大力提倡共产主义思想的宣传和实践，决不是说我们现在又要刮什么"共产风"，不让发展集体所有制以至个体所有制，不让彻底实现真正的按劳分配。我们现在是在建设社会主义社会，是在完善社会主义的各项生产关系和它们的各项"上层建筑"，"我们决不允许采取任何超越社会发展阶段所允许的主观主义的、空想主义的和冒险主义的政策，如果那样做，那就只能破坏我们的社会主义制度，也就是破坏我们的共产主义事业，从而必然招致失败。那种失败的苦头我们已经尝够了，我们已经学习得聪明多了，决不会再去干过去曾经干过的那些蠢事。但是，同样必须弄清楚的是，我们不能因为这一切就忘记了自己是共产主义者，就忘记了只有科学共产主义的思想才能指导我们建设好社会主义社会。"③ 他强调，在现阶段宣传共产主义思想有两条界限要掌握好：一是不要把宣传共产主义思想同执行现行政策混淆起来，二是不要把对共产党员和先进分子的要求同对广大群众的爱国主义教育、社会主义教育和其他

---

① 《胡乔木文集》第 2 卷，人民出版社 1993 年版，第 452 页。

② 同上书，第 549 页。

③ 同上书，第 547 页。

思想教育的要求混淆起来。"只要把住了这两条界限，正确地宣传共产主义思想，只会使社会主义物质文明建设和精神文明建设日益兴旺发达。"①

四 关于确立社会主义主导价值观的思考

社会主义社会应该确立以贡献社会、服务人民为荣的"人的价值"观念。改革开放后，多元的经济形态带来了相互碰撞的多元的价值观念。在这种情况下，社会主义社会的中国，究竟应该提倡什么，反对什么，应该树立什么样的主导价值观呢？胡乔木认为，在进行精神文明建设时必须对这个问题给以正确的回答。社会主义社会的性质决定我们越是在这种情况下，越要坚决地、理直气壮地、旗帜鲜明地提倡以贡献社会、服务人民为荣的价值观念。他说："尤其必须着重指出的是，我们决不能只从社会给予个人这方面来谈'人的价值'。因为社会要能够提供实现其每个成员的'人的价值'的条件，首先就需要把它们创造出来。所以，评价一个人的价值，不仅在于他的存在和需要是否从社会、从他人那里得到承认和满足，更重要的是在于他为社会、为他人尽了什么责任，作了什么贡献。"② 人的价值，"在我国，在今天，首先就是为建设社会主义物质文明和精神文明作出贡献"。③ 他还说："实际上，不仅马克思主义者这样理解，人类历史上的许多先进分子，也是更强调从个人贡献于社会这方面来谈'人的价值'。例如宋朝的范仲淹所说的'先天下之忧而忧，后天下之乐而乐'，就包含着这种意思。著名的正直的伟大科学家爱因斯坦说得更明确：'一个人的价值，应该看他贡献什么，而不应该看他取得什么。'又说：'一个人对社会的价值首先取决于他的感情、思想和行动对增进人类利益有多大作用。'"④ 胡乔木批评那些只讲索取的极端个人主义者，"并非马克思主义者的爱因斯坦所能深刻理解的道理，在社会主义社会中应该成为常识的道理，我们的一些同志竟然不加考虑，而一味片面地从个人需要的角度提出人的价值问题，这是很奇怪的。"⑤ 他说：

---

① 《胡乔木文集》第 2 卷，人民出版社 1993 年版，第 644 页。
② 同上书，第 604 页。
③ 同上书，第 605 页。
④ 同上。
⑤ 同上。

"文化大革命"中，"忽视人民群众权益的'左'的错误确实需要纠正，"① 但反过来，就片面地只从个人需要方面强调人的价值同样是不对的。总之，"社会主义的原则应该是……社会利益和个人利益的统一，享受和劳动的统一，权利和义务的统一，自由和纪律的统一"。② 社会主义的国家必须以满足最广大人民的利益作为工作的出发点和归宿点，但在社会中不能提倡极端个人主义，极端个人主义是我们不提倡也不应该成为我们社会主义社会主导价值的。

他认为：就社会主义的国家而言，"就应该和能够真正做到对每个劳动者及其劳动和劳动成果的尊重，就应该和能够真正把满足社会成员日益增长的物质和文化需要作为社会生产的目的，就应该和能够为劳动者的才能的发挥和发展逐步创造必要的社会条件。"③ 就个人而言，应坚持国家利益、人民利益至高无上，应该以贡献国家、服务人民作为实现自己人生价值的最高选择，反对极端个人主义、本位主义和一切向钱看的思想和行为。这是胡乔木对确立社会主义主导价值观理性思考之一。

社会主义社会应该确立把国家和人民利益放在首位而又充分尊重个人合法利益的社会主义义利观。他认为：在确立以国家利益、人民利益为重的社会主义价值观时，还应该承认物质利益和合法的个人利益原则，应该国家、集体、个人三者统筹兼顾。他说，"文革"中，"四人帮"反对把个人利益和集体利益结合起来，根本否定个人利益，这是一种完全违反马克思列宁主义的反动思潮。这是胡乔木对确立社会主义主导价值观理性思考之二。

倡导构建社会主义人与人之间平等、互助、诚信、友爱的社会关系。胡乔木认为："造就社会主义的人与人之间的关系，要求有社会主义的人的精神面貌。"④ 其"根本要求就是实现人与人之间的互相尊重、人与人的平等"，⑤ 应该倡导我为人人、人人为我的社会风尚，"排除旧社会那种损人利己、尔虞我诈的关系"。⑥ 建立平等的、互助的、互相尊重的团结友爱的人与人之间的关系，这是中国特色社会主义的价值取向区别于资本主义社会价值

① 《胡乔木文集》第2卷，人民出版社1993年版，第604页。
② 同上书，第607页。
③ 同上书，第615页。
④ 胡乔木传编写组：《胡乔木谈中共党史》，人民出版社1999年版，第192页。
⑤ 杨尚昆等：《我所知道的胡乔木》，当代中国出版社1997年版，第167页。
⑥ 《胡乔木文集》第2卷，人民出版社1993年版，第615页。

取向的特点之一。他认为，如果我国经济上去了，社会风气却坏了，精神文化萎缩了，那将是我们民族的悲哀。社会主义社会应该体现出对"绝大多数人民的权利、利益、人格的尊重和关心，体现出绝大多数人民对共同利益的共同关心以及人民之间的相互尊重和关心"。① 由此"在全体社会主义劳动者的广大范围内形成社会主义的伦理关系"。②如果社会主义国家的"人们还是自私自利，唯利是图，不但不能统筹兼顾，团结互助，而且还要不择手段地互相敲诈、谋害，相互之间没有一种同志爱、邻人爱、同胞爱，没有舍我为人，舍己为群、舍私为公的精神，没有高尚的理想，高尚的情操，没有对于革命前途的坚定信念，没有为革命斗争所必需的组织性纪律性，那么，我们还能说这种社会的精神状态比资本主义社会的精神状态有什么优越性吗？我们的革命难道就是为着建设这样一种社会吗？而且，如果没有一定的社会主义精神文明，社会主义的物质文明就不可能建设，建设起来的也必然要受到破坏"。③。

共产党员、党的干部和先进分子应该确立以全心全意为人民服务为宗旨、以无私奉献为准则的高尚的共产党人的价值观。党员特别是党的干部，思想觉悟高低直接影响到他对是非、善恶、美丑的判断及如何行使手中的权力；直接影响到一个地方一个单位乃至社会的风气；直接关系到社会公平正义及人民群众的福祉。因此，胡乔木极力主张，在改革开放经济转型带来利益多元化，观念多元化的情况下，广大共产党员特别是党的干部绝不能混同于一般的老百姓。党对自己的党员和党的干部以及先进分子的教育和要求绝不能混同于普通群众。我们要建立的精神文明，当然不可能在全社会都是共产主义的，但对于共产党员和党的干部来说，如果离开了共产主义的思想、共产主义的道德，那么我们怎么来建设社会主义的精神文明呢？对共产党员和党的干部，必须进行以共产主义思想为主导的思想教育。他还认为，社会主义要发展商品经济，在经济领域必须重视和运用价值规律，讲等价交换，但决不能把商品交换的原则引入党内政治生活。

那么，胡乔木提出的"共产主义思想"、"共产主义精神"究竟是什么意思？笔者认为：他所说的"共产主义思想"、"共产主义精神"，其实质就

---

① 《胡乔木文集》第二卷，人民出版社1993年版，第615页。

② 同上。

③ 同上书，第484页。

是在任何情况下都要有一种无私的不计报酬的奉献精神和牺牲精神，也就是全心全意为人民服务的精神。之所以他不厌其烦地坚持"共产主义思想"、"共产主义精神"，是由于他认为，是否具有这种奉献精神和牺牲精神，是共产党员区别于一般的群众、永葆其先进性的根本之所在。在他看来：社会主义与资本主义的一个重要的区别就是："要求有社会主义的人的精神面貌。"①而发展生产力、发展教育、科学、文化、艺术等是任何性质的国家要发展都必须要提倡的，只有共产主义思想也就是这种牺牲精神和奉献精神是不同的。正是出于这样的考虑，他才反复强调这个问题。同时，也出于对改革开放带来的负面影响特别是对中共党员、党的领导干部被腐化的担心。他认为："要抵抗资本主义思想的侵蚀，单靠社会主义的按劳分配原则是不够的，……主要要靠共产主义思想才能抵抗资本主义思想的侵蚀"。②

胡乔木的担忧不是没有道理的。在改革开放的今天，特别是党的领导干部，如果没有一定的思想境界，没有一种奉献精神，要在权利、金钱、美女面前不打败仗是不容易的。现实生活中，多少党的干部被拉下水，首先是从理想、信念动摇开始的。所以，胡乔木说："所有的党员在坚持共产主义思想、共产主义精神、共产主义道德、共产主义劳动态度这个根本问题上丝毫都不能含糊。如果有一点含糊，我们就会在群众里造成思想混乱，就会在群众里歪曲我们党的形象，削弱我们党的威信。"③

党员和党的干部的作风，反映着一个执政党的党风、政风，左右着一个社会的民风，对群众的道德心理、道德取向、道德意识影响甚大。其身正，不令则行；其身不正，虽令不从。领导干部的道德素养和道德形象，是一种无形的人格力量。好则取信于民，凝聚人心，推动发展；坏则损害形象，涣散斗志、耽误事业。胡乔木极力主张对我们的党员和干部、先进分子要高标准、严要求，用共产主义思想和道德要求他们。事实上，胡乔木的这个主张，并不是他的创造，这是从建党始我党就提出的要求。然而，就是这个中共坚持了多年的共产党人的价值观，在改革开放后的 80 年代乃至今日却反而成了问题，成了在社会上颇有争议的问题。有人认为，在商品经济、市场经济的今天讲奉献、讲理想是不适宜的。轻则笑你傻，重则说你"左"。而

① 胡乔木传编写组：《胡乔木谈中共党史》，人民出版社 1999 年版，第 192 页。
② 《胡乔木文集》第 2 卷，人民出版社 1993 年版，第 549 页。
③ 同上。

现实是无情的，综观被腐蚀犯错误的党员干部，恰恰都是从理想信念动摇开始的，这不能不为我们敲响警钟。卢之超先生在 1997 年回忆说：胡乔木 1980 年讨论中共第二个《历史决议》时说："新政策下肯定会出现许多新问题，许多阴暗面。……这种忧虑和警告，他谈过多次。后来他甚至说，毛主席发动'文化大革命'，大喊'狼来了'，完全是无中生有；将来可能真的'狼来了'，人们反而不注意、不相信了。"① 时过三十载，中国共产党在战争年代和新中国成立以后培育的以破私立公、无私奉献、为人民服务为特征的革命传统，是我国宝贵的精神财富，是中华民族屹立于世界民族之林并引以为自豪的精神优势，也是精神文明建设的重要内容之一。然而时过境迁，这些优良传统究竟还有多大分量？我们的共产党人、先进分子还有多少人在坚信、坚守和发扬，对这个问题，仁者见仁、智者见智。这个问题不能凭理论家的判断为依据，也不能凭政治家的感觉下断言，而要看社会实践，看各类人群的思想境界、道德操守，看作为先进分子的共产党员特别是党员干部的思想行为，看人民群众、特别是占人口大多数的底层人民群众的实际状况，以及我们下一代人的精神状况。各种信息提示我们，信仰不明，道德沦落，文化低俗的气氛正在弥漫，对中华民族的复兴造成了严重的困扰。这一切都说明了胡乔木在理论上的深刻性和预见性，尽管他的这些思想后来不断被境内外右派们攻击为"左"的思想，但历史事实证明了而且仍在证明着他的分析。

五　建设高度的社会主义精神文明，是中共对马克思主义理论的重要发展

　　胡乔木认为，中共在改革开放的新时期提出的社会主义精神文明建设，"是对于毛泽东思想和马克思主义的重要的发展。"② 他说，毛泽东就没有讲过社会主义精神文明。毛泽东的确讲过，人在改造客观世界的同时也改造自己的主观世界，人是要有一点精神的这一类的话，但是也就是讲到这里。提出社会主义的精神文明和物质文明，要建设两个文明，这样重大的纲领性的口号，在全世界现在还只有中国，只有中国共产党。苏联也讲精神文明，但

---

① 杨尚昆等：《我所知道的胡乔木》，当代中国出版社 1997 年版，第 166 页。
② 《胡乔木文集》第 2 卷，人民出版社 1993 年版，第 574 页。

没有这样的提法。提出建设社会主义精神文明与物质文明并列，并"把这个运动提到一种纲领性的地步"，它"对于中国革命、对于中国社会主义事业的前途可以说是有非常伟大的意义"，① 特别是在道德滑坡的今天。

六　围绕"以共产主义思想为核心"的争论

自 1982 年 5 月中旬胡乔木提出社会主义精神文明建设要以"共产主义思想为核心"，并把这个表述和思想写进党的十二大政治报告后，社会主义精神文明建设取得不小的进展，但同时也存在着不小的争论，特别是在 1986 年为最甚。对这个问题，在中共高层，认识也不尽一致。

《炎黄春秋》在 2004 年第 10 期、2005 年第 11 期、2006 年第 1 期分别刊登田纪云同志的《近距离感受胡耀邦》、郝怀明先生的《耀邦指导我们起草中央文件——胡耀邦与"精神文明建设决议"》、余广人先生的《"以共产主义思想为核心"修正的风波》三篇文章。《上海党史与党建》2005 年 12 号刊登本刊特约记者刘海音的访谈：《回忆在耀邦主持下起草精神文明建设决议——龚育之访谈录》等。在这些文章中，都回忆了这样一个事实：即 1986 年在起草《中共中央关于社会主义精神文明建设指导方针的决议》时，就要不要把"以共产主义思想为核心"这句话写进决议发生了激烈的争论。胡乔木等主张要写进去，理由是：不"以共产主义思想为核心"，我们的社会就是畸形的社会。由于在现实工作中出来了不少不好的东西，精神文明决定有必要在分辨是非、澄清混乱、提高认识、统一思想方面，下一番功夫。如果这次模糊起来，经过实践检验证明正确的重要原则和论断，如果这次不再提了，造成的后果，是严重的；而有的主张不写。理由是："以共产主义思想为核心"的含义，在不同的范畴中可以做不同的解释，"以共产主义思想为核心"的社会主义精神文明建设的提法，容易引起误解。用共产主义思想作为全民范围精神文明建设的核心，同我们党的现行政策，特别是经济改革和经济政策不吻合，在实际工作中必然会产生许多纠缠不清的问题。要求全国不同的阶层和人群都以共产主义思想对待精神文明，事实上办不到，在我们的思想政治工作中容易助长许多错误倾向的发生。这个提法使台、港和华侨等广大爱国人士难以理解，增加不必要的疑虑，对统一祖国反而不利。

---

① 《胡乔木文集》第 2 卷，人民出版社 1993 年版，第 575 页。

他们认为，不再沿用这个提法，丝毫也没有隐瞒或降低我们党的最高纲领。

在这个问题上，笔者是赞成后者观点的。首先，在社会主义初级阶段，在一个要面向全国各阶层群体提出的要求中，提倡"以共产主义思想为核心"未必适用，执行起来可能会发生许多矛盾。笔者觉得后者的分析更贴近实际。其次，胡乔木提出的"以共产主义思想为核心"，在一定程度上反映了他对共产主义的认识还是有急于求成的一面。这也表现在80年代初，他对共产主义"渺茫论"的批判上。晚年胡乔木"反思历史，觉得以前把目标想得太近"，① 后来的他，更注重实际了。

再次，不管当时还是现在，对这件事有人总是用"左"和右来评判，他们把胡乔木等人的主张说成是"左"，而把后者的主张说成右。笔者认为，在党的会议上讨论问题，发表各种不同的意见，都是应该允许的，都是很正常的，以"左"和右这种简单化的是非评判标准来评判这件事，并给这些同志扣上什么"左"和右的帽子未必是合适的。还是有什么问题就说什么问题好。

就胡乔木而言，他提出的"以共产主义思想为核心"，决不是说我们现在又要刮什么"共产风"。他明确指出：决不允许采取任何超越社会发展阶段所允许的主观主义的、空想主义的和冒险主义的政策，如果那样，那就只能破坏我们的社会主义制度，也就是破坏我们的共产主义事业，从而必然招致失败。他是要提倡一种精神，一种不同于资本主义国家的价值观。要有社会主义的精神面貌，而这种精神、这种价值观主要是强调要有奉献精神、有集体主义精神，要能够正确处理个人与集体、个人与国家、个人与社会的关系；特别是党员和党的干部，要始终有共产主义的远大理想，有全心全意为人民服务的奉献精神等。其实，现在看来，这种精神在市场经济的今天太缺乏了，太需要了，既然是共产党的国家，既然是社会主义社会，就应该大胆地，理直气壮地宣传这种精神。

胡乔木特别担心由于改革开放使中共的优良传统被丢失。他想既搞好改革开放，又使共产党人远大的理想得以保持，那种全心全意为人民服务的牺牲精神和奉献精神得以发扬。而不是经济发展了，道德沦丧了，党的干部腐败了，社会风气变坏了。但在这个决议中提倡奉献精神是否要用"以共产主义思想为核心"来表述确实是值得商榷的。

---

① 杨尚昆等：《我所知道的胡乔木》，当代中国出版社1997年版，第174—175页。

胡乔木是我国实现工作重点转移和改革开放路线的热情鼓吹者和倡导者之一，也是他在党内较早地思考如何应对由于实施新的改革开放政策而必然带来的消极负面影响，如何坚持和构建与改革开放政策相适应并能为经济建设健康发展提供持久的智力和精神支持的新的价值体系。他认为：任何民族、任何国家、任何社会的存在和发展都需要有一定的社会主导价值观的强力支撑，我国的经济建设也不例外。他是把社会主义精神文明建设放在社会主义重要特征的高度来思考这个问题的。在全面实施社会主义核心价值观的今天，回顾三十多年前胡乔木有关这方面的思考，仍是深受启迪，发人深省。

用唯物史观重新审视中共党史若干问题

武 力

（中国社会科学院当代中国研究所）

迄今为止，中国共产党 93 年的历史，可以大致分为两个时期，第一个历史时期是 1921 年党建立至 1949 年新中国建立前，这个历史时期党的主要任务是完成民主革命任务，为中华民族的独立、解放奋斗，为中华民族赶上和超过发达国家、实现现代化扫清帝国主义、封建主义和官僚资本主义障碍，建立一个独立、民主的新中国。第二个历史时期是 1949 年新中国建立至今，这个历史时期的主要任务是保证国家安全和统一、完成工业化、建立健全社会主义制度，从根本上来说，就是建立起繁荣富强的社会主义国家，实现中华民族的伟大复兴。从这两个历史时期来看，实质上都是在 1840—1945 年中华民族落后挨打的背景下，中华民族在中国共产党领导下奋起直追、实现伟大复兴的历史。因此，研究中共党史，就不能不研究中国近代以来经济发展与制度变迁互动的历史，不能不了解中国经济发展过程中的障碍、不利条件、有利条件，不能不了解经济发展与国际环境的关系、经济发展与国家安全的关系，经济发展与政治制度、文化传承的关系。而要全面了解和正确认识上述历史关系，离不开马克思主义唯物史观的指导，应该从马克思历史唯物主义和辩证唯物主义基本原理出发去分析。

马克思在《〈政治经济学批判〉序言》中曾经指出："我们判断一个人不能以他对自己的看法为根据，同样，我们判断这样一个变革时代也不能以它的意识为根据；相反，这个意识必须从物质生活的矛盾中，从社会生产力和生产关系之间的现存冲突中去解释。"又说："所以人类始终只提出自己能够解决的任务，因为只要仔细考察就可以发现，任务本身，只有在解决它的物质条件已经存在或者至少是在生成过程中的时候，才会产生。"① 本文就是

---

① 《马克思恩格斯选集》第 2 卷，人民出版社 1995 年版，第 33 页。

试图运用这个基本原理来分析中共党史中的若干问题。

一 经济结构决定资产阶级不能完成民主革命任务

马克思在《资本论》第一版的序言中说："在其他一切方面，我们也同西欧大陆所有其他国家一样，不仅苦于资本主义生产的发展，而且苦于资本主义生产的不发展。除了现代的灾难而外，压迫着我们的还有许多遗留下来的灾难，这些灾难的产生，是由于古老的、陈旧的生产方式以及伴随着它们的过时的社会关系和政治关系还在苟延残喘。"①

列宁主义也有关于帝国主义时代殖民地、半殖民地革命的学说。1919 年 11 月 22 日，列宁在全俄东部各民族共产党组织第二次代表大会上的报告中做了比较具体的说明。他指出："东方大多数民族的处境比欧洲最落后的国家俄国还要坏"。1977 年 10 月，邓小平在同加拿大林达光教授夫妇谈话时说："列宁在批判考茨基的庸俗生产力论时讲，落后的国家也可以搞社会主义革命。我们也是反对庸俗的生产力论，我们采取了和十月革命不同的方式，农村包围城市。当时中国有了先进的无产阶级的政党，有了初步的资本主义经济，加上国际条件，所以在一个很不发达的中国能搞社会主义。这和列宁讲的反对庸俗的生产力论一样。"②

从 19 世纪末，第二次工业革命使少数资本主义国家国力大增，资本主义开始进入由少数发达资本主义国家对世界资源和市场瓜分完毕并不断重新瓜分的阶段。这种以战争的形式、以殖民地和半殖民地为掠夺对象的重新瓜分，导致由局部战争演化为世界大战，而两次世界大战的间隔不到 20 年（如果从 1919 年巴黎和会算一战结束，从 1937 年日本全面侵华战争作为二战开始），第二次世界大战的规模、时间和死亡人数都大大超过了一战。其间还爆发了严重的世界性的 1929 年经济危机。这些都充分暴露出资本主义的严重弊病，"帝国主义是资本主义的垂死阶段"的结论被越来越多的人接受。

当世界资本主义发展到帝国主义阶段，即依靠武力来重新瓜分世界资源和世界市场的时候，社会主义作为制止这种资本主义灾难的一种新生力量应

---

① 《马克思恩格斯选集》第 2 卷，人民出版社 1995 年版，第 100 页。
② 《邓小平年谱（1975—1997）》（上），中央文献出版社 2004 年版，第 223 页。

运而生。如果从世界范围看，到第一次世界大战前，资本主义制度只是在少数国家取得胜利，资本主义生产方式和工业化只是在少数几个国家得以实现，而大多数国家仍然处于这些资本主义国家的剥削和奴役下，国内的资本主义经济没有处于主导地位，资产阶级也没有获得统治地位，一句话，资本主义经济基础和上层建筑都还没有在这些落后国家建立起来。在这种状况下，当帝国主义国家发动重新瓜分世界资源和市场的世界大战后，因这些帝国主义国家同时又是发达的资本主义国家，是资本主义生产方式和社会制度的代表，因此，无论是殖民地、半殖民地人民，还是帝国主义国家的人民，其反对帝国主义的斗争和革命就必然包含有反对和否定资本主义的因素，这也是列宁为什么将帝国主义视为无产阶级革命的前夜，将帝国主义时代的民主革命纳入社会主义世界革命范畴的原因，这一点也被历史事实所证明。

因此，当第一次世界大战爆发后，帝国主义国家之间、帝国主义国家内部、帝国主义国家与殖民地人民之间的矛盾，就自然被社会主义革命者所利用，从而掀起一场反对资本主义的社会主义革命。第一个社会主义国家苏联的诞生，就是列宁领导的"布尔什维克"利用俄国战争期间国内矛盾的激化和资产阶级"二月革命"后的社会动荡和人民不满，迅速进行了"十月革命"，可以说，第一个社会主义国家的诞生，虽然内部条件是人民对沙皇的封建军事帝国主义的抛弃，但是从整个大背景来看，却是广大人民通过第一次世界大战，对资本主义制度已经失去了信心，认为这是一个"恶"的制度，不愿意再建立这种制度。同样的，第二次世界大战以后，新产生的社会主义国家，除了那些主要依靠外部力量建立起来的国家不算，凡是主要依靠自己力量建立起社会主义制度的国家，都是第二次世界大战的被侵略、被压迫者，都是由民族、民主革命转变到社会主义革命的。这些国家的社会主义革命，与其说是因为资本主义充分发达基础上的无产阶级与资产阶级的矛盾，不如说是因为这些国家是资本主义世界的受害者；这些国家的人民不愿意再选择资本主义制度。可以说，20世纪50年代社会主义在世界范围内形成浪潮，即反映了这种现象。

因此，可以说，社会主义国家的诞生，既不是资本主义制度向更高层次的演进，也不是发达资本主义国家人民的选择，而是那些作为帝国主义受害者的国家和人民的另一种选择，即在许多国家发展资本主义的同时，对另外一种摆脱帝国主义奴役的发展道路的选择。

如果说以19世纪末至20世纪初世界进入帝国主义和无产阶级革命时

代，那么在 1949 年新中国建立前的半个世纪里，中国则处于倍受欺凌、社会动荡的危亡时期。

"甲午战争"的中国惨败，宣告了"中学为体，西学为用"观念和政策的破产，日本成功的经验证明了中国不仅需要在技术上学习西方，还需要从制度上学习西方。随后掀起的"戊戌变法"及其失败，则反映出封建顽固势力仍然把持着政权和不愿意全面彻底学习西方的制度。但是在随后出现的"庚子拳乱"和八国联军入侵的双重危机压力下，清政府在 1903 年以后也不得不推行实质上是瓦解封建政权基础的经济和政治改革。在"戊戌变法"失败至 1911 年辛亥革命前，虽然在资产阶级中对改变现有政治体制上始终存在着"革命"与"改良"的争论，但无论在政治上主张共和制还是君主立宪制，在中国应实行资本主义经济制度上却是一致的。

辛亥革命以后，清王朝被推翻，中国名义上建立了资产阶级共和国，但是这个政权却把持在带有封建性质的军阀手中。以"巴黎和会"中国政府"丧权辱国"为标志，先进的知识分子开始寻找比资本主义自由经济和资产阶级"共和制"更有效的制度。在这种背景下，俄国的"十月革命"对中国产生了巨大的影响，不仅导致了中国共产党的产生，也最终促成孙中山"以俄为师"和国共合作。

中国必须找到一条自己的发展道路。马克思主义恰恰在这一时期传入了中国，这一理论很快就有了坚定的追随者。一方面，社会主义的理论、手段和设想的制度，不仅可以帮助中国完成反帝反封建的民主革命任务，同时还可以避免资本主义社会已经暴露出来的对外侵略、对内压迫人民和周期性经济危机的弊病，即为中国人指出了一条超越西方、通向"大同世界"的路径。另一方面，俄国十月革命的成功以及新生的苏联对中国所表示出的友好，进一步加深了中国人对社会主义这种新的社会制度的好感和向往。更何况这种体制本身又被赋予了一种理想色彩，即使单纯从道义的角度而言，追求正义、自由、平等和富裕的社会主义，对深受帝国主义、封建主义压迫剥削的中国人民来说，也是极具吸引力的。因此，一生追求中国独立富强的民主革命家孙中山先生在晚年就提出："今后之革命非以俄为师断无成就"。①而所谓的苏联革命，实质上就是无产阶级政党领导的革命。

在抗日战争时期，毛泽东就对新民主主义革命理论进行过系统阐述。

---

① 转引自陈红军、赵波《缅怀伟人，传承友谊》，《光明日报》2011 年 4 月 26 日。

1939—1940 年间，毛泽东相继发表《中国革命和中国共产党》、《新民主主义论》等重要文章。他指出，鸦片战争后，处于半殖民地半封建社会的中国，其革命必须分为两个阶段：第一步，推翻帝国主义和封建主义，改变殖民地、半殖民地半封建的社会形态，使之成为独立的民主主义的社会；第二步，使革命继续向前发展，逐步消灭资本主义，建立一个社会主义的社会。这是一个由无产阶级领导的统一的革命过程。其中，前者是后者的必要准备，后者是前者的必然趋势。毛泽东从这一时期就开始强调，"资本主义会有一个相当程度的发展，这是落后的中国在民主革命胜利之后不可避免的结果。"①

此后的十年间，毛泽东多次在重要会议上提出资本主义经济一定程度发展的重要意义。中共七大，毛泽东批评了一些党内同志急于消灭资本主义的想法，并在政治报告《论联合政府》中说："拿资本主义的某种发展去代替外国帝国主义和本国封建主义的压迫，不但是一个进步，而且是一个不可避免的过程，它不但有利于资产阶级，同时也有利于无产阶级。……在中国的条件下，在新民主主义的国家制度下，除了国家自己的经济、劳动人民的个体经济和合作经济之外，一定要让私人资本主义经济在不能操纵国民生计的范围内获得发展的便利，才能有益于社会的向前发展。"②

1947 年 12 月，在陕北米脂召开的中共中央会议上，毛泽东明确提出了新民主主义三大经济纲领：第一，没收封建阶级的土地归农民所有；第二，没收蒋介石、宋子文、孔祥熙、陈立夫为首的垄断资本归新民主主义的国家所有；第三，保护民族工商业。同时，又一次强调，"由于中国经济的落后性，广大的上层小资产阶级和中等资产阶级所代表的资本主义经济，即使革命在全国胜利以后，在一个长时期内，还是必须允许它们存在；并且按照国民经济的分工，还需要它们中一切有益于国民经济的部分有一个发展；它们在整个国民经济中，还是不可缺少的一部分。"并明确提出，新民主主义的全部国民经济将包括国营经济、由个体逐步地向着集体方向发展的农业经济以及独立小工商业者的经济和小的、中等的私人资本经济等几个构成要素。③

---

① 毛泽东：《中国革命和中国共产党》（1939 年 12 月）、《新民主主义论》（1940 年 1 月），载《毛泽东选集》第 2 卷，人民出版社 1991 年版，第 621—656、662—711 页。

② 《毛泽东选集》第 3 卷，人民出版社 1991 年版，第 1029—1100 页。

③ 毛泽东：《目前形势和我们的任务》，载《毛泽东选集》第 4 卷，人民出版社 1990 版，第 1187—1206 页。

1949 年，"以公私兼顾、劳资两利、城乡互助、内外交流的政策，达到发展生产、繁荣经济的目的"被作为新中国新民主主义经济建设的根本方针写进了《中国人民政治协商会议共同纲领》。国营经济、合作社经济、农民和手工业者的个体经济、私人资本主义经济和国家资本主义经济，各种社会经济成分将"在国营经济领导之下，分工合作，各得其所，以促进整个社会经济的发展"。① "新民主主义经济"肯定了社会主义国营经济领导下多种经济成分并存的经济发展方式，而"公私兼顾、劳资两利、城乡互助、内外交流"政策则是处理各种不同经济成分之间的关系及其他经济关系的准则。

正是由于资产阶级的软弱性和不能动员起占人口大多数的农民参加革命，因此领导革命的重任才落到了中国共产党身上，但是作为一个无产阶级的政党，中国的经济结构仍然主要是前资本主义的农业和手工业，中国革命的主力军是农民，因此革命的性质也必然是反帝、反封建的民主革命，民族资产阶级及其经济是保护和联合的对象而不是革命的对象。因此，"统一战线"就成为中共的三大法宝之一，农村包围城市就成为中国革命成功的道路。

二 为国家安全和突破"贫困陷阱"选择了社会主义计划经济

"在所有落后的国家里，不管有没有建立社会主义体制，都有一种所谓'后来者'的急迫和压抑心态，深切地感到严重落后于那些更为发达和富裕的国家。"② 一个像中国这样曾经辉煌、在近代又备受欺凌的大国尤其如此。而这种心态直接影响着后发国家在工业化初期对资源配置方式和发展战略的选择。中国共产党的第一代领导集体面对一个积贫积弱的中国，在摆脱了帝国主义、封建主义和官僚资本主义的压迫后，最高决策者渴望迅速建立一个全新的、实力强大的中国的心情十分急迫。因为只有如此，才能为中国在严酷的国际环境中赢得应有的地位和尊严，同时，也让此前人们所期待的社会主义制度的优越性真正得以体现。

---

① 《中国人民政治协商会议共同纲领》，《建国以来重要文献选编》第 1 册，中央文献出版社 1992 年版，第 26 页。

② ［匈牙利］雅诺什·科尔奈：《社会主义体制：共产主义政治经济学》，张安译，中央编译出版社 2008 年版，第 153 页。

　　同时，朝鲜战争爆发后的严峻国际形势和落后的国防工业，使得以毛泽东为核心的中共第一代领导集体自然将国家安全放在首位，促成了优先快速发展重工业的决心。正如经过毛泽东亲自修订的党在过渡时期总路线宣传提纲所说："因为我国过去重工业的基础极为薄弱，经济上不能独立，国防不能巩固，帝国主义国家都来欺侮我们，这种痛苦我们中国人民已经受够了。如果现在我们还不能建立重工业，帝国主义是一定还要来欺侮我们的。"①

　　以工业为例：1952 年当中国完成经济恢复任务，开始大规模经济建设时，中国工业发展水平与西方国家相比，差距是很大的，以直接关系到国防工业的钢产量来看，虽然当时的钢产量已经是 1949 年的 3 倍，但是与当时的敌人美国相比，差距如下：总量美国是中国的 57 倍，人均是 224 倍。1952 年，中国天然原油年产量已达 19.54 万吨，为旧中国天然原油最高年产量 8.2 万吨的 2.3 倍。2010 年我国原油产量接近 1.9 亿吨；消费量则达到 4 亿吨。毛泽东当时感慨地说："现在我们能造什么？能造桌子椅子，能造茶壶茶碗，能种粮食，还能磨成面粉，还能造纸，但是，一辆汽车、一架飞机、一辆坦克、一辆拖拉机都不能造。"②

　　于是，在经过了短暂的新民主主义经济时期之后，1953 年，中共中央正式提出了党在过渡时期的总路线："要在一个相当长的时期内，逐步实现国家的社会主义工业化，并逐步实现国家对农业、手工业和资本主义工商业的社会主义改造。"近代以来所形成的民族"危机感"，在 1949 年以后并没有消失，而是表现为对国际上的危机仍有着过高的估计。③ 为此，我们不仅要进行工业化，还要"首先集中主要力量发展重工业，建立国家工业化和国防现代化的基础"④。

　　然而，当时中国工业化所面临的约束条件却十分苛刻。对内，重工业发展所急需的资金是我们最稀缺的资源之一。中国当时是一个典型的传统农业大国。早在清朝后期，人口与耕地的矛盾已经十分尖锐。当时就有人形象地说："人多之害，山顶已植黍稷，江中已有洲田，川中已辟老林，苗洞已开

　　① 《为动员一切力量把我国建设成为一个伟大的社会主义国家而斗争》1953 年 12 月，载中共中央文献研究室编《建国以来重要文献选编》第 4 册，中央文献出版社 1993 年版，第 705 页。
　　② 《毛泽东文集》第 6 卷，人民出版社 1999 年版，第 329 页。
　　③ 邹谠：《二十世纪中国政治》，香港：牛津大学出版社 1994 年版，第 234—237 页。
　　④ 中共中央文献研究室编《建国以来重要文献选编·1953》第 4 册，中央文献出版社 1993 年版，第 353 页。

深箐，犹不足养，天地之力穷矣。种植之法既精，糠核亦所吝惜，蔬果尽以助食，草木几无孑遗，犹不足养，人事之权殚矣。"① 美国国务卿艾奇逊在1949 年 7 月 30 日关于送呈《美国与中国的关系》白皮书致总统杜鲁门的信中即说："在形成现代中国之命运中，有两个因素起了重要的作用。（第一个因素）是中国的人口，在十八、十九世纪增加了一倍，因此对于中国成为一种不堪重负的压力。（近代史上）每一个中国政府必须面临的第一个问题，是解决人民的吃饭问题，到现在为止，没有一个政府是成功的。国民党曾企图用制定许多土地改革法令的方式，以谋解决这个问题。这些法律中有的失败了，另外则遭忽视。国民政府今日所面临之难境，大部分正为了它不能以充分的粮食供给中国民食，中共宣传的大部分，就是由他们将解决土地问题的诺言所组成。"②

1952 年国民经济恢复任务完成后，不仅我国第一产业就业人员占总经济活动人口的比例高达 83.5%，而且人均生产资料非常缺乏，据 1954 年国家统计局的调查，全国农户土地改革时平均每户拥有耕畜 0.6 头，犁 0.5 部，到 1954 年末也才分别增加到 0.9 头和 0.6 部。加上人多地少，农业能够为工业化提供的剩余也非常少。另外，工业产值仅占国内生产总值的 17.6%，其自我积累的能力也非常有限③。1952 年，我国的城乡人均储蓄只有 1.5 元，国家的外汇储备 1.39 亿美元，财政总收入 183.7 亿元，用于经济建设的资金尚不足 100 亿元。④ 国家有限的财力与即将开始的经济建设所需要的巨额资金之间存在着巨大的缺口。对外，西方国家政治与经济上的孤立和封锁，以及与苏联东欧社会主义国家的经济同构，又决定了新中国只能在半封闭的状态下发展内向型经济，这意味着中国必须依靠自身实行迅速而大规模的资本积累来启动工业化进程，有限和分散的农业剩余几乎是我们获取这种积累的唯一途径。

为了推进工业化，中国亟须建立起一个高度集中的计划经济体制，以确保国家拥有强大的资源动员和配置能力。新民主主义经济不能满足这样的要求，所以，新中国很快开始了由新民主主义经济向苏联模式的社会主义经济

① 汪士铎：《乙丙日记》，转引自《中国近代资产阶级经济发展思想》，福建人民出版社 1998年版，第 3 页。

② 中国现代史资料委员会编《美国与中国的关系》（上卷），1957 年 9 月印刷，第 4 页。

③ 资料来源：国家统计局网站公布年度统计数据（www. stats. gov. cn）。

④ 武力主编：《中华人民共和国经济简史》，中国社会科学出版社 2008 年版，第 67 页。

过渡。统购统销政策出台，农业合作化和资本主义工商业改造步伐的加快，都是加快工业化的产物。发展模式的接近，是因为中苏两国在近于相同的目标和约束条件下必然会使用类似的方法手段，对于苏联经验的接纳也是实事求是的行为。① 从 1953 年起，农业合作化运动加快。"过于注重上层结构，很少涉及低层"是中国近百余年多次社会变革中所表现出的一个重要特征，但毛泽东和中国共产党恰恰"改革了中国的农村，创造出一个新的低层结构，使农业上的剩余能转用到工商业"。② 与此同时，对个体手工业、私营工商业的社会主义改造也在迅速推进，到 1956 年底，社会主义改造取得了决定性胜利，全民所有制和集体所有制在整个国民经济中占据了绝对优势的地位，从而重塑了社会经济的微观行为主体，这也意味着新民主主义经济的终结。同时，行政性的计划管理方式也逐步形成，管理体制逐渐由以市场为基础的计划与市场相结合转向指令性计划为主的计划经济③。社会主义计划经济体制最终确立。这是在当时的资源瓶颈之下，由国家强力推进工业化的结果。

单一公有制和计划经济确实保障了剩余索取和投资达到了最大限度。根据发展经济学和"贫困陷阱"假说，一个国家经济起飞的重要条件之一是投资超过 GDP 的 11%。旧中国经济最好的 1931—1936 年，资本积累率 6 年中有 4 年为负数，最高的 1936 年也仅为 6.0%。④ 而新中国 1978 年以前的资本积累率远远高于 11%，最低为 1963—1965 年的 22.7%，最高为"四五"计划时期的 33.27%，被认为最合理的"一五"计划时期则为 24.2%。

三　"大跃进"和"文革"的深刻教训

1956 年是中国完成"三大改造"，跨入社会主义社会的第一年，这一年也是苏共二十大揭露出斯大林问题和东欧社会主义国家纷纷要求改革社会主义政治和经济体制的一年。虽然中国由于刚刚实行单一公有制和计划经济，其弊病还没有暴露出来。但是苏联和东欧国家的教训却摆在面前，并且因社

---

① 林毅夫：《中国经济专题》，北京大学出版社 2008 年版，第 73 页。
② 黄仁宇：《资本主义与二十一世纪》，生活·读书·新知三联书店 2007 年版，第 510、536 页。
③ 武力主编：《中华人民共和国经济史》（上），中国时代经济出版社 2010 年版，第 298 页。
④ 巫宝三主编：《中国国民所得（1933 年）》上册，中华书局 1997 年版，第 20 页。

会主义改造"四过"和 1956 年的"冒进"导致的问题在年底已经开始暴露出来。因此，从 1956 年年初筹备八大开始，中国共产党就开始探索在社会主义革命完成以后如何进行社会主义建设的问题，换句话说，就是如何发挥出社会主义在经济发展中的优越性。在 1956 年的八大前后，中国共产党就经济体制和经济发展战略和政策都提出了很好的设想和方针政策，而且这些都是针对苏联的社会主义体制所充分表现出来而我国已经露出端倪的弊病。其中毛泽东的《论十大关系》和《关于正确处理人民内部矛盾》、刘少奇、周恩来提出的允许私营经济存在和一定范围内发展，陈云提出的"三个主体"和"三个补充"以及综合平衡思想等，都反映出当时中国出现了形成中国特色社会主义的趋势。但是好景不长，这种探索很快就被"反右"运动和急于求成的狂热打断了。为了更快地发展，1958 年，开始了"大跃进"和人民公社化运动，而这是在党内政治生活已经出现不正常状态下进行的。

1957 年底至 1958 年初，毛泽东对 1956 年的"反冒进"进行了严厉的批评，从而使党实际放弃了综合平衡、稳步前进的经济建设方针，追求"多"、"快"实际成为经济发展的唯一指标，正如毛泽东所说："我们实行洋土并举、大中小并举，不只是由于技术落后，人口众多，要求增加就业，主要是为了高速度。"① 为了与这种行政性资源配置要求相适应，"大跃进"期间在农村发生了空前急剧的体制变革：实行"一大二公"、"政社合一"人民公社制度。甚至提出了"三年进入共产主义"、"跑步进入共产主义"等不切实际的目标。为了调动地方政府和基层干部的积极性，毛泽东又对中央"权力下放"过急过快，这又助长了宏观失控势态，而"反右"、反"反冒进"、反"右倾"又导致了政治高压，"浮夸风"、"高指标"、"瞎指挥"盛行，结果导致了浪费巨大，使国民经济陷入严重危机。

三年经济调整以后，由于对战争可能性的估计过于严重，更加强调备战，同时，经济发展并没有达到预期的高速度也较强烈地刺激着国家领导人，因此追求高速度始终是主要的目标，由于体制造成的经济效益低下，高速度不得不靠高投入来维持（而高投入就必须过度优先发展重工业），再加上对外经济关系方面的拒绝吸引利用外资。结果发展战略在 1958—1978 年间陷入了不利于国民经济长期稳定发展的境地。

"大跃进"使得工业增长指标要求过高，脱离了实际。由于原材料和资

---

① 《毛泽东读苏联〈政治经济学（教科书）〉谈话记录选载》，《党的文献》1993 年第 4 期。

本短缺严重，中国领导人试图以劳动来替代资本。结果土法炼钢不仅没有使钢铁指标顺利完成，还浪费了大量劳动力。在农村，高级社也进一步演变为"规模大、公有化程度高"的人民公社。人民公社化运动违背了农民的意愿，失去了合作经济自愿互利的性质，不仅农民的生产积极性受到严重伤害，而且产生了生产经营上的"瞎指挥"和"浮夸风"，结果不仅降低了粮食生产，还浪费了大量的粮食。伴随着自然灾害的来临，农业生产大幅度下滑，并引发了 1959—1961 年的"大饥荒"。由于大跃进和人民公社化运动严重脱离实际，使得国民经济陷入极为困难的境地。三年里，农业下降了 22.8%，过高的积累率导致居民生活水平每年降低 4.9%，财政赤字也大幅度上升。

在国民经济调整阶段"大跃进"和"一大二公"的沉痛教训，使当时的党和国家领导人认识到了有计划、按比例发展的重要性，摆正了农、轻、重的关系，提出了"以农业为基础、以工业为主导"有计划按比例的经济发展方针。但是与此同时，与苏联的意识形态分歧导致了国家间的对立日益严重；而美国在越南的战争升级更使得中国腹背受敌，内外形势的紧张导致毛泽东重新提出"阶级斗争为纲"，从而使得经济体制改革的探索几乎失去了可能。

这个时期因国家安全和突破"贫困陷阱"所实行的单一公有制，虽然保证了高积累和优先发展重工业，但是由于毛泽东将其视为不可动摇的社会主义原则，并将私有制和市场经济视为资本主义，因此改革始终不能突破单一公有制和计划经济。由于取消了市场调节、抑制了人民群众的自主性和积极性，导致了生产效益低下和官僚主义盛行。这使得毛泽东走上了依靠政治运动来解决经济问题的道路，并将要求将生产关系调整到适应生产力水平的刘少奇、邓小平等一大批领导人视为"走资本主义道路的当权派"，决定实行"无产阶级专政下继续革命"。

1966 年爆发的"文化大革命"又一次打断了中国经济发展的正常进程。在"文化大革命"这场长达 10 年的动乱中，中国对经济体制改革进行了继续探索，开展了"三线建设"和城市知识青年"上山下乡"运动。在此期间，除 1967 年和 1968 年外，工农业总产值均实现正增长；科学技术也取得新的突破，例如成功发射人造卫星。然而，由于经济、社会和政治生活的混乱，工农业生产还是受到极大影响，产业结构畸形发展，劳动者的积极性受到抑制，生产率没有任何提高，人力资本损失严重，人民生活水平长期得不到提高。如果没有"文化大革命"，中国的经济发展可能会更好。

从 1953 年毛泽东提出党在过渡时期总路线到"大跃进",再到"文革",毛泽东在经济体制变革方面最大的失误,是将单一公有制和计划经济这种特殊环境和条件下所采取的体制,当成社会主义不可动摇的基本经济原则,而且当这种体制表现出不能调动人民群众积极性和预期的优越性时,不是改变它以适应生产力的要求,而是从政治上强化它、保护它,甚至不惜发动"文革"这样的内乱。这种历史局限性直到 1978 年以后才被邓小平领导的改革开放打破,中国特色社会主义的提出,使得社会主义的经济体制在和平发展成为世界主题的条件下,重新回到与生产力发展水平相适应的常态。

四 邓小平对 20 世纪发展目标的调整

实现经济上赶上和超过资本主义发达国家,是 20 世纪社会主义国家普遍实行的国家经济发展战略,它不仅是这些国家发展的需要,也是社会主义生存的需要,可以说,经济发展速度关系到社会主义国家的生死存亡。第二次世界大战以后,新产生的绝大多数社会主义国家,都是第二次世界大战的被侵略、被压迫者,都是由民族、民主革命转变到社会主义革命的。因此当这些国家建立起社会主义制度的同时,还面临着本该由资本主义完成的工业化任务,而这些国家的工业化任务,与依靠外部资源和市场起来的资本主义国家工业化相比,更加艰巨。同时,世界两大阵营的对立和战争威胁,使得这些社会主义国家工业化任务也更加迫切。社会主义只有在经济发展上表现出超过资本主义的优越性和速度,才有可能存在和发展。这就是赶超战略形成的根本原因。

中国作为一个人口多、底子薄、多民族、经济落后的社会主义大国,自然也面临着上述的快速实现工业化的艰巨任务,同时国家尚未统一和严峻的国际环境使得国家安全问题更加突出,这些都使得中国必然实行经济上的赶超战略。在制定和实施"一五"计划期间,核心问题还是如何加快中国的经济发展速度问题。对于这个问题的紧迫性,毛泽东在 1956 年的话就很有代表性:"你有那么多人,你有那么一块大地方,资源那么丰富,又听说搞了社会主义,据说是有优越性,结果你搞了五、六十年还不能超过美国,你像个什么样子呢?那就要从地球上开除你的球籍!"[①]

---

① 《毛泽东选集》第 5 卷,人民出版社 1977 年版,第 296 页。

1964 年在三届人大一次会议的政府工作报告中，周恩来代表中央政府第一次宣布了两步走的现代化发展战略：从第三个五年计划开始，第一步，建立一个独立的比较完整的工业体系和国民经济体系；第二步，全国实现农业、工业、国防和科学技术的现代化，使中国经济走在世界的前列。① 1975 年 1 月周恩来在四届人大政府工作报告中重申了"两步设想"，第一步，在 1980 年以前，建成一个独立的比较完整的工业体系和国民经济体系；第二步，在本世纪内，实现农业、工业、国防和科学技术的现代化。时任国务院副总理的邓小平在同年 3 月为了强调实现四个现代化的重要性还特别指出：距离把我国建设成具有现代农业、现代工业、现代国防和现代科学技术的社会主义强国从现在算起还有二十五年时间，全党全国都要为实现这个伟大目标而奋斗，这就是大局。②

粉碎"四人帮"以后，中国出现的"大干快上"实现"四个现代化"的热潮也引起国际社会的高度关注。1977 年 9 月 10 日，邓小平在会见日中友好议员联盟代表团时，在谈到中国实现四个现代化问题时，邓小平指出：这个问题实际上是毛主席、周总理生前提出的计划、设想。由于"四人帮"的干扰，不仅耽误了时间，而且受到相当的破坏。现在，我们的任务是要把"四人帮"耽误的时间和破坏的东西抢回来。③

"文化大革命"十年中，国民经济增长缓慢，从 1967 至 1976 年（考虑到"文革"在 1966 年年中虽已开始，但经济尚未受到严重冲击，当年不计入内），社会总产值年平均增长 6.8%，其中 1967 年、1968 年出现倒退，分别比上年下降 9.9% 和 4.7%，1974 年和 1976 年比上年分别只增长 1.9% 和 1.4%。工农业总产值年平均增长 7.1%，国民收入（净产值）年平均增长 4.9%。10 年中，国民经济收入总额虽然有增加，但是企业管理制度的破坏和比例失调也使消耗、浪费现象严重，经济效益降低。以 1966 年和 1976 年的全民所有制独立核算工业企业各项指数相比，每百元资金实现的税金和利润由 34.5 元下降到 19.3 元，减少 44.1%。1976 年我国人均年消费粮食只有 381 斤，低于 1952 年的 395 斤。住宅、教育、文化、卫生保健等方面也造成了严重欠账。"文革"前经过三年调整，供应的商品本来已经有不少取消了

---

① 《周恩来选集》下卷，人民出版社 1984 年版，第 419 页。
② 《邓小平文选》第 2 卷，人民出版社 1994 年版，第 4 页。
③ 《邓小平年谱（1975—1997）》（上），中央文献出版社 2004 年版，第 198 页。

配给票证，"文革"时期又不得不恢复甚至增加。住房紧张，老少三代同居一室，甚至"四世同堂"的现象十分普遍。

与此同时，中国大陆周边的新加坡、韩国、香港、中国台湾，在 20 世纪 60 年代以后快速崛起，称之为"亚洲四小龙"。这些国家和地区在 20 世纪 60—80 年代实现了经济快速发展，但在这之前他们只是以农业和轻工业为主的发展中国家或地区。它们利用西方发达国家向发展中国家转移劳动密集型产业的机会，吸引外国资本和技术，利用本地的劳动力优势适时调整经济发展战略，使得经济迅速发展，人民生活水平显著改善。

1978 年 9 月 12 日，邓小平访问朝鲜，他在同金日成会谈时就说："最近我们的同志出去看了一下，越看越感到我们落后。什么叫现代化？五十年代一个样，六十年代不一样了，七十年代就更不一样了。"①

1978 年三中全会以后，中国共产党确立了解放思想、实事求是的思想路线，同时邓小平也成为第二代领导集体的核心。在邓小平的领导下，中国共产党仍然将加快经济发展作为体现社会主义优越性的最基本标志和最迫切任务。邓小平再三强调："我们坚持社会主义，要建设对资本主义具有优越性的社会主义，首先必须摆脱贫穷。"② "根据我们自己的经验，讲社会主义，首先就要使生产力发展，这是主要的。只有这样，才能表明社会主义的优越性。社会主义经济政策对不对，归根到底要看生产力是否发展，人民收入是否增加。这是压倒一切的标准。空讲社会主义不行，人民不相信。"③ 邓小平还将经济发展速度提高到直接关系中国共产党领导地位的大问题上来："按照历史唯物主义的观点来讲，正确的政治领导的成果，归根结底要表现在社会生产力的发展上，人民物质文化生活的改善上。如果在一个很长的历史时期内，社会主义国家生产力发展的速度比资本主义国家慢，还谈什么优越性？"④

但是，与过去相比，中国经济发展的目标，则由过去超过可能调整到比较切实可行。从 1949 年新中国建立到 1978 年，党的经济发展目标长期超出了国情和经济发展的实际可能，这种过高的目标既来源于急于求成的思想，反过来又促进了急于求成的心态，并成为制定经济发展计划和政策的依据，

---

① 《邓小平年谱（1975—1997）》（上），中央文献出版社 2004 年版，第 360 页。
② 《邓小平文选》第 3 卷，人民出版社 1993 年版，第 225 页。
③ 《邓小平文选》第 2 卷，人民出版社 1994 年版，第 312—314 页。
④ 同上书，第 128 页。

成为 1978 年以前制约中国经济发展和制度变迁中的一个重要因素。而以邓小平为核心的第二代领导集体，则根据实际调整了过去的高指标。

1979 年 3 月 30 日，邓小平就国民经济的调整发表讲话指出，过去十多年来，我们一直没有摆脱经济比例的严重失调，而没有按比例发展就不可能有稳定的、确实可靠的高速度。看来，我们的经济，我们的农业、工业、基建、交通、内外贸易、财政金融，在总的前进过程中都还需要有一段调整的时间，才能由不同程度的不平衡走向比较平衡。①

12 月 6 日，邓小平在会见日本首相大平正芳时，首次提出了"小康"概念和 20 世纪末中国经济要达到的目标，即人均国民生产总值达到 800 美元。这个思想经过完善，形成了明确的"三步走"战略，并得到全党的认同，从而将中国的"四个现代化"目标落在了比较实在的基础上，消除了长期以来"急于求成"的思想根源，使均衡发展和提高人民生活水平成为可能。1980 年 10 月，邓小平在与中央负责人谈话时就指出："年度计划、五年计划、十年规划，中心和重点不要多考虑指标，而要把人民生活逐年有所改善放在优先的地位。"②

1980 年 12 月，中共中央召开工作会议，在对全国形势做了符合实际的估量的基础上，做出了"在经济上实行进一步调整，政治上实现进一步安定"的重大决策。邓小平在讲话中指出：要通过调整，继续摆脱一切老的和新的框框的束缚，真正摸准、摸清我们的国情和经济活动中各种因素的相互关系，据以正确决定我们的长远规划的原则，然后着手编制切实可行的第六个五年计划。③

早在 1975 年，邓小平就对中国在 20 世纪末实现四个现代化发展目标的时间进行过客观的分析与清醒评估。他在 1975 年 10 月会见外国客人时说："说赶上西方，就是比较接近，至少还要五十年。这不是客气话，这是一种清醒的估计。"④十一届三中全会后，邓小平明确提出了"中国式现代化"的思想，并强调中国式现代化"必须从中国的特点出发"⑤。1979 年初，邓小

---

① 《邓小平文选（1975—1982）》，人民出版社 1983 年版，第 147 页。

② 转引自中共中央文献研究室编《邓小平思想年谱（1975—1997）》（上），中央文献出版社 1998 年版，第 172 页。

③ 《邓小平文选》第 2 卷，人民出版社 1994 年版，第 356 页。

④ 《邓小平思想年谱（1975—1977）》，中央文献出版社 1998 年版，第 21 页。

⑤ 《邓小平文选》第 2 卷，人民出版社 1994 年版，第 164 页。

平出访美国、日本，目睹了其现代化发展水平，特别是在参观日本大型企业时很受触动，耳闻目睹西方现代化的现状，想到闭关锁国多年且经济十分落后的中国，邓小平开始思考在本世纪末实现四个现代化的目标是否理性科学，3 月 21 日，邓小平会见英中文化协会执委会代表团时，开诚布公地告诉来宾，中国现代化的概念与西方不同，中国定的在本世纪末实现四个现代化的目标其实是"中国式的四个现代化"。[①] 10 月 4 日，邓小平在中共省、市、自治区委员会第一书记座谈会上讲话，他幽默地说：本世纪末实现四个现代化是狮子大开口，我后来把标准放低了，改口叫中国式的现代化。[②] 这就说明，邓小平出访美、日后看到了其他国家的现代化水平，清醒地意识到"本世纪末实现四个现代化"的不可能性，因此邓小平改口为"中国式的现代化，就是把标准放低一点"，也就是他对大平正芳说的"小康之家"。

"小康社会"作为一个上承贫困、下启富裕的温饱型社会，是中国社会主义发展历史中不可逾越的初级阶段，是 20 世纪新中国的基本国情，这个目标的提出反映了邓小平的实事求是精神。

1981 年 4 月 14 日，邓小平会见日中友好议员联盟访华团，对"中国式的现代化"做了更详细的阐述，他说："我们讲四个现代化，开始的时候提出的是一个雄心壮志。但我们一摸索，才感到还只能是中国式的现代化。讲到中国式的现代化的概念，就是在本世纪末我们肯定不能达到日本、欧洲、美国和第三世界中有些发达国家的水平。到本世纪末，我们只能达到一个小康社会，日子可以过。"邓小平认为经过这一时期的摸索，我们设想十年翻一番，两个十年翻两番，就是达到人均国民生产总值一千美元也不容易，如果八百，也可以算是小康生活了。[③]

根据邓小平建议，1982 年 9 月中国共产党十二大报告提出了从 1981 年到 2000 年的 20 年里，争取工农业总产值比 1980 年"翻两番"的战略目标。这个目标的提出，并不是"拍脑袋"和主观臆断的结果，而是经过深入研究和计算的。一是借鉴了日本 60 年代实施的国民经济"倍增计划"经验。1960 年年底，深受凯恩斯主义影响的池田勇人内阁宣布启动为期 10 年的"国民收入倍增计划"。池田勇人首相认为，日本的经济增长率很快就可以稳

---

① 《邓小平思想年谱（1975—1977）》，中央文献出版社 1998 年版，第 111 页。
② 同上书，第 132 页。
③ 同上书，第 187—188 页。

定在年均增长 7% 左右。在此基础上，日本应当在 1970 年把国民生产总值从398 亿美元增加到 720 亿美元。这一计划规定：国民生产总值和国民收入年平均增长速度为 7.8%，人均国民收入年平均增长速度为 6.9%。到 1967 年，倍增计划提前实现，而从 1960 年到 1973 年，日本人均实际国民收入甚至增加了 2 倍。失业率也保持在 1.1%—1.3% 的低水平。著名经济学家孙冶方1982 年 11 月 19 日发表在《人民日报》上的《二十年翻两番不仅有政治保证而且有技术保证》，即反映出当时论证的严谨性。这篇文章也得到了陈云、姚依林等长期从事经济领导工作的同志的赞同。

1984 年，邓小平会见日本首相中曾根康弘，再次提到小康社会，他言简意赅地说道：到本世纪末国民生产总值翻两番，人均达到八百美元，中国就建立了一个小康社会，这也是中国式的现代化。[1]

1987 年 4 月，邓小平会见西班牙副首相时第一次提出了"三步走"发展战略目标的设想，即从 1980 年到 20 世纪末的二十年，第一个十年国民经济生产总值翻一番，第二个十年在此基础上再翻一番，实现这个目标意味着我们进入小康社会，然后第三步是在 21 世纪用三十年到五十年达到中等发达国家水平。

1987 年 4 月 30 日，邓小平同志在会见西班牙工人社会党副总书记、政府副首相格拉时指出："总的说我们的情况是好的。粉碎'四人帮'以后，从十一届三中全会开始，我们制定了一系列新的方针政策，实践证明这些方针政策是正确的。但毕竟我们只是开步走。我们原定的目标是，第一步在八十年代翻一番。以 1980 年为基数，当时国民生产总值人均只有二百五十美元，翻一番，达到五百美元。第二步是到本世纪末，再翻一番，人均达到一千美元。实现这个目标意味着我们进入小康社会，把贫困的中国变成小康的中国。那时国民生产总值超过一万亿美元，虽然人均数还很低，但是国家的力量有很大增加。我们制定的目标更重要的还是第三步，在下世纪用三十年到五十年再翻两番，大体上达到人均四千美元。做到这一步，中国就达到中等发达的水平。这是我们的雄心壮志。目标不高，但做起来可不容易。"

综上所述，邓小平"小康"概念的提出，并不是对中国传统词语简单随意的沿用，而是开眼看世界、实事求是、解放思想的产物，是他对中国 20

---

① 《邓小平文选》第 3 卷，人民出版社 1993 年版，第 54 页。

世纪末实现现代化发展目标进行重新审视、定位的结果。"拿国际水平的尺度"①来作为中国经济发展的坐标系,而不是空喊现代化,也反映了邓小平反对空谈误国、提倡实干兴邦的作风。在现代化的国际参照标准方面,邓小平曾提出过"第三世界中比较富裕一点的国家的水平"②、"接近发达国家的水平"③ 等几种设想,而最终他确定了"中等发达国家"④这个标准。邓小平曾充满自信地说:"我可以大胆地说,到本世纪末,中国能达到国民生产总值翻两番的目标,也就是我曾经跟大平正芳先生讲的达到小康水平,那时中国对于世界和平和国际局势的稳定肯定会起比较显著的作用。"⑤ 可以说,"小康"概念内涵的拓展始终是在与国际性的横向比较中获得的。邓小平采用了国际上通用的衡量一个国家或地区生产力水平和生活水准的"人均国民生产总值"(此前用"人均收入"),这就为原本很抽象的社会发展目标确定了一个具体的标尺(例如人均国民生产总值达到 800—1000 美元),这样使现代化目标既易于为广大民众所掌握,又便于与世界各国做对照,还能根据各种具体情况的改变而适时进行新的调整。⑥

如果从更深的理论层次来看,邓小平提出"小康社会"目标来替代"四个现代化"目标,是从生产力水平视角来为社会主义初级阶段和中国特色社会主义理论提供了不可动摇的基础,如果中国连小康社会水平都没有达到,怎么能够支撑起单一公有制和计划经济的社会主义呢?在这里,历史与逻辑实现了高度的统一:20 世纪发展目标的调整为社会主义初级阶段和中国特色社会主义理论的诞生做了充分的思想准备。

---

① 《邓小平文选》第 2 卷,人民出版社 1994 年版,第 270 页。
② 同上书,第 237 页。
③ 同上书,第 417 页。
④ 同上书,第 266 页。
⑤ 《邓小平文选》第 3 卷,人民出版社 1993 年版,第 105 页。
⑥ 赵美岚、黎康:《中国化马克思主义新概念的典范创造——以邓小平"小康"概念的形成过程为分析范本》,《江西社会科学》2012 年第 11 期。

中国共产党群众观的内在逻辑及启示[*]

赵朝峰

（北京师范大学马克思主义学院）

群众史观、群众路线和密切联系群众，是中国共产党群众观中最重要的内容。群众史观是群众路线的最重要的哲学理论基础，群众路线是群众史观逻辑发展的根本要求，密切联系群众是群众史观和群众路线体现在工作中的作风，三者之间具有鲜明的逻辑递进关系。

一 群众史观是群众路线和密切联系 群众最重要的哲学理论基础

谁是历史的创造者，是人民群众创造历史，还是少数英雄创造历史，是坚持群众史观，还是坚持英雄史观，这是唯物史观必须回答的一个根本问题，是区分马克思主义与非马克思主义的主要标志。群众史观是中国共产党群众路线和密切联系群众最根本的哲学理论基础。

1. 人民群众是社会财富的创造者。在人类社会发展的长河中，人是社会历史发展的主体，社会历史的演进是人类活动的结果。马克思主义指出："历史什么事情也没有做，它'不拥有任何惊人的丰富性'，它'没有进行任何战斗'！其实，正是人，现实的、活生生的人在创造这一切，拥有这一切并且进行战斗"，"历史不过是追求着自己目的的人的活动而已"①。而"人们为了能够'创造历史'，必须能够生活。但是为了生活，首先就需要吃喝住穿以及其他一些东西。因此第一个历史活动就是生产满足这些需要的

* 本文系国家社科基金重大项目"中共党史学科基本理论研究"（项目批准号：13&ZD057）的阶段性研究成果。
① 《马克思恩格斯文集》第 1 卷，人民出版社 2009 年版，第 295 页。

资料，即生产物质生活本身，而且这是这样的历史活动，一切历史的基本条件，但是人们为了能够生活就必须每日每时去完成它，现在和几千年前都是这样"①。也就是说，有生命的个人的存在是人类历史的第一个前提，作为社会历史实践主体的人民群众是最活跃、最主要的生产力，是生产资料的发现者、使用者、控制者，并通过不断创造和改进生产工具、生产技术，从而引起生产力的变化，改善人类的物质生活，创造了人类社会的物质文明。正如恩格斯所说："无论不从事生产的社会上层发生什么变化，没有一个生产者阶级，社会就不能生存"②。人民群众是物质财富的创造者，同时也是精神财富的创造者，他们在社会生产和生活的实践中，发明了许多新工艺、新工具，创造了伟大的精神财富和科学文化知识。所以，马克思主义强调："历史上的活动和思想都是'群众'的思想和活动"③，充分肯定了人民群众对人类精神文明所起的主体作用。人民群众及其创造的大量财富共同构筑了人类社会存在和发展的前提。

中国共产党是以马克思主义为指导的政党，早在其酝酿成立时期就把唯物史观作为自己的"哲学的根据"④，其不但强调"社会的财富是工人、农民和知识分子自己创造的"⑤，而且指出人民群众"是先进生产力和先进文化的创造者，是社会物质文明、政治文明和精神文明协调发展的推动者"⑥。

2. 人民群众是推动社会变革的决定力量。马克思主义认为，社会历史的发展，归根结底是社会基本矛盾运动的结果，生产关系和生产力的矛盾运动是一切社会发展的根本动力。人民群众作为历史的主体，不仅通过推动生产力的发展从最终意义上影响和决定着社会基本矛盾的走势，而且还以主力军的角色直接参与推动生产关系和上层建筑的变革，参与推动社会形态的演进。在阶级社会中，生产力和生产关系的矛盾主要表现为阶级之间的斗争。阶级斗争作为阶级社会发展的直接动力，实质就是人民群众联合起来摧毁那些腐朽社会制度的斗争，人民群众是社会变革的主力军和决定力量。即便是近代的资产阶级革命也是如此，恩格斯指出："在十七世纪的英国和十八世

① 《马克思恩格斯选集》第1卷，人民出版社1995年版，第79页。
② 《马克思恩格斯全集》第19卷，人民出版社1963年版，第315页。
③ 《马克思恩格斯全集》第2卷，人民出版社1957年版，第103页。
④ 《毛泽东书信选集》，人民出版社1983年版，第15页。
⑤ 《建国以来重要文献选编》第7册，中央文献出版社1993年版，第201页。
⑥ 《十六大以来党和国家重要文献选编》（上），人民出版社2005年版，第496页。

纪的法国，甚至资产阶级的最光辉灿烂的成就都不是它自己争得的，而是平民大众，即工人和农民为它争得的"①。在革命时期，人民群众"能够作出从市侩的渐进主义的狭小尺度看来是不可思议的奇迹"②。

中国共产党既继承了中国历史上"民为邦本，本固邦宁"、"水可载舟，亦可覆舟"等传统的"民本"观点，又坚持以马克思主义为指导，坚定地认为人民群众是推动社会变革的决定性力量。在革命战争时期，毛泽东把"千百万真心实意地拥护革命的群众"看作是抵抗侵略者的"真正的铜墙铁壁"③，他指出："群众是真正的英雄"④，"人民，只有人民，才是创造世界历史的动力"⑤。这个结论既是世界观问题，又是中国共产党总结自身发展和中国革命经验得出的必然结论。胡锦涛在庆祝中国共产党成立 90 周年大会上的重要讲话中深刻指出："90 年来，我们党取得的所有成就都是依靠人民共同奋斗的结果，人民是真正的英雄，这我们永远不能忘记"⑥。

3. 人民群众在创造历史的过程中也不断实现自身的发展。人作为能动的社会存在物，在面对自然、社会乃至自身进行的各种形式的对象性活动中，不仅表现、实现和确证了自己作为能动主体的根本规律性，而且自觉意识到自身的主体性地位和作用。社会实践的发展推动了人类思维能力的不断提高，人类正是在实践中通过总结正反两方面的经验才逐渐聪明起来，逐步提高了自己认识问题和解决问题的能力，人们的生产技术和管理水平、科学知识水平、社会生活的组织能力等得以提高。马克思指出："人不仅像在意识中那样理智地复现自己，而且能动地、现实地复现自己，从而在他所创造的世界中直观自身"⑦。马克思进一步解释说："在再生产的行为本身中，不但客观条件改变着，例如乡村变为城市，荒野变为清除了林木的耕地等等，而且生产者也改变着，炼出新的品质，通过生产而发展和改造着自身，造成新的力量和新的观念，造成新的交往方式、新的需要和新的语言"⑧。就无产阶级而言，"他们清楚地知道：只有改变了环境，他们才会不再是'旧人'，

---

① 《马克思恩格斯全集》第 18 卷，人民出版社 1964 年版，第 325 页。
② 《列宁选集》第 1 卷，人民出版社 1995 年版，第 616 页。
③ 《毛泽东选集》第 1 卷，人民出版社 1991 年版，第 139 页。
④ 《毛泽东选集》第 3 卷，人民出版社 1991 年版，第 790 页。
⑤ 同上书，第 1031 页。
⑥ 胡锦涛：《在庆祝中国共产党成立 90 周年大会上的讲话》，《人民日报》2011 年 7 月 2 日。
⑦ 《马克思恩格斯全集》第 42 卷，人民出版社 1979 年版，第 97 页。
⑧ 《马克思恩格斯全集》第 46 卷上，人民出版社 1979 年版，第 494 页。

因此他们有机会就会坚决地改变这个环境。在革命活动中，在改变环境的同时也改变着自己"①。毛泽东也指出：人们"改造客观世界，也改造自己的主观世界"②，"工人阶级要在阶级斗争中和向自然界的斗争中改造整个社会，同时也就改造自己"③。

人民群众是个集合概念，个体间的差异也决定了每个人所起的作用不同，历史上总会出现一些闪耀史册的英雄。马克思主义强调人民群众创造了历史，但并不否认少数英雄人物的伟大作用。只是英雄人物的思想和行为必须符合历史发展的前进方向，必须和人民群众的意愿一致并通过人民群众的实践才能实现成就自己。正如列宁所说："具有优秀精神品质的是少数人，而决定历史结局的却是广大群众，如果这些少数人不中群众的意，群众有时就会对他们不太客气"④。

二 群众路线是坚持群众史观的根本要求

正是充分认识到人民群众的历史主体作用，马克思主义才把人民群众作为自己力量的源泉，明确讲出了"全世界无产者联合起来"的响亮口号。中国共产党始终坚持以人为本，为了群众，相信群众，依靠群众，并形成了"一切为了群众，一切依靠群众，从群众中来，到群众中去"的群众路线。这条路线就是"把马克思列宁主义关于人民群众是历史创造者的原理，系统地运用在党的全部活动中形成的党的根本工作路线"⑤。

1. 坚持群众史观必须把一切为了群众作为自己的出发点和最高价值追求。只要充分认识到人民群众的历史地位和伟大作用，任何先进的政党都会自觉地同人民群众的利益和要求保持一致，把为人民群众利益而努力奋斗作为自己的方向目标和价值追求。中国共产党的阶级性质和马克思主义指导思想决定了其除了最广大人民的利益，没有自己的特殊利益。中国共产党始终把实现、维护和发展人民群众的利益，作为自己"最大最重要的政治"⑥，

---

① 《马克思恩格斯全集》第3卷，人民出版社1960年版，第234页。
② 《毛泽东选集》第1卷，人民出版社1991年版，第285页。
③ 《毛泽东文集》第7卷，人民出版社1999年版，第223页。
④ 《列宁选集》第4卷，人民出版社1995年版，第679页。
⑤ 《江泽民文选》第1卷，人民出版社2006年版，第344页。
⑥ 《江泽民思想年编（1989—2008）》，中央文献出版社2010年版，第371页。

始终"以合乎最广大人民群众的最大利益，为最广大人民群众所拥护为最高标准"①。

一切为了群众，表明了中国共产党最鲜明的政治立场，体现了中国共产党的全部价值观，也是中国共产党能够成为先锋队，赢得最广大人民群众真诚支持的原因之所在。毛泽东一再强调为人民服务是中国共产党及其领导的军队、政权的最高宗旨，他说："我们这个队伍完全是为着解放人民的，是彻底地为人民的利益工作的。"② 邓小平指出：中国共产党"之所以成为先进部队，它之所以能够领导人民群众，正因为，而且仅仅因为，它是人民群众的全心全意的服务者，它反映人民群众的利益和意志，并且努力帮助人民群众组织起来，为自己的利益和意志而斗争"③，"中国共产党党员的含义和任务，如果用概括的语言来说，只有两句话：全心全意为人民服务，一切以人民利益作为每一个党员的最高准绳。"④ 中国共产党正是牢牢站稳了群众立场，把最广大人民的根本利益作为党全部工作的出发点和落脚点，始终同人民群众站在一起，最终取得了革命、建设和改革的伟大胜利，这是中国共产党总结出来的最宝贵历史经验。习近平指出：实践证明，"我们党的根基在人民、血脉在人民、力量在人民。我们加强和改进党的建设，最重要的就是要把最广大人民的根本利益作为党全部工作的出发点和落脚点，组织和动员全党同志紧紧依靠人民群众始终不渝地为中国人民和中华民族的根本利益而不懈奋斗。坚持这个根本政治立场，把这个立场一以贯之地落实和体现到党的全部理论和实践之中，我们党就无往而不胜。"⑤

2. 坚持群众史观必须把一切依靠群众作为自己的力量和智慧源泉。中国共产党是中国工人阶级的先锋队，同时是中国人民和中华民族的先锋队。但是，与广大人民群众相比，共产党员永远是少数。在革命战争时期，毛泽东指出："中国的无产阶级应该懂得：他们自己虽然是一个最有觉悟性和最有组织性的阶级，但是如果单凭自己一个阶级的力量，是不能胜利的"⑥。中国革命必须紧紧依靠人口占多数的农民，他告诫全党"不要把'农民'这两

---

① 《毛泽东选集》第3卷，人民出版社1991年版，第1096页。

② 同上书，第1004页。

③ 《邓小平文选》第1卷，人民出版社1994年版，第218页。

④ 同上书，第257页。

⑤ 习近平：《改革开放30年党的建设回顾与思考——在中央党校2008年秋季开学典礼上的讲话》，《学习时报》2009年9月8日。

⑥ 《毛泽东选集》第2卷，人民出版社1991年版，第645页。

个字忘记了；这两个字忘记了，就是读一百万册马克思主义的书也是没有用处的，因为你没有力量"①。邓小平也强调说：中国共产党虽然有几千万党员，"但在全国人民中，共产党员始终只占少数。我们党提出的各项重大任务，没有一项不是依靠广大人民的艰苦努力来完成的"②。在全面建设小康社会的新时期，习近平指出："人民群众是我们力量的源泉。我们深深知道，每个人的力量是有限的，但只要我们万众一心、众志成城，就没有克服不了的困难。"③

人民群众的力量不仅仅体现在数量上，还表现为人民群众具有无穷的智慧。在革命战争时期，毛泽东在论述武器和人的作用时，他明确指出："武器是战争的重要的因素，但不是决定的因素，决定的因素是人不是物"④，因为人民群众有无穷的创造性和丰富的智慧。他说："'三个臭皮匠，合成一个诸葛亮'，这就是说，群众有伟大的创造力。中国人民中间，实在有成千成万的'诸葛亮'，每个乡村，每个市镇，都有那里的'诸葛亮'"⑤。由此他得出结论说：只要中国共产党"依靠人民，坚决地相信人民群众的创造力是无穷无尽的，因而信任人民，和人民打成一片，那就任何困难也能克服，任何敌人也不能压倒我们，而只会被我们所压倒"⑥。在改革开放的新时期，中国共产党根据马克思主义的基本原理，紧紧依靠人民，不断总结人民群众的新鲜经验，形成了中国特色社会主义理论，建立了中国特色社会主义制度，开辟了中国特色社会主义道路。邓小平说："我们改革开放的成功，不是靠本本，而是靠实践，靠实事求是。农村搞家庭联产承包，这个发明权是农民的。农村改革中的好多东西，都是基层创造出来，我们把它拿来加工提高作为全国的指导。"⑦ 他进一步总结指出："一个党和它的党员，只有认真地总结群众的经验，集中群众的智慧，才能指出正确的方向，领导群众前进"⑧。

3. 坚持群众史观必须把"从群众中来，到群众中去"作为自己最根本的工作方法。马克思主义认为，世界观决定着方法论，有什么样的世界观就

---

① 《毛泽东文集》第3卷，人民出版社1993年版，第305页。
② 《邓小平文选》第3卷，人民出版社1993年版，第4页。
③ 《论群众路线——重要论述摘编》，中央文献出版社2013年版，第120页。
④ 《毛泽东选集》第2卷，人民出版社1991年版，第469页。
⑤ 《毛泽东选集》第3卷，人民出版社1991年版，第933页。
⑥ 同上书，第1096页。
⑦ 《邓小平文选》第3卷，人民出版社1994年版，第382页。
⑧ 《邓小平文选》第1卷，人民出版社1994年版，第218—219页。

有什么样的方法论，不存在脱离世界观的方法论，也不存在脱离方法论的世界观。"从群众中来，到群众中去"是中国共产党的根本认识论、方法论路线，自始至终贯穿着人民主体论的思维。

在人类的社会实践活动中，个体对客观世界的认识往往是狭隘、片面的，而广大人民群众的认识活动则广泛得多，他们接触的事物多种多样，因而他们的经验、认识也更加全面。"从群众中来"就是要认真总结人民群众的实践经验，集中群众的聪明才智，如实反映群众的利益诉求，解决群众生活和生产中的实际问题，并以此为基础进行分析、综合和概括，将分散的无系统的意见整合为集中而系统的意见，提出解决问题的对策、方针和方法。当然，全面、正确地总结人民群众的经验必须加强民主政治建设，正如毛泽东所说："没有民主，就不可能正确地总结经验。没有民主，意见不是从群众中来，就不可能制定出好的路线、方针、政策和办法。"① 邓小平也指出："民主政治的好处，正在于它能够及时反映各阶级各方面的意见，使我们能够正确地细心地去考虑问题决定问题；它能够使我们从群众的表现中去检验我党的政策是否正确，是否为群众所了解所拥护"②。"从群众中来"并不是对群众意见的简单堆积和罗列，还必须要有整理、分析和概括的过程，即"必须经过思考的作用，将丰富的感觉材料加以去粗取精，去伪存真，由此及彼，由表及里的改造制作工夫，造成概念和理论的系统"③。

作为认识世界、改造世界的根本方法，"从群众中来"仅仅完成了认识过程的一半。毛泽东指出："辩证唯物论的认识运动，如果只到理性认识为止，那末还只说到问题的一半，而且对于马克思主义哲学说来，还只说到非十分重要的那一半。"④ "在我党的一切实际工作中，凡属正确的领导，必须是从群众中来，到群众中去。这就是说，将群众的意见（分散的无系统的意见）集中起来（经过研究，化为集中的系统的意见），又到群众中去作宣传解释，化为群众的意见，使群众坚持下去，见之于行动，并在群众行动中考验这些意见是否正确。然后再从群众中集中起来，再到群众中坚持下去。如此无限循环，一次比一次地更正确、更生动、更丰富。"⑤ 这就是说，正确的

---

① 《毛泽东文集》第8卷，人民出版社1999年版，第294页。
② 《邓小平文选》第1卷，人民出版社1994年版，第12页。
③ 《毛泽东选集》第1卷，人民出版社1991年版，第291页。
④ 同上书，第292页。
⑤ 《毛泽东选集》第3卷，人民出版社1991年版，第899页。

认识形成后，还必须"到群众中去"，接受群众实践的检验，并在群众实践中继续深化和发展，因为"人民，只有人民，才是我们工作价值的最高裁决者。"① "从群众中来，到群众中去"的无限循环与马克思主义认识论的实践——认识——再实践——再认识的认识过程一致，这个过程就是中国共产党在实践工作中的根本方法。

总之，群众路线是群众史观在社会实践中的运用，集中概括了"为了谁、依靠谁、怎么做"等中国共产党价值观中最核心的问题。"一切为了群众"、"一切依靠群众"、"从群众中来，到群众中去"三者是一个整体，分别体现了中国共产党的根本目的、依靠力量和工作方法，共同构成了中国共产党群众工作的总指针和生命线。正因此，江泽民坚定地指出："在任何时候任何情况下，与人民群众同呼吸、共命运的立场不能变，全心全意为人民服务的宗旨不能忘，坚信群众是真正英雄的历史唯物主义观点不能丢。必须始终把体现人民群众的意志和利益作为我们一切工作的出发点和归宿，始终把依靠人民群众的智慧和力量作为我们推进事业的根本工作路线。"②

三　密切联系群众是贯彻群众路线体现出来的工作作风

工作作风是一个组织或个体在工作中表现出的态度或行为风格，是其内在形象的直观体现。中国共产党的工作作风核心表现为对待人民群众的态度。真正坚持群众史观，坚决贯彻群众路线，就应该与人民群众结成命运共同体，在工作、生活中形成密切联系群众的作风。

1. 密切联系群众就是把群众史观、群众路线内化于心。坚持群众史观，贯彻群众路线，就应该把人民放在心中的最高位置，真正把群众史观、群众路线内化于心，形成一种对人民群众负责的心理自觉。中国共产党在革命战争时期把有无群众观点看作是自己"同国民党的根本区别"③，在改革开放的新时期把是否心系群众、服务人民看作"衡量领导干部作风是否端正的试金石"④。密切联系群众反映的是中国共产党服务人民群众的真心，要求党员干部做到心里面装着群众、头脑中想着群众。

① 江泽民：《论党的建设》，中央文献出版社 2001 年版，第 181 页。
② 《江泽民文选》第 3 卷，人民出版社 2006 年版，第 271 页。
③ 《毛泽东文集》第 3 卷，人民出版社 1996 年版，第 71 页。
④ 《十六大以来重要文献选编》（下），中央文献出版社 2008 年版，第 873 页。

真正把群众史观、群众路线内化于心，首要的是要认真掌握马克思主义群众观点，努力提高自己的理论修养，正确认识党与人民群众的关系，尤其是真正认识到党员干部的权力是人民群众赋予的。毛泽东告诫全党说："我们的权力是谁给的？是工人阶级给的，是贫下中农给的，是占人口百分之九十以上的广大劳动群众给的。我们代表了无产阶级，代表了人民群众，打倒了人民的敌人，人民就拥护我们。"① 邓小平也指出："有些同志以为天下是我们打下的，一切要服从我们。这是非常错误的。实际上群众不一定会服从你。领导不是自封的，要看群众承认不承认，批准不批准。"② 清楚了这一点，党员干部才会做到爱民、敬民、畏民、忧民、为民，做到立身不忘做人之本、为政不移公仆之心、用权不谋一己之私。

2. 密切联系群众就是把群众史观、群众路线融化于情。坚持群众史观，贯彻群众路线，就应该在工作中真正把群众史观、群众路线融化于情，形成虚心向群众学习的真切意愿。在历史上，剥削阶级及其政党对人民群众也标榜"爱民"，但是，他们"讲'爱民'，是为了剥削，为了从老百姓身上榨取东西"，而中国共产党就是人民群众的一部分，是人民群众的代表，其任务就是"使人民觉悟，使人民团结起来"③。中国共产党对群众的感情不是来自悲天悯人的情怀，而是由人民群众的历史主体性地位决定的。任务要依靠群众去完成，经验要依靠群众去积累，新事物要依靠群众去创造，困难也要依靠群众才能克服。如果失去人民的支持，中国共产党"就会一事无成，就不能生存"④。只要有全心全意为人民服务的真心，就会有密切联系群众的真情。毛泽东把中国共产党与人民群众的关系比喻为种子对土地、子女对父母、鱼对水的感情。他说："我们共产党人好比种子，人民好比土地。我们到了一地方，就要同那里的人民结合起来，在人民中间生根、开花。"⑤ 他强调指出："共产党员应该紧紧地和民众在一起，保卫人民，犹如保卫你们自己的眼睛一样，依靠人民，犹如依靠自己的父母兄弟姊妹一样。"⑥ "如果党群关系搞不好，社会主义制度就不可能建成；社会主义制度建成了，也不可

---

① 《建国以来毛泽东文稿》第 12 册，中央文献出版社 1998 年版，第 581 页。
② 《邓小平文选》第 1 卷，人民出版社 1994 年版，第 157 页。
③ 《毛泽东文集》第 3 卷，人民出版社 1996 年版，第 57—58 页。
④ 《江泽民文选》第 1 卷，人民出版社 2006 年版，第 407 页。
⑤ 《毛泽东选集》第 4 卷，人民出版社 1991 年版，第 1162 页。
⑥ 《毛泽东文集》第 3 卷，人民出版社 1996 年版，第 45 页。

能巩固。"① 对人民群众有了真挚情感，党员与人民群众的结合会更加自觉，由衷地产生服务人民的责任感、使命感，时刻把群众的安危冷暖挂在心上，倾全力解决群众的困难。

3. 密切联系群众就是把群众史观、群众路线外化于行。坚持群众史观，贯彻群众路线，就应该深入群众，了解群众的所需所想，把群众史观、群众路线外化于行，切实解决群众的实际问题。密切联系群众最重要的是行动和实效，看人民群众的满意度。人民群众生活质量的好坏，实际问题解决的如何，直接牵动着他们的情绪，影响他们对中国共产党的政治认同。早在革命战争时期，毛泽东就指出：中国共产党要取得胜利，一定还要做很多工作。群众的穿衣、吃饭、柴米油盐、疾病卫生、婚姻等"一切群众的实际生活问题，都是我们应当注意的问题。假如我们对这些问题注意了，解决了，满足了群众的需要，我们就真正成了群众生活的组织者，群众就会真正围绕在我们的周围，热烈地拥护我们"②。群众利益无小事，一心一意见真情。小事连着大事，小事牵动民心，小事关乎党风、政情的全局。而要做到关心群众，必须大兴调查研究之风。毛泽东要求党员干部迈开两脚，到自己工作的范围内"去走走，学个孔夫子的'每事问'"③。邓小平曾经批评了一些党员干部"把绝大部分时间用在坐办公室、处理文件、在领导机关内部开会上面"的官僚主义做法，要求"有系统地改善各级领导机关的工作方法，使领导工作人员有足够的时间深入群众，善于运用典型调查的方法，研究群众的情况、经验和意见"④，真正做到了解民意、掌握实情、解决实事。

密切联系群众作为中国共产党的优良作风，是真心、真情和真做的统一，是检验党员干部是否真正坚持群众史观、贯彻群众路线的试金石。

四 关于树立中国共产党群众观的思考与启示

群众史观、群众路线和密切联系群众是哲学基础、工作方法和工作作风的有机统一，它们共同构成了中国共产党群众观的重要内容。分析和总结中国共产党群众观的逻辑关系，对于今天中国共产党更好地抓住树立群众观的

① 《建国以来毛泽东文稿》第6册，中央文献出版社1992年版，第547页。
② 《毛泽东选集》第1卷，人民出版社1991年版，第137页。
③ 同上书，第110页。
④ 《邓小平文选》第1卷，人民出版社1994年版，第223页。

重点、难点和切入点、关键点，进一步密切党同人民群众的联系，保持中国共产党的先进性和纯洁性，增强其创造力、凝聚力、战斗力具有非常重要的现实意义。

第一，加强对党员干部的群众史观教育，使他们形成思想认识上的自觉。群众史观是马克思主义世界观的重要内容，是马克思主义政党首要的基本哲学观点。在人们的主观精神领域，世界观是决定其他一切观点和观念的基础。加强中国共产党自身的建设核心是保持党同人民群众的密切联系，而基础则是牢固树立群众史观。中国共产党在自身建设史上，对全党进行包括群众史观在内的马克思主义理论教育，不断用马克思主义思想克服和改造各种非马克思主义思想，永葆了中国共产党的工人阶级先锋队性质，从思想上建党是其优良传统和成功经验。在新的历史条件下，中国共产党必须通过建立学习制度，创新教育形式，丰富教授内容，改善教学方法，教育和引导广大党员干部牢固树立人民群众是历史创造者的观点，从而为树立全心全意为人民服务的观点、虚心向人民群众学习的观点、保持同人民群众血肉联系的观点等提供坚实的世界观基础，使自己切实摆正位置、端正态度，始终做到与人民群众同呼吸、共命运、心连心。

第二，加强党的作风科学化建设，建立密切联系群众的制度。密切联系群众是中国共产党的优良作风，也是其自身建设的重要内容，它应该与马克思主义的世界观是一致的。但是，二者的一致性又不是简单的同一，有了科学的世界观并不等于完全掌握正确的方法论，并在工作中完全体现出好的工作作风。工作作风具有不稳定的特点，往往会随工作环境和个人境遇的变化而出现变化。毛泽东指出："人是会变化的，革命者也会发生变化。没有群众监督和揭露，他们可能进行贪污、盗窃，做投机生意，脱离群众。"① 习近平也指出："保持党同人民群众的血肉联系是一个永恒课题，作风问题具有反复性和顽固性"②。因此，加强党的作风科学化建设，必须以制度保障密切联系群众作风的养成，靠制度提高密切联系群众作风的效率，用制度检验密切联系群众的成效。中共十一届三中全会以来，中国共产党通过采取一系列措施，不断加强密切联系群众的制度建设，初步建立了领导干部深入基层调查研究的制度、领导干部群众接待日制度、领导干部联系点制度等，初步构

① 《毛泽东传》（下），中央文献出版社2003年版，第1338页。
② 《习近平在党的群众路线教育实践活动工作会议上的讲话》，《人民日报》2013年6月18日。

筑了密切联系群众的相关制度，进一步拓宽了诸多反映民声、尊重民意、维护民权的渠道，让群众随时都了解中国共产党的决策、参与中国共产党的决策、监督中国共产党的决策。在新的历史时期，经济体制深刻变革，社会结构深刻变动，利益格局深刻调整，思想观念深刻变化，新媒体在当代政治生活中的核心地位则更为凸显。因此，根据社会实践的变化，以制度化建设为核心的密切联系群众的科学化建设更为重要。

第三，加强能力建设，切实解决群众关心的实际问题。执政能力建设是中国共产党执政后的一项根本建设，也是中国共产党执政后始终面临和不断探索的一个重大课题。正如邓小平所说："我们党成为执政党，这是一个值得高兴的事情。但是，执政党也不是很容易当的。执了政，党的责任就加重了，共产党员的责任就加重了，我们的领导干部的责任就加重了。我们要负担什么责任呢？在过去我们无非是闹革命，革命胜利以后，我们党执政了，掌了权，就要担负起把国家引导到社会主义道路上和进行建设的艰巨任务。"① 只有不断提高执政党的领导水平和执政能力，练就为人民服务的本领，切实解决群众关心的实际问题，才能够更好地保持与人民群众的血肉联系。

随着改革开放的不断深入和社会的发展，人民群众的利益需求也在提高。因此，实现群众的愿望，满足群众的需要，维护群众的利益，是一个动态的不断发展的过程。中国共产党一方面要深刻认识和把握新时期人民内部矛盾的特点，探索化解人民内部矛盾的正确途径和有效方法，另一方面要细心体察群众愿望和利益要求的变化，使中国共产党的政策措施更全面、更准确地反映群众利益，使中国共产党的工作更好地、更有力地体现群众的利益。同时，要加强思想政治工作，引导和帮助群众正确认识眼前利益和长远利益、自身利益和集体利益的关系。

第四，加强反腐倡廉建设，以廉政建设的成果取信于民。反腐败斗争关系到党的形象、民心所向，关系到党和国家生死存亡。中共十八大报告指出："反对腐败、建设廉洁政治，是党一贯坚持的鲜明政治立场，是人民关注的重大政治问题。这个问题解决不好，就会对党造成致命伤害，甚至亡党亡国。"加强反腐败斗争，是中国共产党实现自我净化、自我完善、自我革新、自我提高，获得人民群众认同和支持的必要手段。尤其是新形势下，中

---

① 《邓小平文选》第 1 卷，人民出版社 1994 年版，第 303 页。

国共产党面临的执政考验、改革开放考验、市场经济考验、外部环境的考验是长期的、复杂的、严峻的，不断提高党的领导水平和执政水平，提高拒腐防变和抵御风险能力，是党取信于民，巩固执政地位和实现执政使命必须解决好的重大课题。

唯物史观视域下的中国道路

曹守亮

（中国社会科学院当代中国研究所）

一个国家的发展道路问题至关重要，事关全局，必须以科学理论为指导，谨慎选择适合本国国情的正确发展道路。关于中国道路，从广义说，既包括中国人民在中国共产党领导下取得新民主主义革命胜利的革命道路，也包括由新民主主义向社会主义过渡并在此基础上进行社会主义革命和建设的道路，还包括进行改革开放和社会主义现代化建设的道路，即中国特色社会主义道路。从狭义说，就是特指中国特色社会主义道路。在历史发展不同阶段形成的中国革命、建设和改革的道路，相互联系、一脉相承，共同构成中国道路的基本内容。从社会主义还要长期发展和不断完善的角度说，改革开放以来形成的中国特色社会主义道路具有特殊重要的意义，它必将随着实践发展而不断完善，表现出强大生命力，并最终完全实现中华民族伟大复兴的中国梦想。

一、中国道路的历史方位是使中国在纷繁复杂的国际竞争和生存角逐中赢得了国家独立和民族解放，在世界历史发展的潮流与趋势中完成由传统向现代转变，具有鲜明的特点

第一，中国道路是人类历史发展的普遍规律与中国历史发展的特殊规律的有机统一。现实的中国道路是历史的中国道路的延伸与发展。中国特色社会主义道路源自中国特色革命道路，是中国近现代半殖民地半封建社会历史发展的必然选择和基本结论，体现了马克思主义关于人类社会发展的一般历史规律和中国近现代特殊历史规律的统一。近代以来，无数仁人志士为救亡图存而进行了各种方式的革新、改良、革命，向西方学习，但最终都归于失败。以毛泽东为代表的中国共产党人运用马克思列宁主义基本原理，根据旧中国的社会性质和所处历史方位的实际国情、中国社会主要矛盾、工人阶级成长壮大、民族资产阶级的软弱性和妥协性特点以及十月革命后世界历史的

发展潮流和时代特征，明确提出中国革命分新民主主义革命和社会主义革命"两步走"的战略蓝图。毛泽东在《新民主主义论》中指出："这个革命的第一步、第一阶段，决不是也不可能建立中国资产阶级专政的资本主义的社会，而是建立起以中国无产阶级为首领的中国各个革命阶级联合专政的新民主主义的社会，以完成其第一阶段。然后，再使之发展到第二阶段，以建立中国社会主义的社会。"① 新民主主义革命既不同于西方资产阶级民主革命，也不同于俄国十月革命，它是经新民主主义到社会主义的中国特色的革命道路。以毛泽东为代表的共产党人克服了党内存在的把马克思主义教条化、苏联经验神圣化的错误倾向，创造性地"农村包围城市，武装夺取政权"的道路，建立了中华人民共和国，经过工业、农业、资本主义工商业的社会主义改造，确立了社会主义的基本制度，为当代中国社会的一切发展进步奠定了根本的政治前提和制度基础。以毛泽东为代表的第一代中央领导集体，探索在一个经济文化落后的农业大国建设社会主义现代化道路的曲折发展和沉重的经验教训，成为能够开辟中国特色社会主义道路的理论基础。这就必然要以社会主义基本制度为政治前提，以独立的比较完整的工业体系和国民经济体系为物质基础，以拥有集体智慧和聪明才智的广大人民群众为建设主体，在生产力落后、经济发展不平衡、历史文化源远流长、人口多、底子薄、民族多、耕地少等历史土壤中逐渐成长出中国社会主义的"特质"，决定了中国必须走具有中国特色的社会主义道路。

第二，中国道路体现了鲜明的科学社会主义原则。物质生产活动及其生产方式是人类社会生存和发展的基础，是人类其他一切活动的首要前提。马克思曾指出：生产力的巨大增长和高度发展，"之所以是绝对必需的实际前提，还因为如果没有这种发展，那就只会有贫穷、极端贫困的普遍化"② 。因此，解放和发展社会生产力，逐步实现全体人民共同富裕，促进人的全面发展，实现人的解放是科学社会主义的重要原则，同时也是社会主义的最高价值追求。实现这样的目标和要求，必须首先解放和发展社会生产力，创造出更加丰富的社会物质财富。解放和发展社会生产力是人类社会发展进步的前提和基础；促进人的全面发展，逐步实现全体人民的共同富裕，是社会主义制度区别于其他社会制度的显著标志。有了社会生产力的更大发展，社会物

① 毛泽东：《毛泽东选集》第 2 卷，人民出版社 1991 年版，第 672 页。
② 马克思、恩格斯：《马克思恩格斯文集》第 1 卷，人民出版社 2009 年版，第 538 页。

质不断丰富，使全体人民过上富裕生活，使每个社会成员都能获得更加充分的发展条件，才能不断缩小以致人为造成的消除社会差别。坚持以经济建设为中心，坚持四项基本原则，坚持改革开放，是中国道路体现科学社会主义原则具体体现。以经济建设为中心是兴国之要，是我们党和国家兴旺发达和长治久安的根本要求。坚持四项基本原则是立国之本，我们党和国家生存发展的政治基石。改革开放是强国之路，是我们党和国家发展进步的活力源泉，是发展中国特色社会主义的强大动力。邓小平指出，我们必须始终不渝地坚持四项基本原则，"如果动摇这四项基本原则中的任何一项，那就动摇了整个社会主义事业，整个现代化建设事业"[1]。这"一个中心，两个基本点"贯通中国特色社会主义道路，必须全面坚持，不可偏废。离开经济建设这个中心，社会主义社会的一切发展和进步就会失去物质基础；离开四项基本原则和改革开放，经济建设就迷失方向和丧失动力。"一个中心，两个基本点"的发展格局是对马克思主义关于发展思想的丰富。

第三，中国道路关于总体布局的理论具备清晰的实践特色，体现了促进人的全面发展的美好愿景。人类的社会生活主要表现为物质生活、政治生活和精神生活，所以作为发展的社会就不是单一的经济运行过程，而是经济、政治、文化、社会相互联系、相互制约、共同发展的过程，同时，经济增长、科技进步、政治制度的演进等不过是实现人的全面发展的必要手段。党的十八大对推进中国经济建设、政治建设、文化建设、社会建设、生态文明建设的总布局进行了系统阐述，党的十八届三中全会对深化经济体制、政治体制、文化体制、社会体制、生态体制的改革作出了系统、全面的部署。中国特色社会主义是以全面发展为目标追求的社会主义，因而也是全面改革的社会主义。把握五位一体的改革开放总布局，就是要在经济不断发展的基础上，协调推进政治建设、文化建设、社会建设、生态文明建设以及其他各方面的建设；就是要以经济体制改革为重点，发挥经济体制改革的牵引作用，推动生产关系同生产力、上层建筑同经济基础相适应，推动经济社会持续健康发展。中国特色社会主义道路的全面发展，正在突破过去把发展简单理解为经济增长，而忽视社会和人的全面发展的理论误区，纠正了形而上学的思维方式，扬弃和超越了传统的发展理念。其辩证性、合理性主要表现在一方面强调了社会发展是政治、经济、文化和社会的全面协调发展，另一方面强

---

① 邓小平：《邓小平文选》，人民出版社 1994 年版，第 173 页。

调社会发展是"人"的发展。六十多年中国建设社会主义的伟大实践证明：社会发展的战略目标，并不是单纯地追求国民生产总值的增长和脱离物质生产的政治运动，而是在经济发展基础上促进社会全面进步，促进人的全面发展；经济体制改革不仅要有利于促进生产力的发展，而且要有利于全面体现社会主义现代化事业的要求，实现社会和谐和全面进步。

第四，中国道路带有鲜明的理论特色，开创了马克思主义中国化的新境界。从理论发展的视角看，中国道路说到底是对什么是社会主义以及如何建设社会主义的理论探讨和实践总结。中国共产党高度注重开创中国道路的历史经验总结，1981 年党的十一届六中全会通过的《关于建国以来党的若干历史问题的决议》系统总结了社会主义在新中国的发展。1992 年以来，邓小平对社会主义本质的认识极大地提升了中国道路的理论内涵和思想深度。在深入总结党的十三大、十四大、十五大、十六大分别作出的阶段性经验的基础上，党的十七大从改革开放 30 多年以及整个新中国历史进程着眼，对中国特色社会主义道路积累的基本经验概括为"十个结合"，基本上形成了中国道路的制度优势：坚持马克思主义基本原理同推进马克思主义中国化结合起来；把坚持四项基本原则同坚持改革开放结合起来；把尊重人民首创精神同加强和改善党的领导结合起来；把坚持社会主义基本制度同发展市场经济结合起来；把推动经济基础变革同推动上层建筑改革结合起来；把发展社会生产力同提高全民族文明素质结合起来；把提高效率同促进社会公平结合起来；把坚持独立自主同参与经济全球化结合起来；把促进改革发展同保持社会稳定结合起来，把推进中国特色社会主义伟大事业同推进党的建设新的伟大工程结合起来。这十个"结合"实际上阐发的是中国在建设社会主义的进程中形成的超越于具体发展成就的更为本质的制度性成果，那就是中国制度文明的特色和发展模式的优势。这标志着我们对中国道路的认识达到了一个前所未有的新高度，马克思主义中国化进入一个新的发展阶段。

第五，中国道路重要特点还在于中国共产党和中国政府正确认识和妥善处理了新中国改革开放前后两个历史时期的关系，既不妄自尊大，也不妄自菲薄，具有对待自身历史的理性态度和科学方法。首先应看到，前 30 年为后 30 年的发展创造了前提、奠定了基础，不能离开前 30 年谈中国特色社会主义制度优势。新中国成立后，我们创造性地完成了由新民主主义革命向社会主义革命的转变，建立了社会主义基本制度，实现了中国近代以来最深刻、最伟大的社会变革。在这一过程中，我们积累了社会主义建设的许多宝贵经验，取得了重要理论成果。没有前30年奠定的政治前提、制度基础和创造的物质条件，就不会有后30年的快速发展和巨大进步。正如胡锦涛在党的十七大报告强调的，我们要永远铭记，改革开放伟大事业，是在以毛泽东同志为核心的党的第一代中央领导集体创立毛泽东思想，带领全党全国各族人民建立新中国、取得社会主义革命和建设伟大成就以及艰辛探索社会主义建设规律取得宝贵经验的基础上进行的。

粉碎"四人帮"、结束"文化大革命"后，中国面临向何处去的重大关头。我们党顺应时代潮流和人民愿望，以巨大的政治勇气和理论勇气，带领人民勇敢开辟建设社会主义新路。党的十一届三中全会开始全面、认真纠正"文化大革命"及其以前的"左"倾错误，进行思想、政治、组织等领域的全面拨乱反正，作出把党和国家工作中心转移到经济建设上来、实行改革开放的战略决策，党和国家又充满希望、充满活力地踏上了实现社会主义现代化的伟大征程。正像英国学者珍妮·克莱格所指出的"以中央计划和大规模调动为支撑的毛泽东式的自力更生打造了一个社会主义工业化的基础。随着中国的冷战孤立状态结束，当邓小平能够突破'闭门主义'，通过改革开放实现新进展时，这个工业化基础就实现了腾飞。"① 30年来，我们在改革开放的伟大实践中，成功开辟了中国特色社会主义道路、形成了中国特色社会主义理论体系，胜利实现了现代化建设"三步走"战略的前两步战略目标，正在向第三步战略目标阔步前进，中华民族迎来伟大复兴的光明前景。

二、中国道路的成功之处在于初步形成了中华文化的优秀思想资源、朴素的唯物主义因素与马克思主义基本原理相契合的理论形态并获得了广泛认同，上升为民族精神，表现出非比寻常的制度优势

新中国确立的社会主义基本制度，包括从经济基础到上层建筑、从内政到外交的方方面面，其荦荦大者有：人民代表大会制度，共产党领导的多党合作和政治协商制度，单一制下的民族区域自治制度和"一国两制"，公有制为主体、多种所有制经济共同发展的经济制度，中国化马克思主义指导的文化前进方向，共产党对军队绝对领导的军事制度，以及独立自主的和平外交方针，等等。这些制度，既是当代中国一切发展进步的政治方向，又是当代中国一切发展进步的政治保障。

---

① ［英］珍妮·克莱格：《中国的全球战略——走向一个多及世界》，葛雪蕾、洪曼、李莎译，新华出版社2010年版，第145页。

中国道路的制度优势在于：从经济制度来看，我们不仅逐步确立了公有制为主体、多种所有制经济共同发展的基本经济制度，适应了我国现阶段生产力发展水平，充分调动了各方面积极性，极大地解放和发展了社会生产力，而且确立了社会主义市场经济体制的改革目标，把市场经济与社会主义基本制度结合起来，既注重发挥市场在资源配置中的决定性作用，又注重加强国家的宏观调控。比如，在抵御1997年亚洲金融风暴和应对2008年国际金融危机的严重冲击方面，中央政府果断调整宏观调控政策，不仅稳定了国内金融和市场的稳定，而且在国际上也发挥了稳定器的作用，赢得了国际社会的积极评价。

从政治制度来看，我们坚持把党的领导、人民当家作主和依法治国统一起来，建立并完善人民代表大会制度、中国共产党领导的多党合作和政治协商制度、民族区域自治制度以及基层群众自治制度等一整套政治制度。它既吸收了中国传统政治文化的精华和人类政治文明的有益成果，又克服了其中的弊病和不足；既充分尊重和保障个人民主权利，又能形成共同意志、集中力量办大事；既充满活力又富有效率，适应了我国人口和民族众多，经济、社会、文化不发达，区域发展不平衡，传统文化影响深厚等现实状况。这些优势在抗洪抢险、抗震救灾、举办奥运会等重大事件中更是显示出巨大威力。

从影响和制约思想文化发展的核心因素看，中国道路具有丰厚的历史底蕴和丰富的文化内涵，是中华民族之民族精神的当代凝练和实践提升。尽管中华民族这一民族体最终形成于20世纪初年，但以汉民族为主体的中华民族雏形却最早形成于汉代。中华民族的历史是由汉族和各少数民族共同创造的，中华民族热爱和平、酷爱自由、崇尚统一、自强不息、厚德载物等价值理念和精神追求，在中国道路形成与发展的进程不断得到凝练和升华。在近代反侵略的进程中，中国人民不屈不挠、奋勇抗争，努力地弘扬和培育中华民族精神，促进了民族意识的觉醒，鼓舞了全国人民反帝爱国的伟大斗志。在国家安危、民族存亡的历史关头，中国人民表现出了"同仇敌忾、众志成城"的反抗精神，革命烈士们前仆后继、不懈奋斗，涌现出诸如长征精神、抗战精神、沂蒙精神、延安精神，使得中华民族精神得以丰富和发展。也正是中国人民怀着深厚的忧患意识，发扬自强不息、英勇无畏的民族精神，经过一个多世纪艰苦卓绝的斗争，才终有百年国耻的雪洗。总之，在民族危机空前严重的近代中国，是中华民族精神引导着民族独立与人民解放斗争。新中国成立以来，中国共产党领导全国各族人民在探索社会主义的征程中培育和凝练了诸如大庆精神、大寨精神、雷锋精神、焦裕禄精神、"两弹一星"精神、抗洪精神、抗震精神、奥运精神等具有鲜明时代特征的民族精神形态。中国人民对于中国道路的认同有力促进了中华民族民族精神的时代发展。

因此，从最本质的意义上看，中国道路的制度优势并不是简单的"一党执政＋市场经济"，而是"改革开放＋四项基本原则"。现在世界上，绝大多数国家都在搞市场经济，为什么唯独中国发展得最快？除了上述制度因素之外，还应该强调的是，中国共产党全心全意为人民服务的宗旨、独一无二的党建理念和雷厉风行的治党措施和行动。这样就能够在中国共产党面对长期的复杂的、严峻的执政考验、改革开放考验、市场经济考验和外部环境考验，大力加强理想信念教育，组织建设、制度建设和反腐倡廉建设，这样才能确保党在世界形势深刻变化的历史进程中始终走在时代前列，在中国特色社会主义发展道路上始终成为坚强的领导核心。

三，中国道路是中华民族实现伟大复兴的历史进程，既应体现中华民族自强不息，奋斗不止的民族品格，也应该具有"美美与共"，"和而不同"的世界胸怀，着力于解决人类发展道路上面临的重大问题，为人类文明的健康发展作出应有的贡献。

世界历史进程是纷繁复杂的文明交流与融汇中发展、进步的。中国史学源远流长的通史家风和经世致用的研究特色在一定意义上昭示了中国史学对中国历史进程关注与探究。中国马克思主义史家更是将中华民族发展道路的探讨作为义不容辞的时代责任和历史使命。中国当代史学中著名的"五朵金花"，讨论的实质就是中国历史的发展道路问题，中国马克思主义史家从郭沫若、翦伯赞、范文澜、吕振羽、侯外庐到白寿彝、蔡美彪在不同历史时期所孜孜以求的通史编撰，呈现出对中国道路的历史理解。江泽民指出："世界各国的历史传统、经济文化水平和社会制度不同，其政治制度和政党制度页必然不同。世界是丰富多彩的，没有也不可能有一种放之四海而皆准的政治模式。"① 中国道路具有鲜明的中国特色，不仅改变了中国社会发展的历史进程，而且丰富了世界历史的发展途径。

在当代，中国道路最明显的是社会主义的本质属性，中华民族五千年历

---

① 江泽民：《江泽民论中国特色社会主义》，中央文献出版社 2002 年版，第 312 页。

史始终与之遥相辉映，形成为鲜明的民族特色。相对于"苏联模式"而言，中国特色社会主义道路的开辟又将这一特征更加鲜明地展现出来。列宁开创的、在斯大林时期形成的苏联社会主义模式，本质上属于社会主义，体现了社会主义的本质属性和基本原则，中国的社会主义曾经与苏联社会主义有着十分密切的关系。中国社会主义经历了学习、模仿苏联社会主义和独立自主地探索、建设社会主义两个阶段，中国特色社会主义道路突破和扬弃了苏联模式中高度集中的经济体制、政治体制、文化管理体制，克服了忽视民生、忽视党建等严重弊端，创立了中国特色社会主义新模式，合理利用资本主义以发展社会主义，借鉴一些民主社会主义国家治国理政的有益经验，走出了一条独特的、更科学、更广阔的发展道路。

对中国道路及时作出富有当代特色和时代精神风貌的诠释和解读，是中国当代史学工作者大有作为的时代性课题。这是中国史学中关注和研究当代问题的优良传统使然，也是更加理性地看清楚中国社会未来的发展道路需求使然。诸如坚持四项基本原则的改革开放；社会主义基本制度与市场经济相结合的经济体制；一部分人先富裕起来，先富带动后富的共同富裕；共产党领导、人民当家作主和依法治国相统一的社会主义民主政治；马克思主义指导思想一元化和社会主义思潮多样化相统一的社会主义先进文化；以改善民生为重点的和谐社会建设，等等富有创新色彩的理念和价值追求，均充分体现了中国人民的智慧，深具中国历史底蕴和文化特色。这就要求不仅要在全球化的视野下研究中国发展道路并对其给出具备较强理论影响力和学术阐释力的分析框架和理论解释范式，而且还要将中华民族的历史，尤其是中国特色社会主义的历史介绍给世界，在全世界范围内传播中华文化和中华文明的历史道路和现实形态。这才是培养中华文化的民族自尊心和自信心的正确途径。

对于各国发展道路的正确态度，我们应该用一种理智的、稳健的，不是轻率的、情绪化的心态来"欣赏"它，做到"爱而知其恶，憎而知其善"。对待中国历史发展道路亦然。要知道，不论哪种文明，都不是完美无缺的，都有精华和糟粕。所以，我们不仅对涌进来的异质文化既要"理解"，又要有所"选择"。既不妄自菲薄，盲目崇拜西方，又不闭关排外，甚至极端仇视西方。我们倡导对中国道路作出富有当代特色阐述，更应该注意到世界范围内当代文化交流与发展的大的潮流与趋势。

中华各民族久经磨合、交往融汇，形成统一而又丰富多彩的中华民族家庭。波澜壮阔的中华五千年文明史，呈现出自身独特的风格与特点。但中国历史的发展道路并没有脱离马克思主义所阐述的人类历史发展的基本规律。中国历史发展的基本规律、具体进程和丰富经验，都雄辩地证明，历史和人民选择在中国共产党领导下坚持走中国特色社会主义道路的必然性。中国道路不仅是在改革开放 30 多年的伟大实践和 60 多年的持续探索中得来的，而且还是在对近代以来 170 多年中华民族发展历程的总结和对中华民族 5000 多年悠久文明的传承中形成的，蕴含着中华民族最深沉的精神追求，包含着中华民族最根本的精神基因，是中华民族具有旺盛生命力和自强不息理想追求的具体体现。中国道路是马克思主义基本原理与中国实际和时代特征相结合的伟大实践，是科学社会主义在当代中国的社会形态，是世界多样化民族发展道路中的一条独具中国特色的发展道路。今天的中华民族所面临的巨大而艰难的问题是如何将马克思主义科学理论与中华民族源远流长的传统文明有机融合，构建起物质与精神并重、道德与器物双举、内化与外拓平衡、和谐文明互现的新理论体系。这既是中国历史发展的必然，又是世界历史发展的必然。从世界历史发展的潮流看，人类前进的步伐已经迈上全球化、信息化的道路，已经到了一个必须尽快解决全球化和人类不同文明如何相得益彰、共同繁荣的紧要关头。中国道路的伟大实践和理论构建则可看作是中国人民解决这一人类社会无法绕过的共同问题的具体探索。

历史唯物主义与中共党史学的理论建构*

宋学勤

（中国人民大学马克思主义学院）

马克思主义中国化进程与中共党史高度契合的历史逻辑直接决定着中共党史学术研究的基本走向，即中共党史研究与马克思主义研究不可须臾分离，只有充分尊重两学科的相互依存关系，方可实现学术研究的重大创新。探讨马克思主义历史观、方法论与中共党史研究的关系，关涉马克思主义经典作家关于历史观、方法论的论述，关涉中国共产党领袖对中共党史研究的论述，更关涉如何运用马克思主义指导中共党史研究等方面的内容，学界多有开展。本文仅从中共党史学科建设的角度，宏观阐释二者之间的互动关系。这既是厘清中共党史学科理论指导问题的必然要求，也是丰富完善马克思主义历史观、方法论的重要基础。

---

* 本文系作者担任子课题负责人的国家社科基金重大项目"中共党史学科基本理论问题研究"（13ZD193）的阶段性研究成果。对于马克思主义历史观、方法论的研究，哲学、历史学等学科研究较多，较有影响的专著有庞卓恒《唯物史观与历史科学》等，对于马克思主义在社会历史领域究竟有些什么样的基本原理，而这些基本原理与历史研究又是什么样的关系等问题发表了一系列的观点，阐述了马克思主义在历史研究中的指导地位；探讨唯物史观与中共党史学的关系，涉及这方面内容的单篇论文较多，较有影响的有李捷《我们需要什么样的历史观》等，特别强调唯物史观对中共党史研究的指导作用，较有影响专著有张静如《唯物史观与中共党史学》，这也是中共党史学界第一部运用唯物史观阐发中共党史学的理论著作，深入阐述了唯物史观基本原理在党史学领域的贯彻和运用问题；从中共党史学科建设和发展的诉求出发，深入反思党史研究的理论方法，论及马克思主义方法论，如，论文有欧阳淞的《关于党史研究的理论指导问题》等，专著有王仲清《中共党史学概论》、宋学勤《中共党史学概论》等；较为系统地探讨了中共领袖对于党史学科的理论贡献，如王炳林《邓小平理论与中共党史学》、王炳林《党的领袖与党史研究》、王先俊等《邓小平与中共历史学》等。

一 历史唯物主义为中共党史研究提供动力支撑

马克思主义作为指导中国革命、建设、改革实践的科学理论，始终是在中国共产党的引领下释放其科学性的。这种实践发展的历史逻辑证明，中共党史研究只有在历史唯物主义指导下，才能科学认识、准确把握并全面揭示中共党史中的重大问题及其发展规律，才能更好地建设发展中共党史学科，并充分展现马克思主义的强大现实解释力。

新时期以来，中共党史研究取得了巨大进展。新材料的公布、对教条主义束缚的摆脱、新实践和新理论的出现，等等，都是取得这些进步的重要原因。但如果将上述因素对推动中共党史研究的作用无限放大，看不到马克思主义历史观、方法论对于中共党史研究的根本指导作用，就会犯下一叶障目的弊病，不但不能真正发现中共党史学科发展的奥秘所在，甚至将可能最终误导中共党史学科的发展前景和历史命运。当前将马克思主义研究与中共党史研究构筑学科壁垒的现象，尤其是中共党史研究中将马克思主义边缘化现象，正在蔓延，令人堪忧。

研究中共党史，一个最重要的问题是如何对中共革命和建设实践进行认识与评价，这是一个基本历史观问题。科学的观点是历史地看待一切历史问题，反对无中生有的历史假设与逻辑推演。比如，随着中华民国史研究的推进，出现了"民国热"，其中民国时期的教育制度以及教育水平等很多问题被过度吹捧。更有甚者，有的罔顾历史事实，拿台湾现状比附大陆发展，于是乎出现了"如果当初是国民党执政，中国走资本主义道路，肯定比现在好"等论调。诚然，历史在许多关头都存在着多种可能性的选择，对历史的可能性进行研究，不是不可，但所有认识必须建立在准确分析客观历史的基础之上。诚如学者所论，"运用假设方法去探讨历史问题绝不能离开已经清楚的历史事实，去胡乱地凭空假设，随心所欲地进行历史推导，那样得出的结论，不可能是科学的和符合历史实际的。"[1] 的确如此！

中共党史研究中的历史假设，必须认清近代中国的基本国情，这是得出科学结论的基本前提，如果以所谓世界现代化潮流来否定中国共产党所走过的革命、建设道路，就没有看清近代历史的客观可能性，而是对某一种历史

---

[1] 李振宏：《历史学的理论与方法》，河南大学出版社 1999 年版，第 559 页。

因素作用的主观夸大。胡绳曾就近代中国的其他历史可能进行过论述，堪称典范。他认为，我们有两次机会可能走上资本主义道路，一次是 1927 年国共合作，按照国民党"一大"纲领，反帝、反封建实际上是要发展资本主义，但因为蒋介石的叛变而错失了；另一次是 1946—1947 年旧政协的协定，中共当时做了实行这个协定的准备，结果国民党撕毁协定，没能走上资本主义道路。除此之外，其他都没有可能，要么是封建主义、帝国主义不允许，要么是官僚资本的排挤，要么是自身力量不充足。① 历史假设需看到历史的复杂性，要结合每个时代的社会环境、价值观念，综合比较各种选择的优劣，才可能成为当前的参考。那种"忽视可能性的客观历史基础，认为任何因素都可以把历史引向另一个形态，是违背马克思主义的哲学原理的"②。进一步来看，历史选择不是任何人的主观愿望所能决定的。我们还可以通过比较中西近代化启动时的不同特点，来说明中国为什么没有很好地发展资本主义。在西方，自文艺复兴以后，在思想文化中资产阶级文化成长的同时，资本主义经济和阶级力量也在增长，出现了市民等级，当市民等级成为与封建王朝抗衡的一种力量时，便发生了政治变革，建立资产阶级掌握的国家，走上近代化的道路；而中国的近代化不是起因于一种"内发"的力量，而是源于一种"外发的压力"，中国近代化的主要动机，并非发自中国社会内部，而是来自外部，是为了保卫自己，在资本主义入侵过程中，在一定程度上引入了一些资本主义的生产方式，而且只能由上层官僚引进西方技术，开设工厂等，从而引导资本主义的产生。既没有强大的市民等级，也不可能出现西方那样的原始资本积累。加之帝国主义及封建主义的双重剥削压迫，使得中国资本主义发展处境艰难。每个国家与社会都有它的独特性，这种独特性是由它的历史与文化传统决定的，因此各国的社会变革顺序与发展模式也就各异其趣。虽然各种历史现象发生、发展、消亡有其共通之理，但对不同国家不同地区社会发展的特殊道路必须给予充分的关注。我们还可以通过分析国内外形势，在与资本主义或其他制度的比较中，在国家繁荣与社会发展成就的比较中，来说明我们为什么要走中国特色社会主义道路。先进的中国人最终选择了马克思主义作为改造中国的思想武器，并非源于任何个人、团体或

---

① 胡绳：《关于撰写〈从五四运动到人民共和国成立〉一书的谈话》，《历史研究》2001 年第3 期。

② 李振宏：《历史学的理论与方法》，河南大学出版社 1999 年版，第 559 页。

政党的好恶，而是取决于近代中国革命形势的发展和时代条件的变迁。这是从 1840 年后中国的民族危机和社会危机出发，在详细分析社会各阶级和集团所提出的不同解决方案与社会行动的基础上，可以看到传统的纲常礼教、西方的基督教、小农的平均主义都救不了中国，改良主义以及西方资产阶级的民主共和学说在中国也无法行得通，中国人民在对各种思潮的比较中认识到马克思主义与中国实际的契合性，马克思主义是近代先进的中国人经过亲身实践、审慎思考后做出的理性选择。同样，中国共产党之所以能从各种政治力量中脱颖而出并发展壮大取得领导地位，也是中国人民长期选择的必然结果。资本主义道路在中国走不通是由中国所处的特定时代背景和中国自身的社会条件所决定，并不是谁想走谁不想走就可以改变的问题。社会主义道路对于中国人民来说，并不是一些人所说的"历史的误会"，而是自鸦片战争以来中国人民在长期的反复探索中做出的正确选择。历史发展的客观进程在不断淘汰那些不符合中国国情的选择，而青睐那些适合中国实际的明智选择。"整个历史是按照一定的规律和趋向发展的，历史研究要尊重这种规律，不能抛开历史发展趋势和具体的历史条件，随意虚构所谓的'可能性'。"①因此，一些"事后诸葛亮"式的论点，明显背离马克思主义历史主义原则，不但不能尊重历史事实，而且还忽略了历史的多变性和国情的复杂性。因此，历史假设看重历史在某一时刻的可选择性，但也不能脱离客观可能性的限度。"假设必须建立在对现有史料的和历史事实的占有与分析的基础上，以及我们关于一般历史法则的认识与运用的基础上，才能得出对人们有启发的结论。"②那种抹消不同时代的历史差别来做历史假设，以历史进程的现时状态假设前人若"怎样"结果便会"怎样"，更是一种想当然的感情宣泄，在学术上自寻短见。历史虚无主义者恰恰是不顾客观实际，而是凭空想象，把推理当作史实，在他们的笔下，"假设没有……"、"便会怎样……"成了惯用词，以之描绘出一幅虚幻的历史画面去混淆是非，迷惑人心，这违反了最基本的历史逻辑。试想，如果没有"太平天国"、没有"义和团运动"、没有"辛亥革命"、没有"五四运动"、没有中国共产党及其发展壮大，那么中国近现代史也就不能称之为中国近现代史了。历史虚无主义者在观点以及内容上，打着学术的旗号，以"重新评价"中国近代以来历史为名，用攻

---

① 李振宏：《历史学的理论与方法》，河南大学出版社 1999 年版，第 560 页。
② 同上书，第 559 页。

其一点、不及其余的方法歪曲、诋毁中国共产党在中国革命、建设和改革中的伟大实践，是根本站不住脚的。

当然，历史唯物主义并不一般地否定历史假设，由于历史中存在着多种可能性和选择性，所以近现代中国也就存在着多种可能性的发展道路。简单地否定历史选择的多种可能性，一味地以历史必然性相搪塞，就会导向对历史失误的否认，掉入"凡是存在的就是合理的"逻辑陷阱，反而不利于正确认识历史。"现实一旦成为历史，也就宣布了某一运动过程的终结和无可挽回，如果从这个意义上来否定历史客观可能性探求和历史假设的意义，那么，也就是从根本上否认任何历史研究的价值。历史研究的价值，可能性探求的意义，就在于它能提供一份人类过去已经做到了什么和没有做到什么的记录，从人类留下来的一个个遗憾中寻找教益。"① 然而，诚如上述所论，历史假设的研究是有条件的，不能脱离科学理论的指导。如果盲目地以当前为参照标准，抹消不同时代的历史差别，以现在要求过去，这种历史假设就会陷入主观臆测。我们必须坚持用历史唯物主义的基本原理，结合中国近现代历史的实际，有针对性地对这些错误思潮及其言论加以驳斥，提升唯物主义历史观对当代社会所出现种种问题的对话能力和解释能力。

历史唯物主义作为方法论的根本要义在于：全面彻底地把握客观事实，并在此基础上来描述人类的历史运动，来理解各种各样的历史现象。毛泽东在《如何学习中共党史》一文中特别强调历史主义原则在中共党史研究中的运用，称之为"古今中外法"，"就是弄清楚所研究的问题发生的一定的时间和一定的空间，把问题当作一定历史条件下的历史过程去研究。所谓'古今'就是历史的发展，所谓'中外'就是中国和外国，就是己方和彼方。"他举例分析说："要研究当时的国共合作，如果只看共产党的宣言而不看国民党的宣言还不够。……内战时，我们反对国民党，反对帝国主义的走狗，如不讲国民党如何投降帝国主义，帝国主义如何同国民党一起压迫剥削中国人民，就看不到内战的必要。如果我们不知道主要的农业生产资料土地和牛这些东西是在谁的手里，不把地主与农民对土地的所有关系搞清楚，就不会知道土地革命的必要。如果不把国民党在'九一八'以后还是继续打共产党不去打日本这些情形讲一讲，我们反对国民党就显得没有道理、没有根据。抗战是国共合作大家抗日，国民党发表了许多文件，共产党也发表了许多文

---

① 李振宏：《历史学的理论与方法》，河南大学出版社 1999 年版，第 545—546 页。

件。国民党的抗日文件有些是好的，但是它又要反共。我们自己的文件要看，国民党的文件也要看。国民党的好的文件要看，反共的文件也要看。如果不看这些材料，就不了解反对国民党反共的根据。"据此，毛泽东提出，"为了有系统地研究中共党史，将来要编两本材料，一种是党内的，包括国际共产主义运动；一种是党外的，包括帝国主义、地主、资产阶级等。两种材料都按年月先后编排。两种材料对照起来研究，这就叫做古今中外法也就是历史主义的方法。我们研究党史，必须全面看，这样研究党史才是科学的。"① 毛泽东的这篇宏论，对目前的党史研究工作仍然具有非常重要的指导意义。的确，"研究党史，应该把党的活动纳入中国历史和世界历史范畴来考察，不要离开中国历史和世界历史孤立地讲党史，防止党史研究中简单化的倾向。要正确反映中国历史和世界历史与党史的联系，从当时历史的全局和整体出发，把党的活动放在恰当的地位，给予实事求是的评价，这样，才能全面地说明党的活动在人类历史进程中的历史作用和伟大意义。"②

二 历史唯物主义是构建中共党史学科体系的基石

深入研究历史唯物主义与中共党史研究的关系，对于加强党史研究，深刻揭示中共党史的主题与主线、主流与本质，构建中共党史学科的理论体系有着重大的意义。中共历史发展的主题和主线，是中共历史活动的主要轨迹和脉络，准确把握中共历史发展的主题和主线，辨清中共历史的主流与本质是中共党史研究的必修课。2010 年 7 月 21 日，在全国党史工作会议上，习近平强调指出，坚持实事求是研究和宣传党的历史，要牢牢把握党的历史发展的主题和主线、主流和本质。牢牢把握中共历史发展的主题和主线，这关系到正确认识和评价中共历史。

在中国共产党发展的历史进程中，发生过许许多多的对历史的发展与演化有不同影响的历史事件。这些历史事件，有全局性的，也有局部性的，对历史发展进程的作用也不一样。因此，认识中共及其历史的主题和主线、主流和本质，应该由历史发展的客观需要及其总体进程来确定，而在微观研究的基础上进行宏观把握应不失为一条重要的研究路径。但当前在中共党史学

① 毛泽东：《如何研究中共党史》，《党史研究》1980 年第 1 期。
② 王首道：《〈中共党史研究论文选〉序》，《人民日报》1984 年 4 月 30 日，第 5 版。

界有两种状况不容乐观：一是部分学者仍乐此不疲地做脱离实际的空洞理论研究，二是部分学者受实证主义学术潮流的影响，只埋头拉车，不抬头看路，专注于自己的个案对象。对于第一种情况学界已达成共识，这里不做探讨。对于第二种情况有进行再探讨的必要性。20 世纪 90 年代以来，乾嘉学派求真求是的考证传统大大复兴，实证传统已经无可争议地成为当代中国史学的主流。在这种潮流的影响下，作为历史学范畴内的中共党史学科，也出现从宏大叙事转向微观实证的趋向。的确，从中共党史研究的学科特性来说，实证意识是每个研究主体应有的自觉意识，具体而言，即应用坚实的史料说话，让结论从一系列资料中导出。但从具体的党史研究生态来看，"实证意识"本身也存在需要规训的问题，一些对材料的随意取用、过度解读等诸多现象，如果任其泛滥，就会出现"只要手握独家资料，就占有了历史真相本身"① 的局限，这种看似依据"真材料"进行的研究实则有违中共党史研究的"求真"精神。在标榜所谓的"实证研究"，一切从史料出发，而不接受任何理论指导的学者视野里，以为自己对历史事实的解读，不受意识形态的干扰，所以能公正地面对一切历史事实，对自己得出的结论也别有自信。其实不然，恩格斯曾说："没有理论思维，就会连两件自然的事实也联系不起来，或者连两者之间所存在的联系都无法了解。"② 每个人在认识历史时，不可能让自己的心灵处于空白状态下去考察历史事实的。这正如培根的"四假相说"与海德格尔"理解前结构"所揭示的那样，事实上，在认识任何历史事实之前，他已经认同或接受某种理论，并将之视为自己考察历史事实的出发点。这样，他在进行历史研究时就不是面对所有的历史事实，而只是通过他的"洞穴"所"看到"的事实，亦即他的"理论视角"所允许的历史事实。汤因比对此深有体会："假若某个人手头拥有一天内在全世界所出版的所有的报纸，又假若他得到保证说这里报道的每个字都是道地的真理，即使如此，他又拿这些报纸怎么办呢？他又如何组织它们呢？再假如进一步说，他认为所有这些事实都是同等重要的——但他就是不能写一部包括所有这些事实的单独一天的历史。他只得进行选择，而且即使他把所有的事实都复制出来，他也只得突出某些事实，贬抑另一些事实。"③ 这样，他在突

---

① 许纪霖：《没有过去的史学危机》，《读书》1999 年第 7 期。
② 恩格斯：《自然辩证法》，人民出版社 1971 年版，第 43 页。
③ 田汝康等选编《现代西方史学流派文选》，上海人民出版社 1982 年版，第 133—134 页。

出"某些事实，贬抑另一些事实"的过程中，"理论视角"占了上风。因此，任何研究者的史料搜集是从属于他的"理论视角"的。由此而言，实证研究者的理论修养也极其重要。笔者曾在很多场合听到一些党史实证研究者对理论指导的不屑一顾，宣称"我是做实证的，不搞理论"，言外之意是"他做的是学术，别人都是空谈"，这是一种极其顽固的狭隘认识。于是，在越来越多的中共历史问题研究中，我们看到沉迷于琐碎事件的发掘，对某一现象孤立解剖和观察而看不到整体的不良趋势。一些学者绘声绘色、津津乐道地列举了大量所谓"材料"来渲染历史上党内矛盾与纷争，认为大揭大批党的错误才是"有学术深度"的研究，且标榜只有他们在搞真正的党史研究，并自称是真理的代言人。实际上，我们并不否认中共历史上确实存在过某些派别和纷争，但绝不能因存在个别派别和纷争就得出结论认为中共历史就是一部党内斗争史，而应对这些现象做具体的历史的分析。从中国共产党的整个历史来看，个别错误对全党发展历程的影响，和中国共产党的光荣历史和伟大成就相比，仅仅是阳光道上的小小坑洼，是末节而非主流，负面影响极为有限。还有一些学者从某些地方史料出发，只见树木、不见森林，罗列一些非常见的现象，并以此推论全国。诚然，新中国成立后中国共产党开展的一系列政治运动中，出现了一些错误，有的错误确属普遍的、全局性的现象，应予以揭示。但有些错误只是个别的、局部的现象，如新解放区土改运动中的"过火"行为和"三反"、"五反"运动中存在打"老虎"凑人数、对"五毒"界限不清等扩大化现象，并非普遍存在。对于这些问题的认识，如果仅借助一些错误的碎片来以偏盖全，是不足取的。一个学者如果没有分辨是非的能力，不分主流和支流，把个别现象上升为一般，并以此来抹黑中共党史，那么也就丧失了其为学的资格。

建党以来，中国共产党始终围绕近代以来中国社会面临的求得民族独立、人民解放和实现国家繁荣富强、人民共同富裕两大历史任务来开展活动，这也就构成了中国共产党历史发展的主题。于是，解放和发展生产力，建立社会主义制度，实现社会现代化贯穿中国共产党历史发展过程的始终。解放和发展生产力，就构成了中国共产党历史活动的主线，一切其他活动都以此为中心并为之服务。毋庸讳言，中共在领导社会主义建设中曾经遭遇"大跃进"这样的严重挫折，乃至出现过"文化大革命"这样的全局性失误，但这条主线是清晰明确的。以此来考察中国共产党历史的主流，也就是鲜明突出的。我们不能一叶障目而不见全局。胡绳在《从党的历史看中国共产党是伟大、光荣、正确的党》一文中，为我们提供了参考。他认为，说中国共产党的伟大、光荣与正确，是从总体上而言的，正确并不是说一贯正确，从来没有错误，"党之所以伟大、光荣、正确，不在于没有阴暗面，而是在于能与这些阴暗面作斗争，在斗争中使正气占主导地位。"中共在每个时期，都有正确的和相反的东西，但这些相反的东西在绝大多数的时期内不是主流。即使在"文革"这样错误路线占主导的时候，也并不是一团漆黑的，积极、健康、正面的东西也在不断生长和抗争，并最终取得胜利。所以，"对我们党，要看重内在的、整体的、长远起作用的因素。"① 中国共产党始终坚持现代化的发展方向，以革命解放生产力，以建设发展生产力，对中国社会的政治、经济、文化、社会发展已经做出了并将继续做出历史性贡献，这就是中国共产党历史发展的本质。任何时候，我们都不能执着于历史的细枝末节，并以此代替对历史整体的把握，从而疏离了历史的真实本质。应在把握历史事实的总和的基础上，透过纷繁复杂的历史表象分析历史的本质和主流。

历史唯物主义是科学的历史观，同时又是科学的思想方法论，它与历史学中的实证方法有许多相通之处。历史唯物主义也强调搜集史料，要求占有充分的材料；同样重视对材料的考辨，去伪存真，务求立论有坚定的史料依据；同样遵从孤证不能成立的原则。历史唯物主义又是总结了欧洲近代哲学、经济学、社会主义学说和历史学最高成果的科学思想体系，因而它又远远高出于实证史学。② 的确如此，史料是史学家的食粮，但对史料的选择与解读，必须在准确理解唯物史观方法论思想的基础上，才能使自己的研究少出偏差。目前学术界对唯物史观范畴内的具体概念和基本原理，比如生产力、生产关系的概念等，存在着巨大的认识偏差乃至混乱，必须厘清，从而把握马克思主义的精髓，在此基础上深入总结马克思主义历史观、方法论对中共党史研究的指导作用。为此，我们需要对马克思主义做大量艰苦的正本清源式的、与时俱进的研究工作，重新认识和发现马克思主义历史观、方法论的价值，重新在马克思主义的指导下对中共党史研究的现状与发展历程进行反思，重新在马克思主义历史观、方法论的指导下构建适合中共党史研究

---

① 胡绳：《从党的历史看中国共产党是伟大、光荣、正确的党》，《中共党史研究》1996 年第 5 期。

② 陈其泰：《新中国成立后历史考证学的新境界》，《当代中国史研究》2003 年第 5 期。

学科发展的基础理论与方法论体系。这需要认真解读马克思主义经典作家论述马克思主义历史观的经典文献，从理论来源、理论生成以及真切内涵等方面全面解读马克思主义对中共党史研究的指导作用，从理论上正本清源，摒弃以往中共党史研究中的马克思主义教条化倾向。客观而言，目前中共党史学科还没有形成比较成熟的学科理论和方法体系，尚未确立自身的学术（学科）话语系统，学科体系有待科学化、系统化、规范化。尤其是中共党史学科自身理论方法的建设，需要进一步探讨马克思主义历史观与方法论的指导作用，并在此基础上加强理论创新，努力构建党史学科自身的学科体系、学科话语和解释框架。从根本上看，这无疑是夯实党史学科基础，加强学理支撑的着力点。

三 中共党史研究有助于强化历史唯物主义对现实的解释力

马克思主义是一个具有巨大张力或弹性的理论体系，坚持马克思主义，不是坚持马克思主义的某些词句、单个结论或个别原理，而是坚持以其立场、观点和方法来分析问题、解决问题。中国共产党人在领导中国革命、建设、改革的历史过程中，一直注重对马克思主义立场、观点与方法的掌握与灵活运用。毛泽东指出："任何思想，如果不和客观的实际的事物相联系，如果没有客观存在的需要，如果不为人民群众所掌握，即使是最好的东西，即使是马克思主义，也是不起作用的。"[①] 一直倡导把马克思主义作为强大的思想武器来解决具体问题，他是这样说的，也是这样做的。毛泽东立足于中国革命和建设的实际，集中全党智慧，成功地进行马克思主义中国化这项艰巨的事业，创立了毛泽东思想，领导中国革命取得胜利。邓小平通过改革实践，深刻体会："只有结合中国实际的马克思主义，才是我们所需要的真正的马克思主义。"[②] 他主张用马克思主义分析解决实际问题，反对思想僵化，唯本本是从。他说："绝不能要求马克思为解决他去世之后上百年、几百年所产生的问题提供现成答案。列宁同样也不能承担为他去世以后五十年、一百年所产生的问题提供现成答案的任务。真正的马克思列宁主义者必须根据

---

① 《毛泽东选集》第 4 卷，人民出版社 1991 年版，第 1515 页。
② 《邓小平文选》第 3 卷，人民出版社 1993 年版，第 213 页。

现在的情况，认识、继承和发展马克思列宁主义。"① 中共建党九十多年的历史已经充分表明，马克思主义不仅是指导中国革命的指南，也是指导中国建设的思想武器。因此，深刻理解"马克思主义与中共党史研究"不可分离的相互依存关系，既是一个理论发展创新问题，更是一个现实实践问题。马克思主义正遭受现实和理论两方面的挑战。就现实问题而言，如全球性问题、资本主义发展问题、社会主义实践问题，乃至于在建设中国特色社会主义实践中所遇到的腐败现象、两极分化、信仰危机等，其中许多问题都没有得到马克思主义学者们的有力回应，导致马克思主义已经过时的认识误解。而在理论界，旧有的教条化的马克思主义余音未绝，非科学化研究的倾向层出不穷，新思潮又不断袭来，尤其是后两者迸发出的合谋迹象，都严重冲击着马克思主义作为中共党史研究指导思想的地位。因此，马克思主义要不断发展，除了要坚持最为本质的思想外，还必须对现实问题和学术潮流进行开放，以获得自我变革的能力。

随着时代的发展，人类发展史中出现了一些马克思主义产生之初所无法预见的现象，"我们的时代是一个问题时代，一个问题很大的时代。在科技的神奇影响下，一切都在经历着变革。如果我们愿意在生活中睁大双眼，每天都有问题等着我们去研究，去解决。"② 马克思主义已经对于人类的历史发展规律做出了科学的揭示，而其在实践中不断完善和发展的品格已内在地蕴含着其所具有解释现实问题的责任担当。我们再也不能满足于一方面高喊坚持马克思主义的主导地位，另一方面又不去做细致的研究，对一些迫切需要加以解释的现实问题做教条化的回答或者熟视无睹。纵观中共党史研究学术发展史，其被中国革命、建设和改革实践反复印证的一个科学结论是，马克思主义历史观、方法论作为一种科学指导，始终具有强烈的现实关怀，对社会变迁发展中提出的各种现实问题总是能够给予有力的回应。但是，当前中共党史学界并没有对马克思主义历史观、方法论对中共党史研究的科学指导形成高度的理论自觉，更缺乏高度的理论自信，在中共党史学研究中距离马克思主义科学指导的理论自强还有一定的距离。如果不对马克思主义历史观、方法论对中共党史研究的科学指导地位做出切实而准确的回答，不但难

---

① 《邓小平文选》第3卷，人民出版社1993年版，第291页。
② ［美］斯塔夫里阿诺斯：《全球通史：从史前史到21世纪》（第7版修订版），北京大学出版社2011年版，第9页。

以解决马克思主义在回应时代现实问题中所面临的各种非难，甚至会助长有些人所认为的马克思主义已经过时的论调，中共党史研究本身也会陷入理论徘徊的迷茫乱局。

历史唯物主义的科学性毋庸置疑。现在需要解决的问题是，如何克服中共党史研究中对于历史唯物主义的理解及运用上出现的"非科学性"倾向。最根本的途径还在于将认识方法回归历史本身予以检验和矫正。历史唯物主义即兼具世界观和方法论的双重品性。中国革命取得成功的根本要义在于，中国共产党人科学地运用了唯物史观的科学世界观来认识当时中国的现实问题，尤其是充分运用了唯物史观的方法论功能。中国社会主义建设和改革中能够取得如此成就，也建立在对唯物史观的世界观意义和方法论意义进行科学阐释和运用的基础之上。唯物史观的科学性能够得到中国实践的反复验证，恰恰在于其内在蕴含的世界观意义和方法论意义的科学性本质。然而，为何党史学界对于党史研究中的诸多问题不从唯物史观出发及时进行理论回应呢？笔者认为，问题出在我们的一些党史研究者往往过于关注唯物史观的世界观意蕴，忽视了其方法论功能。恩格斯在《自然辩证法》中指出："每一个时代的理论思维，从而我们时代的理论思维，都是一种历史的产物，它在不同的时代具有完全不同的形式，同时具有完全不同的内容。"① 马克思主义为人们观察和分析人类社会提供了立场、观点和方法，但不能作为僵化的教条来对待。"如果不把唯物主义方法当作研究历史的指南，而把它当作现成的公式，按照它来剪裁各种历史事实，那它就会转变为自己的对立物。"② 唯物史观作为一种观察和处理问题的科学方法，需要中共党史研究者进行深入阐释并运用于具体的中共党史研究实践，具体而言，要从真正的问题意识出发，扎根于中共党史的发展历程以及当代中国的社会现实，回到马克思，"像马克思那样去思考问题"，以展现马克思主义的现实生命力。比如，对于改革开放以来中国新的社会阶层结构的分析，绝不能再简单地直接套用马克思针对 19 世纪早期欧洲资本主义提出的阶级斗争理论，或者毛泽东针对 20 世纪二三十年代的中国社会提出的阶级分析理论。"每一历史时代主要的经济生产方式与交换方式以及必然由此产生的社会结构，是该时代政治的和精神的历史所赖以确立的基础，并且只有从这一基础出发，这一历史才能得到

---

① 《马克思恩格斯选集》第 4 卷，人民出版社 1995 年版，第 284 页。

② 同上书，第 688 页。

说明。"① 因此，中共党史研究者要力戒简单套用经典结论，要增强运用历史唯物主义来解释历史和现实问题的能力。

马克思主义历史观、方法论要不断发展以获得自我变革的能力，必须对学术潮流进行开放。随着现代化理论的流行，学界有关"革命史模式"与"现代化模式"的"真假马克思主义"② 之争持续了很长时间。革命模式叙事论者以马克思主义自居，而视现代化模式叙事为非马克思主义或反马克思主义；现代化模式叙事论者则认为革命模式叙事论者是简单化、教条化、绝对化的马克思主义，实际上是反马克思主义的。实际上这两种研究范式并不存在对立。胡绳被视为所谓"革命史模式"的重要提倡者，他对于如何看待现代化理论就提出了有价值的认识。他谈道："从 1840 年鸦片战争以后，几代中国人为实现现代化作过些什么努力，经历过怎样的过程，遇到过什么艰难，有过什么分歧、什么争论，这些是中国近代史中的重要题目。以此为主题来叙述中国近代历史显然是很有意义的。但是以现代化为中国近代史的主题并不妨碍使用阶级分析的观点和方法。相反的，如果不用阶级分析的观点和方法，在中国近代史中有关现代化的许多复杂的问题恐怕是很难以解释和解决的。"他强调，尽管最早促使中国走向某种程度的现代化的就是帝国主义，但只是有利于实行殖民统治的朝向资本主义的变化，所以近代中国存在两种现代化倾向，一种是帝国主义允许的范围内的现代化，并不要求对封建主义做根本改变；另一种是突破帝国主义所允许的范围，争取实现民族的独立自主的现代化。因此，他指出："讲现代化，也不能不区别帝国主义所允许范围内的现代化和独立自主的现代化。要说清楚这两种倾向的区别和其他种种有关现代化的问题，在我看来都不可能离开马克思主义的阶级观点和阶级分析。"③ 由此而言，中国共产党领导中国革命的过程也是对中国争取实现独立自主的现代化道路的探索过程。对此，有学者认为，"在谈到中国近代化的历史进程时，决不能把争取民族独立和政治民主的斗争，排除在近代化内容之外，更不能人为地把二者对立起来。历史事实证明，争取民族独立和政治民主的事业前进一步，经济和社会方面的近代化程度也就大大提高一步。待到彻底争得了民族独立，彻底推翻了封建统治之后，中国人民也就创

---

① 《马克思恩格斯选集》第 4 卷，人民出版社 1995 年版，第 258 页。

② 李怀印：《重构近代中国：中国历史写作中的想象与真实》，中华书局 2013 年版，第 184 页。

③ 胡绳：《〈从鸦片战争到五四运动〉再版序言》，《近代史研究》1996 年第 2 期。

造了一个动员和集中全民族的力量来进行现代化建设的条件和可能。"① 这两种叙事模式并不矛盾，是辩证统一的。更有学者论述，"既然不能把革命史模式、现代化模式、社会史模式对立起来，那么，三种模式就应该统一起来。换句话说，其实就是一种模式。中国共产党作为一个政党，从成立时起，其政治目的就是改造中国社会，使中国成为独立的、富强的、人人生活美好幸福的国家。按照共产党的理论，这种社会就是社会主义、共产主义社会。为了达到目的，先要用革命手段推翻帝国主义和封建主义的统治，解放和发展生产力，建立新民主主义、社会主义社会，并经过不断改革，继续解放和发展生产力，实现社会主义现代化，进而实现共产主义。这一切，也就是中国社会的变迁过程。在这个过程中，社会的各个领域，包括最偏僻的领域，无不对社会改造的进展发生不同程度的影响。总之，三种模式不是对立的，说的是一档子事。起一个名字，叫什么模式可以，不叫什么模式也可以，就是不能对立起来。看问题应该是辩证的，不应该是形而上学的。"② 的确如此，在中国的社会现代化过程中，中国共产党起了核心的作用。只不过在以往的中共党史研究中，较重视马克思主义阶级分析理论的运用，即以革命史模式叙事较多，很少从中国的社会现代化角度去分析中国共产党历史，而现代化理论热的兴起，正可以去弥补这一缺漏。正如胡绳所论："马克思主义的观点和方法能够引导研究者达到正确的结论，但是不能以为，只要是自觉地运用马克思主义的观点和方法进行研究，他的结论都是正确的；也不能以为，凡不是自觉地运用马克思主义的观点和方法进行研究，都是错误的。这两种看法都不符合事实。前一种看法之错误有事实证明，许多著名的马克思主义者犯过错误。后一种看法也有事实可证明，马克思主义创始人并不是凭空建立自己的思想体系的，他们从前人那里接受了许多正确的意见和有用的思想资料，而前人并不是马克思主义者。……马克思主义经常从非马克思主义那里接受有用的东西，例如第三产业的概念就不是马克思主义者创立的。所以马克思主义对非马克思主义的态度应是分析批判的态度——吸取其中有价值的东西，否定其中无价值的东西，一笔抹煞的否定是不对的，只否定不吸取是不对的，甚至应该说，否定是为了吸取，在一定的意义上吸取

---

① 李文海：《对中国近代化历史进程的一点看法》，《清史研究》1997 年第 1 期。

② 张静如：《中共历史研究断想十则》，载《张静如文集》第 4 卷，海天出版社 2006 年版，第 1345 页。

比否定更重要。"因此，他指出"不善于接受非马克思主义的学术遗产，不善于从非马克思主义的哲学社会科学里学习，马克思主义的哲学社会科学是不能发展的"①，此论发人深省。要而言之，我们需要坚持马克思主义历史观与方法论体系的开放性，整理并吸收中外史学在理论和方法论研究中的积极成果，重视将历史唯物主义与其他学科理论、方法结合，合理借鉴，实现理论成果的现实思想生产力转化，具体解决中共党史研究中坚持和发展历史唯物主义所面临的复杂形势和艰巨任务，进一步推动中共党史研究，并不断更新历史唯物主义的理论宝库。

四　结语

当前，中共党史研究中背离马克思主义指导的现象还是有所存在，这不但有违马克思主义中国化进程与中共党史高度契合的历史逻辑，从中共党史学科的理论方法论建设角度讲，离开马克思主义指导，中共党史学学科体系建设也失去了坚实的基础。从中共党史学学科特性看，其内在蕴含的政治性与学术性兼具的双重品质也表明，在中共党史研究中坚持马克思主义指导，不仅是学术研究的需要，也是尊重中共党史学科自身特性的必然要求。进一步而言，中共党史学作为一门与时代发展关联最为紧密的社会科学之一，要在新的时代起点上发挥国家战略性智库的角色和功能，也须臾不可离开马克思主义指导。从一定意义上讲，中共党史研究也是马克思主义思想力量的演练场。总之，正确认识历史唯物主义与中共党史研究的深远关系，对于构建中共党史学科的理论体系、夯实中共党史研究基础、深化中共党史研究，意义重大。同时，对于马克思主义回应辩难、强化其现实生命力，同样有着极其重要的导向价值。

---

① 胡绳：《顾颉刚古史辨学说的历史价值——纪念顾颉刚先生诞辰一百周年》，《学习与探索》1994 年第 3 期。

坚持人民主体地位，写人民史

周一平

（扬州大学马克思主义学院）

西方国家出版了不少人民史著作，中国的通史型的人民史著作却难产，这是值得深思的。

一

早在 1874 年，英国史学家 J. R. 格林（1837—1883 年）就出版了《英国人民简史》，以后又修订为 4 卷本《英国人民史》出版。这是英国第一次把人民群众当作历史的主人、历史的创造者来写，而那些国王和达官贵人都不过是些愚昧自私的蠢物①。《英国人民史》在英国产生极大影响，对中国学者也产生影响，对梁启超民史观的形成就有影响②。以后又有 A. L. 莫尔顿《人民的英国史》，1938 年初版，后多次修订再版（中译本有谢琏造等译，生活·读书·新知三联书店 1958 年版）。莫尔顿及其著作成为英国马克思主义史学派形成的先导。此后，E. P. 汤普森的《英国工人阶级的形成》（1963 年）、《18 世纪英国下层民众的道德经济》（1971 年）等，也是英国人民史的代表作，前者并被认为是"英国马克思主义史学的经典之作"，"缔造了英国马克思主义史学派的理论支柱"③。汤普森等说："历史不是纸上的文字，不是国王和首相们的活动记录，不仅仅是事件的罗列。历史是普通人民或者说我们的人民的汗水、鲜血、眼泪和他们的胜利。"④ R. H. 希尔顿

① 郭小凌：《西方史学史》，北京师范大学出版社 2009 年版，第 345—346 页。

② 俞旦初：《爱国主义与中国近代史学》，中国社会科学出版社 1996 年版，第 26、第 63—64 页。

③ 陈新：《英国马克思主义史学的经典之作》，《中华读书报》2001 年 2 月 21 日第 22 版。

④ ［英］大卫·伦顿：《英国马克思主义史学及其反思》，王代月摘译，《国外理论动态》2006 年第 7 期。

《1381年的农民起义》（1966年）、《中世纪晚期的英国农民》（1975年）等，也是英国人民史的代表作。希尔顿说："英国马克思主义史学家得到了非马克思主义史学家承认的主要成果的特征在于我们写作了'从下面着眼'的历史，也就是说，我们把历史研究的侧重点从封建的和资本主义的统治阶级及其制度转向劳动大众，无论是农民、工匠还是无产阶级。不过，统治阶级并没有被忽视……"①英国马克思主义史学的新社会史学，其研究对象正是以普通民众及其日常生活经验等为主体来取代往常研究完全集中于"精英人物和精英政治"活动的倾向，把注意力转向普通人民群众的日常生活、社会活动和个体经历。②

美国也已有几部《美国人民史》出版。1883年，麦克马斯特出版了《美国人民史》第1卷。20世纪五六十年代，出版了H.阿普特克写的12卷本《美国人民史》（其中第1卷《殖民地时期》，由全地等译，北京三联书店1962年出版）。当时（1959年）的美国学者评价道："阿普特克的著作的最大优点之一，是他在掌握人民群众反对剥削者的许多斗争这方面的令人信服的态度。美洲殖民地的历史充满着这类阶级斗争，这些斗争在普通流行的历史书中一般地不是被歪曲真相就是被错误表述。然而，阿普特克（正确地）论述了黑人奴隶的起义，印第安人反对土地偷窃者的不断战争，白种工人（契约奴和自由工）的多次罢工及其他反抗斗争，穷苦农民反抗苛酷地主、高利贷者、税收骗子等等的斗争……"③1980年又一位美国学者H.津恩出版了《美国人民史》，1995年又出版了修订本。这部著作也是站在人民群众的立场上把曾经被颠倒书写的历史颠倒过来④。P.S.方纳也是美国写人民史的著名史学家。他从1935年起，即向资产阶级史学挑战。他认为，资产阶级史学不讲人民群众，不讲工人阶级。他决心要把人民群众和工人阶级对美国历史所做的贡献写出来。1947年他的《美国工人运动史》第1卷出版，到他1986年去世时，该书已出版第6卷。此外，他的著作还有《我们，

---

① 庞卓恒：《让马克思主义史学弘扬于国际史坛——访英国著名马克思主义史学家希尔顿》，《史学理论》1987年第3期。

② 梁民愫：《英国新社会史思潮的兴起及其整体社会史研究的国际反响》，《史学月刊》2006年第2期。

③ 威廉·福斯特：《关于美国早期的历史》，见［美］阿普特克著《美国人民史》第1卷《殖民地时期》卷首，全地、淑嘉译，三联书店1962年版，第7—8页。

④ 刘大勇：《〈美国人民史〉——一部美国史的佳作》，《天津外国语学院学报》1999年第2期。

另外的人民》、《劳工和美国革命》、《妇女和劳工运动：从殖民地时代到第一次世界大战前夕》、《美国黑人史：从非洲到棉花王国的出现》等。他一生出版了一百多本书，其中一半以上是有关工人运动的①。此外，被称为"美国的汤普森"的 H. 古特曼在美国工人阶级史和非裔美国人奴隶制史的研究中也成就卓著，他 1963 年发表的《寻求权力的工人》，否定了传统劳工史把工会领袖置于优先地位的做法；他注重研究普通工人的日常生活和斗争，使"劳工史"变成了工人大众的历史，强调是工人创造了他们自己的世界，而不是工会领袖创造了他们的世界。②

西方新社会史、新文化史的兴起，它的大众研究取向以及微观研究取向，大大推动了人民史的研究，涌现了不少佳作。如法国当代史学家勒华拉杜里的《朗格多克的农民》（1974 年）、《蒙塔尤》（1975 年）等。《朗格多克的农民》，2009 年被《泰晤士报文学评论副刊》评为近 50 年来最具影响力的一百本书之一。

加拿大马克思主义派史学的主题之一是写"人民史"。1949 年《民族事务月刊》特刊发表《人民的历史》，S. 雷森在导言《重新占领》中强调："人民不得不重新赢回他们所拥有的土地、劳动成果还有他们的文化、意识形态和历史"。要"恢复劳动人民以往斗争的历史"。加拿大写人民史的著名学者是 C. 彭特兰（1914—1978），他的代表作有：《1843 年拉钦罢工》（1948 年）、《1897—1919 年西部加拿大劳工运动》（1973 年），及逝世后被整理发表的《1650—1850 年加拿大的劳工和资本》（1981 年）等。其中《1650—1850 年加拿大的劳工和资本》被视为"新马克思主义著作"③。

有的学者指出：西方史学界，"在过去一个多世纪的时间里，社会史研究几经变化。然而，社会史学不论经历多少范式，它以民为本的基本特性连绵不绝。社会史学的研究对象从来都没有离开过人民大众，变化的只不过是研究人民大众历史的理论、方法、视角和资料……"④

反观中国，清末，梁启超首先倡导写"民史"，但他并没有写出"民

---

① 张兹暑：《美国的马克思主义史学》，《高校社科信息》2004 年第 3 期。

② 王立端：《新劳工史的先驱——论美国马克思主义史学家赫伯特·古特曼》，《马克思主义研究》2007 年第 1 期。

③ 王立瑞：《加拿大马克思主义史学初探》，《江海学刊》2008 年第 4 期。

④ 俞金尧：《书写人民大众的历史：社会史学的研究传统及其范式转换》，《中国社会科学》2011 年第 3 期。

史"。在中华民国时期，商务印书馆 1933 年出版过曹松叶《中华人民史》。这本"人民史"，原名为"中华民族的留痕"，共 63 章 200 余页，从先秦写到民国的北伐，基本上是一部简明的中国通史。其中的章节有：

第三章　桀纣亡国的故事

第五章　从武王封建到幽王被杀

第九章　始皇的政策和反动

第十二章　武帝的扩张领土

第十五章　王莽的复古失败

第十六章　光武的表彰气节

……

从章节目录中就可以看出，还是以帝王为主来写，算不上是"人民史"。而且第 36 章"蒙古的侵略——汉族第一次的亡国"；第 44 章"满洲的兴起和并吞中国——汉族第二次的亡国"，反映的是大汉族主义思想，不是民族平等思想，也算不上是中华民族的"人民史"。

中华人民共和国成立以来，只有湖北人民出版社 1988 年出版了张舜徽《中华人民通史》三卷。此书分六编：地理编、社会编、创造编、制度编、学艺编、人物编。其中创造编分：劳动人民的集体创造、我国历史上科学技术的主要成就。比较强调了劳动人民的作用。而人物编分：政治：赵武灵王、李斯、萧何、诸葛亮……林则徐。军事：孙武、吴起……努尔哈赤。英杰：苏武、张骞……秋瑾。哲学：老聃、庄周……康有为、严复。教育：孔丘……张之洞。医学：扁鹊……李时珍……王清任。科学：张衡……华蘅芳。工技：李冰……黄道婆、潘季驯。字学：许慎……孙诒让。文学：屈原……曹雪芹。史学：司马迁……章学诚。文献学：刘向……纪昀。宗教：法显……鉴真。书法：王羲之……何绍基。绘画：顾恺之……原济、华嵒。主要还是记述了精英人物，黄道婆这样的劳动人民绝无仅有。这部人民史的人民性强多了，但还不能算是完全写人民群众的人民史，基本上还是一部精英史。

张舜徽 1980 年发表《编述〈中华人民通史〉的初步设想》(《华中师范大学学报（人文社会科学版）》1980 年第 4 期）呼吁编写人民史并开始实践，这是值得称道的，但他的呼吁、实践似乎并未引起响应。1986 年，澳大利亚史学家罗惠敏对田汝康说："有关清朝末年的革命家、思想家，你们已有了不少研究，但对当时老百姓在想些什么，却触及甚少"。这无疑是对中

国当代史学的一种批评。受到外国学者的鞭策，田汝康也发出"将普通人写
入史书"的呼吁，强调："历史人物的研究不能只限于一些杰出人物、上层
人物、这个'家'、那个'家'，还应该研究一个时代的普通人、平民百
姓"。① 田汝康的呼吁也未引起响应。这是很遗憾的，也是值得深思的。以至
中国至今还没有一部真正意义上的《中国人民史》。很多《通史》，如张舜
徽批评的"仍然是王朝体系"②。就是中共党史书、中华人民共和国史书
（包括中国工农运动史书），写领袖人物，写高层活动，仍然是主要内容，人
民大众的事迹、活动、声音、思想反映体现很少。如 2008 年香港中文大学
出版社出版的《中华人民共和国史》写毛泽东逝世道：根据医疗抢救记录，
9 月 8 日晚 8 时 30 分，毛泽东"四肢发凉"。9 月 9 日 0 时 4 分，"抽吸两
下，血压测不到"。0 时 6 分，"自主呼吸完全消失"。0 时 10 分，毛泽东
"心跳停止"③。中国的二十四史写皇帝死也没有这么细。说明作者的心思、
关注点全在领袖人物身上。在当代中国的文艺界，以"人民为中心的创作方
向"已深入人心，如电影、电视剧，有写精英人物的，如写孙中山、毛泽
东、周恩来、邓小平等，而更多的是写普通百姓的，如电影《十月围城》突
出的是李玉堂、李重光父子等普通百姓，而不是突出孙中山。但当代中国的
史学界，似乎还没有完全体现"以人民为中心的创作方向"，还没有完全把
关注点、重点放在普通百姓、小人物（已有一些口述史的书关注了普通百
姓、小人物）身上，还没有重视推出着眼于底层、基层的《中国人民史》。
美国学者 S. C. 皮尔森曾感叹：不明白为什么中华"人民"共和国的历史研
究不注意研究"人民"的历史、"人民"的思想④。以马克思主义、以唯物
史观为主导意识形态的、人民当家作主的中国没有像样的"人民史"著作出
版，以全心全意为人民服务为宗旨、把群众路线当法宝的党，不重视写人民
史，写历史或多或少缺乏人民观念、群众观念，这自然会让人觉得是一件奇
怪的事，这值得反思、警醒。

① 海清：《将普通人写入史书——访田汝康教授》，《文汇报》1986 年 4 月 7 日第 3 版。
② 张舜徽：《中华人民通史·自序》，《中华人民通史》卷首，湖北人民出版社 1988 年版。
③ 史云等：《难以继续的"继续革命"——从批林到批邓（1972—1976）》，香港中文大学出
版社 2008 年版，第 665 页。
④ 周巩固：《关于中国高校史学理论教学的思考》，《史学理论研究》2001 年第 1 期。

二

西方的学者为什么能写出人民史，为什么会批评中国学者不写人民史？至少那些写人民史的学者，人民史观、群众史观或多或少主导着他的写作，而排除了英雄史观、精英史观。

勒华拉杜里说："我是天主教徒，但在历史研究上，我是唯物论者"。"我和老马克思主义者走得有些近"①。可以说，勒华拉杜里写人民史是有唯物史观，即人民史观、群众史观的主导因素的。

E. P. 汤普森1956年退出了英国共产党，但到苏联解体以后的1992年仍然表示对马克思主义的信仰，说："我深受马克思主义理论影响，极大地得益于马克思主义史学传统，我的理论语汇相当大的部分来自这一传统"②。

在美国的史学界，信仰马克思主义的人很少，如方纳是信仰马克思主义的，他说："我确实不是共产党员，但比共产党员还共产党员，因为我坚定地信仰马克思主义"③。这样的史学家在美国是少数。但受马克思主义影响的人很多，很多人在他们认为合理的范围内吸收了一些马克思主义的基本观点。美国历史协会主席B. 贝林在1981年底向历史协会做的致辞中说："我们认为，历史极大地受到基本经济结构或'物质'结构，以及人们对此所作出的反应的制约，从这个意义上说，我们都是马克思主义者；但如果教条地认为，仅凭这些力量和这些反应就足以解释人类事务的进程，那么我们很少有人是马克思主义者。"④ 这表明唯物史观在美国史学界有很大的影响并且反对教条主义的唯物史观。

此外，在美国，因为人与人平等、主权在民的价值观深入人心，英雄史观、精英史观是没有市场的。一般美国人对精英/非精英的说法都会非常反感。美国人不接受"精英"比"一般人"优越的说法。美国人一点也不崇敬或崇拜成为政要的精英，反而对他们有一种天然的防备，一有机会就对他

① 周立红：《乡村史、气候史及年鉴学派——埃马纽埃尔·勒华拉杜里教授访谈录》，《史学月刊》2010年第4期。

② 刘为：《有立必有破——访英国著名史学家E. P. 汤普森》，《史学理论研究》1992年第3期。

③ 张兹署：《美国的马克思主义史学》，《高校社科信息》2004年第3期。

④ 王建华等译：《现代史学的挑战——美国历史协会主席演说集（1961—1988）》，上海人民出版社1990年版，第393页。

们报以嘲讽和挖苦，只要看看每天报纸上的漫画就知道了①。美国人、美国的史学家比较少地受英雄史观、精英史观的影响，在潜意识中没有英雄史观、精英史观的位置，其重要原因之一大概得益于人与人平等、主权在民的价值观深入人心。这大概是西方国家的普遍现象。

在当代中国对写"人民史"的忽视、漠视，应该说与英雄史观、精英史观的影响仍然存在，甚至顽固地存在不无关系。

如香港中文大学出版社出版的《中华人民共和国史》的作者也承认：本书充斥着旧式史学的影子，那就是把目光集中在国家治理者身上，而较少或很少反映历史的本体——人民大众。为什么在不知不觉中成了"英雄史观"的俘虏呢？凡写中华人民共和国历史的都如此，这不能不反映我们潜意识中的"精英"情结②。这就是说，有些学者的潜意识中仍存在着英雄史观、精英史观，它们仍在发挥作用，甚至是重要作用。

正因为潜意识中仍存在着英雄史观、精英史观，所以有的学者不仅在叙史中以英雄、精英为中心，在理论研究中也公开鼓吹英雄史观、精英史观。如有的学者曾提出：从前的历史创造者只能是居于历史主导地位的历代剥削阶级统治者，他们是当时历史发展中的决定性力量。历史的进程如何，只能取决于统治者对客观规律的理解和运用。战争的胜负、经济的繁荣与衰落、国家的统一和分裂，都是由统治者的行为来决定的。人民群众对此是无能为力的，怎么能说人民群众是历史的创造者呢？人民在那个时代不是主人，也不是历史的创造者。在革命的时代，人民群众仍然是历史的制造者而不是创造者。那么谁是代表人民群众的历史创造者呢？是革命的领袖和领袖集团。革命领袖们和人民群众组成了新社会的创造力量，但是在革命发展的进程中起决定性作用的是革命领袖而不是人民群众。革命的失败，责任在领袖而不是群众。中国革命中三次"左"倾错误的责任只能由革命领袖负责。同样，在遵义会议的关键时刻，显然毛泽东是发挥了决定性的作用的。是毛泽东真正起到了历史创造者的作用，他挽救了中国革命。说毛泽东创造了历史，开创了中国革命的新纪元是毫不夸张的③（笔者按：遵义会议如果只有毛泽东一个人反对"左"倾路线，毛泽东路线能占上风吗？毛泽东路线占上风是不

---

① 徐贲：《美国人不信任精英》，《新一代》2012年第2期。

② 钱庠理：《历史的变局——从挽救危机到反修防修（1962—1965）》，香港中文大学出版社2008年版，第509—511页。

③ 孙洪义：《应当区分历史的创造者与制造者》，《河北学刊》1990年第2期。

是民心所向、军心所向决定的？革命没有人民群众支持、参与，革命脱离人民群众，只有几个领袖摇旗呐喊，能成功吗？脱离了人民群众的人还能成为领袖吗?)。

还有的学者曾提出一种"新的英雄历史观"，说：按照信息哲学的观点，创造即是给出新的、综合的信息（包括自然信息和文化信息）选择。人类社会的历史是从无序走向有序的过程，是信息量不断增殖的过程。谁为信息量的增殖做出了贡献，谁就是人类历史的创造者。这些创造者是人类中的少数。人类的多数是行为的模仿者、学习者、重复者，是传统因循者，并不是创造者（笔者按：模仿、学习、重复中也可以有创造。在重复的量变中会产生质变。科学实验几十次、几百次、几千次地重复，每一次都会有新发现、新进展，最终的成功是几十次、几百次、几千次新发现、新进展的集大成）。历史的真面目是：创造者创造历史，英雄创造历史！而"人民是历史的创造者"，是用"人民"这一汪洋大海淹没了真正创造者的功绩，用平均主义的快刀削去了英雄高耸的头颅，是历史科学中的"吃大锅饭"。给"人民"这一具笼统的偶像戴上"创造者"的桂冠，这一命题并不比"上帝是历史的创造者"更真实①（笔者按：创造者、英雄也往往是人民群众的一部分）。

有的学者提出了"群英史观——群众和英雄共同创造历史"，同时强调："英雄作为人民群众的代表在创造历史的活动中起着主导的作用"。还提出了在新的历史条件下否证（否定）群众史观的 6 条理由②。

尽管以上这些看法并非是主流，遭到不少学者的反对、批评③，但反映出了一些学者潜意识中的根深蒂固的英雄史观、精英史观。可以说，有的学者口头上会说要坚持历史唯物主义，但潜意识中没有历史唯物主义；有的学者可能还是共产党员，但并不比国外非共产党员的学者更了解马克思主义、历史唯物主义。

为什么中国有的学者潜意识中的英雄史观、精英史观仍然存在，甚至顽固地存在？

---

① 黎鸣：《历史是创造者创造的》，《光明日报》1986 年 12 月 17 日第 3 版。
② 吉彦波：《群英史观："共创论"的再认识》，《黔东南民族师范高等专科学校学报》1997 年第 2 期。
③ 如：聂世明：《谁是历史的创造者——评〈历史是创造者创造的〉》，《郑州大学学报》1987 年第 3 期；辑哲：《历史的"创造者"与创造者的历史——与黎鸣同志商榷》，《理论月刊》1987 年第 2 期；洪涛：《浅谈历史的创造者》，《甘肃理论学刊》1989 年第 5 期；周德金：《评"新英雄史观"》，《黄冈师范学院学报》1991 年第 1 期等。

一是中国封建传统文化、传统观念的影响太深。几千年来，中国的封建社会、半殖民地半封建社会，是封建专制、君主专制社会，是基于英雄主义、精英主义之上的专制主义社会，是英雄专制、精英专制的社会，是个人崇拜弥漫的社会。个人崇拜的对象就是统治者、领袖、英雄、精英。中华人民共和国成立以后，尽管马克思主义成为主导的意识形态，但却没有能扫除个人崇拜，没有能扫除领袖说了算、长官说了算的封建传统观念，以至遭受"文化大革命"的灾难。英雄史观、精英史观还有市场，并在潜意识中扎根，就不足为怪了。足见扫除封建主义影响仍是重要任务。

二是由于制度安排还不完善。比如抑制、扫除领袖说了算、长官说了算的制度还不完善。比如主权在民、人民当家作主的制度安排、社会实践还不完善，人民群众的历史主体、社会主体、权力主体的地位还没有得到充分尊重和体现。社会成员缺乏对"人民是国家的主人"、"人民群众是历史创造者"的直观感受。有些国家事务、社会事务以及地方事务，并非是群众说了算，而是官员说了算。有些官员的工作考核评价、职级的升迁并非主要取决于群众的评价，而是取决于"上级"的评价。好像绝大多数情况下，"群众"的作用有限，无足轻重。甚至群众还被"矮化"、"妖魔化"、"抽象化"①。在某些方面、某些地方，干群关系、官民关系往往变成上下关系、尊卑关系，不是民"主"官"仆"，而是官"主"民"仆"。于是有的人看到的是领袖、精英权力大、作用大，而人民群众的权力小、作用小，于是有人主张精英政治，不主张民众政治。至今还有人说中国实行群众民主政治还没有基础，应实行精英民主政治。说"精英民主政治是最适合我国国情的民主政治形式"②。不仅鼓吹精英政治的文章连篇累牍，甚至连小学教材也渗透了精英史观③。在人民民主不完善、不发达的社会，人民群众的各项权利往往会被忽视甚至被剥夺，没有政治话语权的人民群众被忽视、被无视、被鄙视是自然的，群众史观、人民史观被抛弃是自然的，精英史观、英雄史观盛行是自然的。足见完善人民民主制度是很重要的。

---

① 赵刚印：《错位与重构：对群众观念与群众路线的几点反思》，《探索》2010 年第 6 期。

② 崔丽苹：《论精英民主政治理论》，《全国商情》2012 年第 9 期。对精英政治的肯定和否定的观点，还可以参见匡凯平《中国精英政治研究：一个基于 CNKI 文献的综述》，《中南大学学报（社会科学版）》2011 年第 5 期。

③ 李芳：《精英主义价值观在语文教科书中的渗透及反思》，《哈尔滨学院学报》2012 年第 1 期。

三

要写人民史必须端正历史观。必须全面准确把握人民史观、群众史观。

人民史观、群众史观的基本观点是：人民群众是推动历史发展的动力或者说主体性力量。在以往、现今、未来的整个历史发展过程中人民群众是主体性力量，在以往、现今、未来的每一个历史阶段、每一个历史时期中、每一个时代中、每一个社会领域中、每一个社会活动中人民群众也是主体性力量。同时也不否认英雄人物在历史发展中的作用。表面上看，人人都在创造历史，精英、英雄与人民群众共同创造着历史，共同推动着历史发展。但矛盾的两个方面或诸方面是有主次之分的，精英、英雄与人民群众哪个是主要创造者、推动者？人民群众是主要创造者、推动者。因为精英、英雄大多出自、起自人民群众，甚至精英、英雄大多是人民群众创造的，精英、英雄得不到人民群众的认可、支持、拥护是成不了大事、成不了精英、英雄的。只讲精英、英雄与人民群众共同创造历史，共同推动历史发展，不讲人民群众是主要创造者、推动者，就有局限性、片面性，缺乏科学性。认为英雄创造历史，英雄在创造历史的活动中起主导作用，就颠倒了主次，更片面了。

写历史、写人民史，都要写人民群众，写精英、英雄，但写何者为主？以何者为本？群众史观的看法是以写人民群众为主为本，要多写人民群众，而不应以写精英、英雄为主为本，这样才能写出较为真实、合乎历史本质和历史发展规律、被人民群众认同的历史书。如英国马克思主义史学那样，把劳动群众看作是历史的真正创造者，是历史主体，坚信历史研究只有从这种最基层的力量入手才能揭示出历史的本来面目，才能发现历史的规律①。

写人民群众，写精英、英雄，以什么历史观来写？可以用英雄史观、精英史观指导写人民群众，写精英、英雄，也可以用人民史观、群众史观指导写人民群众，写精英、英雄。用英雄史观、精英史观指导，会突出精英、英雄，贬低人民群众；用人民史观、群众史观指导会突出人民群众，同时给精英、英雄适当的恰如其分的肯定。写历史可以写精英、英雄，但写历史不能用精英史观、英雄史观来指导。

写精英、英雄，不能一概说就是精英史观、英雄史观，在群众史观的指

---

① 雷金瑞：《当代英国马克思主义史学流派初探》，《兰州学刊》2001 年第 5 期。

导下写精英、英雄，不能说体现了精英史观、英雄史观。群众史观不否认精英、英雄的作用，但这不能说群众史观中包含着精英史观、英雄史观。

主张人民群众与精英、英雄并重，人民史观、群众史观与精英史观、英雄史观并重，主张写历史既要用人民史观、群众史观指导，也要用精英史观、英雄史观指导，这实际上是否认人民群众的主导作用，否认唯物史观、群众史观的主导作用，是写不出真实、合乎历史本质和历史发展规律、被人民群众认同的历史书的。

要写人民史必须端正立场。必须站在人民的立场上。

写精英、英雄，写人民群众，是站在精英立场上、英雄立场上，还是站在人民群众立场上写？站在精英立场上、英雄立场上，或者统治者立场上，写精英、英雄、统治者，写人民群众，与站在人民群众立场上写精英、英雄、统治者，写人民群众，视角、观点、写法、内容是不同的。最鲜明的例子就是，中国二十四史编写的视角、观点、写法、内容，与新中国成立以后的中国通史的编写是完全不同的。就是范文澜写的《中国通史简编》在新中国成立前与后，写法也有不同，1954 年范文澜在《中国通史简编》修订本《绪言》中谈道：修订本增加了一些新观点，其中第一个是"劳动人民是历史的主人"。"本书肯定历史的主人是劳动人民，把旧类型历史以帝王将相作为主人的观点否定了"①。为什么新中国成立以后写的中国通史与二十四史的视角、观点、写法、内容不一样，因为立场不同，因为历史观不同（当然，新中国成立以后写的中国通史是不是完全把劳动人民作为历史的主人来写了，还值得研究）。

为什么要站在人民群众立场上写历史？不只是因为人民群众是推动历史前进的动力，是历史的创造者，也因为人民群众是历史书写的终裁者。少数人、某一部分人认同、满意的而人民群众不认同、不满意的历史记述、历史书，总会被人民群众否定、淘汰。刘少奇、邓小平等都曾被写成是中国共产党内走资本主义道路的当权派，并得到某一部分人认同，但最终都被作为冤假错案平反，其中的根本原因是什么呢？是人民群众不认同，认同的只是少数人。

此外，只有站在人民的立场上，才能克服历史研究的相对主义，反映历史的真实。西方历史哲学家提出了历史真理观的主体间性概念，认为真实性

① 范文澜：《中国通史简编》修订本第一编，人民出版社 1964 年版，第 10 页。

源自于不同认识主体之间的认同。认同若是局限在不同主体各自隶属的小范围内部，相对主义便不可避免。不断寻求更大范围的主体间性正是一种克服相对主义的不懈努力①。即小范围内的认同，只具有相对的真实性、真理性，要克服相对主义，就必须追求大范围的认同。而人民群众的认同是最大主体间性的认同。如果说小团体、小群体认同的真实性、真理性只是相对的，那么人民群众认同的真实性、真理性就基本克服了相对性。只有站在人民群众的立场上，才能从史实的真实走向史学的真实，实现对历史真实、历史真理的客观认识和反映，从而使书写的历史书获得最大范围认同、最大范围流传、最长期流传的价值。如果站在精英、英雄少数人的立场上写历史，不去追求人民群众的认同，那就顶多只有相对的一时的真实性、真理性，不会有大范围流传、长期流传的价值，最终会被否定、淘汰。

更值得注意的是，如果执政者不顾民意一意孤行，编写的历史书不被人民群众认同，也就意味着这个执政者的执政地位不被认同。台湾陈水扁为首的民进党执政被台湾人民群众否定，其中一个原因就是民进党执意要按照"台独"意识形态、按照"去中国化"的观念修改历史教科书，这引起台湾大部分人民群众的反对。这表明，编写历史，追求人民群众的认同，不只是个学术问题，也会成为政治问题，绝不能等闲视之。

人民群众创造历史，由人民群众来叙述历史，或者由代表人民群众的人、反映人民群众看法、心声、意志的人，站在人民群众立场上说话、看问题的人，来叙述历史，这样才会写出真正的人民史，写出真实的历史。不代表人民群众的人，只代表、反映少数人、某一部分人利益、意志的人，不会写人民史，也写不出真正的人民史，写不出真实的历史，他们写的书是要被人民群众扔进垃圾箱的。

希望有更多的人做写"人民史"的有心人，希望有更多方面支持写"人民史"。希望早日推出着眼于底层的《中国人民史》、《中华人民共和国人民史》，早日推出一些民族人民史、区域人民史、社区人民史、行业人民史，早日推出一些专题人民史，诸如人民创业史等。

---

① 陈新：《当代西方历史哲学的若干问题》，《东南学术》2003 年第 6 期。

质量互变规律与中国当代史研究探析

刘 仓

（中国社会科学院当代中国研究所）

坚持运用辩证唯物主义和历史唯物主义的立场、观点和方法研究中国历史，包括中国当代史，是马克思主义史学工作者的基本共识。质量互变规律是关于唯物辩证法的基本规律之一。能否运用质量互变规律、如何运用这一规律指导中国当代史研究，是本文探讨的中心问题。浅显之见，敬请方家斧正。

一 共和国的历史反映了质量互变规律，应该运用质量互变规律指导国史研究

任何事物的发展都有一定质的规定性和量的规定性，量的积累引起部分质变或完全质变，而这种部分质变或者完全质变又引起在新质基础上的量的积累，如此循环前进，构成事物发展的基本规律。

生产力与生产关系、经济基础与上层建筑的矛盾运动推动人类社会的发展。当一定的生产关系与一定的生产力发展状况不相适应时，就可能发生渐变或突变，用新的生产关系代替旧的生产关系。社会经济形态的发展是一种自然历史过程。自然界、人类社会、人的精神，是互相联系、互相作用交织起来的历史画卷，经历一定的运动、发展、变化。中华人民共和国的历史也遵循这样的规律。

1949 年 10 月 1 日，中华人民共和国的成立，开辟了中国历史的新纪元。从根本上说，新中国的历史，是党领导人民选择、建立和发展社会主义的历史，反映党的最终奋斗目标与阶段性目标的统一。国史研究的任务，就是揭示共和国历史发展变化的规律，因此，可以用质量互变规律指导国史研究。

根据这样的思想，可以指导我们研究为什么选择人民共和国，为什么选择共产党，为什么选择社会主义，为什么选择改革开放。研究哪些是符合中

国社会发展规律的，哪些是应该引以为戒的，哪些是应该不断丰富和发展的，哪些是应该创新的，从而为存史、资政、育人、护国提供依据。

运用质量互变规律可以分析中国社会的质与量，考察中国走社会主义道路的必然性。中国共产党在领导民主革命过程中，就为新中国的经济结构、政治制度、思想文化做了探讨和总结。新中国成立之初的本质特征是什么呢？经过新政协通过、起临时宪法作用的《共同纲领》规定，新中国经济包括国营经济、合作社经济、农民和手工业者的个体经济、私人资本主义经济和国家资本主义经济，国营经济居于领导地位。国体是以工人阶级领导的、以工农联盟为基础的、团结各民主阶级和国内各民族的人民民主专政。文化教育是以马克思主义为指导的民族的、科学的、大众的新民主主义文化教育。这种质的规定性表明，新中国成立之初，其性质新民主主义社会，属于社会主义范畴，是无产阶级领导中国民主革命的成果，社会主义的因素居于领导地位，它的方向是走向社会主义的。

民主革命是社会主义革命的必要准备，社会主义革命是民主革命的必然趋势。新民主主义社会不是严格意义上的社会形态，而是具有过渡性质的社会形式。1952年，党提出"一化三改"的过渡时期总路线。这是因为，我们通过没收官僚资本，建立了国营经济，掌握了国民经济的命脉；通过发展国家资本主义，把私人资本主义纳入国家计划的轨道；通过发展合作社，把农民、手工业者组织在一定的集体经济之中；这种量的积累为社会主义生产关系这一新质代替旧的生产关系创造了基础。

1956年，全国组织了75.6万个农业合作社，入社的农户占全国农户总数的96.3%，其中加入高级社的农户占全国农户总数的87.8%。组织了约10万个手工业合作社和小组，参加的人数达到500多万人，约占手工业者总数的92%。在全国资本主义工业中，占产值99.6%和占职工总数99%的工业企业，转变为公私合营企业；在全国资本主义商业中，占总户数82.2%和占从业人员总数85.1%的商业企业，转变为国营、合作社营、公私合营企业和合作商店、合作小组。这一伟大的社会变革，基本上解决了个体经济同社会主义工业化之间的矛盾，基本上解决了资本主义所有制同社会主义所有制之间的矛盾。[①] 这

---

① 薄一波：《关于一九五六年度国民经济计划的执行结果和一九五七年度国民经济计划草案的报告》（1957年7月1日），载《建国以来重要文献选编》第10册，中央文献出版社1994年版，第426页。

种质的变化，基本上结束了剥削阶级和剥削制度，建立起社会主义的社会经济制度。这是中国几千年的历史上最根本、最伟大的社会变革，符合历史发展的规律。之后，中国制定一切政策，都以此为基础和前提。

中华人民共和国的发展也遵循从简单到复杂、从低级到高级的从旧质到新质的变化过程。新中国的成立，标志着推翻了三座大山在中国的统治，基本上结束了长期分裂的状态，人民民主国家掌握了经济命脉，人民群众当家做了主人。这是旧社会所没有的新的质的变化。社会主义改造完成以后，我国基本建立了社会主义的经济、政治、文化制度。之后，开始独立自主地探索社会主义建设道路。虽然历经曲折，但毕竟取得举世瞩目的成就。建国后30年，我国逐步建立起独立的比较完整的工业体系和国民经济体系，基本形成农业、工业、交通运输、建筑、金融、贸易旅游和综合技术服务等七大行业。工农业总产值，1952年为810亿元，1978年为5634亿元，1952—1980年年均增长为8.2%，其中农业年均增长为3.4%，工业年均增长11.1%。[①]这是全世界所有国家中比较高的增长速度，不仅高于美国、英国、印度等国家，甚至与日本、德国、苏联等国家相比也毫不逊色。这为改革开放后中国经济腾飞奠定了物质基础。2010年国内生产总值现价总量为40多万亿元，经济总量跃居世界第二位。改革开放30多年取得巨大的成就。这些成就一方面是继承了毛泽东时代开创的基业，另一方面是改革开放逐渐积累的成果。胡锦涛把中国共产党领导人民90年奋斗、创造、积累的成果概括为"开辟了中国特色社会主义道路，形成了中国特色社会主义理论体系，确立了中国特色社会主义制度"。这也反映了质量互变规律。

历史发展的阶段性和连续性反映了质量互变规律。新中国社会发展的每个阶段都有主要矛盾和次要矛盾、主要任务和次要任务，并且前后两个阶段一般存在主要矛盾和任务的转变。比如，新中国的成立标志着新民主主义革命的基本结束和社会主义革命的开始，但并不意味着在1949年社会主义革命就上升为主要任务而新民主主义革命下降为次要任务，而是在此之后，随着民主革命遗留的任务逐渐完成，它也就退居次要位置；而随着国民经济的恢复和政权的巩固，社会主义革命逐渐开始，并逐渐上升为国家的主要任务。因此1952年9月提出过渡时期总路线之后，社会主义改造才全面展开。

新中国成立初期，初级社是对旧的分散经营的小农经济的扬弃，高级社

---

① 《建国以来若干历史问题的决议注释本》，人民出版社1983年版，第164页。

则是初级社在新质基础上的继续发展。搞"人民公社化"运动，超越了生产力发展的限度，对生产力是一个破坏，这种质却是前进中的探索与失误。"真理再往前一小步，也会变成谬误。"三中全会以后，家庭联产承包制取代了人民公社体制，这是坚持集体所有制基础上的经营方式的改变。但这种体制毕竟还是一种分散经营模式，当生产力发展到一定的程度，必然走上集体化、规模化的道路。正如邓小平指出："中国社会主义农业的改革和发展，从长远的观点看，要有两个飞跃。第一个飞跃，是废除人民公社，实行家庭联产承包为主的责任制。这是一个很大的前进，要长期坚持不变。第二个飞跃，是适应科学种田和生产社会化的需要，发展适度规模经营，发展集体经济。这是又一个很大的前进，当然这是很长的过程。"①

同正确的思想、积极的成果不是一朝一夕取得的一样，错误的思想、失败的苦果也有一个量变到质变的过程。比如，十年建设时期，我们遵循一定的发展规律，取得了社会主义建设的伟大成就。但同时也犯了两个错误：一是对所有制变革要求过高过快。二是对阶级形势估计过于严重，逐渐以阶级斗争为纲取代经济建设这个主要任务；从而形成正确的、比较正确的与错误的两个发展趋向。结果，错误的发展趋向逐渐占据主导地位，导致了"文革"的发生。因此，运用质量互变规律考察正确与错误的发展过程，有利于探究事物发展的根本原因，从而把经验教训建立在更坚实的基础之上。

人类历史，包括中华人民共和国的历史，不会是直线上升的，有时是前进的，有时是徘徊的，有时甚至是倒退的，与人们的主观意志相违背，但这也反映了人类社会发展的一般规律。因此，不仅要研究上升时期的质与量的变化，而且也要研究徘徊与倒退时期质与量的关系，揭示其原因，总结经验教训，才能发挥人在历史必然性之中的主观能动性。从这样的观点来看，可以科学地辩证地看待中国共产党在探索社会主义规律过程中所犯的错误。既然是探索，就难免遇到挫折。正如毛泽东在总结国家建设的经验教训时指出的："有一部分错误大概也是难于避免的。哪里有完全不犯错误、一次就完成了真理的所谓圣人呢？真理不是一次完成的，而是逐步完成的。我们是辩证唯物论的认识论者，不是形而上学的认识论者。自由是必然的认识和世界的改造。由必然王国到自由王国的飞跃，是在一个长期认识过程中逐步地完成的。对于我国的社会主义革命和建设，我们已经有了十年的经验了，已经

---

① 《邓小平文选》第 3 卷，人民出版社 1993 年版，第 355 页。

懂得了不少的东西了。但是我们对于社会主义时期的革命和建设，还有一个很大的盲目性，还有一个很大的未被认识的必然王国，我们还不深刻地认识它。我们要以第二个十年时间去调查它，去研究它，从其中找出它的固有的规律，以便利用这些规律为社会主义的革命和建设服务。"他还引用列宁的话表示，郑重的党在于重视错误，找出错误的原因，分析所以犯错误的客观原因，公开改正。①

比如，"文化大革命"是中国社会发展的曲折。然而，历史曲折的背后也隐藏着前进的动力。鉴于"文革"以阶级斗争为纲的错误，因此十一届三中全会后逐渐确立以经济建设为中心的基本路线；鉴于 20 世纪 50 年代中期以后"左"的指导思想的逐步发展是"文革"的主要原因之一，因此中国警惕右，但主要是防止"左"；鉴于"文革"中民主和法制遭到破坏，因此提出发展社会主义民主，健全社会主义法制。正如邓小平所说："我们现在的路线、方针、政策是在总结了成功时期的经验、失败时期的经验和遭受挫折时期的经验后制定的。历史上成功的经验是宝贵财富，错误的经验、失败的经验也是宝贵财富。"② 即使在曲折阶段，也应该运用质量互变规律分析其中蕴含的变化过程。

人类社会的发展是螺旋式上升、波浪式前进的。认为中国社会主义应该是一帆风顺的、社会主义道路是笔直的、没有任何崎岖的，是幼稚的；认为社会主义中国没有前途，不符合社会发展规律，也是荒唐的。正如列宁所说："历史通常都是循着曲折的道路发展的，马克思主义者必须善于重视历史的极其复杂奇特的曲折道路，这是无可争辩的。"③ 因此，国史研究也必然要求遵循质量互变规律，揭示中国社会主义社会发展的曲折道路，探求内在规律，从而为社会主义建设提供借鉴。

---

① 《毛泽东文集》第 8 卷，人民出版社 1999 年版，第 197—198 页。列宁的话见《共产主义运动中的"左派"幼稚病》。"一个政党对自己的错误所抱的态度，是衡量这个党是否郑重是否真正履行它对本阶级和劳动群众所负义务的一个最重要最可靠的尺度。公开承认错误，揭露犯错误的原因，分析产生错误的环境，仔细讨论改正错误的方法——这才是一个郑重的党的标志，这才是党履行自己的义务，这才是教育和训练阶级，进而又教育和训练群众。"（《列宁选集》第 4 卷，人民出版社 1995 年版，第 167 页。）

② 《邓小平文选》第 3 卷，人民出版社 1993 年版，第 234—235 页。

③ 《列宁选集》第 1 卷，人民出版社 1995 年版，第 734 页。

二 运用质量互变规律考察中国当代史研究中的若干重大问题

正因为共和国历史与质量互变规律有内在的联系，因此，质量互变规律应该成为国史研究的锐利武器。我们无意用唯物史观裁剪历史，而是作为研究国史的指导思想和科学方法。

共和国的历史可以说是中国社会主义奠基、开创、发展的历史。什么是社会主义，怎样建设社会主义，是共和国发展的首要的基本的问题，也是党的几代领导人不断探索的中心问题。以毛泽东为代表的中共第一代领导集体，在社会主义经济、政治、文化、社会等方面的建设中奠定了比较坚实的物质技术基础，积累了正反两方面的经验，虽然没有成功找到中国特色社会主义的道路、取得质的突破，但为之准备了量的积累。以邓小平为核心的中共第二代领导集体在总结前人经验教训的基础上，逐渐形成了"一个中心、两个基本点"的基本路线，开创了中国特色社会主义新道路，这是党在探索如何建设社会主义、怎样建设社会主义这一中心问题的质的飞跃。经过以江泽民为核心的第三代领导集体和以胡锦涛为总书记的党中央的继承和发展，中共十七大比较完整地形成了中国特色社会主义道路的内涵。中国特色社会主义道路之所以能够引领中国发展进步，关键在既坚持了经典作家开创的科学社会主义的基本原则，又根据中国实际和时代特征赋予其鲜明的中国特色。

抗日战争时期成熟的毛泽东思想是马列主义与中国实际相结合的第一次历史性飞跃，这是党的指导思想的质的变化。在解放战争时期，毛泽东思想在新质基础上继续发展。新中国成立后，毛泽东关于社会主义改造和建设的思想是在毛泽东思想这种新质基础上的新的量的积累，只是没有达到第二次飞跃即质变的程度。虽然社会主义建设过程中出现不少错误，但在发展目标、主要任务、发展阶段、发展战略、发展动力、国家统一、领导力量与依靠力量等方面做出卓有成效的探索，为邓小平理论的创立奠定了基础，提供了量的积累。中国特色社会主义理论体系是马列主义与中国实际相结合的第二次历史性飞跃，邓小平理论的创立是第二次飞跃的标志和开创性成果。"三个代表"重要思想和科学发展观等是对邓小平理论的继承和发展，是中国特色社会主义理论体系这一新质的量的积累。从历史承继上说，改革开放和中国特色社会主义道路"始于毛，成于邓"，发展于江、胡。因此，毛泽东社会主义建设思想是中国特色社会主义理论体系的基础和来源，那种认为"中国特色社会主义理论体系""始于邓"的看法，割裂了党探索社会主义建设规律的连续性。

近代以来，实现中华民族的伟大复兴是中国人民的奋斗目标，也是中国共产党承担的重要历史使命，也有一个从量变到质变的发展过程。胡锦涛在庆祝中国共产党成立90周年大会上指出，90年来，中国共产党团结带领人民完成和推进了三件大事。一是完成新民主主义革命，实现了民族独立、人民解放；二是完成社会主义革命，确立了社会主义基本制度；三是进行改革开放新的伟大革命，开创、坚持、发展了中国特色社会主义。这三件大事，从根本上改变了中国人民和中华民族的前途命运，不可逆转地开启了中华民族不断发展壮大、走向伟大复兴的历史进军。事实充分证明，在近代以来中国社会发展进步的壮阔进程中，历史和人民选择了中国共产党，选择了马克思主义，选择了社会主义道路，选择了改革开放。

运用质量互变规律可以分析重大历史变革的性质。社会历史的发展有进化和革命即量变与质变两种前进方式。比如，新中国成立初期，我们没收官僚资本，兼有民主革命和社会主义革命双重性质，是准备实行社会主义革命的步骤，是一种量的积累和变化，但并没有立即消灭一切民族资本主义。当国家掌握了国民经济的命脉，建立起强大的国营经济，才逐渐对资本主义工商业实行社会主义改造。这种改造的完成，是质的变化，但还允许有少量的自由资本主义经济作为补充，并没有把它完全消灭。

改革开放是社会主义制度的自我完善和发展，使我国成功实现了从高度集中的计划经济体制到充满活力的社会主义市场经济体制、从相对封闭、半封闭状态到全方位开放的伟大转变，极大改变了党、国家和人民的面貌。改革开放的发展也是几代中共领导人不断探索和开创的结果。胡锦涛在十七大报告提出的"三个永远铭记"，就是对这种探索的连续性的合乎历史、合乎真理的解释。

有人认为，中国的改革开放是改向资本主义。这种观点没有认识到中国社会主义的本质在改革开放前后的连续与发展。朱佳木提出，新中国改革开放前后的历史是一个光辉的整体。改革开放前30年的革命和建设为后30年的改革开放提供了根本的政治前提、基本的物质技术基础、一定的思想保证、正反两方面的经验和必要的国际环境。改革开放后在党的指导思想、政治体制、经济体制、意识形态工作、国际战略等方面实现对改革开放前的超越。这些使两个时期出现了明显区别，但这种区别并不是社会基本制度的区别、国家领导力量的区别、意识形态指导思想的区别，更不是执政党的宗旨和远大奋斗目标的区别。中国在改革开放前后都坚持四项基本原则、坚持社会主义的基本经济制度和政治制度、坚持对外方针总政策，执政党的宗旨和远大目标也都是为人民服务和共产主义。这说明，改革开放后并没有离开社会主义的轨道，而是社会主义的自我完善和发展。①

　　新中国60年经济建设的运行方式的选择，也充分反映了质量互变规律。新中国成立初期的新民主主义经济制度，是国家计划、宏观调控与市场法则相结合的方式。社会主义改造基本完成后，实行计划经济体制，虽然陈云的"三个主体、三个补充"的思想为党中央所接受，但在实际操作过程中却是计划经济体制占据绝对的主导地位。十一届三中全会以后，党提出社会主义经济是有计划的商品经济。中共十四大确立建立社会主义市场经济体制的目标，强调综合运用计划和市场两种手段。这样，既摒弃了只强调计划、把计划经济当作社会主义特征的"左"的错路，又抛弃了照搬欧美自由市场模式的邪路。正如刘国光教授所说：中国特色社会主义经济的发展是符合历史发展基本趋势的，是有一个螺旋式上升的过程。建国60年的经济建设进程，如果说改革开放之前是"正"，改革开放之后的一段时间就是"反"，这是一个否定。60年来，一"正"一"反"才形成现在的局面，也积累了不少新矛盾，现在也到了否定之否定的"合"的阶段，要对一些新矛盾进行一些新的"反"与"正"，从而在更高层次上转向新的综合。② 这是运用质量互变规律考察国史的经典之语。

　　纵观新中国60多年文化发展的历史，也反映了质量互变规律。1949—1956年，新民主主义文化转变为社会主义文化，是第一次质的飞跃；1956—1976年，探索社会主义文化发展道路，是质变中的量的积累；1976以后，在改革开放中成功开辟中国文化发展道路是新的质的变化；2002中共十六大以后，党提出社会主义文化大发展大繁荣的目标，是在新质的基础上的新的量的积累。每个阶段，都有其特征和中心内容，且前一个发展阶段成为后一

---

① 朱佳木：《正确认识新中国两个30年的关系》，《前线》2010年第3期。
② 刘国光：《中国特色社会主义经济运行机制的探索与创建》，《当代中国史研究》2009年第5期。

个发展阶段的先导，后一个阶段承继前一个阶段的成绩或者错误、经验或者教训。新中国60多年来的文化建设，是在艰辛探索中螺旋式上升、曲折性前进的，反映了社会主义文化建设内涵的不断丰富和发展，也反映了中国共产党对文化建设规律的认识不断深化和完善。

三 运用质量互变规律研究中国当代史应该注意的几个问题

一定事物都有一定的质的规定性，也有一定的量的规定性，超过这个限度，质和量都会发生变化。因此，无论在分析共和国的历史事件，还是评价历史人物；无论是分析事物的发展过程，还是研究点时间、段时间的事物的具体表现，都应该坚持定性分析和定量分析的统一。只有确定事物的质和量，才能准确定位事物的性质。比如，1957年春夏之交，一些资产阶级右派分子杀气腾腾，反对党的领导和社会主义制度，妄图取代党的领导。反击右派进攻是必要的。"反右派斗争在全国人民中间澄清了根本的大是大非，稳定了新建立起来的社会主义制度"。① 这是反右派斗争定性的主要方面。在反右派斗争中，存在许多把人民内部矛盾作为敌我矛盾处理的错误，犯有严重扩大化的错误。这种性质占次要方面。当然，反右派斗争扩大化造成严重后果，使党对社会主义建设道路的探索经历严重曲折。

运用质量互变规律研究国史，应该遵循历史发展的阶段性与连续性原则，把国家建设的阶段性目标与长远目标结合起来。每一个阶段性目标，都是向最终目标前进的一个步骤。阶段性目标脱离最终目标就会迷失方向，离开阶段性目标，最终目标也会无从谈起。这就要求确立最高理想与共同理想的统一，又不能超越共同理想而追求空想。

新中国成立后，党逐渐提出建设"四个现代化"的社会主义强国的奋斗目标；提出中国社会主义建设分为不发达和发达两个阶段的构想，指出要赶超世界先进水平，要100年左右的时间。20世纪80年代，邓小平提出分三步走实现现代化，达到中等发达国家的战略目标。2002年，中共十六大确立到2020年实现全面建设小康社会的奋斗目标，为建国100周年时期基本实

① 中共中央党史研究室：《中国共产党历史》第2卷（上），中共党史出版社2011年版，第456页。

现现代化打下坚实的基础。这些阶段性目标和长远目标的统一，反映了质量互变的规律。

长远目标和阶段性目标是中国共产党的最高纲领和最低纲领相统一的具体化，也是中国人民现阶段的最终理想和共同理想的具体化。就当前中国发展阶段说，我国正处于社会主义初级阶段。人民代表大会制度这一根本政治制度，中国共产党领导的多党合作和政治协商制度、民族区域自治制度以及基层群众自治制度等构成的基本政治制度，中国特色社会主义法律体系，以公有制为主体、多种所有制经济共同发展的基本经济制度，以及建立在根本政治制度、基本政治制度、基本经济制度基础上的经济体制、政治体制、文化体制、社会体制等各项具体制度，这些质的规定性表明中国特色社会主义制度的确立。但是，我们的经济文化发展水平总体还比较落后，一些制度和体制还不成熟、不完善，与全面建设小康社会的要求，与现代化的要求还有差距，也表明我国需要继续推进经济体制、政治体制、文化体制、社会体制的改革创新，继续推动我国社会主义制度自我完善和发展。

生产力和生产关系、经济基础和上层建筑之间的矛盾仍然存在，人民日益增长的物质文化生活的需要同落后的社会生产之间的矛盾还没有完全解决，中国仍将长期处于社会主义初级阶段。在新世纪新阶段，我们的发展呈现出一系列新的阶段性特征。比如粗放型经济增长方式尚未根本转变；社会主义市场经济改革中出现许多深层次的矛盾问题；贫富差距拉大；社会主义民主政治建设与经济社会发展的要求不相适应；社会结构复杂化的形式下社会建设和管理的问题层出不穷等。实践证明，发展起来比不发展问题更多，但这些问题是前进过程中的问题，只能靠不断改革和发展来解决，停顿和倒退没有出路。邓小平曾就贫富差距拉大问题说："12亿人口怎样实现富裕，富裕起来以后财富怎样分配，这都是大问题。题目已经出来了，解决这个问题比解决发展起来的问题还困难。分配的问题大得很。我们讲要防止两极分化，实际上两极分化自然出现。要利用各种手段、各种方法、各种方案来解决这些问题。解决这些问题需要一些年富力强的同志。"[1]

解决历史问题也遵循这样的规律，当一个矛盾和问题解决之后，又出现了新的矛盾和问题；而社会进步恰恰是在不断解决矛盾和问题中前进。有的矛盾和问题可能一下子解决，有的需要长时期才能解决，这也反映了质变和

---

[1] 《邓小平年谱（1975—1997）》（下），中央文献出版社2004年版，第1364页。

量变关系的原理。正如马克思所说："人类始终只提出自己能够解决的任务，因为只要仔细考察就可以发现，任务本身，只有在解决它的物质条件已经存在或者至少是在生成过程中的时候，才会产生。"①

运用质量互变规律研究国史，应该遵循螺旋式上升、波浪式前进的原则，正确把握前进中的曲折和在挫折中前进的动力。在遭受挫折的时期，需要总结教训，探索事物发展的内在原因，考究其孕育新的飞跃的基因。即使在前进时期，也会有许多教训需要总结，考究其蕴藏歧途的萌芽，由此探索哪些需要完善，哪些需要革新，哪些需要摒弃，从而有系统有准备地进行规划。

一般来说，在登山过程中难免会经历崎岖徘徊的阶段，只有不畏艰难险阻勇于攀登的人，才有希望达到光辉的顶点。开创鸿篇巨制的社会主义建设事业也是这样。困难和挫折在所难免，有时甚至会发生全局性的错误。前人走过的正确的道路，要坚定不移地走下去，放弃正确方向的离经叛道之举是不可饶恕的；前人走过的错误的道路，应该警醒我们另辟蹊径，重复过去的错误也是痛心的。只有认真总结经验教训，历史的错误和教训才会成为前进道路上的阶梯。正如邓小平在评价"文革"时所说："我们根本否定'文化大革命'，但应该说'文化大革命'也有一'功'，它提供了反面教训。没有'文化大革命'的教训，就不可能制定十一届三中全会以来的思想、政治、组织路线和一系列政策。"②"山重水复疑无路"是前进中的量的积累，而"柳暗花明又一村"则是质的飞跃。

从人类发展的长河来看，资本主义经历了几百年的发展才有今天的成就。而社会主义是前无古人的事业，发展的时间还不长，积累的经验还不够丰富，探索社会主义建设的规律不是一朝一夕所能完成的，国家建设需要多长时间，总结经验教训、探索建设规律就需要多长时间。如果因为出现这样那样的错误而主张放弃社会主义，或者走资本主义，无疑是死路一条。道路是曲折的，前途是光明的，这是颠扑不破的真理。正如毛泽东所说："对于建设社会主义的规律的认识，必须有一个过程。必须从实践出发，从没有经验到有经验，从有较少的经验，到有较多的经验，从建设社会主义这个未被认识的必然王国，到逐步地克服盲目性、认识客观规律、从而获得自由，在

① 《马克思恩格斯选集》第 2 卷，人民出版社 1995 年版，第 33 页。
② 《邓小平文选》第 3 卷，人民出版社 1993 年版，第 272 页。

认识上出现一个飞跃，到达自由王国。"①

马克思在《资本论》中写到手工业师变成资本家时，明确表示运用了黑格尔法发现的"单纯量变转化为质变的规律，并把它看做在历史上和自然科学上都同样有效的规律"。② 同样，质量互变规律可以作为研究中国当代史的基本方法。

应该看到，质量互变规律是唯物辩证法的基本规律之一，而不是马克思主义方法论的全部。因此，在运用质量互变规律研究国史的同时，应该与对立统一律、否定之否定律等其他科学规律和方法相结合。另外，应该铭记恩格斯的话："原则不是研究的出发点，而是它的最终结果；这些原则不是被应用于自然界和人类历史，而是从它们中抽象出来的。"③ 因此，要反对教条式地运用质量互变规律，反对以之套用任何事实、任何史料。因为"如果不把唯物主义方法当作研究历史的指南，而把它当作现成的公式，按照它来剪裁各种历史事实，那末它就会转变为自己的对立物。"④

---

① 《毛泽东文集》第8卷，人民出版社1999年版，第300页。
② 《马克思恩格斯文集》第10卷，人民出版社2009年版，第264页。
③ 《马克思恩格斯选集》第3卷，人民出版社1995年版，第374页。
④ 《马克思恩格斯选集》第4卷，人民出版社1995年版，第688页。

邓小平的国史思想及其对
国史研究的启示意义

邱　霞

（中国社会科学院当代中国研究所）

邓小平作为党的第一代中央领导集体的重要成员、党的第二代中央领导集体的核心，中华人民共和国的历史始终是他十分重视的问题之一。纵观他关于中国革命史、建设史、中共党史等的论述，其中蕴含着丰富的国史思想，其对国史研究，无论在过去、现在还是未来，都有着重要启示和指导意义。

一　总结历史、开辟未来：重视国史的目的

邓小平国史思想的一个重要方面，体现在他重视国史的目的上。他总结历史，是为了让人们明白中国为什么会走上社会主义道路，又为什么会走上中国特色社会主义道路，研究国史的意义归根结底是为了服务现实并开辟未来。

（一）了解中国共产党和中国革命的历史，才能明白中国为什么会选择社会主义

从鸦片战争开始，中国沦为半殖民地半封建社会，中国人成了世界著名的"东亚病夫"。从那时起近一个世纪，中国的有识之士在不断地寻求中国的出路。邓小平在 1987 年会见加蓬总统邦戈时举了孙中山的例子。他认为，孙中山开始就想学习西方，所谓西方即资本主义，后来觉得资本主义西方不行了，提出"以俄为师"，学习十月革命后的俄国。第一次国共合作，促使北伐战争取得了胜利。然而孙中山逝世以后，国民党的统治使中国继续处在半殖民地半封建社会的悲惨地位，在日本侵华期间大片国土沦为殖民地。在帝国主义、封建主义和后来发展起来的官僚资本主义压迫下，中国继续贫穷

了下去。"这个历史告诉我们，中国走资本主义道路不行，中国除了走社会主义道路没有别的道路可走。一旦中国抛弃社会主义，就要回到半殖民地半封建社会，不要说实现'小康'，就连温饱也没有保证。所以了解自己的历史很重要。青年人不了解这些历史，我们要用历史教育青年，教育人民。"①

为什么中国共产党领导的中国革命能取得胜利？邓小平的观点是，任何国家的革命道路问题，都要由本国的共产党人自己去思考和解决，别国的人对情况不熟悉，指手画脚，是要犯错误的。中国革命能够取得胜利，就是以毛泽东同志为首的中国共产党人，独立思考，把马列主义的普遍原理同中国的具体情况相结合，找到了适合中国情况的革命道路、形式和方法。"所以，一个国家的革命要取得胜利，最根本的一条经验就是，各国共产党应该根据自己国家的情况，找出自己的革命道路。任何大党或老党都不能以最高发言人自居。在斯大林时期，中国党在一些关键问题上没有听他的话，才取得了中国革命的胜利。"② 这也是中国人民应当清楚的。

（二）了解新中国的历史，才会明白中国为什么会走上中国特色社会主义的道路

新中国成立以后，成功地进行了土地改革、抗美援朝、三大改造，有步骤地实现了从新民主主义到社会主义的转变，迅速恢复了国民经济并开展了有计划的经济建设，社会主义制度得以确立。全面建设社会主义的十年虽然有过曲折，1957 年犯了"反右扩大化"的错误，1958 年又搞了"大跃进"、"人民公社"，但仍然取得了很大的成绩。以工业固定资产为例，按原价计算，1966 年与 1956 年相比增长了 3 倍，棉纱、原煤、发电量、原油、钢和机械设备等主要工业产品的产量都有巨大的增长。以"两弹一星"为标志的高新科技和国防工业在这个时期取得重大进展。③ 由于指导思想上的问题没有根本解决，在经历了三年调整，形势有所好转的情况下，终于还是爆发了"文化大革命"，并且持续了十年，给党、国家和人民带来了深重的灾难。邓小平在会见荷兰首相吕贝尔斯时，回顾了中国共产党及至建国以后的全部历史。他指出："我为什么讲这个历史？因为我们现在的路线、方针、政策是

---

① 《邓小平文选》第 3 卷，人民出版社 1993 年版，第 205—206 页。

② 同上书，第 27 页。

③ 《中华人民共和国史稿》第 2 卷，当代中国出版社 2012 年版，第 1 页。

在总结了成功时期的经验、失败时期的经验和遭受挫折时期的经验后制定的。历史上成功的经验是宝贵财富，错误的经验、失败的经验也是宝贵财富。"① 这就是说，中国之所以会有改革开放和改革开放以后的路线、方针、政策，正是因为有了建国后正反两方面的历史经验教训，这也正是我们走上中国特色社会主义道路的重要原因和条件。

邓小平在会见"九十年代的中国与世界"国际会议全体与会者时谈道："我们从一九五七年以后，耽误了二十年，而这二十年又是世界蓬勃发展的时期，这是非常可惜的。但另一方面也有一点好处，二十年的经验尤其是'文化大革命'的教训告诉我们，不改革不行，不制定新的政治的、经济的、社会的政策不行。"② 他认为，十一届三中全会吸取建国以后的历史经验，制定了一系列方针政策，从而使中国走上了新的道路。这条道路，就是中国特色社会主义的道路。正如邓小平所说："我们搞的现代化，是中国式的现代化。我们建设的社会主义，是有中国特色的社会主义。……我们现在的路子走对了，人民高兴，我们也有信心。"③ 他很自信，认为路子不会越走越窄，只会越走越宽。因为，"路子走窄的苦头，我们是吃得太多了。如果我们走回头路，会回到哪里？只能回到落后、贫困的状态。"④

（三）总结历史的意义在于开辟未来

说到底，邓小平重视历史，反复强调总结历史、历史的经验教训不能丢，其根本的目的在于服务现实，从而使党和国家更好地走向未来。在他诸多关于国史实际问题的论述中，都体现出这一思想，而且他还有专门的阐述。十一届三中全会以后，随着拨乱反正的全面展开，邓小平是最早提出对建国三十年来党的历史做出科学总结的人之一。他主张，必须对"文化大革命"和毛泽东的历史地位做出评价，这样才能澄清国内外一部分人的错误认识，统一思想，实现安定团结的政治经济局面。1988 年在会见捷克斯洛伐克总统胡萨克时，他明确表示："总结历史，不要着眼于个人功过，而是为了开辟未来。"⑤ 其中蕴含的思想就是，我们总结历史，但不是为了找谁算账，

---

① 《邓小平文选》第 3 卷，人民出版社 1993 年版，第 234—235 页。
② 同上书，第 266 页。
③ 同上书，第 29 页。
④ 同上。
⑤ 同上书，第 272 页。

不是为了否定过去，而是要以已有的经验教训为戒，在今后避免再犯同样的错误。也正是在这个意义上，历史的经验和教训都是我们的宝贵财富。谁也不能保证不犯错误，今后的发展也仍然会犯这样那样的错误。我们所能做到的，就是利用一切可能的条件，最大限度地避免犯错误并尽量减小犯错误的危害。这样，我们的路就会走得更远。总结历史，就是一个极其重要的条件和保证。

在领导起草第二个《历史决议》的过程中，邓小平实际上就是站在"总结历史是为了开辟未来"这样一个高度上，不计个人恩怨得失，确立了起草决议的指导思想和写作框架。他在 1981 年 3 月间几次同《决议》起草组的同志谈话，强调不要把三十多年的历史写成黑历史，要充分肯定毛泽东的历史功绩、科学分析他晚年的错误。他指出："总的讲，决议稿对缺点错误讲得多，成绩讲得少，鼓舞人们提高信心、提高勇气的力量不够。"① "我最早提出写建国以来若干历史问题的决议，第一位的任务，是树立毛泽东同志和毛泽东思想的历史地位。这个问题写不好，决议宁可不写。"② 在这样的指导思想下，《决议》全面恰当地总结了建国以来三十年的历史，客观准确地评价了毛泽东和毛泽东思想，从而统一了全党的认识，开辟了建设有中国特色社会主义的道路。这也正是《历史决议》、总结历史的真正意义所在。

二　实事求是、认清主流：正确对待国史的方法

邓小平国史思想的另一个重要方面，体现在他认识和对待国史的方法上，包括实事求是、恰如其分地评价新中国的历史及毛泽东和毛泽东思想；分别时期、肯定成绩，认清和抓住新中国三十年历史的主流；以及在特殊历史条件下，对特殊历史事件和人物应把握"宜粗不宜细"的原则等。

（一）实事求是、恰如其分地评价新中国的历史以及毛泽东和毛泽东思想

实事求是是我们党的思想路线，是毛泽东思想活的灵魂，也是邓小平一贯坚持和倡导的看待、分析和认识国史重大事件和重要人物的基本原则。在第二个《历史决议》的起草过程中，邓小平特别突出地强调这一思想。在初

---

① 《邓小平年谱（1975—1997）》（下），中央文献出版社 2004 年版，第 719 页。

② 同上书，第 721 页。

稿的形成过程中，邓小平认为稿子问题最大的地方是"文化大革命"前十年的部分。问题就出在按照稿子所做的总结，给人的印象是错误都是毛泽东一个人的，而别人都对。这在当时是一个较为普遍的认识，但是并不是一个客观的认识。邓小平指出："我说过多次了，不能说成别人都对，只有一个人是错误的，这个人就是毛主席。历史不是这样的。这不符合实际。那时的错误，大家都有责任，主要是因为当时我们没有经验。"① 今天我们回顾这段历史，已经可以很清楚地看到，当时的错误是探索中的错误，犯错误的根本原因就是邓小平所说的"没有经验"，不是哪一个人的主观意志所能决定的。在社会主义的经济建设上，力争可能的、持续健康快速的发展，在今天仍然是我们追求的目标，这并没有错。关键是采用什么样的方法、掌握什么样的度。在完全没有经验的情况下，除了尝试，没有别的办法。如果一试成功，当然最好，如果不成功，也在情理之中。事实上，一试成功的情况是很少的，是不符合规律的，只是一种不多见的幸运。中国的社会主义建设，正是在改革开放前的不断试错中积累了宝贵经验，才找到了中国特色社会主义的发展道路，这才是符合规律的。因此，邓小平坚持，建国后十七年这一段，包括"文化大革命"前的十年，有曲折、有错误，但基本方面还是对的。社会主义革命搞得好，转入社会主义建设以后，毛泽东也有好文章、好思想。"讲错误，不应该只讲毛泽东同志，中央许多负责同志都有错误。'大跃进'，毛泽东同志头脑发热，我们不发热？刘少奇同志、周恩来同志和我都没有反对，陈云同志没有说话。在这些问题上要公正，不要造成一种印象，别的人都正确，只有一个人犯错误。这不符合事实。中央犯错误不是一个人负责，是集体负责。"② 他指出，在这些方面，要运用马列主义结合我们的实际进行分析。

关于"文化大革命"，邓小平主张彻底否定，但是对其间的一些具体问题仍然要做具体分析。如有人提出应否定八届十二中全会和九大的合法性，邓小平不同意，他认为，这"就等于说我们有一段时间党都没有了。这不符合实际"。③ 对于国史上的大是大非问题，如"高饶问题"、"反右派问题"等，他都主张做具体分析。他认为，揭露高饶问题没有错，"高饶问题不揭露、不处理是不行的。现在看，处理得也是正确的"④。他认为，1957 年的

① 《邓小平年谱（1975—1997）》（下），中央文献出版社 2004 年版，第 719 页。
② 《邓小平文选》第 2 卷，人民出版社 1994 年版，第 296 页。
③ 同上书，第 305 页。
④ 同上书，第 294 页。

反右派斗争还是要肯定的，"那时候有的人确实杀气腾腾，想要否定共产党的领导，扭转社会主义的方向，不反击，我们就不能前进。错误在于扩大化"①。在对毛泽东和毛泽东思想的评价上，他坚持对于错误包括毛泽东的错误，一定要毫不含糊地进行批评，但是，一定要实事求是，分析各种不同的情况，不能把所有的问题都归结到个人品质上。他认为，"毛泽东同志不是孤立的个人，他直到去世，一直是我们党的领袖。对于毛泽东同志的错误，不能写过头。写过头，给毛泽东同志抹黑，也就是给我们党、我们国家抹黑。这是违背历史事实的。"② 对粉碎"四人帮"后两年徘徊的局面，他仍然坚持实事求是的原则，主张"华国锋同志有责任，当然不能都推到他头上，这样也不公道"③。

（二）分别时期、肯定成绩，认清和抓住新中国三十年历史的主流

邓小平始终主张，"总的来说，我们党的历史还是光辉的历史"④，这是主流，要认清和抓住这个主流。回顾我们党的历史，包括新中国成立以后三十年的历史，虽然我们犯过一些大的错误，甚至犯过"文化大革命"这样的大错误，但是，我们党终究是把革命搞成功了。邓小平说：中国在世界上的地位，是在中华人民共和国成立以后才大大提高的。只有中华人民共和国的成立，才使我们这个人口占世界总人口近四分之一的大国，在世界上站起来，而且站住了。也只有在中华人民共和国成立以后，才真正实现了全国，除台湾外，的统一。旧中国军阀混战，就是国民党统治时期国家也没有真正统一过。没有中国共产党，不进行新民主主义革命和社会主义革命，不建立社会主义制度，今天我们的国家还会是旧中国的样子。我们能够取得现在这样的成就，都是同中国共产党的领导、同毛泽东同志的领导分不开的。恰恰在这个问题上，我们的许多青年缺乏了解。⑤ 他对新中国成立以后三十年的历史做了分期，使人们能够更清楚地把握主流。新中国成立后前七年，"从中华人民共和国成立到毛泽东主席逝世这段时间，我们做了大量的工作。特别是从新民主主义革命转变到社会主义革命，搞了土改，搞了第一个五年计

---

① 《邓小平文选》第 2 卷，人民出版社 1994 年版，第 294 页。
② 同上书，第 301—302 页。
③ 《邓小平年谱（1975—1997）》（下），中央文献出版社 2004 年版，第 734 页。
④ 《邓小平文选》第 2 卷，人民出版社 1994 年版，第 298 页。
⑤ 同上书，第 299 页。

划的大规模工业化建设，搞了对农业、手工业和资本主义工商业的社会主义改造，事情做得非常好"。① 当然也有缺点，"从工作来看，有时候在有的问题上是急了一些"②。对于"文革"前的十年，《决议》中的结论是："我们现在赖以进行现代化建设的物质技术基础，很大一部分是这个期间建设起来的；全国经济文化建设等方面的骨干力量和他们的工作经验，大部分也是在这个期间培养和积累起来的。这是这个期间党的工作的主导方面。"③ 邓小平认为，这十年是应该肯定的，"总的是好的，基本上是在健康的道路上发展的。这中间有过曲折，犯过错误，但成绩是主要的"④。对于"文革"十年，他也主张要看到有健康的方面，如外事工作取得了很大成就，还有"二月逆流"等。"所谓'二月逆流'，不是逆流，是正流嘛，是同林彪、'四人帮'的反复斗争嘛。"⑤

总之，"三十年来，不管我们做了多少蠢事，我们毕竟在工农业和科学技术方面打下了一个初步的基础。也就是说，有了一个向四个现代化前进的阵地。"⑥"我们尽管犯过一些错误，但我们还是在三十年间取得了旧中国几百年、几千年所没有取得过的进步。我们的经济建设曾经有过较快的发展速度。"⑦ 这是新中国三十年历史的主流，一定要看到和抓准这个主流。

（三）在特殊的历史条件下，对特殊历史事件和人物应把握"宜粗不宜细"的原则

"宜粗不宜细"的思想，是邓小平在当时的历史条件下，对特殊的历史事件和历史人物，主要是针对毛泽东的历史评价问题，提出的一项具体原则。它虽然不是一般的历史研究方法，但是在特定的历史环境下，却发挥了极其重要的历史作用。邓小平的这一思想最早是在 1978 年，在中央政治局召集部分大军区司令员和省委第一书记打招呼会上提出的。他讲："历史问题只能搞粗，不能搞细。一搞细就要延长时间，这就不利。要以大局为

---

① 《邓小平文选》第 3 卷，人民出版社 1993 年版，第 136 页。
② 《邓小平文选》第 2 卷，人民出版社 1994 年版，第 302 页。
③ 《中华人民共和国史稿》第 2 卷，当代中国出版社 2012 年版，第 2 页。
④ 《邓小平文选》第 2 卷，人民出版社 1994 年版，第 302 页。
⑤ 同上书，第 303 页。
⑥ 同上书，第 232 页。
⑦ 同上书，第 167 页。

重。"① 这以后，针对总的历史问题和起草《历史决议》的基本任务，他把"宜粗不宜细"作为了总结新中国历史的一项重要原则。十一届五中全会上，他提出要实现安定团结、生动活泼的政治局面，必须解决历史的遗留问题，弄清大是大非。虽然我们已经解决了大量的这类问题，但是还有相当多的问题需要继续解决。解决历史遗留问题，是为了团结一致向前看。不能在旧账上纠缠，要把大家的思想和目光引到搞四个现代化上面来。如果不能得到团结一致向前看的结果，就说明我们的工作有缺陷。"所以我们总是说，重大历史问题的解决宜粗不宜细。我这里不只是讲某一个具体的案子，而是讲总的历史问题，包括将来要写的若干历史问题的决议，太细了不妥当。"② 在起草《历史决议》的过程中，他要求要通过这个决议对过去的事情做个基本的总结。"还是过去的话，这个总结宜粗不宜细"，"争取在决议通过以后，党内、人民中间思想得到明确，认识得到一致，历史上重大问题的议论到此基本结束。当然，议论过去，将来也难以完全避免，但只是在讨论当前工作的时候，联系着谈谈过去有关的事情。现在要一心一意搞四化，团结一致向前看。做到这点不那么容易。"③ 邓小平"宜粗不宜细"思想的实质在于，着眼大处，着重解决现实问题，不纠缠历史旧账。这一原则，确实在当时的情况下，取得了"总结过去是为了引导大家团结一致向前看"的良好效果。

此外，由于人们认识历史是有局限性的，越是在时间和空间上接近过往的历史，认识就越是受到局限。因此，对某些事件和人物的历史结论是应当适当延后的。但是如果由于某些原因，不得不做出结论，那么宜粗不宜细的原则则是一个相对科学的方法。结论粗一点，但不会错，细节可以留待以后条件更成熟了再做。邓小平就主张："文化大革命已经成为我国社会主义历史发展中的一个阶段，总要总结，但是不必匆忙去做。要对这样一个历史阶段做出科学的评价，需要做认真的研究工作，有些事要经过更长一点的时间才能充分理解和作出评价，那时再来说明这一段历史，可能会比我们今天说得更好。"④

---

① 《邓小平年谱（1975—1997）》（上），中央文献出版社 2004 年版，第 445 页。
② 《邓小平文选》第 2 卷，人民出版社 1994 年版，第 277 页。
③ 同上书，第 292—293 页。
④ 同上书，第 149 页。

三 邓小平国史思想对国史研究的启示意义

邓小平的国史思想不仅为我们党总结历史、开辟未来的实践做出了重大贡献，同时也对国史研究和国史研究理论的发展有着重要的指导和启示意义。

第一，要重视国史的编纂和研究工作，以马克思主义为指导，明确国史编研服务于中国特色社会主义现实的目的和意义。国史是一门党性和政治性很强的史学分支学科，因此国史研究在一定意义上，不仅是一个学术研究问题，更是一个关系中国现实路线、方针、政策的实施，关系中国未来发展的方向，关系中国的前途和命运的重大政治问题。它与生俱来就带有宣传党和国家的历史，借以资政、育民、护国的使命。因此，国史研究者要在政治上与党中央保持一致，严格遵循第二个《历史决议》，努力把学术性和政治性、科学性和党性统一起来，为党和国家建设中国特色社会主义的大局服务。

第二，要注意掌握科学的国史研究原则和方法。我们研究国史首先要坚持的原则就是实事求是，要以追求客观真理的态度，力求还原历史本来的面目。也唯有如此，我们的研究结论才能经得起实践和时间的检验。在研究中，不能有某种先在的价值判断或者倾向，然后再去找材料论证主观的观点，而应立足充分的史料，用历史事实说话。同时，国史研究要注意抓住国史主流，把研究和宣传的重点放在共和国历史的成就和经验上。国史研究者要旗帜鲜明地研究、揭示和宣传在共和国的各个历史时期党领导人民取得的伟大胜利和辉煌成就，自觉地用科学的研究成果批驳丑化、歪曲、诋毁中华人民共和国历史的各种错误倾向。

第三，具体原则方法的使用要具体问题具体分析。"宜粗不宜细"的思想是邓小平国史思想的一个突出特色，也是一个重要方面，但后来却成为大受诟病的一点。有人提出，"宜粗不宜细"既不是中国当代史和中共党史研究工作的指导方针，也不是历史研究的方法和范畴，更不是历史研究的普遍规律。历史既然是科学，就不可能是"宜粗不宜细"的，因此必须根据历史唯物主义的原则，加以正本清源。有人甚至提出，在这一思想之下，建国后的许多重大历史真相得不到深入研究，成为谜案和悬案，这正给了一部分人抹黑党的历史和党的领袖以可乘之机。对于"宜粗不宜细"的思想，我们应当正确地认识到，它的目的在于，要从大局出发，不要纠缠历史旧账，要

"团结一致向前看"。我们今天研究国史，在必要的时候，也仍然应当采用这样的原则。如此，一方面可以缓和当下的矛盾，另一方面也可以留下进一步研究的空间。

浅论中国特色社会主义历史研究的话语体系构建与传播

张富文

（河南理工大学马克思主义学院）

随着我国经济社会的深刻变革，社会思想、价值理念日益多元化，思想文化领域交流交融交锋更趋激烈。中国特色社会主义历史研究需要坚守马克思主义史学理论，形成自己的话语体系，掌握话语权，在坚决反对"食洋不化"的基础上立足中国特色社会主义建设的实践，形成中国特色社会主义历史研究的历史叙事，畅通传播渠道，形成传统媒体与现代媒体交汇融合的传播体系，拓宽中国特色社会主义历史的传播渠道，使中国特色社会主义历史研究的理论成果不断深入人心、掌握群众，以达到传播信史，以正视听的目的。历史辉映未来，关照当下，一切历史都是当代史。通过加强中国特色社会主义历史研究的话语体系构建与传播，增强广大人民群众对中国特色社会主义的道路自信、理论自信和制度自信。

一 坚持马克思主义史学理论的指导地位是中国特色社会主义历史的固本培元工程

能否做好意识形态工作，关乎党的前途命运，关乎国家长治久安，关乎民族凝聚力和向心力。习近平强调，经济建设是党的中心工作，意识形态工作是党的一项极端重要的工作[①]。对于中国特色社会主义历史研究来说也是一样，要加强马克思主义史学理论在中国特色社会主义历史研究中的重要指导地位。改革开放以来，有些西方国家把中国的强大看成是对其价值观的挑

[①] 《胸怀大局把握大势着眼大事 努力把宣传思想工作做得更好》，《人民日报》2013 年 8 月 21 日第 1 版。

战，加强对中国进行思想文化渗透，我国意识形态领域面临的斗争和挑战是长期的、复杂的；国内一些错误思想观点也时有出现，有人大肆宣扬西方价值观，有人歪曲党史国史，历史虚无主义很有市场。因此，中国特色社会主义历史的研究要从客观的历史事实出发，坚持马克思主义史学理论在改革开放以来社会主义建设历史中的指导地位，坚决抵制歪曲党史国史，历史虚无主义的种种错误思潮。在马克思主义史学理论的指导之下，坚持正确的历史立场，从客观的社会主义建设的实践出发，来构建中国特色社会主义历史研究的话语体系、书写历史叙事、提升历史理念、丰富历史经验、培育历史精神、增强历史责任感。

马克思主义是我们认识世界与改造世界的强大思想武器，是科学真理。马克思主义史学理论是研究中国特色社会主义历史的"根"，是研究中国特色社会主义历史的"魂"。研究中国特色社会主义历史必须要护好根，铸好魂，要坚持马克思主义史学理论在历史研究领域的指导地位。

首先，坚持马克思主义史学理论，从根本上说要站稳马克思主义史学理论为广大劳动人民服务的基本立场，要为人民秉笔直书。从不同的阶级立场来分析统一历史问题会得出不同的历史结论，要在站稳马克思主义史学理论基本立场上，运用马克思主义史学理论的阶级分析法去研究中国特色社会主义历史。马克思主义是科学真理，不仅在于它为我们提供了辩证唯物主义和历史唯物主义的世界观和方法论，而且还因为它代表了最广大人民的根本利益。它始终站在无产阶级立场、反映劳动人民的利益和需求，它的全部理论都立足于实现和维护最广大人民的根本利益，把实现全人类解放和人的全面发展作为最高价值追求。坚持马克思主义史学理论的基本立场，就要把中国共产党党史的研究与中国特色社会主义历史的研究结合起来。马克思主义鲜明代表广大劳动人民的利益，它一经产生就吸引了为了实现中华民族和中国人民利益的中国共产党人，并且把马克思主义作为指导思想镌刻在自己的旗帜上。自中国共产党成立以来，它就为实现中国广大劳动人民的利益前赴后继，不断接力探索。基础不牢，地动山摇。中国特色社会主义历史的研究要毫不动摇地坚持马克思主义史学理论的基本立场。

其次，要坚持马克思主义史学理论从客观的物质世界出发，坚持社会存在决定社会意识，在认识世界和改造世界过程中不断把握中国特色社会主义历史的研究。恩格斯曾经指出："全部哲学，特别是近代哲学的重大的基本问题，是思维和存在的关系问题。"① 包括自然界和人类社会在内的整个世界，统一于物质性。研究改革开放以来的中国特色社会主义历史，必须摒弃一切无视客观世界及其规律的玄思妙想，遵循一切从实际出发、实事求是的基本原则，要从改革开放以来不断变化的社会存在出发，从我国现在的社会物质条件的总和出发，也就是从我国基本国情和发展出发，立足中国特色社会主义实践，来考察和审视中国特色社会主义建设的历史过程，从而形成中国特色社会主义建设的正确认识，总结中国特色社会主义建设的经验等。

再次，坚持马克思主义史学理论社会基本矛盾分析法，深入理解中国特色社会主义建设历史。只有把生产力和生产关系的矛盾运动同经济基础和上层建筑的矛盾运动结合起来观察，把社会基本矛盾作为一个整体来观察，才能全面把握整个社会的基本面貌和发展方向。坚持和发展中国特色社会主义，必须不断适应社会生产力发展调整生产关系，不断适应经济基础发展完善上层建筑。研究中国特色社会主义历史特别是深化改革的历史，就是要深刻理解我国社会基本矛盾运动的变化发展与社会发展变革之间的关系。因为社会基本矛盾总是不断发展的，所以调整生产关系、完善上层建筑需要相应地不断进行下去。

最后，坚持马克思主义史学理论中物质生产是社会生活的基础的观点。生产力是推动社会进步的最活跃、最革命的要素。社会主义的根本任务是解放和发展社会生产力。深刻把握在社会主义建设中，我们要坚持发展仍是解决我国所有问题的关键这个重大战略判断，使市场在资源配置中起决定性作用和更好发挥政府作用。深刻理解推动我国社会生产力不断向前发展，推动实现物的不断丰富和人的全面发展的统一。因此，在中国特色社会主义历史研究中要坚持物质生产是社会历史发展的决定性因素的基本理论，深刻认识上层建筑也可以反作用于经济基础，生产力和生产关系、经济基础和上层建筑之间有着作用和反作用的现实过程，并不是单线式的简单决定和被决定逻辑。在生产力和生产关系、经济基础与上层建筑的双元互动中把握中国特色社会主义历史。

---

① 《马克思恩格斯文集》第 4 卷，人民出版社 2009 年版，第 223 页。

二 坚决反对"食洋不化",立足中国特色社会主义建设的 实践,形成中国特色社会主义历史研究的历史叙事

中国特色社会主义历史研究必须坚决地反对"食洋不化",抵制教条主义。教条主义是对某一理论不分时间、地点和场合的盲目照搬,生搬硬套,把本来生动的理论"阉割"为僵死的"条条"、"框框"。它不是根据实践去发展理论,而是用"本本"去框实践,根据理论去剪裁丰富的实践,理论不能发挥应有的作用,不是推动而是阻碍实践的发展。可见,教条主义对历史研究危害巨大,中国特色社会主义历史研究必须坚决反对教条主义。中国特色社会主义历史研究中必须要反对"食洋不化"的洋教条,对西方史学理论不加鉴别和分析地盲目崇拜和迷信,甚至是照搬。

中国特色社会主义历史研究要注意反对"西式"教条主义。"西式"教条主义,即盲目地、不加分析地对西方理论特别是史学理论盲目崇拜和大力追捧,认为西方的理论就是好的,就具有"普世价值",不分青红皂白,不加理性分析,不予鉴别地照搬和套用。这势必给中国特色社会主义历史研究造成思想的混乱。正如杨天石教授指出,每个国家、每个民族,甚至某个特定地区,都会有自己的独特文化,历史学家们也都有自己独特的知识结构、思维方式、话语体系。取人之长、补己之短,固属十分必要,但是,在这一过程中,也出现了一些令人担忧的现象,其表现之一就是生硬地照搬境外的话语系统,以致不知所云①。从总体上看,人类具有一些共同价值,在处理人与自然、人与人、人与社会的关系中不可避免地会碰到相同或相似的问题,从而产生一些共同的需要,形成一些价值关系、价值追求和价值观念。看不到价值领域存在共同性,就无法理解人类文明史纵向上的继承关系和横向上的借鉴关系②。问题在于,不同的国家、不同的历史发展阶段、不同的阶级、不同的社会,对一些所谓"普世价值"的理解和要求不同,实现形式和途径也不相同,没有包打天下的"普世价值"。在历史研究中更是没有所谓的"普世价值",因为每个国家、不同的民族之不同的文化传统、历史积

---

① 参见王奇生《党员、党权与党争:1924—1949 年中国国民党的组织形态》,华文出版社 2010 年版,第 3 页。

② 中共中央宣传部理论局:《六个"为什么":对几个重大问题的回答》,学习出版社 2013 年版,第 17 页。

淀、基本国情、历史命运铸就了不同国家、民族的历史研究具有鲜明的个性特色。"普世价值"不仅理性的中国人不能接受，就连一些著名外国学者也不敢苟同。美国著名学者塞缪尔·亨廷顿在其代表作《文明的冲突与世界秩序的重建》中早就深刻地批判了这一观点，甚至可以说完全驳倒了这一观点。在他看来，普世主义或普世文明是完全虚构的概念，因为现代化并不意味着西化，而且普世主义也是不道德的，因为从逻辑上它必然走向帝国主义。他还一针见血地指出："普世文明的概念有助于为西方对其他社会的文化统治和那些社会模仿西方的实践和体制的需要作辩护。普世主义是西方对付非西方社会的意识形态。"① 针对弗兰西斯·福山在《历史的终结与最后的人》中提出资本主义的文明就是人类的最终状态的观点，提出了这样的批评："凡是认为历史已经终结的社会，通常是其历史即将衰微的社会。"② 习近平指出："各种人类文明都各有千秋，没有高低、优劣之分"，"文明交流互鉴不应该以独尊某一种文明或者贬损某一种文明为前提"，"一切文明成果都值得尊重，一切文明成果都值得珍惜。只有交流互鉴，一种文明才能充满生命力"③。这些思想是如此深刻，但是当下有些学者依然在拾人牙慧，有些人"尊西人若天帝，视西籍如神圣"，如狼似虎、囫囵吞枣地引进、学习西方，而且是"拿来就用"，不管它是不是"水土不服"；有些人"厚西薄马"，认为西方史学理论都是真理。中国特色社会主义历史研究出现"西化"倾向，一些人疯狂膜拜西方，唯西方历史大师是从，引经唯恐不是西方"圣经"，据典唯恐不是西方名篇。照搬西方史学理论的研究范式、研究模式、研究框架、分析工具，不加区别地不加分析地去研究中国特色社会主义历史。当然，我们不能说这种研究方式一无是处，至少它们为中国特色社会主义历史研究打开了一扇新的窗户，具有重要的启迪意义。但是我们不能认同这种严重"西化"的研究趋向。我们需要继承传统，借鉴西方，也就是古为今用、洋为中用。但是我们既不能古化，也不能欧化，食古不化引腹胀，食洋不化致瘫痪。中国特色社会主义历史研究一定要坚决反对"西式"教条主义。我们对西方史学理论不能全盘肯定，我们也不能全盘否定，我们要采取冷静理智的态度，对西方史学理论给予批判继承，取其精华，弃其"糟

---

① 塞缪尔·亨廷顿：《文明的冲突与世界秩序的重建》，周琪等译，新华出版社 1998 年版，第 55—56 页。

② 同上书，第 347 页。

③ 《习近平在联合国教科文组织总部发表演讲》，《人民日报》2014 年 3 月 28 日第 1 版。

粕"。诚如毛泽东指出："中国应大量吸收外国的进步文化，作为自己文化食粮的原料，……吸收其精华，才能对我们的身体有益，决不能生吞活剥地毫无批判地吸收。所谓'全盘西化'的主张，乃是一种错误的观点。"① 习近平也强调："我们要虚心学习借鉴人类社会创造的一切文明成果，但我们不能数典忘祖，不能照抄照搬别国的发展模式，也绝不会接受任何外国颐指气使的说教。"② 中国特色社会主义历史研究，要以中国特色社会主义实践为基础，要以人民群众的立场为研究立场，坚持马克思主义史学理论的基本观点和基本方法，从改革开放前后 30 年的辩证统一中，从中国近代以来近百年的历史承继中，从中国几千年的历史和文化发展薪火相传中，从中国共产党领导人民不断奋斗的历史中，从与世界历史与文明的相互借鉴中来研究与探讨。

三　构建话语体系，掌握话语权，增强理论说服力，使中国特色社会主义历史更能吸引群众

中共中央总书记习近平在主持中共中央政治局第七次集体学习时强调，历史是最好的教科书。学习党史、国史，是坚持和发展中国特色社会主义、把党和国家各项事业继续推向前进的必修课。这门功课不仅必修，而且必须修好。要继续加强对党史、国史的学习，在对历史的深入思考中做好现实工作、更好走向未来，不断交出坚持和发展中国特色社会主义的合格答卷③。要修好国史、党史特别是要研究中国特色社会主义历史需要构建话语体系，掌握话语权，增强理论说服力，使中国特色社会主义历史更能吸引群众，坚定人民群众走中国特色社会主义道路的信心与信念。中国特色社会主义历史研究存在"老话"不管用，"新话"不会说的困难情况。因此，中国特色社会主义历史研究，要坚持老祖宗不能丢，又能讲新话，要讲老百姓听得懂的话、听得进的话、喜欢听的话，这就要求构建中国特色社会主义历史研究的话语体系，掌握话语权，把改革 35 年来维护和实现广大人民利益取得的巨

---

① 《毛泽东选集》第 2 卷，人民出版社 1991 年版，第 706—707 页。
② 习近平：《在纪念毛泽东同志诞辰 120 周年座谈会上的讲话》，《人民日报》2013 年 12 月 27 日第 2 版。
③ 《在对历史的深入思考中更好走向未来　交出发展中国特色社会主义合格答卷》，《人民日报》2013 年 6 月 27 日 第 1 版。

大成绩，转化为话语优势，使中国特色社会主义历史研究成果为人民所信服，进而坚定理想信念，增强自信。人民有信仰，国家才有力量，把人民群众的信仰变成主动融入社会主义建设大潮的巨大动力，从而在实现中华民族伟大复兴的中国梦中主宰自己的历史命运。

构建中国特色社会主义历史研究的话语体系要基于以下三个方面来进行阐释，把中国特色社会主义道路、中国特色社会主义理论体系、中国特色社会主义制度三位一体的中国特色社会主义历史与经验等讲清楚，要把中国特色社会主义发展历史中取得的巨大成绩，转化为话语体系，转化为话语权，让老百姓听得懂、乐于听、听得进、愿流传。第一，中国特色社会主义历史的研究，要讲清楚中国特色社会主义是党和人民长期实践取得的根本成就。中国特色社会主义道路，是实现中国现代化的必由之路，是创造人民美好生活的必由之路。这条道路既不是传统的，也不是外来的，更不是西化的，而是中国共产党领导人民群众独创的，是一条人间正道。只有这条道路而没有别的道路，能够引领中国进步、实现人民福祉，没有别的道路，只有这条道路才能救中国，才能发展中国，通过中国特色社会主义历史的研究，让老百姓清楚地知道既不能走僵化封闭的老路，也不能走改旗易帜的邪路。第二，中国特色社会主义历史的研究，要通过历史与社会的双元互动来讲清楚中国特色社会主义是由道路、理论体系、制度三位一体的产生、形成、发展与融合，在实践、理论、制度的相互呼应、相得益彰中总结历史得失、经验教训，使老百姓在清醒的历史自觉中增强道路自信、理论自信与制度自信。中国特色社会主义道路、理论体系和制度是中国共产党领导人民群众长期奋斗取得的，我们对于中国特色社会主义的自信来源于人民、来源于实践、来源于真理。通过对中国特色社会主义历史叙事的书写、话语体系的构建，在深刻把握中国特色社会主义科学性和真理性的基础上，使广大人民群众坚定道路自信、理论自信和制度自信。第三，中国特色社会主义历史的研究，要在深刻把握中国特色社会主义的总依据、总布局、总任务的基础上，讲清楚社会主义初级阶段是当代中国最大实际，"五位一体"总布局的来龙去脉，总任务就是要让中国人民富裕起来，国家强盛起来，振兴伟大的中华民族。在现实与未来、当下与长远的统一中让人民群众知道中国处在何种历史方位，从哪里来，到哪里去。

历史终归是历史，历史不能随意选择，历史是一个民族安身立命的基础。中华民族5000多年的文明史、中国人民近代以来170多年的斗争史、中国共产党 90 多年的奋斗史、中华人民共和国 60 多年的发展史、中国改革开放以来 30 多年的中国特色社会主义建设史的研究，要坚持人民的立场，要为人民秉笔直书，要坚持正确的历史观，既不能割断历史，也不能虚无历史。因此，中华民族有自己独特的历史传统、文化积淀、基本国情，中国特色社会主义历史的研究不能盲目照搬西方史学概念范畴和话语系统。中国特色社会主义历史研究话语系统的构建要化古化欧入时代，化天化地入人心。中国特色社会主义历史研究要形成中国作风、中国气派、中国形式的话语体系，要着力打造融通中外的新概念新范畴新表述，阐释好中国特色，讲好中国故事，传播好中国声音。在研究中国特色社会主义历史时要"坚持做到新民主主义革命的胜利成果决不能丢，社会主义革命和建设的成就不能否定，改革开放和社会主义现代化建设的方向不能动摇"[①]，要让中国特色社会主义历史研究有理说得出，说了传得开。打造中国特色社会主义历史研究的话语体系，要更新话语体系，让老百姓喜闻乐见，让广大人民群众爱听爱看、产生思想共鸣，这样才能增强中国特色社会主义历史研究成果的说服力和宣传吸引力，从而为中国特色社会主义历史研究创造良好思想氛围。

四　整合传播渠道，促进中国特色社会主义历史的宣传和传播

中国特色社会主义历史研究的话语体系建立以后，如何使话语体系进入民众视野，让广大人民群众接受，传播成为了关键性问题。国际共产主义运动在这方面是有深刻教训的，原苏联部长会议主席雷日科夫在其痛定思痛之作《大国悲剧：苏联解体的前因后果》中就痛诉了大众媒体在前苏联解体中发挥了推波助澜的不光彩作用，所谓的"民主派"给人民许诺的甜言蜜语使人民迷失了自我，而大众媒体却使出浑身解数支持了这种迷失，让人民难以自拔，在国家分裂的道路上越走越远。雷日科夫进一步指出："人民终于明白，原来第一拨'民主派'是厚颜无耻地欺骗了他们。这些家伙曾许诺很快过上天堂般的日子，而这些玫瑰色的甜言蜜语现已犹如朝雾般消散。"[②]前车

---

① 中共中央宣传部：《习近平总书记系列重要讲话读本》，学习出版社、人民出版社 2014 年版，第 20 页。

② 参见［俄］雷日科夫《大国悲剧：苏联解体的前因后果》，徐昌翰等译，新华出版社 2012 年版，第 3 页。

之鉴，后事之师，中国特色社会主义历史研究的话语体系的构建与传播一定要发挥大众媒体特别是新兴媒体正能量的辐射与引导作用。拓宽中国特色社会主义历史话语体系的传播渠道，整合媒体资源，创新传播方式，开创媒体融合发展，增加其研究成果传播的受众，有利于中国特色社会主义历史在老百姓中内化于心、外化于行，不仅对中国特色社会主义研究的现实意义重大，而且对维护我国意识形态安全具有重要价值。

中国特色社会主义历史研究话语体系的传播要利用以互联网为依托的一切新兴媒体，要积极推动传统媒体与新兴媒体融合发展，加快建设形态多样、手段先进、具有强大传播力和竞争力的传播体系。互联网已经成为我们面临的最大变量，一定要占领这个阵地，利用好一切数字报刊、移动电视、手机媒体、手机短信、微信、博客、播客、微博客、论坛等新兴媒体宣传中国特色社会主义历史的"信史"，传播历史研究的正能量，增进广大网民对中国特色社会主义的认知、认同。截至 2013 年底，中国网民规模达 6.18亿，互联网普及率为 45.8%；域名总数为 1844 万个，网站总数为 320 万个，网页数量为 1500 亿个；论坛/bbs 的用户数量为 1.2 亿人，博客和个人空间用户数量为 4.37 亿人，社交网站用户数量为 2.78 亿人，网络文学用户数量为 2.74 亿人，网络视频用户数量为 4.28 亿人，微博用户数量为 2.81 亿人，即时通信用户数量为 5.32 亿人；手机即时通信用户为 4.31 亿，手机微博用户达到 1.96 亿①。如此巨大的媒体受众，要求中国特色社会主义历史的宣传和传播要利用以互联网为依托的一切新兴媒体。要充分运用网络技术手段去改造传统媒体，用全新的互联网思维，来谋划和推进中国特色社会主义历史的传播。要适应新兴媒体平等交流、互动传播的特点，树立用户观念，改变过去媒体单向传播、受众被动接受的方式，注重用户体验，满足多样化、个性化的信息需求。要适应新兴媒体即时传播、海量传播的特点，树立抢占先机的意识，高度重视首创首发首播，充分挖掘和整合信息资源，在信息传播中占据主动、赢得优势②。

中国特色社会主义历史研究话语体系的传播，利用好以互联网为依托的一切新兴媒体需要注意以下几个方面。第一，要巩固壮大中国特色社会主义主流思想舆论场，需要提高网络宣传队伍的水平，使他们成为运用现代传媒

① 《2013 年中国人权事业的进展》，《人民日报》2014 年 5 月 27 日第 10 版。
② 刘奇葆：《加快推动传统媒体和新兴媒体融合发展》，《人民日报》2014 年 4 月 23 日第 6 版。

新手段新方法的行家里手，要通过包括微博、微信、博客等一系列新媒体、自媒体来传播中国特色社会主义历史的正能量，使其成为社会主义意识形态大堤的建设者和守卫者，弘扬中国特色社会主义历史主旋律，传播正能量。要深入开展网上舆论斗争，组织专门力量对网上包括历史虚无主义在内的各种错误观点进行批驳，要加强中国特色社会主义历史宣传正能量的网络舆论阵地建设，使中国特色社会主义历史研究主流声音在各种新兴媒体当中得到充分体现。第二，要加强对网络意见领袖的教育引导，发挥网络意见领袖的独特作用。正如法国著名社会心理学家古斯塔夫·勒庞指出："无论信仰是宗教的、政治的或社会的，也无论信仰的对象是一本书、一个人或一种观念，信仰的建立永远取决于人群中伟大领袖的作用。"[1] 可见，网络意见领袖在虚拟网络舆论场域的作用不可忽视。在中国特色社会主义历史研究话语体系的网络传播中，要正确引导网络意见领袖，甚至可以培养传播中国特色社会主义历史研究正能的网络意见领袖，以确保网络社会舆论的正确方向，使中国特色社会主义历史研究的主流声音深入人心。第三，中国特色社会主义历史研究话语体系的传播要加强宣传的细化和创新。要对中国特色社会主义历史宣传的受众群体进行细分，要满足不同群体的思想文化需求，既要看到共性，又要照顾差异，做到有的放矢，要处理好点、线、面的关系，既要加强面的覆盖、线的分类指导，又要把传播细化到每个点上。

---

① ［法］古斯塔夫·勒庞：《乌合之众：大众心理研究》，冯克利译，中央编译出版社 2004 年版，第 97 页。

机遇、挑战与策略：新世纪中国马克思主义史学发展的路径选择

范国强

（江苏大学文法学院）

进入 21 世纪以来，中国马克思主义史学的发展已经进入了一个新的时代。一方面是史学研究的领域和范围进一步扩大，史学研究的多元化逐渐形成；另一方面，马克思主义史家进一步继承我国传统史学和文化的优良遗产，力图建立我们有中国民族特色的马克思主义史学。同时，随着新世纪社会主义和谐社会建设的全面展开，历史学开始走向大众，史学通俗化、大众化开始成为史学发展的新趋向。总结经验，面向未来。因此，对于 21 世纪中国马克思主义史学的发展，我们认为，有以下几点是颇值得我们注意并认真审视的。

一　加强唯物史观的研究，建设有中国特色的马克思主义历史学

"唯物史观是关于现实的人及其历史发展的科学"，"唯物史观的出发点和归宿点都是人"。在唯物史观的指导下，历史学才能逐渐摆脱先前它所固有的各种缺陷和不足，成为一门真正的科学。而我们的马克思主义史学就是一门以唯物史观为指导的对中国历史发展和社会规律进行研究的科学。

新时期以来，随着"回到马克思主义"史学思潮的兴起，马克思主义史家对我们曾经所坚持的唯物史观进行了认真的批判和反思，对其自身的内在理论与外在界限都进行了认真的疏通与界定。中国的马克思主义史学也因此在此基础上得以重生并焕发出勃勃生机。但是，我们也要看到，在马克思主义史学的发展过程中，质疑和反对唯物史观的声音一直不绝于耳，一些人搞所谓的历史虚无主义史学，主张告别革命，以此来质疑马克思主义史学的正

当性和权威性。而当今史学发展多元化，一些人不加区分地将西方的一些新理论、新方法视为其史学创新的法宝，缺乏自身的吸收与消化，无疑也是对马克思主义史学发展的一大威胁。同时，我们还要看到，由于历史上的原因，我们曾经对唯物史观的错误认识而导致的后遗症至今仍然在史学界很有市场，如一些人就认为马克思主义史学就是阶级斗争、经济决定论等概念的统一体。苏东巨变之后，西方掀起的淡化、反对马克思主义思潮逐渐蔓延到国内，无疑也更加重了人们对唯物史观的错误认识。当然，还有一点是我们自己所无法否认的，即"马克思主义是发展的理论"，而随着我国经济的高速发展和各门学科的不断发展与完善，很显然，"唯物史观需要面对现实，积极汲取其有益内容，不断丰富自己的概念、方法和理论范畴，而不是固步自封，使其随着社会的进步而进步，随着科学的发展而发展"。但我们在这一点上明显做的还很不够。蒋大椿先生曾经说道："唯物史观存在着严重的理论缺陷，已不能适应现实史学认识的需要，因此应当超越，必须超越和可以超越。"我们这里不去讨论其观点的正确与否，但是其所提出的这种对唯物史观发展的担心和忧虑，是非常值得我们尊敬和赞赏的。

综合以上论述，我们可以看到："在当下中国的学术格局与语境中，唯物史观派史学已从学坛上的强势者沦变为弱势者，正在承受来自民间话语的冷落与排斥。"而在 21 世纪的未来史学发展中，唯物史观必然会遭到更大的威胁和挑战。而"不同的历史观决定了不同的历史认识路线，直接关系到历史学科学认识功能和社会功能实现的程度"，因此，加强唯物史观的研究工作，以期更好地建设马克思主义历史学便成为我们今后要完成的最重要的工作之一。

二 继承和发展历史文化遗产，弘扬国学精神，建设社会主义新文化

瞿林东先生曾经说过："世纪之交的中国史学面临着双重任务：总结和开拓。"进入 21 世纪以来，总结我们在继承和发展历史文化遗产工作过程中所取得的经验和教训，同时，审视其固有的内在属性和外在价值，使其与 21世纪中国社会和马克思主义史学的发展相适应，则成了我们在新的世纪所要面临的又一重要任务。而从 20 世纪 80 年代初开始，我国马克思主义史家在反对一部分学者要"回到乾嘉"的同时，同时还掀起了一场要求批判继承发

展我国优良历史文化遗产的史学思潮，这场史学思潮的重要目的，用吴怀祺先生的话来说，"为的是继承民族史学优秀传统，增强民族自信心，建设有特色的新史学，使史学在社会主义精神文明建设中发挥自己的作用"。时间进入 21 世纪，我们的马克思主义史学已经走过了近百年的发展历程，而国学这一已经在中华大地消逝了几十年的词汇又重新回到了人们的视野之中，并因为其丰富的内涵在政府和民间的双向推动下逐渐又火热起来。因此，充分继承和发展我国悠久的历史文化遗产，赋予其在新世纪以新的内涵，对于我们来讲，所要做的就是在继承和发扬我国传统历史与文化遗产的同时，还要总结好我们的老一辈马克思主义史学家所留给我们的珍贵历史遗产和史学遗产，使其与发展国学、弘扬国学精神相适应，建设社会主义的新文化。

对于总结 20 世纪马克思主义史学的发展成就，继承和发展老一辈马克思主义史家的史学遗产，这早已是我们当代马克思主义史家的共识，而非我们个人的主观臆断，如张磊先生早在 2000 年就说道："中国的马克思主义史学要向前发展，一定要继承和超越。不继承是不行的，但不提超越也是不对的。"张广智先生亦曾论及："我个人以为，无论是对马克思史学遗产的深入发掘，还是对马克思之后马克思主义史学遗产的认真盘点，都是颇有助于中国的马克思主义史学发展的。"瞿林东先生更是详细论说道："科学地总结中国马克思主义史学发展的历程，不论是成功的经验，还是发展中的经历的曲折，以至它所遇到的挑战和考验，对当前的和今后的中国马克思主义史学建设与开拓者来说，都是宝贵的财富，都具有启迪和鼓舞的作用。从史学工作的要求来看，这是当代史学工作者的一项义不容辞的责任。"

对于社会主义新文化的建设，则是"国学热"与社会主义和谐社会建设时代背景下的必然结果，是新世纪继承历史遗产和弘扬中华传统文化的必然选择。刘梦溪先生曾经说道："我们自晚清到五四以来，面临一项不能绕开的任务，就是需要更新和重建我们的文化传统。"而我们在新世纪实现这一任务的最佳选择就是进行社会主义新文化的建设，以实现新时期马克思主义与我们中华文化传统的有机结合。如张岱年先生所论："我们建设社会主义新文化，一定要继承和发扬自己的优良文化传统，同时吸取西方在文化上的先进贡献，逐步形成一个新的文化体系，是在马克思主义列宁主义的指导下，以社会主义的价值观，来综合中西文化之所长，而创新中国文化。它既是传统文化的继续，又高于已有的文化。这就是中国的、社会主义的新文化。"同时，我们还要看到："发展先进文化，培育和弘扬民族精神的重要途径之一,是发掘丰厚的中国历史文化资源。优秀的中国史学遗产,不仅是中华民族精神发展的记录,同时也是当今为实现中华民族的伟大复兴,培育和弘扬中华民族精神的取之不尽、用之不竭的宝藏"。由此可见,继承历史文化遗产与建设社会主义新文化,二者是可以互为因果,相互促进的。

三 鼓励史学创新,积极应对后现代主义等各种新学说、新理论的冲击和挑战

"追求创新,是我们民族文化思想优良的传统,更是我们民族史学的优良传统。在我国史学史上,要求史学创新体现为史家工作上的一种史学自觉意识。"在21世纪的今天,马克思主义史学要想继续保持其在中国史学界的主流地位,抵御住历史虚无主义史学的侵袭和各种非马克思主义史学方法和理论的挑战,就更应该积极进行史学创新,以给予其更强的生命力和创造力。这正如瞿林东先生所讲的:"创新的学术才有生命力。21世纪的中国史学应该在唯物史观的指导下进行新的创造。"

"如果说理论是一种导引,那么,方法则是一种工具。从方法论的角度而言,任何方法都有其特定的功用,过分的偏狭和奢望都是不切实的。"早在20世纪80年代史学危机论提出以后,为了解决固有马克思主义史学研究视域狭小、历史与现实脱节的问题,历史学开始走向自然、走向社会,积极与自然科学、社会科学的各种学说、各种理论方法相交叉进行史学研究。在研究的方向和领域上,由对精英人物、政治史、革命史的研究框架逐渐转移到对一般民众、社会史、经济史等方面的研究。进一步来看,"学科的交叉渗透,还会产生出一些新的边缘学科,如历史管理学、计量史学、历史心理学等。现代史学更强调多学科综合研究,画地为牢只能得出片面结论。今后,跨学科研究将是史学研究不可阻挡的趋势"。因此,正是在这种跨学科史学思潮的推动下,我们的马克思主义史学逐渐摆脱了先前的困境和危机,逐渐焕发出了新的生机和活力。而"20余年来中国学者的努力和实践也证明,历史研究走向多学科研究既是学科本身发展的趋势,也是现代社会发展对史学提出的要求,它也将推动马克思历史唯物主义理论进一步发展。"

但是,任何一事物都包含着对立统一的两个方面。因此,在看到马克思主义历史学在跨学科史学研究上所取得的巨大成就的同时,我们还要看到,外国史学理论的内容非常驳杂,我们应该取其精华,弃其糟粕,在将其引进

的时候不应该盲目地全盘接受,而应该考虑其是否与中国传统史学的继承以及马克思主义史学的发展相适应。后现代史学的引入即是一例。

一般我们都很了解,后现代主义本是 20 世纪六七十年代在西方开始兴起的一股文化思潮,因其质疑在 18 世纪以后已在西方占主流地位的现代性的合法地位,而迅即在文学、艺术、语言、哲学、历史等诸多领域蔓延开来。"从本质上看,后现代主义是一种思想文化领域中的激进主义的典型思维方式。它反对任何假定的'前提'、'基础'、'中心'、'视角',以持续不断的否定、摧毁为特征,破除权威,提倡多元,因而被称为'流浪者的思维'。"20 世纪 90 年代中后期以来,随着跨学科史学的发展与西方各种新理论和方法的大量引入,后现代主义思想开始传入我国并在 2004 年前后形成了一定的声势。彭刚、韩震、王学典、杨念群、陈新等皆一时讨论活跃之干将,《学术研究》、《东岳论坛》等史学刊物也为其讨论提供了充分的舞台和条件。2004 年之后,国内对后现代史学的研究和利用渐趋深入,隐然有成为一种新史学发展趋向的可能。

虽然后现代史学传入我国的时间较短,但其对中国史学的影响却不可小视。从研究的方法上,其继承跨学科研究的传统,主张综合历史学、社会学、人类学、文化学等多种学科交叉研究历史的模式早已被大多学者所接受。同时,其反对历史的宏大叙事,注重边缘、非中心、"他者"的研究又带动了日常生活史、妇女史、微观史等新社会史、新文化史研究领域的勃兴。而对于后现代史学对中国史学研究的具体影响,向燕南先生认为:"后现代理论引出的问题意识,就中国史学史的研究来说,至少可以包括两个方面的省思与检讨:一是对近代以来新史学发生、发展的历史的省思与检讨;二是对中国几千年以来固有的史学传统的省思与检讨。"

总之,如果说以上后现代主义史学的一些积极内容可以引起我们的欢欣和鼓舞的话,其在历史书写上否认历史真实性的客观存在,怀疑历史学家对历史真实概念的追求,同时重视历史的文本写作,强调历史若文学的观念则是与我们的马克思主义史学与传统实证史学的精神根本相悖的。因此,我们应该冷静看待后现代主义史学带给我们的诸般影响,积极吸收其合理因素,但对于其不利和消极方面,则应该予以坚决抵制。这同时也是我们在进行跨学科史学研究时所特别值得注意的地方。

四 反对历史虚无,加强马克思主义史学的学风建设

在新的世纪里,马克思主义史学要健康发展,在充分继承我国悠久的历史文化遗产,积极进行史学创新,进行跨学科研究的同时,还应注意历史虚无主义史学的威胁和马克思主义史学的学风建设,前者是一种明火执仗的对马克思主义史学正统地位的公开挑战,后者的堕落则更加危险,它会从马克思史学的内部逐渐瓦解其体系结构,使得马克思主义史学彻底丧失生机和活力,沦为金钱、利益、欲望支配下的一种工具。

对于虚无主义史学,他们或直接提出反对马克思主义的指导地位,或公开否认近代以来中国社会的性质和历史的发展,还有的则无视历史事实和历史本来的面貌,随意地"创新"和"创造",给我们的马克思主义史学的健康发展带来极大的危害。虽然经过20世纪90年代以来马克思主义史家与历史虚无主义者的几次交锋,历史虚无主义史学渐趋衰落,但其作为一种对马克思主义史学正常发展的威胁力量,则是时刻需要我们提防和戒备的。

同时,仔细分析我们不难发现,造成历史虚无主义史学出现的原因很多,如一些人对唯物史观地漠视和误解,对西方一些理论和方法却奉为圭臬;一些人缺乏历史知识的必须储备,缺少辨别是非的基本能力却盲目自信;还有一些人则是受到了经济和利益上的诱惑,为了自己的一己私利而任意地创新,甚至是剽窃和抄袭他人的学术成果等。史学界的这些不正常现象的出现直接导致了马克思主义史学公信力的下降和马克思主义史学学风的败坏,虚无主义史学的出现只不过是这种不良学风发展到一定阶段的产物罢了。因此,重视和建设马克思主义史学的学风,则是我们的马克思主义史家们在新世纪所要面临的又一棘手问题。如瞿林东先生所说:"学风问题是根本性质的问题,不端正学风,不提倡和建设起优良的学风,我们的高校人文社会科学以至全国的人文社会科学要去攀登21世纪的高峰,是十分困难的,甚至是不可能的。"

要建设马克思主义史学的优良学风,我们恐怕有大量的工作需要完成,如充分继承我国史家重视求真的历史遗产和史学传统,反对学术腐败和空疏之风,重视史学的规范化和秩序化等。而这其中最核心最重要的工作,在我们看来,就是要加强唯物史观的指导和重视历史教育的普及。对于前者的重要性,我们已经无需再用过多的言语进行论述,而更应该是一种学界共识,

"把对于唯物史观的运用推到科学阶段，是中国史学在 21 世纪创造新辉煌的关键"。对于后者，则是我们建设 21 世纪马克思主义历史学，保证其健康发展的重中之重。如于沛先生所说："加强学风建设的关键，是加强人才的培养，不断提高历史学科教学和研究队伍的政治质量及学术质量。"朱政惠先生也持此论，他认为 21 世纪的马克思主义史学要在 20 世纪的基础上有更大更好的发展，就必须重视年轻学者的培养，使他们更快成长、更快成熟。当然，我们认为，为了更好地加强进行马克思主义史学的学风建设，杜绝虚无主义史学的出现，仅仅做到做好高校的历史教育和后备人才的培养还是很不够的，因为虚无主义史学的不良影响很显然已经波及到了校园以外的地方，而马克思主义史学学风的堕落和变坏也与诸多不良的社会因素密不可分。因此，将历史教育的精英化和大众化相结合，将历史学内容普及化、大众化，则是我们的史学研究者和历史教育者所要面临的新挑战。而这种历史学普及化、大众化的工作与加强唯物史观的培养任务是可以相互促进的。原因很简单，不了解历史，也就不可能养成以史为鉴的能力，那么也就不可能辨别各种不良的社会和史学思潮，那么所谓的强化、树立唯物史观的素质和能力，也就无从谈起。

总之，借用瞿林东先生的话来说："只有加强学风建设，我们才能走出目前存在着的一些认识上和实践上的各种误区，使当代史学得以更加健康的发展，得以迈出更大的步伐，走向世界，走向 21 世纪。"

五　史学的普及和提高，让历史学更好地走向大众

在马克思主义史学进入 21 世纪之后，由于时代发展和社会形势的巨变，马克思主义史学自身也呈现出诸多与新世纪相适应的时代特征，而史学的通俗化、大众化或者说通俗史学的流行，则成为其诸多新特征之中最突出的亮点。如朱政惠先生所说："通俗史学作为适应新时期的一种史学变革，会得到相应的发展，这是 21 世纪中国马克思主义史学的一个引人注目的发展特点。"

而在新的世纪里我们的马克思主义史家如何做才能使这一亮点更加突出呢？以传播学的理论来分析，在传播媒介、受众者、传播时间相对固定的情况下，传播者与传播的具体内容则显得异常重要了。因此，我们认为，要做好这一工作，首先是要进一步提高史学传播者的综合素质，明确传播者身份

的合法性问题。当下通俗史学的流行，其主要是靠电视、网络以及通俗易懂的图书等传播媒介来完成的。而其传播者则是以易中天等为代表的电视学术明星和以当年明月等为代表的草根学者为主。我们暂且可以称之为当代通俗史家。对于这两派通俗史家的优点和长处，我们已经十分明了，即他们十分擅长利用当代先进的舆论传播工具，借用生动真挚的语言或通俗晓畅的笔风来赚取社会一般大众对他们的支持和肯定。而不足之处则是相对于专业学者在知识储备和治学的严谨上有着很大的差距。更有甚者一些草根写手无视历史真实的客观性存在，为了一些短期的经济利益而抹杀了历史和文学之间的区别，任意地编造历史、篡改历史，这是我们绝对不允许的。鉴于以上诸多问题，有学者指出："正如一些西方史家所提出的那样，现在史学界面临的挑战，不是研究技术，而是用通俗的手法，向更广大的读者重新介绍历史。中国缺少一支写作水平高、又能及时吸收史学研究成果的历史作品创作队伍。"

因此，如何更好地确立在新的世纪里通俗史学者身份的合法性问题，则是我们所要解决的第一个问题。在这一点上，一些史家已经给予了一定的关注，并提出了一些合理性建议，尽管这些建议互有抵牾，有的甚至是完全对立的态度和观点。如一些史家认为史学传播与史学研究应该具体分开，各有分工。他们鼓励正常的史学应用工作，但并不认为具体从事学术研究者应该参与进来。乔治忠先生就说道："我觉得史学的学术研究和应用应该分开，不应该把史学的应用和史学的学术性混为一谈。应用是自然的，学术搞得好，搞得正确，它的社会效益自然会体现出来，但不应算在学术里面。"但有的学者则不认同上述观点，认为史学研究者亦应该参与到史学传播与普及之中，只不过史学研究者与一般的史学通俗史家二者的历史书写与受众者有所不同，各有侧重而已。钱茂伟先生就认为，通俗史学在致用上实际有两种用法："一种是指史学工作者把历史知识传播出去，为社会大众所用；另外一种是文艺工作者把历史知识拿过去用各种体裁来改写。这是两种不同性质的用法。一是采用的主体不同；二是它们的学科性质不一样，以后面临的对象和读者群体也不一样。由职业史家写出的实际只能面向社会的知识层，而文艺面向的则是大众。前者为科普型通俗，后者为娱乐性通俗。"还有一些学者则主张应该在职业史家和通俗史家之间寻找到一条桥梁，以集二家之长，补二家之短。这正如陈新所说的："历史使人明智，这种智慧不只是我们通常所说的历史知识，而更多的是指阅读历史可以令人们通过类比历史经验,形成各自对于现实的反思能力。如果多数职业历史学家从历史中获得的智慧总是因其表达的习惯,深深地埋藏在艰深的文字之下,那么,生产'易读性'历史作品,建造起沟通职业历史学与普通受众的桥梁,就需要一组新的人员——公众史学家来实现。"

从对于史学传播的内容来看,当下通俗史学虽然持续发展,但其所宣扬的史学内容却多是一些古代的宫廷争斗、才子佳人的历史,还有一些是不加版本选择、品质不一的白话古代历史与文化典籍的相关读本,前者的历史写作虽然能够暂时满足民众对历史的好奇感、饥渴感,但对于民众的人文素质和精神气质的提高,却无甚帮助,而后者的普及读物质量的低下,缺乏厚重感和历史感则更令人忧心。当然,另一方面我们还要看到"历史知识的普及与学术水平的提高并不是互相排斥的,是可以互相促进的",马宝珠先生就认为:"史学的普及与提高相结合的本质正在于史学社会价值与学术价值的统一。"因此,"史学工作者要有现实感",尤其是作为一个从事历史通俗化、大众化的史学工作者而言,最重要的是在尊重历史真实性和客观性的基础之上,努力提高自己的知识储备和学术创新能力,同时寻找到普通民众的最佳历史选择,了解到什么才是民众最喜欢、最易接受而又能提高民族文化和人文素质的史学内容,并利用当今的各种媒介传播手段,以通俗化的手法传播给社会大众,则是我们以后所要做的另一重要工作。总之,借用瞿林东先生的话:"史学的普及工作,对中华民族每一个成员从做人到参与社会活动直到制订国家政策,都有重要意义,应受到格外的重视。"

六　结语

经过 21 世纪的最初 10 年,中国的马克思主义历史学的发展取得了丰硕的成果,中国马克思主义历史学的发展趋向也由 20 世纪 80、90 年代过多注重历史阐释和历史考证的工作逐渐转移到新世纪满足民众对传统历史与文化的要求,以及历史传播和历史普及的工作上来,而这有可能在未来的中国史学发展过程中,与历史阐释和历史考证一起,成为 21 世纪中国历史学发展的三大治学路径。但无论是哪种治学路径,其治学的指导思想都必须是以马克思主义唯物史观为指导的,"我们应当在新的时代条件下,坚持与发展马克思主义;我们的态度是:'回到马克思,发展马克思。'唯其如此,才能永葆马克思主义史学之青春，才能守护马克思主义史学'精神传统的衔接'。"而我们未来的目标则是建设具有中国特色、中国作风和中国气派的马克思主义新史学。

唯物史观与学者的学术个性

陈其泰

（北京师范大学历史学院）

"我们不能要求玫瑰花和紫罗兰放出同样的芳香。"马克思的这一名言，是他作为唯物史观创始人，对于提倡学术研究百花齐放、鼓励学者展现学术个性的生动宣示。它形象地讲出一个道理：正如客观世界十分丰富多彩一样，学术研究领域也应同样是五彩缤纷的。学者们经过多年的潜心钻研，写成的著作，会因其阅历、知识结构、学术旨趣的差异，而各呈特色，从而从多方面给人们以有益启示。前些时候读到一篇论述当代学术的文章，作者提出，新中国成立以后，由于提倡唯物史观指导，使学者们失去学术个性。事实真的是如此吗？这是一个需要讨论和澄清的问题。首先从理论上言，唯物史观的灵魂，是"对具体问题作具体分析"，并要求把问题严格地提到一定的历史范围内考察，这些原理，本身就意味着要大力破除教条主义，如实地反映客观历史。唯物史观强调理论指导，同时强调要充分占有材料；要对材料严格地进行鉴别，去伪存真、去粗存精；要求发扬独立思考和勇于创造的精神，不人云亦云，不简单地重复前人的结论，通过严密的分析、归纳，掌握事物的本质，提出能够经得起历史考验的科学见解。客观世界千差万别，加上研究者的视角、探讨的重点、掌握材料的多寡、本人的兴趣爱好等，其研究结论必然不相雷同，由此进一步推进学术的繁荣。

再从审视学者们的论著上看，我们可以举出同样致力于先秦史研究的两位学者——郭沫若、范文澜，他们同样是以唯物史观为指导，而学术风格各不相同，都为中国现代史学的发展做出杰出贡献。他们的经验告诉我们：提出唯物史观绝不会抹杀掉学者的学术个性，正好相反，由于学者们各自认真地运用科学理论的指导，他们取得的成果就成为学术园地中风姿独具的绚丽花朵。

郭沫若关于先秦史的最重要著作是《中国古代社会研究》和《两周金

文辞大系》，这里因篇幅关系，仅论及《大系》一书，它堪称是郭沫若先生
对两周金文、青铜器发展提出完整体系学说的巨著。撰著的目的，是在"求
铭之历史系统和地方分类"。上卷考证王臣器的年代，依《尚书》体系，分
别于各王名下，将137件器物铭文组成自武王至幽王近二百年的西周编年史
料；下卷有114件春秋时代的器物铭文，仿照《诗经》十五国风和《国
语》，编为三十二国的国别史料（作者于1934—1935年期间又将该书增订为
《两周金文辞大系考释》二书，内容有增补订正，《考释》共收录两周青铜
器铭文共261件，比初版《大系》增加30%）。①

　　由于郭沫若已经确立了以唯物史观作为历史研究的指导，并且借鉴了西
方近代考古学理论，他确定的目标，是要利用铭文来作为解释古代社会状况
的史料，这就首先必须确定它们的年代。解决断代问题，是科学地研究古器
物并使之成为足以说明历史问题的有价值材料的关键。米海里斯《美术考古
一世纪》一书综述19世纪考古学理论的发展，提出："与既知既定的别种遗
品比较研究"，作为判定历史年代未能确定的器物之重要方法。有年代可据
的真器群可作为标准器，由此而考定年代未明的其他器物；又依凭研究出土
器物"形式上与装饰纹饰上的发展"，可以理出古器物发展的顺序，建构起
分期断代的体系。

　　郭沫若借鉴了这一理论和方法，为了确定铭文年代，他先集中力量找时
代确凿可靠的标准器，找到了它，这些标准器便可成为构建完整体系的支
柱。其原则是："就彝铭本身求之，不怀若何之成见，亦不据外在之尺
度。"② 若无铭文的，从器物形制和花纹形式与标准器相比，判定其相对年
代。采用米海里斯的观点，把器物形制和花纹的演变看作时代的选择。郭沫
若选取铸有铭文表明自身年代的大丰簋、献侯鼎等，分别作为西周自武王、
成王至恭王、懿王时的标准器。还有的对铭文所载事件或人名等考证以后，
可知所属年代的，也可作为标准器。以这些标准器作为联络站，再通过人
名、文辞、字体等项，又联系了其他大批铜器铭文，由是而形成了西周铜器
铭文先后的时代系统。对于列国时期的青铜器铭文，则依照"由长江流域溯
流而上，于江河之间顺流而下，更由黄河流域溯流而上"③为顺序，将161件

①　参见张永山《郭沫若对青铜器研究的贡献》，《北京农业工程大学学报》1991年增刊。
②　《两周金文辞大系·初序》，《郭沫若文集》第16卷，人民文学出版社，第307页。
③　同上书，第308页。

器物分为三十二国，同时贯穿以年代先后。

这样，《两周金文辞》大系便第一次提出青铜器分期的系统学说，改变了以往"以器为类"的古董鉴赏式著录习惯和孤立考证铭文的方法，而以年代为顺序，整理出金文的历史系统和地域分类。郭沫若对自己构建青铜器铭文体系的价值曾有过恰当的评价："我自己费了五六年的研究，得到一个比较明晰的系统，便是我所著录的《两周金文辞大系》的《图录》和《考释》。……我一共整理出了三百二十三个器皿，都是铭文比较长而史料价值比较高的东西，两周八百年的浑沌似乎约略被我凿穿了。从这儿可以发展出花纹学，形制学等的系统，而作为社会史料来征引时，也就更有着落了。"①由于凿开了浑沌，从此数以百计的青铜器和它的铭文才有可能作为我们研究古史的具有科学性的资料，这在近代学术史上实有重大意义。

郭沫若又称他所构建的体系，是找到了青铜器"历史的串绳"。根据上述理论和方法，郭沫若把殷周青铜器分为四个时期，"无论花纹、形制、文体、字体，差不多保持着同一步骤。"一是鼎盛期，相当于殷代及西周文、武、成、康、昭、穆诸世。二是颓败期，大率起自恭、懿、孝、夷诸世以迄于春秋中叶。三是中兴期，自春秋中叶至战国末。四是衰落期，自战国末叶以后。《中国古代社会研究》和《卜辞通纂》、《两周金文辞大系》等著作所取得的巨大成就，使郭沫若不仅成为中国马克思主义史学的奠基人物，而且得到许多历史学者、考古学者的称颂。如唐兰说："后之治斯学者虽有异同，殆难逾越。"②

范文澜的《中国通史简编》中对先秦时期的历史有精湛的研究，他提出中国封建社会始于西周，对于春秋战国诸子学说的价值都有精彩的论述。这里因篇幅关系，仅就书中探讨春秋战国时期各民族融合这一重要成果略做分析。有关先秦时期各民族活动的史料比较缺乏而零散。范文澜克服了这一困难，认真地搜集了散在《春秋》、《左传》、《国语》、《论语》、《孟子》等先秦典籍中的史料，加以爬梳、分析，专门在第一编第四章"列国兼并时期——东周"中，设了"各族间的斗争与融合"一节，头绪清楚地叙述了东周时期中原华夏族及众多的少数民族的分布及活动概况，提炼、概括了华

---

① 《十批判书·古代研究的自我批判》，《郭沫若全集·历史编》第2卷，人民文学出版社1982年版，第10页。

② 唐兰：《两周金文辞大系·图录》序，郭沫若：《两周金文辞大系图录》，文求堂书店1934年版，第2页。

夏族与居住在中原地区及四方的诸族因文化不同而斗争，最后趋于融合这一民族关系发展演变的主流。范文澜极为重视古代儒家思想中对待民族问题的一种很进步的观点：不是从血统或种族，而主要从文化水平的高低区分"诸夏"与"夷狄"的观点。他说："中国、夏、华三个名称，最基本的涵义还是在于文化。文化高的地区即周礼地区称为夏，文化高的人或族称为华，华夏合起来称为中国。对文化低即不遵守周礼的人或族称为蛮、夷、戎、狄。例如杞君朝鲁君，用夷礼，杞被贬称为夷，后来杞国朝鲁用周礼，杞又得称为诸夏。"这种主要从文化水平高低区分诸夏与夷狄的观点，在儒家今文经学典籍《春秋公羊传》中表达得很鲜明。在《公羊传》作者看来，诸夏与夷狄并不是凝固不变的，而是以文明或道德进化程度来区分，所以"夷狄"可以称"子"，可以受到赞许，而"诸夏"在文明或道德上倒退了，就视为"新夷狄"。这是公羊学有利于多民族国家形成和巩固，有利于民族文化交流和进步的很光辉的思想。

范文澜吸收了这一思想精华并加以发扬，他从分析历史事实出发，精到地归纳总结，得出东周时期华夏族与诸族经过斗争达到融合，成为中国历史上民族关系和国家统一加强，文化向前发展的一个重要阶段这一很有意义的结论。他说："华族与居住在中国内部的四方的诸族因文化不同经常发生斗争，斗争的结果，华夏文化扩大了，到东周末年，凡接受华夏文化的各族，大体融合成一个华族了。"当时中原地区华族与诸族杂居、四方存在许多少数民族的情况，书中有清晰的叙述：据《左传》所记载，东周王畿内有戎族小国，卫国都城上可以望见戎州。在南方，长江、汉水两流域，是蛮族居住地，有群蛮、百濮、卢戎等，通称淮夷。在东方，今山东省境内，有莱夷、任、宿、须句、颛臾、邾、莒、小邾、杞、介、郯、根牟，通称东夷。又有戎、鄫满两小国。北方有北狄多种小部族。西方有大戎、小戎、骊戎、犬戎等多种戎狄小部族。"以上诸族，散居中国的内部和四方。因为华族文化程度较高，政治上有霸主主持盟会，起着互救的作用。华族凭藉优势的文化和政治力量，终于融合了诸族。"南方蛮夷被楚统一，春秋时期楚是华夏的劲敌。东周后期，楚国文化向上发展，与诸夏相等，华夷的界限逐渐消失。东方诸夷没有成立强大国，陆续被齐、鲁、楚吞灭。北方和西方则有晋、燕、秦强大起来，先后征服或融合了周围戎狄小部族。从春秋初年至战国后期四五百年间，中原境内及四方许多文化落后的部族消失了，实际上是融合到不断扩大的华夏族之中。秦汉时期形成的人口众多的汉族，是由华夏族与杂居相处的诸族混合而成的，这是各民族共同创造祖国历史的一个很重要的事实。范文澜所讲东周时期是中国朝着统一方向发展，为秦汉统一做初步准备，具有重大意义，① 这里当然包含着融合于其中的所有各民族共同的贡献。

以上郭沫若关于周代青铜器分期的理论，和范文澜关于春秋战国时期中原华夏族与各少数民族逐步融合的理论，至今仍被学术界所重视，依然有重要的影响。唯物史观教导人们重视发掘充分而可靠的史料，进行历史的、辩证的分析，因而发前人之所未发，并因学者研究重点和治学路数的不同而各具鲜明的特色。如果再放眼翦伯赞、吕振羽、侯外庐、李亚农、徐中舒、杨向奎、金景芳、赵光贤、王玉哲等前辈各自在马克思主义指导下撰成的先秦史论著，就更加风格多样，琳琅满目了！这足以证明，唯物史观不但能指导学者探求更具本质意义的东西，同时能促使学者更加凸显自己的学术个性，形成史学园地百花齐放的局面。只要我们发扬老一辈马克思主义史家的经验和精神，坚持正确的方向，就一定能为中国史学的发展再创佳绩！

本文是为纪念著名历史学家李文海先生而作。李先生逝世已将一周年，在这段日子里，大家深深感到因他的离开而在学术研究上和学术组织工作上造成的巨大损失！李文海先生在近代史、清史领域辛勤耕耘达半个多世纪，他所撰著的《伟大的革命先行者孙中山》、《世纪之交的晚清社会》、《清代官德丛谈》、《从民族沉沦到民族振兴》、《清史编年》等，在学术界和读书界有广泛的影响。特别是他在灾荒史研究上更是重要的开拓者，所著《中国近代十大灾荒》、《近代中国灾荒纪年》、《中国荒政集成》等书是这一领域的代表性著作。李先生不但在著述上给后人留下了珍贵的遗产，在学术组织工作上的贡献同样广受赞誉。他担任了两届中国史学会会长，担任国家社科基金评审中国历史组组长更长达 20 多年。他对评审工作十分认真负责，既要关注全局，又要在短时间阅读大量申报材料，每一次，他对所阅读的材料都要做详细笔记，优点何在？缺点何在？都有具体记载。每次评审会，时间紧、任务重，他作为组长，善于在短时间内将复杂的事项理出清晰的头绪，保证了工作有序高效地进行。他秉公办事，作风民主，总是引导大家充分发

---

① 《中国通史简编》（修订本）第一编第四章"列国兼并时期——东周"第五节"各族间的斗争与融合"。

表意见，同时本人不受请托，不为本单位争立项名额，严格按照学术标准衡量。在他的带领下，中国历史组评审工作的认真、公正，多次得到全国哲学社会科学规划办公室领导的表扬。我在与李先生的交往中，还深深体会到他对北师大学术工作的大力支持。谨以这篇小文表达我对李文海先生的深切缅怀之情！

李大钊对马克思主义唯物史观
史学意义的认识

杨艳秋

（中国社会科学院历史研究所）

李大钊宣传、阐释唯物史观的文字，除了那篇举世闻名的《我的马克思主义观》（《新青年》第五、第六号，1919 年 5 月、11 月）外，还有写于1919 年的《阶级竞争与互动》（《每周评论》，1919 年 7 月 6 日）、《再论问题与主义》（《每周评论》1919 年 8 月 17 日）、《物质的变动与道德的变动》（《新朝》，1919 年 12 月 1 日）；写于 1920 年的《由经济上解释中国近代思想变动的原因》（《新青年》，1920 年 1 月）、《唯物史观在现代史学上的价值》（《新青年》，1920 年 12 月）；写于 1923 年的《圣西门的历史观》（《社会科学季刊》，1923 年 8 月）、《研究历史的任务》（《民国日报》副刊《觉悟》，1923 年 11 月），以及他用作讲义的《史学思想史讲义》（1923—1924）和可称为"第一本新史学理论"的《史学要论》（1924 年）①。这些论著中，李大钊不仅对唯物史观的基本原理进行了系统的介绍和阐释，还论述了唯物史观的进步性及其在史学上的重要地位。作为一个马克思主义史学家，他对唯物史观的史学意义更有着深刻的认识。

一 须从唯物史观所揭示的经济关系和
阶级关系上来认识历史

《我的马克思主义观》一文中，李大钊系统地介绍和阐释了马克思"独特的唯物史观"，充分肯定了唯物史观在马克思主义哲学中的地位。他将马

---

① 参见徐冠三《新史学九十年》第九章《李大钊：经济构造决定精神构造》，岳麓书社 2003年版，第 297 页。

克思主义学说视为三个部分的统一：一是关于过去的理论，亦即历史论，也称社会组织进化论；二为关于现在的理论，即经济论，也称资本主义的经济论；三为关于将来的理论，即政策论，也称社会主义运动论，就是社会民主主义。李大钊认为，唯物史观是这三个部分的基础，因为"离了他的特有的史观，去考他的社会主义，简直的是不可能。因为他根据他的史观，确定社会组织是由如何的根本原因变化而来的"。这篇文章中，李大钊摘录了《哲学的贫困》、《共产党宣言》和《政治经济学批判序言》中有关唯物史观的论述，进行归纳和分析，归结出马克思主义唯物史观的两大要点："其一是说人类社会生产关系的总和，构成社会经济的构造。这是社会的基础构造。一切社会上政治的、法制的、伦理的、哲学的，简单说，凡是精神上的构造，都是随着经济的构造变化而变化"。这就是我们今天所说的经济基础决定上层建筑的原理；"其二是说生产力与社会组织有密切的关系。生产力一有变动，社会组织必须随着他变动。……生产力在那里发展的社会组织，当初虽然助长生产力的发展，后来发展的力量到那社会组织不能适应的程度，那社会组织不但不能助他，反倒束缚他、妨碍他了。而这生产力虽在那束缚他、妨碍他的社会组织中，仍是向前发展不已。发展的力量愈大，与那不能适应他的社会组织间的冲突愈迫，结局这旧社会组织非至崩坏不可。这就是社会革命。新的继起，将来到了不能与生产力相应的时候，他的崩坏亦复如是。可是这个生产力，非到他所活动的社会组织里，发展到无可再容的程度，那社会组织是万万不能打破。而这在旧社会组织内，长成他那生存条件的新社会组织，非到自然脱离母胎，有了独立生存的运命，也是万万不能发生。"① 在这段文字中，李大钊对唯物史观的基本特征做了明确、详尽的归纳，明确指出，生产力是社会发展的最高动因，人们不可能主观随意地离开生产力去改变社会组织。

在《史学要论》中，李大钊亦对马克思的唯物史观做了简要的概述：

> 马克思的历史观，普通称为唯物史观，又称为经济的历史观。唯物史观的名称，乃是马克思的朋友恩格斯（Engles）在一八七七年开始用的。在一八四八年的《共产党宣言》里，和在一八六七年出版的《资

---

① 李大钊：《我的马克思主义观》，载《李大钊全集》第3卷，河北人民出版社1999年版，第242—243页。

本论》第一卷里，都含着唯物史观的根本原理；而公式的发表出来，乃在一八五九年的《〈经济学批评〉的序文》。在此《序文》里，马克思似把历史和社会对照着想。他固然未用历史这个名词，但他所用社会一语，似欲以表示二种概念：按他的意思，社会的变革便是历史。换言之，把人类横着看就是社会，纵着看就是历史。譬之建筑，社会亦有基址与上层：社会的基址，便是经济的构造（即是经济关系），马克思称之为物质的，或人类的社会的存在；社会的上层，便是法制，政治，宗教，伦理，哲学，艺术等，马克思称之为观念的形态，或人类的意识。基址有了变动，上层亦跟着变动，去适应他们的基址。

《史学要论》中的这段文字意在运用唯物史观说明历史与社会的关系，他认为必须从社会的基址亦即经济的构造来说明社会的变革（历史），他说："从来的史学家，欲单从社会的上层说明社会的变革（历史），而不顾社会的基址；那样的方法，不能真正理解历史。社会上层，全随经济的基址的变动而变动，故历史非从经济关系上说明不可。这是马克思的历史观的大体。"①

根据对唯物史观的理解，李大钊一再说明："唯物史观的要领，在认经济的构造对于其他社会学上的现象是最重要的；更认经济现象的进路，是有不可抗性的。"② 因此在李大钊看来，"历史非从经济关系上说明不可"。他指出："历史唯物论者观察社会现象，以经济现象为最重要；因为历史上质的要件中变化发达最甚的，算是经济现象，故经济的要件是历史上唯一的物质要件。"③ 在《史学与哲学》一文中，李大钊亦强调："马克思的唯物史观，是历史观的一种。他以社会上、历史上种种现象之所以发生，其原动力皆在于经济。"④

马克思主义的阶级斗争学说是唯物史观的核心部分，李大钊亦指出："与他的唯物史观很有密切关系的，还有那阶级竞争说。"他说："历史的唯物论者，既把种种社会现象不同的原因，总约为经济的原因，更依社会学上

① 李大钊：《史学要论》，载《李大钊全集》第4卷，河北人民出版社1999年版，第357页。

② 李大钊：《我的马克思主义观》、《唯物史观在现代社会学上的价值》，载《李大钊全集》第3卷，河北人民出版社1999年版，第235页；第4卷，河北人民出版社1999年版，第480页。

③ 李大钊：《唯物史观在现代社会学上的价值》，载《李大钊全集》第四卷，河北人民出版社1999年版，第478页。

④ 李大钊：《史学与哲学》，载《李大钊全集》第4卷，河北人民出版社1999年版，第214页。

竞争的法则，认许多组成历史明显的社会事实，只是那直接，间接，或多，或少，各殊异阶级间团体竞争所表现的结果。他们所以牵入这竞争中的缘故，全由于他们自己特殊经济上的动机。"① 李大钊特别强调了阶级斗争的显著地位，认为阶级斗争学说"恰如一条金线"，把马克思主义的三大原理从根本上联络起来，所以唯物史观说"既往的历史都是阶级竞争的历史"。在实际运动的手段上，除了诉于最后的阶级竞争，没有第二个再好的方法。李大钊指出，马克思的阶级斗争是一定时期内的历史范畴，并非与人类历史相始终。马克思只把他的阶级竞争说应用于人类历史的前史，"不是通用于过去、现在、未来的全部"，所以，"与其说他的阶级竞争说是他的唯物史观的要素，不如说是对于过去历史的一个应用"。②

值得注意的是，李大钊对唯物史观的理解有一个发展过程，并不像有的学者所说他一开始就准确而深刻地宣传了唯物史观。唯物史观的早期传播阶段，当时的许多知识分子在认识上有过分注重经济的倾向，李大钊也是如此。他称唯物史观为"经济史观"，还说"比较起来，还是'经济史观'一辞妥当些"③。他对唯物史观，也存在理解上的不足，如他将唯物史观理解为社会组织进化论，认为"与前世纪在生物学上发现过的运动有些类似"，认为马克思关于历史发展的"原动力为生产力"和"阶级竞争是历史的终极法则"这两种说法是矛盾的。他提出，马克思"把阶级的活动归在经济行程自然的变化以内"的说法，"终觉有些牵强和矛盾的地方"。他对唯物史观理解的偏颇，一方面是因为当时中国的马克思主义者没有条件读到更多的马克思、恩格斯的原著，如李大钊，他所了解的马克思主义，大多是根据日本学者研究的第二手资料。另一方面正如恩格斯所言，当时信仰唯物史观的青年人往往过分看重经济方面，与他和马克思在过去的著作中对经济以外的其他因素强调不够有关。④ 尽管如此，李大钊做出的"历史非从经济关系上说明不可"，以及阶级竞争是"对于过去历史的一个应用"的阐释，依然较为准确地把握了唯物史观对史学的根本意义。

---

① 李大钊：《我的马克思主义观》，载《李大钊全集》第3卷，河北人民出版社1999年版，第243页。

② 同上书，第246页。

③ 李大钊：《唯物史观在现代史学上的价值》，载《李大钊全集》第3卷，河北人民出版社1999年版，第537页。

④ 参见林代昭、潘国华编《马克思主义在中国——从影响的传入到传播》（下）；张学书《中国现代史学思潮研究》第六章《马克思主义史学思潮》，湖南教育出版社1998年版。

二 唯物史观是时代的产物，是近代西方优秀历史思想、历史哲学发展的必然，在历史研究中具有指导意义

李大钊的《我的马克思主义观》发表前，国内刊物上尚未出现如此系统论述唯物史观的文章，李大钊无愧为中国唯物史观传播的"第一人"。除了对唯物史观的系统阐释外，他还分析了唯物史观产生的必然性。李大钊认为，马克思主义唯物史观的创立并非偶然，而是时代的产物。他说："一个学说的成立，与其时代环境，有莫大的关系。"马克思的唯物史观，之所以不在十八世纪以前产生，也不产生于今日，是因为 18 世纪以后，资本主义经济有了较快的发展，特别是到了英国产业革命后的机械生产时代，宗教政治势力全然扫地，而资本主义经济支配当时的社会，"有了这种环境，才造成了马氏的唯物史观"，"有了这种经济现象，才反映以成马氏的学说主义"。所以，"平心而论，马氏的学说，实在是一个时代的产物；在马氏时代，实在是一个最大的发现"[1]。在《我的马克思主义观》一文中，李大钊指出，唯物史观于社会学上的进步，"究有很大很重要的贡献"。

李大钊是一位坚定的马克思主义革命者，同时又是一位"夙研史学"的历史学家。二十世纪初年的中国史学色彩纷呈，西方 200 年来相继形成和发展的史学观念、史学思想与马克思主义唯物史观一起，几乎同时传入中国，"一时学说纷纭，莫衷一是，大有处士横议，百家争鸣之概"[2]。选择什么样的历史哲学来指导中国史学研究是摆在历史学家面前的一个重要问题。如同近代中国其他知识分子一样，李大钊也将寻求真理的目光，注视于西方，在深入研究了近代西方历史理论和历史哲学之后，他理性地选择了马克思主义的唯物史观，从他撰写于 1923—1924 年的《史学思想史讲义》中，我们可以明显看出这种用意。《史学思想史讲义》由十一篇文章组成，其目录为：

（1）史观

（2）今与古

（3）鲍丹的历史思想

---

① 李大钊：《我的马克思主义观》，载《李大钊全集》第 3 卷，河北人民出版社 1999 年版，第 252 页。

② 何炳松：《通史新义·自序》，广西师范大学出版社 2005 年版，第 7 页。

（4）鲁雷的历史思想

（5）孟德斯鸠的历史思想

（6）韦轲及其历史思想

（7）孔道西的历史思想

（8）桑西门的历史思想

（9）马克思的历史哲学与李凯尔特的历史哲学

（10）唯物史观在现代史学上的价值

（11）唯物史观在现代社会学上的价值

通过这一系列的文章，李大钊清理了近代西方历史哲学的发展线索，将众多欧洲学者的历史思想展现在我们面前。通过论述西方近代以来历史思想和历史哲学的学术发展，李大钊阐明了马克思主义唯物史观的形成是欧洲近代历史哲学发展的必然。他在对文艺复兴时期法国历史学家和政治学家博丹（Jean Bodin，李译为鲍丹）、法国启蒙思想家孟德斯鸠（Montesquieu）、18 世纪意大利历史哲学家维科（Giovanni BattistaVico，李译为韦轲）、法国历史学家勒卢阿（Louis LeRoy，李译为鲁雷）、法国资产阶级革命时期理论家孔多塞（Jean-Antoine Condorcet，李译为孔道西）、法国空想社会主义思想家圣西门（ClaudeHenride Saint-Simon，李译为桑西门）等人的历史思想进行分析和批判的同时，还将唯物史观的发展历程贯穿其中，以此论证阐明马克思主义唯物史观有其内在发展的合理结果，为欧洲近代史学思想和历史思想发展的必然。他在《唯物史观在现代哲学上的价值》一文总结说："唯物史观自鲍丹（Bodin）辈出，已经闪出了些光影；而自孔道西（Condorcet）依着器械论的典型想把历史作成一科学，而期发见出一普遍的力，把那变幻无极的历史现象一以贯之，更进而开了唯物史观的端绪。故孔道西可以算是唯物史观的开创者。至桑西门（SaintSimon）把经济的要素比精神的要素看得更重。……Thierry、Mignet 及 Guizot 辈继起，袭桑西门氏的见解，谓一时代的理想、教条、宪法等，毕竟不外当时经济情形的反映。关于所有权的法制，是尤其重要的。蒲鲁东亦以国民经济为解释历史的键，信前者为因，后者为果。至于马克思，用他特有的理论，把从前历史的唯物论者不能解释的地方，与以创见的说明；遂以造成他的特有的唯物史观。而于从前的唯物史观，有伟大的功绩。"①

---

① 李大钊：《唯物史观在现代社会学上的价值》，载《李大钊全集》第 4 卷，河北人民出版社 1999 年版，第 479 页。

在李大钊看来，马克思的这种"特有的"唯物史观继承了近代西方优秀的历史思想，修正了近代西方历史哲学在历史观和认识论上的根本缺陷，并加以创见和发明。因此他肯定了唯物史观在历史研究中的指导意义，由衷地赞誉："自有马氏的唯物史观，才把历史学提到与自然科学同等的地位，此等功绩，实为史学界开一新纪元。自时厥后，历史的学问，日益隆盛"[①]，又说，"到了马克思，才把历史的真正意义发明出来。我们可以从他的唯物史观的学说里看出"。[②]

三　唯物史观对历史的唯物解释于史学及人生有重要意义

通过对中外历史上历史观的批评，李大钊倡导树立"新史观"。他认为，历史观是认识人生的准则，"故历史观者，实为人生的准据，欲得一正确的人生观，必先得一正确的历史观"。[③] 为此，他对中外历史上的历史观做了梳理和概括，他指出："自康德以还，各家巨子努力以求历史法则的发见者，既已实繁有徒，于是历史观亦衍类多端。"其中有神权的历史观，有宗教的历史观，有道德的历史观，有教化的历史观，有圣人的历史观，有王者的历史观，有英雄的历史观，有知识的历史观，有政治的历史观，有经济的历史观，有生物的历史观，有地理的历史观。这多种的历史观可以依照四种的分类来概括：退落的或循环的历史观与进步的历史观、个人的历史观与社会的历史观，精神的历史观与物质的历史观，神教的历史观与人生的历史观。前者以历史行程的价值的本位为准，后三者则以历史进展的动因为准。李大钊认为，神权的、精神的、个人的历史观，多带退落的或循环的历史观的倾向；而人生的、物质的、社会的历史观，则多带进步的历史观的倾向。神权的、精神的、个人的、退落的或循环的历史观可称为旧史观，而人生的、物质的、社会的、进步的历史观则可称为新史观。[④] 他指出，历史观是随时变化，生动无已的，根据人生的史观、社会的史观、物质的史观、进步的史观

---

① 李大钊：《马克思的历史哲学与理恺尔的历史科学》，载《李大钊全集》第 4 卷，河北人民出版社 1999 年版，第 467 页。

② 李大钊：《史学概论》，载《李大钊全集》第 4 卷，河北人民出版社 1999 年版，第 275 页。

③ 李大钊：《史观》，载《李大钊全集》第 4 卷，河北人民出版社 1999 年版，第 307 页。

④ 同上书，第 310 页。

解释的历史补正了依据神权的史观、个人的史观、精神的史观、退落或循环的史观解释的历史，"历史观的更新，恰如更上一层，以观环列的光景，所造愈高，所观愈远"。因此，"根据新史观、新材料，把旧历史——改作，是现代史学者的责任"。他还指出："古昔的历史观，大抵宗于神道，归于天命，而带有宗教的气味。""国社的治乱兴衰，人生的吉祥祸福，一遵神定的法则而行，天命而外，无所谓历史的法则。"中国哲学家的历史观，全为循环的、神权的、伟人的历史观所结晶。"一部整个的中国史，迄兹以前，遂全为是等史观所支配，以潜入于人心，深固而不可拔除。时至今日，循环的、退落的、精神的、'唯心的'历史，犹有复活反动的倾势。吾侪治史学于今日的中国，新史观的树立，对于旧史观的抗辩，其兴味正自深切，其责任正自重大。吾愿与治斯学者共策勉之"。①这里，李大钊身当其责，热切呼唤的新史观，便是马克思主义的唯物史观。

李大钊论述了唯物史观在史学上的价值及于人生的影响，提倡以唯物史观来解释历史，指导史学研究。为了论述唯物史观于史学上的重大意义，李大钊专门写了《唯物史观在现代史学上的价值》一文。文中，他批评了亚里士多德、莱辛、赫尔德、黑格尔等"唯心的"解释历史的理论。他指出，旧史观解释的历史，以为历史不外是政治、外交上的史实，"专述记王公世爵纪功耀武的事，史家的职责分，就在买此辈权势阶级的欢心，好一点的，亦只是夸耀自国的尊荣。凡他所纪的事实，都是适合此等目的的，否则屏而不载"。由于旧的唯心史观全用神学的方法解释历史，这种历史及于人类精神的影响，"就是把个人的道德的势力，全弄到麻木不仁的状态"。这种史书，简直是权势阶级愚民的器具，"用此可使一般人民老老实实的听他们掠夺"。一般的人民，"将永沉在物质、道德的卑屈地位"。② 正是因为这些唯心的解释的企图都一一的失败了，于是不得不另辟一条新路。这就是历史的唯物的解释。"这种历史的解释方法不求其原因于心的势力，而求之于物的势力，因为心的变动常是为物的环境所支配"③。李大钊进一步指出，唯物史观所取的解释历史的方法，与唯心史观全不相同，"他的目的，是为得到全部的真实，其及于人类精神的影响，亦全与用学神（神学）的方法所得的结果相

---

① 李大钊：《史观》，载《李大钊全集》第4卷，河北人民出版社1999年版，第307—311页。

② 李大钊：《唯物史观在现代史学上的价值》，载《李大钊全集》第3卷，河北人民出版社1999年版，第541页。

③ 同上书，第540页。

反。这不是一种供权势阶级愚民的器具，乃是一种社会进化的研究。而社会一语，包含着全体人民，并他们获得生活的便利，与他们的制度和理想"①。

李大钊指出，两种解释历史的方法于人生带来的影响也是绝对不同的。旧历史的方法寻求社会情状于社会本身之外，让人茫然无所适从。新历史的方法"则于人类本身的性质内求达到较善的社会情状的推进力和指导力"。旧历史的方法给人以懦弱无能的人生观，新历史的方法则给人以奋发有为的人生观。鉴于此，李大钊满怀热情地呼吁："唯物史观在史学上的价值，既是这样的重大，而于人生上所被的影响，又这样的紧要，我们不可不明白他的真意义，用以得一种新人生的了解。……我们应该自觉我们的势力，赶快联合起来，应我们生活上的需要创造一种世界的平民的新历史。"② 这"世界的平民的新历史"，自然是以马克思主义唯物史观来进行解释的新生的历史。

我们可以看出，李大钊的唯物史观建立在他的信仰之上，也是他深入研究东西方历史理论的理性选择。1918 年 7 月，李大钊在《法俄革命之比较研究》一文中对历史的解释是："历史者，普遍心理表现之记录也。"③ 同年 10 月，他在《Bolshevism 主义的胜利》一文中亦称："历史是人间普遍心理表现的记录。人间的生活都在这大机轴中息息相关，脉脉相通。"④ 这些都尚带有唯心史观的倾向。当他选择了唯物史观后，就以唯物史观为理论基础，将他对唯物史观史学意义的认识，贯彻于他的史学实践，从而超越了他此前的认识，并在历史研究和史学探索中，为中国马克思主义史学理论体系的形成开启了道路。

---

① 李大钊：《唯物史观在现代史学上的价值》，载《李大钊全集》第 3 卷，河北人民出版社 1999 年版，第 541 页。

② 同上书，第 543 页。

③ 李大钊：《法俄革命之比较研究》，载《李大钊全集》第 3 卷，河北人民出版社 1999 年版，第 58 页。

④ 李大钊：《Bolshevism 主义的胜利》，载《李大钊全集》第 3 卷，河北人民出版社 1999 年版，第 110 页。

从民国时期对郭沫若史学的
评论看郭沫若史学

张　越

（北京师范大学历史学院）

对郭沫若史学的评价，近年来较为混乱。这里面大约存在这两个原因。第一，自新中国建立后唯物史观史学主导地位的确立，经过十七年时期的发展、"文化大革命"时期的乱象，再到改革开放后史学逐步重新回到正常的发展轨道上，直至今天史学多元化趋向的逐渐形成，对中国马克思主义史学历史地位的看法多有不同。郭沫若作为中国马克思主义史学的重要开创者和建设者，他的史学研究成就随着对唯物史观史学评价的异议丛生而受到影响。第二，鉴于郭沫若晚年在特殊政治环境下不得不表现出的一些言行不断被人诟病，加之一些海外学人的无端指责和一些大陆人士的随声应和，都累及到了对郭沫若学术也包括其史学成就的评价。怎样看待与解释这样的现象，是一个非常复杂的问题，因为这涉及了对唯物史观的整体认识、对十七年及"文化大革命"时期历史的基本看法、对一代中国马克思主义史学家及其史学成就的认同程度、对近现代学术史的解读立场等。这些重要问题暂非本文力所能及。笔者只是联想到近段时期以来，很多人非常"憧憬"民国时期的学术环境，以为那才是一个属于学人"理想"的、可以"自由""独立"地阐发自己见解的时期。这样的观点是否正确姑且不论，至少，那时的学术批评氛围尚十分宽松自由。那么我们就来看看这个时期中对郭沫若史学的评价情况，从中或可一窥郭沫若史学的学术意义，庶几对今人的评价观点有个比对和借鉴。

民国时期的郭沫若在史学上的成就大体反映在对中国古代社会形态的研究——以《中国古代社会研究》等为代表、对古文字研究——以《卜辞通纂》等为代表、对先秦诸子研究——以《青铜时代》和《十批判书》等为代表。这几方面的研究成就，在民国时期都受到学术界关注，都有许多评论发表。

一 关于《中国古代社会研究》的评论

《中国古代社会研究》撰写于 1928—1929 年间，时郭沫若身在日本。该书于 1930 年在上海出版伊始，就有署名"文甫"（嵇文甫）和署名"素痴"（张荫麟）的两篇书评先后在《大公报》上发表。1931 年 10 月嵇文甫在报上发表的书评说"郭沫若先生的《中国古代社会研究》，要算是震动一时的名著。就大体看，他那独创的精神，崭新的见解，扫除旧史学界的乌烟瘴气，而为新史学开其先路的功绩，自值得我们的敬仰。"① 两个多月后，《大公报》发表了正留学于美国斯坦福大学的张荫麟从美国寄来的书评，文中说："郭沫若先生的《中国古代社会研究》是一九三〇年我国史界最重要两种出版品之一。"（另一本书指的是顾颉刚的《古史辨》第二册）"它的贡献不仅在若干重要的发现和有力量的假说……尤在它例示研究古代的一条大道。"② "为新史学开其先路"、"例示研究古代的一条大道"这样的评价，说明二文作者对《中国古代社会研究》一书所展现的创新性印象深刻，他们一致指出了该书对当时的中国史坛所具有的开创性意义。

这里，没有政治背景、中西学养兼备并擅长学术批评的张荫麟的看法尤其值得重视。他认为《中国古代社会研究》例示的研究古代的"大道"是"拿人类学上的结论做工具去爬梳古史的材料，替这些结论找寻中国记录上的佐证，同时也就建设中国古代社会演化的历程"。他具体指出这条"大道"的独到之处在于：第一，生产方式和社会组织才是历史中的主要部分之一，比那些特定的历史人物和事件要更具意义；第二，古代记录的可靠性难以考定，而这些传说的社会背景则不能凭空捏造，可以反映出传说时的真实的社会情形；第三，社会制度的变迁多少具备有"理性"和"历史的逻辑"。因此，从生产方式、社会组织、社会背景、社会制度这些因素去考察历史发展过程，无疑是"值得后来史家遵循"的"研究路径"。仔细推敲张荫麟所揭示的这三点意见，其实是准确地概括出了唯物史观史学的学术路向，具体到郭沫若的这部著作，开创了中国古史研究的新路径，当是《中国古代社会研究》的最大贡献。

---

① 文甫：《评郭沫若〈中国古代社会研究〉》，《大公报》1931 年 10 月 12 日。
② 素痴：《评郭沫若〈中国古代社会研究〉》，《大公报》1932 年 1 月 4 日。

实际上，嵇文甫、张荫麟并不赞同《中国古代社会研究》中的许多具体观点。譬如：郭认为西周是奴隶社会，嵇认为西周是封建社会；郭认为封建社会始于春秋，嵇认为东周以后当为商业资本主义社会。用唯物史观的社会经济形态理论进行中国古史分期所出现的不同观点，在社会史论战时就是焦点问题，相关争论一直延续至 20 世纪末。嵇文对此有歧义，是十分正常的。张荫麟则一针见血地指出："摩尔根和他同时许多人类学先驱者的根本错误，在以为社会的演化有一定之程序与方式，为各个社会所必经……倘若郭先生预存戒心，不把它看作放四海而皆准的道理，而只用作一种初步的假说（Preliminary Hypothesis），拿中国古史去勘核它，而不拿它去附会中国古史，则结果或者对于摩尔根的学说添一些反证或疑问，亦未可知。可惜郭先生不出此，竟无条件地承受了那久成陈迹的、十九世纪末年的'一条鞭式'（Unilinear）社会进化论，并担任用中国史来证明它，结果弄出许多牵强附会的地方。"这样的批评，即使在今天看来，仍觉切中要害，然而我们还必须要注意到评论者反复强调的，是这些问题并不能成为否定《中国古代社会研究》学术价值的理由，张荫麟就说："这并不掩了本书他方面的重大贡献（我抱歉在本文内没有机会去充分地指出）。一个批评者对一部书有所纠绳，这并不就表示他对于这书的鄙薄。反之，郭先生初非国学专家，近在逋亡中涉手尘篇，竟有如许成绩，是很不容易的。我愿意在此致一个同情的读者的敬礼。"

1936 年，法国汉学家马伯乐在《文学年报》上发表评论文章。文章以批评意见为主，基本观点来自两个方面：一是郭著中使用的西方社会学的观点，"在中国人该认为最是创获的地方"，但是"对于一个欧洲的读者自然没有同样的兴趣，尤其因为郭先生的社会学的材料似乎陈旧了一点"；二是"他考释古文字的假设，有时也太大胆"。马伯乐认为，郭著根据《易经》、卜辞中的词语去勾勒那个时代的生活与社会组织（如渔猎、畜牧、商业、农业、家族关系、社会阶级、祭祀、战争、赏罚、宗教、艺术、思想等）状况，以这些史料的性质而言（占卜之书），得出的结论"都无大结果"。而依据传说中的舜、颛顼、禹等上古君王的承继、谱系来证明古代的家族起源与演进，因这些材料多系后代伪造，因而也"毫无意义"。同时马伯乐明确肯定，"至少他书中有意义的地方是很多的"，"郭先生是第一个想起在《易经》中寻找那时代的生活与社会组织的材料"，"书中最有意义的是根据卜辞以研究殷代社会的一长篇"。最后，马伯乐强调："无论人们如何批评，郭先生这部书……是部有价值的书，表示出强毅的精神，鲜明的思想力，广博的学力。即使他对欧洲科学方面的智识不及他在本国旧学方面，我们也不能不承认他并用中西方法的努力，并且加入欧洲社会学的理论来革新中国国故学的研究。"① 郭沫若针对马伯乐的评论专门写了《答马伯乐教授》一文，回应并感谢对方的意见。

经典学术著作的特点，不仅在其开一代学术之风气，更在于其影响力的持续发酵。20 世纪三四十年代，《中国古代社会研究》不仅直接催生出了马克思主义史学在中国的产生与发展，而且在非马克思主义史学阵营中依然不断地获得关注。我们看到，此后无论是回顾中国社会史论战，还是总结民国时期史学发展，都不可能绕过《中国古代社会研究》这本书，而经过时间检验的《中国古代社会研究》的学术价值更加明确地得以展现。

郭湛波著《近五十年中国思想史》（1936 年），书中述及中国社会史论战中的主要观点，依次罗列了"郭沫若对于中国社会史的解答"、"陶希圣对于中国社会史的研究及成绩"、"《读书杂志》派对于中国社会史的解答"、"梁园东陈邦国的解答" 等各家各派的观点，将郭沫若的观点置于首位，可见《中国古代社会研究》对中国古史的观点在作者心中的地位。作者认为中国社会史论战"以郭沫若、陶希圣二氏成绩为最佳。"②

何干之在其《中国社会史问题论战》（1937 年）一书中，对《中国古代社会研究》出版后的八、九年间的反响做了介绍："在中国过去的八九年间，附和他的人极少，而反对他的人却极多。""但是自从一九三五年以来，郭沫若的中国古史观，好像复活起来。六七年来为思想界所集中抨击的观点，忽然变了大家共同信奉的真知灼见，甚至许多从前反对过他的人，也改变了态度。"③ 作者评论说："郭先生的成绩还很有限，但是一点一滴的贡献，都是他以大无畏精神所造成的。将来再经过真正的批判，也许可以把这一座'神秘'的'金字塔'打开来，使人人都看见那真的一些太古时代的'木乃伊的尸体'了。""郭先生的《中国古代社会研究》及其他著作，是以《易经》、《书经》、《诗经》、甲骨文字、金石文字等等史料，来追寻中国历史的开端。他的新史料和新见解，的确使无成见的人们叹服，确为中国古史的研

---

① ［法］马伯乐：《评郭沫若近著两种》，《文学年报》1936 年 5 月第 2 期。
② 郭湛波：《近五十年中国思想史》，人文书店（北平）1936 年 8 月，第 332 页。
③ 何干之：《中国社会史问题论战》，生活书店（上海）1937 年版，第 95、96 页。

究，开了一个新纪元。""我不是说郭先生的努力，并没有缺点，缺点也是不可免的。但是他的西周奴隶说，打破的一二千年来官学对中国古代史的'湮没''改造'和'曲解'，确是一桩破天荒的工作。目前中外的新史家，差不多都以他的研究为出发点。"① 齐思和也认为："中国社会史的研究到了郭沫若先生才真正的走上了学术的路上。"②

再来看看民国时期的另一位重量级史家顾颉刚在《当代中国史学》中对《中国古代社会研究》的高度评价："研究社会经济史最早的大师，是郭沫若和陶希圣两位先生。事实上也只有他们两位最有成绩。郭先生应用马克思、莫尔甘等的学说，考索中国古代社会的真实情状，成《中国古代社会研究》一书，这是一部极有价值的伟著，书中虽不免有些宣传的意味，但富有精深独到的见解。中国古代社会的真相，自有此书后，我们才摸着一些边际。"有学者指出："在顾颉刚的《当代中国史学》中，比包括胡适在内的任何人更多的幅篇介绍了郭沫若的史学成就，肯定了郭沫若在当代中国史学上所作出的多方面贡献"。③ 顾颉刚还分析了《中国古代社会研究》一书频遭批评的原因："这部书的影响极大，可惜的是：受它影响最深的倒是中国古史的研究者，而一般所谓'社会史的研究者'，受到它的影响却反不大，这是因为当时的'社会史研究者'大部分只是革命的宣传家，而缺少真正的学者，所以郭先生这部伟著，在所谓'中国社会史的论战'中，反受到许多意外的不当的攻击'。"④ 顾颉刚所说的该书"受到许多意外的不当的攻击"，主要是由于《中国古代社会研究》"为受中共直接领导的《新思潮》派的理论范式提供了中国古史方面的证明，产生了广泛的社会影响，因而直接构成了与托派理论的对立"。⑤ 而这已不是学术层面的讨论了。

总的看，对《中国古代社会研究》的专门评论大都含有对其观点的批评意见，其中有对书中的古史分期观点的商榷（嵇文甫），有的指出了书中将中国历史发展与西方理论生硬结合的公式化倾向（张荫麟），有的强调书中使用的西方社会学理论已经陈旧过时（马伯乐），也有指责书中观点"都是

---

① 何干之：《中国社会史问题论战》，生活书店（上海）1937 年版，第 101、104、105 页。
② 齐思和：《近百年来中国史学的发展》，《燕京社会科学》1949 年第 2 卷第 12 期。
③ 杜蒸民：《顾颉刚〈当代中国史学〉中的郭沫若与胡适》，《郭沫若学刊》1992 年第 1 期。
④ 顾颉刚：《当代中国史学》，载《顾颉刚全集·顾颉刚古史论文集》卷十二，中华书局 2010 年版，第 407 页。
⑤ 李红岩：《正确评价〈中国古代社会研究〉》，《光明日报》2003 年 1 月 7 日。

随意牵扯，断章取义"①。究其原因，材料的缺乏、对唯物史观及相关西方人类学理论的理解程度有限、初次尝试将唯物史观理论结合于中国古史研究所出现的不成熟的诸多缺陷等，都是客观存在的。郭沫若自己在《十批判书·古代研究的自我批判》中说《中国古代社会研究》写的"实在是草率，太性急了。其中有好些未成熟的或甚至错误的判断，一直到现在还留下相当深刻的影响"。在该书《1954年新版引言》中又说："轻率地提出了好些错误的结论"。无论是他人还是作者自己，建立在正常学术批评基础上的意见，只会促使这一新的研究范式向着更为正确和科学的方向发展。而回顾民国时期学人对《中国古代社会研究》的评价，我们绝不可以忽视他们几乎是众口一词地对该书的正面肯定的意见。"它例示研究古代的一条大道"、"为新史学开其先路"、"并用中西方法的努力"、为中国古史研究"开了一个新纪元"等评价，都昭示了多数民国学者对《中国古代社会研究》所展示的新的研究路径、研究方法、学术意义的认同。时至今日，近代学术史发展的基本脉络已经大致清晰，真正具有开风气的经典著述诸如梁启超的《新史学》、胡适的《中国哲学史大纲》、顾颉刚的《古史辨》系列等所具有的在近代学术史上的开新意义赫然可见，而以《中国古代社会研究》为标志，不仅"例示研究古代的一条大道"，而且开创了影响至今的中国马克思主义史学派，它当然有资格列入近代学术史研究著作中的经典行列。

二 关于古文字研究的评论

在甲骨文研究方面，郭沫若出版了《甲骨文字研究》2卷（1931年）、《卜辞通纂》1卷、考释3卷、索引1卷（1933年）、《殷契余论》（1933年）、《殷契粹编》2册、考释3册（1937年）等专门著作。在金文研究方面，他出版了《殷周青铜器铭文研究》（1931年）、《两周金文辞大系》2卷（1932年出版，该书在1934—1935年间增订为《两周金文辞大系图录》、《两周金文辞大系考释》二书）、《金文丛考》（1932年）等书。这些著作，在对卜辞和殷周青铜器的研究方法、对甲骨文字和青铜器铭文的解读、对甲骨和青铜器的分期断代研究等方面都做出了创造性的贡献。

郭沫若在古文字研究方面的成就获得了民国时期史家几乎众口一词的肯

---

① 亦依：《评郭沫若〈中国古代社会研究〉》，《总行通讯》1941年第48期。

定，如《当代中国史学》称："王（国维）氏死后，在甲骨文字研究上，能继承他的，是郭沫若先生。""全盘整理存世铜器铭文而为之总结的，有郭沫若先生及吴其昌先生二人。"① 著名史家李亚农在其 1941 年出版的《金文研究》一书的"跋"中写道："本书所徵引的学说，差不多都出自郭鼎堂先生。鼎堂是著者的同乡前辈。他的《两周金文辞大系》的规模之宏伟，在中国金文学史上，诚所谓迈古迢今。一千年来，金文学家辛勤研究的成果，不消说是摄取在大系之中的，而鼎堂自身创获之丰，又有远迈前人者在。"② 这方面的好评甚多，本文不再引述。重要的是，即使是那些对郭沫若在唯物史观史学方面的成就持异议的人，或者是那些不赞同唯物史观派史学的人，也都对郭沫若在甲骨文、金文方面的研究成绩表示由衷的钦佩。比较典型的就是在政治立场和学术理念上与唯物史观史学完全对立的傅斯年。

还是在 1930 年，郭沫若在日本完成了《甲骨文字研究》，傅斯年看到后便希望在《中央研究院历史语言研究所集刊》上分期发表，然后再汇集成册，以《中央研究院历史语言研究所专刊》中的一种单独出版，而且稿酬从优。此事虽因种种原因未能做成，但是已经使傅斯年对郭沫若的古文字研究有所了解。1947 年，在美国养病的傅斯年，以通讯方式提名推举郭沫若为中央研究院院士候选人，在"被提名人资格之说明"一项中，傅斯年对郭沫若在考古学及古文字学上的成就，做出了高度的评价：

> 郭君研究两周金文以年代与国别为条贯，一扫过去"以六国之文窜入商周，一人之器分载数卷之病"，诚有"创通知例开拓阃奥之功"；其于殷商卜辞，分别排比，尤能自成体系，其所创获，更不限于一字一词之考订，殆现代治考古学之最能以新资料征史者，合乎第一项之规定。
>
> （一）《两周金文辞大系图录》，民国廿四年出版，日本东京文求堂。《考释》，民国廿四年出版，日本东京文求堂。
>
> 此书集两周青铜器铭文有年代及国别可征者三百余器，详加考释，附以图录，创为南北二系之说，为研究古金文者一大进程。
>
> （二）《金文丛考》，民国卅一年出版，日本东京文求堂。

---

① 顾颉刚：《当代中国史学》，载《顾颉刚全集·顾颉刚古史论文集》卷十二，第 412、415 页。

② 李亚农：《金文研究·跋》（孔德研究所丛刊之四），来薰阁书店 1941 年。

此为大系之姊妹篇，以青铜器铭文为资料，释其文字并讨论其含义与经史纪录比较互证，尤多卓见，为研究古代思想及社会史最注意原始资料之作。

（三）《卜辞通纂》，民国卅一年出版，东京文求堂发行。

此书选传世卜辞之菁粹者凡八百片，分类排列，比如释词，创见极多，为研究殷墟卜辞一最有系统之作。①

1948 年 4 月 1 日，中央研究院正式公布了中国第一届 81 名院士的名单，郭沫若当选为中央研究院（人文组）院士。

由于不同的政治和意识形态立场以及不同的学术理念，傅斯年不可能认同唯物史观史学，当然也就不可能从郭沫若在唯物史观史学中的成就上提名他为中央研究院院士；然而也恰因如此，傅斯年却能抛开政治和意识形态立场不同的因素，专从学术角度给予郭沫若在古文字学方面的成就以实事求是的高度评价，并提名他为中央研究院院士，这不仅说明郭沫若在该领域的成就得到公认，更说明了傅斯年的学品与人品。近几十年来，愈来愈多的人关注并从事于对傅斯年学术的研究，那么，对于傅斯年评价郭沫若所表现出的学术态度和学者品格，是不是也应该有所借鉴呢？

还需提及的是，郭沫若对甲骨文金文方面的整理和研究，目的是为了以更充实的史料，去证实他的古史研究。郭沫若说："余之研究卜辞，志在探讨中国社会之起源，本非拘于文字史地之学。然识字乃一切探讨之一步，故于此亦不能不有所注意。且文字乃社会文化之一要征，与社会生产状况与组织关系略有所得，欲进而追求其文化之大凡，尤舍此而莫由。"② 这层意思，民国时期的评论者也认识到了。郭湛波《近五十年中国思想史》中说："郭沫若是代表社会思想的人物，要解决中国社会的问题，不得不清算中国以往的中国社会史，要明了中国社会史的全部，不得不先明了中国社会的起源——古代，要明了中国古代社会的真相，不得不研究甲骨文字，走到了罗振玉、王国维的路上。""这是郭先生继罗王研究甲骨文字道路，是一个矛盾，是一个辩证的发展。总之，郭先生是用唯物史观研究中国社会史最有成绩的人，也是研究甲骨文字最有成绩的人。不止开中国史学界的新纪元，在

---

① 此材料见王戎笙《傅斯年与郭沫若》，《文史哲》2005 年第 3 期。

② 郭沫若：《甲骨文字研究·序》，大东书局（上海），1931 年。

中国近五十年思想史上也有莫大的贡献。"① 王森然在《近代名家评传》中也说，郭沫若研究殷周古文"乃藉以考证古代社会史，而作中国古代社会研究之基础也"。郭沫若的《甲骨文字研究》和《殷周青铜器铭文研究》"虽承罗王二家之后，无大精萃；然其治此学之目的，在以证古代社会，其著《中国古代社会研究》一书，实足为中国古史开一新纪元也"。② 齐思和指出：《中国古代社会研究》"所研究的仅限于殷周，而每篇又依据极明确的史料。而且他不但依据书本上的资料，又因为研究中国社会而研究甲骨金文，将卜辞金文用到社会史研究"。③ 从当时的社会史论战来说，正因为郭沫若在甲骨文金文和文献史料的研究整理上下了功夫，使他的《中国古代社会研究》显得罕有其匹；从古文字研究领域而言，则是将新材料有效运用于具体的历史研究中去的范例。

三　关于先秦诸子的评论

民国时期郭沫若在先秦诸子方面的研究成果主要集中在《青铜时代》和《十批判书》两部著作中。

1945 年，郭沫若把他撰写的先秦诸子和先秦社会历史方面的论文 20 余篇，分别收入《青铜时代》和《十批判书》二书中结集出版，很快便引起学术界的关注，介绍与评论文章纷纷见诸报刊。1946 年，《图书季刊》新第 7 卷第 1、2 期合刊中将《十批判书》置该期推介的 42 部学术著作的首部进行介绍："郭君是书之价值，在对先秦诸子作一种新试探，以求对诸子有比较真确之认识。又重新估定诸子价值，如对墨子之估价，与梁启超胡适诸氏所见异趣。其谓荀子可谓杂家，谓韩非之思想以现代眼光看，不能谓为真正之法治思想，皆与晚近一般推论不同。吕不韦秦王政一文抉出战国末期思想及政治上之隐微，是为书中最精辟之一篇。"④

1947 年 1 月 4 日《大公报》的《图书周刊》第 1 期发表朱自清的评介《十批判书》的文章（文章署名佩弦）说："十篇批判，差不多都是对于古

① 郭湛波：《近五十年中国思想史》，人文书店（北平）1936 年 8 月，第 237—238 页。
② 王森然：《近代名家评传》（初集），生活·读书·新知三联书店 1998 年版，第 365、366 页。
③ 齐思和：《近百年来中国史学的发展》，《燕京社会科学》1949 年第 2 卷第 12 期。
④ 载《图书季刊》新第 7 卷第 1、2 期合刊，1946 年 6 月。

代文化的新解释和新评价，差不多都是郭先生的独见。""我推荐给关心中国文化的人们，请他们都读一读这一部《十批判书》"。朱自清还结合当时古史研究的发展趋向来评价《十批判书》，在对冯友兰曾经提出的"信古"、"疑古"、"释古"说中的"释古"之意作了一番阐发后，认为"释古"就是"客观的解释古代"，然而"无论怎样客观，总不能脱离现代人的立场"。朱自清强调并肯定了《十批判书》中"人民本位"的评价标准和以"辩证唯物论"为理论指导这两大特色，遂凸显了当时中国马克思主义史学研究的独到之处，朱自清的观点也与上述郭沫若的自我评价多相吻合。[①]

1947 年 4 月 5 日的《大公报》上又发表有对《十批判书》的"侧重于批评"的评论文章，不过该文仍然认为"通观全书，创辟的见解甚多，虽也不少证据不足，近于武断之处，然而证据凿确，精审不移之见解更多。著者本是文学家，所以文笔极其流畅，虽是考据文字，而生动活泼，引人入胜，尤属不可多得。"[②]

与上述评论观点相左的是齐思和的评论。齐思和在他任主编的《燕京学报》第 30 期（1946 年 6 月出版）"书评"栏目中写道："郭氏本为天才文人，其治文字学与史学，亦颇表现文学家之色彩。故其所论，创获固多，偏宕处亦不少，盖其天才超迈，想象力如天马行空，绝非真理与逻辑之所能控制也。"齐思和的结论是："此书专为研究古代思想而作，若以哲学眼光观之，则远不如冯友兰《中国哲学史》创获之丰，思想之密。""是书于先秦诸子之考证，远不及钱穆《先秦诸子系年》之精，论思想则更不及冯友兰氏之细，二氏书之价值，世已有定评，而郭氏对之皆甚轻蔑，亦足见郭氏个性之强与文人气味之重矣。"

在马克思主义史学阵营中，对《十批判书》的看法也有争议。譬如，华岗在 1945 年写就的《中国历史的翻案》一书认为："郭沫若先生最近在《十批判书》中，又大做翻案文章，特别攻击墨家，而赞扬儒家，因此有人说郭沫若成了抑墨扬儒论者。其论据既甚牵强，而历史意义也多被颠倒。郭先生是中国数一数二的历史家，又是我所景仰的革命战士，但是他在历史翻案工作中，常常以出奇制胜，而不以正确致胜，我却期期以为不可。"[③] 而吕

---

①　佩弦：《（评）十批判书》，《大公报·图书周刊》第 1 期，1947 年 1 月 4 日。

②　见《大公报》1947 年 4 月 5 日。

③　华岗：《中国历史的翻案》，人民出版社 1981 年版，第 29 页。

振羽在其《殷周时代的中国社会》修订版（1946 年）中则说："郭沫若先生的大著《古代研究的自我批判》出版后，其中并有不少牵涉到拙著《中国原始社会史》和本书即《殷周时代的中国社会》及《中国政治思想史》的许多主要论点。我一面衷心钦佩郭先生的自我批判精神，一面感谢他给了我不少启发。我把郭先生这部大著细读了三遍，细心考虑了郭先生的高见后，便更决心要把自己过去的全部见解，深入的去检讨一遍。"①

此外，《燕京学报》第 32 期（1947 年 6 月）还发表了容媛写的《青铜时代》的书评，文章介绍了《青铜时代》的主要内容后说："以上所举为其荦荦大者，可见郭先生想像力之强，时作推陈出新的见解，更兼文笔流畅，一气呵成，大有引人入胜之感。"②

以上的评论，以肯定性意见为主，表现在对郭沫若在两书中的新见解和流畅的文笔等的赞誉。批评意见以齐思和为代表，主要质疑其在书中表现出的文学家式的想象力有悖于史学研究所必须遵循的、严谨的逻辑论证的原则。华岗则对书中过多的翻案文章、论据牵强而以出奇制胜的做法不满。容媛评《青铜时代》"可见郭先生想像力之强"也暗含此意。

对先秦诸子的研究，属思想史研究范畴，除了细心考索材料外，研究者的史学观念、基本立场、著述动机等主观因素有着更多的发挥余地，成就"翻案文章"的机会或许也更大些。不消说，郭沫若在四十年代转而对先秦诸子进行研究，其主观意图十分明显。即如他所说"我也正是想就中国的思想，中国的社会，中国的历史，来考验辩证唯物论"在中国的"适应度"③，这样明显的主观愿望当会或多或少地影响到研究者的客观立场。郭沫若对先秦学术思想及有关人物的评价有着自己的标准，"我的好恶的标准是什么呢？一句话归宗：人民本位！"④ 然而过分地强调以"人民本位"的标准去判断历史人物的"善"与"恶"，并仅以善恶、好坏来代替对历史发展所起的作用，都有着绝对化的偏颇。如果再联系到当时的时代背景，而对先秦诸子的思想及相关历史人物的评价涉及于现实中，难免就会与专从学术视角进行考

---

① 吕振羽：《殷周时代的中国社会》，生活·读书·新知三联书店 1962 年版，第 1—2 页。
② 容媛：《评〈青铜时代〉》，《燕京学报》1947 年第 32 期。
③ 郭沫若：《海涛集·跨着东海》，载《沫若文集》第 8 册，人民文学出版社 1958 年版，第 312 页。
④ 郭沫若：《历史人物·序》，载《郭沫若全集》历史编第 4 卷，人民出版社 1982 年版，第 3 页。

察评估的结果发生矛盾。

　　本文着意从民国时期对郭沫若史学的评论为主题为文，并非想对这些评价作一番再评价。本文更想表现的是民国时期评论者的评论态度。无论是肯定与否定郭沫若史学的观点与见解，他们很少预先就给自己的批评意见设立一个否定的前提，也极少见到恶意的攻击与谩骂。正是有这样的批评态度，郭沫若史学的价值和缺陷才得以明确，学术批评的意义也得以彰显。

范文澜《中国通史简编》与钱穆《国史大纲》比较研究

赵梅春

（兰州大学历史文化学院）

20 世纪 30—40 年代出现了中国通史撰述的热潮，产生了数量众多的中国通史著作①，其中成书于 40 年代初的范文澜《中国通史简编》、钱穆《国史大纲》② 不仅在当时引起了巨大的反响，而且影响着当代学者对于中国历史的认识。在有关中国历史发展进程、动力、主体，以及中国历史与人类历史的关系等方面，这两部中国通史都表现出了不同甚至对立的观点，代表了这一时期人们对中国历史的两种不同的认识。爱德华·霍列特·卡尔在《历史是什么》一书中曾指出："历史是历史学家跟他的事实之间相互作用的连续不断的过程，是现在跟过去之间永无止境的问答交谈。"通过这两部中国通史著作的比较研究，不难看出有关历史的认识，根源于认识者的历史观，也是其对于社会的认识、历史发展前途的认识的反映，历史与现实，过去与未来，紧密地关联着。

一　关于历史发展进程

20 世纪的新史学家与马克思主义史学家都将中国历史视为一个不断发展的、有因果联系的，并且呈现出阶段性特点的过程。不同的是，马克思主义史学家认为中国历史不仅是变化发展的，而且是一个由低级到高级的有规律的发展过程，其发展规律及其过程表现为不同社会形态的依次更替，因此他

---

① 据中国社会科学院历史研究所《八十年来史学书目》，20 世纪 30—40 年代出版了四十余种中国通史著作。

② 《国史大纲》（上、下册），重庆商务印书馆 1940 年版；《中国通史简编》（上、中册），延安 1941—1942 年版。

们以社会形态理论和方法考察中国历史发展进程，划分中国历史发展阶段。在关于中国历史发展进程的认识上，钱穆《国史大纲》与新史学家基本一致。范文澜《中国通史简编》则代表马克思主义史学家有关中国历史发展进程的认识。钱穆认为，中国历史的发展如同一首诗，在舒缓和平之中不断发展。"中国史之进展，乃常在和平状态下，以舒齐步骤得之。"① 中国历史的进步体现为"经济地域之逐次扩大，文化传播之逐次普及，与夫政治机会之逐次平等而已。其进程之迟速不论，而朝此方向，则明白无可疑者。"② 其中政治制度的演进是最显著的进步。自春秋战国以来，中国历史不断进步，由封建走向统一，由军人政府变为士人政府，由士族门第到科举竞争，是其进步的重要表现。春秋战国时期是中国历史上变动最激烈时代，民间自由学术的兴起则是其中最重要的变化。秦汉时期，产生了大一统政府，代替了封建时代。汉高祖称帝，开始有一个代表平民的统一政府，汉武帝以后，开始有一个代表平民社会、文治思想的政府，中国历史正在不断进步之中。东汉倾覆后，中国历史由统一走上分崩割据的衰运，魏晋南北朝是变相的封建时代，魏晋南北朝的门第为变相的封建贵族。然而混乱之中，学术传统并没有中断，北方在五胡纷扰之后，渐渐找到了新机运，为中国全盛时期的来临奠定了基础。隋唐时期新的统一政府再次出现。隋代中央政令统一，社会阶级消融，古代之贵族封建，以及魏晋以来之门第特权消失。唐承隋制，而拥有一种新精神，建立了合理的制度，创造了中国历史的辉煌。唐中叶以后，这种合理的政治思想消失，各种合理的制度随之瓦解，唐之盛世亦不可保。安史之乱后，大时代没落了。两宋时期处于积贫积弱状态，士大夫以天下为己任的自觉精神的觉醒，发动了一场政治变革运动。这是中国史第二次学术发展。元明时期，蒙古入主中国，建立了非传统的异族政权的统治，自秦汉以来传统的文治政权的意识，始终未被蒙古贵族接受，社会处于混乱之中。朱元璋推翻蒙古统治之后，重建了传统政治，但其废宰相实行君主独裁，以严刑酷罚对待士大夫，传统政治恶化。清朝君主集权进一步加强，学术脱离政治，士大夫以天下为己任的精神也消沉。政治学术脱节以后，政治日坏。"清代中叶以后学术虽日盛，而吏治日衰，正为此故。"③ 清朝的统治也转向

① 钱穆：《国史大纲·引论》，载《国史大纲》（上、下册），重庆商务印书馆1940年版。

② 同上。

③ 同上书，第620页。

衰落。随着列强的入侵，为抵抗外侮，出现了变法自强活动。革新运动的失败，辛亥革命爆发。革命之后，旧政权解体，其所遗留下的种种恶势力有待逐步清除，理想的新政权尚有待于逐步试验与磨炼，社会处于动荡之中。在这艰难的过程之中，孙中山倡导的三民主义"始终领导国人以建国之进向"，并且"将来三民主义之充实与光辉，必为中华民国建国完成之唯一路向"。①从这里可以看出，钱穆是从民族文化的发展、学术思想与政治的关系、士大夫之沉浮，考察中国历史进程，勾勒中国历史发展脉络。在他看来，中国历史就是在学术思想的指导下，曲折地、绵延不断地、逐渐地向前发展。

范文澜《中国通史简编》"按照一般的社会历史发展的规律，划分中国历史的段落"，这种"试用一般的社会发展原则到具体的中国历史，这是和旧历史完全不同的"②。这是以马克思主义的社会形态理论结合中国历史实际，考察中国历史进程及其发展阶段的。范文澜认为，殷商以前是原始社会，殷商为奴隶社会。夏商时期由于生产力的进步，私有财产制度逐渐发展了，原始公社逐渐解体，奴隶制确立，但是依然保存原始公社制度的残余。西周至秦统一，为初期封建社会。西周时期，随着生产力的发展，农民的社会地位有了提高，拥有自己的私有财产，他们是农奴而非奴隶，因此西周是中国封建时代的开始。自秦到南北朝，是中国封建社会的第二个阶段。这一时期经济、文化、政治都获得了大发展。长江流域的经济文化在这一时期取得了长足的进步，经济文化中心也由黄河流域扩大到长江流域，到隋统一，中国的经济基础大大地扩大并加强了。隋唐至鸦片战争为中国封建社会的第三阶段。这一时期社会经济继续发展，宋代开发了闽江流域，元、明时期，珠江流域也开发了。由于经济基础的扩大，文化也超过了前一阶段。中国的封建社会就这样螺旋式地发展直至鸦片战争的爆发，鸦片战争以后中国进入了半殖民地半封建社会。以社会形态理论为指导考察中国历史发展进程，是当时的马克思主义史学家研究中国历史的共同之点，郭沫若、吕振羽、翦伯赞、侯外庐等皆是如此。如吕振羽在《史前期中国社会研究》一书中，指出殷商以前为原始公社制社会、殷商为奴隶制社会、从西周开始进入封建制社会，战国时期封建领主制向封建专制主义过渡，秦统一后进入封建专制主义社会。鸦片战争后进入半殖民地半封建社会。其所著《简明中国通史》则运

---

① 钱穆：《国史大纲》，重庆商务印书馆1940年版，第662页。

② 范文澜：《关于〈中国通史简编〉》，《新建设》1951年第4卷第2期。

用这种认识具体地描绘了中国历史进程。张荫麟的《中国史纲》也是根据社会形态理论和方法考察中国历史发展进程的。翦伯赞在《历史哲学教程》一书中曾对 20 世纪 20—30 年代各种有关中国历史发展进程的认识进行过分析批判，认为吕振羽的认识较为合理。他所撰写的《中国史纲》对中国历史阶段的划分与《简明中国通史》略同。因此，尽管马克思主义史学家对中国历史进程的具体认识不尽相同，却都将其视为一个由原始社会向奴隶社会、封建社会不断发展的过程。

二 关于历史发展动因

无论是范文澜还是钱穆都关注中国历史发展动因问题，但其有关历史动因的认识却不尽相同，甚至大相径庭。范文澜认为中国历史发展的根本动力是社会经济结构的变化，人民群众的革命斗争则是推动中国历史发展的直接动力。首先，社会经济的发展变化推动中国社会形态从低级向高级发展。他指出，无论是殷商奴隶制的产生，还是西周封建社会的出现，都是社会经济发展的结果。夏禹以前，是原始公社制社会。禹以后，随着生产力的发展，私有制产生了，原始公社制不断崩溃。代夏而起的商朝在生产工具、畜牧业、农业、手工业、商业等各方面有了很大的发展，在此基础上建立了奴隶制国家。西周初年的主要劳动者有自己的一点小分地和小私有财产、自己的家庭，他们是农奴，而不是奴隶，因此此时中国已经进入了封建社会[①]。这说明经济结构的改变，必定引起社会制度相应的变革，原始公社制向奴隶制发展，封建制代替奴隶制，是历史发展的必然趋势。其次，社会经济的发展引起社会形态内部的变化。范文澜认为经济的不断发展，在不同的时期达到了新的高度，从而同一社会形态内部呈现出不同的发展阶段。如自秦至南北朝，经济基础不断地扩大并加强了，文化也大进一步。汉以前经济文化的中心在黄河流域，至三国时期长江中下游得到了开发，提高了文化；到南朝时得到了进一步开发，经济赶上了黄河流域，文化也超过北朝。中国历史发展到一个新阶段。隋唐以来经济基础进一步扩大，闽江、珠江流域得到了开发，文化也显著超过了前一阶段，故而中国历史也发展到了更高的阶段。所以西周至秦统一是初期封建社会、自秦至南北朝为封建社会的第二阶段、隋

---

① 参见范文澜《关于〈中国通史简编〉》，《新建设》1951 年第 4 卷第 2 期。

唐至鸦片战争为封建社会的第三阶段①。所以，中国历史从低级向高级发展的根本动力是社会经济的发展。范文澜还指出，在阶级社会里，生产力的体现者农民阶级反对生产关系的体现者剥削阶级的阶级斗争是推动社会发展的动力。如秦末农民起义推倒了秦朝统治，结束了西周以来的封建领主统治，为建立了强大的汉朝奠定了基础；隋末农民战争的结果，建立了更强大的唐皇朝；元末农民起义的结果，是推翻了蒙古贵族的野蛮统治，建立了盛大的明皇朝。在他看来，农民的革命斗争为社会前进扫清了障碍，推动着中国历史的发展。

对于范文澜所肯定人民群众的阶级斗争对中国历史的推动作用，钱穆则大不以为然。在他看来下层人民的大规模的反抗斗争，不但不能推动中国历史前进，反而阻碍了中国历史的发展。"中国史上，亦有大规模从社会下层掀起的斗争，不幸此等常为纷扰牺牲，而非有意义的划界线之进步。"② 如"汉末黄巾，乃至黄巢、张献忠、李自成，全是混乱破坏，只见倒退，无上进。"对备受人们推崇的太平天国革命，他也予以否定，认为除了给国家社会以莫大的创伤以外，对民族文化的发展没有任何作用。"此中国史上大规模从社会下层掀起的斗争，常不为民族文化进展之一好例也。"③

钱穆认为历史是一生生不已的生命过程，其在行进过程中，"有持续，亦有变动，而自有其起迄，而成为一事业，或为一生命。历史正为一大事业，一大生命。故历史上的过去非过去，而历史上的未来非未来，历史学者当凝合过去未来为一大现在，而后始克当历史研究之任务。"④ 历史的连续与变化使其如同人的生命一样，生生不息，"起灭中有生命贯注，寂尽中有生机常住。"⑤ 而在这一生命过程中，文化是其根本，起着决定作用。"民族之抟成，国家之创建，胥皆文化演进中之一阶程也。故民族国家者，皆人类文化之产物也。举世民族国家之形形色色，皆代表其背后文化之形形色色。如影随形，莫能违者。"⑥ 因此，民族文化、民族精神就是历史发展的原动力。"全史之不断变动，其中宛如有一进程。自其推动向前而言，是谓其民族之

---

① 参见范文澜《关于〈中国通史简编〉》，《新建设》1951 年第 4 卷第 2 期。

② 钱穆：《国史大纲·引论》，载《国史大纲》，重庆商务印书馆 1940 年版。

③ 同上。

④ 钱穆：《中国今日所需要之新史学与新史学家——本文敬悼故友张荫麟先生》，蒋大椿主编：《史学探渊》，吉林文史出版社 1992 年版，原载《思想与时代》1943 年 1 月第 18 期。

⑤ 同上。

⑥ 钱穆：《国史大纲·引论》，载《国史大纲》，重庆商务印书馆 1940 年版。

精神，谓其民族生命之泉源。自其到达前程而言，是谓民族文化，为其民族文化发展所积累之成绩。"① 历史的变化发展，朝代的兴亡，都系之于民族文化、民族精神生命力的盛衰。所以，钱穆从民族文化、民族精神方面考察中国历史之变迁，并从民族文化演变中寻找中国历史发展之生命力。首先，他认为具有生命力的民族文化、民族精神推动中国历史不断地向前发展。论及中国在汉亡以后没有像西洋自罗马帝国覆亡即陷于一黑暗时期之惨运，钱穆指出这是因为"汉代之覆灭，特一时王室与上层政府之腐败；而所由缔构此政府推戴此王室之整个民族与文化，则仍有其生命与力量"。② 正是这种有生命力的民族文化，推动着中国历史向着合理的方向前进。所以，经过魏晋南北朝的战乱、分裂，又出现了盛大的隋、唐统一皇朝。"此种转变，无异乎告诉我们，中国史虽则经历了四百年的长期纷乱，其背后尚有活力，还是有一个精神的力量，（即是一种意识，或说是一个理性的指导。）依然使中国史再走上光明的路。"③ 这种渊源于先秦，递衍至于秦汉、隋唐一脉相沿的学术思想使中国社会绵延不断。其次，他指出民族文化、民族精神决定历史的变化、朝代的盛衰、政治的成败皆系之于此。论及东汉政权毁灭之后，魏晋南北朝的分裂局面的出现时，钱穆认为缺乏一种合理的观念或理论是其根本原因。他指出："一个政权的生命，必须依赖于某一种理论之支撑。此种理论同时即应是正义。正义授与政权以光明，而后此政权可以绵延不倒。否则此政权将为一种黑暗的势力，黑暗根本无可存在，必趋消失。"④ 而一姓万世的观念使东汉王室与民众隔离，内朝、外朝的分别，使东汉王室与士大夫隔离，以致外戚、宦官得以寄生王室里边而促其腐化，走上黑暗的道路。所以，东汉政府的灭亡并不是被黄巾军和董卓等军阀所推翻，而是没有一种政治理想使士族支持统一政权的复兴。"东方的黄巾，乃至西方的边兵，均已逐次削平。若使当时的士族有意翊戴王室，未尝不可将已倒的统一政府复兴。然而他们的意兴，并不在此。""国家本是精神的产物，把握到时代力量的名士大族，他们不忠心要一个统一的国家，试问统一国家何从成立？"⑤ 故而只能出现分崩离析的局面。又如南北朝时期北朝政治能逐渐走上正轨，为

---

① 钱穆：《国史大纲·引论》，载《国史大纲》，重庆商务印书馆 1940 年版。
② 同上。
③ 钱穆：《国史大纲》，重庆商务印书馆 1940 年版，第 283 页。
④ 同上书，第 154 页。
⑤ 同上书，第 156 页。

隋唐大一统盛运的来临奠定基础，是因为北方的士大夫有合理的政治思想。"一种合理的政治制度之产生，必有一种合理的政治思想为之渊泉。北朝政治渐上轨道，不能不说是北方士大夫对政治观念较为正确之故。"① 安史之乱后，唐朝所以由盛而衰，亦在于其政治背后的思想观念。其强盛是因为各项制度的背后有一个理想或观念为指导；其衰落，乃是这种精神的丧失。"一项制度之创建，必先有创建该制度之意识与精神。一项制度之推行，亦同样需要推行该制度之意识与精神。此种意识与精神逐渐晦昧懈驰。其制度亦趋于腐化消失。盛唐的命运，由于各项制度的建立。及此项新制度日趋崩溃，而盛唐之盛亦遂不可久保。"② 所以，"政治社会各方面合理的进展，后面显然有一个合理的观念或理想为之指导。这种合理的观念与理想，即民族历史之光明性，即民族文化推进的原动力。"③ 在此，钱穆明确地指出，思想与观念是社会发展的原动力。他甚至认为洪秀全太平天国革命的失败，主要原因在于其没有注意到民族文化传统势力之重要，只图激起革命，对传统文化加以过分的蔑弃，终被以保全民族文化礼教和社会秩序相号召的湘军所败。"粤军的领导人，对于本国文化，既少了解，对于外来文化，亦无领略。他们的力量，一时或够推翻满清政权，而不能摇撼中国社会固有的道德信仰以及风俗习惯。这是洪、杨失败最主要的原因。"④从这种认识出发，钱穆指出，民族文化是中国民族复兴和发展的生命力和源泉。"一民族文化之传统，皆由其民族自身传数世、数十世、数百世血液所浇灌，精肉所培壅，而始得开此民族文化之果，非可以自外巧取而得。"因此，"我民族国家之前途，仍将于我先民文化所赋自身内部获得其生机。"⑤ 中国重新崛起，有待于民族国家内部一种新生命力的成长发展。

可见，在中国历史发展动因问题的认识上，范文澜与钱穆有着截然不同的观点。

---

① 钱穆：《国史大纲》，重庆商务印书馆 1940 年版，第 249 页。
② 同上书，第 300 页。
③ 同上书，第 299 页。
④ 同上书，第 634 页。
⑤ 钱穆：《国史大纲·引论》，载《国史大纲》，重庆商务印书馆 1940 年版。

三 关于中国历史的主体

与对历史发展的动力的不同看法相关联，钱穆与范文澜在中国历史的主体问题上，也提出完全不同的观点。在钱穆看来，只有民族文化的承载者士大夫阶层才能张扬民族精神，促进民族文化的进展，是中国历史的主体，中国历史发展的领导者。他指出，中国社会的发展、进步，与士大夫阶层在社会中所发挥的作用休戚相关。士大夫在社会生活中发挥积极的作用，促进了社会的发展和稳定，否则社会只有沉沦。如汉武帝接受董仲舒的建议，独尊儒术，士大夫代替军人、商人成为政治上的主要力量，汉代的文治政府由此造成。"自此汉高祖以来一个代表一般平民社会的、素朴的农民政府，现在转变为代表一般平民社会的、有教育、有智识的士人政府，不可谓非当时的又一进步。"①又如宋明以来中国社会处于散漫无组织的状态，赖有地方士大夫的积极领导，社会得以稳定发展。"宋、明理学精神乃是由士人集团，上面影响政治，下面注重农村社会，而成为自宋以下一千年来中国历史一种安定与指导力量。"②所以他指出："士之本身地位及其活动内容与其对外态势各不同，而中国历史演进，亦随之而有种种之不同。亦可谓中国史之演进，乃由士之一阶层为之支持与领导。此为治中国史者所必当注意之一项。"③ 钱穆明确提出士大夫阶层是中国历史发展的推动力量。从这种认识出发，他进一步提出，中国的复兴和发展仍然有待于新的士大夫阶层的觉醒和领导。"晚清以来，西化东渐，自然科学之发展，新的工商业与新的都市突飞猛进，亟待再度兴起的新的士阶层之领导与主持，此则为开出此下中国新历史的主要契机所在。"④ 对中国历史主体的这种认识，反映出一种精英创造历史观。

与钱穆相反，范文澜要求颠覆以往以帝王将相、士大夫阶层为历史主人的作法，将人民群众作为中国历史的主体，力图揭示出其在历史中的地位和作用。论及《中国通史简编》的特点时，他指出与以往的历史著作相比，《中国通史简编》的一个重要的特点就是"肯定历史的主人是劳动人民，旧

---

① 钱穆：《国史大纲》，重庆商务印书馆1940年版，第149页。
② 钱穆：《国史大纲》（修订本），商务印书馆1996年修订第3版，第812页。
③ 同上书，第561页。
④ 同上书，第812页。

类型历史以帝王将相作为主人的观点被否定了"。① 范文澜不但肯定了劳动人民在物质生产中的作用,而且肯定和歌颂了他们反剥削反压迫的斗争、他们的爱国精神,以及对祖国文化发展的贡献。首先,他将历史上劳动人民争生存、争自由的反抗斗争置于中国历史发展的过程中肯定其合理性及其作用。《中国通史简编》详细地记述了历次大规模的人民反剥削反压迫的阶级斗争,特别是自陈胜、吴广以后历次大规模的农民起义,以具体的历史事实表明人民的革命斗争对中国历史发展起着巨大的推动作用。范文澜指出,中国历史上汉、唐、明三大强盛帝国的出现,是农民起义胜利的结果。"劳动人民的命运就是整个历史的命运,不看清这一件大事,等于忘记了劳动人民是历史主人的原则。"② 当然,范文澜也看到了农民的不足,如论及西汉新市、平林、赤眉起义军时,指出他们具有保守性、狭隘性、自私性。其次,充分肯定在国家民族危难时期,人民群众表现出强烈的爱国情感。如金兵南下时,以宋高宗为代表的大地主只知逃跑、求和,陷害忠良,范文澜指出,是人民与爱国将领的英勇反抗,偏安江左的南宋小朝廷才免于灭亡。特别是钟相、杨么领导的洞庭湖起义军,拒绝了金人的利诱,斩金使者,并转告宋岳州守官,也拒绝了宋朝的诱惑,大义凛然,光明磊落③。因此人民群众不仅具有革命斗争传统,同时也具有强烈的正义精神。范文澜还肯定劳动人民对我国文化发展也做出了巨大的贡献。他指出民间是艺术的源泉,一部中国文学史表明,"重要的文学多从民间创造出来,经文士采取,经过技术上的修整,始成高级的文学。例如汉清商乐府本是各地民谣,著名小说如《水浒传》、《三国演义》、《金瓶梅》等书,原是民间话本。"④ 这些表明劳动人民不仅是物质财富的创造者,对精神财富的创造也有巨大的贡献。

与对中国历史发展的动力、主体的认识相适应,《国史大纲》与《中国通史简编》撰述的中心也各有侧重。学术文化的发展、士大夫阶层的沉浮是钱穆所关注的重要内容,范文澜则将揭露统治阶级的罪恶,反映劳动人民的活动作为撰述的中心。范文澜批评以往的史书"连篇累牍,无非记载皇帝贵族豪强士大夫少数人的言语行动,关于人民大众一般生活境遇,是不注意或偶然注意,记载非常简陋"。而他要写的是一部人民所需要的、反映人民大

① 范文澜:《关于〈中国通史简编〉》,《新建设》1951年第4卷第2期。

② 同上。

③ 参见范文澜《中国通史简编》第三编第五章,河北教育出版社2000年版。

④ 范文澜:《中国通史简编》,河北教育出版社2000年版,第838页。

众生活的历史。如有关两汉时期的历史，《国史大纲》记述的内容主要为第七章第四节平民政府的产生、第八章统一政府文治之演进（包括西汉初年之社会、西汉初年的政府、西汉初年的士人与学术、中央政府文治思想之开始、汉武一朝之复古更化、士人政府之出现、汉儒之政治思想、王莽受禅与变化）、第九章统一政府之堕落（包括东汉诸帝及年历、东汉之王室、东汉之外戚与宦官、外戚参加王室之由来、宦官参加王室之由来）、第十章士族之新地位（包括士族政治势力之逐步膨胀、东汉之察举与征辟制度、太学清议、党锢之狱、门第之造成、东汉士族之风尚）、第十一章统一政府之对外（包括两汉国力之比较、西汉与匈奴、东汉与西羌）。《中国通史简编》记述的内容主要为第二编第二章对外扩张时代——两汉，包括第一节两汉政治概况及农民生活、第二节两汉工商业、第三节疆域的扩大、第四节王莽变法、第五节西汉农民起义、第六节东汉的政治与党祸、第七节东汉农民起义等。可以看出有关两汉的历史，钱穆所关注的重点在学术文化的发展与政治演进、士大夫在政治生活中的作用等，而范文澜对社会经济的发展、劳动人民的生活状态，尤其是农民起义，予以特别的重视。

四　关于中国与世界

将中国历史置于世界历史背景下考察，是 19 世纪后期才发展起来的一种史学意识。20 世纪前期在中国与世界关系问题的认识上，一些学者注重中国与世界上其他国家地区、民族的一致性，另外一些学者则强调中国历史的特殊性。范文澜认为中国历史既具有人类历史的一般属性，也有自己的独特性。论及原始公社制度时，他指出："中国历史同任何民族的历史一样，也就是说，依照历史一般的发展规律，在上古时代，存在过原始公社制度（也称原始共产制度）。从中国历史开端到'禅让'制度崩溃，正是实行着这个制度的时代。"[1] 这说明，中国历史具有人类历史的一般性。正是从这种认识出发，范文澜以马克思主义关于人类历史发展的一般规律为理论指导考察中国历史发展进程。同时，他也看到了中国历史具有自身的特点，提出在历史研究中应该探索人类历史发展共同规律在中国历史中的具体表现，必须了解人类历史的共性与中华民族历史的特殊性，才能把握社会发展的法则。"只

---

[1]　范文澜：《中国通史简编》，河北教育出版社 2000 年版，第 17 页。

有真正了解了历史的共同性与特殊性，才能真正把握社会发展的基本法则，顺利地推动社会向一定目标前进。"① 对中国历史与世界历史关系的这种认识，反映了 30 年代后期以来马克思主义史学研究者对待这一问题的态度。1927 年大革命失败以后，一些人以"中国国情特殊"为借口，提出马克思主义理论不适合中国国情，反对在中国进行共产主义运动。为了回击这种论调，马克思主义史学家强调人类历史的同一性，并努力证明中国历史没有什么特殊和不同。30 年代末，随着对唯物史观理解以及中国历史研究的深入，马克思主义史学家开始从强调人类历史一般性到注重中国历史的特殊性。翦伯赞《历史哲学教程》、侯外庐《中国古典社会史论》等都提出要探讨中国历史的特殊性，侯外庐在《中国古典社会史论》中对此进行了意义深远的探索②。范文澜有关中国历史与世界历史的认识也反映了这一时期马克思主义史家对这个问题的看法。

钱穆自始至终强调东方和西方的区别、中国历史的特殊面貌与特殊性。他认为，不同的民族文化各有自己的特点，世界文化主要有以中国为主的东方型和以地中海四周为主的西方型两种文化类型。西方型文化的特点为："于破碎中为分立为并存，故常务于力的斗争，而竞为四周之斗。"而东方型文化则"于整块中为团聚为相协，故常务于情的融和，而专为中心之翕"。所以，不同民族的历史也各不相同。如中国历史如一首诗，常在"和平"中得到进展，欧洲历史如一幕剧，常在"斗争"中显现其精神，表现为波浪式的推进③。因此，中国与西方的差别，不是发展阶段的先后问题，而是不同的文化类型，不同的发展路径。所以他坚决反对以西方历史为标准反观中国历史，要求从中国历史自身出发研究其民族精神。他说："鄙意研究中国史的第一立场，应在中国史的自身内在里去求找，不应站在别一个立场，来衡量中国史。""研究中国史，应在中国史的自身内里找求，更应在中国史前后的变动处找求。"④ 这里所说的"不应站在别一个立场，来衡量中国史"，其矛头所指的正是梁启超等新史学家、范文澜等马克思主义史学家以人类历史发展的公理公例、历史规律来指导中国历史研究。钱穆认为，只有从中国历

① 范文澜：《中国通史简编·序》，载《中国通史简编》，河北教育出版社 2000 年版。
② 参见王学典《从强调"一般"代注重特殊》，载《20 世纪中国史学评论》，山东人民出版社 2002 年版。
③ 钱穆：《国史大纲·引论》，载《国史大纲》，重庆商务印书馆 1940 年版。
④ 钱穆：《如何研究中国史》，引自蒋大椿主编《史学探渊》，第 802 页。

史的特殊性出发，才能将中国历史的真相展现在人们面前。他指出："写国史者，必确切晓了其国家民族文化发展个性之所在，而后能把握其特殊之'环境'与'事业'，而写出其特殊之'精神'与'面相'"。① 故而，"治国史之第一任务，在能与国家民族之内部自身，求得其独特精神之所在。"②

范文澜、钱穆在中国历史与世界历史关系问题上所表现出来的这种不同态度，背后蕴含着这样的一个认识：人类历史是否具有统一性。范文澜认为，中国历史是世界历史合乎规律的发展过程中的一部分，具有人类历史发展的一般属性，因此唯物史观所揭示人类历史发展的一般规律完全适合于中国历史，史学家所要探索的是人类历史发展的一般规律在中国历史中的具体表现。钱穆则认为，不同类型的文化各有其"环境"与"事业"，因而各具个性与精神，不存在共同性。因此，他坚决以西方概念笼罩中国历史，反对任何以西方历史发展模式研究中国历史、改造中国历史的作法，主张在中国历史自身内部求得对中国历史的了解，寻求中国历史发展的生命力。

五　史学研究与对历史发展前途的认识

从上面的有关论述中不难看出，钱穆《国史大纲》与范文澜《中国通史简编》无论是关于中国历史进程的考察，还是对中国历史发展动因、中国历史主体，以及中国与世界关系的认识，都表现出不同甚至相反的观点，从而形成了两种自成系统的中国历史观。一是将中国历史视为在民族文化与民族精神的推动下，以士大夫阶层为领导，在和平的环境中以舒齐的步骤发展，不断进步；一是强调经济基础在中国历史发展中的决定作用，人民群众的阶级斗争对中国历史发展的巨大推动力，认为中国历史在这两股力量的推动下从低级社会形态不断地向高级社会形态发展。这不仅体现出他们研究、考察中国历史的指导思想的差别，更是他们在历史的巨变面前所表现出来的不同应对态度的反映。钱穆的中国通史观更多地代表传统史学家、传统知识分子面对国家民族危机所采取的应变对策，而范文澜所建构的中国通史体系则反映了马克思主义者对中国历史、中国前途的认识，"第一次系统地说出

---

① 钱穆：《国史大纲·引论》，载《国史大纲》，重庆商务印书馆 1940 年版。
② 同上。

了革命者对整个中国历史的看法。"①

20世纪前期，中国处于民族危难之中，以历史教育民众，开发民智，培养国民爱国心，成为史学研究者的自觉意识。1931年日本侵略者悍然发动了"九·一八"事变，1937年发动了全面的侵华战争，中华民族到了最危急的时刻。为挽救民族危机，中国人民展开了全面的抗日战争，史学家更加痛切地感觉到应该认真发掘优秀的民族文化遗产，以鼓舞民族精神和抗战必胜的信心。同时也感到应通过对整个中国历史的总结，指示中国社会发展前途，增强中国人民抗敌的勇气和对民族的信心。如邓之诚希望通过《中华二千年史》告诉人民，中华民族二千年来之所以能危而复安，弱而能存，亡而复兴之原因，从而使国人在艰难的处境之中，具有必胜的信心。张荫麟《中国史纲》要"把全部的民族史和它所指向道路，作一鸟瞰"，"给人以开拓心胸的历史的壮观"②，鼓励全民族努力创造一个新时代。钱穆"一生都在思索如何通过史学，寻找到使中国靠自己内部的'生力'不亡，特别是'精神'（历史命脉）不亡的根据"。③在《国史大纲》中，他告诉人们中国社会虽然处于艰难困苦之中，但其生力尚在。"一民族一国家历史之演进，有其生力，亦有其病态焉。生力者，即其民族与国家历史所由推进之根本动力也。病态者，即其历史演进途中所时时不免遭遇之顿挫与波折也。人类历史之演进，常如曲线形之波浪，而不能成一直线以前向。"④中国现在所遇到的情况，不过是历史发展中的挫折。这种"生力"就是民族文化、民族精神。因此，"我国家民族之前途，仍将于我先民文化所赇自身内部所获得其生机。"⑤钱穆希望国人对中国历史有真正的了解和认识，从而懂得在中国自身内部寻找社会改革之方案。他满怀深情地写道："值此创钜痛深之际，国人试一翻我先民五千年来惨淡创建之史迹，一棒一条痕，一掴一掌血，必有渊然而思，憬然而悟，愀然而悲，奋然而起者。要之我国家民族之复兴，必将有待于国人对我先民国史略有所知。此则吾言可悬国门，百世以俟而不惑也。"他批评科学派史学研究者沉溺于琐碎的考据，"与当身现实无预"，"亦于先民文化精神，漠然无所用其情"；也批评革新派以历史为宣传改革现实的工具，

① 参见戴逸《时代需要这样的历史学家》，《近代史研究》1994年第1期。
② 张荫麟：《中国史纲·自序》，上海古籍出版社1999年版。
③ 王家范：《百年史学历程回顾二题》，《中国历史通论》，三联书店2012年版。
④ 钱穆：《国史大纲·引论》，载《国史大纲》，重庆商务印书馆1940年版。
⑤ 同上。

对历史并没有真切的认识。他力图通过对中华民族绵延不断的生命力的揭示，期望国人能从国家民族自身寻找到救亡和复兴的力量源泉。自然地将学术文化、士大夫的活动作为中国历史的重要方面予以研究，认为民族文化是中国历史发展的源泉与推动力，而民族文化的承担者士大夫则是抗战建国的根本力量。因此，他将中国的未来寄托在士大夫身上。

范文澜撰写《中国通史简编》的一个重要的目的，也是以历史教育人民，使人民从历史发展中看到中国社会前进的方向，认清奋斗目标。他指出："我们要了解整个人类社会的前途，我们必须了解整个人类社会过去的历史；我们要了解中华民族的前途，我们必须了解中华民族过去的历史；我们要了解中华民族与整个人类社会共同的前途，我们必须了解这两个历史的共同性与其特殊性。只有真正了解了历史的共同性与特殊性，才能真正把握社会发展的基本法则，顺利地推动社会向一定目标前进。"① 可见，他是将揭示中国历史发展的规律，指示中华民族发展前途作为其《中国通史简编》的撰述旨趣。范文澜指出中国历史既遵循世界历史发展规律，又有自己的特点，经历了原始社会、奴隶社会、封建社会。"由于中国统治阶级的昏愚贪暴，鸦片战争以后，引导中国走向半殖民地甚至殖民地道路上去。""中国人民在统治阶级压迫下，永远不能改变自己的生活，因而只有摆脱统治阶级的压迫，才能真正改善生活，得到人类应得的待遇。"② 历史上劳动人民为了反抗剥削和压迫，曾进行过艰苦卓绝的斗争，然而都失败了，这是没有先进阶级的领导。"封建社会农民起义，只能推翻旧的地主政权，起而代之的依然还是地主政权，对农民不会有什么好处。只有在无产阶级革命时代，农民才能得到正确的领导，才能得到真正的出路。"③ 这就告诉人民只有在中国共产党的领导下推翻半殖民地半封建社会，才是中国历史发展的前途和方向。对中国社会和前途的这种看法，使范文澜在考察中国历史时，更多地关注劳动人民在中国历史发展中的作用，揭露历史上统治阶级的罪恶。

美国学者贝克尔曾说，现在是过去造成的，同时过去也是现在造成的。这是说人们对现在的看法，影响了其对历史的认识。钱穆、范文澜有关中国历史的认识恰好印证了这一观点的合理性。

---

① 中国历史研究会：《中国通史简编·序》。
② 范文澜：《中国通史简编》，河北教育出版社 2000 年版，第 769 页。
③ 同上书，第 118 页。

钱穆《国史大纲》、范文澜《中国通史简编》在当时都引起了巨大的反响，激励着当时人们的民族爱国热情。1949 年以后，在大陆这两部中国通史经历着不同的命运。《中国通史简编》所代表的中国历史体系在史学界占主导地位，《国史大纲》所代表的中国历史体系则被排斥。而最近十几年来，这两部书所代表的中国历史体系的命运却发生了戏剧性的变化。长期受压抑的《国史大纲》被学者视为中国通史写作的典范，《中国通史简编》却被视为"战时史学"的代表受到冷遇。这种变化又是与人们对中国当代社会，以及中国未来发展方向的认识密切联系在一起的。这进一步说明人们对历史的认识在很大程度上受制于其对现实的理解和未来的憧憬。

民族精神与理论魅力的融合
——重读翦伯赞《历史哲学教程》

朱露川

（北京师范大学历史学院）

1938年8月，在中华民族全面抗日战争爆发初期，马克思主义史学家翦伯赞撰写的《历史哲学教程》一书由新知书店在长沙出版。1939年3月（一说8月），新知书店在桂林再版，作者增写了题为《群众、领袖和历史》的"再版代序"，进一步展现了作者澎湃的激情和深邃的思想。抗战胜利后在各地重印。新中国成立后，北京大学出版社、河北教育出版社、湖南教育出版社、北京三联书店先后重印，并收入河北教育出版社出版的《翦伯赞全集》第六卷。这部著作在半个多世纪中，产生了广泛的影响。

《历史哲学教程》是中国马克思主义史学在理论研究上的一座丰碑。它系统地阐释了与中国历史研究相适应的"历史哲学"，进一步丰富了中国特色的历史理论体系，开辟了中国马克思主义史学的新路向。尤为重要的是，该书紧密联系当时中国的历史形势，对中华民族的抗日战争及其世界意义做了精辟的分析。

《历史哲学教程》面世距今已经六十多年了，重温此书，在某种意义上也是重温历史，书中昭示的伟大爱国主义民族精神及其深刻的理论内涵和作者的历史责任感，历久弥新，至今仍使许多读者受到震撼、启示和鼓舞。

一 为"神圣的民族抗战"而作

翦伯赞自20世纪20年代末至30年代初参加中国社会史论战后，就曾计划写一部关于中国社会史的著作。然而，由于"七七事变"的爆发，日本帝国主义进一步扩大侵华战争，中国共产党向全国发表了号召抗战的宣言（1937年7月8日），毛泽东先后发表《反对日本进攻的方针、办法和前途》

（1937 年 7 月 23 日）、《为动员一切力量争取抗战胜利而斗争》（1937 年 8 月 25 日）①，随着"神圣的民族抗战的展开"，作者为适应历史形势的变化而毅然改变撰述计划，转向为抗日战争提供"正确的方法论"，撰写了《历史哲学教程》一书。毋庸置疑，此书是在民族危难、战火弥漫的形势下的时代产物。诚如作者所说："现在，我们的民族抗战，已经把中国历史推到崭新的时代，中华民族已经站在世界史的前锋，充任了世界史转化的动力。为了争取这一伟大的历史胜利，我们认为决不应使理论的发展，落在实践的后面；反之，我们认为，必须要以正确的活的历史原理，作为这一伟大斗争的指导，使主观的努力与客观情势的发展，相互适应。"② 这些话，一字千钧，反映出翦伯赞对国家命运的关注和对历史前途的坚定信念。

翦伯赞在再版序言中强调说，这篇序言"唯一想补充的一点"，就是"群众及其领导者在历史中的作用"。③ 这篇近两万字的再版序言，从七个方面深刻论述了群众、领袖在历史运动中的辩证统一的关系。作者从正反两方面论证了群众是历史运动中的决定力量及其对历史的创造作用；指出随着阶级意识与民族意识的觉醒，以及历史上的经验教训，使群众已经有能力成为革命的主要力量。

从初版序言到再版序言，反映出翦伯赞对抗日战争与革命发展形势的深入分析，在国难当头的岁月，这部著作在发动群众全面抗日，认识抗日民族统一战线的重要性方面有积极的影响。

《历史哲学教程》一书是一个历史学家的责任感和使命感的突出反映。翦伯赞大声疾呼："在这样一个伟大的历史变革时代，我们决没有闲情逸致埋头于经院式的历史理论之玩弄。"④ 抗日战争这一任务，"不仅是历史科学的研究任务，而且是目前中国民族解放斗争中一个紧要的政治任务"。⑤ 《历史哲学教程》一书不仅反映了历史学家的心声，也反映了全民族的心声。

值得注意的是，翦伯赞所怀有的历史责任感和时代使命感，是那个时代中国进步学者的共同特征。在抗战的岁月中，中国的马克思主义史学家和爱国史学工作者们，面对民族的生死存亡，以严肃的科学态度总结祖国的历

---

① 参见《毛泽东选集》第 2 卷，人民出版社 1991 年版，第 343—358 页。
② 翦伯赞：《历史哲学教程》，生活·读书·新知三联书店 2012 年版，第 1 页。
③ 同上书，第 9 页。
④ 同上书，第 2 页。
⑤ 同上书，第 3 页。

史，发掘祖国的优秀文化传统，撰写了一批史学名著，彰显了他们对中华民族的历史前途的坚定信心，鼓舞了全国人民、特别是青年一代反对日本侵略者及各种反动势力的斗志。① 这些名著都有着突出的学术价值和时代意义，它们铭刻着中国史学家的伟大的爱国主义民族精神，《历史哲学教程》正是这样的名作。

二　丰富了具有中国特色的历史理论体系

《历史哲学教程》一书，结合中国历史的实际，系统地阐述了马克思主义唯物史观的基本原理，对马克思主义中国化和中国马克思主义史学的发展做出了重要贡献，深受学术界的推崇和重视，被誉为是"我国最早的一部从中国国情出发的、有'中国特色'的'历史哲学'著作"。②

《历史哲学教程》全书包含六章，它从历史科学的研究对象谈起，结合中国具体历史进程，对历史发展的合法则性、关联性、实践性、适应性做了系统的阐释，对关于中国社会形态发展的诸家言论进行了分析和评论，丰富了有中国特色的唯物主义历史理论体系，如：

——作者在绪论中，明确指出历史哲学的斗争是"现实斗争必要的一部分"③，历史科学的任务就是在于正确地说明历史。

——在"历史发展的合法则性"的标目之下，作者论述了历史发展中一般性与特殊性的辩证统一关系，阐释了关于历史发展各个阶段的认识，论证了历史发展的"一般合法则性"。

——关于"历史的关联性"问题，作者从历史中诸因素的联系阐述了历史发展的全面性。

——对于"历史的实践性"问题，作者从历史唯物主义出发，对脱离实际的"观念论"做了有说服力的批判。

——关于"历史的适应性"问题，作者论述了社会存在和社会意识，以及适应于不同社会形态的经济基础和上层建筑之间的关系。

——最后，作者论述了"关于中国社会形势发展史问题"，包括问题的

---

① 白寿彝主编《史学概论》，宁夏人民出版社 1983 年版，第 328 页。
② 张传玺：《翦伯赞传》，北京大学出版社 1998 年版，第 62 页。
③ 翦伯赞：《历史哲学教程》，生活·读书·新知三联书店 2012 年版，第 49 页。

"提出与展开"、"社会形势的发展与历史的飞跃性"等。

全书内容丰富、结构严谨、史论结合，显示出坚韧的生命力、深刻的说服力和科学性。如在阐述"历史的适应性"时，作者在论及适应于"先阶级社会的"、"奴隶所有者社会的"、"封建社会的"、"资本主义社会的"，以及"目前伟大的历史变革时代"的经济构成之上层建筑诸形态时，都是从人类社会历史进程的实际出发进行论述的。

《历史哲学教程》一书的显著特点，是将历史哲学研究与中国的具体历史进程紧密结合，构建起了具有中国特色的唯物史观指导下的历史理论体系，为中国马克思主义史学的发展进一步奠定了理论基础。

三 对历史前途的坚定信念

《历史哲学教程》一书在推进中国马克思主义史学建设方面和抗战初期的文化宣传方面起到了重要作用，彰显出的作者对历史前途的坚定信念，在今天仍有突出的现实意义。

在《历史哲学教程》全书最后一章"关于中国社会形势发展史问题"中，翦伯赞对学术界已有的关于中国历史发展形势的各种观点一一予以分析批评，表达了中国全民族抗战必胜的信心，以及中国必须革命和革命必胜的决心。其中，对陶希圣和佐野袈裟美的批判最具代表性。翦伯赞指出："陶希圣对于中国社会史的见解，经过了无数的改变，这种改变，不仅表现在其不同的著作中，而且即在同一著作中，也常常有前后自相矛盾的地方"。① 而陶希圣的这种多变，是因为"他的政治环境，决定他的历史理论"。② 翦伯赞对佐野袈裟美的批判，则是对其代表的日本帝国主义的批判。翦伯赞指出佐野袈裟美"对于由秦至'鸦片战争'这一长时间之中国封建社会没有透彻的认识"，"关于中国地主阶级借外力压平内乱的历史事实"，也"很少指明出来"。佐野袈裟美关于"二十一条"是中国政府而非袁世凯个人的论调，更是"成了日本帝国主义的代言人了"。③ 从而廓清了当时存在的关于抗战和革命的种种误读和曲解，翦伯赞明确指出："中国近百年来，是半封

---

① 翦伯赞：《历史哲学教程》，生活·读书·新知三联书店 2012 年版，第 315 页。
② 同上书，第 320 页。
③ 同上书，第 333—334 页。

建半殖民社会"，而抗战爆发以后，则"开始走上独立自由与幸福的新中国的历史前程"。① 这些论述，不仅表达了中国全民族抗战必须进行和必将胜利的决心，并且强调要将中国历史与世界历史结合起来，将中国的抗日战争置于世界反法西斯斗争的大阵营中，指出中国的民族抗战所体现出的"彻底性"，"唤起了全世界和平的人类——尤其是国际无产阶级与殖民地奴隶——的伟大的声援与为着这一斗争的胜利而呐喊。"② 翦伯赞坚信中国的民族解放斗争会取得最终的胜利，而且这一胜利必将推动全世界反法西斯斗争取得最终的胜利。他指出："我们这一次民族抗战，是一个伟大无比的历史任务，它不仅改变中国史，而且也改变世界史。现在中国的人民，已经坚决地在执行这一任务，我们深切地相信，这一任务，必将在全世界前进人类的支持与声援之下，获得其最后的决定的历史的胜利，这一胜利之获得，不是'历史的偶然'，而是'历史的必然'。"③ 这是一个马克思主义史学家对马克思主义理论的自信、对中国历史前途的自信。

《历史哲学教程》自问世以来，产生了广泛的学术影响和社会影响。在学术史上，它作为中国史学上第一部历史唯物主义指导下系统的历史理论著作，对于史学工作者学习理论有重要的学术价值。同时，作为抗日民族斗争的时代产物，它又以其深刻的论辩、犀利的笔锋为维护抗日民族统一战线，推动抗战时期的先进文化，促进全面抗战和持久抗战的开展提供了精神力量。翦伯赞将历史哲学研究与中华民族的抗日战争紧密结合，进而将中华民族的抗战历史置于世界历史的总体进程中，反映了他深厚的理论修养和宽阔的国际器识，这对于我们今天研究历史，学习理论，进而观察国际形势及其潮流有重要的启示和现实意义。

---

① 翦伯赞：《历史哲学教程》，生活·读书·新知三联书店 2012 年版，第 342 页。
② 同上书，第 13—14 页。
③ 同上书，第 344 页。

吕振羽的社会经济史研究

赵少峰

（聊城大学历史文化学院）

吕振羽先生集革命家与学者于一身。作为学者，他是我国第一代马克思主义史学的开拓者，长期从事历史学研究，在社会经济史、民族史、社会思想史、政治思想史等领域做出了成就，为开拓和发展马克思主义新史学做出了杰出的贡献。社会经济问题的研究是吕振羽先生最早关注的学术领域之一，他以马克思主义学说为指导，在社会史论战中对中国社会经济发展的分析和论述，为中国马克思主义史学的成长奠定了基础。学术界关于吕振羽先生的研究成果颇多，本文立足于吕振羽先生的中国社会经济史研究，缅怀他的业绩，学习他作为一名马克思主义学者的时代担当精神。

一　从工业救国梦转变到从事社会经济研究

吕振羽先生生活的年代正是中国人民遭受灾难最深的年代。1900 年，他出生于湖南武冈金秤市溪田村。吕振羽先是接受乡村私塾教育，1915 年到家乡的武东中学求学，由此开始接触到新学知识，摆脱了线装书的束缚。1919年，吕振羽带领同学们参与了"反日仇货"运动，有力地声援了北平的反日运动。这次运动实际上已经激发了吕振羽的工业救国意识。吕振羽和当年的青年们愤怒地焚烧日货，就是出于发展民族工业，希望强大国家的经济势力。正是在这一思想的影响下，在 1921 年他中学毕业后，考入了湖南省工业专科学校，学习电机专业。在半殖民地半封建的旧中国，"在各国政治的经济的重重势力之下的中国，要想发展资本主义和各资本国为经济战争"，"不免是空想"①。在无政府主义学说影响下，他进行了一些实践活动，现实

---

① 李达：《讨论社会主义并质梁任公》，《新青年》1921 年第九卷第一号。

血淋淋的教训使他放弃了一切不切实际的幻想。1924 年，他开始听李达的新社会学课程。1927 年 9 月，在国内局势极度混乱的情况下，他东渡日本，在明治大学攻读经济学专业。1928 年 3 月回国。

1928 年 7 月，吕振羽来到北平，受村治派的委托，办理《村治月刊》，并在首期上面发表《中国外交问题》，并对资本主义国家的经济侵略进行了分析。他写道："截断他们的出路，或者就只须一致的拒绝他们资本的输入和商品的倾销，经济恐慌的现象，就会立时呈现而无所解救，他们国内阶级斗争的事实，也会立即恶化而无所避免，资本主义就必致崩溃。"① 这种观点虽不可能实现，至少反映他对当时中国民族经济的思考。在接下来的日子里，他对河北省和山西省的部分县市进行了考察，撰写了一系列对乡村自治思考的文章②，企图通过下层政治的建设，实现一种平民政治的理想。其中的某些观点在任《新东方》编辑时，也进行了一些修改和补充。

自 1930 年至 1932 年间，吕振羽在社会经济史方面的研究成果颇多。关于中国经济问题的文章主要是《中国国民经济趋势之推测》（《三民半月刊》第 5 卷第 3、4 期合刊和第 5 期）；他关于世界经济研究的论述要多一些。翻译了英国人 Morgan 的《加拿大与大英帝国》、《苏俄五年计划的一九三二年度》；撰写的论文《资本主义没落期的东方革命的意义》、《中日问题之经济解释》、《今年的劳动节和劳动失业问题》、《日本农业恐慌的极端化》、《一九三一年的苏俄对外贸易》；撰写的著作有《最近之世界资本主义经济》（上）（青年出版合作社北平书局出版）。《中国国民经济趋势之推测》一文是吕振羽较为正确地运用马克思主义学说对中国经济发展、中国社会性质进行研究的尝试。他仿照马克思在《资本论》中的论述，从资本、土地所有权、工人劳动、国家、对外贸易、世界市场等六大方面考察了资本主义的生产活动，对中国社会能否走西方的发展道路进行了分析。他说："中国资本主义之不能发展，并不是其自身构成了再无发展的余地，而是先进资本主义替它加上的羁绊。从局部来考察，中国资本主义的自身既还有能够发展的余地，原则上应该不能防止其发展；但是客观上竟能决定中国资本主义之不能发展。这个矛盾，只能归到资本主义是一个世界的有机的体系上面去解

---

① 吕振羽：《中国外交问题》，《村治月刊》1929 年第 1 期。

② 这些文章包括《北方自治考察记》、《农村社会之自治与前途》、《乡村自治问题》、《由现代民主政治之一般的矛盾说到人民自治》，均发表在《村治月刊》1929 年 1 卷各期上。

释。"① 在关于中国社会性质的分析上，他告诉了走第三条道路的人，在中国不可能走资本主义的发展道路，这对支持中国共产党领导的新民主主义革命具有重要意义。

1932 年 2 月，吕振羽撰写了《中日问题批判》一书，同年 8 月由北平导群书店出版。这本书已经显示出吕振羽先生能够成熟地运用马克思主义的原理，对中日问题的由来做一种全面的剖析。当时《中日问题批判》与《最近之世界资本主义经济》两书，皆被当局列为禁书。《最近之世界资本主义经济》②（上）主要包含了两个方面的内容：第一部分写第一次世界大战后世界资本主义的发展，第二部分写 1929 年后世界资本主义经济发展的一般状况，综合了英国、德国、法国、美国、日本、意大利、澳大利亚、加拿大等各国情况，宏观上考察了世界资本主义经济危机时的一般状况和趋向。

1933 年后，吕振羽经李达举荐到中国大学经济系执教，主讲中国经济史、农业经济学、计划经济学、中国社会史、社会科学概论、殖民地问题等课程，兼任其他高校课程，有"红色教授"之美誉。是年 6 月，他撰成《中国上古及中世纪经济史讲义》③在校内发行，这是他在马克思主义基本观点和方法论的指导下，研究中国经济史和研究中国史的雏形。这部著作主要分为八个部分：导言；中国社会经济发展的阶段；殷代的奴隶制度经济；西周：初期封建制度；初期封建制度的发展和封建领主的没落过程；变种的封建时代（一）大地主经济优势时代；变种的封建制度（二）；变种的封建制度（三）小地主经济时代。从这部讲义的导言来看，吕振羽先生还是针对当时的社会史论战所提出问题的论述。

1934 年 6 月，吕振羽撰写的《史前期中国社会研究》出版。写这本书的目的就是参加中国社会史问题论战，因而他也在史学界崭露头角。在 20 世纪三四十年代，吕振羽发表的经济史研究的论文还有很多，如《秦代经济研究》、《殷代奴隶制度研究》、《周秦诸子的经济思想》、《西周时代的中国社会》、《墨翟的学说及其劳动思想》、《周人国家创设的过程》、《隋唐五代经济概论》、《殷代经济前论》、《社会发展过程中之亚细亚生产方法问题》、

① 吕振羽：《中国国民经济趋势之推测》，《三民半月刊》1930 年第 3、4 期合刊。
② 此书下部分由翦伯赞先生撰写，对其分析请见笔者所撰写的《马克思主义史学家翦伯赞与社会经济史研究》，《唯物史观与新中国史学发展》学术研讨会论文集，中国社会科学院 2013 年 4 月。
③ 该讲义由北平聚魁堂讲义书局铅印出版。

《〈中国先阶级社会史〉序》、《中国社会史上的奴隶制问题》、《关于中国社会史的诸问题》、《亚细亚生产方式和所谓中国社会的"停滞性"问题》等。他同时还发表了大量的时事政论文章。

在40年代，吕振羽在中共华中局党校任教，主讲中国社会史、中国革命史等内容。在延安同样笔耕不辍，发表了很多研究性文章。革命胜利后，吕振羽担任了高校的领导职务，但他始终坚持史学研究，对中国历史发展进程、史学研究的理论和价值以及历史人物评价、历史研究方法等问题进行探讨。吕振羽著作等身，除上文所介绍的成果外，他还编纂了《农业经济学》、《计划经济学》、《中国经济史》、《殖民地问题》等大学讲义，还撰写了《中国政治思想史》（上海黎明书局1937年出版），结集出版了《中国社会史诸问题》（上海耕耘出版社1942年），完成了《简明中国通史》、《中国民族简史》、《史学研究论文集》等著作。

二 揭示史前期中国社会经济发展体系

吕振羽对史前期中国社会经济史的研究主要体现在《史前期中国社会研究》一书中。这部书是吕振羽打算系统研究中国社会史的第一部①。这部著作的贡献在于肯定了中国在有成历史之前经历了母系和父系氏族社会。

在《史前期中国社会研究》一书出版之前，中国史前时代是谈不上有真正科学的研究的。此前，西方出版的学术著作，宣扬"中国人种西来说"，直接否定了中国原始社会存在的客观性。在国内的学术界，也出版了一些关于古代史的研究成果②，但是这些成果都没有对史前期中国社会发展的经济形态做一个清晰的描绘。李大钊的《原人社会于文字书契上之唯物的反映》运用唯物史观对史前社会进行了研究，并根据当时社会发展的演变做出了一些阶段性的划分，但是这篇文章限于篇幅，只能做初步的研究。郭沫若的《中国古代社会研究》以马克思社会经济形态理论为指导，分析了尧舜禹时代的家庭婚姻形态和社会结构，得出了神话传说所反映的史前时代是原始社会的结论，但却对此问题没有全面研究。吕振羽先生参考了郭氏的研究

---

① 吕振羽：《史前期中国社会研究》，北平人文书店1934年版，自序。

② 如缪凤林的《中国通史纲要》、夏曾佑的《最新中学中国历史教科书》（后改名《中国古代史》）、胡适的《中国哲学史大纲》、顾颉刚的《古史辨》、蔡和森的《社会进化史》等。

成果。

吕振羽《史前期中国社会研究》一书的历史和学术贡献在于他避免了疑古派的片面性和把史前社会排除在历史研究视野之外的错误。吕振羽在《自序》中交代本书是关于中国古代氏族社会的研究，利用的材料主要包括两个部分，其一为古史书中关于神话故事的记载，其二为仰韶文化中的出土物。他指出："古籍神话中保留着的神话传说式的记载，不仅能正确的暗示着一个时代的历史意义，并且还相当丰富。"① 在这部著作中，他把文献记载的神话传说与新出土的考古文物结合起来，把历史学和民族学的理论方法结合起来，从而整理出一个体现了唯物史观的中国原始社会史的体系来②。

《史前期中国社会研究》一书包含十个方面的内容：序幕；中国社会形势发展的阶段；古代社会特征的一般；神话传说所暗示之野蛮时代的中国社会形态；传说中之尧舜禹的时代——母系氏族社会；传说中的夏代——男系本位的氏族社会；神话传说所暗示由氏族到市区所转变的形迹；仰韶各期出土物与传说时代；中国古代各民族系别的探讨；洪水的传说和其时代。从这十个方面，我们也大体能够看出吕老对史前期中国社会经济形态的划分。在这部书中，从母系氏族社会到男系氏族社会，再到向奴隶社会的转变过程中，他都有详细的论述和具体的分析研究。从生产关系、生产力的角度进行了详细的分析。著名学者张忠培先生这样评价道："吕老在论述中国史前期的社会组织发展与变革这条主线的同时，还详尽地论证了当时人们与自然交往过程中的发现、发明和衣食住行的演变过程，以及社会经济、交换、婚姻、所有制、继承制的变化，而且，还对这个时代的几个主要的横切面，诸如原始社团、母系氏族和父系氏族时期的生产、生活、信仰及社会关系作了全面的阐述……是一崭新的中国史前史的完整体系。"③《史前期中国社会研究》一书运用了马克思主义唯物史观进行了开拓性研究，对史前期的中国社会结构和经济形态有了清晰的廓清。虽然这部书在历史文献、考古实物方面，存在着一些粗糙和不足之处，书中的具体观点也未必为学者们所认同，但是吕振羽在中国史前社会研究方面所开辟的这条道路，方向无疑是正确的，这部书的研究价值是具有重要历史意义的。著名民族学家岑家梧先生在

---

① 吕振羽：《史前期中国社会研究》，北平人文书店 1934 年版，第 82 页。
② 同上书，李序。
③ 吉林大学社会科学处编《吕振羽和中国历史学学术研讨纪念文集》，吉林大学出版社 1996 年版，第 111 页。

《中国原始社会史稿》中对吕老的这部著作评价道："至今还不失为运用马克思主义观点方法的一本体系完整的关于中国原始社会史的著作。"①

三 肯定奴隶经济，从生产方式角度论述封建经济发展

社会史论战中最有争议的问题之一是中国历史上是否存在过奴隶社会阶段，中国的封建社会又是何时发生的。

在《史前期中国社会研究》出版后不到两年，《殷周时代的中国社会》出版。这是吕振羽中国社会史研究的第二分册。在社会史大论战中，"新生命派"中的人不承认中国经历过奴隶社会，胡秋源认为不是奴隶社会先于封建社会，而是封建社会先于奴隶社会；陈邦国认为奴隶经济不能构成一个社会发展阶段，只是氏族社会到封建社会的一个过渡。马克思主义史学家郭沫若、吕振羽等肯定了奴隶社会的存在，实际上论证了马克思主义经典作家揭示的人类社会发展规律同样适用于中国。

郭沫若在《中国古代社会研究》中认为殷代为原始社会末期，西周时期进入奴隶社会，东周时期为奴隶社会崩溃、封建社会开始。吕振羽所公开发表的重要文章《中国经济之史的发展阶段》和《殷代奴隶制度研究》等论著，支持郭沫若肯定中国经历过奴隶社会阶段的观点。吕振羽并没有完全同意郭沫若的观点，认为郭氏对殷商时代生产力和生产关系的发展水平估计过低，殷商还处在氏族社会末期，这种估计不能成立。吕振羽撰文指出："殷代不仅有很繁盛的畜牧，而且有很盛的农业；不仅在生产事业的范畴里及其他事务上都使用奴隶，而且有专靠奴隶为生的自由民阶级的存在；在上层建筑的政治形态上，已经完全看不见民主主义的形迹，充分在表现阶级支配的机能。"② 他论证了殷商时期是中国奴隶社会发展繁盛时期。吕振羽的观点也遭到王宜昌等人的质疑和反对。王宜昌认为吕振羽是"公式主义"者，专发"无智的谰言"③，"不理解半开化时代与文明时代及其过渡，也不理解奴隶社会与封建社会及其过渡"。同年3月，吕氏撰写《是活的历史还是死的公式》进行反击。

---

① 岑家梧：《中国原始社会史稿》，民族出版社1984年版，第9页。
② 中国社会科学院科研局：《吕振羽集》，中国社会科学出版社2001年版，第124页。
③ 王宜昌：《评吕振羽的中国奴隶社会论》，《思想月刊》1937年第2期。

首先，吕振羽根据考古资料和历史分析认为殷代应该已进入青铜器时代[1]。吕振羽还认为："在历史上，殷墟的青铜器和龙山期的金石器是两个社会阶段的残骸，虽则两者并不衔接。不过，殷代虽以青铜器为主要生产工具，但并没有也不可能排除石器的使用，尤其在农业生产上对石器和木犁等的使用。"[2]

吕老从殷代的经济构造、国家政治形态、意识形态等方面对这一时期的社会经济进行了全面的论述。如他对殷代的社会结构和土地关系，结合罗振玉、王国维、董作宾和郭沫若对甲骨文卜辞的考释，形成了自己独到的见解。[3] 吕振羽通过对殷商社会经济形态的认识，归纳出社会经济的特点：土地国有、保存氏族组织的村落公社、由公社酋长转化的具有阶级性质的贵族等观点，在当代看来，仍然具有历史启发意义。他对井田制进行了考察认为，"农奴以部分的劳动时间在自己的私田上劳动，一部分则在领主的公田上劳动。"[4]《诗经》的记述表明"农夫"或"庶人"有自己的经济和生产工具，这正是农奴与奴隶不同的重大特点。

其次，看一下吕振羽在封建社会经济史上的论述。

关于西周的社会性质，吕振羽认为西周虽然还有使用奴隶的现象，但在生产领域里，奴隶经济已退出支配地位，而让渡给了农奴经济[5]。他认为周族在古公亶父时还过着氏族村落公社的生活，文王自身还没有完全脱离劳动。到武王伐殷以后，"便从其前时期的村落公社和殷代奴隶制所遗留下来的历史条件的基础出发，而转化为封建制度＝农奴制度的采邑经济。"[6] 西周分封制的所谓"受民受疆土"，意味着受封者并不仅占有自然的土地，而是连同土地上的人民。等级分封形成了等级从属的土地所有的属性。"在西周的彝器铭文中，和'锡田'同时又'锡夫'、'锡白丁'、'锡庶人'的记录，正是这个历史事实的说明。"[7] 吕振羽从土地所有制形态、直接生产者的身份地位和剥削方式等方面阐述西周的社会性质，这比起仅从分封制而立论的西周封建论者来看，显然前进了一大步。

---

① 吕振羽：《中国社会史诸问题》，生活·读书·新知三联书店1979年版，第106页。
② 同上书，第107页。
③ 吕振羽：《殷代经济前论》，《中山文化教育馆季刊》1936年第4期。
④ 吕振羽：《西周时代的中国社会》，《中山文化教育馆季刊》1935年第1期。
⑤ 中国社会科学院科研局：《吕振羽集》，中国社会科学出版社2001年版，第127页。
⑥ 吕振羽：《西周时代的中国社会》，《中山文化教育馆季刊》1935年第1期。
⑦ 同上。

　　吕振羽是最早从分析生产方式入手，论证西周是封建社会的学者。他认为从奴隶社会向封建社会转变的根本原因是"前者的生产关系已成为了其自身所具备的生产力发展的桎梏，再不能前进一步"①，由此认为西周的社会形态是殷代的奴隶社会和周族原来的氏族社会两种形态合流而成。

　　从第一部分学术历程的介绍可知，吕振羽对封建社会时期的社会经济的研究用力很多，写出了很多断代专题性经济研究的论文。他认为"战国时代，中国封建社会内部所包含的一种变化，已经开始成长。一方面，新兴地主经济之暂时确立，和商业资本的抬头；一方面原来的封建贵族之大批的没落，旧封建领主所支配的农奴经济，不能不让渡到新兴地主的农奴经济"，"由秦代一直到鸦片战争的前夜，这种经济性质的内容，并不曾改变，只在封建经济的体制内连续的发展，但并不曾中断"②。吕振羽先生关于中国封建社会经济形态的一个重要贡献，是提出中国封建生产方式经历了从领主制到地主制的转变。他认为，战国时期雇役佃农制兴起，"给予负荷奇重的农奴们以一种有力的吸引，而作为他所逃亡的一个归宿地"，"从而又把领主们的农奴制生产引向地主经济的雇役佃农制生产，结果使原来的领主也不断地转化为地主"。商鞅是"秦国地主阶级政治上的第一个代理人"。商鞅变法所实行的徕民政策和奖励耕战政策，是满足新兴地主阶级农业劳动力和发展地主经济的政策③。从秦到鸦片战争之前，经历了多次农民战争，地主阶级的经济也不能不一时的呈现衰退，地主阶级的经济发展到元代，商业资本和高利贷资本的发展，可说已到顶端，但自此以后，中国封建经济开始受到世界经济的影响。关于隋唐五代经济发展，他撰写了专题论文，认为"在唐代地主经济复兴的基础上，而随来的商业资本和高利贷资本的发展，以及海外贸易的扩大，招来了外国商业资本及高利贷资本和中国地主阶级的商业——高利贷资本相勾结联合，来宰割本国的佃农和小土地所有者"，到宋代王安石变法，长期的混乱结束，小地主阶级优势得以确立④。

　　新中国成立后，吕振羽对自己的学术见解也有所调整，他仍然坚持西周封建论的基本观点。他说："由于周人自己原来的家长奴隶制和殷朝奴隶制度的影响，以及迁入的'殷遗民'所带去的奴隶制度的作用，在西周又有奴

---

① 吕振羽：《殷周时代的中国社会》，生活·读书·新知三联书店 1962 年版，第 167 页。
② 中国社会科学院科研局：《吕振羽集》，中国社会科学出版社 2001 年版，第 129 页。
③ 同上书，第 135 页。
④ 同上书，第 169—179 页。

隶制和封建制的并存。"① 他说自己过去只把"视野拘限在西周的圈圈内"，"过多地注视封建性方面的东西，而忽视了奴隶制和原始公社制方面的东西。"关于商周时代的社会性质问题，至今史学家众说纷纭，但是吕振羽的论述，却让我们从经济视角看到了社会沿革变化。

四 "资本主义经济在中国发展是没有希望的"

吕振羽对社会经济史的研究，体现了"通"的特点。他的研究和论述并没有停留在就事论事上，而是通过经济的研究，揭示出社会发展规律和特点，为制定正确的新民主主义革命的道路指明方向。他在中国近代社会经济史研究、资本主义经济发展等问题上，同样有自己的见解和认识。

吕振羽在马克思主义史学五大家中，最早提出了资本主义萌芽问题。他说中国到"清代的前半期封建经济已临没落，而开始跌入社会自身的突变的过渡期"，"历史的新因素已在形成的过程中"②。"在清代之资本主义未侵入之前的时代，中国之资本主义的因素，却已开始在孕育"③。他从历史发展进程中，结合经济发展的数据，论证了资本主义萌芽发展的程度。在《简明中国通史》一书中，他对中国资本主义萌芽问题进行了全面分析。他认为对资本主义萌芽问题可以从两个方面来理解：其一是要有自由出卖劳动力的人口存在，其二是资本家要直接把资本投入生产，购置设备，雇佣工人等。他结合当时的史料记载，选用了《松江府制》、《古今图书集成·职方典》、《苏州部府》等史料中关于经济发展的记载，从商业发展的数据以及雇佣关系等方面，研究了资本家和工钱劳动者之间的关系。他认为："当我们的萌芽状态的资本主义还没有成长起来，没有成长到能够推翻封建制度，为自己开辟历史前途的时候，原来落在我们后面的欧美资本主义……就来侵略我们，中国社会便沦入半殖民地半封建的进程。"④ 吕振羽先生对资本主义萌芽的认识是根据研究的发展不断提高和深化的，他坚持从经济变动中揭示社会发展的根源，分析资本主义萌芽问题具有重要意义。

①　中国社会科学院科研局：《吕振羽集》，中国社会科学出版社 2001 年版，第 87 页。
②　吕振羽：《中国上古及中世纪经济史讲义》，中国大学聚魁堂讲义书局 1933 年铅印本。
③　吕振羽：《史前期中国社会研究》，北平人文书店 1934 年版，第 59 页。
④　吉林大学社会科学处编：《吕振羽和中国历史学学术研讨纪念文集》，吉林大学出版社 1996 年版，第 169 页。

吕振羽的社会经济史研究是从经济问题入手，运用马克思主义学说，结合中国问题进行阐释。他的研究既重视理论的研究，又重视微观研究，对资本主义经济和近代中国社会的研究，为中国革命运动发展起到了推动作用。他说："要解决殖民地革命对世界资本主义可能发生的作用，则与资本主义现状是根本关联着的。因此，了解世界资本主义的现状，是最必要的。"①

在《中国国民经济趋势之推测》一文中，他概述了资本主义经济发展的概貌，分析了中国资本主义发展的情形。而后，从资本、土地所有制、工人劳动、世界市场等方面，分析了中国经济结构及其存在的问题。他认为在中国资本主义已经得到一定程度的发展，但是没有在国民经济体系中占据主体地位，由于中国的经济发展受到西方资本主义的侵略，中国也不可能实现跨越资本主义直接进入社会主义社会，所以，资本主义在中国的发展是没有希望的②。《最近之世界资本主义经济》（上册）一书主要论述了资本主义经济危机发生的原因，这一矛盾的根本在于生产力和生产关系之间的矛盾，讲述了资本主义在发展过程中出现的问题，以及解决办法。同时，他对社会主义国家苏联的经济政策进行了描绘，这一时期苏联的经济发展是蒸蒸日上，显示出了与资本主义经济完全不同的景象，歌颂了社会主义制度的优越性。这部书的论述比《中国国民经济趋势之推测》的论述显然更加的成熟。《中国问题研究》一文则主要从国民经济的情况来考察，批评了资本主义社会论、中国封建残余论、中外资本一视同仁论等错误观点。通过对中国农村经济的生产方式的研究，论述中国社会的性质属于半殖民地半封建社会。

五　结语

吕振羽先生对社会经济问题的论述还有很多。"亚细亚生产方式"是社会史论战中的另一个重要问题。马克思主义学说传到中国后产生了很大的反响，那么，"亚细亚生产方式"在马克思和恩格斯的著作中的含义是什么，马、恩在使用这个概念时，是否赋予了一定地理条件的限制，他们后来是否放弃了这个概念，苏联和其他国家一些学者对"亚细亚生产方式"的理解是否正确，中国历史上是否存在过"亚细亚生产方式"，中国学者对"亚细亚

---

① 朱发建、张林发：《吕振羽传》，湖南师范大学出版社 1999 年版，第 23 页。
② 吕振羽：《吕振羽史论选集》，上海人民出版社 1981 年版，第 1 页。

生产方式"是如何理解的，等等。吕振羽对这些问题都认真进行了考察并做出回答。①

中国地域广博，长期以来，受到多种因素的影响，各个地区的经济发展并不平衡。有些兄弟民族处于半封建的状态，有些兄弟民族进到了封建制后期，还有些民族停留在原始公社制。吕振羽先生认为这是中国共产党人面临的一个时代课题，尽快让落后地区民族转入到社会主义革命和建设的轨道上来②。这种观点对当今共产党人发展民族经济，维护社会稳定，还具有借鉴意义。

日本学者秋泽修二是法西斯军国主义侵略的宣传员。他在《东洋哲学史》和《中国社会构成》两书中，歪曲马克思关于亚洲社会形态的一些论断，竭力宣扬中国历史发展的"停滞性"，认为"中国社会经济的近代化的过程，不是发生于中国社会自体内的资本主义生产方式的自生的发展"，而是由于"外力之侵入中国"所决定的。③吕振羽"一谈起秋泽修二的那两本书，就怒不可遏。他日以继夜的奋笔疾书，一连写了《关于中国社会史诸问题》、《中国社会史上的奴隶制度问题》、《亚细亚生产方式和所谓中国社会的'停滞性'问题》等文章"，④揭露日本军国主义的侵略行为。

要之，吕振羽先生是一位有深厚理论素养的马克思主义者，又是一位亲身参与革命的实践者。他在 20 世纪三四十年代所撰写的一些史学论著，都具有十分鲜明的时代特色。吕振羽先生一生是勤奋的、努力的。他为了探索中国农业问题，研究过中国、英国、苏联、意大利等国家的土地制度，并阅读过孙中山、马克思、李嘉图、斯宾塞等关于土地制度方面的著作。他对中国古代农村、日耳曼马克公社、印度村落共同体等中外农村经济发展状况进行过对比研究。为了探索中国革命成功的道路，他对中外各国经济发展的特点进行了钻研和探讨。吕振羽先生的社会经济史研究远不止这些，他对革命的热情，对社会主义理想的追求，对历史研究的执着都值得学习。

---

① 林甘泉：《吕振羽与中国社会经济形态研究》，《史学史研究》2000 年第 4 期。
② 分别参见吕振羽撰写的《论我国历史上民族关系的基本特点》、《关于历史上民族融合问题》等论文。
③ 朱政惠：《吕振羽学术思想评传》，北京图书馆出版社 2000 年版，第 75 页。
④ 同上书，第 50 页。

白寿彝治史方法论浅议

瞿林东

（北京师范大学历史学院）

白寿彝先生生于 1909 年，2000 年去世，享年 91 岁。他的一生，贯穿于 20 世纪。新中国成立前，白寿彝先生治学以思想史为主，而对朱熹的思想和著述研究用力甚多；抗日战争初期，著有《中国交通史》，这是中国学术界第一本中国交通史著作；20 世纪三四十年代，他致力于回族史和伊斯兰教史研究，并从事中国历史和中国史学史的教学工作。

新中国成立后，五十年代初，在侯外庐先生的带领下，白寿彝先生和一些同事参与中国通史教学改革的活动，学习用马克思主义历史观改造中国历史教学体系，进而建立新的中国历史教学体系①。同时，他继续研究、撰写回族史。20 世纪五六十年代，白寿彝先生从事史学概论、中国近代史、中国史学史的教学工作。20 世纪八九十年代，白寿彝先生的学术思想进入新的境界，研究和撰述都达到他的学术生涯的高峰。这期间，他主编出版了《中国通史纲要》、《史学概论》、《回族人物志》（四卷本）、《中国通史》（12 卷 22 册）、《中国史学史教本》、《中国回回民族史》（两卷本），整理出版旧作《伊斯兰教史存稿》，并长期担任《北京师范大学学报》和《史学史研究》主编。

当我们简略地回顾白寿彝先生的学术轨迹时，可以清晰地看到，这是一条不断上升的路线，进而形成气势宏大的史学格局。究其原因，固然是由于年岁的增长和知识的积累，学术思想更深刻，思路更开阔，但通观白寿彝先生的学术历程和学术旨趣，其逐步明确起来的治史方法论当是更重要的因素。本文仅就他关于中国封建社会内部分期的认识，关于少数民族史同中国封建社会进程之关系的认识与中国古代民族关系之主流的认识，以及关于批

---

① 参见刘淑娟《侯外庐同志在北京师范大学历史系》，《史学史研究》1982 年第 3 期。

判继承中国史学遗产的认识，结合他的治史方法论讲几点粗浅的看法。不当之处，请读者批评、指正。

一 分析事物的主要矛盾及其主要方面，认识中国封建社会内部分期的关键所在

20 世纪五六十年代，史学界关于中国封建社会的讨论，涉及许多问题，其中一个重要问题是关于封建社会内部分期。当然，由于论者对中国古史分期持有不同意见，所以对封建社会内部分期的上限自亦有所不同，从而对中国封建社会内部分期所划分的阶段也有所不同。在这里，问题的关键不在于划分为哪几个阶段，而在于划分阶段的标准是什么。正是在这个问题上，见仁见智，多有不同，有的学者以专制主义中央集权发展的程度作为标准，有的学者以农民起义发展水平及其提出的口号或要求作为标准等①。

白寿彝先生根据马克思主义哲学的矛盾学说，提出了自己的看法。1977年，他在一次讲演中指出："中国封建社会可以分几个阶段。解放后将近三十年了，对中国封建社会有各种划分，有分成两段的，分成三段的，分成四段的，分成五段的，分成六段的，多种分法，角度不一样喽。我倾向于是不是分四段比较合适。"对此，白寿彝先生从理论上做了深入浅出的说明，他指出：

> 讲社会发展规律，首先还要讲经济基础。不从经济基础上解决这个问题，讲农民战争就有好多问题不好解释。讲农民战争的发展，也要从经济基础的发展上来讲。那么讲经济基础，讲什么呢？生产力、生产关系嘛。封建社会生产力发展很缓慢，抓这个，困难大。生产关系抓哪一个呢？要抓农民阶级，但是首先要抓地主阶级。为什么？因为地主阶级是封建社会矛盾的主要方面。看封建社会变化，在地主阶级身上体现得清楚些，材料也多些。有了这个材料，再分析农民阶级、分析农民战争，就好办得多。在封建社会两、三千年里面，阶级斗争有一定的量的变化，在不同的阶段里，显示着不同的情况。这一点可以帮助咱们对于

---

① 参见瞿林东《关于中国封建社会内部分期的几种观点》，载历史研究编辑部编《建国以来若干史学理论问题举要》，齐鲁书社 1983 年版。

封建社会发展线索，多知道一点。我个人的意思，就是先从这儿来分析：从地主阶级变化来分析；然后再从农民战争的口号、行动来分析。还有一个，从民族关系上来分析。①

应当强调的是，这是关于封建社会研究领域在理论上的一个新认识，而这一认识的理论根据，就是把握事物中的主要矛盾和矛盾的主要方面。在封建社会中有许多矛盾，农民阶级和地主阶级的矛盾是主要矛盾，而这个主要矛盾的主要方面是占有生产资料的地主阶级。白寿彝先生正是以这一理论为指导，提出了着重研究地主阶级身份的变化。地主阶级身份之所以发生变化，又是因为地主阶级内部也存在着不同的阶层，而随着生产力的发展和生产关系的变化以及由此而引发的地主阶级各阶层的变化，占统治地位的阶层也必然发生变化。

依据这一理论的和历史的逻辑，白寿彝先生考察了封建社会地主阶级内部阶层的变化，提出世家地主、门阀地主、品官地主和官绅地主是封建社会内部分期四个阶段分别占统治地位的地主阶层，以及由此引起的政治统治的变化、农民阶级身份的变化、地租形态的变化、地租和国税关系的变化、农民起义口号的变化等②。毋庸置疑，理论指导的作用，促使白寿彝先生提出这一新的见解，从而用一种新的视角透视了封建社会内部的种种构成及其演变的规律。

关于中国古代地主阶级的研究，在史学界是一个倍受关注的问题，从20世纪五六十年代到八十年代初，这方面的研究已有相当的积累，举凡地主阶级的产生、地主阶级的结构、地主阶级的经济形态、地主阶级成员再生产、地主阶级的历史作用等，都有不少见解发表出来，并提出了一些相关的概念③。从这些综述的内容来看，白寿彝先生关于中国封建社会地主阶级及其阶层的分析，确有其独到之处，而他根据毛泽东《矛盾论》的基本观点，以抓住事物主要矛盾及矛盾的主要方面而揭示事物本质的方法论，也显示出他

① 以上见白寿彝《关于中国封建社会的几个问题》，载《白寿彝文集》第1卷，河南大学出版社2008年版，第197—198页。

② 参见瞿林东《中国封建社会内部分期的不同见解》，载肖黎主编《20世纪中国史学重大问题论争》，北京师范大学出版社2007年版，第75—76页。

③ 参见孙立群《建国以来关于封建地主阶级研究的综述（1949—1983年6月）》，载南开大学历史系中国古代史教研室编《中国古代地主阶级研究论集》，南开大学出版社1984年版，第296—333页。

在运用理论方面的深刻与特点。

应当指出，白寿彝先生把封建社会中的地主阶级划分为不同的等级或阶层，并强调它们随着历史的变动而变动，因而有的阶层上升为统治阶层，而有的阶层则不具有政治上的特权。他的这种看法，在史学界并不是孤立的。杨志玖先生在为南开大学历史系中国古代史教研室所编的《中国古代地主阶级研究论集》一书所写序言中，有这样两段论述：

> 我们习惯上把我国封建社会划分为地主阶级和农民阶级两大阵营，这从大原则上讲并没有错，也比较方便省事，但历史的实际情况却比这复杂得多。《共产党宣言》曾正确地指出，到资产阶级时代，阶级对立才简单化为资产阶级和无产阶级两大敌对阵营，而在此之前的社会则"完全划分为各个不同的等级"，"由各种社会地位构成的多级的阶梯"，"而且几乎在每一个阶级内部又有各种独特的等第。"中国古代的情况也无例外。……在论及我国古代的阶级关系时，简单地归类为地主和农民两大阶级并不能真正搞清问题。
>
> 既然每个阶级内部又有各种不同的等第或等级、阶层，他们的政治、社会、身份地位各不相同，他们的政治观点和价值观念自然也不会完全一致。研究的任务就是要具体分析各阶级、阶层的不同情况，探讨他们的形成、发展、变化的特点和规律，揭示他们的思想观点、政治态度和他们的等级身份的内部联系。这是一件复杂细致而艰巨的工作，简单、笼统和一刀切的办法是无济于事的。[1]

可见，杨、白二先生的见解在理论上是一致的，而且有互相补充的意义。

近年来，在中国古代史研究领域，有关阶级和阶层的分析和讨论较少受到关注，从上述白、杨二位先生所论来看，这个问题是重要的、艰巨的，仍有很大的研究空间。

---

[1] 杨志玖：《中国古代地主阶级研究论集》序，南开大学出版社1984年版，第1—2页。

二 把握事物发展趋势及其整体特点，阐述
统一多民族国家发展的规律

自古以来，中国是一个多民族国家。因此，在中国近现代学术史上，有很多学者十分重视民族问题的研究，如吕振羽、蒙文通、马长寿、翁独健、费孝通等，都各有贡献。白寿彝先生关于中国历史的民族观，反映在民族思想、民族史思想和民族关系史思想等方面，并提出了、论证了这些方面的若干重要问题。具体说来，白寿彝先生的民族思想是强调中国历史是多民族的历史；他的民族史思想是把各民族的历史同中国历史总的进程结合起来考察；他的民族关系史思想是合理地阐述历史上民族关系的主流，即各民族在和好与冲突中关系越来越密切，共同创造了中国历史。在这里，白寿彝先生的治史方法论集中表现为：把握事物发展的趋势及其整体特点，揭示统一多民族国家历史发展的规律。

首先，来说民族关系史问题。这个问题的核心，是历史上民族关系的"主流"是什么？20世纪五六十年代有两种截然不同的看法，一是矛盾冲突是主流，二是友好合作是主流。这个争论一直持续到20世纪80年代初。1981年，在北京香山举办了一次全国性的民族关系史学术研究会。会上，这两种意见仍有交锋。针对这一争论，白寿彝先生发表了他的见解，认为：

> 在民族关系史上，民族关系的主流是什么？有两种意见。认为友好合作关系是民族关系的主流。这是我们开会以来说得最多的。有些同志不同意这种意见，认为光说友好合作，说不过去。历史上很清楚：今天你打我，明天我打你，老打仗，不能说这也是"友好合作"吧。用友好合作来概括民族关系的主流，恐怕说不通。究竟哪一种意见对呢？是不是像过去的那种说法，民族间的关系只有民族间的斗争，民族间的抗争？但这些年来，我们发现了一些材料，各族之间确实存在着友好合作的关系。这个问题到底要怎样认识才好呢？我认为，无论主张第一说，还是主张第二说，都不可能完全否定对方的提法，因而也就不可能完全说服对方。这个问题也可以看得开阔一点，不要争论不休：哪个是主流，哪个是支流。这样争论下去解决不了问题。这是因为：在这个历史阶段里，可能友好合作比较多，不管什么形式的友好，朝贡也罢，会盟

也罢，和亲也罢，总算是和好吧。在另一个历史阶段里，也可能民族间打得难解难分，汉族跟少数民族打，少数民族之间也打。这如何解释呢？一定要在这两种现象之间找出个"主流"，定出个"支流"来，我看不好办。我们研究历史，不能采取割裂历史的方法。从一个历史阶段看问题，固然是必要的；从整个历史发展趋势看问题，则是更为重要的。在民族关系史上，我看友好合作不是主流，互相打仗也不是主流。主流是什么呢？几千年的历史证明：尽管民族之间好一段、歹一段，但总而言之，是许多民族共同创造了我们的历史，各民族共同努力，不断地把中国历史推向前进。我看这是主流。这一点是谁都不能否认的。当然，历史发展是波浪式地前进、螺旋式地前进，有重复、有倒退，不可能是直线上升的，总会有曲折、有反复，这是历史发展的规律。但总的讲，我们各民族的共同活动，促进了中国历史的发展。[①]

这一论述发表以后，关于两种"主流"的看法大致取得了共识。当然，在具体问题的判断上或许还有这样那样的分歧，但在"主流"问题上，大多采取了或赞同了白寿彝先生的论断。值得注意的是，这一论断之所以具有学术上的说服力，是因为白寿彝先生善于运用从发展趋势上观察历史运动的方法论，这也表明白寿彝先生具有考察历史运动的宏观视野。我们从白寿彝先生对这一历史"难题"的剖析中，诚然得到许多启示。

其次，关于民族史问题，白寿彝先生一方面关注各个民族自身历史的研究，如他对新中国成立之初所展开了民族史调查给予很高的评价[②]。另一方面，也是更重要的方面，他把民族地区历史的发展同整个中国历史进程结合起来，充分肯定民族地区历史发展的重要地位。如白寿彝先生在论述封建社会的成长时期时指出："东北、北方、西北和南方的少数民族，开始有了较多的见于记载的历史活动。"在论述封建社会发展时期时写道："在这时期，发生了民族间的长期斗争，发生了民族的大规模流动和移居。结果是无论在

---

① 白寿彝：《关于中国民族关系上的几个问题》，《北京师范大学学报》1981 年第 6 期。在这篇文章中，作者还论述了"民族关系和疆域问题"、"主体民族的形成"等问题。

② 白寿彝主编的《史学概论》这样写道："五十年代，史学工作者和民族工作者在全国范围进行的大规模的民族社会历史的调查，是一项很有意义、很有成绩的工作。调查材料，所得数量很大，约在二万万字以上。如此丰富的材料，对我国民族历史研究工作的发展有着重要的意义。"宁夏出版社 1983 年版，第 355—356 页。

北方和南方，民族杂居的地区扩大了。因而汉族充实了自己，少数民族提高了生产水平和生活水平。新的民族融合的局面出现了，民族杂居的封建化进程在前进了，这是封建社会发展时期的一个重要的特征。"把"民族杂居地区的封建化进程"作为中国封建社会史内部分期的标志之一，这在中国民族史研究上具有重要的意义。同样，作者在论述中国封建社会进一步发展时期时明确指出："广大的边区，从东北到西北，再到西南，基本上都进入了封建社会。这是封建社会进一步发展的重要标志。"① 在 20 世纪五六十年代，史学界曾经讨论中国封建社会长期停滞的问题，当然，也有一种观点认为不是长期停滞而是缓慢发展。白寿彝先生在这个问题上的贡献，是以更加开阔的视野，注意到民族杂居地区、少数民族地区和广大边区的"封建化"进程，从多民族的历史发展来观察中国封建社会的进程，确有重要意义。②

白寿彝先生关于民族问题的总的认识，集中反映在他晚年所撰写的《中国通史·导论》第一章"统一的多民族的历史"这篇长达八万字的专论中，本章包含三节：一是"关于中国民族史撰述的回顾"，二是"党的民族政策和民族分布现状"，三是"统一的多民族的历史撰述"③。每一节之下，又有若干子目展开论述。这一重要成果，不仅在理论上有重要价值，而且从史学史上论证了中国史书具有撰写多民族历史的传统，在一定程度上改变了以往那种认为中国史书只是记述汉族历史的片面认识。

以上所论，只是涉及白寿彝先生关于中国历史之民族观的几个重要方面。白寿彝先生关于民族、民族史、民族关系史及其相关方面的思想，内涵十分丰富，值得深入研究。

三　辩证地看待史学遗产，开拓继承与创新的具体路径，推进历史研究与史学研究

中国拥有丰富的史学遗产，这是对世界史学以至人类文明的重大贡献。

---

① 以上均见白寿彝《中国历史的年代：一百七十万年和三千六百年》，《北京师范大学学报》1978 年第 6 期。

② 1984 年，金观涛、刘青峰所著《兴盛与危机——论中国封建社会的超稳定结构》一书出版，引起史学界的广泛关注。其实，这是运用"新方法"来"证明"中国封建社会"长期停滞"的一种见解。

③ 参见白寿彝主编《中国通史》第 1 卷《导论》，上海人民出版社 1989 年版，第 1—98 页。

但自20世纪初开始，总的说来，中国古代史学一直处于被批判以至被否定的地位。梁启超的《新史学》是一篇开风气的宏文，而它对中国古代史学的片面看法，曾在很长的时期产生了很大的负面影响。尽管梁启超在《中国历史研究法》等著作中多少改变了他对中国古代的看法，但《新史学》的负面影响并未完全消除，还时时被人们所引用。20世纪60年代初，白寿彝先生以极大的理论勇气和充分的事实根据，发表了《谈史学遗产》一文，肯定了史学遗产的重要价值。80年代初，在改革开放的历史氛围中，他于1981—1982年，连续发表了五篇"谈史学遗产答客问"，进一步阐发了他关于史学遗产的继承和创新的见解。①

所谓史学遗产，是历史上流传下来的前人在史学活动中的创造和积累，是文化遗产的重要部分。把史学遗产从历史遗产中"分离"出来，并把它作为一个专门的学术问题和理论问题提出来进行研究，白寿彝先生的这几篇文章不仅开其先河，而且从理论上和研究对象上奠定了探讨这一领域的学术基础，因而产生了较大的学术影响。

白寿彝先生强调指出："我们要继承优良传统，同时要敢于打破传统，创造出宏大精湛的史学规模"。② 这是作者20世纪60年代初说的话。应当看到：史学遗产和当代史学，这是性质不同的两个事物；但是，它们之间又是紧紧相联系的。恩格斯说："每一时代的哲学作为分工的一个特定的领域，都具有由它的先驱传给它而它便由此出发的特定的思想材料作为前提"。③ 可以认为，每一时代的史学也是如此。如果抛弃了优良的史学传统，就是拒绝当代史学得以发展的前提。这就是为什么白寿彝先生在讨论史学遗产或阐述其他史学问题时，历来非常强调继承优良史学传统的重要性。

《谈史学遗产》一文从理论上阐述了研究史学遗产的重要性及研究史学遗产的方法。关于研究对象，作者从七个方面做了概括，即归纳了史学遗产中的主要成就，并将其比喻为一个个"花圃"。这就是：中国史学上有关基本观点的遗产，包含历史观、历史观点在史学中的地位、史学工作的作用；史料学遗产；历史编纂学遗产；历史文献学遗产；重大历史问题研究成果；有代表性的史学著作；历史启蒙书方面的遗产。关于研究史学遗产的必要

① 白寿彝先生的上述六篇文章，后经北京出版社汇辑为《史学遗产六讲》，北京出版社2004年第1版，2011年第2版。

② 白寿彝：《史学遗产六讲》，北京出版社2004年版，第6页。

③ 《马克思恩格斯选集》第4卷，人民出版社1995年版，第703—704页。

性，作者指出：研究史学遗产，可以更具体更深刻地理解史学在社会中的作用；可以逐步摸索出来中国史学发展的规律；可以把历史上人们提出来的一些史学问题作为当前研究的资料，丰富我们的研究内容。这些见解，在今天仍有重要的启发意义。

白寿彝先生在 20 世纪 80 年代撰写的五篇文章，集中讨论了四个问题，即历史观点、历史文献学、历史编纂学、历史文学。

应当看到，白寿彝先生谈论史学遗产、史学传统，不仅给人以启迪，而且给人以激励。这突出地表现在：重视史学遗产，但不迷信史学遗产；推崇优良传统，但又敢于打破传统，开创史学研究的新的格局。这反映了白寿彝先生对传统和遗产的辩证思想和在学术上的创新精神。举例说来，司马迁开创的纪传体史书，是中国古代“正史”的传统体裁，这实际上是一种综合体。白寿彝先生扬弃了罩在纪传体史书体裁上旧的传统的外衣，吸取了它作为综合体的形式，并以科学的观点对其进行说明，从而使纪传的体裁获得了新的生命。白寿彝先生写道：“历史现象是复杂的，单一的体裁如果用于表达复杂的历史进程，显然是不够的，断代史和通史撰写，都必须按照不同的对象，采取不同的体裁，同时又能把各种体裁互相配合，把全书内容融为一体。近些年，也许可以说近几百年，我们这个传统没有得到很好的发扬，因而我们的历史著作，在很大程度上不能表达更为广泛的社会现象。……今天我们要用综合的体裁来写历史，不止是要吸收古代历史家的长处，还应该超过他们”。① 白先生在论述史学遗产过程中，类似这样的分析，多有自得之见。在对待史学遗产（包括史学传统）的问题上，白寿彝先生历来反对国粹主义和虚无主义的态度，不赞成迷信古人和抛弃古人的做法，因为它们是不能创造出来具有当代民族精神和民族传统的、“宏大精湛的史学规模”的。

关于史学遗产的论述，是白寿彝先生运用马克思主义的辩证唯物主义的方法论，从理论上对中国史学遗产进行系统的发掘、爬梳的开创性成果，反映了他的恢宏的视野和渊博的学识，他对史学遗产之精华所做的分析及其在当今史学事业中之价值的阐释，对史学理论与史学史研究都有重要的启发和借鉴意义。

---

① 白寿彝：《谈史书的编撰——谈史学遗产答客问之三》，载《史学遗产六讲》，北京出版社2004 年版，第 80 页。

　　白寿彝先生的治史方法论不限于上面所讨论的几个方面，但这几个方面是比较重要的，也是笔者关注较多的。故撰成此文，约略可见白寿彝先生在运用马克思主义理论研究历史与史学方面的特点与成就。

创建中国特色马克思主义
历史学的思考和探索
——以白寿彝先生为中心的考察

张剑平

（河北大学历史学院）

创建具有中国特色的马克思主义历史学，是新时期史学界的共同愿望，白寿彝、刘大年、田昌五等多位史学家都就这一重大问题，进行过理论论述和实践探索，白寿彝先生是其中最为突出的一位。[①] 在 20 世纪 80 年代初，白寿彝先生就明确提出要创建具有中国特色的马克思主义历史学，在他晚年二十余年的学术生涯中，他为实现这一宏伟目标不懈努力，在史学理论与史学史、中国通史、民族史等多个方面的贡献尤为突出。

创建中国特色的马克思主义历史学，也是摆在当代史学家面前的历史使命，是推动中国历史学在 21 世纪进一步发展的重要路径。当代史学工作者应该正视当前历史学发展出现的新情况和新问题，在白寿彝等学者的理论思考和实践探索的基础上，认真处理好历史学发展和研究中若干重大的理论问题，进一步推进中国特色马克思主义历史学的新发展。

一 白寿彝创建中国特色马克思主义 历史学的理论思考

在对"文革"时期出现的"影射史学"的实质进行深入反思的基础上，白寿彝先生强调必须完整、准确地理解马克思主义，这集中体现在 1978 年长春古史分期学术会议上他的《谈谈史学研究的学风问题》的发言中。他说："党中央提出来要完整地、准确地运用马克思主义，这个要求提高了。

[①] 参见拙著《新中国史学五十年》，学苑出版社 2003 年版，第 301—311 页。

历史工作者同样有这样的问题，也应该努力完整地、准确地学习马克思主义。这主要是从立场、观点、方法上学习马克思主义，而不是学习个别词句。"他进一步指出："理论方面有两个问题，一是理解，一是运用。理解上，要求完整地、准确地学习，不容易。怎么样才能做到呢？就是说，不能离开经典著作当时的历史条件和经典作家的意图去理解当时的论断。离开当时历史条件和经典作家的意图去理解经典著作，就不可能完整准确。当然这要下更大的功夫。在运用上，往往在理论运用上运用得好，就是对马克思主义的发展。用马克思主义指导我们的工作，得出新的结论，就是发展。要求理论上发展，是符合马克思主义的。不要求发展，停滞不前，让理论僵化，那不是马克思主义。所以，要有这样的认识，要有这样的责任感，也要有这样的气魄和信心。……在马克思主义理论指导之下，详细占有材料，得出新的结论，就是创造性的结论。"① 这里，白先生高屋建瓴地提出了史学工作者完整准确地理解和运用马克思主义的内涵，其中主要思想包括：一是要坚持实事求是的原则，在史学研究过程中，进一步发展马克思主义理论；二是史学研究要以马克思主义理论为指导，在详细占有史料的基础上得出新的、创造性的结论的研究方法和研究目标。白寿彝先生在对中国马克思主义史学发展经验和教训认真思考的基础上，明确提出这些卓识，反映出历经曲折，中国史学界对马克思主义指导中国历史研究在认识水平的进一步提高。

1983 年 4 月，白寿彝先生在陕西师范大学做了题为《关于建设有中国民族特点的马克思主义史学的几个问题》的学术讲座。围绕建设有中国民族特点的马克思主义史学这个中心，白先生提出了关于历史资料的重新估价问题、史学遗产的重要性、取鉴于外国历史的问题、历史教育的重大意义、历史理论和历史现实的问题，以及史学队伍的智力结构的问题。关于建设具有中国民族特色的历史学，白先生说："有人说，马克思主义的普遍真理，怎么会出来一个民族特点的马克思主义？我们讲，马克思主义是普遍真理，是讲它的原理、原则方面。但具体起来，它用于不同的民族，不同的国家，就应该有不同的特点。普遍真理体现在不同民族的、不同国家的特点里面，二者并不矛盾。""我们建设马克思主义史学，应该有中国的民族特点，这不是照抄的，不是把马克思主义现成的词句搬来就成。我们要用马克思主义解决

---

① 白寿彝：《谈谈史学研究的学风问题》，载红旗杂志社哲学历史编辑室编《历史研究的理论和方法》，红旗出版社1983 年版，第220、228 页。

中国历史的问题、解决中国历史学的问题。这是一个有创造性的工作。"关于历史资料，白先生的重要贡献在于提出了历史资料的二重性的问题，即历史资料既是记载和解释过去的历史的资料，又是好多种学科的研究资料，这一重要认识是历史文献学理论研究的重要突破，建立在这一全新的历史资料观念上的马克思主义史学，一旦被广大马克思主义史学家自觉地领会，必将大大加强马克思主义史学的现实生命力，马克思主义史学也必将得到极大地丰富。作为一位多年从事中国史学史研究的著名学者，白寿彝先生当然知道中国丰富的史学遗产对马克思主义史学发展的重要意义，在这个报告中，他明确地阐发了这方面的看法。他说："我们中国的历史学很有特点，很值得我们研究。研究中国历史学的特点，就是研究中国史学遗产的特点，对于我们建设一个有民族特点的马克思主义史学很有帮助。"关于中国史学遗产，白先生提出了四个方面：第一，关于历史思想和历史观。他说："在历史观的问题上，尽管过去人没有历史唯物主义的思想体系，但有好多正确思想，我们还是应该发掘，应该阐述，应该发展，从而丰富我们的史学思想。我看这是很要紧的一个方面。"第二，关于历史文献问题。他认为能搞出一部马克思主义的中国历史文献学，对于建设有民族特点的史学会很有帮助。第三，关于史书的编撰问题。他指出：把中国过去的"史书的形式、写史书的经验进行总结，创造新的形式，写出新的历史书，这也是我们建设新的史学的一个方面"。第四，关于历史文学。结合《史记》、《汉书》、《资治通鉴》这些具有很高历史文学成就的史书，以及中国历史著述不大注意历史语言的表述等问题，白先生强调史书和史学论文语言表述的生动性，并把这一问题与历史学的社会功能紧密结合起来，认为这是历史学发挥其社会价值的非常重要的问题。关于民族特色的马克思主义史学建设，白先生还强调离不开对国外史学的借鉴。他明确地说："要对外国史学有所借鉴。现在的很多学术领域都带国际性。尽管有民族特点，还是带有国际性。我们不能离开世界，不能离开人类。我们要研究外国的历史书，研究外国的历史学，来丰富我们。"站在当代世界史学发展的高度，白先生说："国外的史学理论，流派很多。特别这几十年，流派更多，我们知道的太少。讲马克思主义，也有好多讲法。当然，其中难免错误和歪曲。但是我们总应该知道他们的主要流派和论证。有些资产阶级学者读马列主义经典著作比我们还多。也可以说，其中还有一些人比我们读的认真。他们究竟怎么说，怎么看，对我们学习马列主义也是应该参考的。"① 在 20 世纪 80 年代初，白先生就能站在时代的最前列，以广阔的胸怀，提出借鉴国外史学，建设具有民族特色的马克思主义史学的观点，这不仅为中国马克思主义史学的新发展提供了具有重大意义的建设性意见，而且直接推动了中国史学家打开视野，积极吸收和引进当代西方史学的热潮，因而具有重大的理论意义和实践意义。在这个报告中，白先生还进一步论述了注意发挥马克思主义史学的教育功能，在历史研究的实践中不断丰富和发展马克思主义理论，以及适应时代的需要调整史学后继人才的智力结构等重要问题，今天看来，这些方面仍然是进一步推动中国历史学发展的重要问题。

在 20 世纪 80 年代初，经过长期深入的思考，关于史学理论与历史唯物主义之间的关系，白寿彝先生从理论上较早做出了较为深入的论述。白先生早在 20 世纪 60 年代就为北京师范大学历史系学生讲授《历史唯物主义》课程，当时把《历史唯物主义》等同于《史学概论》。关于二者的差别，他当时也没有找到具体的解决问题的办法。新时期，经过进一步深入的理论思考，白先生终于明确了二者的关系。他说："历史唯物主义是辩证唯物主义在对待人类社会历史现象上的具体运用，是最科学的历史理论。我们讲史学概论，也必须以历史唯物主义为指导，必须阐述历史唯物主义的基本原理，可是还必须论述史学的其他方面，还不能把阐述历史唯物主义作为本书的全部任务。"② 由于有了以上自觉的认识，白先生主编的《史学概论》以其独特的内容，从史学研究的实践上，首先对历史唯物主义和史学概论做出了明确的区分，这对新时期中国史学理论学科的发展起到了重要的奠基作用。

白寿彝先生为新时期马克思主义史学理论的发展做出了巨大的贡献，除从事《中国通史》教材和论著的编写探索之外，1983 年他组织编写的《史学概论》，以一种全新的面目出版，为中国马克思主义史学理论的建设增添了华丽的篇章。1981 年，他对中国史学遗产进行了系统的理论探索，在《史学史研究》先后发表了 4 篇《谈史学遗产答客问》，在这几篇文章的酝酿过程中，逐渐产生了写《史学概论》的思想。白先生说："这就是要在马克思主义基本原理的指导下，论述中国史学遗产几个重要方面的成就和马克

---

① 白寿彝：《中国史学史论集》，中华书局 1999 年版，第 380—395 页。
② 白寿彝主编：《史学概论》，宁夏人民出版社 1983 年版，第 1、21—22 页。

思主义传入中国后史学的发展，及当前史学工作的重要任务。"① 按照这一想法，他组织了一些学者编写了《史学概论》，在1983年马克思逝世100周年之际，由宁夏人民出版社出版。本书共分十章，包括：叙论、历史观、历史文献、史书的编著、史书的体例、历史文学、史学和其他学科的关系、近代史学、马克思主义史学在中国的传播和发展，以及当前的主要任务，共计22万余字。本书的出版开辟了《史学概论》这门课程的新生面，这主要可以概括为以下几个方面：第一，明确地提出了《史学概论》这门课程的任务，首先明确地区分了历史、史料、史学这三个既互相区别又互相联系的概念，关于这门课程的任务。白先生明确地说："史学概论作为一个学科，是有自己的特定的任务的。它应该是在马克思主义的批判继承的原则指导之下，概括地论述史学在发展过程中为自己提出的重要问题及其成就，并应该指出当前史学工作者面临的重大任务。它跟历史唯物主义、历史研究法、史学史的学科任务各不相同，而在内容上却不可避免地要有所联系。"② 这就明确地提出了《史学概论》作为历史学体系中的独立的学科地位和身份，将它与历史唯物主义相区别，走出了新中国成立几十年来在史学理论学科建设中将史学概论等同于历史唯物主义的认识方面的重大缺陷，有助于该学科的发展。第二，注重马克思主义史学理论及马克思主义史学发展史的阐述。本书第一章：史学遗产的批判继承，第二章：历史观，第九章：马克思主义史学在中国的传播和发展，都着重对马克思主义史学理论的阐述和中国马克思主义史学发展历程的概括。如关于唯物史观，本书集中在一节的篇幅中，论述了许多重要问题，包括：马克思主义唯物史观在历史上的巨大贡献；产生唯物史观的历史条件；坚持唯物史观的原则，反对教条主义和经验主义；这三个子目既完整地阐述了马克思主义唯物史观的基本内容，又根据历史与现实紧密结合的原则，论述了马克思主义唯物史观对历史学发展的重大影响，以及如何对待马克思主义的理论问题。第三，重视历史学遗产的发掘和阐述。作为一位著名的史学史研究专家，白寿彝先生深知中国丰富的史学遗产在史学理论学科建设中的重要作用，因而本书以四章的篇幅，概括地论述了历史文献、史书的编著、史书的体例、历史文学四个方面的问题，对于当代史学发展关系密切的中国近代史学、马克思主义史学也设专章论述，本来还想概述

① 白寿彝主编：《史学概论·题记》，宁夏人民出版社1983年版，第1—2页。
② 白寿彝主编：《史学概论》，宁夏人民出版社1983年版，第21页。

西方史学，因缺少研究而暂付阙如。历史文学是白先生在对中国史学遗产的多年研究中发掘的重要史学遗产，本书概述了中国历史学和文学在历史的发展中的分合关系，中国历史文学在写人物、写战争、写场面方面的突出成就，以及历史文学的写作经验。本书对历史文献，不像当年同时出版的山东版《历史科学概论》讲历史文献学的发展历史，而是突出地概述了中国历史文献的繁富、成就，以及历史文献在史学研究中的地位。对中国传统史书的编著及史书的体例的了解，有助于学生开阔视野，对以后他们从事史学研究很有好处。

总而言之，由白寿彝先生主编的《史学概论》，是新时期有中国特色史学理论学科建设的重要著作。本书以其独特的内容，为史学概论教材的编写打开了新的思路，有助于马克思主义史学的丰富和进一步的发展，为史学理论作为一门独立学科的出现，也起到了开路先锋的作用。当然，作为一门刚刚起步的学科，本书对史学概论这门学科内容及体系的认识，与20世纪80年代之后史学理论界提出的本体论、认识论和方法论体系仍然具有不小的差别，但是，该书在史学理论学科建设和发展史上的重要地位是不可忽视的。

二 白寿彝总主编多卷本《中国通史》的创新

由白寿彝先生担任总主编、全国500余位学者参与撰著的多卷本《中国通史》，是新时期中国历史学研究的重大学术成果。该书以其丰富的内容、创新的体例、多方面的理论创新，赢得了学术界的广泛赞誉。本书也是白寿彝先生创建具有中国特色的马克思主义历史学的最具标志性的学术成果。

由白寿彝先生亲自撰写的《导论》第一章，第三节：统一的多民族历史的编撰，着重从理论上论述了疆域问题、历史的分期、多民族的统一，共三个方面的重要问题，这也是白先生几十年来从事中国历史研究的中心问题。如关于历史分期问题，白先生在1979年出版的《中国通史纲要》一书中已有详细的论述，在多卷本《中国通史》中，他进一步做了理论方面的概括。白先生说："历史分期是研究历史发展的重要问题，在远古时代是否可以分期，要靠考古学上的材料去解决。自有文字记载以后，中原地区已进入上古时代，即奴隶制时代。到了春秋战国，是上古时代向中古时代的过渡，即奴隶制在中原地区向封建制过渡时期。公元前二二一年秦始皇统一六国，可以说是封建制在全国占支配地位的标志。"这段话，讲了历史分期的重要性，以及他对中国历史由奴隶制向封建制的发展的看法，提出了奴隶制的存在范围以及向封建制逐步发展的历史过程，这就对争论多年的社会分期问题，做出了一个令人信服的解释。关于过去社会分期问题争论的缺陷，白先生指出："建国以来，史学界对于中国历史分期展开了不同意见的争论，至今仍在继续。但对于这个问题的讨论，基本上是关于中原地区奴隶社会跟封建社会的分期问题。我们应当放开视野，努力在全国范围内考察这个问题。"这既指出了过去讨论的局限性，又提出了将问题引向深入的正确途径。在历史分期问题上，白寿彝先生更重视封建社会内部发展阶段的划分和中国近代史的分期，他提出不平衡是历史的正常现象，应该从不平衡中把握历史的整体性，这确是一个卓识。在此基础上，他将中国封建社会的发展划分为四个时期：第一时期即秦汉时期，在中原地区，是中国封建社会的成长时期。封建等级制，在经济上和政治上都成长起来。关于这一时期的社会生产关系，白先生明确地说："奴隶制在秦汉时期并没有消灭，在官私手工业中仍旧存在。家内供役使的奴隶，在整个封建时代都是存在的。不过，这些都是奴隶制的残余，在社会生产中是越来越没有地位的。"这就从多种生产关系并存的角度，对秦汉时期中国的社会性质做出了较为合理的解释。第二时期，三国两晋南北朝隋唐时期，是中国封建社会的发展时期。在新的民族关系局面出现后，有了民族重新组合的出现，而促进了原来地区的封建化过程。长江中下游经济的发展，在向黄河流域的富饶地区看齐。五代以后，到了元末，是中国封建社会的进一步发展时期。广大的边区，从东北的部分地区到西北，再到西南，基本上都进入了封建社会，而汉族与各民族间又经历了一次新的组合。东南经济的发展，超过了北方。明朝及清朝的大部分的年代，是中国封建社会的衰老时期。[①] 白先生从全方位的、动态的、发展的视角来考察中国封建社会的发展和演变，将中国封建社会划分为四个时期，并明确地提出了各个历史时期的时代特征，使人们对中国历史有了进一步的全面的认识，他的这些论述都建立在马克思主义的科学分析的基础之上，这是白寿彝先生对中国历史理论发展的又一重要贡献，《中国通史》从第三卷开始各卷基本上都是在这个框架的基础上，全面深入地展开论述的。

关于民族问题，在《中国通史·导论》卷中，白先生提出了民族统一的四种形式：即单一民族内部的统一、多民族内部的统一、多民族区域性的统

---

① 白寿彝主编：《中国通史·导论》，上海人民出版社 1989 年版，第 81—89 页。

一和社会主义的全国性的统一。关于民族发展的主流问题，白先生说："从历史的某一片断来看，确切不止一次地有分裂状态的存在，但从历史发展的全貌来看，全国性的多民族统一才是主流。"关于民族经济发展的差异性，白先生指出："在经济制度上，各民族的发展是不平衡的。在中原地区，汉民族的形成和封建所有制的形成，基本上可以说是同步的。在这时候，匈奴还处于奴隶制阶段，西南夷还处在氏族社会末期。两千多年过去了，在人民共和国成立以前，我们还有封建所有制，奴隶主所有制、原始公社的残余以及民族资本主义和买办资本主义，所有这些，都是多民族在经济制度方面的表现。"这就明确地提出了常常为史学家和政治家所忽略的民族经济的巨大差异性的问题，这有助于我们对中国古代和近代以及当今社会的认识。作为一位回族历史学家，白寿彝先生抛开了民族狭隘主义和大汉族的观念，坚持了马克思主义的民族观，他提出了科学的历史编撰原则，他说："撰写统一的多民族国家的历史，还是要把汉族的历史写好，因为汉族是主体民族。同时，也要把各民族的历史适当地做出安排，这是我们必须尽量克服的难点。"① 正是在这些重要理论认识的指导下，白寿彝先生主编出版了《回族人物志》、《中国回回民族史》等重要民族史著作。

作为一位在新中国认真学习马克思主义理论的史学家，白寿彝先生总主编的多卷本《中国通史》表现出鲜明的马克思主义理论特色。这在本书各卷中都有具体的反映，而在第一卷中表现得尤为突出。对此，已有多位学者有所论述。如瞿林东先生指出："寿彝先生主编，1989年出版的多卷本《中国通史》第一卷（即导论卷），是一部把马克思主义理论同中国历史进程相结合、从理论上阐述对中国历史之认识的重要著作。它包括以下九个方面的问题：（1）统一的多民族的历史；（2）历史发展的地理条件；（3）人的因素，科学技术和社会生产力；（4）生产关系和阶级关系；（5）国家和法；（6）社会意识形态；（7）历史理论和历史文献；（8）史书体裁和历史文学；（9）中国与世界。书中对这九个方面问题的理论阐述，多有新意，其显示出来的创造性和系统性，为近年历史学著作领域所少见，反映了20世纪90年代在相关的一些问题的认识上所达到的新的理论高度。""《中国通史》以唯物史观为指导，结合中国历史进程的实际，在深入研究的基础上，创造性地提出了关于中国历史发展的一些极为重要的理论性认识。这些认识贯穿于全书之

① 白寿彝主编：《中国通史·导论》，上海人民出版社1989年版，第90—98页。

中，而在《导论》卷作了系统的和充分的阐述。""对这两类理论问题，《导论》卷都以唯物史观的基本原则为指导，从中国历史和中国史学的发展中总结出来的：讲理论而不脱离史实，举史实而提升到理论，读来容易理解而多有启发。"① 关于多卷本《中国通史》在理论上取得成就的原因，陈其泰先生指出："白先生在建国初就自觉、刻苦地学习马克思主义，运用它来分析中国历史问题。进入新时期以后，他认识到，运用唯物史观来指导研究中国通史，必须做到把反映历史的规律性与反映历史的丰富性二者结合起来。这标志着中国史学界对于编撰中国通史的认识达到了新的高度，以及对于中国通史所应包含的内容的理解，达到了新的高度。多卷本《中国通史》之所以能实现重大创新，此项至为关键。"② 多种生产关系并存，是白先生在通史研究中的重要理论卓识，对此，正如吴怀祺先生所言："白寿彝先生在研究中国历史的进程及其特点上，进行艰苦的探索。从《中国通史纲要》到多卷本《中国通史》，我们可以看到先生的深刻思考和理论上的建树。其中，白寿彝先生提出的多种生产关系并存的理论是卓越的史识，对于我们认识中国历史的特点具有十分重要的意义，可以说，给我们增添了一把钥匙。"关于多种生产方式的并存，吴先生认为：白先生从世界史的角度提出了多种生产关系的问题，他认为多种生产关系并存在人类历史上带有普遍性的规则。在中国历史上，多种生产关系并存又具有自己的特点，这具体表现在：首先，在一定程度上，中国历史的发展就是一个多种生产关系并存、变化、运动的过程；其次，多种生产关系并存直接影响阶级关系的形成、一定阶级特点的形成；再者，多种生产关系的并存是中国历史上政治经济发展不平衡的根源。另外，多种生产关系并存的状况的变动的具体情形，直接说明了历史运动的特征。最后，多种生产关系从理论上说明了各个时期阶级斗争的一些重要特征，从理论上揭示了各个时代的变革的进程、结局。③

《中国通史》从第三卷起，分为甲、乙、丙、丁四编，甲编为序说：包括文献资料、考古资料、研究概况和本卷编写意图等，置于全卷之首，开宗

---

① 瞿林东：《白寿彝史学的理论风格》，河南大学出版社 2001 年版，第 150—151、161—162 页。

② 陈其泰：《史学体系的重大创新——白寿彝先生主编的〈中国通史〉成就略论》，《史学理论研究》2000 年第 1 期。

③ 吴怀祺：《多种生产关系并存和中国历史的特点——读白寿彝先生〈中国通史〉》，载北京师范大学史学研究所编《历史科学与历史前途》，河南人民出版社 1994 年版，第 231—248 页。

明义；乙编为综述：从宏观方面概括地论述了本时期历史发展的基本情况，这是全书的主干部分；丙编为典志：包括这一时期的农业、手工业、商业，土地制度、赋税和徭役制度，等级和阶级结构等，官吏的选用、兵制、刑法等制度；丁编为传记：除了以大量的人物为主体之外，还包括其他丰富的内容，如第三卷的《传记》，首先花了大量的篇幅，概括地论述了周、鲁、卫、燕、齐、陈、杞、宋、晋、郑、许、楚、吴、越、巴蜀、西南夷等的建立和兴衰的过程，此外，还记述了上古时代中国的数学、天文、气象学、地学的发展情况，以及物理学、医学、妇女和杂传，内容十分丰富。白寿彝先生撰写的各卷《题记》，简要地介绍了本卷的作者以及分工和编写的具体情况。各卷的附录，邀请有关学者撰写了重大问题的专题论述，如第一卷附录：白寿彝先生的"中国历史上的十二个方面346个问题"，以及"新增少数民族自治地方"；第四卷附录：徐喜辰的"关于中国古代社会分期问题"，以及斯维至的"中国古代国家的形成"两篇专论。除此而外，本书还有大量的插图，如第二卷：远古时代，各类插图共有155幅之多，从而使得本书显示出图文并茂的显著特色。

多卷本《中国通史》独特的编撰体例，颇受学者赞誉。这主要在于白寿彝先生将20世纪兴起的"章节体"，与中国传统的史书的编撰体例相结合，创立了新综合体。陈其泰先生称这是编撰体裁上意义重大的创新，他说："白先生根据他对传统史书体裁形式中包含的合理性的精湛理解，根据批判继承的原则，以及对近代史书体裁形式的优点和我国历史著作优点的吸收、借鉴，决定《中国通史》在第三卷以下，各卷采用'序说'、'综述'、'典制'、'传记'互相配合的新综合体，多层次地反映历史。新综合体的确立为写历史提供了极大的包容量，且具有突出的科学性和鲜明的时代包容性。"① 关于本书在历史编撰上的创造，陈其泰先生称："白寿彝先生主持制定的《中国通史》编撰思想和编撰体例，就成为本世纪后期在历史编撰上，以科学理论为指导进行重大创新的代表。""序说、综述、典志、传记，四种体裁互相配合，就能够多层次地反映历史发展的进程，既反映了历史的规律性，又反映了历史的丰富性。比起近几十年流行的章节体来，这种新综合体明显地便于容纳更多的历史内容，能更进一步反映历史发展的面貌。""白寿

---

① 陈其泰：《史学体系的重大创新——白寿彝先生主编〈中国通史〉成就略论》，《史学理论研究》2000 年第 1 期。

彝先生关于新综合体的构想，是在自觉继承中国史学遗产基础上气魄宏大的创造，具有鲜明的时代特点。这一编撰创新的思想与章学诚、梁启超、章太炎的探索，有深刻的内在联系。新综合体在形式上吸取纪传体、纪事本末体的特点而加以改造，并且糅合了章节体及西方近代大型历史著作的优点而加以发展，而在内容上，则与旧史有本质的不同。"① 瞿林东先生说："白寿彝教授是研究中国史学史的著名学者，他吸收了中国古代多种史书体裁的形式，并以新的历史观念、新的认识水平，制定了一种'新综合体'用于《中国通史》的编撰。""《中国通史》以章节体的形式而注入纪传体等传统史书体裁的风格，把古今史书体裁的优点结合起来，形成一种'新综合体'，从而容纳了极为丰富的历史内容，也活泼了历史编撰形式，使其具有突出的民族特色。这不仅给人以耳目一新之感，更重要的使人对中国历史可以有一个全局的、立体的、动态的认识。"②

三　大力推进中国特色历史学的新发展

改革开放三十多年来，在良好的社会氛围中，经过几代史学家的共同努力，中国历史学不论从新领域的开拓还是老问题的进一步研究等多个方面，都取得了举世瞩目的显著成效。对此，张海鹏主编的《中国历史学30年》、于沛主编的《中国世界历史研究30年》等著作，都做过较为系统深入的总结。在建设具有中国特色马克思主义历史学方面，白寿彝、刘大年、罗尔纲、漆侠等一批马克思主义史学家做出了突出的贡献，他们从理论和实践方面，继承和发展了以郭沫若为代表的马克思主义史学家的事业，极大地推动了中国马克思主义历史学的新发展。在新世纪，国家启动的马克思主义理论建设工程也取得了显著的成效，以《史学概论》和《中国近代史》为标志的"马工程"历史学教材也相继面世和投入使用，这对于推进马克思主义史学的新发展，必将发挥重要的作用。在看到成绩的同时，我们还应直面存在的问题，这样才能进一步推进历史学的发展和进步。下面，结合当前史学界存在的一些问题，谈一点个人的粗浅认识。

① 陈其泰：《历史编撰与创新精神》，载北京师范大学史学研究所编《历史科学与理论建设》，北京师范大学出版社1999年版，第77—87页。
② 瞿林东：《白寿彝史学的理论风格》，河南大学出版社2001年版，第162—163页。

　　首先，广大史学工作者应该进一步增强坚持马克思主义理论指导的意识，不断提高马克思主义理论素养。中国近代无数仁人志士经过艰难的探索，最终选择了马克思主义、中国共产党和社会主义道路，新中国成立后，在中国共产党人的大力推动下，马克思主义与中国的历史和文化融为一体，成为中国文化的主流。中国许多著名的历史学家，如范文澜、刘大年、白寿彝、罗尔纲、漆侠等，正是在这一时代巨大转变的过程中，他们先后走上了以马克思主义理论研究历史学的发展道路，在不同历史时期，他们在各自的学术领域，为历史学的发展做出了杰出的贡献，他们从事历史学研究的道路，他们自觉地选择了马克思主义，坚持运用马克思主义的理论和方法从事历史学的研究，很值得当代史学工作者认真总结和反思。在新时期，马克思主义在世界范围内不断受到挑战，马克思主义"过时论"也不断影响到中国历史学，有些人将坚持马克思主义理论指导的历史学称为"左"、"保守"和"教条"，认真研读马克思主义理论和马克思主义史学家著作的学者和学生少之又少，这严重影响了中国马克思主义历史学的新发展。因而，很有必要强调，史学工作者，特别是中青年史学工作者和青年学生，学一点马克思主义经典著作，读一些中国马克思主义史学家的著作，包括白寿彝、刘大年等著名马克思主义史学家的著作，以进一步提高马克思主义理论素养和历史学素养，这对于进一步有效地加强中国特色的马克思主义历史学的发展具有重要的作用。

　　其次，要处理好继承和创新的关系，正确认识马克思主义的社会形态学说和近代中国人民的反帝反封建的斗争对于认识和研究中国历史的重要意义。在新时期，在纠正过去将马克思主义社会形态理论僵化理解的错误的同时，去社会形态化的思潮逐渐蔓延起来。有人称长期以来我们对于中国社会形态的认识，是以欧洲历史发展的情况简单机械地论说中国历史，也有一些学者否定中国历史上有奴隶制社会和封建社会，认为近代也不是什么半封建半殖民地社会。诚然，中国历史是否存在奴隶社会、封建社会，近代是否半殖民地半封建社会，都是可以进一步研究的学术问题。但是，我们应该明确，马克思主义社会形态学说与欧洲中心论有着本质的差别，中国马克思主义史学家运用社会形态理论对于中国历史的本质的认识进一步深刻了，这极大地推动了中国历史学的发展和进步。中国马克思主义史学家一方面坚持马克思主义的社会形态理论，认为中国历史经历了原始社会、奴隶制社会和封建社会，近代进入半殖民地半封建社会，同时，并没有否认中国历史的特殊性。在中国第一代马克思主义史学家中，范文澜强调学习马克思主义要神似，要注重中国历史发展的特点；侯外庐提出中国古代社会发展有着不同于古代希腊、罗马的特殊路径，由此可见，马克思主义史学家在强调中国历史的发展符合马克思主义社会形态学说的同时，也非常重视探究中国历史的特殊的发展规律。在新时期，白寿彝、何兹全等著名史学家同样重视探讨中国历史的特点。因而，建设中国特色的历史学，不是简单抛弃马克思主义社会形态学说的基本理论，而是要结合中国丰富的历史资料，探寻中国历史发展的特点，这无论对于中国历史研究的深入，还是马克思主义历史理论的发展来说，都是非常重要的。中国近代史研究，在纠正过去过分强调反帝反封建革命的片面性的同时，有人又走向另一个极端，对客观存在并且对于中国近代历史产生了重大影响的革命运动大肆污蔑和指责，将"革命"与"现代化"简单地对立起来，由此，造成了认识上的极大混乱，各种非历史主义的观点不断出现，这也严重影响了中国近现代历史研究的健康发展。

再次，正确认识中国历史学走向世界和国际化的路径。在改革开放的新时代，结束了过去几十年的封闭保守，中国历史学界积极了解国外历史学发展的新动态，吸收国外史学的重要研究成果，这极大地推动了中国历史学的新发展。同时，我们也应该清醒地看到，崇洋媚外、食洋不化的现象，在中国历史学界同样存在。一些史学工作者，对于港台和欧美学者的论著顶礼膜拜，简单机械地搬用，对20世纪的中国历史学特别是马克思主义史学的成果，肆意贬低。有人借口历史学的国际化，不去认真探讨中国历史的特点，简单搬用国外的所谓史学新范式。实际上，缺少对话和特点的历史学成果，是难以与国外史学界同行进行深度交流的，因为，这样的史学成果，大多仅仅是拾人牙慧，增加一些中国的材料而已，真正能与外国史学进行交流的著作，必须是具有中国史学家的风格，显示出中国历史特点的著作。

创建具有中国特色的马克思主义历史学，是从李大钊、郭沫若到白寿彝、刘大年等几代中国马克思主义史学家的共同愿望和孜孜以求的目标，也是新时期中国历史学发展的重要方向。在改革开放新时期，白寿彝、刘大年等一大批杰出的历史学家，为推进中国特色马克思主义历史学的新发展，做出了突出的贡献，他们关于创建中国特色马克思主义历史学的理论思考和实践探索，对于进一步推进中国特色历史学的发展具有重要的理论价值和现实指导意义。经过改革开放 30 多年的努力探索，中国特色的社会主义理论体系日益完善和成熟，坚定不移地走中国特色的社会主义道路，是党中央和全国人民的共识，这也是中华民族复兴和实现中国梦的唯一正确的道路。坚持道路自信、制度自信、理论自信，形成中国特色和中国气派的文化，是时代的呼唤和人民的期望，广大史学工作者应该自觉地肩负起这一时代使命，为推进中国特色马克思主义历史学的新发展做出更大的贡献。

马克思主义理论中国化的成功探索

——白寿彝主编《中国通史·导论卷》对马克思主义史学理论的贡献

邹兆辰

（首都师范大学历史学院）

白寿彝先生总主编的多卷本《中国通史》已经在 20 世纪末全部出齐，该书的问世，在海内外产生了巨大的影响，成为 20 世纪中国史学发展史上的一个具有里程碑意义的重大事件。《中国通史》的导论卷作为该书的第一卷在全书 12 卷 22 册出齐之前的 1989 年 4 月先期出版。它的出版立即得到史学界的强烈关注，许多学者纷纷著文进行评论。今天，这部书已经出版 25 年了，经过四分之一世纪的风雨沧桑，我们重读这部书，仍然感到有很多应该讨论的话题。

《中国通史·导论卷》最大的特点在于它是建立在对中国历史的全面讲述的基础上产生的理论著述，它既是这部《中国通史》本身写作的理论指导，同时也是独立的史学理论专著。它以马克思主义理论为指导，结合中国历史的具体特点，运用了中国的史学遗产，阐述了史学理论的一系列重大问题，为马克思主义理论的中国化做出了巨大贡献。

一 白寿彝先生关于建设有中国民族特点的马克思主义史学的思想

马克思主义理论中国化的问题，是建立、发展中国马克思主义史学的重大问题。自中国马克思主义史学产生以来，马克思主义理论成为史学研究的指导思想，极大地推进了中国的史学研究。但是，伴随着马克思主义史学的产生，教条主义、公式主义地运用马克思主义理论的问题也就出现了，这种倾向在很大程度上又损害了中国的马克思主义史学。因此，如何使马克思主义理论中国化的问题，始终是中国老一代史学家关注的问题。白寿彝先生早在 20 世纪 80 年代初期就提出了"建设有中国民族特点的马克思主义史学"的问题。

1983 年 4 月 6 日，白寿彝先生在陕西师范大学历史系有一篇重要的讲话，其中有些观点此前就讲过，这次讲话是一次集中阐述。

第一，要不要建立有中国民族特点的马克思主义史学？

马克思主义的普遍真理，怎么会出来一个民族特点的马克思主义？他说："我们讲，马克思主义是普遍真理，那是讲它的原理、原则方面。但具体起来，它用于不同的民族，不同的国家，就应该有不同的特点。普遍真理体现在不同民族的、不同国家的特点里面，二者并不矛盾。""我们建设马克思主义史学，应该有中国的民族特点，这不是照抄的，不是把马克思主义现成的词句搬来就成。我们要用马克思主义解决中国历史的问题、解决中国历史学的问题，这是一个有创造性的工作。"[1] 这就是说，史学工作需要马克思主义基本原理来指导，但是建立有中国民族特点的马克思主义史学也是必须的，两者是不矛盾的。过去，我们在这方面存在误区，认为只要以马克思主义基本原理指导历史研究就是马克思主义史学，谈不上什么中国民族特点，似乎也不需要这样一种马克思主义史学。这样，中国马克思主义史学虽然已经诞生了几十年，但基本上是照搬、照抄国外的理论，用以解释中国的历史问题。这样的解释方法，必然会遇到"水土不服"的问题。用外国的理论模式套中国的历史实际，结果套不下去。这样就引起了对这种马克思主义理论本身的质疑，从而也损害了马克思主义史学。

早在 1978 年 10 月，白先生在长春对史学工作者的一次谈话中就谈到这种照搬的方法的危害。他说，长期以来我们史学界有好多历史问题没有解决。例如，"中国史上奴隶社会是从什么时候开始的？现在大家在争论。究竟是什么时候开始的？我说不知道，解决不了。有的同志专搞这项研究，想研究、有兴趣，但没有材料，靠推测不行。有的同志没有办法，引证几段经典著作，一下子就从原始社会过渡到奴隶社会了。那不行。中国历史究竟是怎么回事？要用事实解释，不能这样搞。这个不是科学的态度，不能用经典

---

① 白寿彝：《关于建设有中国民族特点的马克思主义史学的几个问题》，载《中国史学史论集》，中华书局 1999 年版，第 384 页。

词句代替历史事实。"①在 1983 年陕西师大的这次报告中，他再次讲到这个问题。他说："现在我们搞中国历史上的奴隶制与封建制的问题，有各种说法。我们要看看人家历史上是怎么一回事。例如'奴隶制'这个名词，它是外来的，光从字面上不一定能看出来内容，但有时我们就从字面上望文生义，产生不确切的看法。"

第二，有中国特点的马克思主义史学的思想来源是什么？

白先生指出："我们建设有民族特点的马克思主义史学，必须是在我们过去的历史学的基础上，在对我们对过去的史学遗产的总结的基础上来进行工作。"他说："马克思主义没传入中国以前，中国历史学不可能有一个历史唯物主义的思想体系，这是没有问题的。但这并不等于说，我们过去没有正确的历史观点。""尽管过去人没有历史唯物主义的思想体系，但有好多正确思想，我们还是应该发掘、应该阐述、应该发展，从而丰富我们的史学思想。"②

白先生认为，中国历代的史学家、历代的思想家，有不少的人都有他们的历史思想、历史观点。他们讲到社会发展、社会思想的时候，讲到政治思想的时候，离不开史学思想。对于具体历史问题、具体历史现象、具体历史人物、具体历史事件，过去也曾经有过不同程度的正确看法，这些看法不可能都写在马克思主义经典里面，但是它们是正确的。在今天我们有马克思主义指导了，对于这些前人所做的成果，我们不要一脚踢开，应该吸收过来做我们的营养。这样做，可以丰富我们的史学思想。他以司马迁讲秦始皇为例：司马迁既肯定了秦始皇统一功绩，认为在历史上很起作用，同时对他的暴虐，对人民的虐政，进行了谴责。白先生说，如果我们提高了说，司马迁也是有两点论的，他对历史人物，对秦始皇的评价还是对的。再比如说，过去历史家讲历史，总是要讲人心向背的问题。人心向背同我们讲劳动人民创造历史有区别，不是一个意思，但是这里面肯定了人民群众在历史上也还有某种作用。过去历史家评论一个政权，评论一种政策的得失，总是要看它得不得人心。它不得人心，那就不行；得人心，就行。像这样一类的关于社会变化、关于政局变化、关于兴亡得失的评论，今天拿来看看，也还是有用

① 白寿彝：《关于史学工作的几个问题》，载《中国史学史论集》，中华书局 1999 年版，第 353 页。

② 高敏：《读白寿彝先生主编之〈中国通史〉导论卷》，《史学史研究》1990 年第 1 期。

处的。

第三，研究中国历史学的特点，就是研究中国史学遗产的特点。

为了建设有中国特点的马克思主义史学，白寿彝先生特别强调史学遗产的重要性，提出对历史资料要重新估价。他说，中国历史很长，这是大家都知道的。中国历史自有文字记载以来，基本上是连年不断地记载，量也很大。但是对于中国的历史学，知道的人就不多了。甚至搞历史的人也不注意这个问题。"搞历史的不搞自己的史学史，看不见中国的历史学的长久的历史和丰富的内容。"曾经有人认为，马克思主义传入中国以前，中国没有历史学。要有，也全是唯心的观点，全是荒谬的。他认为这种观点是不对的。他指出："我们中国的历史学很有特点，很值得我们研究。研究中国历史学的特点，就是研究中国史学遗产的特点，对于我们建设一个有民族特点的马克思主义史学很有帮助。"①

重视我们的史学遗产，就要对历史资料重新估价。历史资料是记载过去的事情，同时还是用于解释现在的资料。如果不懂得历史资料，我们无法解释现在，对当前好多问题解释不了。这就是说，我们看历史资料，不光是为了了解过去，而且为的是了解现在。对于现在如果有了相当深的了解，这也就帮助我们去了解过去。因此，"我们就不会把历史资料看作是死的东西，而是活的东西，有生命力的东西。一大部分历史资料是有生命力的，现在还有生命力。"② 他提出，历史资料不只是研究历史的资料，同时也是好多种学科的研究资料。比如，中国思想的发展，包含哲学思想、社会思想、政治思想、经济思想、文化思想等，这些可以是思想史的资料，但是这些资料里面提出的好多问题，关于哲学的、政治的、经济的、文化的等等方面，今天对我们还有参考价值，这就不仅是思想史的资料，而是一种思想资料。这两种性质可以统一起来，我们可以把它叫作"历史资料的二重性"。这样，我们就可以看到历史资料很大一部分在今天还是富有生命力，还能够加以利用，还应在原有基础上加以发展。

第四，历史理论从历史实践中来，要总结马克思主义普遍真理指导下的中国历史学发展的规律。

---

① 白寿彝：《关于建设有中国民族特点的马克思主义史学的几个问题》，载《中国史学史论集》，中华书局1999年版，第383页。

② 同上书，第381页。

建立有中国民族特点的马克思主义史学就包括历史理论问题。白先生在陕西师大的这次讲话中专门谈到了"历史理论和历史现实"问题。他强调："历史理论从历史现实里面来，历史现实反过来可以推动历史理论的发展。"这里他所谈到的理论，既包括社会历史发展的理论，也指历史学的理论，但道理是一样的。他强调要从历史现实里面总结出来理论。他说："人类认识是无穷的，需要认识的对象是无穷的，人类总是在不断认识的过程中，在不断认识过程的发展中总结出来理论。因此，一方面讲，理论对历史有指导意义，另一方面讲，理论总要不断地发展，不断地完备起来。社会现象复杂得很，有了原则性的理论上的认识，还要对复杂的社会现象进行具体研究。"① 仍以社会发展为例，他说社会发展是由低级到高级，这一条是对的。说某种社会一定要发展到某种社会，说非经过什么样的社会阶段不可，这就很难说了。从长远的历史进程看，历史总是发展的，而发展中有波折、有停滞、有倒退，也可以有某种局部、某种程度的重复。

白先生强调要从历史实际中总结出理论，理论要运用到实践中。这个理论，有一个不断丰富、发展的过程。他强调："理论不是上帝，不能一下子就完美无缺。它必须在实践过程中不断地完美起来。"他指出："我们一方面不能脱离理论指导，又一方面也不能无所作为，对于理论抱着恩赐的思想。"② 他认为，"我们要总结中国的历史，要总结中国历史和外国历史之间的共同性、差异性，总结一下在马克思普遍真理指导下的中国历史学发展的规律。懂得规律了，有利于推动研究工作的不断发展提高。总结规律的本身也有一个不断认识提高的过程。这个工作是艰巨的，但是这条路必须走，不管怎样走。"他认为，现在很多人热衷于探讨枝枝节节的问题，光这样不行，还应该抓大的，纵观全局，从理论上看，在理论上下功夫。这表明，白寿彝先生早就有了探讨中国历史的发展规律、探讨中国历史学的发展规律这样的大抱负。多卷本《中国通史》就是他对中国历史规律的探讨的成果，而《中国通史·导论卷》则是对中国历史学规律的理论研讨的成果。

---

① 白寿彝：《关于建设有中国民族特点的马克思主义史学的几个问题》，载《中国史学史论集》，中华书局1999年版，第392页。

② 同上书，第393页。

二 《中国通史·导论卷》对于史学理论的贡献

《中国通史·导论卷》在 20 世纪 80 年代那种重视史学理论的氛围下，对于建立、发展中国马克思主义的史学理论有着特殊的贡献。

第一，以《中国通史》导论的形式阐述史学理论的重大问题，体现了马克思主义理论与中国历史实际的结合。

高敏指出：该书"为了把马克思主义历史唯物主义原理同我国古代历史的实际结合起来，又能避免教条式地套用马列主义的词句，便以《导论》的形式，把研究和撰述中国历史所必须解决的若干重大理论问题集中予以阐发，并置于全书首卷，作为必须贯彻于全书的指导思想。这样做的本身，就是突出全书以马克思主义历史唯物主义为指导的集中表现"。[①]

在一部中国通史中，用整卷的篇幅来论述理论问题，这还是首创。综观导论卷的全部论述，有许多是加强了过去理论研究的薄弱环节（如历史地理的理论、中国史在世界史中的地位等），更有许多是开创性的研究（如关于中国民族史撰述的回顾、统一的多民族历史的编撰、多种生产关系的并存、社会政治思想的革新进取精神、多体裁配合、多层面地反映历史等）。因此，导论卷不仅为全书各卷的编撰提供了理论指导，而且将中国历史理论的研究提高到一个新的高度。

正如陈其泰所说："白寿彝先生在这一时期提出的多卷本《中国通史》的理论指导，明确地要求做到反映历史的规律性与反映历史的丰富性二者结合。这就体现了对于在唯物史观指导下如何更好地反映历史的理解，达到新的高度，对于中国通史所应包含的内容的理解，达到了新的高度。依我看来，此项实则标志着本世纪通史编撰在理论指导上达到新的飞跃，这部内容空前宏富的巨著，就是以这一崭新的指导思想为统帅而成功地完成的。"[②]

第二，从中国历史实际和中国史学的实际提出和总结出理论问题，在诸多问题上有所突破和创新。

瞿林东指出：《中国通史》以唯物史观为指导，结合中国历史进程的实

---

① 高敏：《读白寿彝先生主编之〈中国通史〉导论卷》，《史学史研究》1990 年第 1 期。
② 陈其泰：《他山之玉：史学体系的重大创新——白寿彝先生主编〈中国通史〉成就略论》，《史学理论研究》2000 年第 1 期。

际，在深入研究的基础上，创造性地提出了关于中国历史发展的一些极为重要的理论认识，这些认识贯穿于全书之中，而在《导论卷》做了系统的和充分的阐述。其中大多属于历史理论范畴的理论问题，也有属于史学理论范畴的理论问题。对这两类理论问题，《导论卷》都是以唯物史观的基本原则为指导，从中国历史和中国史学的发展中总结出来的：讲理论而不脱离史实，举史实而提升到理论，读来容易理解而多有启发。

瞿林东的文章对《中国通史·导论卷》所提出并论述的关于中国历史的一些重大理论问题进行了梳理，认为这些阐述，填补了历史理论研究与中国历史研究这两个方面的一些空白，有突出的理论创新意义，如：关于中国历史上的统一问题、关于历史分期问题、关于地理条件与历史发展、关于生产者、科学技术和社会生产力、关于生产关系、阶级结构、提出了封建社会中多种生产关系的并存、关于国家职能等问题，同时还阐述了中国历史与世界史的关系。

以上这几个方面，都显示出了导论卷对马克思主义史学的理论创新。①

第三，有中国特点的理论创新之处。

《中国通史·导论卷》有许多理论上的创新点，这些创新点也正好反映了中国历史的特点。

吴怀祺的文章对《中国通史·导论卷》对于多种生产关系并存和中国历史的特点问题进行了专门探讨，认为白寿彝先生提出多种生产关系并存的理论是卓越的史识，对于我们认识中国历史的特点具有十分重要的意义。他认为，"从多种生产关系相互联结、相互作用，以及从它们之间的矛盾、消长来研究一个社会，就会丰富我们的历史研究。只重视对占支配地位生产关系的研究，忽略对其他生产关系研究，或者对其他生产关系的影响估计不足，这对我们的历史研究带来不利的影响。"② 在吴怀祺看来，多种生产关系并存在人类历史上带有普遍性，它又是中国历史特点的内在根据之一。在一定的意义上说，中国历史的发展就是一个多种生产关系并存、变化、运动的过程。这种多种生产关系并存的局面变化是中国历史运动过程的本质的东西，体现出中国历史的特点。从多种生产关系并存的事实出发，对各个时期的变

① 瞿林东：《白寿彝和二十世纪中国史学》，《回族研究》2003 年第 1 期。
② 吴怀祺：《多种生产关系并存和中国历史的特点》，载《历史科学与历史前途》，河南人民出版社 1994 年版，第 234 页。

动及其运动走势就会看得更清晰，许多相关的问题，也会得到理论的说明。

把中国的多民族的问题作为首要的问题来展开论述，体现了作者充分注意到中国历史这一突出特点。中国历史的一切问题都要从这一特点出发。吴怀祺在另一篇文章中指出：白寿彝先生在《中国通史·导论卷》中把中国民族的问题作为史书的首要问题提出来，从这样的角度切入，对中国历史做出一系列的理论的概括，反映出先生的深邃的思想，开阔的视野和对历史的辩证的思考，从而为我们理解错综复杂的中国历史，认识中国历史的特点予以重要的启示。①

三　以历史文献资料说明史学理论问题的尝试

20 世纪 40 年代，侯外庐就说过："中国学人已经超出了仅仅于仿效西欧的语言这阶段了，他们自己会活用自己的语言而讲解自己的历史与思潮了。""他们在自己的土壤上无所顾虑地能够自己使用新的方法，发掘自己民族的文化传统了。"② 不过，运用自己民族的文化传统，利用中国史学遗产的宝贵资料来说明中国历史的特点，并不是一件容易的事情，尽管有许多学者在号召，但真正利用起来还是在摸索阶段。白寿彝先生在《中国通史·导论卷》中进行了成功的尝试。导论卷共有九章，出于多人之手，每章阐述的问题不同，并不是所有的章都是运用了历史文献的资料展开论述，但其中第一章统一的多民族的历史、第二章历史发展的地理条件、第六章社会意识形态、第八章史书体裁和历史文学等章运用的文献材料比较多。

以白寿彝先生亲自撰写的第一章为例。这一章总的题目是"统一的多民族的历史"，以下分为三节：第一节关于中国民族史撰述的回顾；第二节党的民族政策和民族分布现状；第三节统一的多民族历史的编撰。这其中只有第二节是讲新中国成立以后的民族分布的现实情况，不可能运用历史文献，而第一、三两节特别是第一节则大量引述了历史文献的资料。写民族史撰述的历史固然离不开历史文献，但是对文献利用到什么程度则与写作者对中国历史文献的掌握水平有极大的关系。而这方面，正是白先生的优势。

---

① 吴怀祺：《统一的多民族的历史内涵和特征——读〈中国通史·导论〉》，《史学史研究》1990 年第 1 期。

② 侯外庐：《中国古代思想学说史·再版序言》，文风书局 1956 年版。

白先生把涉及民族史的历史文献大体分为两类，第一类是关于民族的传说和记录，第二类是有关民族史的撰述。前者是属于史料范围，后者是史学史的著作。他重点谈的是第二类。认为对于多民族史撰述方面，最值得称道的是司马迁的《史记》，班固的《汉书》和范晔的《后汉书》在民族史方面也有杰出的撰述。"《史记》把环绕中原的各民族，尽可能地展开一幅极为广阔而又井然有序的画卷。它写了《匈奴列传》、《南越尉佗列传》、《东越列传》、《朝鲜列传》、《西南夷列传》、《大宛列传》，分别按地区写出北方、南方、东南、东北、西北、西南的民族的历史。把这六个专篇合起来，可以说是一部相当完整的民族史，其中有些记载是超过当时和今日国境范围的。"他称赞《匈奴列传》在材料的选择和表述的形式上，都有创始的意义。白先生还指出，《史记》对汉族的形成做了很多工作。《史记》有《夏本纪》、《殷本纪》、《周本纪》、《秦本纪》、《秦始皇本纪》以及汉以后的帝纪，它们所表述的不同的历史阶段，也就是汉族形成的不同阶段。"尽管司马迁还没有'汉族'的概念，他也不一定会意识到这是为一个民族的形成写历史，但实际上他做了这个工作。"①

白先生把三国两晋南北朝隋唐时期称为民族重新组合的时期，把五代辽宋金元时期看成是民族重新组合又一时期。他指出，这两个时期民族史的资料相当多，但真正的民族历史撰述并不多，系统地记述民族重新组合的书简一直没有。但记述民族重新组合中某一过程或某一过程的片断记载是不少的。在这些记载中，反映了民族斗争的长期性和复杂性，也反映了某些人的民族歧视的情绪，有的人则具有较开明的态度。他比较了江统的《徙戎论》和刘知几在《史通》、杜佑在《通典》中对民族问题的不同看法。

白先生认为，明清时期的民族史撰述与地方志和纪事本末的发展有密切的关系。明田汝城著《炎徼纪闻》就是关于西南民族史事的重要著述。清代官修民族地方志，有很多巨制，如《西域图志》、《盛京通志》、《广西通志》、《云南通志》等。还有不少有关少数民族的纪事本末书，如《平定朔漠方略》、《平定准噶尔方略》、《平定两金川方略》等。在民族观点方面，以民族歧视为特点的大民族主义占有很重要的地位，包括大汉族主义和少数民族的大民族主义。明清之际的著名思想家王夫之、顾炎武、黄宗羲都是民族思想很浓的人。他以黄宗羲的《原君》为例说明他们的民族思想是与反对

---

① 白寿彝：《中国通史·导论卷》，上海人民出版社 1989 年版，第6—7 页。

民族压迫、反对封建君主专制密切结合的。

由于运用了这些历史文献的资料，所以"统一的多民族的历史"这一章，不仅内容丰富而且论述有力，这些文献资料的作用是不可取代的。

在第二章"历史发展的地理条件"一章中，执笔者瞿林东用一节的篇幅论述地理条件与历史发展，从理论上来探讨地理条件与历史发展的关系；第二节才展开对中国地理条件的特点及其与中国历史发展关系的具体分析。而在第一节的理论探讨中，专设"中国史学家的有关撰述"一目，充分展示了中国古代学者在地理条件与历史发展问题上的丰富认识，值得今人很好借鉴。

作者首先谈到中国历代史家非常注重物产的地域特点及其对人们的影响，并且由此产生对经济区域的看法。比如，司马迁在《史记·货殖列传》中，把汉朝的统治地方分为四大经济区域，即山西地区、山东地区、江南地区、龙门碣石以北地区。他对经济区域的这种划分，主要是从地理条件来决定的。司马迁对一些地区的记载，着重地理条件的状况、生产状况、经济生活状况和社会风俗的表现。这说明，司马迁以地理条件、生产状况划分经济区域的思想是明确的，而且是有全局思想的。司马迁这种思想受到后来许多史学家的重视，如《汉书·地理志》、《通典·州郡典》等，都有相关论述。作者也指出司马迁注意地理条件和人口分布的关系，自《汉书·地理志》以后，许多史家都是从人口分布与地理相结合的情况着眼的。从地理条件看政治上的兴亡得失，也是过去一些史学家、政治家、思想家感兴趣的，这里列举了《史记》、《通典》、《史通》等史籍在这方面的很多论述，使这一关系得到很具体的说明。

作者还指出，中国史学家关于地理条件跟历史发展关系的撰述是很丰富的，其中还有一个传统的特点，就是重视它的社会作用。顾炎武所编《天下郡国利病书》和顾祖禹著《读史方舆纪要》是其中最有成就的代表作。前书记载各地的自然环境、政区划分、经济状况和戍守形势，而以记述各地经济状况为主，因而在地理书中独具特色。后书是顾祖禹以二十年功夫撰成的一部地理名著。它是一部以地理为基础，以阐明军事上的成败为主要内容，以总结政治兴亡为目的的巨著，显示了作者的渊博与卓识。

导论卷第二章在谈到中国地理条件的概貌和特点、地理条件的复杂性和经济发展的不平衡性、地理条件与历史上政治统治的关系、地理条件与民族关系等问题时，都离不开中国史学家的有关撰述，如《史记·货殖列传》、

《通典·州郡典》、《通典·边防典》等有关论述。可见这些史学遗产的资料，不仅仅是史学的材料，也是史学思想的重要来源。

上述这些，体现了《中国通史·导论卷》在运用史学遗产的资料来阐述史学理论问题上的尝试。这些努力，在马克思主义史学理论中国化方面起到了重要的推动作用，使它不仅成为这部中国通史巨著的导论，也成为一部具有中国民族特点的马克思主义史学理论的专著。《中国通史·导论卷》的成功尝试，为建立有中国民族特点的马克思主义史学发挥了重要作用。

1958 年陆定一在沪召开历史学座谈会档案史料解读

张 生

（上海社会科学院历史研究所）

1958 年，时任中宣部部长的陆定一来沪调研，从 1 月 6 日至 1 月 16 日短短十天时间，他先后召开经济学界、法学界、新闻界、文学界、哲学界、出版界、电影界、教育界、历史学界等九次座谈会，与上海社会科学各方面负责人和学者进行广泛接触，听取意见，交换看法。

一 陆定一来沪调研的目地

陆定一是中国共产党党内长期主持宣传文教工作的高层干部，如此大规模地离京来沪调研哲学社会科学工作，在建国后党的历史上并不多见。从大的历史背景看：1956 年我国社会主义改造基本完成，3 月国务院成立科学规划委员会，制定了 1956—1967 年全国自然科学和社会科学 12 年长期规划，4 月，毛泽东提出对于文艺和科学工作的"双百方针"，经过中宣部部长陆定一的阐述，"双百方针"成为国家对于文艺和科学工作的指导方针，"我们所主张的'百花齐放，百家争鸣'是提倡在文学艺术工作和科学研究工作中有独立思考的自由，有辩论的自由，有创作和批评的自由，有发表自己意见、坚持自己意见和保留自己意见的自由。"[①]

中国科学院哲学社会科学学部着手在上海建立社会科学的直属研究所，上海经济研究所、上海历史研究所率先成立筹备委员会。正因为在中国经济、政治、社会、文化中，上海具有除旧布新、立标领航的作用，所以，中国科学院在上海建立经济、历史两个研究所，本身就具有非同寻常的象征意义。

---

① 《陆定一文集》，人民出版社 1992 年版，第 501 页。

1957 年 2 月，毛泽东召集最高国务会议第 11 次扩大会议，发表了《关于正确处理人民内部矛盾》的著名讲话。毛泽东提出，凡是真正愿意为社会主义事业服务的知识分子，我们都应当给予信任，从根本上改善同他们的关系，帮助他们解决各种必须解决的问题，使他们得以积极地发挥才能。但是不久，中国共产党由整风运动引发了反右派斗争，右派分子数量过大且对右派处理过严，所谓右派分子多数集中于社会科学、文学艺术领域，"相当数量的大学教授、中小学教员、艺术家、文学家、科学家、工程师、企业家被错划为右派，受到沉重打击。"① 对于宣传文教工作的重要负责人陆定一而言，在上海各界知识分子受到反右运动的冲击后，恢复上海社会科学的元气，将社会科学方面的相关人员组织起来，在宣传、教育领域贯彻双百方针，这是他来沪的主要任务。陆定一说："这次到上海来，想和社会科学各个方面谈谈。……怎样使马克思主义在社会科学方面占领阵地。"更重要的是，在当时国内外复杂环境中，新中国政治、经济、社会各方面的问题很多，如何让社会科学更好地为新生的社会主义中国服务，也是陆定一来沪考察的目地之一："解决人民内部矛盾的问题，应放在什么地方研究。还有个人主义问题，官僚主义、主观主义、宗派主义问题，唯心主义与唯物主义的矛盾……到处都是，放在什么地方研究呢？"②

二　历史学座谈会

1958 年 1 月 16 日下午 2—6 时，陆定一召集了历史学座谈会，与会者除陆定一以外，陈其五、舒文、徐平羽是以上海市宣传文教的负责人的身份陪同调研的，方行负责文化局，罗竹风负责出版局。石西民以华东局宣传负责同志身份陪同。

当时历史学座谈会上的专业人员大约有以下 13 人，大体上根据当时每人所属的工作单位分类是：复旦大学的蔡尚思、徐常太、胡绳武、金冲及，中国科学院上海历史研究所的奚原、徐仑、刘振海，上海师范学院党委书记陈云涛、历史系教师赵宗颇、上海工人运动史料委员会的沈以行，华东师范大学历史系的程天赋、陈旭麓，解放军出版社（原中华书局上海编辑所）的

---

① 当代中国研究所编：《中华人民共和国史稿》第 2 卷，人民出版社 2012 年版，第 58 页。

② 档号 A23 - 2 - 1409，陆定一部长在沪召开各界座谈会记录，上海市档案馆藏。

朱明远。

在座谈会上以先后顺序发言的历史学工作者主要是蔡尚思、徐常太、徐仑、奚原、沈以行、陈云涛、赵宗颇、陈旭麓、程天赋。

从谈话记录来看，陆定一主要考虑了上海学术部门未来组织形态和工作内容问题，以及在实际工作中与右派的关系处理。陆定一首先发言说：

> 要学习，社会科学界要提这口号，其目的是在社会科学（或人文科学）掌握巩固的领导权。社会科学界反右派以后，形势很好，但也发生了一种情况，学习是否放松了，骄傲起来了，好象问题都解决了似的，下一步好象没有事情做了。事实上不是这个情形，学术部门还有很多工作要做。
>
> 巩固的领导权要有几个条件，上海党代会提出在高级知识分子中要有那么一个数目，左派和中左占百分之六十，在学术界来说，马克思主义者总要有三分之一，其中有的是旧知识分子出身的（包括我、石西民同志都是，连人带知识拿过来了）。还有自己训练出来的。（2）总要在学术上比人家高明些，政治上比人家高明些还不算，历史学、哲学、中国哲学史、西洋哲学史、逻辑学……，有些领域队伍都没有。学习还得包括几项。一个叫做批判。李达的那篇文章，我还没有看完（刊载在哲学研究第五期：批判费孝通）。从孔德开始对实证主义有系统的批判。这样的批判，我看要的。法律方面上海有杨兆龙。他是资产阶级法学家的旗帜。可对他的文章加以搜集，系统地批判。将老祖宗挖出来批判。这就是列宁在唯物论与经验批判论中用的方法，这样的批判太少，现在还是就事论事的批判。没从学术上挖根，李达文章好处就在这里。（3）另一个是自己学习，求得更多的知识，这也是乘长风破万里浪。生产数量质量超过英国，社会科学也可以乘风破浪，乘此机会学一点东西，有的空白部如语言学、哲学很多空白。哲学史现在就讲不过冯友兰，佛学我们不懂，语言、汉语方言中国只有一个人。第二个都没有。必须组织学习。（4）还有一个是百家争鸣的问题。这个东西好，是个好政策，但是我们害怕，师大教育系有位同志说："教师散布资产阶级思想影响。"他以为不好，我以为很好，点了他一下。这是好的，将共产党员的军，逼你去想办法，自高自大就要灭亡。要人将军，要人骂，共产党就被骂出来的，从马克思开始就被人骂。要有对立物，这就是我们的方法。有

了对立物逼得你不会骄傲起来。要去驳他，不是用行政命令，也不是用政治运动方法（政治运动也驳了些，还要加上学术的）。政治上大鸣大放，好得很，记右派一功，这是他们发明的。我们提出百家争鸣、百花齐放。他们发明了大鸣大放，这个发明权属于他们，我们赞成，他们以为我们做了亏心事，大鸣大放就要垮台了。我们觉得没有什么亏心事，相信群众的大多数，因此大鸣大放一直要用，今天用来解决三个坏主义，整风，今后解决思想问题也要用这个办法。大鸣大放是整风运动的一部分（整风运动发明是我们的，其次他们又加上这一点，我们赞成），大鸣大放，政治上争论，许多问题未经民主大辩论，光人代会辩论不顶事，1226 人通过不算，6 亿人民大家讨论才算，如路线正确与否，成绩大呢错误大呢？外交政策、合作化要不要？这种全民讨论叫大鸣大放，以后隔几年要来一次，新政策是关系到每一个人，节育、除四害（上海是除七害）、统购统销等关系到每一个人，光鼓动一下不行，怎样做才好，要讨论，除好还是不除好，多些好还是少些好，快些好还是慢些好，都要讨论。百家争鸣、百花齐放的方针是好东西，不要怀疑这东西，这叫做树立对立物。

还有一点，要有专业队伍，它搞大了不好，业余的队伍要大，业余的哲学家、文学家、历史学家，他们不是专门搞这个的，他们或是教书，或是做工，或是机关工作者。现在大家对毒草（对立物）都害怕，好象这样一来自己要负责任。要想些办法出来。出版工作提了个办法，即将出版工作统一起来，从前出版工作自由主义很厉害，我们内部也不统一。北京和上海要统一起来，相同的要统一起来，如新文艺出版社，就叫人民文学出版社上海编辑部，计划一个，是否可以再搞个自费出版社。到处不要的，老子发恨，自费出版，这样做可以解决多方面的问题。萧军写了本小说，人民文学出版社不给出版，大鸣大放时冯雪峰批准出版，给好多稿费。不给出，他天天来闹。你不要闹，你有你的自由，我有我的自由，我有挑选稿子的自由，萧军的稿子不要。我是社长，不是你，你有言论自由，你可以到自费出版社去。还有许多东西没有地方出版，新文艺出版社的稿子堆得多得不得了，看也看不了。其中会有些好的，坏的也不少。他有勇气，就到自费出版社去，不审查稿子。出版数目少些，有的甚至可以贷款给他。国家就设那么一笔钱，多了没有，少了可以。让你出版，别人也可以利用。

石西民：其实天主教、基督教也在搞出版，我们搞这个也可以。①

（一）老教师教新学生，新教师教老学生

蔡尚思和陈旭麓谈论的问题比较集中，主要反映当时复旦大学、华东师范大学历史教学中的一个普遍现象，即"老教师教新学生，新教师教老学生"（按：一、二年级的古代史中世史多为老教师教授，而三、四年级的近代史现代史又多为新教师讲授）。这也是反映历史研究与历史学教学特征的。蔡尚思说：

中国现代史有下面几个特点：

（1）复旦历史系没有中国革命史，由中国现代史来代替。所以，中国现代史既是政治课又是专业课，范围很广，必须以中国革命史为中心，同时又是现代史。

（2）中国现代史比古代史更富有科学性和政治性，讲错了到处都有人证物证。

（3）到现在为止，中国现代史还没有各种提纲和较系统的教材，有的大学虽然开了，但是内容同革命史差不多，有的大学开不起来。

（4）老专家中没有一个真正研究近代史的，研究现代史的也很少，他们解放前长期住在蒋管区，对中国革命很不熟悉。不适宜教中国现代史。

（5）中国现代史是四、五年级（最后一年）教，由最年轻的教师教，最年轻的教师遇到最老的同学，这样一来，同学对教师的要求特别高。

（6）担任中国现代史课程的教师多数是单干，比中国革命史集体进行教学困难更多。

陈旭麓谈了当时华东师范大学历史系的基本状况和历史教学：

（1）师大历史系新老教师约 70 人（职员、资料员不在内），大学生约 500 人，函授生 100 余人，还有中国古代、中国近代、世界近代现

---

① 档号 A23 - 2 - 1409，陆定一部长在沪召开各界座谈会记录，上海市档案馆藏。

代史三个研究班，还有"历史教学问题"月刊。工作的面比较广，力量不够集中，也有某些劳逸不均的现象（不全是平均主义思想）。

（2）历史教学方面，几年来，基本上是以阶级斗争为讲授的主要内容，这是对的，当然还存在一些问题。但是生产斗争方面的东西讲得很少，教材和科学研究在这方面也比较贫乏。因此如何通过历史教学进行劳动教育，也就是说如何从历史发展的规律使青年了解生产斗争的重要性。我以为历史教学要结合当前的实际，要从社会主义革命和社会主义建设两个方面论证。为此在从基础到上层建筑更好的贯彻阶级观点的同时，应说明生产技术在历史发展中的作用，当前讲述历史上的各种发明和建设，只着重于爱国主义教育，却忽略了在生产上对自然作斗争的意义。

（3）复旦大学的同志谈到现在历史系是老教师教新学生、新教师教老学生。在教学计划上也存在一些问题，即现行历史系的教学计划，将中外历史分作古代、中世、近代、现代四个部分，分别于一、二、三、四年级讲授，即从一年级到四年级都是通史的讲授，不能达到循序渐进，逐步加强的要求。同时在一、二年级没有将从古到今的通史讲完，上专门性的选修课也没有基础；就师范院校来说，在三年级进行试教时，碰到试教近代、现代史部分，他们在大学还没有学到。

（4）关于百家争鸣方面，对资产阶级历史学的批判，几个主要方面如否定阶级斗争，否定历史的规律性等等，多数人都能批判，问题是在如何深入，除了对反动的资产阶级历史观点应继续进行批判外，而对披着历史唯物主义外衣来篡改历史唯物主义的论点，加以深刻的揭露和批判，为提高历史科学水平的意义更大。在马列主义的指导思想下，对历史上关键问题存在的不同论点应展开争论，但必须放在科学研究的基础上，如中国近代史分期问题，曾经争论了一阵，许多人写了论文，搞了几个回合，问题并没有解决，却也争论不下去，其主要原因，是科学研究的基础跟不上。此外史学界存在的"门户之见""意气之争"，对百家争鸣也是有害的。要使百家争鸣在史学界很好地展开，不仅要深入钻研理论和大量掌握史料，而改进思想方法，提高辩证法的水平，是一个非常重要的问题，一些偏颇论点的产生和固执，都和思想方法的不正确有关。[①]

[①] 档号 A23 - 2 - 1409，陆定一部长在沪召开各界座谈会记录，上海市档案馆藏。

（二）上海历史研究的史料整理

由于近代上海特殊的历史、特有的性质，上海史在中国科学院上海历史研究所成立之初即被确立为重点研究对象。在历史研究所的筹备中，由于李亚农患有心脏病，徐仑、奚原是实际工作的主要负责人。

历史研究以资料工作为基础。徐仑在历史学座谈会上汇报时说：

> （我们）订了个计划，准备编一个"帝国主义侵华史"，据说上海史料很多，有七千多箱，准备再集中五、六个人配合三所搞资料工作，现在这方面感到人不够。还有两个人搞近代史资料，已搞了四、五十万字（如小刀会、鸦片战争等），另外三人搞古代史的，计划如果实现，到年底约有一百五、六十万字的资料。

奚原对历史研究的方式和方法进行了辨析，他也认同以上海为基地进行历史研究才是历史研究所的重点工作：

> 关于历史科学的研究态度和方法问题。首先是怎样以马列主义观点方法同大量资料结合起来研究。现在有的人搞到一点稀有资料，就认为可以写出东西，这种想法很普遍。研究以外的学术争论常看作是额外负担。

他还特别提出集体研究与个人研究的关系问题：

> 关于集体和单干的问题，争论也很多。开始时大家偏于单干，整改以后要求合作化，但有等待分配的思想。到夜里则搞些自己的东西。我们现在主要搞些打基础的工作，进一步怎样搞还需要研究。我所很小，我们研究的范围究竟怎样？主要还是以上海为基地搞帝国主义侵华史。

这些思路在历史研究所建所之后的初期工作中得到重视，产生了如《上海小刀会起义史料汇编》、《五四运动在上海史料选辑》、《鸦片战争末期英军在长江中下游地区的侵略罪行》等学界沿用至今的工具书。

而其他人沈以行、陈云涛、赵宗颇等也从各自的角度出发，谈及了自己的工作情况。

三 陆定一在沪召开座谈会的后续作用与影响

陆定一在沪召开的包括历史学的座谈会在其后至少有以下几个反应：

其一，在《毛泽东年谱》中提到：1958 年 3 月 15 日，毛泽东阅中共中央宣传部编印的《宣教动态》一九五八年第二十八期刊载的《上海新闻出版和文学艺术部门党内负责干部的一些意见》。这个材料综合了中宣部部长陆定一在上海召集上海市新闻、出版、文学、电影、历史学等单位党内负责干部座谈会的情况。毛泽东批示："此件可一看，然后谈一下。为什么知识分子不敢讲、不敢写呢？我们人民的自由已被压死了吗？"毛泽东的批示和这个材料，作为成都会议文件印发。

其二，在座谈会上，陆定一公开率性地谈论了学术问题和政治问题要分开的一些观点，部分言论被"文革"初期的一些所谓罪行材料中所使用，这也正从另一方面证明了当时座谈会上的民主开明的态度和积极向上的氛围。例如：

> 为什么史记、资治通鉴现在看来仍然有味道呢？就因为它记载了事实，难得有评论。当然其中也有观点，如他把自己认为奸的坏的突出来。一万年后，人爱看看现在的历史，会有很多意见的，看看我们许多事情很蠢（当然总的是很好的）。好象我们看王明博古时代做了很多傻事一样。[①]

其三，不可否认，在历史环境的制约下，作为中国共产党的高级领导干部，陆定一在观察和讨论上海哲学社会科学界的学术问题时，仍然带有某些革命话语和阶级斗争的习惯性视角，但是陆定一毕竟是党内对于科教文艺工作至今影响深远的"双百方针"的首要阐述者。无论对上海哲学社会科学界对于建立中国政治经济学的要求、上海历史研究的史料整理、法学界对于新中国法学的探索，以及哲学中国化的问题，陆定一都十分切实地提出意见。

---

① 《内刊》反修兵翻印：《陆定一反党反社会主义反毛泽东思想的罪行材料》1967 年 5 月，第 6 页。

在 1958 年 1 月的上海各界座谈会上，他不时地对于哲学社会科学界的问题进行力所能及的纠偏，这种努力直接或间接地促进了上海哲学社会科学力量的聚合，促进了 1958 年 3 月上海市社会科学界联合会的成立，促成了当年 9 月上海社会科学院的建立，也推动了上海各研究机构、各学会研究论题的开展。

在这次上海社会科学各界座谈会上，陆定一与党内负责哲学社会科学的上海同志重点讨论了社会科学的组织问题、资料问题、理论与实际相互联系问题。这也在下半年上海社会科学院的建院方案中得到回应。正如 1958 年 7 月《关于建立社会科学院的方案》中宣示的那样："在上海设立社会科学院加强上海社会科学教学工作，开展以上海为主的研究工作，是完全必要的。"

游移与坚守

——20世纪90年代以来宋史学者马克思主义理论的学与用

刁培俊

（南开大学历史学院）

20世纪90年代前后，各种社会科学理论喷涌而出，可谓是五光十色、光怪陆离，更多地冲击了中国的人文社会科学界。引进新理论、带来新方法、构建新模式、解决新旧问题，一时间，成为中国人文社会科学界一浪高过一浪的学术新现象。就历史学科而言，也面临着各种各样的学术选择——究竟是抱残守缺，还是敢于面对各种责难和不解，勇于创新，成为学人心中难以摆脱的抉择。在此之前，20世纪50年代以来长期处于绝对性领导地位的马克思主义理论，要不要一如既往地坚持应用到实际研究之中，而排除一切所谓的新理论，抑或坚持传统的实证史学的路线，竭力避免一切意识形态的干扰，就这一时期宋史研究阵营而言，同样面临了这样的局面。①

著名历史学家漆侠先生，是新中国培养的第一代马克思主义史学家，毕生坚持运用马克思主义理论执教、治学、育人，② 并以其煌煌90余万字的长篇学术巨著《宋代经济史》著称于学林。这部书，以马克思主义理论为指导，以经济基础和上层建筑的关系构建其研究规模，展现出此前实证史学方法难以呈现的宋代经济发展的历史面相。这是一部马克思主义政治经济学理论深蕴其中的历史学著作。漆侠先生所撰《宋代经济史》上、下两册，共计九十三万五千字，作为中国古代经济史断代研究之五，1987年和1988年，先后由上海人民出版社隆重推出。此后又有经济日报出版社1999年版，

---

① 毛曦、王善军：《坚持与发展：漆侠先生的马克思主义史学理论与方法》，《史学理论研究》2008年第3期。

② 王曾瑜：《一位真诚的马克思主义史学家》，载《漆侠先生纪念文集》，河北大学出版社2002年版，收入王氏著《丝毫编》，河北大学出版社2009年版。

2009 年，作为史学类经典之一，被收录于《中国文库·新中国 60 年特辑》，由中华书局出版。著名经济学史学家吴承明先生指出："它［九卷本《中国经济通史》］原属全国哲学社会科学'七五'规划中的重点项目，课题名称'中国古代经济史断代研究'。由中国社会科学院历史研究所、经济研究所和首都师范大学、河北大学、郑州大学、山东大学的一批著名史学家担任各卷主编，组织各单位的学者参加，殚精竭虑，惨淡经营了十多个寒暑。部分分卷曾先行问世，饮誉海内外。"需要强调指出的是，九卷本《中国经济通史》之中，似乎只有《宋代经济史》一部，是漆侠先生倾一人之力研究撰写而成。《宋代经济史》是我国经济史和宋史研究中的里程碑式著作，曾获河北省社科一等奖、全国高等学校人文社会科学研究优秀成果奖一等奖、首届郭沫若中国历史学奖等。以马克思主义理论的"经济基础决定上层建筑"为指导，《宋代经济史》从人口、垦田、水利、经济作物、经营方式、土地所有制形式、赋税制度等方面，全面论述两宋 320 年间社会经济关系发展演变的全过程，重点研究了宋代农业生产、土地关系、手工业发展、国家专利制度、商业和城市经济、对外贸易、货币及经济思想等问题，提出了一系列精辟的见解。

有关于此，著名宋史学家王曾瑜先生曾以《中国经济史和宋史研究的重大成果》为题，发表了精当的评论。[①] 而乔幼梅教授等，也在《文史哲》、《光明日报》、《河北学刊》等发表了很有见地的评论文字。而毛曦、王善军两位先生，则以《坚持与发展：漆侠先生的马克思主义史学理论与方法》长文，也做了相当深入的探讨。[②]本文拟以《宋代经济史》一书为主，对漆侠先生的马克思主义理论与文献的紧密结合方法做一探讨，着力呈现理论浸入史料之后所呈现出的学术力作的典范性，尤其是马克思主义理论的学与用。我们先来看这部书的目录：

关于中国封建经济制度发展的阶段问题（代绪论）

第一编　宋代农业生产与土地诸关系

第一章　宋代的人口和垦田

第二章　宋代水利事业的发展

---

① 《晋阳学刊》1989 年第 4 期。

② 《史学理论研究》2008 年第 3 期。

第二十三章　宋代盐的生产以及在榷盐制度下国家、商人、亭户之间的关系

第二十四章　宋代酒醋的酿造和宋封建国家的榷酒榷醋制度

第二十五章　宋代榷香榷矾制度

第四编　宋代商业的发展及其与周边诸族海外诸国的贸易关系

第二十六章　宋代商业、城镇经济和交通运输的发展

第二十七章　宋代的商品及其流向。商税的征收及其对社会经济的影响

第二十八章　宋与周边各族的贸易。宋市舶制度以及与海外诸国的贸易

第二十九章　宋代金属货币的流通和纸币的发行。物价波动状况

第三十章　宋代的商业资本和高利贷资本

第五编　宋代社会经济思想

第三十一章　北宋地主阶级改革派和保守派的经济思想

第三十二章　南宋功利主义的经济思想。邓牧对封建专制主义的批判

就上述目录即可看出，这部书中蕴含着深厚的马克思主义政治经济学理论，对经济基础决定上层建筑这一理论进路有相当深刻的理解和运用。而其中对地主阶级、农民阶级的研究，饱含着先生对马克思主义理论中"阶级分析"方法的锐利剖析。其中就农业、商业、手工业等几个领域的研究，也颇符合马克思主义的相关理论。对其一一剖析，努力展示出漆侠先生对马克思主义相关理论的运用，会呈现出中国学者在过去的那个时代对外来理论的学习和运用的热情，更可由漆侠先生的研究，发掘和呈现中国一流学者的心路历程。

漆侠先生毕生以马克思主义理论为指导治学、执教、育人，其磅礴丰厚的学术成就，宏阔开广的思想器局，令人敬仰。王曾瑜先生曾经这样评价他的这位学长："漆侠先生是真诚的马克思主义史学家，并提倡运用马克思主义理论治史，认为马克思主义有不可替代的指导意义"。"漆侠先生……是认真研读马克思主义的著作，并且把马克思主义的观点和方法认真地运用到自己的立身行事，运用到自己的史学研究之中"；"完全可以说，漆侠先生的治史成就，是与他自觉地以马克思主义指导分不开的，马克思主义的指导贯串

在他的治史全过程中"。① 程民生教授也有类似的评价："先生是位少见的马克思主义历史学家。在那个年代，信仰、学习马克思主义的史学家可谓成千上万，但像先生那样的实在不多：他是真信，真学，真用，用的真好。"② 其晚年遗著《宋学的发展和演变》也浸润着这一理论。这在其指导思想中可以看出。

在研究生培养过程中，漆侠先生仍然一如既往地要求研究生必读书目中有《资本论》《反杜林论》《德意志意识形态》等马列原著。在其研究过程中，则强调阶级斗争的方法，强调辨证的分析方法。但是，这一时期内，漆侠先生开始较多关注非马克思主义理论的其他学说和理论，譬如维科的《新科学》以及其他更多的人文社会科学理论和方法。或许，漆侠先生在这一时期内，依然坚守马克思主义理论的立身行事，但也并不排斥其他人文社会科学理论方法的汲取。

中国宋史研究领域的另一位著名学者王曾瑜先生，最近若干年来，也一直提倡学习马克思主义理论，明确云："学习马克思主义和现代科学"并认为学习马克思主义，对于增益史识大有裨益。王先生针对宋朝为主的朝代考察阶级社会和等级授职制进行了深入研究，③ 其《宋朝阶级结构》一书，更是对宋朝各个阶级进行了相当翔实的考察，发掘出宋朝社会阶级状况的各个面相——这从本书的篇章结构中，就可见其一斑。我们且看本书出版信息中的介绍：

> 本书系统而深入地论述了宋朝社会各阶级的经济状况，兼及它们的政治地位。唐宋都是以租佃制为主导的农业社会，乡村的雇佣制处于从属地位，但阶级状况有所变动，而宋朝的户口分类制度则是研究宋朝阶级结构的突破口。在宋朝社会各阶级中占第一位的，是处于最底层的农民，他们却又是灿烂宋文明的基石。宋朝农民备受地租、高利贷和官府的苛重税役的压榨，大部分耕地被地主兼并，许多农民必须兼雇工或他

① 王曾瑜：《浅谈史学功能和治史者的冷静与热情》，载《漆侠与历史学》，河北大学出版社2012年版，第503页。邓小南：《漆侠与历史学：纪念漆侠先生逝世十周年》致辞："作为一位赤诚的马克思主义史学家"，第16页。

② 程民生：《凝聚的怀念》，载《漆侠与历史学》，河北大学出版社2012年版，第63页。

③ 王曾瑜：《治辽宋金史杂谈》，原载《河南大学学报》2010年第3期，收入氏著《纤维编》，河北大学出版社2011年版，第3—9页。

业以维生。宋朝另一主体阶级是地主，其中包括皇室、官户、吏户、乡村上户、僧道户、斡人、坊郭上户等阶层。本书特别强调了官户在总体上是一个寄生和腐朽的阶层。宋朝的非主体阶级主要是城居的坊郭户，其中包括大、中、小商人和手工业者。大工商业实行合伙制或雇佣制，但并未成为这个以租佃制为主的农业社会走向解体或没落的因素。宋朝的私家奴婢大部分雇佣化，社会地位略有提高，法律上被称为"人力"和"女使"。

再看其篇章结构：

第一编　宋朝阶级结构综述

第一章　唐宋阶级状况变动概述

第二章　宋朝户口分类制度

第二编　宋朝农民阶级——乡村下户和客户

第三章　乡村客户的阶级状况

第四章　乡村下户的阶级状况

第五章　乡村下户和客户在宋朝户口统计中的比重

第六章　乡村雇佣制

第七章　农民与商品经济

第八章　农民与地主

第一节　地租

第二节　高利贷

第三节　土地兼并

第四节　主客的身份差别和依附关系

第九章　农民与国家

第十章　农民的生活状况

第三编　宋朝地主阶级

第十一章　皇室

第十二章　官户

第一节　官户的范围和数量

第二节　官户的特权与禁约

第三节　官户的田地所有状况

可以说，这确实是一部以马克思主义理论为指导的学术著作。已故日本著名历史研究者柳田节子曾这样评介此书："如果是在［二十世纪］五六十年代论述阶级关系，皆以农民起义作为杠杆权衡，而如今这部书阐明的阶级结构论点，则全然没有袭用那套关于农民战争的理论，由此能够体味中国近些年来具有深刻意义的研究态势"。①

王曾瑜先生在多个场合下，苦口婆心地建议年轻学者认真学习马克思主义理论，关注其中的阶级分析法，以透视中国传统社会的诸多历史现象。他说："……马克思主义的阶级论……强调社会人群的阶级区分，不能说是将纷繁复杂的社会结构包举无遗，却是抓住了人类文明社会结构的根本和核心问题。……马克思主义阶级论最根本的实质问题，是强调阶级之间的经济剥削和政治压迫，这是人类文明史的科学提炼和总结。"②

如今，漆侠先生已经去世 10 年多，王曾瑜先生也已年逾古稀，在中国宋史研究领域内，两位先生对于马克思主义理论所持的坚守态度，在今天一些年轻学人看来，或近乎"文物""化石"，不能理解。以两位先生的聪明才智，不可能不清晰地感悟到社会变迁中当下人文社会科学理论的诸多流向，以及这些来自域外的新理论对于中国传统社会历史的分析、透视而引发的新议题、新视角，但是，他们何以如此坚守？马克思主义理论究竟有怎样的无穷魅力，致使两位先生如此为之坚守，颇值得我们做更多的思考。

---

① 王曾瑜：《宋朝阶级结构》（增订版），中国人民大学出版社 2010 年版，封底。

② 王曾瑜：《对以马克思主义治史的一些思考》，收入氏著《点滴编》，河北大学出版社 2010 年版，第 1—10 页。

太极文化的时代意义

吴怀祺

（北京师范大学历史学院）

一　优秀传统文化，民族的基因

建设中国特色社会主义，发展中国特色马克思主义史学理论，要认清民族特色传统文化的意义，要以科学态度对待传统文化。习近平总书记指出："不忘本来才能开辟未来，善于继承才能更好创新。"中华传统文化是我们民族的"根"和"魂"，如果抛弃传统、丢掉根本，就等于割断了自己的精神命脉。要坚持马克思主义的方法，采取马克思主义的态度，坚持古为今用、推陈出新，有鉴别地加以对待，有扬弃地予以继承，既不能片面地讲厚古薄今，也不能片面地讲厚今薄古。①

一个国家、一个民族的强盛，总是以文化兴盛为支撑的。没有文明的继承和发展，没有文化的弘扬和繁荣，就没有中国梦的实现。中华民族创造了源远流长的中华文化，也一定能够创造出中华文化新的辉煌。

核心价值体系和核心价值观，是决定文化性质和方向的最深层次要素，是一个国家的稳定器。②

习近平总书记指出：

> 中华文明绵延数千年，有其独特的价值体系，中华优秀传统文化已经成为中华民族的基因，植根在中国人内心，潜移默化影响着中国人的

---

① 《习近平总书记系列重要讲话读本·六、创造中华文化新的辉煌》，学习出版社、人民出版社2014年版，第100页。

② 《习近平总书记系列重要讲话读本》，学习出版社、人民出版社2014年版，第92页。

思想方式和行为方式。①

要努力展示中华文化独特魅力。民族文化是一个民族区别于其他民族的独特标识。要使中华民族最基本的文化基因与当代文化相适应、与现代社会相协调，以人们喜闻乐见、具有广泛性参与性的方式推广开来，把跨越时空、超越国度、富有永恒魅力、具有当代价值的文化精神弘扬起来，把继承优秀文化又弘扬时代精神、立足本国又面向世界的当代中国文化创新成果传播出去。②

二　太极文化的时代意义

2014 年 7 月 4 日，中国国家主席习近平在韩国国立首尔大学发表演讲，题为《共创中韩合作未来　同襄亚洲振兴繁荣》，说："加强人文交流，不断增进人民感情。以利相交，利尽则散；以势相交，势去则倾；惟以心相交，方成其久远。国家关系发展，说到底要靠人民心通意合。"我们要携手努力，以东方智慧，把两国美好梦想融入更为宏伟的亚洲梦，同亚洲各国人民走出一条共建、共享、共赢之路。

进而对太极文化做了深入的历史与理论的阐释：

中国太极文化由来已久，韩国国旗是太极旗，我们最能领会阴阳相生、刚柔并济的古老哲理。如果说政治、经济、安全合作是推动国家关系发展的刚力，那么人文交流则是民众加强感情、沟通心灵的柔力。只有使两种力量交汇融通，才能更好推动各国以诚相待、相即相容。

文化在增进人民相互了解和友谊方面可以起到春风化雨、润物无声的作用。中韩人缘相亲、文缘相通，开展人文交往具有得天独厚的优势。我们两国已经成立了中韩人文交流共同委员会，为扩大人文合作、增进人民感情提供了良好平台。两国政府部门应该大力推动和引导，两国各界人士和广大民众要积极为此贡献力量。③

---

① 《习近平总书记系列重要讲话读本·六、创造中华文化新的辉煌》，学习出版社、人民出版社 2014 年版，第 96 页。

② 《习近平总书记系列重要讲话读本》，学习出版社、人民出版社 2014 年 6 月版，第 104 页。

③ 《人民日报》2014 年 7 月 5 日，第 2 版。

讲话是站在时代的高度，以世界史的开阔视野，论述了太极文化的底蕴。

在民族文化发展史上，太极学说形成，是易学发展的新阶段，既是易学象数派的发展，也是义理派的发展。太极学说（包括太极说、太极图像及其意蕴）是中国民族文化融合、更新的产物，太极文化形成体系，提升了中国传统文化的精神深度。太极学说是在宋代儒道释文化融合时期，形成系统的，是理学的重要组成部分。"（周）敦颐作《太极图》究万物之终始，作《通书》明孔孟之本源有功于学者甚大"①。

太极文化意在阐释：

> 无极而太极，太极动而生阳，动极复静，静而生阴，静极复动。一动一静，互为其根；分阴分阳，两仪立焉，阳变阴合，而生水火木金土，五气顺布，四时行焉。五行一阴阳也，阴阳一太极也，太极本无极也。五行之生也，各宜其性。无极之真，二五之精，妙合而凝。乾道成男，坤道成女。二气交感，万物化生，万物化生而变化无穷焉。

朱熹把太极学说，放在特殊的地位上②，张栻称之为"纲领"。朱熹通过太极学说，汲取传统文化的思想资料与形式，做出了改造，发挥儒学天人观念，发展了整体思维、辩证思维、通变思维，构筑起理学体系的大厦③。

三　太极文化的亲和力

——太极文化体现以"诚"为本的和谐思维。

---

① 《四库全书别集类二·周元公集提要》。周氏前后，对太极学说发展有一批人，也有不同观点者，本文只能着重以周敦颐的学说为代表，展开讨论。

② 《朱子语类》开篇的《理气上》，便是以太极说理气，集中体现朱熹理学观。

③ 《朱子语类》卷一说：太极只是天地万物之理，在天地言则天地中有太极，在万物言则万物中各有太极，未有天地之先，毕竟是先有此理，动而生阳，亦只是理；静而生阴，亦只是理。……太极只是一个理字。《朱子语类》卷二十二说：如以两仪言则太极是太极，两仪是用；以四象言，则两仪是太极，四象是用；以八卦言，则四象又是太极，八卦又是用。《朱子语类》卷二十七说：太极便是一，到得生两仪时，这太极便在两仪中；生四象时，这太极便在四象中；生八卦时，这太极便在八卦中。《朱子语类》卷九十五说：万一各正，小大有定，言万个，是一个；一个是万个，盖体统是一太极，然又一物各具一太极，所谓万一各正，犹言各正性命也。

从史学思想角度说，太极学说是以"诚"为本的和谐思维。

周敦颐的《太极图说》与《通书》相互发明。《通书》开篇说：

> 诚者，圣人之本也。大哉乾元，万物资始，诚之源也。乾道变化，各正性命，诚斯立焉。

周氏把"诚"作为太极的规定性，通过对"诚"的阐发，把易学推向新的高度，也表明《通书》以太极图与《通书》相表里，体现：诚，即所谓太极也。这是太极和谐思维的根本所在，把太极学说纳入到儒学中去，从而提升了儒学的理性价值。朱熹推崇周子的思想，重要根源也在这里。

不诚的伪造历史、曲解历史，是逆历史潮流而动之所为，注定要失败。

——天人和合的整体思维。

"和合"的整体思维是易的宇宙观。易之体系本身体现出对宇宙世界、社会和人事的思考方式。《周易》的最基本元素是爻，就蕴含着"变"，"象者，言乎象者也；爻者，言乎变者也"（《系辞上》）。

"太极"是《周易》的最高范畴，是宇宙的本原，宇宙万物由它而生，依它而长，据它而存，最后以它为归。宇宙万物在"太极"之中"各正性命，保合太和"，共同构成一个秩序严谨、高度和谐"保合太和"的有机整体，而这一整体并不是由同一种物质构成的那种混同一体的所谓整体，而是由具有阴阳两种相互对待之性能的东西（两仪）相互作用、相互转化而构成的生生不息的和谐整体。阴阳两种物质还可进一步具体分为少阳、老阳、少阴、老阴四种物质（又称为"象"，如四时之春夏秋冬、方位之东西南北）和乾、坤、震、巽、坎、离、艮、兑八类物质（八卦）。《易传·说卦》详细说明了这八类物质的具体内容。这是一个建立在象数思维基础上的宇宙分类系统，它把宇宙中的万事万物看作是一个紧密相关的有机整体，一个完整的对应系统。《易传·序卦》在说明《易经》六十四卦排列顺序内在原因的同时，也表明了它的世界观，即认为宇宙万物对社会、人生是一个秩序严谨的动态和谐整体。①

阴阳和合整体系统是以"人"为中介。

太极文化的和谐思维，是阴阳抱负动态的平衡思维。从史学观念来说，

---

① 郑万耕、赵建功：《周易与现代文化》，中国广播电视出版社1998年版，第144页。

是盛衰变动，又是盛衰相互包含的历史思维。太极学说的出现，明白无误表示出了天地阴阳、社会盛衰的联结，但宋代的太极学说把"天地人"作为整体把握，是以"人"为中介的，和谐还是不和谐，与"人"的作为有关，"惟人也，得其秀而最灵，形既生矣，神发知矣，五性感动而善恶分，万事出矣"。对于这一点，研《易》、说"太极"者，要予以充分注意。可以说，这是太极学说和谐思维的支撑点。张栻曾强调了太极图在周敦颐理论探索中的重要性，认为："惟先生生乎千有馀载之后，超然独得夫大易之传，所谓'太极图'，乃其纲领也。推明动静之一源，以见生化之不穷；天命流行之体，无乎不在文理密察，本末该贯，非阐微极幽，莫能识其指归也"①。

——太极思维体现中国史家对历史前途的思考，追求民族的兴盛。

中国史学还在童年时代就和易学结下了不解之缘。

先秦时期史官，精通《周易》，在以史解易中，显示出他们的深邃的历史眼光，促进了史学思想进步，对于易学体系形成做出了贡献。

在中国史学史上，历代大史学家大多对《周易》有精深的了解。② 司马迁的家学中有易学传统，他自己在汉初的易学史上有重要的地位。易学对司马迁史学的影响非常明显。班固的易学特点反映了东汉易学风格，荀悦与荀爽的易学相通，荀悦在《汉纪》中论史反映出易学的印痕。袁宏援玄解史，易理成为他评论历史和人物的哲理的基础。

两宋的史学总结历史盛衰的经验教训，以易学理论解说历史变动，把中国史学思想推向一个新的高度。欧阳修是大史学家，在易学史上有特殊的地位，他写的《易童子问》等，反映出对易学的清醒认识，着重从义理上解易进而提出对史学的看法。司马光的《温公易说》等体现出他的历史观的特点。李心传、李焘是蜀中史学的代表人物，他们的易学与史学相通。李光、杨万里在易学是以史证易的代表，把史学纳入到易学体系中去。朱熹是理学的集大成者，同时也完成了使史学"会归于理之纯粹"。朱熹史学、易学都成为他构建理学体系中的有机组成部分。

元明时期的史学家在易学上多是有建树的学者，特别是明末清初的王夫之在易学上有特别重要的地位。船山易学的思维特征对他史论著作《读通鉴论》、《宋论》等产生重大的影响。清人章学诚在《文史通义》中开篇便是

---

① 张栻：《通书后跋》，《张栻集》一，岳麓书社 2010 年版，第 808 页。
② 吴怀祺：《易学与史学》（中国书店 2004 年版），有简要的论说。

《易教上》、《易教中》与《易教下》，他的易学观点，成为评论史学的理论基础。①

近代易学和古代易学明显不同的地方是，一般不再是在旧经学范围内论说《易》，讨论历史的易学有关问题，而是以史的眼光认识《周易》。顾颉刚解说《周易》的历史故事，把易学讨论纳入他的辨古史的范围。郭沫若用社会眼光认识《周易》，这些成为他的《中国古代社会研究》的第一个大板块。他以敏锐的眼光抓住《周易》的辩证法精华，为科学总结易学提供了范例，把《周易》这部书从神的启示录变成"世俗人"的思维术。为有中国民族特点的马克思主义史学建设，做出了示范。

在古代史学发展过程中，易学变化对史学产生过三次大的冲击。第一次是，从先秦到两汉易学的变化，为中国古代史学家思考天人关系、总结历史兴衰，提供了思想基础。第二次是，魏晋时期，《易》是玄学三个组成部分之一，史学家品评历史人物、总结历史的思维方式都受到易学的影响。第三次是，两宋的易学成为理学的要素，也成为史学家论历史兴亡、说历史因革的哲理依据，波澜所及，直到明清。

太极文化的和谐思维，是阴阳抱负动态的平衡思维。从史学观念来说，是盛衰变动，又是盛衰相互包含的历史思维。太极学说的出现，明白无误表示出了天地阴阳、社会盛衰的联结。史家写史以易说史，从盛衰的变化中，思考中国历史的前途。

司马光的史学已经看得很明显。他的历史盛衰论，是易学太极思维的体现。司马光作《资治通鉴》，又著《温公易说》。

《资治通鉴》写作目的，是"专取关国家盛衰，系生民休戚，善可为法，恶可戒者，为编年一书"，为的是"监前世之兴衰，考当今之得失，嘉善矜恶，足以懋稽古之盛德，跻无前之至治，俾四海群生，咸蒙其福"。写史的追求之大道，与他的太极观念有着密切联系。

《温公易说》指出：易有太极者，极者中也，至也，凡物之未分，混而

① 近代刘师培论说，《易经》学与史学的关系，是章学诚说的，《周易》对考史的意义是四点，一是，周代之政多记于《易经》，故《易经》可以考周代之制度；二是，古代之事多存于《易经》，故《易经》可补古史之缺遗；三是，古代之礼俗多见于《易经》，故《易经》可以考宗法社会之状态；四是，社会进化之秩序，事物发明之次第，多见于《易经》，故《易经》可以考古代社会之变迁。（见《经学教科书》第二十五课《论易学与史学之关系》。刘氏着重点，是从文献学角度认识《易经》与史学关系。）

为一者，皆为太极；太极者何？阴阳混一，化之本原也。司马光又说："光闻一阴一阳之谓道，然变而通之，未始不由乎中和也。……《中庸》曰：中也者，天下之大本也；和者，天下之达道也。致中和，天地位焉，万物育焉，由是言之，中和岂可以须臾离哉"①。

太极文化的和谐思维，是阴阳抱负动态的平衡思维。从史学观念来说，是盛衰变动，又是盛衰相互包含的历史思维。太极学说的出现，明白无误表示出了天地阴阳、社会盛衰的联结。

今天历史的视野超越一个国度，以世界史、全球化的视野，以具有中国民族特点的马克思主义理论，观察时代的变动与走向，坚定对历史前途的信心，实现中国梦、亚洲梦、世界梦。

---

① 《温国文正公文集》卷61《答李大卿孝基书》。

20 世纪中国近代史研究范式的演变

——以"革命史范式"和"现代化范式"为中心

龚 云

（中国社会科学院马克思主义研究院）

1840—1949 年的中国历史，学术界通称为中国近代史。近代中国历史是自 1840 年起逐渐走向半殖民地半封建社会的历史，也是中国人民从旧民主主义革命到新民主主义革命并最终赢得翻身、民族解放和国家独立的历史。从另一个意义说，也是中国由被动到主动走向现代化的历史。这 110 年历史变化的深度、广度、剧烈程度及其给中国未来发展的推动力，是中国"数千年来未有之变局"①。

"中国向何处去"是近代中国历史变迁的主旋律。对"中国向何处去"这一百年中国主题的回答，是先现代化，还是先革命，不仅决定于近代中国的客观进程，也与对近代中国的客观进程的历史考察相关。

中国近代史研究是直接为了回答"中国向何处去"这一近代中国历史变迁的主题而产生的。作为中国史学的一个重要分支，20 世纪中国近代史研究继承了传统中国史学为现实政治服务的传统——"资治"。中国近代史研究开始产生，就不仅仅是一门单纯的学术，而且深受现实中国政治语境的影响，被纳入现实主流意识形态中，为现实的统治阶级提供合法性依据。在民族、阶级斗争紧张、激烈的时代里，近代史研究者集学者和政治代理人两任于一身，将学术研究当作救国和政治斗争的工具。他们借中国近代史研究表达自己的政治诉求。他们构筑的近代史研究范式，折射了当时中国政治主题；他们的政治理念，深深地渗透于中国近代史研究的学术文本中。

反映不同时代政治主题的中国近代史研究，因为与中央政权关系的远近而呈现出不同的学术地位：20 世纪 30—40 年代为国民党统治服务的以现代

---

① 《李文忠公全书·奏稿》卷 14，第 11 页。

化范式为框架的中国近代史研究，居于中国近代史研究的学术主流地位，以马克思主义为指导、为无产阶级革命服务的以革命史范式为架构的中国近代史研究，居于学术边缘地位，构成对主流意识形态的挑战；20 世纪 50—60 年代，由于政权变更，为无产阶级政权服务的以革命史范式为架构的中国近代史研究成为主流，从学术边缘走向中心，获得巨大的发展。为国民党政权服务的以现代化范式为框架的中国近代史研究，在中国大陆无容身之地，被遗忘了几十年；"文革"十年，为"四人帮"服务的"为革命而研究历史"的近代史研究把革命史范式推向极端，成为唯一的"学派"，被改造为他们所需要的"体系"；20 世纪 80—90 年代，由于"现代化"成为中国的政治主题，以革命史范式为架构的中国近代史研究的主导地位受到挑战，而以现代化范式为框架的中国近代史研究成为学术的关注焦点。因此，20 世纪中国近代史研究，不仅具有强烈的政治取向，而且常被纳入各时期政治框架中。为政治服务，是 20 世纪中国近代史研究的重要传统之一。正因为如此，中国近代史研究极易受到政治的干预，常常有政治化的危险，因而近代史研究"沦为"政治的奴婢，这在十年"文革"时期表现得尤为明显。中国近代史研究与政治关系太密切，所以中国近代史研究常常与意识形态混而为一，并屡屡为政治意识形态所支配。

所以，正是在 20 世纪中国政治的强大推动下，在对中国近代一百多年的历史考察中，形成了 20 世纪中国历史学的一个重要分支——中国近代史研究；正是伴随着 20 世纪中国政治主题的变迁，基于对近代中国历史主题的不同判断和研究主体的现实政治诉求，形成了主导 20 世纪中国近代史研究的两种研究范式——"革命史范式"和"现代化范式"。可以说，20 世纪中国近代史研究的发展史，就是"革命史范式"和"现代化范式"萌生、形成、发展的演变史，也是二者互相竞争的历史。本文就以"革命史范式"和"现代化范式"的演变为主线，考察 20 世纪中国近代史研究范式的演变及其启示。

一 "革命史范式"和"现代化范式"的萌生 (1901—1931)

从 20 世纪初到 30 年代初是中国近代史研究作为历史学科分支形成的萌芽阶段，是"革命史范式"和"现代化范式"的萌生时期。

20 世纪初西方进化论和唯物史观的输入，为 20 世纪最早的中国近代史研究者提供了考察中国近代历史的新的思想武器。

梁启超是中国近代史研究"现代化范式"萌生时期的代表。他对中国近代史的研究，成为 20 世纪中国近代史研究"现代化范式"的开端。因为"现代化理论是乐观的社会进化论思潮的产物"。[①]

指导梁启超研究中国近代史的史观是进化史观，他认为，"历史者叙述进化之现象也"，"叙述人群进化之现象而求得其公理公例者也"，"以过去之进化，导未来之进化者也"[②]。

梁启超研究中国近代史的目的是为了现实服务，指导他考察中国近代史的指导思想进化论，一开始就是与维新派变法图强的政治要求分不开的。

梁启超对近代中国的总体认识，集中反映在他为了纪念《申报》创刊五十周年写的《五十年中国进化概论》一文中。

在该文中，他从社会进化的角度勾勒了近代中国演变的大致轮廓。他分别从三个方面论述了近代中国社会的进步。

第一，"中华民族之扩大"。

第二，近代中国思想的演变。他认为，"这四十几年间思想的剧变，确为从前四千年所未尝梦见。"[③] 他认为近代中国思想的演变经历了三个阶段：

第一期，先从器物上感觉不足，这种感觉，是从鸦片战争后开始的，一直到甲午战争，因此掀起了学习"西技"的运动。

第二期，从制度上感觉不足，时间是"从甲午战役起直到民国六年、七年间止"。

第三期，从文化根本上感觉不足。

第三，政治进化。梁启超认为，"国民对于政治上的自觉，实为政治进化的总根源"，所以五十年的中国，"最进化的便是政治"。

梁启超以进化史观为指导，对近代中国的总体认识，对于后来的中国近代史研究，建立了一个初步的框架，实际上以社会进化为中心为近代中国通史勾勒了一个大纲，是梁启超认为"通史最能体现社会人类进化发展的'公理'和'公例'"的学术思想在观察近代中国时的具体实践。

1901 年 9 月李鸿章死后，梁启超 11 月立即就撰写了《中国四十年大事

---

① 罗荣渠：《现代化新论》，北京大学出版社 1993 年版，第 29 页。
② 梁启超：《新史学》，载《饮冰室合集·文集之九》，上海中华书局 1936 年版，第 7—11 页。
③ 同上书，第 43 页。

记》（一名《李鸿章》）。该书可以说是 20 世纪关于中国近代史研究的比较严谨的第一部人物传记，是梁启超以新观点、新体裁、新文体相结合的第一部史学专著。梁启超写作此书时，抱"作史必当公平之心行之"的态度①，也是以新史学理论方法著史的尝试。

梁启超的《李鸿章》可算得上 20 世纪第一本中国近代史著作。1901 年，《李鸿章》的出版，可视为 20 世纪中国近代史研究的开端。梁启超在《李鸿章》中的著述方式，也为后来治中国近代史者所承继。

梁启超关于中国近代史的观点，体现了他的史学思想。梁启超虽然没有写一本中国近代通史的著作，但他关于中国近代史研究的指导思想、中国近代史研究与现实的关系、关于中国近代史的一系列观点，如他提出以"国民史"代替"二十四史"的"帝王将相家谱"；他认为过去"正史"的作用是：为统治者统治臣民提供借鉴；为专制帝王培养忠顺臣民②，对以后中国近代史研究有很大影响。

有学者认为，"梁启超对清代学术与近百年学术史的研究，其严谨的治学态度与探幽开微的功力，都为学术界所公认，为近代史的研究，建立了可信赖和足为信史的一些楷模。"③ 梁启超将近代社会变革分为三个时期的论点，后来被香港学者金耀基在《从传统到现代》（1966 年）一书中发展为现代化三层次说：甲、器物技能层次的现代化；乙、制度层次的现代化；丙、思想行为层次的现代化。到 20 世纪 80 年代，台湾学术界又提出把晚清现代化分为三个运动的观点。④

因此，从一定意义上讲，梁启超是 20 世纪从社会变迁的角度观察近代中国的第一人，也是 20 世纪从现代化视角考察近代中国的缘起。

"五四运动"前后，从 1915 年新文化运动开始，到 1931 年"九一八事变"的这一段时期，是中国近代史研究"革命史范式"的酝酿期。李大钊、华岗是中国近代史研究"革命史范式"萌芽期的代表。

李大钊不仅是 20 世纪宣传唯物史观的第一人，为中国近代史研究马克

---

① 《中国四十年来大事记（一名李鸿章）》，载《饮冰室合集·专集之三》，第 1 页。

② 梁启超：《中国历史研究法》，载《梁启超史学论著四种》，岳麓书社 1998 年版。

③ 参见萧一山《近代史书、史料及其批判》，载李定一等编《中国近代史丛》第 1 辑，台北：正中书局 1956 年版，第 90—93 页。

④ 参见张朋园《中国现代化初期的助力与阻力》，载《面对历史的挑战》，台北：幼狮出版社 1983 年版；吕实强《儒家传统与维新》，载《近代中国思想人物》，台北：时报文化出版社 1980 年版。

思主义学派的建立提供了理论基础，而且是运用唯物史观，分析中国近代历史的第一人，为后来马克思主义历史工作者创造了运用唯物史观的典范和提供了一系列关于中国近代史的基本认识。

关于近代中国社会性质及任务，李大钊认为，近代以来，"中国人民一方面遭受国际帝国主义者的压迫，另一方面又遭受中国军阀的压迫。外国帝国主义者在中国的权力决定了中国军阀的存在，因为后者是帝国主义列强的走狗。"①李大钊说他："数年研究的结果，深知中国今日扰乱之本原，今由于欧洲现代工业勃兴，形成帝国主义，而以其经济势力压迫吾产业落后之国家，用种种不平等条约束缚吾法权税权之独立与自主。而吾之国民经济，遂以江河日下之势而趋于破产。"② 基于上述分析，他说"我们相信在今日列强的半殖民地的中国，也就是本党总理所说的次殖民地的中国，想脱除列强的帝国及那媚事列强的军阀的重重压迫，非依全国国民即全民族的力量去做国民革命运动不可"。③ "中国今日政治经济的情形，完全是国际帝国主义侵入的结果，中国全民族应该并力反抗那侵入中国的国际帝国主义，作民族独立的运动，从列强压迫之下，把中国救济出来"④。"所以，中国的民族解放运动应该是既反帝又反军阀。"⑤

关于近代中国的基本线索，李大钊在《孙中山先生在中国民族革命史上的位置》提出：

> 由一八四零年英人炮火击破中国的门户，强行输入毒害中国人民的鸦片，中经英法联军之役、中法之役、中日之役、庚子联军之役、日俄之役、日德之役，一直到一九二五年五卅运动以来，帝国主义者在上海、沙面、汉口、九江等处，对于中国民众的屠杀，是一部彻头彻尾的帝国主义压迫中国民族史。

> 由一八四一年，广东三元里乡民因愤英人携战胜的余威，由我偿军费六百万元，割香港，集众数万，奋起平英团。一八四二年粤人听到英

---

① 《在共产国际第五次代表大会第二十二次会议的报告》，载《李大钊文集》（下），第776页。

② 《狱中自述》，载《李大钊文集》（下），第889页。

③ 《北京代表李大钊意见书》，载《李大钊文集》（下），第703页。

④ 《这一周》，载《李大钊文集》（下），第712页。

⑤ 《在共产国际第五次代表大会第二十二次会议上的报告》，载《李大钊文集》（下），第776页。

迫我缔结南京条约，赔款二千一百万元，开港口通商，割香港，留下协
商关税的根萌的消息，聚众数万，反抗英人，焚其商馆。一八四五年
粤民举办团练，抗拒英人复入广州。一八四九年，粤人集众团十余万于
河干，拒禁英人入广州城。中经太平天国的革命运动，三合会，哥老会
覆清仇洋的运动，乃至白莲教支流义和团扶清灭洋的运动，强学会、保
国会、立宪运动、兴中会、同盟会的革命运动，一直到由"五四"到
"五卅"弥漫全国的反帝国主义的大运动，是一部彻头彻尾的中国民众
反抗帝国主义的民族革命史。①

李大钊对近代中国的基本线索的概括同后来毛泽东的"两个过程论"有
非常相近之处，只不过毛泽东更强调中国的反帝反封的双重使命，李大钊强
调中国历史是一部"民族革命史"。

"李大钊对中国近代史的研究在中国近代史这门学科的发展史上占有特
别重要的地位，是中国早期的马克思主义者运用唯物史观研究中国近代史的
开端。"②

从严格意义上来说，李大钊对中国近代史还谈不上真正的学术研究，只
是一种观察和认识。但李大钊对唯物史观的宣传、阐释，却为后来马克思主
义中国近代史研究提供了理论指导；他运用唯物史观对近代中国的初步认
识，为后来马克思中国近代史学科体系提供了初步的理论观点雏形。

马克思主义中国近代史工作者就是在他开辟的马克思主义中国史学道路
基础上，开始中国近代史研究起步的。华岗就是其中之一。

华岗的中国近代史研究在 20 世纪马克思主义中国近代史研究中有着重
要的地位。他的《中国大革命史》，"初步地建立了以马克思主义研究中国
革命史的研究体系"③，直到 20 世纪 80 年代初，"仍然是详细论述中国第一
次大革命历史的唯一著作。"④

以李大钊、华岗为代表的早期马克思主义者，是从现实民族革命的需要
出发，是为了认识现实中国的国情，运用马克思主义认识近代中国历史的。

---

① 《孙中山先生在中国民族革命史上的位置》，载《李大钊文集》（下），第 847 页。
② 吴汉全：《李大钊与中国近代史研究》，《近代史研究》2003 第 3 期。
③ 罗志田主编：《20 世纪的中国：学术与社会·史学卷》（上），山东人民出版社 2001 年版，
第 154 页。
④ 廖盖隆：《中国大革命史 1925—1927》重版前言，文史资料出版社 1982 年版。

因此，从他们主观动机来说，他们并没有学科体系建构意识。作为革命者，现实也不容许他们从从容容地从事严格意义上的历史研究。他们对近代中国的初步认识，反映了当时中国社会中马克思主义者对近代中国历史的看法，从 20 世纪中国近代史研究发展看，构成马克思主义中国近代史研究早期的一个环节。他们关于中国近代史的一系列观点，成为后来马克思主义中国近代史研究者建构中国近代史研究革命史范式的认识基础。以他们为代表的马克思主义者对中国近代历史的认识，构成了 20 世纪马克思主义中国近代史研究的酝酿期。

1901—1931 年的中国近代史研究，由于当代人写当代史，表现出强烈的政治性和现实性。从学术研究的角度来说，还处在萌芽时期，学术水准一般不高。"作者写书，或靠个人的经历，或参阅报纸杂志，大多没有尽量利用各种史料，特别是档案史料。此外，不管是中国作者，还是外国作者，往往有浓厚的国家偏见或党派偏见，不能公公正正的研究问题。在方法上，也只是说一个完整的故事（所谓纪事本末），或描述一种现象。既少分析，也不说明研究问题所用的材料，许多记述，不一定可靠"①。这个评论，是比较符合事实的。

因此，这一时期的中国近代史研究只能算作 20 世纪中国近代史研究的萌芽期。但从 20 世纪中国近代史研究学科发展史上看，这一时期的中国近代史研究具有开拓和奠基的作用。无论是马克思主义中国近代史研究，还是非马克思主义中国近代史研究，从指导思想、研究取向、研究方法、基本认识等，在一定程度上，都为后来的中国近代史研究的"革命史范式"和"现代化范式"奠定了初步基础。

二 中国近代史研究范式的建立(1931—1949)

1931 年日本发动九一八事变后，使中国面临沦为殖民地的危险。适应民族抗战到来的新形势，中国近代史研究开始成为中国学术界关注的热点。感应于现实社会的需要，在 1931 年以前中国近代史研究萌芽的基础上，作为学科的中国近代史研究开始兴起。同年，罗家伦在《武汉大学社会科学季

---

① 张玉法：《中国近代史研究的新方向》，载《历史讲演集》，台湾东大图书有限公司 1990 年版，第 5 页。

刊》第 2 卷第 1 期发表了《研究中国近代史的意义和方法》，标志着作为学科的中国近代史研究的兴起。

在文中，他分析了研究鸦片战争以来中国历史的主要意义和研究方法。在这篇文章中，他认为历史的连续性特征，决定了"最近人事的历史，影响于人类，或人类某一部分民族也最大"，近代史与古代史相比，对人的影响更大，"所以做近代的人，必须研究近代史，做中国近代的人，更须研究中国近代史"；历史的交互性特征，决定了中国近代史是一个最好成绩的例子，鸦片战争以后，"现在没有几件中国的事实，是可以离开世界的环境讲得通的，要研究中国的政治改革和变动，非打通国际的情形来看不可；要研究社会的改变和生活，非综合他国的现象来看不可；要研究文化的演进，非考察世界的学术思想不可"。研究中国近代史不仅是实际的需要，也是知识的要求，因为当时中国虽然有许多关于中国近代史的出版物，但不是严格意义上的学术作品，不是"信史"，这是因为主流史学尊古贱今的态度和写近代史不容易客观造成这一现象，所以罗家伦希望打破这一偏见，要研究中国近代史。他还在这篇文章中，呼吁"在国外受过史学训练的人，应当积极研究本国史或是本国近代史"，为此他还提出了当时研究中国近代史首要整理中国近代史料①。罗家伦的这篇文章，可以说是提倡科学地研究中国近代史的标志，也是倡议中国近代史研究学科体系的开始。

他的文章表明了将中国近代史研究纳入主流史学范畴的呼吁。作者对研究鸦片战争以来的中国近代史的历史意义和方法的论述，奠定了此后中国近代史研究体系的基础，正是在他的呼吁和带动下，在现实政治的推动下，一大批学者包括主流学者开始投身于中国近代史研究中来。

中国近代史研究学科的兴起，是遵循两个途径产生的：一是一些受过西方史学训练的史学工作者运用西方资产阶级历史学研究方法，研究中国近代史，以蒋廷黻、陈恭禄为代表；一是以西方无产阶级马克思主义唯物史观为指导的中国近代史研究，以范文澜、胡绳为代表。20 世纪 30—40 年代，由于现实政治的需要，这两派学者都将研究领域锁定在对 1840 年以来的中国历史进行研究，共同推动了中国近代史研究的兴起，并且形成了共同的研究取向——政治取向。

在现实需要和学科发展的双重推动下，鸦片战争以来的中国历史，从 20

---

① 罗家伦：《研究中国近代史的意义与方法》，《武汉大学社会科学季刊》第 2 卷第 1 期。

世纪 30 年代起，受到史学界的普遍关注，仅到 20 世纪 40 年代就出版专著 70 多部，发表论文 200 余篇①。其中，中国近代通史受到前所未有的重视。仅 1930—1939 年，以"中国近代史"、"中国近世史"或"中国近百年史"为题的著作就有 25 种②。另有学者统计，1931 年九一八事变日本侵入中国，"激起人们对近百年历史的反思，自 1931 年至 1945 年就出现几十种各种中国近代史教程和著作"③。这些统计，还没有包括 1945 年后各根据地出版的各类近代通史著作。近代通史的受重视，除了满足大中学校教学外，主要还是通史最能体现近代中国社会发展的脉络，为现实指明方向，表达史家的研究宗旨和对中国历史的系统看法。通史著作常常是史学领域总体水平最典型、最充分的反映，也是历史体系建立的标志。这一时期中国近代通史代表著作有：李鼎声的《中国近代史》、陈恭禄的《中国近代史》、蒋廷黻的《中国近代史》，范文澜的《中国近代史》上编第一分册、胡绳的《帝国主义与中国政治》等。这些近代通史著作大体可归结为两种中国近代史范式：一种是将中国近代史视为在西方冲击下走向近代化的历史，可称之为"现代化范式"，以蒋廷黻的《中国近代史》为代表；一种是把中国近代史视为帝国主义入侵把中国变为半殖民地半封建社会的过程和中国人民反抗外来侵略和本国封建统治者的革命过程，可称之为"革命史范式"，以范文澜的《中国近代史》上编第一分册为代表。

20 世纪 30—40 年代是中国政治发生剧烈变动的时期，控制着中央政权的国民党因为抗战走上统治巅峰，又因政治腐败和背离中国民心走向，在 1949 年兵败大陆，被迫偏安台湾一隅。在这个大变动中，国民党政权为了维护统治合法性，把中国近代史研究纳入其意识形态体系。也因为其在 30—40 年代曾是合法又给人以希望的中央政府，使得当时一批受欧美影响很大，持自由主义立场的知识分子，在国难当头之际，将民族复兴的希望寄托于它，自觉地以学术为工具为国民党政权辩护，希望在国民党政权的主持下，推动现代化。蒋廷黻就是这样一位知识分子，他的《中国近代史》就是为了这种目的而写的一本论著，是中国近代史研究兴起时，代表主流意识形态的代表作之一，也是一个学者借中国近代史研究表达自己政治理念的著作。他的

① 刘茂林、叶桂生：《四十年代后期中国史学倾向》，《史林》1987 年第 3 期。
② 欧阳军喜：《20 世纪 30 年代两种中国近代史话语之比较》，《近代史研究》2002 年第 2 期。
③ 马金科、洪金陵编：《中国近代史学发展叙论》，中国人民大学出版社 1994 年版，第 422 页。

《中国近代史》中所建立的现代化范式，是那个时代的产物，也是作者个人经历与政治取向的反映，服务于学者自己的政治诉求。

蒋廷黻认为20世纪30年代，中国的首要问题就是现代化，抗战建国的关键也取决于现代化，"为了加强中国反抗日本侵略的力量而实行现代化，这是蒋廷黻及其他人士支持南京国民党政府所献身的事业"①。

在蒋廷黻看来，中国现代化的进程不是20世纪30年代才开始的，而是从鸦片战争西方开始侵略中国之后就提出的问题，是由外侮所激发的救国之道。近代化是近代中国的历史主题，中国近代化就是在与外部世界交往中，学习西方，摆脱中古的落后状态，全面地走上政治、经济、文化、外交等变革之路，完成民族复兴的使命。从这一观点出发，他以中西关系为中心，以近代化为主线，建构了他的中国近代史分析框架，构成这一分析框架的关键词是"中古"、"近代化"、"民族惰性"。

在他看来，近代中国的悲剧，肇因于嘉庆、道光年间的中国还处于中古世界：一是科学不如人，当时西方的科学基础已经打好，而我们的祖先还在那里做八股文，讲阴阳五行；二是西方已经开始使用机器，中国的工农业还维持着中古时期模样；三是西方民族观念已发达，中国仍死守着家族和家乡观念②。所以近代中国的根本问题就是走出中古，走向近代化。他在《中国近代史》总论中开明宗义地指出：

> 近百年的中华民族根本上只有一个问题，那就是：中国人能近代化吗？能赶上西洋人吗？能利用科学和机械吗？能废除我们的家族和家乡观念而组织一个近代民族的国家吗？能的话，我们的民族前途是光明的；不能的话，我们的民族是没有前途的。③

走向近代化，是贯穿全书的主线，也是他评价近代中国一切人和事的标准。他认为洪秀全的民族革命思想，虽然应该肯定，但是其领导的太平天国只是建立一个新王朝，不能走出传统的老路，太平天国的失败证明了中国旧式的民间运动，是不能救国救民族的；曾国藩领导的旧式的士大夫式洋务运

---

① 《费正清对华回忆录》，知识出版社1991年版，第104页。
② 蒋廷黻：《中国近代史》总论，上海古籍出版社2001年版，第2页。
③ 同上书，第3页。

动，也同样不能救中国。

中古—近代化—民族惰性是蒋廷黻在《中国近代史》中提出的基本概念，他的分析框架正是依靠这三个基本范畴构建起来的。"历史研究是运用一连串概念去阐述历史发展过程的内在联系，而概念的诠释功能只在特定的建构中才充分显示张力，这种由概念建构成的评价体系，往往表现为一种特殊的话语系统"①。"中古"构成了中国近代历史演变的土壤，正是中国处于中古，才导致了与西方的冲突，才使得中国有近代化的必要，也使得近代中国进行近代化的艰难；中国近代历史主题就是由中古的蒙昧主义、自然经济、家乡和家族观念、宗法国家走向科学、机械、民族国家所构成的近代化，使中国实现民族复兴；民族惰性既是中国中古文明的体现，也是近代化艰难的原因，更是近代化要"化"掉的问题。提出"中古文明"的概念，刻意回避中国中古社会"封建主义"、"封建专制"的阶级内涵，是很难正确开出中国社会进步药方的。

蒋廷黻所构建的近代化评价标准，反映了 20 世纪30—40 年代中国社会在政治、经济、思想文化各方面急剧转型的现实，是当时的学术界正在进行的现代化问题讨论在他著作中的反映，也是现实中的现代化困厄，使他将眼光投向近代中国艰难的近代化历程，通过分析中国近代史上近代化的成败得失，为当时的中国提供历史借鉴。蒋廷黻以近代化为主线建构的分析框架，从中国近代史研究的角度说是有一定新意的，但是在首都沦陷、武汉战役正在加紧准备的当口，大讲近代化，而不分析帝国主义侵略的负面作用，不仅违背艺文丛书总序的宗旨，也完全背离了救亡图存的时代主题。

蒋廷黻以近代化作为核心概念来诠释中国近代史，但他理解的近代化却是西化、是欧化。他的这种理念是 20 世纪30 年代中国知识分子中曾经进行的现代化道路讨论中的"全盘西化论"的反映，他本人也认为中国的近代化就是西欧化。"近代史是全世界的欧化史，中国近代史就是中国民族近代化的历史，也即是中国民族接受欧洲文化的历史"，"这种科学机械文化发源于欧洲西部，近代史就是这种文化的发展史，欧西以外的国家都被这种文化征服了。抵抗这种文化的国家不是被西欧占领了，化为殖民地了，就是因战争失败而觉悟，而自动的结束这种文化，胜利的抵抗是没有的，能利用这种文化来生产，来防守国土者就生存；不能者便灭亡，这是近代史中的铁律，没

① 沈渭滨：《蒋廷黻〈中国近代史〉导读》，上海古籍出版社 1999 年版，第 34 页。

有一个民族能违犯（反）的"①。正是因为蒋廷黻将近代化等同于欧化，这样他就混淆了近代化的起源地与近代化本身的内涵，将近代化的历程与欧洲近代史的历史混同，使他将欧洲历史发展方向作为中国近代史发展的目的地，对欧洲文化的态度成为他衡量中国近代人物和事件的标准，他的这种思维实际上就是一种"欧洲中心论"的观点。他的这种理念使他不能将资本主义在欧洲发源的世界进步意义与资本帝国主义对外进行殖民侵略的恶劣作用区别开来，陷入了替帝国主义扩张辩护的立场。他很少强调欧洲列强对中国的侵略，将近代中国中西关系中的问题一味地归罪于中国，认为中国不愿意接受欧洲文化，是中国不识时务的表现，中国被侵略是咎由自取的结果，这样他想借书写中国近代历史振奋民族精神的主观愿望不仅无法实现，反而消损了中国人民的民族自尊心，损害了中国人的民族精神。

蒋廷黻在《中国近代史》中，还分析了近代中国不同时期的救国方案，及其成败得失。他衡量每一个救国方案的标准是以近代化为标尺的。他认为近代中国先后有四个救国方案，在此以前是中国人试图走旧路，在旧社会中走循环套，适应不了 19 世纪近代化的需要；洪秀全领导的旧式民间运动，企图建立新王朝，与时代大潮相背，所以失败；曾国藩领导的士大夫式洋务运动，刷新了旧社会，救了满清却救不了中国。上述三种方案，因为与近代化潮流相左，不能实现救国，中国近代要复兴民族，不能走老路，只能向近代化中寻找新的出路。他认为适应这一潮流，有四个方案：自强运动是近代史上第一个应付大变局的救国救民族的方案，也是国防近代化的开始，但这是一个不彻底的方案，因为"近代化的国防不但需要近代化的交通、教育、经济，并且需要近代化的政治和国民，半新半旧是不中用的，换句话说我国到了近代，非全盘接受西洋文化不可"②。因为不彻底，政治制度和时代精神不允许，又不彻底实行，所以败在日本人的手里，"甲午之战是高度西洋化近代化之日本，战胜了低度西洋化近代化的中国"③；变法运动是第二个救国方案，方案的主旨是要变更政治制度，最后目的是君主立宪，这个方案比自强运动彻底，但因顽固势力反对和镇压，也失败了；义和团运动（蒋廷黻称之为拳匪运动）是第三个救国方案，这个方案是"顽固势力的总动员"，是

---

① 《中国近代化的问题》，载《蒋廷黻选集》第 4 册，台北文星书店 1965 年版，第 638 页。
② 蒋廷黻：《中国近代史》，上海古籍出版社 2001 年版，第 62 页。
③ 同上书，第 108 页。

反对西洋化的、近代化的，所以更是大败，从反面证明了近代化潮流是不可阻挡的，"惨败代价之大，足证我民族要图生存绝不可以开倒车"①；孙中山先生的三民主义和革命方略是第四个救国方案，因为孙中山先生经过科学的思想方法训练，加上孙中山先生的爱国热忱，所以这个方案是"我们民族复兴的唯一路径"②。为了实现孙中山先生的方案，必须扫除满清、军阀混战，还有"国民程度之低劣，国民经济之困难，军队缺乏主义认识"等内在障碍，而这一切都需要的"是一个认识新时代而有可能领导我们向近代化那条路走的伟大领袖"③。蒋廷黻认为蒋介石就是这样伟大的领袖。抗战建国是中华民族在近代中国未能实现的近代化道路的继续，是在一个"伟大领袖"领导下，继续走历史未走完的道路。只要能摆脱民族惰性的束缚，吸取近代中国各种方案的经验教训，做好邦交，牢牢贯彻孙中山先生的三民主义，中国的近代化一定能够实现，民族复兴的美梦一定能变为现实，这就是蒋廷黻全书的落脚点，也是他为抗战时期中国人民提出的救国方案。

蒋廷黻以近代化为构架，建构的中国近代史研究的话语系统，源自他对当时中国主题的判断和对近代中国基本走向的把握。九一八事变之后，国统区的中国主流学术界曾经掀起了一场关于现代化问题的大讨论，不管讨论者如何理解现代化，但都把现代化作为当时中国的一条根本出路。他们认为当时中国社会主要任务并不是革命，而是现代化，中国落后的根源就在于没有完成现代化，中国问题的出路就在于，在国民党政府领导下开展现代化。抗战爆发后，民族救亡成为头等任务，但如何实现民族救亡，抗日战争是否仅仅是一场军事上的抗战，中国是否单靠军事抗战，就能完成国家独立和民族复兴。国民党政府提出了抗战和建国的双重任务，以抗战促进建国，以建国完成抗战。国民党认为完成抗战建国关键，就在于贯彻孙中山先生提出的三民主义，实际上也就是完成中国现代化。主流学者也接受了这一看法。现实的中国现代化运动又迫使主流学者追寻中国现代化是什么时候开始的，历史上的中国现代化有什么经验教训。要回答这些问题，只有考察鸦片战争以来的中国历史，才能得出答案，才能为现实中的抗战和现代化提供经验教训。蒋廷黻从近代化的视角考察中国近代史，就反映了当时中国主流学者对近代

---

① 蒋廷黻：《中国近代史》，上海古籍出版社 2001 年版，第 109 页。
② 同上书，第 114 页。
③ 同上书，第 122—123 页。

中国历史考察的角度。这一角度也反映了主流学术界与马克思主义学术界的重大分歧：前者要求在维护现行政权下，推进中国的现代化，反对进行革命；后者要求进行革命，推翻现行政权，在新政权的主导下，推进中国的现代化。主流意识形态的学者从近代化的视角去观察和反思近代中国历史，挑战主流意识形态的马克思主义者从革命的角度去考察近代中国历史。这两种视角实际上反映了两种不同的政治取向和解决中国问题的两种不同出路。

蒋廷黻在《中国近代史》中所建构的现代化范式对当时和以后的中国近代史研究产生了深远的影响。郭廷以早在 1939 年就说过："蒋廷黻先生于近代中国史之科学研究实与罗先生（即罗家伦）同开其风气，直接间接编者已受其相当之影响"①；1964 年，时任台湾中央研究院近代史研究所所长的郭廷以再次称赞蒋廷黻：近代中国史研究，蒋先生是个开山的人。近 40 年来，蒋先生在这一方面最大的贡献是开创新的风气，把中国近代史研究带入了一个新的境界，特别给我们的新的方法和新的观念②；1965 年，与蒋廷黻为同代人的考古学家李济也指出："他为中国近代史在这一时期建立了一个科学的基础，这个基础不只是建立在若干原始材料上，更要紧的是他发展的几个基本观念。有了这些观念的运用，他才能把这一大堆原始材料用活了"③。蒋廷黻的《中国近代史》研究也影响到了海外中国近代史研究。余英时认为蒋廷黻是一位对费正清"发生了定型作用的史学家"④。蒋廷黻的中国近代史研究对 20 世纪 80 年代后中国大陆的中国近代史研究也产生了很大的影响。他在《中国近代史》中所建构的近代化话语，在中国大陆进入改革开放时期后，现代化成为中国社会主要政治任务，这一政治形势使他的研究模式又在大陆得到了响应，并成为对 20 世纪 50—60 年代形成的中国近代史研究规范的强大挑战。

为了应对以蒋廷黻为代表的中国近代史"现代化范式"的挑战，中国共产党领袖毛泽东不仅发出研究中国近代史的号召，而且还亲自对中国近代史进行论述，如中国近代史就是"帝国主义和封建主义相结合，把中国变为半

---

① 郭廷以编：《近代中国史》第一册，例言，第 2 页。
② 转引自刘凤翰《蒋廷黻博士对中国近代史上几个问题的见解》，台北《传记文学》七卷六期。
③ 李济：《回忆中的蒋廷黻先生》，台北《传记文学》八卷一期。
④ 余英时：《费正清的中国》，载《西方汉学家论中国》，台北正中书局 1993 年版，第 4 页。

殖民地和殖民地过程，也就是中国人民反抗帝国主义及其走狗的过程"①。毛泽东关于中国近代史发展规律性的论述不仅是他指导革命的政治理论的重要组成部分，而且是新中国成立前后指导马克思主义中国近代史研究的权威论断。20 世纪 50—60 年代定型的中国近代史"革命史范式"就是在毛泽东的论述基础上由学者们加以补充、阐释、论证而建立起来的，成为指导中国近代史研究的范式。以至于有学者将新中国成立后占主导地位的中国近代史研究范式称为"毛—范近代通史体系"②。

毛泽东关于中国近代史的论述极大地推动了中国近代史研究的发展。在毛泽东的直接影响下，著名的历史学家范文澜在延安初步完成了《中国通史简编》的写作后，服从民族民主革命事业的需要，确定了以近代史研究作为自己的主要研究方向，承担了中国近百年政治史的写作任务，并以《中国近代史》上编第一分册建构了中国近代史研究"革命史范式"。

范文澜的《中国近代史》上编第一分册，以马克思主义为指导，根据毛泽东在《中国革命和中国共产党》一文中对中国近代史的论断，以史料为依据，系统地研究了中国近代历史的发展过程。该书以毛泽东的"两个过程"为基本线索，叙述了鸦片战争以来，帝国主义是怎样通过多次战争，一步一步地把中国变为半殖民地半封建社会，同时，中国人民在这一过程中，又是如何反对外国列强侵略者和封建统治者。他指出从外国资本主义侵略一开始，中国人民与统治阶级走的就是两条不同的路线：统治阶级走的是对内镇压，对外投降的路线，中国人民走的是反侵略的人民革命路线。范文澜同时也注意将清朝最高统治者与一部分抵抗侵略的官僚区别开来，并不是简单地对统治阶级一棍子打死。从他自己的研究设计来看，他把鸦片战争至五四运动的历史根据毛泽东的论述视为旧民主主义革命时代，所以他的整个分析框架，是以革命史框架建立起来的，是从革命的角度看待近代中国历史的。突出地论述了近代中国人民的反帝反封建斗争，总结了历史经验教训，为现实的革命斗争提供借鉴。在书中，通过对近代史的叙述，说明了中国共产党是代表近代中国人民的根本利益，是与近代中国人民走的一条路线，共产党的奋斗方向就是代表近代中国的发展方向。人民选择了共产党，共产党继承和代表了近代中国人民的革命传统和革命事业。同时，他也揭露了国民党政权

---

① 毛泽东：《中国革命和中国共产党》，载《毛泽东选集》第 2 卷，人民出版社 1991 年版。
② 沈渭滨：《蒋廷黻〈中国近代史〉导读》，上海古籍出版社 1999 年版，第 44 页。

与近代历史上的卖国的清王朝一样，对外妥协，对内镇压，是中国落后贫困的根源，是不能代表中国人民根本利益的，是要被历史抛弃的。

范文澜的《中国近代史》上编第一分册，作为 20 世纪 40 年代国共斗争的产物，从学术的角度证明了以毛泽东关于中国近代史认识的正确，证明了只有中国共产党才能救中国，只有社会主义才能救中国，因此是马克思主义中国化的产物——毛泽东思想这种政治话语系统的重要历史佐证，具有强烈的批判性和战斗性。

范文澜的《中国近代史》不仅具有政治意义，更具有深远的学术价值，"这部著作的主要意义是：标志着近代史研究进入了科学的阶段，它所奠定的基本格局和提出的一系列深刻论断，影响了近代史研究达数十年之久。"①在马克思主义中国近代史研究学科体系形成史上，该书从学术上论证了毛泽东的中国近代史的观点，第一次通过在充分占有历史资料基础上，鲜明地论证了近代中国半殖民地半封建社会的时代特征，指出了人民与统治阶级所走的不同的道路，以及人民群众创造历史的这些对后来中国近代史研究具有深远影响的规范性认识，使毛泽东关于中国近代史观点以学术的姿态影响和支配后来的中国近代史研究。这本书对近代史事件的描绘和解释，成为许多研究者进一步研究的基础和依据。因此，这本书是马克思主义中国近代史研究学科体系初步形成时期的代表作，是完整地开辟"革命史范式"的典型著作。

1931—1949 年的中国近代史研究，已开始呈现出学科的雏形：以 1840 年鸦片战争作为中国近代史开端，已成为这一时期中国近代史研究者的普遍共识，以 1840 年鸦片战争以来的中国历史作为研究对象是许多人的共同做法，因此中国近代史研究对象已初步确定；作为历史学科的分支，中国近代史研究已开始具有一定的史料基础；已具有一定数量的研究队伍；已开始初步形成中国近代史学科体系，并有相当具有学术水准的著作来体现；中国近代史研究者们开始以历史学的学术标准要求自己。

总之，20 世纪 30—40 年代中国近代史研究的科学性已较萌芽期大大增强，作为一门学科，已经初具雏形。同时也形成了两大研究范式：现代化范式和革命史范式。

---

① 陈其泰：《范文澜学术思想评传》，北京图书馆出版社 2000 年版，第 417 页。

三 革命史研究范式的定型和主导（1950—1985）

1949 年 10 月中华人民共和国的成立，标志着半殖民地半封建近代史时期的结束，也意味着中国社会的大转折。社会大变革，提出了建设中国近代史学科、加强中国近代史研究的要求。从新中国成立到 20 世纪 80 年代中期，是革命史研究范式的定型和主导时期。

中华人民共和国的成立，证明了以毛泽东为代表的中国共产党人新民主主义革命路线的正确，也为中国近代史研究的发展提供了前所未有的外部环境，中国近代史学科空前地发展起来。中国近代史研究得到国家的高度重视，变成一项国家文化事业。国家建立了研究近代史的专门机构——近代史所，各大学历史系普遍设置了中国近现代史教研室，马克思主义成为国家意识形态，唯物史观在全国得到普及，国家大规模地进行近代史资料建设。正是在国家的高度重视下，中国近代史研究成为显学，马克思主义中国近代史研究成为主流学派，革命史范式成为主导范式。

随着国民党蒋介石政权在大陆的失败，为国民党统治服务的现代化范式在中国大陆丧失了合法地位；但在 20 世纪六七十年代，港台和国外中国近代史研究者以中国现代化视角分析中国近代史，仍是一个热点。香港学者金耀基在《现代化与中国现代历史——提供一个理解中国百年来现代史的概念架构》一文中，以现代化为主线，对中国百年历史进行了解释①。台湾学者从 1973 年开始开展了近代中国的现代化的区域研究。西方国家尤其是美国中国近代史研究中，用现代化视角进行研究，一时成为主流。

中国内地在 20 世纪 60 年代，鉴于那时美国学者的现代化研究公开宣称对抗马克思主义的唯物史观，所以对现代化理论采取了批判和拒绝的态度。同时，对于海外资产阶级学者有关中国近代史的研究采取了基本批判的态度，例如 20 世纪 60 年代初选编的《外国资产阶级是怎样看待中国历史的——资本主义国家反动学者研究中国近代历史的论著选译》第 1、2 卷（商务印书馆 1961 年版）和《外国资产阶级对于中国现代化的看法》（商务印书馆 1963 年版）近 120 万字，收集了近几十年来仍有影响的英、美、法、

---

① 原载台湾《大学生活》1969 年第 5 卷第 11 期，选自金耀基《中国现代化与知识分子》，台北：时报文化出版公司 1984 年版。

德、日等国数十位资产阶级学者对中国近代社会性质、近代经济及文化问题，中外关系、农民战争、边疆危机、中国革命、国共斗争等各方面有代表性的论述。在序言中，选编者对各种观点进行了严厉的政治批判。

中国近代史研究者运用马克思主义唯物史观，在对近代史资料的搜集、整理基础上，通过讨论中国近代史研究的基本理论问题，在范文澜、胡绳等马克思主义中国近代史研究者解放前探索的基础上，使中国近代史研究的新学科体系——革命史范式定型。这个范式强调以唯物史观为指导，以人民反帝反封建的阶级斗争为主线，理解和把握近代历史发展的本质和主流，重在通过近代中国社会政治经济结构变化的考察，揭示社会发展的客观规律；充分肯定人民群众在历史上的地位与作用。这种范式是对 20 世纪 30 年代形成的近代通史以"政治史为经、事件史为纬"的线性结构的继承和扬弃，又是对毛泽东的历史观和研究方法的诠释与阐发。

革命史范式基本内涵就是："一个主线"（以唯物史观和阶级斗争为主线）、"两个过程"、"三次革命高潮"、"八大事件"所构成的近代史研究理论体系。以这个范式为指导，这一时期出版了一批有影响的近代通史著作，主要有：林增平的《中国近代史》（上、下册，1958 年），戴逸著的《中国近代史稿》第一卷（1958 年），郭沫若主编的《中国史稿》第四册（1962年），翦伯赞主编的《中国史纲要》第四册（1964 年）。同时也对近代史学科的专门分支研究上构成了宏观指导，因此革命史范式成为新中国不同层次的人们共同接受的模式。新中国的学者都能在自觉体认的新的学科体系所揭示的对近代历史发展本质与主流的规范上展开自己的具体研究，所以，在一定程度上说，20 世纪 50—60 年代中国近代史研究的繁荣与发展正是这一新的近代史研究学科体系发展的结果。换言之，革命史范式的定型不仅为这一时期的近代史研究提供了理论框架前提，同时其自身的形成、发展就构成了这一时期全部中国近代史研究成果中最深刻、最本质之所在。

"按照新体系编写的近代史论著中，最为突出的是人民出版社 1962 年出版的《中国史稿》第四册"①。

刘大年在《中国史稿》第 4 册中，将 1840—1949 年的中国社会看作一个完整的半殖民地半封建社会，所以将 1840—1919 年的中国历史当作半殖民地半封建社会的上半部分。编者鉴于以往讲中国近代史的书，包括范文澜

---

① 姜涛：《晚清史研究向何处去》，《清史研究》2002 年第 2 期。

的《中国近代史》（上册），带有纪事本末体的特点，在内容上过于偏重政治史，忽视了社会经济、文化内容，使人们不能完整地了解中国近代史全貌，所以编者在这方面进行了改进。刘大年认为，"1840 至 1919 年的近代中国 80 年的历史，明显地表现为鸦片战争至太平天国失败，1864 年至戊戌变法与义和团运动失败，以及 1901 年至五四运动爆发的三个不同时期。在那几个时期里，帝国主义、中国社会各阶级的相互关系，各种势力的矛盾斗争各有特点。其中社会经济状况、阶级斗争、意识形态是结合在一起的、统一的。因此，新的著作要求根据历史演变的时间顺序讲述事件，不只讲政治事件，也要讲经济基础、意识形态；不只讲汉族地区的历史，也要讲国内各民族在斗争中与全国的联系和相互关系。"①《中国史稿》第四册就是按照刘大年的这种意见编写的。

《中国史稿》第四册在 20 世纪 50—60 年代初，是最能体现中国近代史"革命史范式"的一部近代通史著作。这部著作所构筑的中国近代史分析框架，对历史事件、历史人物的基本观点以及在历史内容上的安排，表明了中国近代史研究新的学科体系有了自己的载体，是中国近代史研究"革命史范式"定型的标志；是这一时期以学术立场服务于当时主流意识形态的代表著作；是 20 世纪 30 年代就开始发端的马克思主义中国近代史学科体系，经过三十多年的发展，数代马克思主义中国近代史研究者的栽培，终于到 20 世纪 60 年代初形成了一个完整的研究和分析框架。它以马克思主义的历史唯物主义和阶级斗争理论为指导，以阶级分析方法为基本研究方法，以政治是经济的集中表现为基本线索，以一条红线、两个过程、三次革命高潮、八大历史事件为基本构架，兼及社会经济、思想文化和边疆少数民族，力图揭示自 1840 年鸦片战争到 1919 年五四运动前夕近代中国 80 年间半殖民地半封建社会的历史发展规律。这个新的学科体系，是对 20 世纪 30 年代以来的包括资产阶级学者的近代通史以"政治史为经，事件史为纬"的线性结构的继承和扬弃，是中国近代史学科作为一门独立学科成熟的表现。这一新的学科体系，既是 20 世纪 30 年代中国近代史研究自兴起以来学术发展的结果，也是这一时期中国政治发展的要求和产物。《中国史稿》第四册是这一学科体系最终确立的标志，自此以后成为当代中国近代史研究的传统模式，而由此建

---

① 转引自张海鹏《中国近代史研究的理论与方法》，载《五十年来的中国近代史研究》，上海书店出版社 2000 年版，第 6 页。

立的一系列近代通史研究规范，也逐步得到学者们的认同和遵循。《中国史稿》第四册体现的近代史学科体系，最终得以形成社会共识的，是胡绳按照自己提出的三次革命高潮论所编写的迟至 1981 年才出版的《从鸦片战争到五四运动》。20 世纪 80 年代初刘大年主持编著的《中国近代史稿》三册，基本上是按《中国史稿》第 4 册的框架加以放大的。

总体来说，20 世纪 50—60 年代的中国近代史研究，形成了一个稳定的研究范式，积累了长足发展的学术基础，获得了独立的学科发展地位。这些是往后中国近代史研究发展的关键。由于近代中国的历史特点和人民中国的特殊重要地位，近代中国的研究不仅在中国大陆获得蓬勃发展，而且在美、日以及苏联等国家，也获得长足发展。新中国的成立，在 20 世纪中国近代史的学术发展史上是一个分水岭，是一个关键契机。

20 世纪 50—60 年代形成的革命史研究范式促进了中国近代史学科的发展繁荣，但也存在着自身的若干局限性。

在革命史范式框架下，人们对革命史给予了足够的重视，是"那一社会阶段的必然且合理的产物"①，却忽视了社会是一个复杂的有机体，人们对与反帝反封建斗争没有直接关系的经济、社会、文化关注不够就是一个例证，人们对统治阶级的活动及其政策研究、近代民主观点、民主制度的研究就非常缺乏，这反映了新的中国近代史学科体系无法涵盖近代中国所有的内容，使人们难以看清近代中国社会的全貌。

在运用阶级斗争观点时，存在概念化、公式化、简单化的毛病，表现在片面地理解马克思主义关于阶级和阶级斗争的学说。导致这种毛病主要是现实政治环境越来越强调阶级斗争和教条化运用阶级斗争观点所致。过度强调阶级斗争是历史发展的唯一动力，势必会忽视对生产力和其他社会力量对历史发展所起的作用；以阶级分析法作为唯一方法来分析近代历史的复杂现象，容易忽视社会结构和社会生活的多样性、复杂性；以"三次革命高潮"作为近代历史发展的基本线索，容易忽视革命以外的社会改革运动和与政治无关的社会历史内容。这样就造成这种研究体系："一是太重政治而轻其他，结果只见国家没有社会；二是过分强调阶级斗争而忽视其他社会力量，结果是多元发展的历史成了一元化的线性公式。"②

---

① 冯林主编《重新认识百年中国》上册，改革出版社 1996 年版，第 2 页。

② 沈渭滨：《蒋廷黻〈中国近代史〉导读》，上海古籍出版社 1999 年版，第 46 页。

　　这一研究范式所处理的对象是中国近代史的前半期，即 1840—1919 年，割裂了 1840—1919 年近代中国这个整体，没有对百余年历史作为一个完整的历史时期来考察。因此这种研究范式不能打通来观察近代中国全貌，不利于总结近代中国历史发展规律。当然，之所以这一时期近代史学界选择 1919 年作为中国近代史的下限，是因为 1919 年离 20 世纪 50—60 年代现实太近，1919 年以后的历史与现实政治关系太密切，历史尚未沉淀，作为历史科学的研究对象还不成熟，加之 1919 年后的历史这时被纳入新民主主义革命史和中共党史范畴；从革命史的角度把握中国近代史，1840—1919 年的中国历史自成体系，是属于旧民主主义革命时期，构成一个独立的历史单元；从研究便利的角度看，以 1919 年为界，也方便研究。因此这一时期的近代史研究体系选择 1840—1919 年的中国历史作为处理对象，是时代的产物，也是现实政治对史家制约的必然结果，有其历史合理性，也有其历史的局限性。

　　这一时期中国近代史研究，具有明显的为现实政治服务的特征。随着中国社会生活的日益政治化，中国近代史研究越来越被纳入政治斗争的框架，研究禁区越来越多，学术问题被当作政治问题处理，中国近代史研究越来越意识形态化，最后在"文化大革命"的名义下，作为文化一部分的中国近代史研究，完全被窒息，陷入停滞和倒退状态，沦为政治斗争的附庸和工具。

四　现代化研究范式的回归（1985—2000）

　　1976 年 10 月"文革"结束，标志着新的历史时期即将到来。尤其是 1978 年 12 月中共十一届三中全会召开以后，彻底否定了"以阶级斗争为纲"的治国方针，将国家战略中心转移到社会主义现代化建设的轨道，确立了改革开放的基本国策。中国进入了全面建设社会主义现代化的时代。在现实现代化的召唤下，1985 年国家社会科学基金有关近代中国现代研究的两个重点课题立项标志沉寂多年的现代化范式开始回归。正如梁启超 1902 年在《儒学统一时代》一文中所说："中国之学术思想，常随政治为转移，政治体制不变，学术思想前进了一步，还会倒退回来，思想离不开政治体制的强力制约。"

　　新时期现代化范式的回归最初是通过反思革命史范式极端化开始起步的。在反思中，中国近代史学界认识到了以往运用马克思主义理论存在不足，感觉到了改进革命史范式的必要。中国近代史基本线索问题的讨论就是现代化范式复兴的最初征兆。这实际上是 20 世纪 50 年代初关于中国近代史分期问题讨论的继续和深化。

李时岳发表在《历史研究》1980 年第 1 期的题为《从洋务、维新到资产阶级革命》的论文，引发了长达十几年的有关中国近代史基本线索问题的新一轮讨论。李时岳的文章发表后，在 80 年代中期形成了争鸣的热潮。直到 90 年代还有文章发表。可以说，关于中国近代史基本线索问题的讨论，一直伴随 20 世纪 80 年代后的中国近代史研究范式的演变。

学者们在争论中国近代史基本线索问题过程中，提出了一些用现代化视角替代或改造革命史范式的学说，主要有：

"四个阶梯"论。这一说法重在强调近代化的本质在于资本主义化。"四个阶梯"论是新时期由李时岳最早率先代替革命史研究范式的理论，顺应了新的社会环境的要求。但是"这种理论还缺乏充分的阐述和论证，没有形成系统的理论形态，也没有出现运用这种理论研究整个近代史的权威著作。它研究指导的主要是洋务运动史，对于其他一些重要历史事件的解释还不够深入和具体，特别是对于近代农民问题等方面还没有做出令人满意的说明。因此'四个阶梯论'的拥护者主要集中在洋务运动史研究方面，它还没有在整个近代史研究领域发挥规范的作用"①。李时岳的这一理论主要体现在其论文集《近代史新论》中，李时岳敢于开风气之先之功在新时期中国近代史现代化范式复兴中有着重要作用。

"新陈代谢"说。这一说法强调近代中国社会从传统到现代的转型。这是著名中国近代史专家陈旭麓提出的改造革命史研究范式的中国近代史体系。他从 1840—1949 年的整个中国近代史着眼。不再简单地以侵略和反侵略反封建为主线，而是把近代 110 年的历史作为一个完整的过渡的社会形态看待。以社会史会通政治、经济、文化、军事等众多面相。基于近代中国社会是一个民族阶级矛盾激烈，新旧冲突异常尖锐的过渡形态，他提出"它的线索如果用一句话来概括，可以说是一个变革与反变革反复推进的时代"，"研究近代中国社会的线索应分三个层次来说明：第一，它始终处于大变革的过程，如危崖转石不达其地不止；第二，一个一个变革的浪头表现为急剧的新陈代谢，螺旋地推进，螺旋特别多；第三，中国近代社会新陈代谢的本

① 陈旭麓：《关于中国近代史线索的思考》，《历史研究》1988 年第 3 期。

质是一步步有限地推向近代化，即推封建之陈，行民主主义（资本主义）之新"①。陈旭麓的"新陈代谢"说，作为一个崭新的近代史分析框架，"酝酿于七十年代末，构思于八十年代初，而于八十年代末形成周密严整的学说"，"这个新体系包含了阶级斗争，但又广于阶级斗争；它体现了经济发展，又包含了政治、思潮、社会、文化等方面的变嬗"②。不同于李时岳的"四个阶梯"论的是，陈旭麓的"新陈代谢"说在提出的过程同时还伴随着该学说指导下的史学实践。1983 年，他编的《近代中国八十年》率先突破了以阶级斗争为标志的三次革命高潮的近代史格局，依循近代社会演进的逻辑和历史自身的起伏进程，用纪事本末体、编年体和章节体结合的形式，把近代前 80 年的历史依次分列了 33 题（题下有子目），每题既可独立成篇，而前后又是紧密衔接的，贯串了反帝反封建和新陈代谢的旨趣。后来又援此体例主编了《五四后三十年》。这个结构出现于流行已久的三次革命高潮、十大事件的划一形式后，读者一时颇感新鲜，给予鼓励。作者拟在此基础上编著一部完整的中国近代史。惜天不假年，陈先生于 1988 年不幸逝世，成为未了遗愿。所幸之事是他晚年精心构思的《近代中国社会的新陈代谢》一书，在其过世后由其弟子根据其讲稿加以整理，后来由上海人民出版社 1992 年出版。在该书中，陈旭麓"真正按照历史唯物主义理论，把阶级斗争的事实同生产方式的演变联系起来进行考察研究"③。陈旭麓以"新陈代谢"为主旨，对近代中国的社会结构、社会生活和社会生活的变迁做了具体深入的考察论证。但陈旭麓所写的，主要是前 80 年的中国社会的新陈代谢过程。对后 30 年只是在最后一章中附带勾画了几笔而已，所以陈旭麓仍未能就整个中国近代史按其学说进行完整系统的描述。陈旭麓的"新陈代谢"说虽在中国近代史学界有较大的影响，但作为一种"体系"，仍未能对整个中国近代史研究领域发挥规范的作用，也缺乏能够完整体现这一学说的权威著作。

"两个基本问题"说。这一说法强调说明中国近代革命的目的是近代化，是由胡绳、刘大年等老一辈马克思主义史学大家在近些年所提出的一种体系。胡绳在 1990 年就指出："在近代中国面前摆着两个问题：即一、如何摆脱帝国主义的统治和压迫，成为一个独立的国家；二、如何使中国近代化。

---

① 陈旭麓：《关于中国近代史线索的思考》，《历史研究》1988 年第 3 期。
② 周武：《以史经世·史学良知的当代之旅——陈旭麓传》，载《史魂：上海十大史学家》，上海古籍出版社 2002 年版，第 270 页。
③ 《近代中国社会的新陈代谢》冯契序，上海人民出版社 1992 年版，第 3 页。

这两个问题显然是密切相关的。"① 刘大年也多次提出："中国近代 110 年的基本问题是两个：一个是民族不独立，要求在外国侵略下解放出来；二是社会生产落后，要求工业化、近代化。两个问题内容不一样，又息息相关，不能分离。"② "民族独立与近代化，是两件事，不能互相代替。民族独立不能代替近代化，近代化也不能代替民族独立。它们紧密地连接在一起，不是各自孤立的。没有民族独立，不能实现近代化；没有近代化，政治、经济、文化永远落后，不能实现真正的民族独立。中国人民百折不回追求民族独立，最终目的仍在追求国家的近代化。"

进入 20 世纪 80 年代中期后，特别是 90 年代以后，现代化范式越来越成为主导的研究范式，出现用现代化范式取代革命史范式的取向。

现代化视角引入中国近代史研究后，中国近代史学界开始系统探索中国现代化的历史进程，并形成了一批著作，主要有：章开沅、罗福惠主编《比较中的审视：中国早期现代化研究》（浙江人民出版社 1993 年版），罗荣渠著《现代化新论》（北京大学出版社 1993 年版），周积明著《最初的纪元：中国早期现代化研究》（高等教育出版社 1996 年版），胡福明主编《中国现代化的历史进程》（江苏人民出版社），许纪霖、陈达凯主编《中国现代化史》第一卷 1840—1949 年（上海三联书店 1995 年版），陈勤、李刚、齐佩芳著《中国现代化史纲——不可逆转的改革》上、下卷（广西人民出版社 1998 年版），史元芹主编《中国近代化的历程》（中共中央党校出版社 1999 年版）等。

同时，现代化概念已被广泛运用于中国近代史研究中，从鸦片战争到中华人民共和国成立的各个重大历史事件和各大历史阶段，大多进行过以现代化为主题的，或与现代化相关的学术研讨会。许多传统内容的研究课题也从现代化的视角进了重新审视。现代化成为近代中国评价一切历史事件、人物的参照系，引起了对以往的中国近代史研究的全面再认识，掀起了中国近代史研究的学术激烈争鸣。新时期中国近代史研究中的若干原则争论，在一定程度上是现代化视角介入引起的不同认识所致。

在中国早期现代化研究的基础上，从中国现代化角度探讨中国近代史学

① 胡绳：《关于近代中国与世界的几个问题》，载《人民日报》1990 年 10 月 17 日，《胡绳全书》第 3 卷（上），人民出版社 1998 年版，第 77 页。

② 刘大年：《当前近代史研究的几个理论问题》，载《刘大年集》，社会科学文献出版社 2000 年版，第 5 页。

科范式的人越来越多，不少人提出以现代化作为中国近代史的主线，引起了中国近代史学科中如何看待革命与现代化关系的讨论。有学者提出以"现代化范式"取代以往中国近代史研究的"革命史范式"，认为："一百年来的中国近代史不仅仅是一场革命史，一百年来的中国近代史其实是一场现代化史。"① 这种看法，实际上把现代化作为近代中国的主题，以现代化作为主线，去重新构筑中国近代史的学科体系。

可以说，近代中国现代化研究，突破了中国近代史革命史研究范式。

首先，改变了原有的学科主线，中国近代史学者研究近代中国历史时，开始以现代化为中国近代历史主线。

其次，改变了中国近代史研究的解释体系。现代化视角在评判近代中国的事件和人物时，注重于他们是否有利于推动现代化的发展。

再次，改变了中国近代史研究内容结构。在原有的革命史范式下，在通史性研究的内容构成上，以重大政治事件为主，注重政治、经济、文化的板块组合。现代化视角注重中国近代史研究中再现中国现代化进程的全貌，对于加强经济史、文化史、社会史研究，对于整合政治、经济、文化和社会史研究的互动关系，丰富人们的知识，产生良好的作用。

总之，现代化视角介入中国近代史研究和研究近代中国现代化进程，标志着 20 世纪 30 年代建立的现代化范式的回归。现代化范式的回归既冲击了原有的中国近代史"革命史范式"，也突破了原有的中国近代史"革命史范式"，使中国近代史学科开始出现革命史范式和现代化范式并存和互相补充的局面，促进了中国近代史学科的创新和繁荣。

五　结论

怎样看待 20 世纪中国近代史研究中的革命史范式和现代化范式呢？

这就涉及中国近代历史的时代主题和任务的内涵。1840 年鸦片战争后，中国一步一步地沦为半殖民地半封建社会，灾难深重的中华民族面临着两大主题和任务："一个是求得民族独立和人民解放；一个是国家繁荣富强和人民共同富裕。"可见，110 年的近代时代主题和任务是两个：前者是民族民

---

① 冯林主编：《重新认识百年中国——近代史热点问题研究与争鸣》总序，改革出版社 1998 年版。

主革命问题，后者是工业化或曰现代化的问题。它们之间的关系是，"前一个任务是为后一个任务扫清前提"。事实上，包括革命在内的"任何政治斗争，都是为着经济解放而进行的"。因此，把中国近代史研究史上的革命史范式和现代化范式对立起来，非此即彼，显然是不对的。

110 年的中国近代时代主题是建立一个"独立、自由、民主、统一、富强"① 的新中国，即对外争独立，内求民主富强，即完成反帝反封建和实现现代化的两大时代主题。问题仅仅是不同时期侧重点应当有所不同。新中国成立前，重点应采用革命史范式为主。近百年历史事实已证明："在一个半殖民地的半封建的分裂的中国里，要想发展工业，建设国防，福利人民，多少年来多少人做过这种梦，但是——幻灭"。当然也并不排斥以现代化范式来研究革命的历史。新中国成立后，应当重点采用现代化范式为主，因为第一个近代的时代主题和任务已完成，面临着实现近百年来的另一个近代的时代主题和任务，当然也并不排斥以革命史范式来研究现代化。结论是前 110 年的近代历史研究应以革命史范式为主，后 50 年的历史应以现代化范式为主。以前者否定后者，或者以后者否定前者，都是非历史主义态度的，都是不足取的，也是不正确的。

美国学者德里克在论述对美国中国近代史研究中的革命史范式和现代化范式时，对我们是有启示的。他认为：

在 20 世纪 60 年代的革命风暴刺激和中国大陆对革命高度赞颂的历史背景下，革命成为中国近代史研究的范式和所有历史理解的首要前提，"不仅近代中国是以革命为中心来书写的，那些并非直接研究革命问题的著作，也以革命成就为标准据此来解释，评判其他历史问题。毋庸置疑，在大多数情况下，革命是按照其成就而被正面评价的，革命给中国引进了一种新型政治，使远比此前为多的人们得以参与政治，使无发言权的人们得以发言，它将人们从过去的被压迫状态中解放出来，并使他们摆脱了传统的思想奴役；革命使中国摆脱了帝国主义，并转变为一个现代主权国家。革命还清除了或由历史形成的，或由近代帝国主义导致的种种发展障碍，解决了发展问题，革命史也被描述为解放史诗。"

但是，20 世纪 80 年代中后期社会主义国家的遭挫，资本主义对革命的胜利，现代化成为全球的世界性潮流。"原来处于边缘地位的'现代化范

---

① 毛泽东：《论联合政府》，载《毛泽东选集》第 3 卷，人民出版社 1991 年版。

式'成为研究近代中国的主导范式，并由后来毛泽东的中国局势演变所支持和强化，革命遭到了质疑，革命史成为衰落与失败的故事"，"它甚至被描写为一种畸变，一种对中国历史发展道路的偏离"，"论者们或否定革命是近代中国历史的中心事件，或者在仍肯定其中心历史地位的前提下，将其理解为至少是一场失败和一场中国发展的障碍。"

德里克得出结论，认为"革命史范式"与"现代化范式"都是一种意识形态的编纂史学，对中国历史采取了非历史的态度，"实际上用现在的观念与条件来取代历史上的观念与条件"。"现代化范式"之所以能有强势地位，是因为这种范式为资本主义所支持。①

中国近代史研究作为历史学的分支，不可避免具有意识形态的属性。由于与现实中国的关联性，更容易受现实支配。但"在分析任何一个社会问题时，马克思主义理论的绝对要求，就是要把问题提到一定的历史范围之内"②。忽视中国近代史研究的意识形态属性，脱离现实，显然不是中国近代史研究的正确方向。德里克对美国中国近代史研究的革命史范式和现代化范式评价并不适用于中国。

20 世纪中国近代史研究的革命史范式和现代化范式分别从不同角度再现了近代中国历史的面相，也是对 20 世纪中国社会革命和现代化两大主题的反映；这两种范式的综合可以完整再现近代中国历史的本来面目，也满足了20 世纪中国上半叶"革命"和下半叶"现代化"的现实需要。

作为中国近代史研究者，考察整个中国近代史，首先要看到争取民族独立和人民解放的时代急迫性，同时也要注意现代化过程在近代中国历史进程中的作用；在考察视角上，既不能只注意到民族独立和人民解放这一面，忽视现代化过程，也不能只看到现代化过程而忽视民族独立和人民解放这一面。这两者在历史实际发展中不能相互取代。在近代中国，只有首先取得了民族独立和人民解放，才能为现代化的展开和实现奠定基础，提供前提。因此，把现代化作为中国近代史的唯一主题，是不能看到中国近代历史的全貌的。在近代中国 110 年历史里，现代化虽然是中国历史发展的一种趋向，也部分地在展开，但始终没有成为中国历史的主题。美国学者费正清在《观察

---

① ［美］德里克：《革命之后的史学——近代中国史研究中的当代危机》，《中国社会科学季刊》1995 年 2 月春季卷。

② 列宁：《论民族自决权》（1914 年 2—5 月），载《列宁选集》第 2 卷，人民出版社 1972 年版，第 512—514 页。

中国》中指出，"革命是近代中国的基调"①。因此，以革命的视角为主，以现代化视角为辅，审视中国近代历史，才能真正再现中国近代历史的本来面目。

在中国近代史学界，"革命史范式"与"现代化范式"两种不同的范式的并存和竞争，正是中国近代史学科保持繁荣的活力所在。21 世纪的中国近代史研究，还可能出现不同的研究范式，不应该只有一种视角，而应当是多层次多视角来进行观察，这也是 20 世纪中国近代史研究范式演变的最大历史启示。

---

① ［美］费正清：《观察中国》，四川人民出版社 1992 年版，第 96 页。

朴素唯物主义与中华民族精神孕育[*]

路则权

（中国孔子研究院）

唯物主义者认为，物质决定意识，但意识反作用于物质。其中表现之一就是经济与精神的关系问题。中国传统的儒家历史理论中，孔子的"富而教之"的思想就是一种朴素的唯物主义思想，对中华民族这一精神形成十分重要。其中，受儒家文化熏陶的汉代"循吏"发挥了重要作用。并且这一思想为历代思想家和政治家所承继，延续至今，也就是社会主义核心价值观中所提到的"富强"、"文明"的理念。

一　汉代循吏与儒家关系

"循吏"一词最早出现于司马迁的《史记·循吏列传》，班固的《汉书》和范晔的《后汉书》均有使用，并为历代正史所承袭。学术界已经注意到司马迁和班固对"循吏"概念的不同理解。《史记·太史公自序》说："奉法循理之吏，不伐公矜能，百姓无称，亦无过行，作循吏列传。"也就是说，从汉初的社会实际和司马迁的学术经历，这里的"循吏"侧重于"黄老之学"。到了班固则以儒家标准选择循吏。从班固开始的后代史家，多以儒家的标准来判定是否为循吏。

当然，对于汉代循吏与儒家的关系，学术界认识并不一致。这里有必要简单做一论述和说明。

儒家德政思想注重以民为本，教化百姓。《论语·为政》记载，孔子在答哀公与季康子问政时说："举直错诸枉，则民服，举枉错诸直，则民不

---

* 本文系济宁市社科重点项目《儒家历史理论与中国特色社会主义》阶段性成果（项目编号为14JSGX02414）。

服"，"临之以庄，则敬；孝慈，则忠；举善而教不能，则劝。"① 后来的孟、荀进一步丰富和发展了儒家德政思想。孟子不仅强调教化百姓，而且要求重在惠民、以民为本并。他提出"民为贵，社稷次之，君为轻"，"仁言不如仁声之入人深也，善政不如教化之得民也。"② 荀子在"尚贤、教化百姓、重民惠民"的基础上，提倡仁政与法治并重。

我们读《汉书》、《后汉书》等记载，可以发现，在这些循吏身上，或深或浅地体现出儒家"以德治民"的思想理念。他们注重宽政惠民，持法廉平，发展生产，教化百姓。这种理念正是儒家德政思想真精神的传承与实践。如，循吏文翁"为蜀郡守，仁爱好教化"，而"仁"与"教化"始终是儒家德政思想的核心地位。再如，宣帝时的循吏龚遂，其治事渤海郡时，"乃躬率以俭约，劝民务农桑"。③ 汉代循吏所体现的儒家精神更多是在实践方面。孔子说："我欲载之空言，不如见之行事之深切著明"，原始儒学的实践性格，对汉代循吏的影响更为深刻。

我们知道，汉代中央主张"汉承秦制"。因此，法家的影响不容忽视。尤其是汉宣帝的那句名言："汉家自有制度，本以霸王道杂之，奈何纯任德教，用周政乎?"④ 因此，余英时得出"汉代政治未曾定于儒家之一尊"的论断。⑤ 余先生的认识是正确的。但不能误解为儒家在制度设计及政治实践中作用不大。毕竟，汉宣帝并不是要完全否定德政。更何况，原始儒学也没完全否定礼制或法制，只是更强调道德教化而已。

因此，我们论述的汉代循吏，主要考虑以下方面。首先，循吏既践行着儒家提出的"宽政息民、以德导民、富而教之"的政治理念，又不舍法治，只是反对酷法。从这个意义上，循吏即儒吏，而不等同于儒生。第二，循吏因职位与地区的不同，表现形式也不尽相同。《汉书·循吏传》将其大致分为两类：德让教化型与以法治剧型。前者如"王成、黄霸、朱邑、龚遂、郑弘、召信臣等，所居民富，所去见思，生有荣号，死见奉祀，此禀禀庶几德让君子之遗风矣"；后者如"赵广汉、韩延寿、尹翁归、严延年、张敞之属，

---

① 杨伯峻：《论语译注》，中华书局 1980 年版。

② 杨伯峻：《孟子译注》，中华书局 1980 年版。

③ 《汉书》卷 89《循吏传》。

④ 《汉书·元帝本纪》。

⑤ 余英时：《士与中国文化》，上海人民出版社 1987 年版，第 141 页。

皆称其位，然任刑罚，或抵罪诛。"① 第三，循吏是儒家思想的实践者和中华民族精神的体现者，并非仅存在于某一历史时空，我们选取汉代循吏，只是这一时期比较凸出。此外，汉代循吏同样有时代局限性，但因分析重点所在，其他只能给予"同情之理解"。

二 "富之"——汉代循吏与中华民族的富强精神

《汉书·循吏传序》强调循吏"所居民富"的特点，这符合孔子及原始儒学的一贯主张。汉代循吏遵循孔子"富之"的教诲，将发展经济、改善人民的生产和生活水平视为治理的重要内容之一。为了提高人民的生活水平，使百姓安居乐业，汉代循吏在以下几个方面进行了实践努力。

（一）农业生产领域

"食者，民之本也。民者，国之本也"。只有农业问题解决好了，人民才能安居乐业，国家才能兴旺。汉代循吏意识到这一道理，把积极发展农业生产当作为民兴利重要内容。

生产工具和生产技术是生产力发达与否的重要标志，也是农业发展的主要动力。汉代循吏非常注重先进农具和技术的推广，比如，牛耕的推广和使用最为常见。如，庐江地区的百姓不知道使用牛耕，东汉循吏王景亲自"驱率吏民，修起芜废，教用犁耕"，② 将犁耕这种在当时先进的农业生产工具以及使用技术推广到庐江，从而极大的提高了庐江地区的生产力，庐江地区农业经济逐渐兴旺起来。再如，九真地处偏远，百姓大多以射猎为业，不知牛耕，因而粮食常常不够，百姓生活非常艰辛。太守任延到任后，下令"铸作田器，教之垦辟"。③ 因此，大量的荒地被百姓开垦出来进行农业生产，九真地区农业经济就发展起来，百姓的物质生活也变得充裕起来。

王景、任延等循吏积极引进牛耕和推广铁质农具，在汉代农业生产中，无疑是生产力发展的一个巨大进步。尤其是牛耕的使用为开辟荒田、精耕细作、农业生产提供了不可估量的作用。

---

① 《汉书》卷89《循吏传》。
② 《后汉书》卷76《循吏列传》。
③ 同上。

当然，只有先进的生产技术无法提高生产，还需要完善的制度。汉代循吏在努力发展地方农业的同时，还因时、因地制宜制定一系列相关措施来加强对农业生产的管理和保护。如，循吏龚遂来到渤海郡任职后，为了恢复社会生产，他命令渤海每户居民必须种一棵榆树、百棵薤菜、五十颗葱和一畦韭菜，而且每家必须要养两头母猪和五只鸡。"春夏不得不趋田亩，秋冬课收敛，益蓄果实菱芡"，① 渤海地区经济有大的改变。又如，南阳太守召信臣"为民作均水约束，刻石立于田畔，以防纷争。禁止嫁娶送终奢靡，务出于俭约。府县吏家子弟好游敖，不以田作为事，辄斥罢之"②，他在南阳开通水渠后，为了让百姓能够有序的用水灌溉农田，减少纷争，把用水的规定刻在石碑上矗立在田地边界处，并对府县喜欢游逛、不以耕作兴农为要务的官吏弟子，通通予以斥责罢免。再如，循吏童恢根据当地实际情况制定了地方性法规，"耕织种收，皆有条章"③，对地方农业予以保护。由于召信臣和童恢治理有方，百姓"莫不耕稼立田"，很快他们所在的地区农业的发展有了明显的提升。

（二）水利建设方面

汉代很多循吏不但是地方行政长官，同时还是水利工程专家。他们深知，水利是农业的命脉，关系到百姓的生产和生活。每当水利系统出现问题时，两汉循吏都积极开展水利工程的修复和建设。

如，循吏兒宽建议在郑国渠基础上修凿新渠来"以益溉郑国傍高卬之田"。④ 汉武帝十分赞同，并委派兒宽开凿。他领导民众在郑国渠基础上开凿了六辅渠，修成之后又通沟渎，蓄陂泽，备荒抗旱，大大增强了郑国渠的灌溉面积，关中地区的农业生产有了很大进步。在领导建设六辅渠之际，兒宽还制定了灌溉用水的制度，"定水令，以广溉田"⑤，兒宽提议并修建的六辅渠，弥补了郑国渠的不足，对关中经济建设起了重要作用。兒宽修建六辅渠只是其中一例，两汉循吏中有很多都有兴修水利的经历，比如文翁、召信臣、王景、杜诗等，其中最为有名的要算是西汉的召信臣和东汉的杜诗。

---

① 《汉书》卷89《循吏传》。
② 同上。
③ 《后汉书》卷76《循吏列传》。
④ 《汉书》卷29《沟洫志》。
⑤ 《汉书》卷58《兒宽传》。

《汉书·召信臣传》记载：

> 信臣为人勤力，有方略，好为民兴利，务在富之。躬劝耕农，出入
> 阡陌，止舍离乡亭，稀有安居时。时行视郡中水泉，开通沟渎，起水门
> 提阏凡数十处，以广溉灌，岁岁增加，多至三万顷。民得其利，畜积有
> 余。信臣为民作均水约束，刻石立于田畔，以防分争……郡中莫不耕稼
> 力田，百姓归之，户口增倍，盗贼狱讼衰止。吏民亲爱信臣，号之曰
> 召父。

又《后汉书·杜诗传》记载：

> 造作水排，铸为农器，用力少见功多，百姓便之。又修治陂池，广
> 拓土田，郡内比室殷足。时人方于召信臣，故南阳为之语曰："前有召
> 父，后有杜母。"

召信臣和杜诗分别是西汉和东汉人，都曾为南阳太守，虽然相差很多
年，但是却都被南阳百姓所爱戴和敬仰，原因何在？就是因为他们都注重水
利建设，发展地方经济，提高人民生活质量，所以南阳百姓对他们以"父
母"相称。

此外，当自然灾害，特别是出现水患，危急百姓的生活的时候，汉代循
吏会坚持在治理水患的第一线。汉代时，黄河以"善淤、善决、善徙"著
称，广大民众深受其害。王景由于善于治水，汉明帝召见循吏王景询问治河
方略，在听取王景的治河方略后，倍加赞赏，赐给《山海经》、《河渠书》、
《禹贡图》以及钱帛衣物，命其主持修理汴渠来阻止水患。王景与王吴率领
十万人，"修渠筑堤，自荥阳东至千乘海口千余里。商度地势，凿山阜，破
砥绩，直截沟涧，防遏冲要，疏决壅积，十里立水门，令更相洄注，无复溃
漏之患"[1]，由于王景等人的努力，黄河水患得以治理。汉明帝在闻讯水患成
功治理后，亲自巡行河渠，并且下诏："今既筑堤理渠，绝水立门，河、汴
分流，复其旧迹，陶丘之北，渐就壤坟，故荐嘉玉洁牲，以礼河神。东过洛
汭，叹禹之绩。今五土之宜，反其正色，滨渠下田赋与贫人，无令豪右得固

---

[1] 《后汉书》卷76《循吏列传》。

其利，庶继世宗《瓠子》之作"①，同时下诏沿黄河各郡国设置专管河堤的官员，采用西京旧的管理制度。循吏王景由于消除了水患，保证了百姓生产以及生活安全，因而受到了明帝的嘉奖。

除了王景的例子外，还有好多循吏如此。如，建武七年（三一年），杜诗迁南阳太守，"又修治陂池，广拓土田，郡内比室殷足。时人方于召信臣，故南阳为之语曰：'前有召父，后有杜母。'"② 水利建设的时间竟然从西汉元帝延续到东汉建武时期，这个例子充分说明了两汉循吏"富民"工作的延续不断。又如，

建和三年（一四九年）张导为巨鹿太守。"漳水泛滥，土不稼墙。导披按地图，与丛彭参、掾马道篙等原其逆顺，摇其表里，修防排道正水路。功绩有成，民用嘉赖。"③ 再如，《水经注》卷十一"污水"条记木里沟为汉南郡太守王宠所凿，"故渠引都水，灌田七百顷，白起渠溉三千顷。膏梁肥美，更为沃壤。"④

（三）提倡节俭，赈济百姓

崇俭抑奢，赈济百姓是两汉循吏为民兴利的一个重要补充。两汉循吏深知"公私费耗甚多，皆当出于民"。⑤ 因此他们认为保证百姓利益不受损害，必须尽量减少政府用度、节约开支。如召信臣为少府时，"奏请上林诸离远宫馆稀幸御者，勿复缮治共张，又奏省乐府黄门倡优诸戏，及宫馆兵弩什器减过泰半。太官园种冬生葱韭菜茹，覆以屋庑，昼夜燃蕴火，待温气乃生。信臣以为此皆不时之物，有伤于人，不宜以奉供养，及它非法食物，悉奏罢，省费岁数千万。"⑥ 召信臣每年可以为国家节约千万，减少了政府消耗，压缩政府财政支出，既减轻对百姓的赋税征收，维护了百姓的利益，又可以在社会上形成简朴之风。据《汉书·循吏传》载，黄霸为减轻百姓负担，除去了当时送旧官迎新官仪式，因为由此产生的财物支出无疑都会增加百姓的负担。他甚至还"使邮亭乡官皆畜鸡豚，以赡鳏寡贫穷者"，⑦ 黄霸正是通

① 《后汉书》卷2《明帝纪》。
② 《后汉书·循吏列传》。
③ 《水经注·浊漳水》，上海古籍出版社2005年版，第6页。
④ 《水经注·沔水》，上海古籍出版社2005年版，第21页。
⑤ 《汉书》卷89《循吏传》。
⑥ 同上。
⑦ 同上。

过采取这一系列开源节流的举措，有力地促进了当地社会经济的发展，也使
"户口岁增"。①

对于百姓中的贫困者，循吏也尽力救助。如兒宽"收租税，时裁阔狭，
与民相假贷，以故租多不入。后有军发，左内史以负租课殿，当免。民闻当
免，皆恐失之，大家牛车，小家担负，输租繦属不绝，课更以最。上由此愈
奇宽。"② 在征收赋税时，兒宽敢于把已经受到的赋税即公家的钱假贷给贫弱
百姓以供赋役。又如任延"省诸卒，令耕公田，以周穷急"，甚至当他的下
属贫困时，"辄分奉禄以赈给之"③。第五访"岁饥，粟石数千，访乃开仓赈
给以救其敝。吏惧谴，争欲上言。访曰：'若上须报，是弃民也，太守乐以
一身救百姓。'遂出谷赋人。顺帝玺书嘉之。由是一郡得全。"④

此外，两汉循吏不拘泥形式，结合社会实际情况，拓展生产领域，增加
百姓的谋生途径，从而使百姓的生活更加富裕。据《后汉书·循吏孟尝传》
记载："尝后策孝廉，举茂才，拜徐令。州郡表其能，迁合浦太守。郡不产
谷实，而海出珠宝，与交址比境，常通商贩，贸籴粮食。先时宰守并多贪
秽，诡人采求，不知纪极，珠遂渐徙于交址郡界。于是行旅不至，人物无
资，贫者饿死于道。尝到官，革易前敝，求民病利。曾未逾岁，去珠复还，
百姓皆反其业，商货流通，称为神明。"这是有名的"合浦还珠"的典故，
合浦太守孟尝针对该地区临近海域出产珠宝，不适合发展农业生产的实际情
况，积极转换思路，因地制宜发展珠宝产业，并采取打击不法商贩来维护合
浦地区的商业活动。通过孟尝的带动和广大百姓的努力，合浦地区呈现一片
欣欣向荣之景，百姓安居乐业。王景在庐江地区农业生产逐渐兴旺起来以
后，又鼓励当地百姓养蚕织布，并且专门制定了一套规定，使得蚕织技术在
庐江地区广泛传播。还有茨充也在桂阳地区"教民种殖桑柘麻紵之属，劝令
养蚕织屦，民得利益焉。"⑤

虽然地方官组织民力来兴修水利，灌溉农田等利民富民的措施可以看作
是其本职工作的一部分，但放在循吏的身上就很自然的被赋予了许多文化的
色彩。

---

① 《汉书》卷89《循吏传》。
② 《汉书》卷58《兒宽传》。
③ 《后汉书》卷76《循吏列传》。
④ 同上。
⑤ 同上。

正是由于文化的因素融入在了物质形态中，才使得循吏的利民、富民措施不能和普通地方官执行政府命令的情况相提并论。

三 "教之"——汉代循吏与中华民族的文明精神

受儒家文化影响的循吏对文化的传播有一种天然的使命感，这是儒家文化得以在循吏那里传播的内在原因，统治者提倡的儒家道德教育是循吏不遗余力地传播儒家文化的一个外在因素，即"移风易俗"的政治需要。儒家文化传播落实到实处就是孔子的"教之"。

教化分为狭义教化和广义教化。从广义角度，教化相当于"大"教育，包括学校教育、家庭教育和社会教育等，即凡是能对百姓思想和行为产生一定影响的政策、观念和行政措施。就狭义而言，教化限制在有意识、有目的地改善社会习俗风尚的带教育性质的制度政策范围内，包括推广礼教，宣传有关伦理道德，厉行劝善惩恶，尤其是旌德扬善，作为表率和示范，以供民众效法。我们这里主要指狭义范围内的教化。

汉代循吏崇尚儒家德治思想，他们以地方行政长官的身份肩负着教育者的职能。他们将内涵着主流政治价值、政治理念、道德规范的儒家文化教导给人们，为人们提供外在的行为规范和内在的价值取向，从而内化成一种所有社会成员都具备的文化精神和道德修为。

从具体的内容来看，主要是儒家文化所倡导的孝梯、忠恕、仁义、诚信、礼让、智勇、廉耻等。他们的主要做法包括以下几个方面。

（一）从事教育，设立学校。《后汉书·儒林上牟长传》记载牟长建武初年任河内太守：及在河内，诸生讲学者常千余人，著录前后万人。著《尚书章句》，皆本之欧阳氏，俗号为《牟氏章句》。同书《儒林下伏恭传》记伏恭在建武时期：迁常山太守，敦修学校，教授不辍。由是此州多伏氏学。牟、伏两人虽是因为列在《儒林传》而被后人所知，但其行为却完全符合本文所列的循吏标准，虽然身兼"吏"与"师"的双重身份，但他们更在乎后者。同书卷二十五《刘宽传》记载刘宽在桓帝时：

> 典历三郡，温仁多怨，虽在仓卒，未尝疾言遽色。常以为：齐之刑，民免而无耻。吏人有过，但用蒲鞭罚之，示辱而已，终不加苦。事有功善，推之自下。灾异或见，引躬克责。每行县止息亭传，辄引学官

祭酒及处士诸生执经对讲。见父老慰以农里之言，少年勉以孝佛之训。人感德兴行，日有所化。

刘宽作为一名基层的官员在治理地方事务时，靠的不是严刑峻法而是儒家信条，其目的就是要百姓从内心里接受并执行儒家的理论思想，这在本质上当然也是循吏的做法无疑。

此外，设立学校，进行教化。也就是董仲舒所说："立太学以教于国，设库序以化邑"。① 如，蜀守文翁曾在成都市中建立学官，"招下县子弟以为学官弟子"，② 免除其更摇。任延在一其治区武威"造立校官，自橼既毕，乃令子弟群居，就黄学"。并奖励在校学习优秀者。如，文翁对在学官学习者，以其成绩高下授以不同职务，高者可为郡县吏，次为孝梯力田等。每次巡视郡县都会挑选品学兼优者与其同行，以褒奖之。任延为武威太守时，对在学弟子"章句既通，悉显拔荣进之"③。

（二）重视孝道。对不懂礼义，不孝敬父母者进行个别教育，使其感悟。如，《后汉书·循吏仇览传》记载：

> 仇览字季智，一名香……为蒲亭长。劝人生业，为制科令。至于果菜为限，鸡禾有数。农事既毕，乃令子弟群居，还就学。其剽轻游恣者，皆役以田桑，严设科罚。躬助丧事，赈恤穷寡。期年称大化。览初到亭，人有陈元者，独与母居，而母诣览告元不孝。览惊曰：吾近日过舍，芦落整顿，耕耘以时。此非恶人，当是教化未及至耳。母守寡养孤，苦身投老，奈何肆忿于一朝，欲致子以不义乎？母闻感悔，涕泣而去。览乃亲到元家，与其母子饮，因为陈人伦孝行，譬以祸福之言。元卒成孝子。乡邑为之谚曰：父母何在在我庭，化我鸱枭哺所生。

仇览一小小亭长却能做到化民成俗，这可以说是儒学大传统已经逐渐渗透到民间日常生活中的最真实写照。他通过教化，节制人民的欲望，规范人民的行为，创立较为和谐的人际关系和安定的环境，从而维护社会的长治久

---

① 《汉书·董仲舒传》。
② 《汉书·循吏列传》。
③ 《后汉书·循吏列传》。

安。正所谓"教化立而奸邪皆正"。并且，对于有孝行的人进行奖励。如秦彭、童恢等对属内能遵奉教化者、行善事者皆赐以酒肉，有的还擢为乡三老，以劝勉之。

（三）制定礼制，提高边疆地区文明程度。边疆或少数民族定居的地方，就有着迥异于中原文化的特殊习俗与文化，因此儒学在这里的推广就显得更为重要或者说难度更大，但还是有一批杰出的循吏很好的完成了移风易俗的工作。《后汉书·循吏卫飒传》中记载卫飒在建武初年迁桂阳太守："郡与交州接境，颇染其俗，不知礼则。飒下车修庠序之教，设婚姻之礼，期年间邦俗从化。"

同书《任延传》记载更为详细：

> 建武初……诏征为九真太守。光武引见，赐马、杂缯，令妻子留洛阳。九真俗以射猎为业，不知牛耕，民常告籴交阯，每致困乏。延乃令铸作田器，教之垦辟，田畴岁岁开广，百姓充给。又骆越之民无嫁娶礼法，各因淫好，无适对匹，不识父子之性，夫妇之道。延乃移书属县，各使男年二十至五十，女年十五至四十，皆以年齿相配。其贫无礼聘，令长吏以下各省俸禄以赈助之。同时相娶者二千余人。是岁风雨顺节，谷稼丰衍，其产子者，始知种姓。咸曰："使我有是子者，任君也。"多名子为任。于是徼外蛮夷夜郎等慕义保塞，延遂止罢侦候戍卒。初，平帝时，汉中锡光为交阯太守，教导民夷，渐以礼义，化身侔于延……岭南华风，始于二守焉。

上面的记载里由于民族之间多少存在的一些隔阂，可能带有一定的汉民族对少数民族的偏见，但基本事实应该是存在的。除了上面的两个例子以外，更具代表性的就要算蜀守文翁了。

巴蜀之地在当时人看来是属于南蛮之地的，其文化风俗和中原地区大不一样，在这样的地区宣扬儒家文化难度可想而知，文翁没有采取直接的办法而是采取"诱进之"的巧妙方法，给予那些乐于接受儒学教化的百姓以实惠，宣布"学官弟子为除更徭"，然后利用人们普遍爱慕荣耀的心理，使得那些在学官里学习的学生经常有幸得到官吏的召见，从而让其他的人心向往之。数年后竟使得很多人"争欲为学官弟子"。文翁在蜀地的成功得益于他善于因势利导，结合当地人的普遍心态因地制宜地进行教化，从而取得了

"蜀地学于京师者比齐、鲁焉"的成绩。并且从后来人们常说的"巴蜀之地多才子"一语可知,"至今巴蜀好文雅,文翁之化也"确实不虚。

更重要的是,中原儒家文化的价值观念通过循吏的不断努力在西南等少数民族地区的传播、渗入,既增强了中央王朝对西南地区的吸引力、凝聚力,又增强了西南民族地区对中央王朝的向心力、整合力,这对于加强中央政府对西南等边疆地区的控制产生了积极的作用。儒家思想文化在西南地区的直接传播,一方面加强了汉族和西南少数民族间的文化交流,丰富和发展了各民族文化,对中华民族优秀文化的形成做出了贡献,促进了西南文化教育的发展;另一方面通过兴办教育来感化诸夷,巩固了汉王朝对西南地区的控制。儒家大一统思想的广泛传播,对维护多民族国家的统一起了重要作用。

汉代循吏的教化,为社会用儒家文化培育民众精神,形成良好的道德修养,移风易俗,逐渐营造一种良好的文化秩序和道德修为进而维护社会秩序的稳定起到了十分重要的作用。

综上可知,汉代循吏在实践中坚持孔子"富—教"思想,为大汉王朝的兴盛和民族精神的凝聚力做出了杰出贡献。当前,在中华民族复兴的伟大历史进程中,需要我们的官员和知识分子以汉代循吏为榜样,为实现"中国梦"奉献自己的智慧。

中国发展道路的经济史思索

董志凯

（中国社会科学院经济研究所）

中华人民共和国诞生以来，经过 60 多年，特别是改革开放 30 多年的艰辛探索和实践，我国摸索并走出了一条中国特色社会主义的发展道路。通过这条道路，我国改变了落后面貌，综合国力和国际地位空前提高。正全面启动新一轮改革，为了后续的探索符合国情和时代发展潮流，需要认真总结历史经验，其中离不开对 60 余年经济史的回顾与思索。

一 独特的资源禀赋是选择中国道路的基础

选择适合中国发展道路的基础在于适应中国独特的资源禀赋。中国是世界罕见的具有数千年历史的统一大国。地域和民族的多样性，统一国家历史的相对稳定性，造就了千姿百态的乡村、城镇，经济、文化。如何在现代化进程中抓住其中的关键环节和特点？

1979 年邓小平在党的理论工作务虚会议上讲到，"过去搞民主革命，要适合中国情况，走毛泽东同志开辟的农村包围城市的道路。现在搞建设，也要适合中国情况，走出一条中国式的现代化道路。"邓小平认为，要使中国实现四个现代化，至少有两个重要特点是必须看到的：一是底子薄；二是人口多，耕地少。"中国式的现代化，必须从中国的特点出发。比方说，现代化的生产只需要较少的人就够了，而我们人口这样多，怎样两方面兼顾？不统筹兼顾，我们就会长期面对着一个就业不充分的社会问题。这里问题很多，需要全党做实际工作和理论工作的同志共同研究，我们也一定能找出适当的办法来妥善解决。"①

---

① 《邓小平文选》第 2 卷，人民出版社 1994 年版，第 163、164 页。

邓小平抓住的两个特点与毛泽东的看法一脉相承。早在 20 世纪 40 年代初，毛泽东的《新民主主义论》提出了"新民主主义模式"。首先是实现孙中山提出的"耕者有其田"，使无地少地的农民得到土地。土地改革不仅完成了从地主土地所有制向农民土地所有制的巨大转变，使 3 亿多农民能够在农村"有业可就"，而且带来了乡村社会的历史性变革。① 在这场运动中，建构了新的、良性的国家与社会关系。在建国初期完成土地改革以后，在工业化和城市化还不能立刻吸纳农村和农业大量富余的人口时，土地制度具有的社会安定保障功能就突出出来。这是农业合作化以后土地归公和 1978 年以后实行以家庭经营后直至今天仍然维护土地集体所有的重要内在原因。

与此同时，鼓励在城市和乡村发展民营企业并广泛吸引外资，即以中国共产党为首的代表社会各阶层利益的联合政府领导国家，在涉及国家经济命脉的领域（如大型工业企业、交通运输、金融等方面）以及限制私人资本增长的基础上发展国家资本主义，同时对私人资本实行监督。即"公私兼顾，劳资两利，城乡互助，内外交流"。这一方针指引了新中国建立后头七年的经济恢复和发展，取得了举世瞩目的成就。

国民经济的迅速恢复以及朝鲜战争促使中国要求迅速推进以能源、原材料、机械为主的重工业发展，尽早建立独立自主的工业体系，从而提前、提速进行社会主义改造。对个体农业、手工业、资本主义工商业的社会主义改造——"三大改造"在短短的四年内基本完成。这一方面使国家得以通过集中财力、物力、人力，压低消费水平，在资金、技术、设备、人力资源等方面突破瓶颈制约，为中国建立独立完整的工业体系提供了条件；另一方面随着经济的发展，地方、企业和个人积极性难以充分发挥的弊病越来越凸显出来。

改革开放以来，我国经济发展取得巨大成就，按汇率法计算的国内生产总值（GDP）已居世界第二，占全球经济份额已达 10% 以上。但由于我国人口众多，从人均国民收入水平看，与发达国家仍存在较大差距。从世界银行公布的部分国家和地区的人均 GNI② 看，2011 年我国人均 GNI 为 4940 美元，在列入统计的 213 个国家或地区中排名第 114 位，比 2010 年的排序提前 7 位。从历史发展的角度看，我国成为自 20 世纪 90 年代中期以来 10 个由低

---

① 王瑞芳：《土地改革是生产关系领域的伟大革命》《中国社会科学报》2013 年 12 月 16 日。

② GNI 指国民总收入，它与 GDP 指标之间在数值上的差别反映为"来自国外的净要素收入"。

收入国家发展成为中等收入国家之一。然而即使按照世界银行的标准，高收入组的最低限 12476 美元衡量，我国还不及该限度的二分之一，比较包括美国、日本、德国、英国、法国、意大利和西班牙等最大的发达经济体，人均 GNI 均在 3 万美元以上的国家，我国人均国民收入尚不及其六分之一，差距仍很大。①

目前我国 13 亿人口，仍是世界上人口最多的国家。据 2008 年《中国国土资源公报》公布的全国耕地面积是 18.26 亿亩，人均耕地 2.1 亩②。人口多，耕地少，人均资源与财富相对较低，仍是我国的基本国情。正如习近平总书记 2014 年 3 月 28 日在德国科尔伯基金会的演讲所言：同样一桌饭，即使再丰盛，8 个人吃和 80 个人吃、800 个人吃是完全不一样的。我们深知，在相当长时期内，中国仍然是世界上最大的发展中国家，提高 13 亿多人的生活水平和质量需要我们付出艰苦的努力。

既要避免财富占有差距过大、社会不公造成的动荡，又要调动各方面的积极性，推动经济持续发展，还要应对国际竞争的挑战和压力。这是我国选择有中国特色社会主义道路的缘由与目的。

二 曲折的路径体现了选择中国道路的经验

中国道路经历了曲折的路径，有丰富的正反两方面的经验教训，成功的选择离不开汲取历史上的经验与教训。

（一）社会主义公有制、计划经济的建立使中国克服资本制约建立起工业体系

中共中央于 1952 年底提出了过渡时期总路线，其核心是"一化三改"，即在一个相当长的时间内，逐步实现国家的社会主义工业化，并逐步实现国家对农业、手工业和资本主义工商业的社会主义改造。当时认为，总路线的实质，就是使生产资料的社会主义所有制成为我国国家和社会的唯一的经济基础。③ 而对于什么是社会主义所有制，一般理解为"单一的公有制"，即

---

① 刘伟、蔡志洲：《我国人均国民收入的变化及展望》，《经济纵横》2014 年第 1 期。

② 人均耕地面积 = 182 万平方千米/13 亿人 = 0.0014 平方千米/人 = 1400 平方米/人 = 2.1 亩/人。

③ 《关于党在过渡时期的总路线》，人民出版社 1986 年版，第 5 页。

是全民与集体所有的两种公有制形式。从 1953 至 1957 年，我国经济成分逐渐趋于单一。特别是 1955 年下半年以后，公有化的速度急剧加速。1957 年参加农业生产合作社的农户比重达 97.5%，私营工业已全部公私合营，批发与零售商业中，私营成分分别仅占 0.1% 和 2.7%。这种认识与实践与社会主义初级阶段的生产力发展状况不相适应。

另外，在新民主主义和社会主义改造中，中国共产党建立了动员能力特别强的现代国家体制，并且树立了非常强的国家意志。这个体制在中国的历史上和地域上从来没有出现过，其动员渗透能力深入到社会的底层。同时，共产党完成了一场相当彻底的社会主义革命，把私有财产权，尤其是最重要的土地资本，变为国有或是集体所有。这成为后来经济快速发展的资本。

尽管如此，早在 1956 年党和国家领导人对改造中出现的问题即有所认识，试图"以苏为鉴"，于 1956—1957 年提出了新的认识并制定了有关政策设法纠正，试图修正苏联模式的计划经济体制，建立适合中国国情的经济管理制度[①]。但是这一探索很快被中断了。相反，1958 年又对个体工商业者采取更加严厉的限制和改造措施；"文革"期间，更加盲目和片面地追求纯之又纯的公有制形式。至 1978 年，生产资料所有制结构已成为单一的公有制。

单一公有制基础上建立起来的是高度集中和统一的计划管理体制。计划经济的作用主要表现为最大限度地动员与集中社会资源，加速工业化步伐。它具有两个市场经济体制在短期内难以起到的作用：（1）在经济落后、西方封锁的条件下，保证了高积累和优先快速发展重工业，建立了比较完整的独立工业体系和基础设施。（2）在经济落后和高积累的背景下，除了个别非正常时期外，保证了人民大体平均的起码生活水准。

由于社会主义鲜有前例，加之独立完整工业体系尚在建设，我国虽然试图克服苏联经济的弊病，但总体上仍把苏联的体制和做法等同于社会主义，"以阶级斗争为纲"的指导思想禁锢了改革的探索。譬如，在"大跃进"和"人民公社化运动"后农村政策刚刚纠偏，又在 1959 年庐山会议后再次遭受"左"倾错误的破坏。1960 年 11 月 3 日，中共中央在痛定思痛中发布了《关于农村人民公社当前政策问题的紧急指示信》，在自留地、家庭副业、私

---

① 毛泽东于 1956 年 12 月 7 日在中南海颐年堂邀集全国工商联和民主建国会在京的主任委员和副主任委员座谈时说，可以消灭了资本主义，又搞资本主义（《毛泽东年谱（1949—1976）》第 3 卷第 46 页）。陈云主持制定并于 1957 年 11 月 8 日颁布了《关于改进工业管理体制的规定》、《关于改进商业管理体制的规定》、《关于改进财政管理体制的规定》（《陈云选集》第 3 卷）。

养畜禽方面已经放宽，但仍顾虑许多，怕出现资本主义。即使如此，"文革"中又将这些方面作为资本主义尾巴割掉。只有当教训足够深刻的"文革"之后，改革的风帆才真正扬起。

因此，1982 年 9 月，邓小平在 12 大开幕词中明确宣告，把马克思主义的普遍真理同我国具体实践结合起来，走自己的道路，建设有中国特色的社会主义，这就是我们总结长期历史经验得出的基本结论。习近平总书记概括说，中国特色社会主义是改革开放新时期开创的，也是建立在我们党长期奋斗基础上的，是我们党的几代中央领导集体，团结带领全党全国人民历尽千辛万苦，付出各种代价，极力探索取得的。

（二）改革计划与市场的关系决定于历史变迁

1978 年以来中国的经济体制改革的核心是改革计划经济体制，建立社会主义市场经济体制。从经济史的角度，这一改革经历了曲折的探索。

如前所述，早在 1956 年毛泽东提出"以苏为鉴"时，即开启了中国对社会主义经济发展道路的理论与实践探索。陈云是明确提出计划与市场关系的第一人。在 1956 年召开的中共八大，他首提中国的计划经济要有"三个主体"和"三个补充"。即：要有一定数量的个体经营来补充国家经营和集体经营、一定数量的按照市场变化的自由生产来补充计划生产、一定范围内的自由市场来补充国家市场的思想[①]；并按照这一思想，于 1957 年主持制定和颁布了《关于改进工业管理体制的规定》、《关于改进商业管理体制的规定》、《关于改进财政管理体制的规定》[②]。力求将马克思社会再生产理论创造性地运用于中国工业化建设，在经济总量上实现财政收支、信贷收支、物资供求、外汇收支四个平衡，并强调农业对经济建设的"约束力"。但是，经济路径没有按照这一轨迹直线前进，而是采取了与苏联作法也不相同的大搞群众运动的办法，发动了大跃进、人民公社化运动。由于违背经济发展的客观规律，盲目推崇高指标、刮共产风、大炼钢铁，实施手段强迫命令，导致浮夸、高征购，劳民伤财，经济遭受严重挫折，人民生活陷入困境。

此后的调整时期，陈云把重点放在农业和市场上。农业方面制定与实施《农业六十条》，通过缩小社队规模、取消公共食堂和供给制、改变农业基本

---

① 《陈云文选》第 3 卷，人民出版社 1995 年版，第 13 页。
② 同上。

核算单位，否定了"一大二公"的大公社经济制度，确立了"三级所有，队为基础"新体制，终结了大公社体制；同时减少粮食征购，试行包产到户，留足自留地和母猪私养。① 工业方面制定《工业七十条》，扩大企业财权，改革工交企业财务管理和物资供应体制，试办托拉斯。商业方面国家计划收购市场和自由市场并行，恢复与发展传统经济的作用。五年调整不仅使经济走出困境，而且完成了重大工业建设项目，主要产品产量超过历史最好水平。其中许多成功做法成为"文革"结束后恢复调整国民经济的借鉴，并为日后的改革开了先河。情况表明，改革开放前后，是继承、发展、改革、创新的关系，不应互相否定和割裂。

1978 年以来，中国在走向市场化改革的过程中，对市场和市场经济的认识和实践也有多次重要进步和突破，每一次都对改革起到全面推动作用，其中影响最大的有五次。第一次是 1984 年十二届三中全会，提出了"发展社会主义商品经济"的重要论断，第二次是 1987 年十三大政治报告，提出了"加快建立和培育社会主义市场体系"的重要方针，第三次是 1992 年的十四大政治报告，提出了"建立社会主义市场经济"的重要命题，第四次是党的十七大报告提出了"市场在资源配置中起基础性作用"，第五次是十八届三中全会提出"使市场在资源配置中起决定性作用"，并进一步具体化指出"经济体制改革的核心问题仍然是处理好政府和市场关系"。② 其间的每一次进步背后，都有丰富的实践与纠偏，是在实践中总结经验、提升认识与比较学习的结果。

（三）政府和市场关系的核心目标是调动社会各方的积极性强国富民

改革开放以来，随着对所有制认识上的提高与理论上的突破，我国在实践中采取了一系列措施，改革和发展公有制经济，鼓励、引导非公有制经济的发展，使所有制结构从 1978 年以前的单一公有制，逐步形成以公有制为主体，多种所有制成分共同发展的局面。

否定非公有制经济存在的必要性，曾经给我国经济社会发展带来损失。

---

① 详见辛逸《"农业六十条"修订与人民公社的制度变迁》，《中共党史研究》2012 年第 7 期；《"农业六十条"制订与修改的历史考察》，《中共党史研究》2013 年第 1 期。

② 《关于〈中共中央关于全面深化改革若干重大问题的决定〉的说明》（2013 年 11 月 9 日），载中共中央文献研究室编《习近平关于全面深化改革论述摘编》，中央文献出版社 2014 年版第 55 页。

1978 年党的十一届三中全会总结经验教训，明确了必须发展生产力和变革旧的生产关系。1982 年，党的十二大提出了坚持国有经济的主导地位和发展多种经济形式的论断。这两次重要会议，奠定了我国非公经济发展的政策基础。1987 年，党的十三大提出，要在公有制为主体的前提下，继续发展多种所有制经济，对私营经济的地位和作用提出明确的政策。1992 年党的十四大召开，进一步肯定了非公有制经济存在和发展的必要性。指出，外国的资金以及作为有效补充的私营经济，都应当而且能够为社会主义所利用。在所有制结构上，以公有制包括全民所有制和集体所有制经济为主体，个体经济、私营经济和外资经济为补充，多种经济成分长期共同发展，不同经济成分还可以自愿实行多种形式的联合经营。1993 年十四届三中全会，强调在积极促进国有经济和集体经济发展的同时，鼓励个体经济、私营经济和外资经济的发展，并依法加强管理，提出公有制在国民经济中应占主体地位，允许有的地方、有的产业有所差别，允许个人财产与资本可以作为市场要素参与收益分配。1997 年党的十五大明确了非公有经济的地位和作用，强调所有制结构的调整和完善是经济体制改革的重大任务。到 1997 年，全国个体私营经济纳税 540 亿元，比 1986 年增长 10 倍多，占全国工商税收总额的比重由 3.9%上升到 7%。个体私营企业的发展成为解决下岗职工再就业、安置剩余劳动力的重要渠道。1999 年 8 月 30 日，中华人民共和国个人独资企业法出台。这是我国继制定公司法、合伙企业法之后，制定的第三部涉及规范私营企业市场主体的法律，至此，我国关于私营经济三种主要形式——独资企业、合伙企业、有限责任公司的主体法律基本齐备。我国非公有制经济的另一个重要组成部分是外资经济，利用外资经历了四个阶段。自 1993 至 1998 年，我国连续 6 年成为利用外商直接投资最多的发展中国家，[①] 2003 年成为吸引外资最多的东道国。

改革历程表明：要使公有制同市场经济相结合必须改革公有制，包括国有制的实现形式，寻找能够促进生产力发展的公有制实现形式。1995 年，党的十五大对于公有制实现形式做了大胆探索，取得了认识突破和理论创新。公有制产权的改革并非意味着"私有化"，可以并且在实践中实现了不改变公有制基础上的多种形式。其中包括：所有权与经营权相分离；国家控股或

---

① 刘在山：《我国对外开放的重大成就和基本经验》，载中共中央宣传部理论局编《纪念党的十一届三中全会二十周年理论研讨会文集》，学习出版社 1999 年版。

参股、其他经济成分参与资本组合的联合所有制、共同所有制、混合所有制或股份制；国家授权的集团或企业所有，将实际上的资产所有权转移给国家控股的由若干国有企业或非国有企业组成的企业集团，在规定相应的责任和义务的前提下，可对一部分企业集团充分授权。社团、社区、基金和各种中介组织等新的公有制主体和公有制形式涌现。

三　紧迫的机遇挑战中国道路的应对

经济发展的本质是技术创新、产业升级、生产率提高。从 19 世纪中叶到现在，发达国家人均收入水平年均增长 3%，由于发展中国家具有后发优势，如果善于利用，经济增长速度可以达到 8%—10%。中国在改革开放以来 30 年中，经济增长平均实现 9% 的增长速度，正是调动各方面积极因素，利用了后发优势。

当前世界经济正处在以高新技术为动力，促使整个国际分工体系加速再调整的动态过程中。未来经济竞争是高新技术产业的竞争。在我国经济成长的历史中，就经济成长本身来看，制度安排、产业结构发展战略、资本、劳动，以及科技进步等经济增长与发展的多种要素都对经济增长与发展有作用。在经济发展的不同背景、经济成长的不同阶段，各种因素的作用程度和影响大小有所不同。在新的形势下，科技进步的作用将更加凸显。

我国已成为世界第二大经济体，但人均 GDP 在世界的排位仅为 89 位[1]；我国已成为世界制造业大国，但据全国机械行业协会的报告显示，80% 的核心制造技术不在我们自己手上；我们引进了无数条生产线，但制造生产线的技术专利多在国外；我们是世界汽车消费第一大国，但汽车市场几乎是外国车的天下；我们是众多世界名牌的生产国，但大部分为贴牌生产；我们是能源消耗的大国，却是节能技术小国；我们的农产品极大丰富，但分散、落后、技术含量低依旧是农业的现状；我国芯片产业每年进口消耗 2000 多亿美元，数量超过石油。[2]

情况表明，中国经济发展阶段和世界竞争形势发展的双重因素决定我国经济已经进入要素创新阶段。知识经济和信息化应成为新型工业化的重要内

---

① 《第一财经日报》2014 年 4 月 8 日。
② 《我国芯片市场被发达国家垄断》，《经济参考报》2014 年 6 月 9 日。

容。由经济大国到经济强国，这是当前中国经济发展的重大命题。

马克思把经济增长分为外延式和内涵式，即常说的粗放型和集约型。在经济发展初始阶段，搞外延式增长符合比较优势，尽管很大程度是"拿资源换增长"。而当经济发展到一定阶段以后，继续外延之路就面临着资源约束和环境约束。其对经济发展的束缚作用越来越大。需要从注重生产要素的投入到注重生产技术的进步，从注重物质资本的数量到注重人力资本的质量，从而在整体意义上整合和提高全要素生产率。

在产业布局方面，各区域的政策差异趋于缩小，区域之间公平竞争的格局逐步形成。新型工业化将在全国各省、区、市同时展开。各地将依托本地的资源、人才、技术等方面的比较优势，培育自身的区域核心竞争力，区域专业化和产业聚集现象将越来越多。政府要促进各地政策环境的公平化，对落后地区的工业化通过转移支付等办法进行扶持，同时要允许落后地区的人口和产业依据市场规则向先进地区转移。

在产业结构方面，要发展资源节约型和劳动密集型产业。

目前，中国经济面临三大严峻挑战：劳动密集型制造业衰落、投资高增长难以维系、工业企业利润的可持续性堪忧。在全球产业价值链散布之际，保护国内高质量生产活动并为民族企业预留充足的投资机会重要性凸显。据报道，中国28个主要行业中，外国直接投资占多数资产控制权的已经达到21个，每个已经开放产业的前五名几乎都由外资控制。要接受拉美的经验教训：外国直接投资先控制国家的资源和公用事业，后又控制主要制造业部门，之后夺走或建立要塞部门控制其他部门。

国家创新体系在保护和创造这种高质量生产活动中发挥着关键性作用。只有通过各种政策措施把高质量生产活动牢牢掌握在自己手中，才能通过资本、劳动和政府之间"共谋式"地分配其生产率增益，实现经济崛起和社会和谐的双重目标。历史经验表明，以内需为核心的内向型发展战略更适合于发展中大国。中国道路是依靠新型发展方式的道路，不仅要经济体制与发展方式并重，而且要实现生产方式与发展方式互补。

按照新型工业化的思路，2013年我国经济正发生质变：1. 经济结构的良性变化；2. 劳动生产率与资源、能源利用效率稳步提高；3. 成为全球货物贸易第一大国。只有通过继续探索中国道路、全面深化改革开放，不断释放改革红利、开放红利和人才红利，我经济才能跨越陷阱和高墙，全面建成小康。

四　错综复杂的内外矛盾决定中国道路
要在探索中坚持和发展

"中国特色社会主义"从提出就与"走自己的道路"联系在一起。改革开放道路既突破了曾经对我国产生重大影响的苏联模式，又有别于西方发达资本主义国家的发展模式，彰显了不照搬他国模式而探索走自己道路的决心和信心。当前，中国正在从一个区域性的大国，向全球大国迈进，需要细致全面的规划。

20 世纪 80 年代末 90 年代初，第一个社会主义国家苏联解体，对中国坚持社会主义道路质疑的声音甚嚣尘上。中国反对别人将其模式强加给我们。20 世纪 90 年代初，中国开始由社会主义计划经济体制向社会主义市场经济体制转型。这一转型分为宏观和微观两个层面。宏观转型包括了财税、金融、投资、计划、外贸五方面改革。微观转型主要内容为通过产权改革，建立公有经济为主导、多种经济成分并存的现代企业制度，包括国有企业改革和国有经济的战略性调整；并继续实施相关"三农"的改革和整顿市场经济秩序等。经济体制转型既是渐进的，又是多元的、多种措施并举的。从 1992 年正式提出向社会主义市场经济体制转型，到 2001 年中国正式加入世界贸易组织，中国的变化举世瞩目。

21 世纪全球化加速时我国强调发展模式多样化，走适合自己的道路。2005 年在第七届 20 国集团财长和央行行长会议上，胡锦涛阐述："保持各国发展模式的多样性，推动各种发展模式之间的优势互补，对世界经济充满活力地向前发展十分重要。"①

21 世纪第一个 10 年过去后，世情、国情、党情发生深刻变化，面临的发展机遇和风险挑战前所未有，我国提出了于 2020 年实现全面建成小康社会的宏伟目标，进入了加快完善社会主义市场经济体制和加快转变经济发展方式的新阶段。十八大报告强调，在改革开放 30 多年一以贯之的接力探索中，我们坚定不移地高举中国特色社会主义伟大旗帜，既不走封闭僵化的老路，也不走改旗易帜的邪路。

---

① 《第七届二十国集团财长和央行行长会议在京开幕，胡锦涛出席开幕式并发表重要讲话》，《人民日报》2005 年 10 月 16 日。

目前中国经济总量虽大，但除以 13 亿多人口，人均国内生产总值还排在世界第 80 位以后。中国城乡低保人口有 7400 多万，每年城镇新增劳动力有 1000 多万，上亿农村劳动力需要转移就业和落户城镇。让 13 亿多人都过上好日子，还需要付出长期的艰苦努力。

进一步深化改革，必须更加注重改革的系统性、整体性、协同性，统筹推进重要领域和关键环节改革。① 要使市场在资源配置中起决定性作用，又要更好发挥政府作用，健全宏观调控体系；要搞国有企业管理的改革创新，增强国有经济活力，又要坚持公有制主体地位，在产权保护上坚持两个不可侵犯；要接纳外资、利用外资，又不能被外资控制；保障公平竞争反对垄断，又不能限制国有经济的发展；要发挥民营经济的活力，坚持权利平等、规则平等，又要保障人民共同利益，缩小贫富差距。② 情况表明，错综复杂的关系要求科学理性地坚持社会主义道路。

党的十八届三中全会通过的《中共中央关于全面深化改革若干重大问题的决定》指出："公有制为主体、多种所有制经济共同发展的基本经济制度，是中国特色社会主义制度的重要支柱，也是社会主义市场经济体制的根基。"③ 以生产资料所有制的经营性资产价值量衡量，截至 2012 年，中国三次产业经营性总资产约为 487.53 万亿元，其中公有制经济的资产规模是 258.39 万亿元，占 53%；第二、三产业非公有制经济占增加值和就业规模的比重分别为 67.59% 和 75.20%。公有制资产占主体，非公有制经济增长与就业比重占优。④ 中国社会主义基本经济制度有活力，是我国坚持社会主义经济道路的依据与保障。中国有庞大的人口基数，在校学生 2 亿多人，每

① 习近平：《在广东考察工作时的讲话》2012 年 12 月 7 日至 11 日。载中共中央文献研究室编：《习近平关于全面深化改革论述摘编》，中央文献出版社 2014 年版，第 30 页。

② 刘国光关于让市场在资源配置中起主要作用、同时由政府的政策和计划弥补市场缺陷的观点，关于整顿经济秩序、治理通货膨胀、有选择地深化改革、稳中求进的观点，关于经济增长要由粗放型向集约型转变的观点，关于不坚持社会主义方向的改革是死路一条的观点，关于就分配谈分配不能从根本上扭转贫富差距扩大的观点，关于西方经济学从整体上不适合中国的观点，关于马克思主义经济学应在经济学教学中占主体、在经济研究上起指导作用、在政策制定时作导向的观点，关于正直的经济学人应有学者的良心、维护人民利益、关注弱势群体的观点等（刘国光：《九十感恩》，2013 年 11 月 26 日在中国经济规律研究会等单位主办的"庆贺刘国光九十华诞暨完善社会主义市场经济体制研讨会"上的发言）。

③ 《中共中央关于全面深化改革若干重大问题的决定》，人民出版社 2013 年版，第 7—8 页。

④ 裴长洪：《中国公有制主体地位的量化估算及其发展趋势》，《中国社会科学》2014 年第 1 期。

年新增就业人口千万左右。农村稳，则社会大局稳。农村稳定的根源，在于农地未私有化。这是硬性的土地生存资源保护。

中国特色的社会主义市场经济体制，就是把劳动群体当作出发点，通过市场配置资源与宏观调控，使资本为劳动创造条件和机会，劳动为资本增值提供可能；有意识地鼓励公私资本为民众多创造就业机会，有意识地增加劳动群体的报酬，有意识地让更多民众能够加入到消费市场中，有意识地为民众拥有更多的财富创造政治、法律和社会的条件。从出发点和落脚点上都代表大多数人的利益。

邓颖超妇女解放思想的社会实践基础

畅引婷 杨 霞

（山西师大学报编辑部）

出生在 20 世纪初期的邓颖超作为"一代伟大的女性"，马克思主义对她来讲就不只是一种理想和信念，而是一种伟大的社会实践。在中国革命的百年历程中，她既是中国新民主主义革命和社会主义建设的领导者，同时也是马克思主义妇女解放理论在中国本土的实践者和积极推动者。回顾当代中国妇女解放所走过的路程，邓颖超是绕不过去的一个历史人物，她参加民族民主革命和社会主义建设的历史事实本身，已经证明了妇女在社会历史发展中的巨大能量和作用，同时也折射出 20 世纪中国妇女在因循与超越中前行的路线和轨迹。因此，回溯历史，重述历史，就不单单是重复过往，而是立足当下，面向未来，为当今中国的妇女解放寻找厚重的历史资源。本文试图用汤尼·白露的"过去未来时"作为分析框架，通过探讨邓颖超妇女解放思想的社会实践基础，以期为今天的中国妇女解放提供历史的启迪和借鉴。

一 "过去未来时"的理论含义

所谓"过去未来时"，是美国女性主义史学家汤尼·白露在《中国女性主义思想史中的妇女问题》一书中提出的一个分析范畴，她认为，"历史不是自然延续而是历代日积月累起来的。过去的记录保存了下来，供后续的世世代代去研读或不研读、焚烧或抹煞、无视其存在或对其细细梳理，以便认真地从中寻找带向未来的迹象。记忆被抹掉了，创伤戳进了无意识的深处，在那里每一个承续的后代都定位在新的位置上，对照多半已被忘却了的历史背景，重新思考其关注的问题。进步的历史就是这样被回溯性地书写了下来。"① 这里的"书写"我认为至少有两层含义，一是作者用"笔"书写的文本历史，即历史学家利用各种文献档案资料和其他历史材料，对过往无数与论述"主题"相关的历史事实重新进行捡拾和安放，进而说明在过去的岁月里曾经发生了什么？当事人是怎么想的、又是怎么做的？做了之后产生了怎样的实际效果？经验或教训给后来人的"继续做"留下了怎样的启示？对史学家来说，更多时候是以文字为载体，以叙述为手段，以出版为目的对过往的事实进行呈现和传播。但无论如何都不能否认，"书写"在当代中国女性主义研究中已成了"一个重要的实践"，因为，"一切的解放都必须从自我解放开始，书写是自我解放的一种实践"。当我们书写女性生命故事的时候，就会不断地与自我对话，从而使我们越来越看到/看清自己。② 二是读者用"思想"和"行动"书写的社会历史，即读者在阅读（文本历史）的过程中，书本里的人和事对自己日后的思想和行为所产生的直接或间接的影响。这种"书写"与历史学家（包括女性主义史学家）经过加工而建构或生成的"文本历史"完全不同，它的落脚点是当代人在（文本）历史启迪下"想"和"做"的具体行为，以及由此而产生的实际社会效果，或者说对社会发展所具有的实际作用和影响。这种行为所建构起来的是"未来的历史"，不管它是否被自己和他人用文字得以记录，或者以文本得以呈现，它都实实在在地存在着。这种人类大历史的书写要告诉历史研究者的是，当我们拿起手中的笔书写文本历史的时候，需要为未来人类文明史的书写添砖加瓦。

白露在具体阐述的过程中，将"过去未来时"和"现在/一般过去时"进行了比较，认为，采用"现在/一般过去时"进行历史著述，会经常将某一特定的主体——如妇女——作为一个具有共同本质的统一体，把研究者的主张"建立在妇女真实的基础上"，跨越时间、地点、生产方式、社会生产关系、认知谱系、意识形态环境等，对"妇女是什么"进行抽象的定义，然后在经过挑选的（一般都是支持自己立论的）证据基础上重申自己的某一主张。这样，就在过去的人们那里展示和体现了他们自己的现在③。同时，历

---

① 汤尼·白露：《中国女性主义思想史中的妇女问题》，沈齐齐译、李小江审校，世纪出版集团上海人民出版社 2012 年版，第 1 页。

② 杨静：《政治理想与现实冲突——女领导干部生命故事研究》，中国社会科学出版社 2012 年版，序二。

③ 汤尼·白露：《中国女性主义思想史中的妇女问题》，沈齐齐译、李小江审校，世纪出版集团上海人民出版社 2012 年版，第 21 页。

史书写者还试图走进历史，理解历史中的人和事，并由此来进一步定义妇女具体"是什么"。汤尼·白露的"过去未来时"，其实并不关心妇女以前一直应该是什么，以及已知妇女实际上是什么（例如，人类繁衍的主体），也不关心一旦父权制被废除，作为整体的妇女将会是什么的思考，而是"要把注意力从理想的典范或有代表性的妇女本身转移到书写和思考上，这些书写和思考的重点是译解妇女及其被建议的未来角色。它不太看重普遍主张的内容而更多看重提出主张的政治"①，即文本历史的书写者是在怎样的立场和视角下选择材料和结构文本的。并认为，那些具有"发明创造的行动"，以及"思想注入到政治事件中并确实完全地构成了一个事件的方式"更应受到关注。② 在"过去的未来"的框架内言说妇女的历史其特别的意义在于："'对**妇女将是什么'的强调，实际上动摇了文献证据中对妇女的所指**（黑体为原著所加——笔者注）。它置换了我们看妇女的方式，从看其现状转换到看其潜力。在一个特定的过去中重新开辟未来，会导致史学家动摇其做出——有关过去、现在和未来——的设想，流入到无穷无尽的变迁中。"③ 进而，使过去认为不可能的东西变成可能。就其目的而言，就是"从现在向未来输送信息。思考和书写的过程，可能或不可能深刻地改变已知的环境，但它们总是成为现实世界的组成部分。历史叙述中的过去未来时鼓励这种压抑不住的思考力量"。④ 这种明确地针对人们"现在的未来"而做出的研究，以及由研究而指导的行动，"过去的未来"就会日渐清晰起来。⑤

　　按照我个人的理解，汤尼·白露的"过去未来时"主要是对历史研究者而言的，其核心要义在于：一是从对历史事实本身的清理转移到对当下和未来持续被关注的一些历史问题的思考上来；二是将思考的结果即新的文本建构投射到对现在和未来环境所具有的真实影响上面；三是从对具体历史事实的关注转移到对历史学家书写历史本身（即选取史料或所思考问题）的关注，因为历史学家本身也是历史的一种存在；四是强调由研究重心转化而生成的社会变革力量，以及这种力量所产生的辐射效应——无论结果是正向的

---

　　① 汤尼·白露：《中国女性主义思想史中的妇女问题》，沈齐齐译、李小江审校，世纪出版集团上海人民出版社 2012 年版，第 22 页。

　　② 同上。

　　③ 同上书，第 23 页。

　　④ 同上。

　　⑤ 同上书，第 25 页。

还是反向的，它都无可辩驳地成了未来历史的重要组成部分。

在"过去的未来"框架内探讨邓颖超，我所侧重的是：其一，生活在20世纪的邓颖超和身处21世纪初期的"我们"都"持续关注"了哪些与妇女有关的议题？其二，这些持续被关注的问题（如妇女与阶级的关系、妇女与国家的关系、妇女与人的关系等）对现在和未来的环境生成具有怎样的影响和作用？其三，这样做并不是说实证历史不重要，也不是用"断章取义"的历史事实为现实变革做注脚，更不是在"以论带史"中随意附会，借用本雅明的话说，研究历史就是"把一个特定的人的生活事迹从一个时代中爆破出来，把一件特定的事情从他的整个生平事迹中爆破出来"①。按照我的理解，就是将原来静止的文本历史激活，是其回到现实中来与今人对话。由此观之，我们今天研究或纪念邓颖超，就是试图立足当下，通过对一些被"持续关注"的问题的深入思考，推动人类历史朝着更加文明健康的方向发展，哪怕我们（这一代人）仅仅是铺路的一粒石子。

二　邓颖超妇女解放思想的社会实践基础

邓颖超的妇女解放思想是非常丰富的，对此我们可以从《蔡畅、邓颖超、康克清妇女解放问题文选（1938—1987）》②中明显看出。但将思想或理想付诸行动是需要条件和基础的，具体来讲就是在错综复杂的事实或事物之间寻求张力，在多种矛盾的交叉点上寻找契合，以最大限度地实现行动主体的利益诉求。且看邓颖超在妇女解放以及自身解放的进程中是如何处理各种矛盾关系的。

（一）将妇女解放与党的事业融为一体

不论在民族民主革命时期，还是在社会主义建设阶段，不论是对党的妇女运动文件的起草，还是对妇女解放实践的领导，邓颖超的难能可贵之处就在于，她始终将妇女解放与自己为之奋斗的共产主义理想有机地融合在了一起。她坚定地认为，妇女解放是党的事业的重要组成部分，妇女群众的力量

---

①　汤尼·白露：《中国女性主义思想史中的妇女问题》，沈齐齐译、李小江审校，世纪出版集团上海人民出版社2012年版，第43页。

②　中华全国妇女联合会编：《蔡畅、邓颖超、康克清妇女解放问题文选（1938—1987）》，人民出版社1983年版。

是党的力量的重要源泉；从实践层面讲，中国革命要为妇女解放创造条件，妇女解放要为中国革命和建设事业贡献力量，二者永远是相辅相成的。但是，集无产阶级革命家和妇女运动领导者双重身份于一体的邓颖超深知，妇女解放要取得实质性的进展，重要的是落实，最难的也是落实。为此，她竭力将妇女解放实践向党的最高权力机关推进。

1952 年底，新中国建立伊始，邓颖超就以全国妇联的名义接连给党中央和毛泽东送了好几份报告，如《关于城市妇女工作中的一些问题》、《工业生产中女工方面的问题》、《当前妇女参加农业生产的情况与必须解决的问题》、《关于全国妇女儿童福利工作的报告》、《关于健全妇委组织、妇委人选及加强党委对妇委领导向中央的建议》等。尤其是在《建议》中，她建议各级党委必须改进对妇女工作的领导，在各项工作中都应把妇女包括进去。关于妇女工作的重要决定和全年工作计划与总结，应在党委会议上讨论并通报有关部门协同执行。妇委书记或妇联党组书记凡能胜任党委委员的，应作为党委委员，不能任党委委员，也应列席党委会议，以使她们了解工作全局。针对邓颖超健全各级妇委的建议，毛泽东在中南海接见了蔡畅、邓颖超、章蕴、康克清、刘亚雄、罗琼、曾宪植等妇联干部，其间的一些谈话内容至今耐人寻味。毛泽东说："你们老是抱怨党委不重视妇女工作，却没有想到你们自己不注意工作方法。你们是党的助手，完全有权有责。提出问题，用党的名义发指示，来督促检查工作。"[1] 同时，毛泽东还针对邓颖超提出的"跟党委说不上话，有时连见面也难"的问题郑重说道："说不上话就不说了吗？人家不注意妇女工作，你们就要多送材料。一送二催三批评，说他官僚主义！人家不见你们，你们可以在办公室门外等嘛，等得他非见你们不可。"[2] 站在今天的角度观照毛泽东和妇女运动领导人的谈话内容，以及毛泽东对妇女运动的态度，我们可以从多个不同的方面去解读：一是妇女运动和妇女解放的深入，要靠党的各级权力机关的大力支持，包括党和国家的最高领导人，力求事半功倍；二是争取支持不是轻而易举的，诸如和上级领导"见面"都是件耗时费力的事情，更不要说具体执行；三是妇女工作要创造性地去做，明确自己的职责和权限，不必凡事都请示和汇报，充分发挥党的助手作用，真正将自己置于"主体"或"主人"的位置；四是改变男性领

---

① 金凤：《邓颖超传》（下），人民出版社 1993 年版，第 490 页。
② 同上书，第 491 页。

导对妇女及其运动"无意忽视"或"有意轻视"的态度，需要妇女们持之以恒的行动和努力。这些"经验"对我们今天的妇女运动来讲依然是十分重要的。

也许正是因为妇女工作所面临的艰难处境，邓颖超经常对妇女干部强调道，凡属于领导机关在考虑、拟定、决定工作计划、起草重要报告、发表重要文件时，都要提醒他们加强妇女工作。做妇女工作的同志要眼快、手快，不要一看见人家的决议上没有妇女工作，就在那里发火，发脾气，要积极建议，善于争取，尽量争取。这是她从事妇女工作的经验总结，也是妇女运动落在实处的前提和基础。她清楚地知道，我们的建议有时候会被采纳，有时候会被拒绝，因此，给上级部门提意见和建议，"不要单纯从主观热情出发，要从效果出发提建议，宁可慢一点提出，不要冒冒失失、毛毛草草提一些不切实际的建议。还要掌握一定的时机。经过一段时间的酝酿，估计人家可能接受时，时机就成熟了。建议还必须有步骤的去做，逐步促进。"① 具体来讲，她要求妇女工作者要将静态研究（在办公室看材料、看文件、研究政策）和动态研究（到农村、到工厂、到贫民中、到儿童保育机关、到家属中）紧密结合，真正提出切实可行的意见和建议，争取被"人家"采纳。

这里，我们不能忽视邓颖超在对妇女干部的谈话或讲话中经常会用到的两个词——"他们"和"人家"，其中隐含着的意思非常复杂。也就是说妇女解放的实现在一定的历史条件下或很大程度上还有赖于"他们"和"人家"的支持，面对强大的父权文化和传统，当"我们"或"自己"的力量还不能完全解放自身的时候，一定要有足够的耐心等待时机，绝对不能与"他们"闹对立。直到1991年，在全国妇联主席陈慕华和其他几位副主席三八节去看望她时还不时强调，妇女要解放，不能跟男子搞男女对立，要把妇女运动放到整个社会解放运动中去，和党的中心工作结合起来。这是她一生的所坚持的，也是从事妇女工作多年来的经验总结。

（二）将妇女解放与人格独立融为一体

妇女占人口的半数，她们既是"类人"的重要组成部分，也是一个个鲜活的生命"个体"。就其社会身份而言，她们与男性一样，不仅隶属于一定的国家、民族和阶级，而且还要担当与其身份相适应的各种社会责任——尤

---

① 金凤：《邓颖超传》（上），人民出版社1993年版，第415页。

其是近代民族民主革命以来；而就其家庭身份而言，她们又与男性不一样，妻子、母亲、女儿、媳妇、姊妹、姑嫂等称谓赋予女性的是各种家庭角色的分配。而一个人所具有的多重身份，以及由此而扮演的多重角色，在纷繁复杂的现实生活中并不是泾渭分明的，更多时候是矛盾地交织在一起的。甚至面对同一事实，不同的责任需要用不同的身份来担当或不同的角色来扮演，许多人的纠结和烦恼就是无法适应一定时期甚至瞬间在各种身份和角色之间来回转换或跨越。邓颖超的"过人"之处就是不论在家庭里还是工作中，都能恰切地根据自己的身份确定自己的位置，扮演好一定的角色，并将其"分寸"把握得十分得当。

首先，将作为志同道合终身伴侣的妻子身份与国家领导人的"夫人"身份严格区分开来。众所周知，在家庭生活中，邓颖超和周恩来之间所坚持的"互爱、互敬、互勉、互慰、互让、互谅、互学、互助"的"八互"原则，不仅是他们幸福生活的秘诀和法宝，而且成了延安时期许多青年人效仿的榜样。但作为国家领导人周恩来的"夫人"，她与许多知识女性一样，对"他者"的身份有着高度的警觉。她一向反对人们称呼她"周太太"和"周夫人"，有时甚至觉得"刺耳"。推而广之，她也坚决反对将老一代故去的革命家的妻子叫作"遗孀"。如1987年10月，她在出席政协妇女组中秋茶话会时，面对一些和自己一样已经失去老伴的女政协委员说："我反对给我们戴上'遗孀'的帽子。这是封建思想的残余，好像我们没有独立的人格。……现在我们都有自己的人格，有能力，有才华，我们要把这个称呼自觉地去掉。外国记者常常称我为'周恩来的遗孀邓颖超'。……周恩来同志已经去世了，我就是我，我有我的工作。那些夫人去世的男同志，为什么不叫'遗夫'呢？我想称'家属'比称'遗孀'要好得多。女同志是男同志的'家属'，男同志同样也是女同志的'家属'，这样称呼体现了男女平等。"①

但是，邓颖超并不是无原则地一味反对"夫人"身份，针对中国刚刚解放的具体实际，她还创造了一条具有中国特色的"夫人工作"路线。如20世纪50年代的一些女同志，革命性很强，一听说要她们出国当大使夫人，就想不通，说自己参加革命多年，怎能当"夫人"，有的甚至还闹离婚。对此，周恩来委托邓颖超做"夫人"工作。在邓颖超看来，夫人工作是外交战

① 金凤：《邓颖超传》（下），人民出版社1993年版，第956页。

线上的一项特殊任务，是革命工作的一部分，在某些形式上或工作活动中，夫人要服从她的丈夫。但她本身还是有自己的独立性的。她认为，新中国的夫人工作应当放在一个恰当的位置，既不应过分突出，也不应贬低或轻视它，要创立社会主义国家夫人工作的新风格。作为一名共产党员，不能把事业心和夫人工作完全对立起来，要充分考虑二者之间契合的现实性和可能性。她还转达周恩来的意见，新中国的大使夫人和苏联不一样，不是不分配工作，也不是只当"家属"，在国外可以和驻在国的官员夫人，以及其他国家的大使夫人广交朋友，配合大使做许多有意义的工作。实践证明，这些大使"夫人"在使馆并不是传统意义上的"花瓶"或"陪衬"，她们都有自己的工作，如有的做机关党的工作，有的做行政工作，有的后来还当了二秘或参赞，甚至开使节会议也要吸收夫人参加，她们有权力看必要的文件。①

针对多种身份的矛盾和冲突，邓颖超还现身说法，如她既负责妇联的工作，同时又是周总理和周外长的夫人，她认为两方面完全可以兼容并存。她谈到，抗战时期在重庆，一些人称她"周太太"，建国后一些来访外宾叫她"周恩来夫人"，起初很不习惯，后来慢慢习惯了，也接受了这个称呼，因为这是一种"客观存在"。她强调，始终"保持革命的思想和作风"才是最最重要的，"不要斤斤计较这个名称"。② 用今天的观点看，人们"在乎"的其实并不是称呼本身，而是这种称呼在以往所赋予女人的"依赖性"内涵，以及被界定的"他者"身份。而由"在乎"变为"不在乎"的过程，实际上就是女人们的自我觉醒以及变革社会的过程，"在乎"意味着她们对"依赖性"和"他者"身份的高度警惕和自觉抵制，"不在乎"表明她们的内心已经足够强大，并用自己的实际行动已经改变了或正在改变着传统意义上的"夫人"含义。其实叫什么名称有时候并不重要，重要的是名称背后的实质内涵。③

其次，将作为妇女运动领导人的邓颖超和作为国家总理夫人的邓颖超严格区分开来。新中国成立后，邓颖超既是政务院总理兼外交部长周恩来的夫人，但她首先是中华人民共和国民主妇女联合会副主席。邓颖超对各种身份之间的界限是有深入思考的，所以她和周恩来商量并达成默契：在外交上，

---

① 金凤：《邓颖超传》（下），人民出版社1993年版，第583—589页。
② 同上书，第586页。
③ 白露用"词语误用"这一概念对"妇女"这一词语在不同历史时期所具有的不同内涵进行了细致的解释，对我们理解"夫人"内涵的变化有一定的启迪意义，参见白露《中国女性主义思想史中的妇女问题》第二章。

不论她作为周恩来的夫人，还是周恩来作为她的丈夫，对国家的责任以及国家给予他们的权力是有区别的。中国的大使出国，须经人大常委会批准任命，并没有给夫人任命，因此，夫人和丈夫应有区别。她对周恩来说，"凡是代表国家进行重要的国务活动和外交活动，只能以你周恩来的名义，不能加上我邓颖超。加上我的名字不符合我们国家的社会制度和政治生活，不符合我们女同志的独立性，共产党员的独立性。"①

不仅如此，邓颖超在1954年12月29日写给外交部礼宾司交际处的信中还专门就如何处理她的身份一事做了特别说明，她说："对于有关国际外交上的活动，我一贯是根据原则，按照具体情况，分别交有关方面议处和办理。即在国际外交活动方面，凡涉及我在妇联职务身份时，我都是叫妇联有关部门办理，从未烦请外交部。同样凡涉及周外长老婆的身份时，我都是请外交部有关部门办理，也从未交妇联处理。……上述原则，不仅过去，今后也将照此办理。"②

但是，邓颖超并没有因此而否认在外事活动中她作为周恩来夫人的身份，许多外事活动中，邓颖超常以妻子的身份配合总理做了许多外交工作；同时，一些重要的外国妇女代表团或妇女界知名人士来访，周恩来也接见她们（以丈夫的身份而不是总理的身份），支持邓颖超和全国妇联的工作。尼克松在《领导人》一书中这样评价邓颖超："我在1972年和1976年周去世后不久见过她。她颇有我在周身上看到的那种魅力和老练。除了她和周的关系外，她过去和现在都是一个在党内有她自己的地位的忠诚的共产党人。她没有因其共产主义意识形态而失去她女性的特点。"③ 这种评价是十分公允的。难怪周恩来生前对她如此评价道："小超是这样热情，又是这样理智，两者又结合得这么好，简直是奇迹！"④

（三）将妇女解放与制度建设融为一体

妇女解放在其实践层面，不只是个体妇女的解放，也不仅仅是已经觉悟了的知识女性的解放，而是广大劳动妇女的解放。如果说个体妇女的解放很

---

① 金凤：《邓颖超传》（下），人民出版社1993年版，第582—583页。
② 同上书，第584页。
③ 转引自金凤《邓颖超传》（下），人民出版社1993年版，第692、693页。
④ 金瑞英：《战友情深——周恩来与邓颖超同志的共同生活片断》，载金瑞英主编《邓颖超——一代伟大女性》，山西人民出版社1989年版，第51页。

大程度上有赖于妇女自身的觉醒，那么妇女大众的解放，尤其是劳动妇女的解放则有赖于社会制度的变革；如果说妇女个体的觉醒所解放的是一个人、一群人（往往以知识女性为代表），那么通过制度建设而得到解放的则是一代人、几代人，甚至会造福于子孙万代；同时，受惠的也不仅仅是女人，还有与女人相依相伴的男人。邓颖超深知这一点，但在具体实践中遇到立场问题时她却从不含糊。

其一，在性别之间，当女性利益和男性利益发生冲突的情况下，她坚定不移地站在女性一边。

作为中国妇女运动的杰出领导者，邓颖超对来自不同方面的性别不平等或无意中流露出来的性别歧视非常敏感，并积极通过各种不同的方式促进其改进。如解放战争时期，针对机构精简中妇女被裁减一些同志提出的"合理负担"问题，她敏锐地指出，虽然"用意是好的，但把女干部当作'合理负担'的提法有问题。这样说，女干部岂不是变成了'负担'，要大家'合理均摊'？"① 她不仅在思想上消除（男性）领导干部对妇女的偏见，而且通过各种渠道为妇女干部的发展创造条件，1946 年 1 月，她作为唯一的女代表在重庆出席政治协商会议三次会议讨论军事调查团人选时，就"希望调查团应有妇女参加"。经过她的争取，李德全有幸进入。后来李德全兴奋地说："邓先生，谢谢你为我们妇女争取到一个参加军事调查团的机会。"②

尤其值得一提的是，1950 年的一天，当她得知国务院的文化、教育、外交部门将向苏联和东欧派遣的第一批 50 名留学生中竟然没有一名女学生时，她立即派人和这三个机关联系，回答是"名额已定，不能增加"。邓颖超为此亲自出面争取，并强调说，到了苏联和东欧这些国家，"人家会问新民主主义的中国怎么不派一个女学生出国学习，男女平等表现在哪里呢？"接下来，她不是给教育部写信就是给文委打电话，结果却回答说："邓大姐你提的意见好是好，只是快要出发了，实在没有办法了。"只要不到最后，邓颖超绝不会放弃，她通过北京市妇联很快在北京找了 5 名完全符合出国留学条件的女学生，在出发前两天办理好各种手续随团出国了。③ 再如，1984 年，她到深圳、珠海等经济特区参观，当她看到深圳市委 30 多名领导干部齐刷

---

① 金凤：《邓颖超传》（上），人民出版社 1993 年版，第 398 页。
② 同上书，第 359 页。
③ 金凤：《邓颖超传》（下），人民出版社 1993 年版，第 456 页。

刷全是男同志时便忍不住说："你们五套班子中竟没有一个女同志呀！希望改变这种状况。"1985 年当她再来时领导班子里依然没有女同志，她对此感叹道："不光你们这里，全国都一样，选拔女同志真难呀！"同时强调，"我不是要求你们特殊照顾女干部，不能滥竽充数"。言外之意，是要有培养提拔女干部的意识。在她看来，"女同志是行的，各方面不比男同志差。"① 面对党内严重存在的不重视妇女干部选拔和任用的情况，邓颖超做了许多细致的工作。

其二，在妇女内部，当知识女性利益与劳动妇女利益发生冲突的情况下，她坚定不移地站在了劳动妇女一边。

如果说在"男女平权"的 20 世纪要求女性同男性享有各种平等权利是顺理成章的话，那么在妇女内部要处理好不同阶层妇女之间的利益关系却不是每个人都能恰切把握其原则的。尤其是在国家制度层面，一项制度或政策的出台在不能（也不可能）完全保证所有女性都能受益的情况下，究竟替哪部分或哪个阶层的女性说话，的确会受到一定立场和观点的制约。比如，1950 年的《中华人民共和国婚姻法》作为新中国颁布实施的第一个法律，"婚姻自由"是其中的核心内容之一，对"结婚自由"人们一般不会有太大的分歧，而对"离婚自由"是否要附加条件却存在着激烈的争论。在讨论过程中，大多数人认为，如果不附加条件，一方坚持要离就可以离婚的话，便会给那些喜新厌旧、随意抛弃妻子的当代陈世美大开方便之门，因此坚决反对。邓颖超坚持"不附加任何条件的离婚自由"原则，即一方坚持要离就可离。其原因是，"中国长期停滞在封建社会，最受压迫的是妇女，婚姻问题上妇女所受的痛苦最深。早婚、老少婚、买卖婚姻、包办婚姻是普遍现象，妇女不允许离婚，所以，一方坚持要离就让离，主要是根据广大妇女的利益提出。如加上很多条件，恰恰给有封建思想的干部一个控制和限制离婚自由的藉口。过去没有这一条，发生很多悲剧。"② 针对一些妇女干部的认识她还进一步分析道，干部队伍的几百万在几亿人口中只占很小的比例，有意抛弃妻子的男干部就更少了。几亿农村和城市妇女群众中的大多数则饱受封建婚姻的束缚。如果为了保护可能遭受丈夫离弃的极少数女干部，在婚姻条例上附加条款，实际上就等于堵塞了广大农村和城市妇女群众真正实现婚姻自由

① 金凤：《邓颖超传》（下），人民出版社 1993 年版，第 866、867 页。

② 同上书，第 457 页。

的道路。邓颖超反复强调，中央妇委考虑婚姻条例的每条内容，"必须从最大多数妇女的利益出发，不能从一部分妇女的利益出发，更不能为了限制少数男干部喜新厌旧，而放弃原则，对多数妇女不利。"① 这样的见解是非常深刻的。实践中，尽管在具体实施的最初两三年间由于舆论宣传的突击性和组织缺位等原因，致使广大乡村民众普遍将婚姻法误读为"离婚法"与"妇女法"，并导致了大量的自杀与被杀现象。但这也从一个方面说明，"改变传统婚姻制度，建立现代婚姻制度，实现社会的现代转型，是一个艰难的过程"②。

三 "社会实践基础"被关注的时代价值

我之所以将邓颖超妇女解放思想的"社会实践基础"作为论述的重点，就是试图了解一代思想家和政治家在将思想和理论付诸行动的时候需要具备或已经具备了怎样的社会历史条件？提出这个问题，与近代以来中国妇女研究者"持续关注"的一些问题有关，即怎样将研究成果或思想成果付诸于社会实践？或者说在将理论或思想这些具有战略指导意义的问题付诸实践的过程中需要注意哪些策略性的技术或技巧？进一步思考的是，理论与现实或者现实与理论之间到底有多大的距离？现时代的人（每一个人都处在自己的"现时代"）能做什么或能做到什么程度？历朝历代有关"妇女与国家、妇女与阶级、妇女与男人、妇女与自身"剪不断理还乱的各种矛盾与纠葛到底该怎样处理？从邓颖超那里我们也许能得到一些有益的启迪。

（一）战略性的宏大目标要靠生活的智慧一点一滴去落实

作为一名坚定的共产主义战士，为无产阶级谋利益的崇高理想和为全人类谋幸福的坚定信念是流淌在邓颖超的血脉之中的。把脑袋提在手里"干革命"不是一般人和唱高调的人想做就能做到的。"平民"和"百姓"作为无产阶级的重要组成部分并终生为他/她们的解放而奋斗，在邓颖超看来不只体现在共产党的有关纲领和文件中，每一个在党旗下庄严宣誓的共产党员都

---

① 金凤：《邓颖超传》（下），人民出版社 1993 年版，第 458 页。

② 汤水清：《"离婚法"与"妇女法"：20 世纪 50 年代初期乡村民众对婚姻法的误读》，《复旦学报（社会科学版）》2011 年第 6 期。

有责任和义务努力担当。理论上讲，共产主义为了解放全人类的理想的确很"大"很"远"，但邓颖超的聪明和过人之处就在于她在现实中将抽象的"人类"或"类人"还原到了一个个具体可感的男人、女人，富人、穷人，大人、小孩，领导、平民……之中。如她对妇女工作的对象非常明确，她说，中国二万万五千万妇女，"分为不同的阶级和阶层，青年和老年不同，城市和农村不同，城市中又有女工、女学生、职业妇女和家庭妇女的不同。农村妇女中也有不同阶级。一般来说，农村妇女的经济、文化状况更差。对象不同，她们的要求自然不同，我们的工作方式也必须不同。"① 再如，战争年代针对如何关心下一代的问题她强调："我们应该无条件地爱护每一个孩子。不问孩子的父母出身、社会政治地位、思想信仰怎样，也不论识与不识，更不分男孩或女孩，自己的或别人的，或是私生子，甚至敌人的子女，我们都应该大公无私地'一视同仁'，把他们都看成将来国家社会的一个成员，一个新的主人翁。"② 由此不难看出，邓颖超字典里的"全人类"是实实在在的一批没有话语权的"弱势群体"。

她不仅是一位杰出的妇女运动领导者，而且作为其中"普通的一员"（她经常这样给自己定位）从没有领导的"架子"，并能与民众打成一片。胡杏芬在《李知凡太太》一文中这样描述道："李太太再三和我说，我可以尽量在这双人屋中享受单人屋的权利，什么时候开窗关窗啦，爱拉幔帐不拉，一概让我独裁，她怎么样都可以，我高兴的时候就和她谈谈笑笑，不高兴的时候，尽可以闭我的眼，养我的神；一切事我喜欢怎么样，就怎么样，省得我心里别扭，对于身体发生意外的妨碍。宽宏大量的李太太呀，我那时的感激和喜悦是永远忘不了的！"文章还说，"她待工役们真好，无论吃什么，每次都要抓几个放到工役们的手里去。"③ 无独有偶，1950 年 9 月，在全国妇联第三次执委会扩大会议期间，她发现天津市妇联主任罗云吃饭时不在，当询问得知她赶回去给刚出生的婴儿喂奶时，立即让人在妇女干部学校给小孩和保姆安排了一间房子；当她知道保姆去食堂吃饭孩子无人看管，且还是小脚妇女行走不方便时，便与妇女干部学校校长商量，让会议服务员给

---

① 金凤：《邓颖超传》（上），人民出版社 1993 年版，第 389 页。
② 同上书，第 336 页。
③ 净三：《李知凡太太》，载金瑞英主编《邓颖超——一代伟大的女性》，山西人民出版社 1989 年版，第 110—111 页。

保姆送饭。①

类似的例子俯拾皆是，她的可贵之处正如毛泽东所说，"一个人做一件好事并不难，难的是一辈子做好事不做坏事"。把这句话套用过来，邓颖超为最广大的人民群众（包括妇女大众）谋利益，不是表现在一两件"作秀"的事情上，而是"一辈子"都在身体力行，用实实在在的行动践履着自己为之奋斗的共产主义信念和理想。冰心这样评价道："邓大姐是位心胸最广阔、思想最缜密、感情最细腻的女性，而且她的思想和感情都完全用在她的工作和事业以及她周围人们的身上。她是最理解、最关怀、最同情一切人、是把爱和同情洒遍了人间的一代伟大的女性。"② 李先念在《邓颖超—— 一代伟大的女性》出版前言中也说道："在多年的革命生活道路上，她与周恩来同志相知相爱，把个人的、家庭的幸福，完全彻底地融入了为共产主义奋斗的伟大事业中。"③

（二）不论大事小事，恰切把握其尺度和分寸是事情成败的关键因素

当我们走进历史反观曾经担任中共中央政治局委员、全国人大常委会副委员长、全国政协主席的邓颖超所走过的人生道路时，人们常常用"伟大的无产阶级革命家、政治家、著名社会活动家，坚定的马克思主义者，党和国家的卓越领导人，中国妇女运动的先驱和杰出领导者"来对她进行评价。细细体会不难发现，成就她一生辉煌事业的是她那"果敢"、"坚定"、"适时"、"适度"、"细致"、"得体"的做事风格。"恰到好处"、"恰如其分"、原则的坚定性、策略的灵活性、处事的艺术性、现实的针对性等词汇，不仅经常出现在她的各种报告和讲话/谈话中，而且也是她面对自己多重的政治身份、不同的性别身份和阶级身份，始终坚持的一些基本原则或尺度。尽管许多时候也有矛盾和纠结，但她都能适时适度地协调和处理（从上面第二部分的论述中我们可以深切地感受到）。即便是一些经常被人们忽略的细节，她也能给人们留下非常深刻的印象。如1979年12月，邓颖超在人民大会堂接见了日本作家代表团，清冈卓行回国后写了一篇《邓颖超的握手》的追忆文章，他这样描写道："她微笑着，目光安详。握手时，力量不强不弱，时

---

① 金瑞英主编《邓颖超—— 一代伟大的女性》，山西人民出版社1989年版，第471页。

② 冰心：《一代伟大的女性》，载金瑞英主编《邓颖超—— 一代伟大的女性》，山西人民出版社1989年版，第34页。

③ 金瑞英主编《邓颖超—— 一代伟大的女性》，前言，山西人民出版社1989年版。

间不长不短，很亲切，又恰到好处。她不仅用右手，而且把左手也轻轻地放在我的右手背上。刹那间，我感到她是多么慈祥而又庄重啊！"① 现实中我们常用"过"与"不及"来形容行为处事中分寸把握的失当，也常用"真理往前一步就会变成谬误"来警示学人做学问、下结论需要慎重。邓颖超之所以得人敬仰和敬重，我觉得和她在日常生活中言谈举止的"得体"、"得当"有着非常密切的关系。

（三）在多种矛盾的交叉点上寻求契合，不断提高生活的品质和生命的质量

妇女解放是一项长期而艰巨的任务，不是女人有了觉悟就能彻底解放的，不是有了好的制度妇女就能解放，也不是社会生产力发展了妇女就自然而然地解放了。妇女解放受制的因素很多，大到国家政策的出台，小到夫妻关系的处理。更何况许多因素一直处于一种流动的状态，并纷繁复杂地交织在一起，此消彼长的较量和瞬息万变的不测贯穿在现实生活的方方面面。因此，如果说学者们在学术研究中的"百花齐放、百家争鸣"，可以任凭思绪或思想在想象的空间里自由驰骋的话（例如，学者们对女权/女性主义就有几十种定义，并从不同角度论述事物发展的各种可能性和不可能性），那么现实却是残酷无情的——只有一块不大的蛋糕，到底该怎样分配？分配的原则又是什么？"万全之策"更多时候只是一种美好的期盼，没有一种制度、一项政策能够满足所有人的所有需求，也更没有一种理论或计策能够包治百病。有时候，没有的我们想极力得到，得到了也未必就是我们想要的，生活中的五味杂陈远不像学者笔下条分缕析的那么清晰。困惑、困难、困境，不论对国家还是个人，尽管程度不同，具体问题各异，但天天都会面临，所以，在各种矛盾的交叉点上寻求契合，实现共赢，既是生存的需要，也是生活的智慧，更是生命的真谛。邓颖超的过人之处，就在于她能够在"九九"之间合理探寻"归一"的途径，使各种矛盾和问题适时而有效地得到化解。

总之，在我看来，正是邓颖超的许多"过人"之处成就了她"一代伟大的女性"的美誉——这不是她自封的，也不是她所追求的，而是历史赋予的。她，当之无愧。

---

① 清冈卓行：《邓颖超的握手》，载金瑞英主编《邓颖超——一代伟大的女性》，山西人民出版社1989年版，第176页。

普遍联系思维与环境史研究

张秋升

（天津师范大学历史文化学院）

要进行生态文明建设，打造美丽中国，离不开对生态环境的多方面多学科的研究。而今天的环境状况是往日所塑造，要改变当今不适合可持续发展的环境状况、把握未来环境的演化趋势，必须从历史的维度进行科学的研究。所以，环境史研究在建设美丽中国的过程中，有着别的学科无法替代的作用。环境史这一学科，在中国兴起还不到二十年，尚处于初级发展阶段，怎样建设好这一学科，使之有效地服务于现实的迫切需要？笔者以为，一项重要的工作，就是用马克思主义的理论与方法，指导中国环境史的研究以及这一学科的发展。其中，唯物辩证法的普遍联系思维对当前中国环境史的研究及本学科的健康发展尤具指导价值。

一　环境史的特点与普遍联系思维之必需

一种学术研究所采用的思维方式，是由该学术研究的对象、内容和问题决定的，那么，环境史研究的思维方式也应由其研究的对象、内容和问题来决定。通过研究我们发现，环境史研究具有对象的关联性、内容的广泛性和问题的复杂性等特点，这些特点决定了普遍联系必须作为环境史研究的主导思维方式。

20世纪六七十年代，首先在美国出现了研究人类社会以外的自然环境及其与人类社会关系演变的环境史。在中国，20世纪90年代末期环境史研究才真正起步，2006年，环境史被列为十大学术热点之一，谓之"环境史研究异军突起"，标志着这一新兴的历史学分支在中国的崛起，迄今算来，也只有十几年的发展历程。环境史这门学科将历史研究的对象扩展到了人类社会以外，从自然环境的角度重新解读人类社会的历史。这是历史学自身发展的需要，更是 20 世纪中期西方国家生态环境危机所直接促成。环境史的研究强调人类回归自然、自然进入历史，它以研究人类社会与自然环境的互相联系、彼此因应、协同演进的历史为基本内容。它不单独研究人类社会，也不孤立研究自然环境，而是将二者之间的互动作为研究的对象。因为自然环境进入了历史学家的视野，所以，环境史将历史研究的视野扩大至前所未有的领域，从而也将历史联系的广泛性和复杂性大大延展，突破了人类社会的阈限。

从环境史家对环境史的认知中，我们可以清楚地看出环境史具有怎样的特点。而概念是认知的集中体现，我们有必要梳理中外著名环境史家对环境史概念的界定。最早明确提出"环境史"概念的是美国学者纳什，他认为："环境史应指人类与其全部生境的既往关系……我觉得环境史家应像生态学家那样思考整体、群落、相互关系和平衡。"美国环境史学会的定义是："环境史是关于历史上人类与自然世界相互作用的跨学科研究，它试图理解自然如何给人类活动提供可能和设置限制。"伊懋可的定义是："透过历史时间来研究特定的人类系统与其他自然系统间的界面。"英国环境史家 K. J. W Oosthoek 说：环境史的最常见定义是"环境史研究过去人类与环境之类的相互关系"。美国环境史家沃斯特认为，环境史探讨"自然在人类生活中的地位和作用。"[①] 美国另外一位环境史家唐纳德·休斯的定义是："它是一门历史，通过研究作为自然一部分的人类如何随着时间的变迁，在与自然其余部分互动的过程中生活、劳作与思考，从而推进对人类的理解。"他还将环境史归纳为三大主题："（1）环境因素对人类历史的影响；（2）人类行为造成的环境变化，以及这些变化反过来在人类社会变化进程中引起回响并对之产生影响的多种方式；（3）人类的环境思想史，以及人类的各种态度藉以激起影响环境之行为的方式。"[②] 我们可以看出，这三大主题之间及各主题内部都有着广泛的联系。

中国学者也给环境史下过不少定义。包茂红的定义是："环境史指历史上发生的人及其社会与环境的其他部分相互作用的关系，环境史学就是研究

---

① 以上定义均参照王利华《环境史将给我们带来些什么》一文所列举，载于王利华《徘徊在人与自然之间——中国生态环境史探索》，天津古籍出版社 2012 年版，第 77—79 页。

② ［美］J. 唐纳德·休斯：《什么是环境史》，梅雪芹译，北京大学出版社 2008 年版，第 1—3 页。

这种关系及其相关问题的史学。"① 梅雪芹的定义是："环境史以人类生态系统为基本范畴，将系统内的自然史和人类史勾连起来，使原本共同织就历史之网的'人与自然的关系'和'人与人的关系'成为史学的经纬线，并致力于研究特定时空下也即某个网络结点上的人类社会与自然环境相互作用关系的变化、发展，以图完整地揭示构成历史网络的生命之间以及生命与环境因子之间的固有联系及其走向。"② 她将该学科的基本特点概括为五：长时段视角、国际性视野、跨学科方法、问题式取向和新颖的立论。③ 王利华考察了环境史的多个定义后，归纳出了各家界说的共识："其一，环境史是历史学的一个新兴学科分支；其二，环境史探讨历史上人类与环境之间的相互关系；其三，环境史是一种跨学科研究"，并给出了自己的定义："环境史运用现代生态学思想理论并选用多学科方法来处理历史资料，考察一定时空条件下人类生态系统产生、成长和演变的过程。它将人类社会和自然环境视为一个互相依存的动态整体，致力于揭示两者之间双向互动（彼此作用、互相反馈）和协同演变的历史关系和动力机制。"④ 其中强调探讨相互关系和跨学科研究都蕴含着其研究对象与内容的普遍联系。

通观中外各家的环境史定义，我们不难发现，他们就环境史研究的对象、内容、问题均做了明确规定，凸显出了环境史研究对象的关联性、内容的广泛性和问题的复杂性的特点。其中，他们的阐述里面都蕴含环境史对象的联系性特点，都主张以联系的眼光来看问题。这些史家中，有的是自觉运用了唯物辩证法普遍联系的观点，有的则是不自觉的暗合。但都说明一个问题，环境史研究的自身特点要求普遍联系的思维方式。

普遍联系是唯物辩证法的一块牢固的基石和首要论断。联系指的是一切事物、现象之间以及事物内部诸要素之间的相互依赖、相互制约、相互影响、相互作用和相互转化。普遍联系贯穿于自然界、人类社会和人类思维三大领域及其各个方面。

普遍联系是客观世界的本质属性和基本特征，普遍联系思维方式一直是历史研究的基本思维方式，在过去的历史研究中，马克思主义史家甚至一些

---

① 包茂红：《环境史学的起源和发展》，北京大学出版社 2012 年版，序，第 1 页。
② 梅雪芹：《环境史研究叙论》，中国环境科学出版社 2011 年版，第 5—6 页。
③ 同上书，第 20—23 页。
④ 见王利华《环境史将给我们带来些什么》一文，载于王利华《徘徊在人与自然之间——中国生态环境史探索》，天津古籍出版社 2012 年版，第 80—82 页。

非马克思主义者，在历史研究的人类社会领域，都普遍有效地采取了这种思维方式，那么，为什么在这里要特别强调其对中国生态环境史研究的重要性呢？这是基于中国环境史研究的对象及特点、在中国的发展阶段和当前历史研究存在的问题而提出的。对象本身是一个广泛联系的学术领域，该学科的最大特点是跨学科性；发展阶段是刚刚十几年，还处于学科的建构之中，怎样来避开一些不好的萌芽，以使之健康发展？当前该领域研究的题目多是地区性的、研究群体来自于不同学科、研究方式往往又是问题式的，这三个方面都可能导致对研究对象整体性的瓦解。王利华教授已经觉察到了这一问题，他指出："目前中国环境史研究的实际情况是，众多学者分别从不同学科和专业出发介入这一领域，论题五花八门，路径各不相同，令人眼花缭乱，呈现出'杂花生树，群莺乱飞'的学术景观。虽然这是环境史学蓬勃兴起的一种标志，却也不免令人担心：环境史是否可能变成比社会史、文化史更大而且更加没有边际的'大箩筐'？"①这就需要普遍联系思维来加以统摄。他所主张的以生态学作为理论指导，引进"人类生态系统"作为环境史的思维框架，实际上就是强调普遍联系思维方式。王利华在界定环境史的对象和范围时，解说了"人类生态系统"概念，指出这一概念"将人类社会看成是一类以人的行为为主导，自然环境为依托，资源流动为命脉，社会体制为经纬的自然—社会—经济复合系统。其基本结构可分解为三个圈层：核心圈层是人，包括人的组织、文化和技术，即人类社会；第二圈层是人类直接赖以生存的生态基础，由生物环境、物理环境和人工环境构成，为系统的内部介质；最外一个圈层是生态库，可看作是地球生物圈，包括所有当前可供利用和沉积储备着的资源，是人类社会的外部支持系统。"他指出，这一概念特别强调了联系："这一概念跨越人类社会与自然环境之上，将物理、化学、生物、人口、组织、技术、经济、文化……众多方面和因素纳入一个整体思想框架之中，将它们视为由众多因素共同构成的多层次、多功能的'复合体'，既重视它的结构，更重视它的功能，而且特别强调它们之间的相互关联、彼此影响和整体协同作用。"②

　　普遍联系意味着整体性，强调事物之间及要素之间的相互依赖和相互制

---

　　①　见王利华《作为一种新史学的环境史》一文，载于王利华《徘徊在人与自然之间——中国生态环境史探索》，天津古籍出版社 2012 年版，第 46 页。

　　②　见王利华《生态环境史的学术界域与学科定位》一文，载于王利华《徘徊在人与自然之间——中国生态环境史探索》，天津古籍出版社 2012 年版，第 31—32 页。

约，与断裂化、孤立化、碎片化相反对；当前历史研究存在的问题是碎片化和壁垒森严，学科之间互相隔绝，手工作坊式的方法，形不成协作团队。另外，还有中国生态环境史研究趋势的要求——现在的趋势是：一方面实证的研究越来越细致，如时间说、空间上和问题上均如此；另一方面是日益需要提升性的研究，即理论上概括总结和研究范围上扩大趋向完整，这两个趋势也离不开普遍联系的思维方式。

就研究对象来说，长期以来正是由于人们割裂了人类社会与自然环境的联系，所以，我们的历史是不完整的，而且，有很多社会问题得不到有效的解答。比如对人的关系的认识，缺少了自然维度，就显得片面。如对人性论的研究，我们过去往往只纠结于人性善和人性恶，实际上古人早就发现，自然环境对人性的塑造问题，"一方水土养一方人"；再如，人与人关系的极端例子是战争，许多的战争实际上是为了自然资源而战，这些都增加了我们认识问题的角度。让历史走进自然，让自然进入历史，进而我们从自然认识人类，从人类反观自然，应是可取的研究思路，而这样做，同样离不开普遍联系的思维方式。

就总的来说，环境史所研究的人与自然这两大系统，存在着相互依赖和相互作用的交换关系，这种交换关系指的是人与自然之间一刻不停的物质、能量和信息的交换。这两大系统的相互作用，既包括制约，也包括推进，它们直接的联系不是上下两块板状之间的相互作用，而是水乳交融式的相互作用。它们之间相互作用的界面和结点之多、复杂度之高、反复性之强、渗透性之广泛，都是需要细致研究的。这种普遍联系是一种立体的，是上下左右前后的多维度的广泛联系。

实际上，全球化不但是经济贸易的全球化，也是环境的全球化，环境问题也已经跨出了国界甚至洲界，变成全人类共同的问题。这是就空间的普遍联系而言的。

唐纳德·休斯说："不言而喻，对全球范围内环境史的研究是有必要的。因为即便在古代，由于传染病的传播、农业革命的扩散以及人口的迁移，环境因素就不只在个别的文化和地区起作用。近代早期，由于探险家、商人和殖民者所引起的生物交流，全球环境的变化加速了。20世纪和21世纪之初，环境问题日益呈现为全球性问题。"休斯接着举例大气层中来自各大洲的污染物造成了"温室效应"，海洋以"终端污水池"的作用影响着整个地球，他接着写道："今天人类的活动通常较少为具体的生态系统所限制（即使是跨国界的生态系统也不例外），更多的则是延伸于跨越各国边界的生物圈之中。世界贸易确保了一国土地中产出的事物能源能在一个遥远大陆上所消费，而油价的影响远不止在产油之地。远程需求刺激了过度捕捞，野生物种已濒临灭绝或消失殆尽。"① 气候的世界性联系表现得更为突出，休斯在评论理查德·格罗夫和约翰·查佩尔的《厄尔尼诺：历史与危机》时说道："尽管厄尔尼诺本身是太平洋上的一种现象，但这两位作者指出了它与一种世界体系的联系，这包括诸如北大西洋上类似的震荡和南亚季风的周期性的出现。这些因素作为某些历史事件的可能性诱因而得到了考察，譬如食品短缺引起的经济危机及随之发生的政府倒台等。"②

克罗农在《自然的都市》中也指出："没有一个城市居民可以轻而易举地忽视自然，因为城市的发展本质上依赖于对自然资源的消耗；城市和乡村、人类与自然本为一体，它们是一个由相互依存的部分组成的联合体。"③

在实际的历史中，人们已经发现，气温与季节的变化，与北方草原民族的南下掠夺有密切的关联；④ 在长时段中，黄河会影响到杭州湾的泥沙堆积；⑤ 由采集狩猎社会转变为农业社会，是最后一次大冰期结束时气候的改变导致了植物带的巨大变化，影响了人类所能进行开发的各种资源及其开发方式。⑥ 这些看似毫不相干的现象背后，却有着深层的关联，这从客体的角度也促使我们用普遍联系思维对待生态环境史的研究。

从环境问题切入，我们更能集中地看到人类社会与自然环境之间普遍的联系。梅雪芹说："环境问题一旦发生，其影响会持续很久。不仅如此，环境问题的影响还会波及方方面面，不但影响到人，而且影响到物，这是屡见不鲜的现象。进一步说，环境问题的影响在时空上往往具有错位的特点。这

---

① ［美］J. 唐纳德·休斯：《什么是环境史》，梅雪芹译，北京大学出版社 2008 年版，第 93 页。

② 同上书，第 102—103 页。

③ 梅雪芹：《环境史研究叙论》，中国环境科学出版社 2011 年版，总序，第 16 页。

④ 参见王子今《秦汉时期生态环境研究》第八章《生态环境与秦汉社会历史》之第 4 节 "西汉时期匈奴南下的季节性进退"，北京大学出版社 2007 年版，第 440—450 页；又见徐蕾如《我国历史时期几次气候变动对社会的影响》，《大自然探索》1990 年第 1 期。

⑤ 参见伊懋可、苏宁浒 "遥相感应：西元一千年以后黄河对杭州湾的影响" 一文，载刘翠溶、伊懋可主编《积渐所至：中国环境史论文集》（上），中央研究院经济研究所，中华民国 84 年 6 月版，第 507—577 页。

⑥ 参见［英］克莱夫·庞廷《绿色世界史——环境与伟大文明的衰落》，王毅、张学广译，上海人民出版社 2002 年版。

就是说，此时此地发生的环境问题其影响也可能在彼时彼地出现。"她接着以 19 世纪后期英国出现的酸雨为例，说明"污染不仅已扩散至世界的每一个角落，而且到 20 世纪后半期开始影响生物在地球上生存的全球机制，其体现是臭氧层变薄和全球变暖。"① 王利华也曾举例："一个地方的水资源环境，必然要影响当地的生产结构和生活习惯，迫使人们围绕水源控制管理和水旱灾害防治形成某些特殊的组织、制度和秩序，甚至进一步影响到当地民众的心态，形成某些特殊巫术、禁忌和神灵信仰。"② 环境史作为一门学科，本质上就是研究联系的一门学科，具有反对孤立静止的看问题的形而上学的作用："20 世纪晚期的环境史所反对的，正是将人与自然割裂的机械自然观。它强调世间万物的有机联系，将人纳入生态系统之内，并将整个人类的历史置于人与自然互动的视角，明确地宣称'以研究历史上人与环境的互动关系'为己任，全面地研究人与环境的相互作用。因而，环境史关于人与自然关系的基本思想和研究取向是符合马克思主义关于这个问题的思想原则的。"③

我们今天的任务恰恰是在普遍联系思维的指导下，具体研究自然与社会二者之间以及二者内部各要素之间千丝万缕的联系，这些联系有的是显在的，有的是隐而未彰的，有的是真实的，有的则是虚假的联系。我们应该寻找真实的联系，寻找生态系统中各要素之间的互动变化，挖掘出隐性的联系，剔除虚假性的联系，弄清楚历史的真相，并进一步探讨自然与社会互动的规律，探讨包括自然环境和人类社会在内的总的生态演进的规律，从史实与思想认识两个方面，为今天的生态文明建设服务。

二　普遍联系思维对环境史研究的意义

对于普遍联系，恩格斯说，辩证法是"关于普遍联系的科学"④ 所以，联系处于辩证法的基础地位。恩格斯对普遍联系有一个经典的表述："当我

---

① 梅雪芹：《环境史研究叙论》，中国环境科学出版社 2011 年版，第 297—298 页。

② 见王利华《中国生态史学的思想框架与研究理路》一文，载于王利华《徘徊在人与自然之间——中国生态环境史探索》，天津古籍出版社 2012 年版，第 27 页。

③ 梅雪芹：《马克思主义环境史学论纲》，载于《环境史学与环境问题》，人民出版社 2004 年版，第 31 页。

④ 《马克思恩格斯选集》第三卷，人民出版社 1972 年版，第 521 页。

们深思熟虑地考察自然界或人类历史或我们自己的精神活动的时候，首先呈现在我们眼前的，是一幅由种种联系和相互作用无穷无尽地交织起来的画面，其中没有任何东西是不动的和不变的，而是一切都在运动、变化、产生和消失。"① 恩格斯还说："我们所面对着的整个自然界形成一个体系，即各种物体相互联系的总体，而我们在这里所说的物体，是指所有的物质存在，从星球到原子，甚至到以太粒子，如果我们承认以太粒子的话。这些物体是互相联系的，这就是说，它们是相互作用着的，并且正是这种相互作用构成了运动。"② 对于普遍联系，有的学者认为它是"统摄其他哲学范畴和规律的总体性范畴和基本原则"③ 这一看法是正确的。一切事物都是在联系中产生、在联系中存在、在联系中发展的。唯物辩证法的三大规律——对立统一、量变而质变、否定之否定都以普遍联系为条件、为基础、为前提，它们的本质就是普遍联系。联系是有区别的事物与现象之间的依赖，有依赖就有相互作用，有相互作用就产生了运动发展，同时联系将事物和现象聚合为整体。普遍联系是世界的本质属性。唯物辩证法指出，世界上的每一个事物或现象都同其他事物或现象相互联系着，没有绝对孤立的东西。联系作为一般哲学范畴，通常是指事物或现象之间及事物内部要素之间相互联结、相互依赖、相互影响、相互作用、相互转化等相互关系。联系是世界上一切事物的客观本性。唯物辩证法所说的联系，是指事物的存在和运动固有的、不以人的意识为转移的客观联系。

生态学的方法几乎被每一位环境史家采用，被很多环境史家认为是环境史理论与方法的基础。生态学作为环境史的指导理论，本质上是唯物辩证法普遍联系的理论。生态学强调系统思维，系统是由相互作用和相互依赖的若干组成部分结合而成的具有特定功能的有机整体。它须有两个以上组分、各组分相互联系具有一定结构，并具有独立的特定的功能。系统方法要求把研究对象当作一个系统，从系统的整体出发，在考察事物时，要着眼于整体和局部之间、部分和部分之间、整体和外部环境之间的相互联系、相互作用、相互制约关系。可以说，现代系统科学与方法，是以普遍联系原则为基础的，它为系统科学和方法提供了正确的方法论指导；而系统论则是对普遍联

---

① 《马克思恩格斯选集》第三卷，人民出版社 1972 年版，第 60 页。

② 同上书，第 492 页。

③ 徐必珍、李怀君：《普遍联系新论》，河南大学出版社 1991 年版，第 2 页。

系原则的具体深化，它作为从哲学到具体实证科学、人文科学和社会实践的中介理论与方法，起着一种实现哲学与科学的相互过渡和相互转化的"纽带"作用。系统论一个重要的思想和基本出发点是整体性，认为世界上的一切事物都是由一定数量的相互联系的部分或因素组成的、具有特定功能的有机整体，即系统。系统的存在是一种普遍现象，一切事物、现象、过程都自成系统，又互成系统。

生态学被大多数学者认为是环境史的指导理论，如王利华不止在一处强调"环境史（生态史）的理论基础是生态学"。[①] 从哲学的层面看，生态学的理论与方法，和普遍联系原理是一致的。生态学是研究生物生存条件、生物及其群体与环境相互作用的过程及其规律的科学。目的是指导人与生物圈（即自然资源及环境）的协调发展。生态学研究的"关系"是一个哲学命题，其方法论的许多原理与哲学思想中整体与部分、事物相互间普遍关联等辩证唯物论有关。

生态系统是在一定区域中，生物与环境、生物与生物之间紧密联系、相互作用，通过能量流动、物质循环和信息传递构成的具有特定结构的功能整体。凡是有生物的地方，生物就与其居住环境构成生态系统。就生态系统本身来说，一个生态系统的各个层次及各个组成部分或因素，总是不断地进行着物质循环、能量流动和信息传递：阳光、水、土壤与植物综合作用催生了植物，食草动物咀食植物，食肉动物咀食食草动物；动植物躯体经过微生物分界后进入土壤，变为植物的营养，供植物吸收利用，反过来催生植物。于是我们看到，作为有机物的植物、动物和微生物，与无机物的阳光、土壤、水分、温度等之间，并非孤立存在，而是普遍联系的，即相互依赖、相互作用和相互转化的。自然进入社会系统后，其间的联系就更为广泛与复杂，比如阳光与超市里的蛋糕之间的联系：植物靠阳光进行光合作用而生长，鸡靠食用草及植物的果实粮食而生长、下蛋，由鸡蛋做成蛋糕；此外，人种植植物、饲养鸡，并作为商品进入市场，鸡蛋的购销受商业部门的管理，蛋糕的生产销售受食品安全部门的监管，超市的销售者隶属于经济系统的服务业，鸡蛋及蛋糕的销售还离不开交通系统和交通工具……由此可见，哪怕是阳光与超市里的蛋糕，这些看上去没有任何联系的事物，实际上其后有着千丝万

---

① 见王利华《中国生态史学的思想框架与研究理路》一文，载于王利华《徘徊在人与自然之间——中国生态环境史探索》，天津古籍出版社 2012 年版，第 10 页注释②。

缕的复杂关系，只是这些关系有的直接，有的间接，有的较近，有的遥远而已。再如干旱与社会动荡之间的关系：在中国古代的很多时候，因为干旱，会造成农作物减产，于是出现大面积的人口饥饿，流民就出现了，流民的出现常常会导致社会动荡。

就马克思主义本身而言，也有关于人与自然的关系的论断，可以看作是他们对普遍联系思维的具体应用，给我们以直接的指导作用。关于人与自然的关系，马克思主义早就指出，人是自然界长期发展的产物，是自然界的一部分，人无论有怎样的主观能动性，都无法彻底摆脱对自然的依赖，离开了自然环境，人就无法取得作为生物的人所需的物质生活资料，更遑论其他，人作为生态系统的一部分，时时刻刻都在与自然环境之间进行着物质、能量和信息的交换，人与自然的联系广泛而深刻。人只有认识了自然规律之后方可有效地改造自然，否则必然受到自然的惩罚。不要过分陶醉于我们人类对于自然界的野蛮征服及取得的胜利，对于每一次这样的胜利，自然界对我们都进行了报复。人与自然的关系是对立统一的关系。恩格斯曾经告诫我们："必须时时记住：我们统治自然界，绝不像征服者统治异民族一样，绝不像站在自然界以外的人一样——相反地，我们连同我们的肉、血和头脑都是属于自然界，存在于自然界的；我们对自然界的整个统治，是在于我们比其他一切动物强，能够认识和正确运用自然规律。"[①]

普遍联系思维对于指导历史研究不可或缺，现代学术的发展有两大趋势，一是学科划分越来越细，分支愈来愈多；二是学科之间的相互依赖、渗透和联系变得愈加密切。有人在学术研究的过程中，否认事物间的普遍联系，拒绝用普遍联系思维来指导自己的研究，往往是将普遍联系仅仅理解为直接联系，同时只看到了依赖或相互依存，没有理解相互作用。因为事物间的相互作用，才导致了事物的发展变化，而各种联系也就处在变化之中，原来未发现的联系浮出水面，原来固有的联系可能消失，新的联系可能建立起来。所以，不从变化发展的角度看普遍联系，就等于还是孤立地看问题，等于割裂了时间维度上的前后关联，走向了唯物辩证法的反面——形而上学。普遍联系是唯物辩证法的基础和根本前提，这一命题本身就包含着变化和发展的理念。

有学者指出："联系的观点是正确看待环境问题的一个关键。农业中的

---

① 《马克思恩格斯选集》第三卷，人民出版社1972年版，第518页。

单一种植就是无视自然界的联系而造成许多恶果。在管理公园和自然保护区的时候，也不能只把它们视为一些孤立的世外桃源，看不到许多日常行为对自然的影响。"①

我们之所以强调普遍联系的重要性，还在于鉴于中国社会史在发展的过程中，研究的问题与对象越来越细碎，出现了碎片化的趋向，导致了对历史整体的背离，和对历史规律探索的放弃，这样的教训，应该在刚刚兴起不久的中国环境史的发展初期，就加以避免。即防止环境史成为"大拼盘"、"大杂烩"或"碎片化"。另外，对于从地方历史提升至国家历史、从实证研究提升至理论概括有着重要方法论意义。普遍联系思维可以最终使环境史指向整体史，梅雪芹说："环境史致力于研究人与自然的历史关系，以此看待并考察不同时代、不同地方人类所处、所做和所思的历史，从而将人类史与自然史连结起来，使历史成为完整的真正的整体史。"② 就环境史中相互关系的两大系统来说，缺一不可。克罗农说："人类并非创造历史的唯一演员，其它生物也作用于历史，大的自然进程同样如此。这样，忽略它们的影响的任何一部历史，都可能是令人遗憾的不完整的历史。"③

因为缺乏普遍联系的思维方式，我们在社会发展中已经有很多教训，如人类只关心人类自身或人类自身的某一个方面，忽视了环境，造成了环境问题甚至危机，反过来又产生或加重了人类社会自身的各种问题和危机。环境科学、环境史学的出现，生态文明建设的提出，实际上都昭示着此前人类的行为没有考虑到发展与资源、环境、社会之间的普遍联系，没有把人、人类社会与自然环境作为统一体进行思考。比如"大炼钢铁"就忽视了各经济部门的联系，使得经济不能协调发展；"以粮为纲"片面地追求扩大耕种面积，毁掉森林和草原，围海填湖，破坏了生态平衡。一个典型的案例是外来生物物种破坏本地生物多样性，导致生态失衡的澳洲的"人兔大战"：1859年前澳大利亚没有兔子，这年墨尔本动物园从英国引进了24只兔子，以使人观赏取利。1863年动物园失火兔子逃到了大草原，因无天敌，加以水草丰美，兔子以惊人的速度繁殖。到1928年已达40亿只，遍布澳大利亚大部分地

① [英]威廉·贝纳特、彼得·科茨：《环境与历史：美国和南非驯化自然的比较》，包茂红译，译林出版社2008年版，编者的话，第3页。

② 梅雪芹：《环境史研究叙论》，中国环境科学出版社2011年版，总序，第8页。

③ William Cronon, The Uses of Environmental History, *Environmental History Review*, Vol. 17, No. 3 (1993), p. 13.

区，它们吃庄稼、啃树皮、损害河堤、与牛羊争草、破坏牧场等等，加剧水土流失。1950 年，澳大利亚研制出杀死兔子的病毒——粘液瘤病毒，果然百分之八十的兔子被消灭，但少数兔子体内产生了抗此病毒的基因，兔子又大量繁殖起来。1952 年，法国人为了赶走农场里的兔子，引进该病毒，可是病毒随兔子四处扩散，把法国作为肉食品的兔子也感染了。而且还传到了英国，致使英国的毛纺织业因兔子的大批量死亡而面临停产。对此，孙道进曾经评论道："从这个例子可以看出：'人兔大战'从表象上看来根源于动物园'赚取利润'的人类利己主义，而'深层'的根源则是机械论思维方式的作祟。当动物园从英国引进野兔时，他们眼中有的只是游人如织所带来的利润，只有野兔作为游览客体的经济学意义，而没有野兔与水草、牧场、牛群和羊群、水土流失等前后相继的矛盾性、因果性和发展性；当科学家研制'粘液瘤病毒'时，他们眼中只有消灭野兔的迫切，而没有该病毒与野兔的机体进化、迁移、欧洲兔的灭绝、毛纺织业的衰落等这些现象的动态性和互动性。"① 孙道进的认识可谓抓住了问题的关键。所以，上述现象的出现，从思想观念的层面讲，都是因为普遍联系思维的缺失。甚至于在学术研究领域亦有此种现象，比如环境史产生之前的史学，是人类独舞的局面，割裂了人类与环境的关系，孤立地研究社会现象，所谓"旧史学除了人类社会内部的那些关系之外，看不到其他任何重要关系；而环境史在其叙述中强调人类与其他物种之相互联系的重要性，以及使生命成为可能的那些条件。"②

再如，由于现在中国环境史正处于对过往史学过于注重人类社会的"反拨"阶段，于是有些环境史研究者又走向了另一个极端，忽视或脱开人类自身关系而孤立地研究人与自然的关系，这样最终也无法真正说清楚人与自然的关系的真相。因为人与自然的关系是相对于人类自身关系来界定的，不同社会阶层、集团和国家的人与自然的关系不是平列的，更不是平等的。高国荣曾经引用埃克霍姆的话，指出环境问题的产生，与人类对自然的了解支离破碎、对人类行为的后果缺乏整体认识有直接关系。人类在处理环境问题时，往往一叶障目，顾此失彼。"美国著名环境问题专家埃克霍姆就提到，'在阅读经济学家、林学家、工程师、农学家和生态学家的分析报告时，有

---

① 孙道进：《马克思主义环境哲学研究》，人民出版社 2008 年版，第 281—282 页。

② ［美］J. 唐纳德·休斯：《什么是环境史》，梅雪芹译，北京大学出版社 2008 年版，译者序，第 7—8 页。

时很难相信他们所谈的竟是同一个国家。专家们的行动往往都体现出缺乏相互了解和一致的看法。工程师们接二连三地修建水坝，但却很少注意上游地区的耕作习惯和滥伐林木的情况，而这些会影响河流的含沙量并决定水坝的命运。农业经济学家利用精细的计算机化的模式去设计远期的地区性粮食生产方案，却没有注意到作为根基的土壤质量的不断恶化和被毁从而频频发生水灾等问题。水源专家在沙漠边缘开凿水井而没有作出安排去控制附近畜群规模，造成过度放牧，并产生一片片新的沙漠。那些必须在农村的家畜和打柴人中植树护林的林业管理员，只受过植物学和造林学方面的训练，而没有在农村社会学方面受到良好的训练；种上才几个星期的树苗便被牛、山羊和打柴人所破坏。'"①

在笔者看来，人类在历史的和学术的发展过程中，正是因为缺乏普遍联系思维，所以常常出现"按下葫芦浮起瓢"的问题，常常犯下一些难以悔改的错误，其造成的后果多少年之后、甚至永远无法消除。

三　普遍联系思维指导下的环境史研究应如何开展

在环境史的研究中，在普遍联系观点的指导下，我们应加强以下几个方面的举措，变研究对象本体的客观联系为研究者的主体联合；变自然与社会的协同演进为研究者的主体协作。

其一，要牢固树立普遍联系的思想原则，在学术实践中自觉坚持从事物的相互联系和整体性把握事物，将这一思维方式真正贯穿于具体的环境史研究之中：从选题、思路、分析路径等方面。

王利华曾经明确地强调："环境史家必须具备广泛联系、相互作用的系统思想和整体观念。"② 实际上就是要环境史家具备唯物辩证法的普遍联系思维方式。他还强调："无论具体的研究工作是侧重于哪个方面，都须牢记自然和人类是一个彼此依存的动态整体，最终的落脚点是两种之间的相互关系

---

① 见高国荣《环境史学与跨学科研究》一文，载《世界历史》2005 年第 5 期，第 103 页。这段资料引自 E. P. 埃克霍姆《土地的丧失——环境压力和世界粮食前景》，科学出版社 1982 年版，第 5—6 页。

② 见王利华《生态环境史的学术界域与学科定位》一文，载于王利华《徘徊在人与自然之间——中国生态环境史探索》，天津古籍出版社 2012 年版，第 33—34 页。

和彼此作用，这一点至关重要。"①

事实上，在环境史学史上，优秀的史家和史著无一不体现出普遍联系的理念，即使非马克思主义史家也不例外。唐纳德·休斯就颇具这方面的思维。他说："我特别反对通常的——如果表达不清楚的话——看法，即环境史应专注于现代世界。古代和中世纪在环境史中也值得仔细研究。或许绝大部分人类——环境关系模式以及使之展现的制度起源于这些时期，并朝着其现代的表现方式演进。"这是从时间的联系上说的。从空间范围上也是如此，"整个地球都是我们研究的对象。也许，其范围甚至超越了地球，因为太阳辐射的能量与月球引发的潮汐也是重要的环境影响因素。"他甚至用一个生动的比喻强调了普遍联系在环境史研究中的必不可少："甚至书写一座花园的环境史都需要意识到它在这颗星球上的所在。"②休斯还说："无论时间地点，所有的人类社会都存在于生物群落之中，并依赖它生存。小农庄和狩猎氏族是这样，大城市也是如此。生命的联系是客观事实。人类从未，也无法孤立于其他的生命而存在，因为他们只是那些使生命成为可能的复杂而密切的联系的一部分。环境史的任务是研究人类与他们所处的自然群落的关系……将环境视为脱离人类，并且仅仅为人类历史提供背景的观念，会导致错误的结论。人类与他们所处群落的天然联系，必然是历史解释的基本要素。"③ I. G. 西蒙斯在其《环境史简介》的最后，也形象地表达了环境史将自然与文化联系起来的看法："历史就像一幅满是故事的挂毯：如果我们把它剪碎，并将其中的一些搁在柜子里，我们就无法理解那些挂在墙上留给我们看的东西所隐含的信息。"④"它不会孤立地认识人与自然的矛盾或人与人和人与社会的矛盾，而只有从这几组矛盾的相互联结中才能求得对历史运动的合理解释。"⑤

李根蟠对中国封建社会王朝兴衰循环的周期性危机的解释，就充分运用了普遍联系的思维方式。他认为现代生态学将世界看成是"人—社会—自然"的复合生态系统，这一系统思想可以概括为"人类回归自然，自然进入

① 见王利华《作为一种新史学的环境史》一文，载于王利华《徘徊在人与自然之间——中国生态环境史探索》，天津古籍出版社 2012 年版，第 47 页。

② ［美］J. 唐纳德·休斯：《什么是环境史》，梅雪芹译，北京大学出版社 2008 年版，中文版序，第 3—4 页。

③ 同上书，第 12 页。

④ 同上书，第 136 页。

⑤ 梅雪芹：《环境史研究叙论》，中国环境科学出版社 2011 年版，第 46 页。

历史"。① 承此，他指出，对于这一周期性危机的解释，"过去一般用社会矛盾和阶级矛盾的发展来解释……这当然是有道理的，但是不够全面。从人与自然互动的视角去考察，除了注意社会阶级矛盾以外，还要注意人口生产和物质生产的矛盾、消费需求增长与资源供给紧缺的矛盾。随着经济的恢复和发展，人口数量走出王朝初期的低谷步入王朝中后期的高峰，统治阶级的消费也从王朝初期的注意节俭到王朝中后期的肆意挥霍，人口与资源、消费需求与资源供给之间因此产生尖锐的矛盾。资源占有和分配的不均使得这种关系更为紧张，而这种紧张关系又反过来加剧社会阶级的矛盾。如果这时发生自然灾害，往往成为农民起义的催化剂。王朝后期社会危机的总爆发，就是这些因素综合作用的结果。"②

王利华《人竹共生的环境与文明》第八章竹林资源与书写材料演变，对竹简的出现和使用以及以竹造纸都有环境史的解读："竹简的出现和使用，既非天道自然，亦非单纯社会因素所致，而是社会需求与资源条件的互相结合，相关知识、技术和方法则是两者结合的中介，三者缺一不可。更明确地说：自然资源是基础，社会需求是动力，知识技术是手段。因此，它既反映了特定自然物种的历史分布状况，也反映了自然物种进入物质生活、影响社会文化的历史机制和过程，同时还体现了中国先民认识、利用自然资源的能动性和创造力。"③"竹纸的出现，同样是社会需求——自然资源——技术条件相互结合的结果。"④ 接着，作者从需求与资源的矛盾角度进行了分析，指出了人们在提高造纸技术的同时，又不得不努力寻求新的替代资源。这种关联思维、整体思维、系统思维使得论述完满充分，超越了孤立看待历史现象的做法，为解决当前历史研究的"碎片化"问题提供了启迪，具有鲜明的环境史学的特色。

生态学的思维方法从哲学的本质上，正是唯物辩证法普遍联系思维的发展和表现。梅雪芹指出："要养成环境史思维习惯；这一思维习惯的科学基础自然是生态学。由此，当我们看到一块土地时就会本能地想到，土地不仅仅是土壤，而是一个复杂的生态系统；每平方米的土壤包含了数百万的有机

① 见李根蟠《环境史视野与经济史研究——以农史为中心的思考》一文，《南开学报》（哲学社会科学版）2006 年第 2 期，第 2—3 页。

② 同上书，第 10 页。

③ 王利华：《人竹共生的环境与文明》，生活·读书·新知三联书店 2013 年版，第 251 页。

④ 同上书，第 260 页。

体，它们与矿物、水和阳光相互影响，创造了生命和富饶。对这个生态系统的破坏也会危及我们自身的生存。土地可能因风或水的侵蚀，因杀虫剂、除草剂或有毒垃圾的影响而毁坏。当这种情况发生时，土地就不能像从前那样继续进行光合作用，我们人类的生存也将受到极大的威胁。"①

其二，要注重跨学科研究，加强不同学科之间的联系。

因为环境史研究对象的关联性和多学科性，决定了环境史研究方法的跨学科，跨学科的研究又密切了学科间的联系。环境史是一门非常典型的跨学科领域。约翰·麦克尼尔说环境史涉及的学科之多，"达到了知识追求所能达到的地步"②，唐纳德·休斯指出"它生来就是一种跨学科研究领域，并且是不同领域的学者之间的交流激励引起的。"③ 他还在《什么是环境史》第一章《给环境史下定义》中列出了政治学、经济学、社会学、文学艺术、气候学、生态学等等。④ 中国学者包茂红指出："跨学科研究是环境史的一个基本方法，环境史本身是多学科知识积累的结果，自然也继承了多学科的研究方法。研究环境史不但要有历史学的基本训练，还必须有环境和生态学的知识。另外由于人类行为很复杂，环境史还涉及地理学、人类学、社会学、哲学、经济学和政治学等。自然科学和生命科学给历史学提供理论和方法的启示，使之精确化、科学化，社会科学给分析人类社会和环境的关系提供有益的概念系统、调查和统计资料，跨学科研究就是跨越人文、社会科学和自然及工程科学的界限，互相借鉴和融合，达到从整体上把握世界史的目的。当然，环境史跨学科研究的落脚点一定是历史学。"⑤ 高国荣则撰有专文《环境史学与跨学科研究》，他指出："对环境史这一领域而言，跨学科研究不是一种奢侈，而是一种必需。其所以如此，主要是由于人与自然本身及其相互关系的复杂性，以及环境问题本身的复杂性。……首先是由于环境史学研究对象的两大组成部分——人与自然——都非常复杂。"⑥ 在笔者看来，跨学科研究的"必需"是普遍联系思维的"必需"，跨学科研究的方法和做

① 梅雪芹：《环境史研究叙论》，中国环境科学出版社 2011 年版，总序，第 27 页。
② John R. McNeill, Observations on the Nature and Culture of Envionmental History, *History and Theory.* 42（December，2003）：5–43. p. 9.
③ ［美］J. 唐纳德·休斯：《什么是环境史》，梅雪芹译，北京大学出版社 2008 年版，第 112 页。
④ 同上书，第 8—12 页。
⑤ 见包茂红《环境史：历史、理论与方法》一文，《史学理论研究》2000 年第 4 期，第 79 页。
⑥ 见高国荣《环境史学与跨学科研究》一文，《世界历史》2005 年第 5 期，第 102 页。

法，实际上是普遍联系思想的具体化和实践落实。

环境史的跨学科研究究竟要跨哪些学科？应该说凡是涉及环境史对象、内容和问题的学科，都在其列。就全面而言，景爱的列举最引人注目："由于环境史研究属于边缘学科，需要进行跨学科的综合性研究，因此，所涉及的学科比较多。诸如地质学（特别是第四纪地质学）、地貌学、水文学、气象学、森林学、生物学、生态学、历史学、考古学、民族学、人类学、社会学、政治学、经济学、哲学、宗教学、心理学、伦理学等等，都是所必需的知识。此外，实地进行环境考察，了解自然变化的实态，也是必不可少的。因此，从事环境史研究，更新知识是非常必要的。为了看得更远，就必须站在知识堆积的高峰顶端。"[1] 而台湾学者刘翠溶则给了我们一个很好的例证："在 1993 年 12 月 13—18 日，有十几位从事中国环境史研究的外国学者出席由伊懋可和我共同主办，在香港举行的中国生态环境历史学术讨论会。参与这次讨论会的学者大多数是历史学者，但在讨论会中，不同学科的学者，包括历史学者、考古学者、植物学者、经济学者、森林学者、地理学者、水文学者、微生物学者一起讨论，交换意见，跨学科的对话相当交融。"[2]

其三，开展分工协作式的团体研究。

如上所述，环境史涵摄多学科的知识，需要跨学科研究，任何个人都不能完成环境史的全部研究，单打独斗式的研究已经不适合这个时代的学术发展，更不适合环境史的研究，这便逼迫史家采取新的研究模式。梅雪芹将跨学科研究方法分为两个层次并强调了其重要性："一种层次是不同学科理论的相互借鉴和渗透"，"另一种层次则是对和环境有关的其他学科知识的学习、掌握"，"作为人文学科背景出身的环境史学者来说，后一种层次上的跨学科研究显得比较困难。因此，许多学者都强调，在环境史研究中，历史学者和其他学科的学者依托项目而开展团队式的直接合作，其效果会更好。这的确是国外不同领域的学者在涉及环境历史问题研究时，一直行之有效的一种形式。目前，我们也是按照这一形式，组织和参与有关环境史的一些项目研究工作的。"[3]

---

[1] 见景爱《环境史引论》一文，载王利华主编《中国历史上的环境与社会》，生活·读书·新知三联书店出版社 2007 年版，第 42 页。

[2] 见刘翠溶《中国环境史研究刍议》一文，载王利华主编《中国历史上的环境与社会》，生活·读书·新知三联书店出版社 2007 年版，第 7—8 页。

[3] 梅雪芹：《环境史研究叙论》，中国环境科学出版社 2011 年版，第 77 页。

其四，我们还要加强国际交流。以普遍联系的观点看，在当今全球化时代，中国的环境史研究者与西方的环境史学者之间联系日益密切，且不说海外很多学者在从事中国生态环境史的研究，如伊懋可、马立博等，中国的学者也在研究国外环境史，如高国荣、包茂宏、梅雪芹、付成双等，其间会议、翻译等是常见方式，理论方法和实证研究都应该交流。

另外，注重学术人才的培养，建立共同的学术机构和研究平台，成立中国环境史研究会，兴办专业期刊等，也是在普遍联系思维方式指导下，对环境史学学科建设应有的举措。

中国环境史学的健康发展，离不开唯物辩证法的指导。梅雪芹曾经提出："以唯物辩证法为根本理论和指导思想，借鉴西方环境史的跨学科研究方法，从人与自然互动的角度探讨包括中华文明在内的整个人类文明史，形成马克思主义环境史学派，当是中国环境史研究的合理之途。"① 李根蟠不但肯定了梅雪芹的提法，而且充分强调了马克思主义理论对环境史研究的重要学术价值："现在，人类在经历了无数的生态灾难后翻然醒悟，形成了现代生态理念，这种理念与一百多年前马克思恩格斯的思想在思路上竟是如此的一致，令人不能不惊叹马克思恩格斯目光的锐利和思想的超前！……环境史研究完全可以从马克思主义那里获得理论的支持和理论的指导。而马克思主义的历史理论也可以通过生态环境史的学术实践获得丰富发展。"这一理论指导"并非单指马恩关于生态环境问题的论述，更加重要的是辩证唯物主义的世界观和方法论。"② 而笔者以为，在马克思主义世界观和方法论中，在唯物辩证法里面，当前中国环境史的研究首先应该以普遍联系为指导，研究者应该牢固树立起普遍联系的思维方式，并在学科建设和研究实践中，贯穿这一思想精髓。

---

① 见梅雪芹《马克思主义环境史学论纲》一文，载于梅雪芹《环境史学与环境问题》，人民出版社2004年版，第21页。

② 见李根蟠《环境史视野与经济史研究——以农史为中心的思考》一文，《南开学报》（哲学社会科学版）2006年第2期，第12页。

新中国成立初期疾疫卫生史研究述评

李洪河

（河南师范大学马克思主义学院）

新中国成立初期大量的疾疫流行不仅对广大人民群众的生命和健康安全造成了严重威胁，而且也对党和政府应对疾疫的策略、机制与能力提出了严峻挑战。近年来随着中华人民共和国社会史研究的不断深化，学界开始对新中国成立初期的疾疫卫生史给予热切的关注与研究。尽管这一研究与中华人民共和国政治史、经济史、文化史等相关研究的繁荣状况相比尚嫌薄弱，但也为社会史视角下的国史研究拓展了领域、丰富了内容。本文试图在总结学界研究成果的基础上，就新中国成立初期的疾疫卫生史研究提出几点浅见与思考。

一　疾疫卫生史研究的兴起

新中国成立初期的疾疫卫生史研究是伴随着这一时期严重的疾疫发生与流行而开始的。党和政府为了防治和应对各种各样的疾疫，一方面制定和发布了大量的卫生防疫法规和文件，这些法规和文件实际上为后来的疾疫卫生史研究提供了历史资料；另一方面，党和政府及一些专业卫生防疫组织等从疾疫防治与研究的长远考虑，从 1951 至 1959 年间先后出版了《医史杂志》、《医学史与保健组织》、《中华医史杂志》与《人民保健》等几种医史刊物，其中有关疾疫问题的专业或非专业论文与资料等对后来的疾疫卫生史研究有重要作用。1953 年 9 月，张学文所著《新中国的卫生事业》小册子对新中国的人民卫生事业进行了简要总结①，但从严格的学术意义上讲该书还谈不上真正的学术研究。1957 年 11 月，著名医史学家陈邦贤先生编著的《中国医学史》由商务印书馆出版了第三次修订本，并新增"中华人民共和国的医

---

① 张学文：《新中国的卫生事业》，生活·读书·新知三联书店 1953 年版。

学"一章，内容包括新中国人民卫生事业总方针、伟大的爱国卫生运动、防疫工作与人民保健事业的进展等①，对新中国初期的疾疫卫生问题进行了较为详细的论述，应是最早的一部对新中国初期疾疫卫生史进行总结和分析的专著。但从总体上看，这一时期的疾疫卫生史研究更多的还是偏重于介绍和宣传，甚或是新中国初期疾疫卫生工作的成就展示、对策分析等。

20世纪50年代末60年代初，为适应国家经济社会建设的需要，军事、农业、林业、统计等有关部门通力合作，对中国历史上各种卫生流行病学史料进行了大规模搜集与整理，并依此为基础，对几千年来中国的疾疫发生与流行的规律进行了卓有成效的探讨。比较重要的是中国医学科学院流行病学微生物学研究所和有关省、市、区的鼠疫防治专业单位共同协作，采用知情人座谈、访问、反复调查核实等方法，整理编纂了《中国鼠疫流行史》上下册，着重于阐明我国1644—1964年间鼠疫的流行范围和特点及其流行病学基本规律等，对了解和研究历史时期的鼠疫流行有重要的参考价值。② 沈阳军区后勤部卫生防疫检验所、兰州军区后勤部卫生部等为了解和掌握部队驻区传染病、地方病的分布和流行情况以供平时、战时卫勤保障工作参考，分别编著的《东北地区卫生流行病学资料汇编》、《陕甘青宁四省（区）流行病学资料汇编》等，内容涉及自然地理、经济地理、医学地理、流行病学资料、医学动物等资料，十分珍贵。③ 需要说明的是，20世纪六七十年代，西方及港台学界疾疫卫生史研究大兴，但由于对外交流的不畅，这一研究未在大陆学界产生相应的学术回响。20世纪80年代中期以后，医史学界开始对新中国的疾疫卫生工作成就进行总结和研究。1988—1991年间，《新中国预防医学历史经验》编委会从建国前后预防医学发展的成就、公共卫生事业的进展、疾病防治的理论与实践、保护妇女与儿童的决策和成就等方面，总结了新中国预防医学形成和发展的历史经验。④ 这也是有关著作的集大成者，从总体上反映了新中国卫生工作发展的概貌。进入20世纪90年代，医史学

①　陈邦贤：《中国医学史》，商务印书馆1957年版。

②　中国医学科学院流行病学微生物学研究所：《中国鼠疫流行史》上、下册，1981年内部印行。

③　参见沈阳军区后勤部卫生防疫检验所《东北地区卫生流行病学资料汇编》1959年9月内部印行；中国人民解放军兰州军区后勤部卫生部《陕甘青宁四省（区）流行病学资料汇编》1963年3月内部印行。

④　《新中国预防医学历史经验》编委会：《新中国预防医学历史经验》（第1—5卷），人民卫生出版社1988—1991年版。

界还陆续编纂出版了各省、市、自治区等地方卫生志，虽算不上严格的学术研究成果，却也为新中国成立初期的疾疫卫生史研究提供了大量的历史资料。但是，上述资料整理与研究工作基本上仍归属于医史学界，而少有历史学界专家和学者的参与。

新中国成立初期疾疫卫生史研究的异军突起是在 2003 年。这一年也被认为是中国当代社会史研究的"一个关键的转折点"①，因为当年爆发的"非典"疫情所带来的全国范围内的举足无措和极度恐慌气氛，使得历史学界也不得不"述往事，思来者"，努力与现实对话。"非典"危机后，中共中央文献研究室曾编纂了一组毛泽东、周恩来关于卫生防疫和医疗工作的 14 篇指示、批语、信件和讲话②，为学界进一步地了解和研究新中国初期党和政府应对疾疫的经验和智慧等提供了资料。随后，疾疫卫生史研究逐步进入到历史学界的学术视野，余新忠、曹树基、李玉尚、杨念群等专家学者积极投身其中，产生了一批有价值的研究成果。特别是曹树基和李玉尚合作进行的中国鼠疫传播及其与国家、社会关系的研究，涉及了新中国成立以后广东、福建等地城市的鼠疫所造成的人口死亡状况③；二人合著的《鼠疫：战争与和平》一书还以内蒙古地区为重点，论述了新中国初期中国共产党领导的人民政府以群众运动的方式，展开拔鼠灭源的人民战争，试图从根本上消灭鼠疫的大规模举措。④ 此后，疾疫卫生史研究渐渐成为历史学界关注的热点，特别是一些从事中华人民共和国史和中共党史研究的学者对新中国初期的疾疫卫生史研究不断做出新的探索，发表和出版了一批有分量的研究论著。概而观之，大致有以下几个方面：

一是较为微观的疾疫卫生史研究，主要集中在疾疫流行史研究、中医问题研究、爱国卫生运动研究等方面。其中，在疾疫流行史研究方面，学界探讨比较多的是鼠疫和血吸虫病的流行及其防控问题。如李洪河从突发事件应

---

① 李文：《中国当代社会史研究：应运而生，顺势而为》，参见《"改革开放以来的中国社会史研究"国际学术研讨会暨第十四届中国社会史学会年会论文集》（上），山西大学 2012 年 5 月内部印行，第 367 页。

② 《毛泽东、周恩来关于卫生防疫和医疗工作的文献选编》（1951 年 9 月—1972 年 9 月），《党的文献》2003 年第 5 期。

③ 李玉尚：《和平时期的鼠疫流行与人口死亡——以近代广东、福建为例》，《史学月刊》2003 年第 9 期。

④ 曹树基、李玉尚：《鼠疫：战争与和平——中国的环境与社会变迁（1230—1960）》，山东画报出版社 2006 年版。

对机制的视角，对新中国初期察北鼠疫发生后党和政府领导群众果断建立的政治动员机制、组织决策机制和信息沟通机制等进行了分析和研究①；艾智科和王冠中则分别从防疫网络与社会动员、城市应急资源整合机制的视角也对察北专区鼠疫防控问题进行了探讨。② 对血吸虫病，比较典型的如施亚利对新中国成立初期党和国家对血防工作的领导与防治问题的探讨③，张牛美、肖建文、王小军等分别以大量的地方档案为基础，对湖北省、江西省及长江中游地区的血吸虫病流行及其与国家、社会的关系问题所进行的深入研究。④还有一些传染病和地方病的研究如艾智科对 1950—1951 年上海的天花流行与应对策略的研究⑤、陈荣光对 20 世纪 50 年代北京市流感疫情及防治工作的研究⑥以及梁其姿对新中国初期麻风病防治问题的研究⑦等，都在一定程度上丰富了新中国初期疾疫卫生史研究的面相。

　　在中医问题研究方面，学界重点关注的是新中国初期的中医政策、中医进修与中医科学化问题等，如宫正以新中国中医方针政策的历史变迁为主线，考察了新中国中医政策产生的历史渊源、变迁过程、原因和影响，并在总结历史经验教训的基础上对新中国的中医政策进行了客观评价⑧；李洪河、毕小丽、黄永秋则分别对新中国成立初期的"中医科学化"、中医进修和西医学习中医问题等进行了系统研究，一定程度上丰富了中医历史研究的内容。⑨ 近年来医史学界也有学者针对当下颇为流行的"取消中医"的言论与

　　① 李洪河：《建国初期突发事件的应对机制——以 1949 年察北专区鼠疫防控为例》，《当代中国史研究》2008 年第 3 期。

　　② 艾智科：《新中国成立初期的防疫网络与社会动员——以 1949 年北京市应对察北鼠疫为例》，《党史研究与教学》2011 年第 3 期；王冠中：《新中国成立初期的城市应急资源整合机制——以 1949 年北京市防控察北鼠疫为例》，《城市问题》2011 年第 3 期。

　　③ 施亚利：《新中国成立初期中共中央对血防工作的重视与领导》，《党史文苑》2011 年第 8 期。

　　④ 参见张牛美《1950 年代湖北血吸虫病防治述评》，硕士学位论文华中师范大学，2009 年；肖建文：《江西的血吸虫病与地方社会》，硕士学位论文，江西师范大学，2006 年；王小军：《血吸虫病与长江中游地区的社会变迁（1905—1978 年）》，博士学位论文，华中师范大学，2008 年。

　　⑤ 艾智科：《1950—1951 年上海的天花流行与应对策略》，《社会科学研究》2010 年第 4 期。

　　⑥ 陈荣光：《20 世纪 50 年代北京市流感疫情及防治工作》，《北京党史》2010 年第 4 期。

　　⑦ 参见梁其姿《麻风：一种疾病的医疗社会史》，商务印书馆 2013 年版，第 218—264 页。

　　⑧ 宫正：《新中国中医方针政策的历史考察》，博士学位论文，中共中央党校，2011 年。

　　⑨ 李洪河：《新中国成立初期"中医科学化"的历史考察》，《当代中国史研究》2011 年第 4 期；毕小丽：《建国初期的中医进修（1949—1955）》，硕士学位论文，广州中医药大学，2006 年；黄永秋：《建国初期西医学习中医运动的研究（1955—1959）》，硕士学位论文，广州中医药大学，2006 年。

叫嚣，采用历史主义的手法，对新中国初期的中医发展的曲折道路进行了客观描述，认为"中西医结合"创造中国统一的新医学才是中医发展的正确道路。①

在爱国卫生运动研究方面，比较早的是肖爱树对1949—1959年爱国卫生运动发展过程的研究，作者认为新中国初期党和政府领导全国人民开展的爱国卫生运动不仅提高了人民群众的健康水平，起到了移风易俗的作用，而且充分显示了人民民主制度的优越性，并为新中国后来的卫生防疫事业积累了丰富经验。② 艾智科从新中国初期的城市清洁卫生运动的角度，探讨了城市清洁与疾病防治及国家社会间的紧密联系。③ 李洪河从环境史的视角考察了新中国成立初期民众居住环境问题、厕所问题和垃圾问题、饮用水问题等严重的公共卫生问题，认为党和政府积极的城市公共卫生政策和措施使城市公共卫生事业取得了巨大成就，有力地保障了人民的健康安全。④ 还有一些学者以地方档案和卫生史志为基础，分析了新中国初期各省、市的爱国卫生运动及其与国家间的互动关系。

二是比较宏观的疾疫卫生史研究，主要是指从宏观视角对新中国的卫生防疫体系和农村合作医疗制度等进行的研究。如胡克夫对新中国卫生防疫体系的建立与完善问题的探讨⑤，姚力对中国共产党的医疗保障制度的考察⑥，夏杏珍对新中国农村合作医疗制度的建立及其实践的研究⑦等，都是宏观视野下疾疫卫生史的研究。也有学者如岳谦厚、何燕、王胜等以一个地方的医疗卫生事业为中心，采用宏观与微观相结合，历史学、政治学与社会学相结合的视角，论述了新中国农村医疗卫生事业发展的概况。特别是何燕以河北省昌黎县侯家营村的珍贵文书档案为基础，对该村医疗卫生事业的发展历程进行了深入研究，认为集体化时代基于农村经验、符合农村实际的农村医疗卫生事业发展模式，体现了集体化时代医疗卫生体制的创新性与进步性，其

① 张效霞：《无知与偏见——中医存废百年之争》，山东科学技术出版社2007年版，第221—270、309页。

② 肖爱树：《1949—1959年爱国卫生运动述论》，《当代中国史研究》2003年第1期。

③ 艾智科：《新中国成立初期的城市清洁卫生运动研究》，《中共党史研究》2012年第9期。

④ 《建国初期的城市公共卫生治理述论》，《辽宁大学学报》2008年第2期。

⑤ 胡克夫：《新中国社会主义卫生事业和防疫体系的创立与发展》，《当代中国史研究》2003年第5期。

⑥ 姚力：《中国共产党医疗保障制度建设的实践与经验》，《当代中国史研究》2011年第4期。

⑦ 夏杏珍：《农村合作医疗制度的历史考察》，《当代中国史研究》2003年第9期。

价值理念与实践经验对当下农村医疗卫生改革仍具有参考价值。① 王胜则以河北省深泽县为个案，分析了该县集体化时期农村合作医疗制度的发展，认为："集体化时期的合作医疗制度是在国家搭建起来的集体化舞台上，由农民创意出演，由国家统一指挥的一幕参与人数众多、场面极为宏大的历史剧。"② 这一"宏大的历史剧"无疑就是集体化时期卫生事业的生动写照。

除上述微观和宏观两个方面的疾疫卫生史研究之外，还有学者对中国特色社会主义卫生思想的形成、国家领导人与新中国的医疗卫生事业等问题进行了研究。如蔡孝恒以中国特色社会主义的卫生思想为切入点，较系统地研究了以农村为重点，大力发展农村卫生事业；预防为主，做好疾病的预防和常见病、多发病的治疗；中西医并重，搞好中西医结合，创造祖国新医药学等中国特色社会主义卫生思想的主要内容及其政治性、人民性、初级性、协调发展性等特点，其中许多内容涉及新中国成立初期。③ 也有学者对毛泽东、周恩来等国家领导人与新中国成立初期的卫生防疫事业进行了研究，如张晓丽认为毛泽东的人民卫生思想是指导新中国卫生事业取得令人瞩目成就的重要保证④；李洪河分析了周恩来与新中国卫生防疫事业的紧密联系，认为周恩来的卫生防疫思想与实践有力地促进了新中国卫生防疫事业的发展和人民健康水平的提高，为新中国的社会进步事业做出了巨大贡献。⑤ 还有学者如方海兴、田刚等分别探讨了毛泽东、刘少奇等党和国家领导人关于发展中医药的思想与实践⑥，很有学术启发意义。

总之，近年来有关新中国成立初期的疾疫卫生史研究，无论是成果的数量还是质量等，都较 20 世纪 90 年代之前有了很明显的进步与提高。更重要的是有关这一时期的疾疫卫生史研究已不再是医史学界的专利，而是突破了学术研究的藩篱和疆界，成为中华人民共和国史和中共党史研究所关注的主

---

① 何燕：《集体化时代乡村医疗卫生事业探析 ——以河北省昌黎县侯家营村为例》，《中国农业大学学报》2009 年第 4 期。

② 王胜、刘英琴：《集体化时期农村合作医疗制度评析——以河北省深泽县为个案》，《当代中国史研究》2009 年第 2 期。

③ 蔡孝恒：《中国特色卫生思想研究》，湖北科学技术出版社 2009 年版。

④ 张晓丽：《毛泽东人民卫生思想及其实践》，《安徽工业大学学报（社会科学版）》2003 年第 6 期。

⑤ 李洪河：《周恩来与新中国的卫生防疫事业》，《党的文献》2012 年第 1 期。

⑥ 参见方海兴《刘少奇关于发展中医药的思想与实践》，《党的文献》2011 年第 6 期；田刚《新中国成立初期"团结中西医"方针的确立》，《当代中国史研究》2011 年第 1 期等。

题。现实社会的冲击也在催促着国史学界等去认真思考有关的疾疫卫生工作问题，并从历史中找出应对现实的经验。这说明，新中国成立初期疾疫卫生史研究的繁荣局面已经到来。

二 疾疫卫生史研究的理路拓展

相比中国古近代疾疫卫生史的研究，有关新中国疾疫卫生史的研究虽起步甚晚，其所取得的研究成果却蔚为大观。从近年来新中国成立初期的疾疫卫生史研究现状来看，这一研究目前正呈现出一种新的研究理路与趋向：

第一，疾疫的政治隐喻研究的新探索。2003 年，美国社会历史学家苏珊·桑塔格女士作品之一的《疾病的隐喻》在中国大陆翻译出版，该书考察了疾病尤其是传染性流行病如结核病、麻风病、梅毒、艾滋病等如何被一步步隐喻化，从"仅仅是身体的一种病"逐渐转换成一种道德评判或者政治态度，并进而转换成一种政治压迫的过程。[①] 该书出版前后，中国大陆乃至世界范围内的非典疫情造成的恐怖气氛尚未完全散去，这给学界带来了直接的关于疾疫问题的种种想象与思考。还在非典疫情猖獗与肆虐时，张闳便撰写了一篇《血吸虫病与政治卫生学》的文章，认为："血吸虫病与其说是一种身体疾病，不如说是一种病态的社会政治的隐喻。"血吸虫病患者畸形的、令人恐惧的病容，很容易令中国人产生不愉快的"国家病容"的联想。另外，作者还认为血吸虫比任何一种寄生虫更接近于想象中的"吸血鬼"形象，而"血吸虫"、"吸血鬼"则更加严重地提示着剥削制度的残酷性。因此，在政治领袖看来，送走了像"三座大山"一样凶险的血吸虫病"瘟神"，"这两次行动的意义几乎可以等量齐观。"[②] 张闳的这一观点后来被学者们广为采纳。王小军在研究 20 世纪长江中游地区的血吸虫病应对时，也提出血吸虫病的政治隐喻问题，认为"血吸虫"、"吸血鬼"、"寄生虫"、"剥削"等政治词汇的背后，隐含着新中国力图要消灭的各种丑陋现象。[③]王冠中在分析 20 世纪 50 年代中共整合组织资源防控血吸虫病的实践时，还

---

① ［美］苏珊·桑塔格：《疾病的隐喻》，上海译文出版社 2003 年版。

② 张闳：《血吸虫病与政治卫生学》，2013 年 8 月 4 日（http：//blog. sina. com. cn/s/blog_4c5c13f001000bl6. html）。

③ 王小军：《疾病、社会与国家——20 世纪长江中游地区的血吸虫病灾害与应对》，江西人民出版社 2011 年版，第 290 页。

重点指出了新中国成立后附着在血吸虫病之上的反动旧政权隐喻、老百姓愚昧迷信和不卫生的隐喻等，后成为中国共产党科学整合和利用各方面的资源，实现分散力量的高度组织化，以应对当时血吸虫病严峻挑战的必然选择。[①]

与血吸虫病防治过程中的被隐喻化一样，新中国成立初期的"反细菌战"也对细菌传播进行了政治隐喻式的宣传。著名学者杨念群在分析"反细菌战"的过程时，认为"细菌"等于"疾病"的观念通过近代西方殖民过程向非西方区域的拓展，被锻造成了现代政治隐喻；而"反细菌战"过程中的"细菌"，其政治隐喻的化身就是新中国初期千家万户的共同敌人——"美帝国主义"。因此，"反细菌战"所进行的隐喻式的宣传和后来被制度化的爱国卫生运动，"均说明'战争'与疾病的隐喻之间已建立起了某种被认为是恰当的政治关联性。"[②] 从这个意义上讲，新中国初期毛泽东"反对帝国主义的细菌战"的伟大号召就有了政治上的深刻意蕴。胡宜也从疾病的政治隐喻出发，认为疾病是一种最为日常的经验，也是一种与人类生活高度关联的基本事件，因此当疾病在近代中国积贫积弱中发展出"东亚病夫"的隐喻时，对疾病的关照和救治便转化为一种宏大的政治并得到了持久的回应。[③] 胡宜对这种疾病政治的发展脉络与内在逻辑的挖掘与解读，既体现了一种现实的合法性，也体现出了其个人的理论自觉。

第二，疾疫与国家、政治关系研究的新发展。在谈到近代以来医疗领域发生的深刻变化时，杨念群认为这些变化与其说是中西医冲突与融合的历史后果，毋宁说是"现代中国"完成基本构造和建设任务的一个重要步骤。[④] 实际上，杨念群是要通过其对医疗变革的研究来透视其与国家、政治间的相互勾连。在他看来，近代以降中国人的"治病"不仅仅是一种单纯的医疗过程，而是变成了政治和社会制度变革聚焦的对象，个体的治病行为也由此变成了群体政治运动的一个组成部分。基于这种考察视角，2003 年非典毒雾尚

---

① 王冠中：《20 世纪 50 年代中共整合组织资源防控血吸虫病的实践及启示》，《党史研究与教学》2011 年第 3 期。

② 杨念群：《再造"病人"——中西医冲突下的空间政治（1832—1985）》，中国人民大学出版社 2006 年版，第 426 页。

③ 胡宜：《送医下乡：——现代中国的疾病政治》，社会科学文献出版社 2011 年版，第 6—7 页。

④ 杨念群：《再造"病人"——中西医冲突下的空间政治（1832—1985）》，中国人民大学出版社 2006 年版，第 409 页。

未散去之时，杨念群即著文分析了医疗行为、群体政治运动与国家控制能力等相互间的关联，认为由于战争和社会分裂的缘故，中国作为现代国家对基层的控制能力长时期以来处于调整磨合阶段，而到 20 世纪 50 年代以后，中国国家所采取的"全能主义"统治形式使其有能量重新整合地方资源，在这种条件下，"防疫"行为借助于某些政治意识形态的合法性包装如"爱国卫生运动"才得以成功组织起来。①

杨念群有关防疫行为与空间政治相结合的研究在学术界产生了很大的影响。有学者如阚道远、杨建平等即以这种视角分析了新中国初期爱国卫生运动中的国家防疫行为与政治整合有机统一所促成的社会政治参与和公共资源整合过程。作者并进一步指出，在疫病防治视野下，疾病意识形态解释的消解，国家结构功能的转型与扩张，疫病防治中的公共政治参与扩大，人道主义政治文化的兴起，均标志着中国政治的转型和国家的现代化。② 更多的学者探讨的是爱国卫生运动与国家的政治动员、社会动员间的密切关联。如戴韶华从政治社会学的视角解读了群众运动、政治动员以及特定政治环境下政府官员、基层积极分子和普通百姓之间在思想和行为等方面的表现等，对爱国卫生运动发展的重要影响。③ 王小军则从政治史的视角，探讨了新中国成立初期防治血吸虫病与各种政治运动结合的过程，揭示了消灭血吸虫病运动与国家政治动员的关系，以及消灭血吸虫病背后所隐藏的政治动员意图④，这对分析新中国初期的爱国卫生运动提供了新的视角。

随着疾疫政治研究的逐步深入，学者们的研究理路呈现出了多元化的趋势。如梁其姿在关于中国麻风病史的研究中，认为新中国成立后麻风病成为真正的国家问题，而中华人民共和国麻风控制的历史鲜明地反映了政治焦点的变化。"麻风控制先反映了政权的早期由毛泽东对农村利益的关注，也配合了 20 世纪 50 年代开始发动的一系列政治运动，控制的方法也满足了在经历了一个世纪的民族耻辱之后，旨在壮大中国的官方民族主义话语的需

---

① 杨念群：《防疫行为与空间政治》，《读书》2003 年第 7 期。

② 阚道远、杨建平：《疫病防治视野下的中国政治变迁》，《贵州社会主义学院学报》2009 年第 3 期。

③ 戴韶华：《爱国卫生运动中小营巷的变迁——一项政治社会学的解读》，《法制与社会》2010 年 6 月（上）。

④ 王小军：《疾病、社会与国家——20 世纪长江中游地区的血吸虫病灾害与应对》，江西人民出版社 2011 年版。

要。"① 胡宜围绕现代民族国家建设的核心，通过对"废止中医"、"爱国卫生运动"及"合作医疗"等事件的叙述与解读，对疾病如何被政治化并纳入到国家管理序列、卫生的双重规训、合法性建构、再造国民、国家公共性扩展等问题进行了分析，力图从国与民关系格局的变迁中，阐释了疾病政治发展的基本逻辑。② 赖静萍则以当代中国政治中一个颇具中国特色的组织——防治血吸虫病工作领导小组为主要研究对象，通过对 1949 年以后血吸虫病防治工作领导体制的变化及血防领导小组党政归属变迁的历史分析，从微观层面来把握新中国成立以后党政适度分离——以党代政——党政分开——以党领政这一党政关系的演变历程及当代中国政治发展的轨迹③，并从侧面反映了当代中国政治生活中党的执政方式的沿革及其影响。

第三，疾疫与社会、环境关系研究的新趋向。余新忠在探讨疾病史研究的取向时认为，其主要目的在于通过疾病史研究来分析疾病、医疗与社会的互动关系，以及疾病在历史变迁进程中的意义。④ 这种研究指向实际上是在社会史研究的框架内进行的，也符合 20 世纪 90 年代以来社会史研究的多元化取向。在有关新中国初期的疾疫卫生史研究中，甄雪燕曾分析了中国传染病流行的主要社会因素，认为传染病能够对人类社会造成严重伤害，主要是受到国家政治体制、经济状况、文化习俗、人口密度、自然环境等一系列社会因素的影响，社会因素决定了传染病的流行程度。⑤ 明勇军从自然、社会等角度探讨了新中国初期血吸虫病在湖南洞庭湖区的广泛流行，究其原因是当地特殊的自然环境、洪涝灾害等自然因素与其落后的生产方式、不良的生活习惯等社会因素相互作用的结果。⑥ 近年来学界在探讨相关疾疫问题时，还进一步将其放置在环境史的考量范围内。如李玉尚在研究新中国成立前后江南地区的传染病史时，认为这一时期江南的传染病史，既是环境、病原体与人相互影响的历史，也是环境、病原体与人相互作用的历史。在这一过程

---

① 梁其姿：《麻风：一种疾病的医疗社会史》，商务印书馆 2013 年版，第 263 页。

② 胡宜：《送医下乡：现代中国的疾病政治》，社会科学文献出版社 2011 年版。

③ 赖静萍：《党政关系的演进与当代中国政治发展——基于对防治血吸虫病工作领导小组的历史考察》，《学海》2010 年第 1 期。

④ 余新忠：《中国疾病、医疗史探索的过去、现实与可能》，《历史研究》2003 年第 4 期。

⑤ 甄雪燕：《近百年中国传染病流行的主要社会因素研究》，博士学位论文，华中科技大学，2011 年。

⑥ 明勇军：《湖南洞庭湖区血吸虫病流行史研究（1949—1965）》，硕士学位论文，湖南科技大学，2010 年。

中，公共卫生成为国家现代性的一个重要方面，环境、病原体与人的关系也因此达成新的平衡。① 万振凡等则以环境史为视角，把血吸虫与人的关系置于20世纪鄱阳湖区特定自然环境之中进行了细致考察。②

上述疾疫卫生史研究的几个新的趋向的概况，实际上还很不全面。近年来，一些与疾疫卫生史研究密切相关的疾疫与身体、疾疫与文化等，也都相继成为学界研究的新宠。这一研究已经不再是单纯的疾疫防治史的研究，而是承载了国家、政治、社会、环境的疾疫史研究。若从"一切历史都是当代史"的视角而言，这种与普通民众的实际经历与切身健康更加密切的研究，理应是今后新中国初期历史研究的新重点。

三　疾疫卫生史研究的几点思考

新中国成立初期疾疫卫生史研究的逐步兴起，是近年来中华人民共和国史研究日趋繁荣的重要表征。这一研究因学界的持续关注取得了一批相当有分量的成果，但与古近代疾疫卫生史研究的相对成熟、相对繁荣状况相比，当前研究还有不足，主要表现在如下几个方面：

第一，学科建设中的疾疫卫生史研究规划。几年前，朱佳木先生曾在多篇文章中倡导中华人民共和国史的研究不仅包括政治、经济、社会、科技、教育等内容，也包括人类活动造成的生态灾害等③，应该重视当今中国就业与社会救济、教育与医疗、灾害与赈灾等一系列社会问题。④ 这说明疾疫卫生史作为中华人民共和国史研究的重要内容，已经引起了学界的高度重视。学者们也从多个角度探讨了将疾疫卫生史研究纳入到国史研究重要内容的问题。如曹树基在上海交通大学历史系一方面大力搜集了全国各地50多个县、市的档案资料，并带领其学术团队开展了被其称为"新党史"的中国当代史研究，认为中华人民共和国的政治、经济、法制、教育、医疗卫生、社会、文化、人民的日常生活"都可以成为'国史'的内容"，另一方面则在分析

---

① 李玉尚：《环境与人：江南传染病史研究（1820—1953）》，博士学位论文，复旦大学，2004年。

② 万振凡、万心：《环境史视野下的20世纪鄱阳湖区血吸虫病史研究》，《江西财经大学学报》2011年第3期。

③ 朱佳木：《论中华人民共和国史研究》，《中国社会科学》2009年第1期。

④ 朱佳木：《努力构建中国当代社会史学科——在"新中国社会变迁与当代社会史研究"学术研讨会上的讲话》，《当代中国史研究》2011年第6期。

工具与研究方法上有所创新，采用了生态学方法、流行病学方法、人口学方法等，给中国当代史研究带来了广阔的空间。① 杨奎松在谈到中国当代史研究问题时，认为相对于可能因政治敏感而无法真实再现史实的当代史研究来说，对包括医疗、人口、生态、灾害等在内的许多方面都应该加以考察和研究，这也是十几年来中国当代史研究发生的新的变化和趋势。②

其他还有一些学者如田居俭、李文、姚力、朱汉国等，发表了不少关于国史学科研究内容的真知灼见。③ 但在具体的国史学科研究规划中，除朱汉国明确提出研究中国当代社会史，"要重点研究国家和社会力量为保障社会正常运行而采取的各种举措，研究这些举措的实施过程及其影响"，其主要内容应包括"医疗卫生保健体系的建立与完善"④，还有相当多的学者似乎并未将疾疫卫生史纳入到国史研究的学科规划和学术视野中。如张静如在其5卷本的《中国当代社会史》中，除第5卷（1992—2008）有一节内容涉及"卫生事业"外，其余各卷竟未有专门的疾疫卫生研究内容，新中国初期的疾疫卫生状况更鲜有涉及。⑤ 李文在《国史中的社会史：内容和框架结构》中阐述了他关于中国当代社会史的研究对象和内容，并构建了拟编写的中国当代社会史的框架结构，包括上下两篇各5章内容⑥，但也未将疾疫卫生问题纳入到其研究视野中，不能不说是一个很大的缺憾。近日笔者注意到中国社会科学院当代中国研究所已经启动了《中华人民共和国社会史》的编撰工作，不知是否有将疾疫卫生史纳入到上述工作的考量？当今学界对社会与普通民众生活的研究已经取得了很大的成绩，而与此前学界更多关注的高层政治精英或思想领袖相比，中国社会与普通民众更容易罹患疾病，与医疗、卫生事业的关系也就更为密切。因此，将疾疫卫生史研究尽早地纳入到国史研究的学科规划和学术视野中已是刻不容缓。

---

① 参见曹树基《中国共产党历史研究的方法论》，《科学与管理》2012年第5期；曹树基、刘诗古《历史学的研究方向与范式》，《学术月刊》2012年第12期。

② 杨奎松：《中国当代史研究的起步与意义》，《社会科学》2012年第5期。

③ 田居俭：《把当代社会史提上研究日程》，《当代中国史研究》2007年第3期；李文：《国史中的社会史：内容和框架结构》，《中国地方志》2011年第1期；姚力：《中国当代社会史研究的学术视野与问题意识》，《中共党史研究》2011年第1期；朱汉国：《中国当代社会史研究之我见》，《史学集刊》2012年第5期等。

④ 朱汉国：《中国当代社会史研究之我见》，《史学集刊》2012年第5期。

⑤ 张静如等：《中国当代社会史》，湖南人民出版社2011年版。

⑥ 李文：《国史中的社会史：内容和框架结构》，《中国地方志》2011年第1期。

第二，疾疫卫生史研究方法的创新。一般来说，人们习惯将疾疫卫生史研究在方法上归入到"社会史"研究一类，并将这一研究用来增益历史学研究的维度与深度，借此说明和诠释历史上的社会状况及其变迁。① 这似乎显得过于笼统。实际上，还在 20 世纪 90 年代中期前后，杨念群便以其"中层理论"的分析框架，以西医东传为切入点，对"空间转型"的实施制度进行分析与研究，体现出了比较明确的社会文化史研究的自觉。② 后随着疾疫卫生史研究的逐步深入，余新忠在反省西方医疗室研究的发展趋向时，也呼吁将疾疫卫生史研究纳入到"新文化史"研究的范畴，并且认为从社会文化史和日常生活史的双重角度出发开展医疗史研究是当下推动这一研究"必要而可行的路径"③。不少学者如张俊峰先生虽认为新文化史当下仍无法取代社会史一支独大的局面，但也承认包括新兴的生态环境史、医疗疾病史等"新文化史"研究范式，很有学术价值。④ 这种从社会文化史和日常生活史的双重角度出发的研究，也同样适用于新中国成立初期，学界并对这一时期疾疫卫生史的研究方法进行了不断的思考与探索。如郝平教授认为，医疗卫生的多种历史面相也需要历史学必须与人类学、社会学、经济学、政治学等学科相交叉，并借鉴与吸收上述学科的理论与方法，以历史学为本位开展跨学科的研究与探索。⑤ 姚力从口述史的实践出发，认为迈向田野、问询民间是包括医疗卫生史在内的当代社会史研究获取史料、开掘研究问题、理解中国社会的有效途径。⑥ 这些都对新中国初期疾疫卫生史的研究方法有重要的启发作用。

第三，疾疫卫生史研究与现实社会的关联。2003 年的"非典"疫情使学者们开始反思作为国家安全问题之一的公共卫生安全问题的重要性，提出

---

① 余新忠：《中国疾病、医疗史探索的过去、现实与可能》，《历史研究》2003 年第 4 期。

② 参见杨念群《西医传教士的双重角色在中国本土的结构性紧张》，《中国社会科学季刊》1997 年 5 月号。

③ 余新忠：《回到人间 聚焦健康——新世纪中国医疗史研究刍议》，《历史教学》2012 年第 22 期。

④ 张俊峰：《也论社会史与新文化史的关系——新文化史及其在中国的发展》，《史林》2013 年第 2 期。

⑤ 郝平：《开展集体化时代农村医疗卫生史研究》，参见《"改革开放以来的中国社会史研究"国际学术研讨会暨第十四届中国社会史学会年会论文集》（下），山西大学 2012 年 5 月内部印行，第 976 页。

⑥ 姚力：《试论口述历史对中国当代社会史研究的几点启示》，《当代中国史研究》2012 年第 5 期。

"建设和完善中国公共卫生体系成为当务之急"①。"非典"疫情过后，医史学界编制了《中国医学通史》、《中国防疫史》等鸿篇巨制，其意在为当今中国的卫生防疫改造提供借鉴与思考。但在历史学界尤其在中华人民共和国史学界，在涉及疾疫卫生史研究的相关问题时，不少学者还未将其研究与现实社会对接起来，从而为当今社会的建设与管理提供历史的经验和智慧。尽管近年来也有一些学者如姚力等在大力呼吁加强中国当代社会史研究的学术视野与问题意识②，国家与教育部社会科学基金项目也加大了相关研究的投入力度，但诸多与社会现实密切相关的重大问题如疾疫应对机制问题、疾疫政治的若干理论问题、疾疫在国家治理中的地位和意义问题等，仍是今后相当长一段时间内学界应当引起足够重视的重要问题。

总之，与中国古近代疾疫卫生史研究相对繁荣的状况相比，有关新中国疾疫卫生史的研究虽然起步甚晚，但也取得了相当大的成绩。在今天，民众的疾病医疗已成为政府与社会共同关心的话题，民众的疾苦及其解除也理所当然地成为政府的责任。学术界能否真正"运用其本应掌握的社会建设和社会管理的经验和智慧，在危机时刻协助政府制订理性的公共政策，引导公众具备健康的心态，帮助社会以最小的代价度过危机"③，还有待于学界进一步的思考与探讨。

---

① 李文：《中国当代社会史研究：应运而生，顺势而为》，参见《"改革开放以来的中国社会史研究"国际学术研讨会暨第十四届中国社会史学会年会论文集》（上），山西大学 2012 年 5 月内部印行，第 367 页。

② 姚力：《中国当代社会史研究的学术视野与问题意识》，《中共党史研究》2011 年第 1 期。

③ 李文：《中国当代社会史研究：应运而生，顺势而为》，参见《"改革开放以来的中国社会史研究"国际学术研讨会暨第十四届中国社会史学会年会论文集》（上），山西大学 2012 年 5 月内部印行，第 368 页。

如何正确运用中国当代史料刍议

王爱云

（中国社会科学院当代中国研究所）

中国当代史料种类繁多，例如档案文献、文集文稿、传记年谱、口述回忆、书信日记、报纸杂志、民间资料、视觉史料等，可谓琳琅满目；从数量而言，官方机构、学术团体、民间个人以及国外等各种渠道编辑出版的史料，也称得上汗牛充栋。丰富的史料对于推进中国当代史研究的发展发挥了不可或缺的作用。然而，由于研究者的立场和预设观点不同等原因，中国当代史料运用中出现了因伪造史料、篡改史料、裁减史料而产生的伪史料问题；口述史料中也存在由于口述者情感立场、记忆失误和知识局限等造成的错误史料问题；还有学者在史料解读中做不到客观准确，不尊重史料，以偏概全，得出片面观点。如此种种，都在一定程度上影响了中国当代研究的健康发展。在当今信息时代的大背景下，学术领域的伪史料、史料失实、错误解读等问题通过网络迅速向社会传播，一般社会人士对史料的真伪等缺乏判断能力，从而使这些史料问题在社会上广泛流行，造成恶劣的社会影响。

中国当代史料是中国当代史研究的基本素材，是研究者复原和认识客观历史的"中介"。为便于研究者利用史料，一些学者对中国当代史料的主要种类及编纂出版情况进行了概括、归纳和分析①，然而对于史料运用中所存在和应该注意的问题，却鲜有人专门论及。本文对目前中国当代史料运用中所存在问题进行了粗略梳理，并对如何正确运用史料、解读史料进行了初步思考，以期对中国当代史研究者有所帮助。

---

① 参见张注洪《当代中国史研究中的文献史料问题》，《当代中国史研究》2006 年第 5 期；刘建平：《历史与政治学视野中的党史文献编纂》，《中国图书评论》2008 年第 9 期；韩钢：《近三十年来党史资料的整理、编纂和利用》，《中共党史研究》2010 年第 7 期；邓群刚：《当代中国民间文献史料的搜集、整理与利用现状综述》，《中共党史研究》2011 年第 9 期等。

一 中国当代史料运用中所存在的问题

（一）伪史料问题

伪史料是历史研究中经常遇到的一个问题，中国当代史领域也不例外。何为伪史料？荣孟源曾指出："凡本无其物，凭空制造的；伪造原物，冒名顶替的；窜改原物，混淆真相的，不论是实物、文字或口碑史料等，都是伪史料。"① "制造"、"伪造"、"窜改"，这些词语说明伪史料的产生，往往有着明确的主观动机，伪造者通过种种手段伪造歪曲史料，目的就是为了达到其预设的观点和结论。

在中国当代史领域，由于涉及新中国成立后中国当代政治、经济、外交、领导人活动等层面的档案文献公布得并不多，造成一些重大历史问题的史料出现空白点，一些人从而不惜伪造史料，为自己的论断提供支撑。例如，整风反右运动研究中，多年来一直存在伪史料的问题。关于整风运动的起因，早在上世纪50年代香港出版的一本书中就指出，"鸣放"是毛泽东建立"新国际组织的秘密计划"的一个步骤，并说这一计划遭到苏联的反对。书中说苏联于1957年6月间发出一个明确的国际指示："社会主义的国家里面，中国人民内部有矛盾，苏联国家的人民，没有这种矛盾的。中国共产党不考虑国际环境，独自标新立异，倡导鸣放，影响整个国际团结的发展"；还说："中国人民内部，究竟有何种矛盾，必须采取鸣放与整风。在目前的世界资本主义帝帮，对整个社会主义国家环攻之下，我们的国际主义者的处境是特别危险的，一切问题也特别严重的，一切也要客观的审慎，合一步伐，无论人民有何种内部的矛盾，此时的当前，皆不需要一个政治性的鸣放和整风。公开宣扬鸣放政策和整风运动，是给资本主义帝帮一个便利的袭击我们。同时，也是无形中违害了国际主义，影响了国际团结。毛泽东同志的这种主张，犯了右倾思想，机会主义的错误，务必纠正这种右倾思想的发展，扑灭这种机会主义的存在。"又说刘少奇接受了苏联的上列指示，提出"要与毛泽东为首的右倾思想机会主义作严重斗争"，建议"召开人代大会，

---

① 荣孟源：《史料与历史科学》，人民出版社1987年版，第61页。

公决右派分子的罪行，予以惩处，结束鸣放，以免影响国际与国内的纠纷"。① 该书对这一史料没有注明来源，笔者至今没有看到任何资料表明毛泽东曾有建立"新国际组织的秘密计划"，将整风运动归之于此，很明显是主观揣测臆断。但是仍有研究者根据这一伪史料，得出"毛泽东决定放弃新方针而转为反右，实际上是向刘、彭'靠拢'"② 的结论，以解释整风运动转向反右派斗争的原因。

　　关于反右派斗争中被划为右派的人数及平反情况，史学界历来有不同说法。《中国共产党历史》第二卷出版后，中共中央党史研究室第二研究部编著《〈中国共产党历史〉第二卷注释集》对右派人数及平反情况进行了详细说明，指出 1957 年反右派斗争中，全国共划了右派分子 55 万余人。1959 年至 1964 年，先后五批摘掉了 30 余万人的右派分子帽子；1978 年为所有右派分子统一摘帽，但是维持右派原案、只摘右派分子帽子、不应改正的，全国尚有三千余人；对于这三千余人，对他们的历史功过给予正确评价，恢复其政治权利，适当安置了他们的工作和生活。另外，被划为"中右分子和反社会主义分子"的 31.5 万人，也一律给予平反。③ 这其中的数字与 2009 年发表的一篇文章所披露的数字大相径庭。该文指出："据中共中央公布的资料，1957—58 年共划右派 552973 人，1978 年以后'改正'552877 人。不予改正的有章伯钧、罗隆基、储安平、彭文应、陈仁炳和全国各地共 96 人。扩大化 5759.1354 倍，错划比率占 99.99%。所谓'必要性'只占万分之 1.736；又据解密后的中央档案，全国划右派总共是 3178470 人，还有 1437562 人被划为'中右'（中右者也受到不同程度的处罚）。实际上戴帽的'右派分子'不是 55 万，而是 55 万的 5.6 倍！"④ 至于中共中央公布的资料和解密后的中央档案是何时出台的何种文件，该文并没有具体注明，只注释"参见 ks. cn. yahoo. com2007 – 10 – 03"。中央党史部门在官方史著中引据的数字通常来源于档案或者相关权威著作，真实性比较高，从而较广泛地为学界认可。而后者披露的数字虽然精确到个位，但说全国右派和中右分子达到 460

① 《中国人民二二七鸣放革命重要经过报告书》，（香港）当代出版社 1957 年版，第 47—49 页。

② 朱正：《两家争鸣——反右派斗争》，（台北）允晨文化实业股份有限公司 2001 年版，第 617 页。

③ 参见中共中央党史研究室第二研究部编著《〈中国共产党历史〉第二卷注释集》，中共党史出版社 2012 年版，第 285—287 页。

④ 郭道晖：《毛泽东发动整风的初衷》，《炎黄春秋》2009 年第 2 期。

多万，夸大了反右派斗争扩大化的严重程度，文章又没有公布这些数字的可靠来源，使这些数字有伪史料之嫌。但是由于冠以中共中央公布的资料和解密后的中央档案的名义，这些虚假数字似乎具有了合法性而在网络上广泛传播，造成不良影响。

还有人为了得出自己的结论，公然篡改、裁减史料，以虚假史料支撑自己的错误观点。例如荷兰学者、香港中文大学历史系教授冯客（Frank Dikoetter）的著作《毛泽东的大饥荒》声称参考 1000 多份档案文件，在其中一份"只发给（1959 年）3 月 25 日上海锦江饭店会议参加者的绝密会议纪要"中指出："毛泽东下令征购粮食总产量的三分之一，这个额度，是史无前例的。毛泽东说：'粮食收购不超三分之一，农民造不了反。''不够吃会饿死人，最好饿死一半，让另一半人能吃饱'。"实际上，关于"粮食收购不超三分之一，农民造不了反"的谈话，是 1959 年 3 月 28 日李先念作《关于粮、棉、油购销问题和财贸方面几个问题》报告时毛泽东的插话；而"死一半"之说，是毛泽东在 3 月 26 日薄一波作《关于第一季度工业计划执行情况和第二季度的安排》报告时的插话里提到的。毛泽东说："对工业，这三个月要确实的抓一下，要抓紧，抓狠，抓实。工业方面的领导上要出秦始皇。要完成计划，就要大减项目。1078 个项目中还应该坚决地再多削减，削到 500 个。平均使用力量是破坏大跃进的办法。大家吃不饱，大家死，不如死一半，给一半人吃饱。"① 可见，"不如死一半"的比喻，完全是针对工业领域里的基建项目。冯客随意裁剪、拼接史料，刻意将毛泽东说的工业问题扭曲成粮食问题，将毛泽东说的让一半基建下马歪曲成毛泽东蓄意牺牲一半中国人，无非是夸大毛泽东对三年困难时期饥荒问题的责任，妖魔化毛泽东的形象。

类似这些任意篡改史料、恶意歪曲史料的行为，深为学者所不耻，他们纷纷撰文予以批驳。例如 2005 年张戎等出版《毛泽东：鲜为人知的故事》一书后，2008 年 11 月香港大风出版社出版了英国威尔士卡迪夫大学历史系教授班国瑞、英国伦敦经济政治学院比较政治学高级讲师林春共同主编的《传记还是杜撰——海外学者评〈毛泽东：鲜为人知的故事〉》一书，汇集 14 位国际知名中国问题专家学者的文章，批驳揭露张戎如何故意歪曲历史资料来证明自己的观点，指出张戎根据自己的目的选择性地使用证据，对相反

---

① 李慎明、李捷主编：《还原历史的本原》，中国社会科学出版社 2014 年版，第 459、461 页。

的证据则完全无视；引用资料断章取义；不适当地引用一些不可能核查的数据；使用推测作为确定无疑的事实；没有确凿的证据或者根本没有证据就轻率地作出绝对的结论，等等。

(二) 误史料问题

如果说伪史料包含着造伪者明确的主观动机，那中国当代史料中还有一种错误史料是史料制作者无意识造就的，这类史料多见于回忆录和口述史料，是由于口述者情感立场、记忆失误和知识局限等造成的，即便是一些领导、专家、名人，也无法完全避免。

由于许多重大历史事件的亲历者还健在，他们的回忆录和口述史料成为中国当代史研究领域不可或缺的资料来源。自20世纪80年代以来，大批回忆录和口述史料出版面世，内容涉及中国当代史领域的方方面面，有效地补充了档案文献资料不足的缺陷。然而，口述史料存在着自身的重大缺陷，"一室之事，言者三人，而其传各异"[1]。例如，关于华国锋是否阻挠邓小平复出的问题，史学界有不同的意见，关于这一问题当事人的回忆也有很大不同。吴德口述指出，1976年10月，华国锋在一次政治局会议上宣布了三条：第一条是请邓小平出来工作；第二条是要在中央会议上堂堂正正地出来；第三条是要为邓小平出来工作做好群众工作。会后，李先念、陈锡联、吴德一起去北京西山看望邓小平，表达了中央请他出来工作的愿望。[2] 也有人使用别的材料指出："其实，1976年10月份的时候邓小平还在宽街处于封闭状态，根本没在西山。刚粉碎'四人帮'后，中央政治局也没有谈及邓小平的问题，为了先稳定大局，甚至还提出了'继续批邓'，引起了老同志和社会的不满。"[3] 这种不同回忆的出现，可能是回忆者个人情感、立场不同，或回忆年代久远的缘故。

有时因为对历史了解不全面，也会造成错谬。例如，曾担任陈云秘书的一位老同志在回忆"以邓小平同志为核心的第二代中央领导集体"这一说法的来龙去脉时指出："1989年6月8日，陈云在修改李鹏代表中央政治局在首都党政军干部大会上的讲话稿时批了一句话，'倡导改革开放的是以邓小

---

① 方苞：《方望溪全集》，中国书店1991年版，第163页。

② 参见朱元石等访谈、整理《吴德口述：十年风雨纪事——我在北京工作的一些经历》，当代中国出版社2004年版，第255页。

③ 程冠军：《叶选基讲述粉碎"四人帮"与邓小平复出》，《同舟共进》2012年第2期。

平同志为核心的党中央'。11 月 10 日中顾委全会的公报正式使用了'小平同志是我们党的工作和军队工作、经济建设和改革开放以及其他各项事业的总设计师'的说法。所以说，以邓小平为核心的党中央和邓小平是改革开放总设计师的提法出自陈云。"忆者披露陈云首先提出"以邓小平同志为核心的党中央"，这一点非常珍贵，但同时认为"邓小平是改革开放总设计师"的提法也出自陈云，却是值得商榷的。翌年，有研究者对这一问题进行了明确考证，指出 1985 年 7 月 26 日李鹏出访美国，在回答美国记者提问时向媒体宣称"邓小平主任（邓小平时任中共中央顾问委员会主任）是中国四个现代化建设的总设计师"，这是"总设计师"的提法第一次公开出现于党和国家领导人的讲话中，并被国内媒体正式报道。1989 年 5 月 25 日，李鹏在会见外宾时明确宣布："中国改革开放的总设计师是邓小平同志，而不是别的什么人。"①

（三）对史料的不当解读

在对史料的解读运用中，向来存在对同一史料有不同看法的现象，中国当代史研究也不例外。例如，在反右派运动研究中，对 1957 年 1 月毛泽东《在省市委自治区党委书记会议上的讲话》这一史料的解读就存在截然不同的看法。有人认为这一讲话是"引蛇出洞的战略部署"，"是从鸣放到反右真正的转折点"。有人则认为虽然毛泽东这一讲话谈到了对付民主人士和知识分子的办法，但是"这些都仅仅说明他的思想中有发动一场反右派斗争的因素，却不能说这时他已经在计划开展这场斗争了"。这种现象，既与研究者的历史知识积累有关，更与研究者的立场、角度密不可分。历史作为已经发生的事实是相当客观的，但历史研究却是主观的行动。由此，研究者的历史观、价值观，自然会影响到其对史料的研读。

研究者的分析角度不全面，也可能造成面对无误的史料却得出不准确的结论。例如，在近年来学术界对右派言论本身的内容及思想价值的研究中，有的研究者认为，1957 年知识界右派言论"实质只是一场关于什么是社会主义、如何建设社会主义的大讨论。在这场夭折了的思想解放运动中，知识分子们以极大的政治勇气和智慧，对如何把中国建设成为一个民主、法治、自由、平等、经济发展、科学文化繁荣以及社会生活各领域充满生机与活力

---

① 陈亚杰：《"总设计师"称谓的来龙去脉》，《中共党史研究》2006 年第 4 期。

的新型社会主义国家，进行了创造性的思考和探索，使自己当之无愧地成为20多年后终于在中国大地上掀起的改革开放事业的思想先驱"①。这种观察将1957年知识分子对刚刚建成的社会主义社会的自发感受上升为对什么是社会主义、如何建设社会主义的自觉反思，不免夸大了其思想价值和意义。有的研究者对基层右派的言论进行研究，分析他们对统购统销、农业合作化和人民生活的不满和抱怨，从而得出党在农村社会出现了统治危机的结论。应该指出的是，右派毕竟只是当时整个社会中的一小部分人，其言论只是一小部分人的看法和意见，不代表当时社会意识的主流，不代表大多数人民群众对党和国家政策的主体意见。如果将右派言论等同于社会的主体看法甚至普遍意见，恐怕有以偏概全之嫌。

还有的研究者面对客观史料时，脱离历史实际进行想当然的分析评价，得出荒谬的结论。例如有人在对改革开放前新中国的住房问题进行研究时，将毛泽东到全国各地时居住过的宾馆等全部划归毛泽东名下，称毛泽东为那个时代的"房爷"。这种歪曲解读，反映了一些人刻意抹黑毛泽东的主观用意。

二 对如何正确运用中国当代史料的初步思考

中国当代史料及其运用中所存在的上述问题，说明在中国当代史研究中，正确对待史料、准确解读史料是非常必要的。针对伪史料、误史料问题，必须开展相应的史料鉴别工作——辨伪、正误，使伪史料的真面目暴露于史学界而为研究者所摒弃，使误史料中的错误之处得到纠正而准确揭示历史真相。与此同时，以正确的原则和立场来解读史料，使史料的主观解读尽可能接近客观历史事实，尽可能准确揭示历史发展规律。

(一) 史料鉴别：辨伪、正误

辨伪是针对中国当代史料中的伪史料而言的。对于一些研究者披露的没有史料来源抑或是背离基本历史事实的伪史料，第一，要敢于质疑。不能盲目接受、轻信，敢于在历史事实的基础上予以质疑。对于与目前所披露数据

---

① 丁学志：《1957年知识界右派言论研究：以对政治体制的反思为中心》，华中师范大学2006年硕士学位论文。

出入较大的数字资料，尤其不能轻易接受。中央文献研究室、中央党史研究室等官方修史部门主持撰写编著的中共党史著作，相关史料基本来源于档案或权威著作，虽然公布时有的没有注明档案来源，但准确严谨，值得信赖。第二，对于存疑史料，要以第一手资料为准。一些研究者披露的来源不清、明显与现有资料相悖的史料，仍应以现有史料为准；对于打着档案名义披露的一些与基本史实明显不符的资料，要多方面核对其来源，认清并批驳其歪曲改造之处。中国当代史领域的第一手资料，除了档案文件、文集文稿外，中央文献研究室编撰的人物传记年谱、中央党史研究室撰写的史著等，都是基于大量档案资料，大多可视为第一手资料。第三，及时整理伪史料。对于史学界出现的伪史料，要及时组织开展批评、辨别工作，对于已经认定的伪史料，要整理出名单，向学术界公布，提醒研究者尤其是青年学者注意。

对于中国当代史料中的误史料，要有针对性地开展正误工作。第一，要坚持口述史料与文献资料相印证的原则，通过相关文献资料的对照，来辨别并纠正口述史料中的错误之处。例如，1980 年朱德秘书陈友群曾回忆指出："五〇年四月中宣部起草的'五一'口号中，最后两条是'中华人民共和国万岁！'、'中国共产党万岁！'，毛主席在后面加了一个'毛主席万岁！'"2010 年张素华查到 1950 年《庆祝五一劳动节口号》的原始档案，说明胡乔木起草初稿时就有"毛主席万岁"，后经刘少奇改动发表，最后两条为"伟大的中国共产党——中国人民胜利的领导者与组织者万岁！""伟大的中国人民领袖毛泽东同志万岁！"① 要谨慎对待得不到文献史料印证、比较的口述史料，单纯将口述史料作为记述历史的唯一渠道，很难保证历史的真实。

第二，无法得到文献史料印证的口述史料，则要多方征集同一事件当事人的记述，这样可以互相印证一些错误之处。一般来说，不同回忆者对同一事件的说法不同时，应尊重多数人的意见。例如，《新文学史料》1998 年第1—2 期发表了黄伟经《文学路上六十年——老作家黄秋耘访谈录》一文，对 1957 年中国作协反右派斗争的情况进行回顾。该文发表后，当年中国作协的部分当事人纷纷写信、写文章，指出黄秋耘访谈录中的错误之处。《新文学史料》编辑部在 1998 年第 4 期将这些来函和文章一字未动全部予以编发，更全面、准确地反映了当年中国作协反右派斗争的情况。从这些文章来

---

① 陈文君：《"毛主席万岁"口号的由来——访中央文献研究室第一编研部副主任张素华》，《党的文献》2010 年第 5 期。

看，黄秋耘对作协反右派斗争时的回忆有不少不准确之处。遗憾的是，《文学路上六十年——老作家黄秋耘访谈录》1999 年出版时，并没有将这些更正文章收录其中，这种访谈录就不能不引起研究者的注意。

（二）准确解读史料

中国当代史研究中，能否做到准确而深入地解读史料，既与研究者的史学功底即掌握党史知识的广度和深度有关，又与研究者的史识即分析评价历史的立场、态度密不可分。一定程度上说，掌握史料固然重要，而准确地解读史料对研究者而言更重要。

第一，必须坚持正确的历史观和研究立场。马克思主义史学倡导以唯物史观为根本指导，站在人民群众的立场上，坚持正确的原则和方法，把历史事件和历史人物放在当时的历史条件下和具体环境中进行研究，只有如此才能对史料进行准确解读，最终获得接近历史事实、符合历史发展规律的认识。例如，对于新中国土地改革这场以广大农民根本利益为出发点的革命运动，如果不考虑新中国初期仍然尖锐的阶级矛盾和封建势力的抵抗，甚至站在地主等剥削阶级立场来观察问题，那么对土地改革史料必然作出另类解读，得出错误的评价结论。

第二，要对中国当代史料的性质和特点有全面的了解和把握。中国当代史料丰富而多样，其中不少具有各自的优势与缺陷，这就需要研究者在史料运用中对史料的性质和特点有全面的了解和把握，在运用和解读史料时注意"避短"，克服史料之缺陷。例如知青文学史料以其表达的历史记忆而成为知青上山下乡运动研究的主要史料来源之一，这类史料丰富地展现了知青上山下乡运动的面貌，但是却存在作者主观感受极强等缺陷，这类史料必须经过与历史文献资料相互印证后才能使用。再如反右派运动中的右派言论集，属于特定历史时期产生的批判史料，当时整理和印刷这种史料，都是供内部批判，因此不可避免地带有断章取义、"欲加之罪，何患无辞"甚至歪曲原意的特点，以此为依据来研究言论的思想价值是要非常谨慎的。又如，当代民间文献史料（主要包括文件、账簿、信函、日记、笔记等）以其反映底层社会的政治、经济、文化状况和普通农民的日常生活、人际交往、家庭关系、个人境遇等而成为中国当代社会史研究的主要史料来源之一，这类史料中的日记、笔记等对于研究社会心理是非常难得的，同时也要看到记载者难免会受到时政的影响，因而具有较大的主观性和片面性，运用时需要与历史事实相对照；而且这类史料一般以大队、村社为单位，资料分散，且个案性强，因此是否具有典型性和普遍意义是研究者要十分注意的。

第三，要坚持"有一分史料说一分话"的原则。研究者必须在掌握充足可靠的史料之上，才能对历史作出正确的解读。在实际的历史研究中，穷尽史料又是不可能的，因此"有一分史料说一分话"，应成为历史研究的基本准则和常识。近年来，研究者对基层档案文献的重视、挖掘和利用，使基层个案研究成为中国当代史研究的一个重要领域。在这种研究中，尤其要重视区域差异的存在，同样的历史事件在不同的基层区域往往有不同的历史面相。在这种情况下，坚持"有一分史料说一分话"，不妄作由点到面、由微观到宏观的推论是非常重要的原则，做到这一点，个案研究才不失其丰富历史面貌的价值。

农村人民公社史料的搜集整理述评

郑清坡

（河北大学历史学院）

人民公社在当代中国史上具有十分重要的地位，近些年对其研究也取得了很大成绩，产生了一批研究专著和论文，其中不乏经典之作，相关的研究综述也有若干篇①。然而，学界对农村人民公社研究基础的史料状况却鲜有专门评析，有鉴于此，本文即对农村人民公社史料的搜集整理状况进行梳理，以期对人民公社研究的扩展和深入有所助益。

一 人民公社时期的史料搜集整理

有关人民公社的资料搜集在其出现后不久即已展开，当时为了便利人们学习研究经济建设中的新事物新问题，同时也为了宣传推广人民公社发展过程中的典型事例及各类经验，各地各部门大多进行了不同形式的资料搜集整理工作，其中主要为报刊文件资料汇编、调查报告以及人民公社建立及发展过程中的各种经验介绍等。

首先，比较多的是对各主要报刊中有关人民公社报道的资料选编，其内容涉及中央有关的指示、决议以及各地建社的经验等。在人民公社期间全国各地都不同程度地进行过类似的资料搜集汇编及印行。如人民日报文选《人民公社的强大生命力》（人民日报社编，人民日报社出版社 1959 年）和

---

① 刘庆乐：《人民公社研究状况述评》，《海南师范大学学报（社会科学版）》2007 年第 6 期；辛逸：《人民公社研究述评》，《当代中国史研究》2008 年第 1 期；湛风涛：《人民公社研究概述》，《福建党史月刊》2009 年第 4 期；钟昱：《人民公社问题研究述评》，《现代农业》2012 年第 11 期；陈益元：《人民公社体制研究述评》，《中共党史研究》2012 年第 2 期；张寿春：《人民公社化运动及人民公社问题研究综述》，《当代中国史研究》1996 年第 3 期；刘德军：《近十年农村人民公社研究综述》，《毛泽东思想研究》2006 年第 2 期；王玉贵：《近十年来人民公社问题研究的回顾与展望》，《盐城师范学院学报》2007 年第 3 期。

《三级所有队为基础是现阶段人民公社的根本制度："人民日报"社论选辑》（河南人民出版社 1961 年），则是选取了发表于《人民日报》中介绍各地公社情况和组织经营管理等经验的文章。《人民公社好》（辽宁人民出版社编辑出版 1958 年）主要为《人民日报》的社论及报道，还有《红旗》杂志的社论。此外，各个地方也进行了类似的报刊报道选编，如《人民公社好》（河南人民出版社编印 1973 年）主要是《河南日报》上有关当地人民公社的各类访问等报道文章。还有《高举总路线、大跃进、人民公社的红旗奋勇前进："福建日报"政论选》（福建人民出版社 1960 年）。再如《农村人民公社化后有关商品生产问题参考资料》（中国人民大学经济系资料室编，1959 年）中的材料则主要选自《人民日报》、《光明日报》等中央及各省日报以及各地省委理论刊物，商业工作、经济研究等刊物的社论、调查和报道等。

再就是一些部门或地方编印的有关人民公社的决议等文件资料汇编，如《人民公社整社手册》（中共江苏省委农村工作部编，江苏人民出版社 1959 年）就收录了 1958 年中央关于建立人民公社及农村生产组织和经营管理的若干决议。实际上，当时公开或非公开发行的资料汇编许多都会收入中央或地方有关人民公社的各项决议文件等，特别是在一些较为综合性的资料汇编中更是如此。如《高举人民公社的红旗胜利前进：文件、资料选集》（中国科学院法学研究所人民公社研究小组编，法律出版社 1960 年）即是将人民公社化运动以来有关的文件、资料加以选集汇编，包括党和人民政府公布的重要政策决议，中央及各省、市党政领导有关的重要指示，以及全国主要报刊发表的论文、调查报告等；其主要内容涉及人民公社化运动、人民公社的巩固和发展、所有制和分配制度、体制、经营管理、财贸工作、工业、文教卫生和科学、生活福利等。此外还有例如《关于农村人民公社当前政策问题学习资料汇编》（1961 年）、《关于学习"高举总路线、大跃进、人民公社的红旗奋勇前进"专题的学习文件》（中国人民解放军军事学院政治部编印 1959 年）等。

尤为值得一提的是当时还发行了有关人民公社的报刊资料索引的工具书，如《关于我国人民公社的图书报刊资料索引》第 1 号（中国科学院经济研究所资料室编，科学出版社 1958 年）。该索引的编辑出版即是为了便于人们检索，以配合当时有关人民公社问题的研究，其所收集的资料采自全国性和各省市的报纸、重要理论刊物、经济杂志和有关书籍等，书末附有图书目录，原定陆续不定期出版，现只见到第1号。该书所收集的资料限于1958年8—11月中国科学院经济研究所资料室所收到的图书、报刊，资料选择着重在经济方面，与经济关系较少者暂时不录，消息报道的选择着重在参考价值较大者。其内容包括：中共中央和各省市党组织关于人民公社的政策、决议、指示，人民公社化运动（发展情况经验介绍等），人民公社的组织与经营、积累与消费、供给制与工资制、工业交通、财政金融贸易、生活集体化与福利事业、文化教育、共产主义思想教育、城市人民公社等。

其次，人民公社期间各地方各部门多次进行了大量的相关调查报告，既有综合性的调查也有专题性的调查。综合性的调查，如《历史发展的伟大见证：天津人民公社调查报告》（中共天津市委农村工作委员会公社处编，天津人民出版社1960年）就是选取了天津地区代表不同情况的10个人民公社的调查报告，试图通过大量事实、数字和资料证明人民公社的优越性。在1959年秋季人民公社建立一周年之际，吉林各地对人民公社做了一次全面调查，形成了一批内容丰富的调查报告，吉林省委办公厅即从中选择一部分分地区汇编成《幸福的道路：吉林省人民公社调查》（中共吉林省委办公厅编，吉林人民出版社1960年）。再如人民公社调查材料选集《人民公社万寿无疆》（农业出版社1960年）就选取了曾在报刊上发表过的各类调查47篇，内容包括：发展社有经济、社办工业、穷队赶富队、以粮为纲发展农林牧副渔各业、以养猪为中心全民发展畜牧业、农业机械化、水利化、农村电气化以及开展公社科学研究、技术革新和教育事业等，比较全面地反映了当时人民公社的发展成就。

类似的调查报告在人民公社期间是相当多的，比如《人民公社是金桥：湖南省岳阳县毛田区的调查》（中共岳阳县委写作组，湖南人民出版社1978年）就反映了该区人民公社的兴起发展、各种制度以及引起的农村变化等。还有《初升的太阳：北京市郊区九个人民公社调查报告》（中共北京市委宣传部编，北京出版社1960年）、《人民公社的光芒：广西人民公社调查》（中共广西壮族自治区委员会办公厅编，广西壮族自治区人民出版社1960年）、《人民公社万岁：贵州省人民公社调查》（中共贵州省委办公厅编，贵州人民出版社1960年）、《春至人间花自开：山西省农村人民公社调查选编》（中共山西省委农村工作部编，山西人民出版社1961年）等。

除上述大量公开出版发行的有关人民公社的调查报告外，更有许多以内部资料形式出现的非公开发行的资料汇编。如1959年秋冬，各省市和自治区党委对农村人民公社进行了一次广泛的典型调查,除选出的 45 篇由人民出版社公开出版发行外,其余则根据中央指示,汇集了 172 篇编成《农村人民公社调查汇编》(上下,内部资料,新华通讯社编印 1960 年)随"内部参考"发行,供中央及各级主要领导参考。

而专题性的调查大多集中于人民公社的经济及经营管理情况,如《人民公社光芒万丈:公社经济调查》(农业出版社 1959 年)一书选辑了曾在各地报刊上发表过的有关人民公社的调查材料,内容包括:综合调查和报道资料,以及反映公社改造自然和战胜自然灾害、发展多种经济、农村人民经济文化生活、经营管理和开展劳动竞赛方面的调查材料。《人民公社集体经济的优越性》(中国农业科学院农业经济研究所编,农业出版社 1963 年)通过收录的 11 篇调查报告具体反映了农民走集体化道路的过程。此外各类调查报告还涉及更加具体的内容,如《人民公社农机经营管理调查报告》(广东省农机经营管理干部培训班编印 1975 年)就是广东省农机经营管理干部培训班组织学员到省内农业机械化先进县的一些公社进行调查研究后汇编而成的。再如《关于人民公社分配问题的调查》(广东人民出版社 1958 年),《标兵食堂:都匀市新城人民公社全民生产队食堂调查》(中共都匀市委员会编,贵州人民出版社 1960 年),《农村人民公社体制改革调查》(中国社会科学院农业经济研究所合作经济研究室编印 1984 年),《1959 年农村人民公社和社员户收支情况调查》(南京军区政治部宣传部编印 1960 年)等。

规模比较大的调查当属 1959 年一二月间全国各地进行的"1959 年农村人民公社经济情况典型调查",这次调查是在各级党委领导下,组织力量深入公社,按照全国统一的调查方案进行的。在选社时尽量照顾到地区的分布和各种经济类型的比例,调查资料都经过公社党委和县委的审查。此后国家统计局将调查资料汇编成《1958—1959 年 22 个省、市、自治区 52 个农村人民公社经济情况调查资料汇编》(内部资料,国家统计局编印 1960 年),内容包括了全国 22 个省市区(缺青海、上海、浙江、广西、河南)的 52 个公社 928 个生产队的资料,共分甲乙丙三部分,甲部分为 52 个公社的合计资料,乙部分为 52 个公社中生产队的分组资料,丙部分为生产队经济水平的变化资料。这三部分一般都包括基本情况、劳动日分配情况、农业机械化情况、主要农作物生产和主要农产品分配情况、收入的来源和收入的分配情况、社员收入和增减情况等,除全部指标列有 1959 年的数字外,其中主要指标尚有 1958 年的数字。但由于选取的公社数量较少,有的指标偏低,故还不能用来推算全国的情况，同时由于当时部分公社尚未分配完毕，所以还有一定的预计成分。

再次，介绍各地人民公社各类工作经验等的资料汇编亦占有相当大的比重。由于人民公社在当时属于新事物，亟须将一些比较成功的和典型的经验进行总结，以利于其他地方学习研究之用。这类资料汇编也可大体分为总体性和专题性两种，其中总体性的主要集中于人民公社的各个方面的经验总结介绍。如《遂平县卫星人民公社办社的初步经验》（中共河南省委农村工作部办公室编，河南人民出版社 1958 年）就是为了帮助人们研究如何办好人民公社而特意选编出版的小册子，内容包括遂平县嵖岈山卫星人民公社试行简章（草稿）、公社党的领导、公社体制、工资制度、财务管理等五篇材料。1959 年，为贯彻中共八届六中全会"关于人民公社若干问题的决议"的精神，并配合当时河南省正在开展的整顿巩固人民公社群众性运动，河南人民出版社陆续编辑出版了"整顿巩固人民公社经验丛书"，介绍一些有关公社和经营管理等方面的经验。① 再如，为了交流和推广人民公社建立、发展和巩固等方面的经验，山西人民出版社特用"办好人民公社，发展农业生产"统一书名，分别介绍山西省各地人民公社的一些典型经验，其中有汾阳贾家庄生产队的领导经验，昔阳大寨生产队发展粮食生产的经验，万荣孙吉公社开展群众性经济活动分析的经验，兴县白家沟、宁武高崖底和昔阳刀把口发展畜牧业的经验，武乡凤台坪生产队和清徐南绿树生产队定额管理的经验，汾阳幸福公社冀村生产队执行"三包一奖"制的经验，闻喜东镇公社变落后队为先进队的经验以及其他地方、其他方面的一些经验。② 1963 年，北京市委宣传部为了适应农村基层干部的需要，也选编了部分介绍北京农村人民公社工作经验的文章，汇编出版了《北京农村人民公社工作经验选编》，类似的还有介绍河北唐山王国藩社（即建明人民公社）发展的资料《学习建明人民公社的办社经验》（河北人民出版社 1960 年），介绍人民公社化后深山区发展变化和建设山区经验的《深山巨变：介绍赵村人民公社建设山区的经验》（中共鲁山县委写作组编，河南人民出版社 1960 年）等。

专题性的人民公社工作经验介绍资料汇编则类别更多一些，基本上涉及

---

① 《南阳地区整顿巩固人民公社经验》，河南人民出版社 1959 年版。

② 中共闻喜县委编《办好人民公社、发展农业生产：闻喜东镇公社变落后队为先进队的经验》，山西人民出版社 1961 年版。

有关人民公社经营管理的各个方面。如关于经营管理的《人民公社经营管理典型经验》（农业资料编辑委员会编，农业出版社1959年）涉及多个省区的公社，内容包括多种经济、副业生产、养猪、工业、劳动日基本工资制、公共食堂饭票制、敬老院。《认真落实农村经济政策：浙江省农村人民公社经营管理工作会议材料选编》（浙江人民出版社1978年）将1978年6月浙江省委召开的全省农村人民公社经营管理工作会议的材料选编出版，内容包括定额管理、评工记分、公社企业等。再有《江西南昌八一人民公社八一大队劳动管理的经验》（樊伸之著，农业出版社1960年），《以粮为纲、全面发展：农村人民公社经营管理经验选编之一》（辽宁省农业局编，辽宁人民出版社1973年），《坚持党的基本路线搞好经营管理：农村人民公社经营管理经验选编》（吉林省农业局编，吉林人民出版社1974年）等。

关于社办工业的，如《土法生产板纸：黔西县谷里人民公社纸厂土法生产板纸的经验》（黔西县科学工作委员会编著，贵州人民出版社1960年）对该厂生产板纸的经验，按照板纸的生产工艺过程，较系统地进行了初步总结。中共山西省委工业交通工作部为了使各地社办工业经验体会得到交流和推广，特把各地有关社办工业的一些总结材料汇编成《人民公社办工业经验选辑》（山西人民出版社1960年）以供各地区参考。再如《北京市通州区张家湾人民公社办工业的经验》（吕国璋等著，农业出版社1960年），《人民公社怎样办烤胶厂：介绍平江县大办烤胶厂的经验》（庆巴图、俞良俊编著，轻工业出版社1959年）等。

关于多种经营、发展商业的，如河南省商业厅多种经营办公室搜集全省各地比较好的发展多种经营的经验汇集成《人民公社发展多种经营扩大商品生产的经验》（河南人民出版社1959年），内容包括编织业、熬硝业、剥制棉秆皮、家禽家畜集体饲养以及实行五定一奖、签订合同制等因地制宜的经验办法。再如，《农村人民公社化后商业工作资料选编》（中国人民大学贸易经济系资料室编，中国人民大学1959年），《怎样发展副食品生产：介绍上海县介放人民公社经验》（黄铭兴编著，上海财政经济出版社1959年），《黑龙江省尚县苇河人民公社开展多种经营建立商品生产基地的经验》（王学孔、刘景华著，农业出版社1960年）等。

其他关于公共食堂、财务统计、卫生、道路交通、规划等经验的资料汇编各地亦都有整理发行。如公共食堂：1959年安徽省委将全省各地人民公社关于举办公共食堂的办法和经验，选择一部分编印成《人民公社如何办好公共食堂》（安徽人民出版社 1958 年）。财务统计：《农村人民公社统计经验汇编》（国家统计局农业统计处编，统计出版社 1960 年）就是国家统计局于 1959 年 12 月在成都召开的全国农产量调查研究会议上各地提供的大量人民公社统计工作经验总结材料的汇编。还有各地财政财务工作的资料汇编《人民公社的财政和财务：资料汇编》（财政出版社 1958 年），《湖北省农村人民公社 1976 年经济情况统计资料》（中共湖北省委农村政治部，湖北省革命委员会农业办公室编印 1976 年）。卫生：《农村人民公社社员集体保健医疗制度经验选编》（卫生部医疗预防司、卫生部计划财务司编，人民卫生出版社 1960 年）。道路交通：《人民公社养路经验汇编》（人民交通出版社 1959 年），《人民公社办交通：1959 年全国交通运输会议经验选编》（人民交通出版社 1960 年）。规划：《人民公社规划汇编》第 1 辑（农业部土地利用局编，科学普及出版社 1958 年）是农业部土地利用局特地把几个省县对土地利用规划工作的通知和意见，以及三个人民公社的全面发展规划，汇编成书，供各省、县推动工作和各人民公社在制度规划时参考。

二　20 世纪 80 年代初以来的史料搜集整理

随着 20 世纪 80 年代初农村经济体制改革和人民公社逐渐退出历史舞台，人们对人民公社资料搜集整理的热度也告一段落，从而进入另一个新的阶段。总体来看，有关人民公社资料搜集整理主要有史料汇编、党史及文史资料、人物选集、回忆录、口述史、基层档案等。

首先，专门的全国性的人民公社史料汇编目前还不多见，但相关新中国建立初期的大型资料汇编多会包含人民公社的内容。如《农业集体化重要文件汇编（1949—1981）》（国家农业委员会办公厅编，中共中央党校出版社 1981 年），《建国以来农业合作化史料汇编》（黄道霞主编，中共党史出版社 1992 年），这两部史料集基本收集了中共中央有关人民公社的所有最重要文件，但后者所选部分中央文件与中央领导人讲话多出自前者，内容上不免有些重复。

另一套比较重要的相关史料汇编是 1986 年《当代中国》丛书农业合作制卷编辑部创办的《中国农业合作史资料》，共 51 期，一直刊发到 1996 年 11 月，其中有关人民公社的资料比较详尽丰富。此后，《当代中国的农业合作制》编辑室也搜集和组织编辑了一些典型社史，并从中筛选出 61 份，编辑成《当代中国典型农业合作社史选编》（上下册，《当代中国的农业合作制》编辑室编，中国农业出版社 2002 年），该书反映了新中国成立后土改前后到 1990 年前后 40 余年中国农村合作（集体）经济组织的整个发展过程，人民公社时期是其中一个重要环节。所选的典型社史，均属乡村集体经济组织，在各省、市、区中（除西藏外）各有一篇或若干篇被选入，覆盖农林牧副渔各经济区，又以农业区的农业合作组织居多。

与此同时，为配合大型丛书《当代中国》的编写，各地也多成立了相应的农业合作史料收集委员会或编辑部，出版了大量地方农业合作史资料集，虽然与上述资料汇编一样并不以人民公社为核心，但作为农业合作化重要阶段的人民公社仍是各书编写的主体内容之一，搜集整理了比较翔实的相关资料。如《山东省农业合作化史料集》（《山东省农业合作化史》编辑委员会，山东人民出版社 1989 年）即是为《当代中国》的《农业合作化》卷提供资料，并准备编纂《山东省农业合作化史》而编辑的，是当时山东省唯一的一部有关农村合作经济的资料书，起自 1949 年，截至 1986 年底，包含了山东省近 40 年农村合作经济发展各方面的史料，其中约半数以上是历史原始资料，其余则是根据历史资料整理而成。内容包括重要文件、大事记、重大事件记述、重要专题材料、典型村农业合作史、典型人物传记、主要统计资料等。

再如根据中共中央书记处农村政策研究室、国务院农村发展研究中心的文件，贵州省也于 1985 年 12 月开始《贵州农村合作经济史料》的选编工作，为《当代中国》提供史料，史料选取起止时间自 1951 年到 1986 年上半年止。同样背景下编写的《辽宁省农业合作化史料选编》（农村发展研究编辑部编，中共辽宁省委农村工作委员会、辽宁省人民政府农村发展研究中心出版 1987 年）把辽宁农业合作化发展的各个阶段历史资料进行了较为系统完整的收集整理，内容包括辽宁农业合作化重要文史资料、辽宁农业合作化历史大事记、辽宁农业统计资料、典型乡的农业合作化发展史。

此外，影响比较大的较为系统地收集人民公社史料的大型资料汇编还有《建国以来重要文献选编》（中共中央文献研究室编，中国文献出版社 2011 年再版）以及《1958—1965 中华人民共和国经济档案资料选编》（中国社会科学院、中央档案馆编，中国财政经济出版社 2011 年），上述两套丛书由于都截至到"文化大革命"前，故尚不能全面反映人民公社的发展过程，但仍是研究人民公社的重要参考资料，尤其是后者。《1958—1965 中华人民共和国经济档案资料选编》全书按专题立卷，包括综合、工业、农业、商业、财政、金融、劳动就业与收入分配等，内容涉及我国经济工作中有关生产关系变革、生产力发展、经济管理体制演变以及生产、流通、分配、再生产等经济运行诸环节，且正文内容全部采用重要的原始档案资料，或全录、或节录、或摘录，而每一卷资料又都构成一个有机整体。再有较为系统地反映人民公社时期手工业和集体工业发展的史料汇编《中国手工业合作化和城镇集体工业的发展（第二卷）》（中华全国手工业合作总社、中共中央党史研究室编，中共党史出版社 1994 年），该卷收录 1957—1978 年中共中央、国务院关于我国城镇集体经济、合作经济的发展与改革的重要文件，以及党和国家领导人的有关讲话、文章，还选录有关部门的一些会议文件和报告等资料，内容包括综述、文献资料、典型材料、大事记、历史照片、图表和统计资料等，力求比较全面系统地反映新中国手工业和城镇集体工业发展的历史。

其次，各级党史研究室和政协编辑的各类党史和文史资料亦包含了大量的有关人民公社的资料，这些相关史料或者散见于其他分册，或者单独成册以专题的形式汇集发行，如《河南人民公社化运动》（中共河南省委党史研究室编，河南人民出版社 2005 年），《海南"大跃进"和人民公社化运动资料选编1958—1960》（中共海南省委党史研究室编，海南省文化广电出版体育厅内部印行 2003 年），《河北党史资料·徐水共产主义试点专辑·第 15 辑》（中共河北省委党史研究室、中共徐水县委党史研究室编印 1994 年），《绥滨党史资料·第 5 辑·农业合作化史 1947—1986》（中共绥滨县委党史工作办公室编印 1988 年），《唐山文史资料·第 14 辑·遵化农业合作化运动史料专辑》（中国人民政治协商会议唐山市委员会文史资料委员会编印 1992 年）等，这些资料专辑一般多包括文献资料、报刊资料、专题资料、回忆录、大事记等，内容涉及人民公社的各个方面，且多以回忆录为主，是当事人亲历、亲见、亲闻的史料，弥补了其他类别史料汇编的一些不足。再如《田家英嘉善调查与人民公社〈六十条〉的制定》（中共嘉善县委党史研究室编，东方出版社 1997 年）就是在原有党史通讯、县志材料基础上，又搜集了有关档案资料、《六十条》制定过程的资料和回忆文章，综合撰写而成的专题资料集。此外，《全国各级政协文史资料篇目索引 1960—1990》（李永璞主编，中国文史出版社 1992 年）则为一套收录齐全、著录清晰的大型资料索引，为检索散见于各级各类文史资料中有关人民公社的史料提供了极大便利，该索引分政治军事外交篇、经济篇、文化篇、社会篇、地理篇、人物篇、附录，收录了 1960—1990 年间，全国县级以上政协文史资料委员会及其文史办公室编印的二千三百多种文史资料丛刊（含少数刊登文史资料的工作通讯或简报）、丛书和专辑（含增刊、特辑）共一万三千多辑（期）的三十余万条篇目，仅百余辑（期）未能征集到。

最后，近年来学者加强了对集体化时期民间文献的搜集整理工作，虽然这些民间文献并非专注于人民公社，但也多基本涵盖了这个时期，保留了大量有关人民公社的各类原始资料，构成研究人民公社的重要资料来源之一。其中以山西大学、南开大学和华东师范大学的成就最为突出，且倍受学术界关注。

山西大学中国社会史研究中心在山西各地已搜集到 100 余个村的民间文献，这批资料年代横跨 1945—1982 年，地域包括村庄、公社以及灌区、工厂、百货公司、供销合作社等；内容涉及经济活动、政治运动、文化生活、宗教信仰、人际关系、社会救助、人口家庭等文本资料和实物，从各个方面反映了集体化时代的山西农村社会。南开大学中国社会史研究中心张思则搜集了河北昌黎县、邯郸临漳县、山西晋城市阳城县 3 个村落的档案文书，以及河北邢台县前白岸公社党委书记乔钦起的工作笔记。这批文书档案内容极为详细、丰富、完整，而河北昌黎侯家营村的档案资料则又连接着 20 世纪上半期日本满铁对该村的调查，具有前后连贯衔接的特殊价值。华东师范大学中国当代史研究中心则将搜集范围扩大到整个城乡，整理出版了《中国当代民间史料集刊》系列，已有《河北冀县门庄公社门庄大队档案》、《一个村支书的工作笔记》等。

此外，口述史也是人民公社研究的另一重要史料。目前就当代口述史研究对象而言，涉及大跃进、人民公社、"文革"、农村妇女、插队知青、赤脚医生、工农兵学员等与人民公社相关的内容。其中大量的口述史整理多分散于各类刊物或资料汇编中，如文史及党史资料等，也有比较系统的完整的涉及人民公社的口述史资料汇编，如《口述大寨史：150 位大寨人说大寨》（孙立萍主编，南方日报出版社 2008 年版），由山西省社会科学院历史研究所的学者对 150 位大寨人进行的实地访谈，重现了大寨村从 1947 年互助组开始到 2007 年 60 年的沧桑巨变，囊括了大寨的村政、经济、文化以及村容村貌、乡风民俗的方方面面。《经验中国：以浙江七个村为个案》（杨建华主编，社会科学文献出版社 2006 年），包括村落的非农经济、村落的政治、村落的技术、村落的宗族、村落的生活世界，收集了大量人民公社时期有关乡村社会各个方面的口述资料。再有关于知青的口述史、根治海河的口述史等。

因人民公社在当代中国史上延续了二十多年，对新中国产生过重大影响的农业合作化运动、统购统销、"大跃进"、"四清"运动和"文化大革命"等都与人民公社密切相关，也深刻地影响了几代人，故此对其回忆和记述也就很自然地存在于各类文献资料中。除上所述，各类地方志、中央领导人及其他个人的文集回忆录中都会或多或少地涉及人民公社的有关内容，因其比较分散，在此就不再一一进行评述。

三 存在的问题与不足

总体来看，农村人民公社史料搜集整理工作虽然取得了相当成就，但问题与不足亦非常突出。首先，在数量上呈现前重后轻的状况，也就是在人民公社时期有大量的各类相关资料汇编，而从农村改革以来则相对减少许多，且此后多数的相关人民公社史料选编也多为农村合作化运动之类的资料汇编中一部分，更乏专题性的农村人民公社史料汇编。出现这种情况主要还在于：人民公社时期的资料搜集整理多带有明显的政治性、现实性特征，体现了当时各个方面对这项工作的迫切需求。其一方面试图通过大量事实来论证人民公社的优越性及其存在的合理性，另一方面也为其他地区建立发展人民公社或人们研究它提供必要的借鉴和资料支撑。而20世纪80年代以来的人民公社资料搜集整理则与相关的研究状况密切相关，虽然对人民公社的研究越来越多地受到人们关注，但仍未形成研究热点，这相对地也对史料搜集整理形成制约。

其次，尤其需要注意的是，人民公社时期的资料汇编更多地带有较为浓厚的意识形态化色彩，且内容相对的形态比较单一，难以全面地反映人民公社的发展状况。这既深受当时的社会环境影响，又与其资料编写初衷密切相关，如《人民公社参考资料选集》①（4集），就大部分选取《红旗》杂志与《人民日报》上发表的一些中央指示以及有关各地人民公社的调查报告、经

---

① 中国人民大学农业经济系编：《人民公社参考资料选集》，内部资料，1958年中国人民大学编印。

验总结和内部工作方案章程等。《高举人民公社的红旗前进》① 一书就是在人民公社运动兴起之时编成，收录了 1958 年 8、9 月间发表在《红旗》杂志和《人民日报》上有关建立人民公社的社论及由当地省委、地委农村工作部或县委工作组写的文章，具体叙述了河南等省在不同情况或条件下组织人民公社的情况，并介绍了他们初办人民公社的经验。此外，诸如直接以"人民公社好"、"公共食堂办得好"等为标题的资料汇编更比比皆是，带有那个时代的鲜明特征。研究者在利用这部分资料时要予以辨别明晰，既不能不加辨析地照录，又不能不充分认识其应有价值，弃之如敝履。

再次，在资料的类型上以报刊资料居多，档案资料比较少，这既受当时社会环境的影响制约，更与相关的档案开放程度不够密切相关。从已有的人民公社资料汇编来看，除《1958—1965 中华人民共和国经济档案资料选编》外，极少有比较大型的档案资料汇编。实际上，档案仍是研究人民公社极其重要的资料，近年来的人民公社研究利用最多的也是各级各类档案。因此加强现有人民公社的档案搜集整理出版是推动相关研究的重要步骤。此外，人民公社时期大量的相关资料汇编往往以内部资料的形式呈现，未能公开出版发行，这对后来研究者查找利用带来许多不便。

最后，既往的农村人民公社资料的选编发行，政府起了十分重要的推动作用，暂不论人民公社时期的各类资料选编，就以 20 世纪 80 年代中期《当代中国》丛书的编写就推动了各类资料的搜集整理。在中共中央宣传部做出编写《当代中国》丛书的《农业合作化》卷的决定和部署后，原中共中央书记处农村政策研究室于 1983 年 4 月通知各省、自治区、直辖市农村工作部门，要求组织人员着手搜集和编写本省、自治区、直辖市的农业合作历史或史料。1985 年 3 月，原中共中央书记处农村政策研究室和国务院农村发展研究中心，又联合发出通知，要求各省、自治区、直辖市"系统调查有代表性的村合作社"。5 月，又再次提出："要求每一省、市、区调查三五个有典型意义的村、乡、社系统的史料。"② 按照这些要求，绝大多数省、自治区、直辖市都认真做了这项工作，一些地区和县，也组织编写了一些社史。如《山东省农业合作化史料选编》就是在山东省委和各级党委的支持下完成的，

---

① 《高举人民公社的红旗前进》，人民出版社 1958 年版。
② 《当代中国的农业合作制》编辑室编《当代中国典型农业合作社史选编》（上册），中国农业出版社 2002 年版。

1985年，山东省委农村工作部根据中央农村政策研究室的要求，成立了编写办公室，制定了实施计划，并向各市、地委农工委（部）做了部署。1986年初，各市、地和大部分县相继组织专门力量（全省约800余人）开始了对农业合作化历史资料的搜集整理工作。1987年上半年，各地搜集整理的史料陆续报省。正是有了这样强有力的推动才陆续有一大批相关的资料汇编整理出版。

综观以往农村人民公社史料的搜集整理工作取得了很大成就，这在一定程度上推动了相关研究的开展和深入，但另一方面更要看到专门的人民公社史料搜集整理工作还存在极大的不足，这严重地阻滞了人民公社研究的进一步拓展。史料为史之基础和组织细胞，只有更多更新的高质量的史料整理发行，才能有更高质量的研究成果。这就需要学界通力合作，做好史料搜集整理的基础性工作，唯如此方能更快推动相关研究的进展。

中国现代史学的时代特点
——从中国传统史学的对比视角研究

李 强

（《当代中国史研究》编辑部）

中国现代史学是一个还未形成广泛共识的概念。从与中国传统史学对应的角度来说，从时间上看，至少应前进到 1902 年梁启超发表《新史学》，从方法和指导思想上看，应前进到西方史学和马克思主义传播到中国。在概念上讲，中国现代史学并不与西方后现代史学有对应关系。

一　由于历史条件的改变导致的时代特点

（一）读者的不同

在中国古代，史书的读者主要是统治阶级，例如皇帝、各级官僚、知识分子及有一定文化的其他阶层（如商贾、僧侣等）。在近代尤其是现代以来，由于文化、教育的普及，印刷技术和传播手段的发展，史书的读者有两大变化：一是开始进入人民群众，从小学开始，就进行中国历史的普及教育；二是走出国门，走向世界。世界各国政界和学界开始研究中国的历史，一般群众也通过各种方式（互联网、书籍）了解中国历史。

（二）功用在发生变化

中国传统史学讲求的是"经世致用"，用现代的语言说，一是存史，二是资政。唐太宗说："朕睹前代史书，彰善瘅恶，足为将来之戒……览前王之得失，为在身之龟镜。"① 司马光在《进〈资治通鉴〉表》中这样说明写

---

① 《册府元龟》卷 554《国史部·恩奖》，中华书局 1960 年版。

《资治通鉴》的目的："鉴前世之兴衰，考当年之得失，嘉善矜恶，取是舍非，足以懋稽古之盛德，跻无前之郅治"。①

中国传统史学的这种功用同当时史书主要流传在统治阶级中的情况是适合的。但在史书走进百姓和走向世界的情况下，育人、宣传和护国的功用开始凸显。

在美国的初级教育里，历史是所有学科中最具政治性的一门课程。20 世纪 90 年代中期，美国社会围绕《全国历史教学标准》（中小学用）的颁布与修改曾引发过一场激烈的辩论，充分反映出美国历史研究中的政治与学术这对矛盾与冲突，以及史学教研与现实社会的紧密联系。该《标准（草案)》吸收了近几十年来新史学的研究成果，突出了美国社会历来是一个以不同"种族、民族、社会和经济地位、性别、地域、政治见解和宗教信仰"而构成的多元化社会，以及在此基础上的"美国民族的共同特征"。但被保守派批评为迎合多元文化主义思潮，无视美国主流文化和优秀历史传统。如史学家小施莱辛格（Arthur Schlesinger, Jr.）认为："美国早期文明中确有欧洲文明与非洲和印第安人文明汇合的成分，但后两种文明的作用是有限的，其对美国政治体制和思想的影响远远不能与欧洲文明同日而语；包括民主、代议制政府和言论自由在内的美国体制的主要特征只能是来源于欧洲文明。"联邦参议院专门通过一项决议，要求有关政府部门不得通过和认可《标准》，最后迫使《标准》编写委员会进行了修改。由联邦参议院出面干预中小学的历史教学问题，这种现象值得中国的史学研究者深思。

二 现代民族意识导致的"身份"特点

民族国家是指一个独立自主的政治实体，是 20 世纪主导的现代性民族自决和自治概念及实践。与 18 及 19 世纪传统帝国或王国不同，民族国家成员效忠的对象乃有共同认同感的"同胞"及其共同形成的体制。

斯大林认为："民族是人们在历史上形成的一个有共同语言、共同地域、共同经济生活以及表现在共同文化上的共同心理素质的稳定的共同体。"②

---

① 司马光：《资治通鉴》，中华书局 1982 年版，第 9608 页。
② 斯大林：《马克思主义和民族问题》，载中国社会科学院民族研究所编《斯大林论民族问题》，第 28 页。

众所周知，中国是一个多民族的国家，虽然在历史上，这些民族从不同方面和不同程度上具备了"共同语言、共同地域、共同经济生活以及表现在共同文化上的共同心理素质的稳定的共同体"，但"中华民族"是近代才出现的一个概念。这一概念一般认为最早由梁启超提出，成为中国近代民族主义及建立国族的重要概念。19 世纪末 20 世纪初，在梁启超、孙中山等人的话语中，渐渐出现了"中华民族"的概念，经由最初的强调满汉之辨和排满，到梁启超的主张"变法必自平满汉之界始"，再到孙中山的"五族共和——将汉族改为中华民族"，① 终于使"中华民族"的概念成为我国 56 个民族所组成的共同体的代称。但是，这一概念真正深入人心还要到抗日战争胜利的时候才最后完成。②

三　全球化和文明冲突导致的时代特点

当代世界的一个最主要的变化是全球化。在全球化时代，国家利益在许多方面加强了，但在一些方面又在超出国家的范畴。欧共体是一个非常典型的例子。

亨廷顿在《文明的冲突与世界秩序的重建》中认为："以文明为基础的世界秩序正在出现：文化类同的社会彼此合作；从一个文明转变为另一个文明的努力没有获得成功；各国围绕着它们文明的领导国家或核心国家来划分自己的归属。"③

笔者并不完全赞同上述结论尤其是亨廷顿提出的原因，但从结果上看，无疑是有这样的趋势和现象。中国在重建世界政治秩序中所强调的中国文化和特点、在世界各国建立的"孔子学院"都可视为在这方面的有益尝试。

毫无疑问，历史正在成为一种文明的最重要的表现载体。最近，习近平

---

① 1912 年，孙中山提倡"五族共和说"："今日中华民国成立，汉满蒙回藏，五族合为一体"。孙中山在中华革命党正式改组为中国国民党以后，主张重提民族主义并扬弃五族的说法："有人说，清室推翻以后，民族主义可以不要。这话实在错了。……现在说五族共和，我们国内何止五族呢？我的意思，应该把我们中国所有各民族融化成一个中华民族。……并且要把中华民族造成很文明的民族，然后民族主义乃为完了。"《孙中山全集》第 1 卷，中华书局 1981 年版，第 394 页。

② 有学者指出这是因为三点原因导致：大规模抗战使大多数中国人有了共同的历史命运与集体记忆；国共联合与全民族的统一战线使中华民族主义深入人心；战争造成的人员迁徙打破了原来的地域隔绝。

③ 塞缪尔·亨廷顿：《文明的冲突与世界秩序的重建》，新华出版社 2010 年版，第 4 页。

在《弘扬和平共处五项原则建设合作共赢美好世界》的讲话中提出，中国人的血脉中没有称王称霸、穷兵黩武的基因。① 很显然，要想使外国人认同这个观点，必须要到中国史书上寻找支撑。

因此，历史，不仅成为一个国家、一个民族自立于世界之林的重要支撑，而且成为一种文明自立于世界的重要支撑。世界在通过历史、通过史书了解中国和中国文化所代表的文明，并在这个基础上认同和支持这种文明的存在和发展。

四　简短的结论

马克思主义强调，任何社会存在，都是自然真实和社会真实的统一体。所谓自然真实，是由事物的自然组成依据自然规律产生的真实结果；所谓社会真实，是该事物在社会关系中产生的不同于自然真实的另一种真实结果。② 史学和史学研究也是如此。

史学和史学研究的一个基本要求是客观和真实性。中国传统史学由于受众面小（本国统治阶级）、功能较为单一（资政）、撰者身份与历史割裂（后人写前朝史）上述特点能够较为简单地保持。在现代的时代特点下，史学由于社会具有了更多的时代特点，而被动地被赋予了新的功能。在这个新的形势下，如何更好地保持史学自然真实和社会真实的统一，是史学工作者的一项重要任务。

---

① 习近平：《中国人血脉没有称王称霸穷兵黩武基因》，（http://www.beijingreview.com.cn/2009news/todaynews/2014-06/30/content_626647.htm）。

② 举一个最简单的例子，茶杯就是一个茶杯，这是一个自然真实；但在社会中，茶杯可以成为一个杀人的凶器，这是一个社会真实。

变动世界中的世界史编撰[*]

董欣洁
（中国社会科学院世界历史研究所）

　　自有人类出现在地球以来，我们居住的这个蓝色星球便日益呈现出色彩斑斓的万花筒景象。散居世界各地的人类，在塑造自身历史的同时，也在塑造我们这个蓝色星球的历史。几千年来，对人本身及其与世界之间关系的研究，都是人类社会生活中的一个重要组成部分。时至今日，对历史的研究，特别是对世界历史的研究，已经成为人类认识自身、理解和把握世界的重要方法和途径。

　　作为哲学社会科学中的一个重要词汇，"世界历史"不仅指代着人类社会发展的进程，而且包含着认识、理解人类历史发展的历史哲学，同时也涵盖着描述、总结人类社会生活的历史叙述形式。20世纪以来，特别是20世纪中期以来，生产力的不断进步推动形成了一个前所未有的、变动剧烈的、全球性的当代世界。各种新情况层出不穷、各种新现象纷至沓来，促使人们迫切希望能够打通历史、现实和未来之间的联系，以便更好地认识我们生活在其中的这个变动世界的基本结构和未来趋向。世界史的研究和编撰日益受到世人的关注。当前世界史编撰所面临的核心任务之一，就是如何避免各种片面或局限，构建系统、科学的世界通史阐释体系。实际上，世界史编撰的成果业已成为各国在经济全球化进程中努力传承民族文化、构建国家认同的重要资源与载体。

　　从各自的历史背景出发，中外的世界史编撰都表现出自身的特点。马克垚曾经撰文在分析第二次世界大战后三种世界史体系特点的基础上，探讨了编写世界史的困境。这三种世界史体系分别是苏联编写的多卷本《世界通史》，麦克尼尔所写的《西方的兴起》，吴于廑、齐世荣主编的六卷本《世

---

　　* 本文原刊于《史学理论研究》2014年第2期，收入书中略有修改。

界史》。① 齐世荣亦曾撰文从史学史的角度回顾了世界史形成的背景和演进，并就如何编写世界史的问题提出了富有启发性的建议。② 上述两文之立意深远，切中要害，自不待言。从全球范围来看，显然，伴随着当代世界的演化，如何撰写一部系统、科学的世界史，将会受到持续的关注。本文分析了西方全球史编撰之优长与局限，并尝试对世界史编撰中涉及的如何把握世界历史纵向发展与横向发展的关系、如何处理中国史与世界史的关系这两个问题略做探讨。之所以选择西方全球史，乃因其是 20 世纪中期西方世界史重构潮流的产物，代表着当代西方世界史研究和编撰的新阶段。我们不仅可以从中把握当代西方世界史编撰的总体特点，亦可更好地观照世界与自身。

一

纵观历史，任何一个时代相对于前一个时代而言，均可视作一个新的时代；每一代人置身其中的世界相对前一代人而言，亦可视作新的世界。我们面临的这个变动世界，其与以往不同的首要特点是生产力的飞速进步推动着人类社会加速发展，整个世界进入了前所未有的一体化阶段。人类获得制造石器、建造居所的能力所需时间至少以 10 万年计，但在过去的 100 多年中，社会生产力的发展速度十分惊人。据有关研究，全球生产在 20 世纪几乎增加了 20 倍，仅在 1995—1998 年 3 年中的增长，据估计就超过 1900 年前 1 万年的增长。③ 在总体上，人类的社会财富不断增加，生产社会化程度和劳动生产率迅速提高，产业结构也在发生明显的变化。有学者指出，在发达经济体、新兴经济体和其他发展中经济体中，第一产业所占比重均下降，第三产业所占比重均上升；发达国家第二产业的比重也在下降，反映出其进入后工业化阶段的特点，发展中国家的第二产业比重在上升，反映出工业化、城市化阶段的特点。④ 而且，正如有研究表明，在当代的大规模消费社会中，技

---

① 马克垚：《编写世界史的困境》，载刘新成主编《全球史评论》第 1 辑，商务印书馆 2008 年版，第 5—22 页。

② 齐世荣：《编写一部简明的世界通史是时代的需要》，载刘新成主编《全球史评论》第 2 辑，中国社会科学出版社 2009 年版，第 143—150 页。

③ ［美］大卫·克里斯蒂安：《时间地图：大历史导论》，晏可佳等译，上海社会科学院出版社 2007 年版，第 481 页。

④ 方晋等：《新兴经济体崛起——理论、影响和政策分析》，中国发展出版社 2012 年版，第 25 页。

术型工业化经济源源不断地生产信息及声像、文字、记忆和象征这类文化产品，数量巨大，人的生活为之饱和，这在历史上是绝无仅有的。①

在科技快速进步的推动下，人对外部空间、对自身的探索能力都在不断提高。一方面，2006 年国际空间站装配完成，是有史以来规模最为庞大、设施最为先进的人造天宫，可供六名航天员在轨工作。② 人类实现了长期在太空轨道上对地观测和天文观测的目标。另一方面，基因技术的发展，基因组计划、蛋白质组计划等项目的进展，使得人类能够在分子水平上认识自身。基因技术产业成为继信息产业之后推动经济发展的重要动力。另外，对暗物质、反物质、暗能量、信息技术、量子通信技术、新型网络技术等领域的研究，也都在不断深化。人类改造外部世界的能力不断提高，相应地其中隐含的风险也在加大，两次世界大战的惨烈自然无须赘言，二战后的突出表现之一则是军事手段的不断发展和一些国家军费开支的不断攀升。全球军费支出最高的国家是美国，2011 年总支出超过 1 万亿美元，这个数字超过军费支出排名第 2 到第 43 位的 42 个国家的支出总和。③

其次，人类不同群体之间的交往、人与地球环境之间的互动，在范围和程度上都大大扩展，形式也更加多样，呈现出显著的全球性特征。伴随着人类社会组织的发展，大规模人口迁徙，跨文化贸易，战争，生物物种、疾病的传播，技术、宗教、文化的传播等，各种物质交往和精神交往不断进行，20 世纪中期以来，人类不同群体之间的各种联系基本均向纵深发展。仅以贸易一项为例，根据有关统计，从 1947 年到 20 世纪 90 年代末，世界贸易总值已经从 570 亿猛增至 6 万亿。④ 而且，正如有研究指出，20 世纪中期以来出现了很多"新型的全球联系"，例如因特网、电视、卫星、光纤电缆、航空、全球会议、洲际连锁生产、全球营销策略、电子货币和金融、洲际导弹、国际刑警网、联合国体系、气候变化、生物多样性丧失、全球性体育竞赛等，在此之前的数代人都对这些全球性的事物一无所知或知之甚少；而一些以前

① ［英］艾瑞克·霍布斯鲍姆：《断裂的年代：20 世纪的文化与社会》，林华译，中信出版社 2014 年版，"序言"第 X 页。

② http://zh.wikipedia.org/wiki/%E5%9B%BD%E9%99%85%E7%A9%BA%E9%97%B4%E7%AB%99.

③ ［美］威廉·恩道尔：《目标中国：华盛顿的"屠龙"战略》，戴健、顾秀林、朱宪超译，中国民主法制出版社 2013 年版，第 98—99 页。

④ ［美］曼弗雷德·B. 斯蒂格：《全球化面面观》，丁兆国译，译林出版社 2013 年版，第 35 页。

就存在的全球联系现在则发展到更高的水平，比如电话、无线电广播、多边协议、洲际投资、全球通货和外币交易市场等曾经罕见的东西，现已成为全球各地司空见惯的事物。①

在这个变动世界中，"所有国家……都在努力扩张自己的文化"。② 而且，各种力量不断发生博弈组合，多种不同的联系形成了多层次的利益空间、多角度的行为主体。与全球化并行的还有地方化的发展。正如阿朱那·阿帕杜莱所言，全球力量与地方力量"互相残杀"又彼此依靠的矛盾在当代人文科学中是广为人知的。③

到1800年，世界人口才不过10亿，但是，130年后就实现翻番，1930年达到20亿；此后增长速度越来越快，1960年达到30亿，1999年达到60亿，2011年已经高达70亿之巨。人类包括衣食住行在内的各种生理和心理需求，直接或间接皆需从自然环境中获得满足。人口越是增长，活动空间越广，索取的地球能源越多，对我们这个行星生态演化的影响程度越高。例如，在20世纪末，人类消耗的全部能量为新石器时代初期的6万—9万倍。④另据有关研究，自从1850年人口数量显著增长以来，全世界大约15%的森林被砍伐，目前，农田面积大约占地表面积的1/3。⑤ 还有学者指出，伴随着工业化和城市化的进程，受到污染的水在20世纪杀死了几千万人口；工业化的副产品空气污染的规模如今业已扩展到全球性的层面；贫穷而又无权势的人承担着当今的生态问题；从生态角度看，当今的形势严重偏离了人类历史。⑥

再次，经济全球化进程在不断发展的同时逐渐显露出其本身的问题。全球化进程实际上就是在生产力发展的前提下，世界各国在经济、文化、政

---

① 罗兰·罗伯逊、扬·阿特·肖尔特主编《全球化百科全书》，中文版主编王宁，凤凰出版传媒集团、译林出版社2011年版，"导言"第2页。

② ［英］艾瑞克·霍布斯鲍姆：《断裂的年代：20世纪的文化与社会》，林华译，中信出版社2014年版，第52页。

③ 转引自C. A. 贝利《现代世界的诞生：1780—1914》，于展、何美兰译，商务印书馆2013年版，"导言"第2页。

④ ［美］大卫·克里斯蒂安：《时间地图：大历史导论》，晏可佳等译，上海社会科学院出版社2007年版，第495页。

⑤ ［美］Anthony N. Penna：《人类的足迹：一部地球环境的历史》，张新、王兆润译，电子工业出版社2013年版，第281页。

⑥ ［美］J. R. 麦克尼尔：《阳光下的新事物：20世纪世界环境史》，韩莉、韩晓雯译，商务印书馆2013年版，第150—151、118、367、368页。

治、生态等各方面联系日益紧密的一体化过程，20 世纪中期以后因凸显而被概念化。经济全球化主要表现为生产、投资、贸易、金融等方面的全球化。二战后西方学者极力鼓吹新自由主义，积极倡导资本主义、个人主义和市场自由的普遍性，反对国家过多干预经济。始于 2007 年夏的美国次贷危机引爆了发达国家的主权债务危机，并很快演变为资本主义世界的全面危机。这无疑宣告了新自由主义的破产。有学者统计，2011 年上半年在发达经济体中，美国联邦政府负债与 GDP 的比值为 95.6%；欧元区公共债务与 GDP 的比值为 85%，希腊、意大利、比利时、爱尔兰、葡萄牙则接近或已超过 100%；日本的公共债务更是高达 GDP 的两倍还多。① 这场金融危机充分暴露出经济全球化进程本身存在的问题。正如有学者指出，伴随着信息产业和电信技术的进步，金融业成为融入全球化程度最高的领域，极大地增加了随着泡沫破灭导致资本外逃最后波及整个体系所产生的金融危机风险；从 20 世纪 90 年代起，世界的"金融化"发展超过了世界实体经济的发展。② 2000 年，仅仅在全球货币市场上，每天的资金交易额就相当于 2 万亿美元。③ 另据有关研究，进入 21 世纪以来，全球金融衍生品以超过年均 30% 的速度增长，而世界经济总体的增长速度才为 2%—3%；2008 年，全球金融衍生品交易总额高达 680 万亿美元，而全球实体经济为 50 万亿美元。④ 金融衍生品的实质是为资本跨越生产环节直接攫取金钱而提供便利工具。欧美国家实行的扩张货币政策，同时造成了虚拟经济与实体经济的偏离和脱节。美国采取的手段是凭借其在国际货币体系中的主导地位，通过印制美元来换取其他国家的产品与服务，掠夺全球特别是发展中国家的实体财富。有研究指出，人类历史上还没有哪个国家如此严重地透支未来，美国不仅透支了自己人民的财富，也同样严重地透支着其他国家人民的未来财富。⑤

伴随着资本的全球流动和跨国公司的全球扩张，各种全球性的社会问题

---

① 张宇燕、徐秀军：《2011—2012 年世界经济形势分析与展望》，《当代世界》2011 年第 12 期。

② 玛丽 - 弗朗索瓦·杜兰等：《全球化地图：认知当代世界空间》中文第 2 版，许铁兵译，社会科学文献出版社 2011 年版，第 64 页。

③ ［美］曼弗雷德·B. 斯蒂格：《全球化面面观》，丁兆国译，译林出版社 2013 年版，第 38 页。

④ 李飞：《20 世纪以来两次重大金融危机的研究与思考——基于实体经济与虚拟经济互动视角》，《中国财经信息资料》2012 年第 9 期。

⑤ 宋鸿兵编著：《货币战争》，中信出版社 2011 年第 2 版，第 226 页。

日益突出。例如，根据世界银行的资料，从 20 世纪 80 年代以来，以日均消费 1.25 美元的贫困线所衡量的全球贫困已经有所减少，生活在极端贫困中的人口已由 1981 年的 19 亿降至 1990 年的 18 亿，再到 2005 年的 14 亿，但这一点掩盖了地区间的巨大差异，而且那些摆脱极端贫困的人口依旧非常贫困，日生活费低于 2 美元的人口还是基本保持在 25 亿。[1] 联合国开发计划署《2006 年人类发展报告》对 175 个国家与地区进行排名，指出全球的人类发展差距在扩大；该报告认为排名第一的挪威的人均富裕程度是排名最后的尼日尔的 40 倍，而世界上最富的 500 人的收入超过最贫穷的 4.16 亿人的总收入。[2]

　　世界一体化的加速发展，不仅对历史学提出了新的时代要求，而且也为史学家研究人类历史提供了一种宏观的全球视角和进行综合研究的物质与思维基础。历史学家不断地回顾遥远的过去，实际上是为了不断获得对现在和未来的更好理解。这个变动世界中各种宏观和微观因素对世界史编撰的影响，显然正在逐渐地释放。在西方史学界，两次世界大战之后，西方传统的具有明显"欧洲中心论"色彩的世界史研究已经暴露出严重的问题，西方学者开始不断地反思，世界史领域相应地出现了世界史重构的潮流，以便使新的世界史研究能够适应整个世界形势的变化。这种世界史重构潮流的产物就是全球史，其突出特点就是对"欧洲中心论"的反思和批判。1955 年，英国史学家杰弗里·巴勒克拉夫出版了他的《变动世界中的历史学》一书。这标志着巴勒克拉夫在西方学术界率先开始倡导全球史的综合性研究，他主张要采取能够"适应全球政治和文明的新环境"的新观点。[3] 正如有研究表明，巴勒克拉夫在兴趣点和方法论上的转变证明了战后西方历史编纂学的重新定向。[4]

二

　　随着经济全球化的进展、多领域研究者的涉足，冠以全球史之名的研究

---

　　① 世界银行：《2011 年世界发展指标》，王辉等译，中国财政经济出版社 2011 年版，第 65 页。

　　② http://www.undp.org/content/undp/en/home/librarypage/hdr/human-development-report-2006.html.

　　③ Geoffrey Barraclough, *History in a Changing World*, University of Oklahoma Press, 1955, p. 206.

　　④ Kenneth C. Dewar, Geoffrey Barraclough: From Historicism to Historical Science, in *Historian*, Vol. 56, No. 3, 1994, pp. 449–464.

也呈现出多样化的特征。多米尼克·萨克森迈尔指出，全球史这一术语可以表示很多研究类型，它们超越了以往那些曾经对把过去概念化的诸多方式进行长期统治的空间观念。[①] 他实际上是从空间上强调全球史的全球视野。柯娇燕也认为，全球史这一术语可以用来描述一切试图致力于广泛、大规模或普世视野的历史。[②] 在总体上，当代意义上的全球史研究路径，是指与 20 世纪中期以来世界一体化发展相适应的，把世界作为一个整体，从宏观和相互联系的角度出发，考察和研究人类历史演变的观念及历史编撰的方法。西方全球史大致表现出两种路数，一是宏观性的整体世界史研究，二是全球视野下的微观性个案研究。

20 世纪中期以来，西方史学界涌现出众多的全球史著作。今天我们回顾这一历程，可以看到其发展诚为不易。"欧洲中心论"在西方史学界曾经占据的统治地位自然无须赘言。实际上，欧美学界始终不乏以西方文明为主体、带有浓厚"欧洲中心论"色彩的世界史著作。[③] 在历史学教学实践中，据统计，1910 年美国大学的历史学课程中 45% 是欧洲史，37% 是美国史，只有 2% 是关于世界其他地区和国家的历史。[④] 有学者指出，当年在美国教师发起的"世界历史"运动中，那些推动全球史发展的史学家：芝加哥大学的威廉·H. 麦克尼尔、西北大学的斯塔夫里阿诺斯、威斯康辛州立大学的菲利普·柯丁，他们一离开所属机构，便发现他们的世界史教学计划在学校中也随之结束。[⑤] 西方全球史的进展正是有赖于众多研究者的不懈努力。2010 年，世界史和全球史学家通过世界全球史学会（NOGWHISTO）获得了联合国教科文组织的席位，获准加入联合国教科文组织附属的国际历史科学委员会（CISH）。[⑥] 到 2013 年威廉·H. 麦克尼尔的《世界史：从史前到 21 世纪全球文明的互动》中文版出版之际，约翰·R. 麦克尼尔指出，美国已

---

① Dominic Sachsenmaier, *Global Perspectives on Global History*: *Theories and Approaches in a Connected World*, Cambridge, 2011, p. 2.

② ［美］柯娇燕：《什么是全球史》，刘文明译，北京大学出版社 2009 年版，第 107 页。

③ David S. Landes, *The Unbound Prometheus*, Cambridge University Press, 1969; Joseph R. Strayer, Hans W. Gatzke, *The Mainstream of Civilization*, New York, 1979; John M. Roberts, *The Triumph of the West*, London: BBC Books, 1985, etc.

④ Peter N. Steans, *Western Civilization in World History*, Routledge Publisher, 2003, pp. 10 – 11.

⑤ Daniel R. Headrick, The New World History: A Teacher's Companion (review), *Journal of World History*, Vol. 13, No. 1, 2002, pp. 183 – 186.

⑥ 帕特里克·曼宁：《世界史学家、联合国教科文组织与全球研究机构的未来》，陈欣言译，载刘新成主编：《全球史评论》第 5 辑，中国社会科学出版社 2012 年版，第 8—25 页。

有数千所大专院校、高中开设了世界历史课程，每年至少有 25 万学生学习世界历史课程。①

从总体而言，西方全球史在通史编撰上的突出特点，就是从人类社会中的交往（互动）入手来界定和描述世界史，并将之视为历史发展的主要动力，进而探讨全球化的演变。对世界不同区域的人类群体之间及其与自然之间的联系与影响的研究，是西方全球史编撰中的核心线索，同时也为其全球视野的实现提供了空间舞台。也正是从这个意义上，帕特里克·曼宁明确指出：全球史是全球范围内人类社会的交往史。② 杰里·本特利也认为，全球史"理解全世界人类的历史经历，而不是将一些历史经历看作是完全特殊的、无从比较的并与其他人的历史经历毫无关系的，这就为摆脱欧洲中心主义和其他民族中心主义历史观提供了机会"。③

例如，被视作美国世界史学科现代开创者的威廉·H. 麦克尼尔便把与外界的交往视作社会变革的主要动力。④ 他的《西方的兴起——人类共同体的历史》一书，关注的重点就是由中国、印度、希腊和中东四个主要文明中心构成的欧亚大陆生存圈，他认为欧亚大陆上的文明自有历史以来就不断地相互发生影响。⑤ 前述他的《世界史：从史前到 21 世纪全球文明的互动》一书，开宗明义便提出从各大文明之间互动的视角出发，一以贯之地叙述世界历史。⑥ 他与其子约翰·R. 麦克尼尔合著的《人类之网：鸟瞰世界历史》，认为在历史上处于中心位置的是各种相互交往的网络，网络中各种信息、事物、发明的交换与传播，以及人类对此所做出的各种反应，塑造了人类历史。⑦ 杰里·本特利指出，世界历史应当格外关注各民族跨文化交流的

① ［美］威廉·麦克尼尔：《世界史：从史前到 21 世纪全球文明的互动》，施诚、赵婧译，中信出版社 2013 年版，"中文版序言"第 X Ⅷ页。

② Patrick Manning, *Navigating World History*: *Historians Create a Global Past*, Palgrave Macmillan, 2003, p. 3.

③ 杰里·H. 本特利：《新世界史》，夏继果、杰里·H. 本特利主编：《全球史读本》，北京大学出版社 2010 年版，第 64 页。

④ William H. McNeill, The Changing Shape of World History, in *History and Theory*, Vol. 34, 1995, pp. 14 - 26.

⑤ William H. McNeill, *The Rise of the West*: *A History of the Human Community*, Chicago University Press, 1963.

⑥ ［美］威廉·麦克尼尔：《世界史：从史前到 21 世纪全球文明的互动》，施诚、赵婧译，中信出版社 2013 年版，"前言"第 X X Ⅳ 页。

⑦ ［美］约翰·R. 麦克尼尔、威廉·H. 麦克尼尔：《人类之网：鸟瞰世界历史》，王晋新、宋保军等译，北京大学出版社 2011 年版，"导论"第 1 页。

多种方式，也就是所谓的"跨文化互动"；要重视造成地区间联系的机制，即文化交流与融合的机制，并把这种机制视为全球史发展的根本机制，他的《新全球史：文明的传承与交流》一书关注的重点就是支撑世界各民族相互交流的交通、运输和贸易结构。[①] J. M. 罗伯茨试图从影响大多数人类的主要历史进程入手，展示它们之间的对比和相互关系。[②] C. A. 贝利则提出："世界历史的一个目的是弄清和探讨世界不同地区的历史的联系和相似性"，他认为不同层次的政治、经济和思想变化的互动产生的变化之串接是变革的关键所在。[③] 理查德·W. 布里特和柯娇燕等人的《地球与人类》一书，则意在探讨那些把人类过去连为一体的共同挑战和经历，并试图说明这些人类经历的全球模式。[④]

全球史编撰的主线决定了其内容和方法。西方全球史在上述编撰主线的基础上，极大地扩展了世界史研究的内容，并且广泛地运用比较研究方法来追求其全球视野的实现。在传统世界史著作中往往被忽视的众多历史细节被囊括进来，全球史为读者提供了更加充实丰满的世界历史图景。

全球史中的全球一词，表明其没有把民族国家预设为基本研究单位。[⑤] 既然其意在"理解世界各地发生的变化"，[⑥] 那么哪些内容可以体现变化？如何把各时代中世界范围内广泛的人类经历相互连接起来？[⑦] 丹尼尔·R. 布劳尔认为，可以从三个方面的内容来强调全球相互影响的关联性，这三个方

---

① ［美］杰里·本特利、赫伯特·齐格勒：《新全球史：文明的传承与交流》第 3 版上册，魏凤莲等译，北京大学出版社 2007 年版，"致中国读者"第Ⅳ页，"中文版序言"第Ⅸ页，"前言"第 11 页。

② ［英］J. M. 罗伯茨：《全球史》上册，陈恒等译，东方出版中心 2013 年版，"第五版序言"第 3 页。

③ ［英］C. A. 贝利：《现代世界的诞生：1780—1914》，于展、何美兰译，商务印书馆 2013 年版，第 519、521、526 页。

④ Richard W. Bulliet, Pamela kyle Crossley, Daniel R. Headrick, Steven W. Hirsch, Lyman L. Johnson, David Northrup, *The Earth and Its Peoples*: *A Global History*, Wadsworth, 5th edition, international edition, Cengage Learning, 2011, preface, p. xxiii.

⑤ Dominic Sachsenmaier, Global History: Challenges and Constraints, Donald A. Yerxa, ed., *Recent Themes in World History and the History of the West*, The University of South Carolina Press, 2009, pp. 55 - 59. 当然，这与从全球视野书写国家史并不矛盾。例如，Stefan Berger, ed., *Writing the Nation*: *A Global Perspective*, Palgrave Macmillan, 2007。

⑥ Felipe Fernandez-Armesto, What is Global History? (review), *Journal of Global History*, Vol. 5, Part 2, July, 2010, pp. 349 - 351.

⑦ David Northrup, Globalization and the Great Convergence: Rethinking World History in the Long Term, *Journal of World History*, Vol. 16, No. 3, 2005, pp. 249 - 267.

面的主题支配着对重大趋势的选择和对事件的描述，即各国的国际关系史；意识形态在形成政治运动与重塑文化和社会价值方面的作用；世界经济关系的演变。① 理查德·戈夫等人则通过科技、经济、政治与社会发展、国际关系和文化五方面的内容来反映拉丁美洲、欧洲、亚洲、中东和非洲地区的历史。② 前述理查德·W. 布里特和柯娇燕等人的《地球与人类》认为应从技术与环境、多样性与主导性两个主题来联结人类经历。③ 杰里·本特利在《新全球史：文明的传承与交流》中、菲利普·费尔南德兹—阿迈斯托在《世界：一部历史》④ 中，都对跨文化贸易、技术传播、物种交流、疾病传播、环境变迁、文化碰撞与交流、帝国主义与殖民主义、移民与离散社群等主题进行了探讨。相应地，不仅"哥伦布交流"、"环印度洋交流网络"、全球化形成、地球生态演变等历史现象和过程的意义在全球史框架中获得了重视和表达，而且，日常生活史中的丰富内容如饮食的变迁等也被展示出来。⑤

全球史所涉及的丰富内容往往是通过比较的研究方法展开的，并且其在实践中注重历史与地理、时间与空间的结合。正如有学者指出，"比较史"与"全球史"已经频繁地联合在一起使用。⑥ 还有学者指出，全球史研究者利用其他历史学家所做的研究，对其进行比较，关注较大模式，并提出理解变迁的方法，以便阐明全部人类历史的性质和意义。⑦ 又如，皮特·N. 斯特恩斯等人认为，比较提供了一种把不同文明的历史性发展联系起来的方法并能够确认应该加以记忆和解释的关键性的模式。⑧ 皮特·N. 斯特恩斯便在其

---

① ［英］丹尼尔·R. 布劳尔：《20 世纪世界史》，洪庆明译，东方出版中心 2013 年版，"前言"第 3 页。

② ［美］理查德·戈夫等：《20 世纪全球史》第 7 版英文影印版，李世安导读，北京大学出版社 2011 年版，"导读"第 1、8 页。

③ Richard W. Bulliet, Pamela kyle Crossley, Daniel R. Headrick, Steven W. Hirsch, Lyman L. Johnson, David Northrup, *The Earth and Its Peoples*：*A Global History*, preface, p. xxiii.

④ ［英］菲利普·费尔南德兹—阿迈斯托编著《世界：一部历史》第 2 版，钱乘旦审读，叶建军等译，北京大学出版社 2010 年版。

⑤ For example, Peter Scholliers, et al., eds., *Writing Food History*：*A Global Perspective*, Berg Publishers, 2012. 菲利普·费尔南多—阿梅斯托：《文明的口味：人类食物的历史》，韩良忆译，新世纪出版社 2013 年版。

⑥ Dominic Sachsenmaier, *Global Perspectives on Global History*：*Theories and Approaches in a Connected World*, p. 81.

⑦ ［美］柯娇燕：《什么是全球史》，刘文明译，北京大学出版社 2009 年版，"导言"第 3 页。

⑧ ［美］皮特·N. 斯特恩斯等：《全球文明史》第 3 版上册，赵轶峰等译，中华书局 2006 年版，"导论"第 3 页。

著作中选取了日本、中东、非洲和中国进行比较，以探讨不同社会组织对全球化的反应及其原因。①

从西方全球史对人类交往史特别是其中各种物质交往现象的重视来看，显然其深受马克思主义的影响。巴勒克拉夫在《当代史学主要趋势》中便曾经指出，马克思主义作为哲学和总体观从五个主要方面对历史学家的思想产生了影响；在专业历史学家中，当前占绝对优势的趋势是采取比较广泛的唯物主义立场。② 约翰·布罗指出，"刺激全球观点的来源之一是马克思主义，马克思主义从一开始就将资本主义视为一股国际力量与现代世界史的发动机。"③ C. A. 贝利也提出："从最广的意义上说，历史的发展似乎由经济变化、意识形态构建和国家机制所构成的复杂而长期的过程的研究；其次，马克思主义使历史学家认识到合力来决定。"④ 人类交往史中丰富多彩的社会实践的重要性在全球史中获得了体现。不过，西方全球史虽然与西方学术界把实践精神化的传统路径有所区别，与马克思主义世界历史理论的实践维度有所接近，但其实际上就此止步于描述跨文化互动的各种历史现象，而没有进一步以人类交往史为基础来探索社会历史规律。

这表明在方法论的基本原则上，西方全球史并没有根本性的突破，仍然回避从因果必然性上探讨人类社会普遍规律。正如有学者指出：西方学术界普遍信奉非决定论的本体论和唯心主义认识论，拒绝或回避从因果必然性上去探讨决定社会历史过程的终极原因和普遍的因果必然性的规律，而只限于运用直观经验性的实证归纳方法对现象进行单层次的平面式的归纳，得出各种经验性的模式或法则，或者叫做经验规律，这种规律也可叫作描述性的规

---

① Peter N. Stearns, *Globalization in World History*, Routledge, 2010.

② 这五个方面如下：首先，它既反映又促进了历史学研究方向的转变，从描述孤立的、主要是政治的事件转向对社会和经济的复杂而长期的过程的研究；其次，马克思主义使历史学家认识到需要研究人们生活的物质条件，把工业关系当作整体的而不是孤立的现象，并在这个背景下研究技术和经济发展的历史；第三，马克思促进了对人民群众历史作用的研究，尤其是他们在社会和政治动荡时期的作用；第四，马克思的社会阶级结构观念以及他对阶级斗争的研究不仅对历史产生了广泛的影响，而且特别引起了对研究西方早期资产阶级社会中阶级形成过程的注意，也引起了对研究其他社会制度（尤其是奴隶制社会、农奴制社会和封建制社会）中出现类似过程的注意；最后，马克思主义重新唤起了对历史研究的理论前提的兴趣以及对整个历史学理论的兴趣。杰弗里·巴勒克拉夫：《当代史学主要趋势》，杨豫译，北京大学出版社 2006 年版，第 21—22、200 页。

③ ［美］约翰·布罗：《历史的历史：从远古到 20 世纪的历史书写》，黄煜文译，广西师范大学出版社 2012 年版，第 481 页。

④ ［英］C. A. 贝利：《现代世界的诞生：1780—1914》，于展、何美兰译，商务印书馆 2013 年版，"导言"第 8 页。

律，不是因果必然性的规律；简言之，承认特殊性，却不能超越特殊性。①

　　也正因此，西方全球史显露出其在编撰宗旨上的内在矛盾。一方面，全球史标榜其宏观的全球视野，追求中立的价值判断，努力超越传统的民族国家史学框架，努力克服"欧洲中心论"的影响。另一方面，西方全球史也要面对通史著作的内在要求之一，即要建立对西方文明本身的自我认同，这其中不仅涉及对西方历史的认识，而且关系到西方国家当今的国际政治形象及政策取向，这就使得其历史反思是以不危及对西方文化本身的自信心为前提的。② 例如，J. M. 罗伯茨便认为，"……这些原则总是从西欧传统派生出来，无论我们是否将这个传统看作贪婪、暴虐、残酷、传统和剥削，或视作客观地改善，仁慈和人性化是无关紧要的。……欧洲重塑旧世界，创造了现代世界"；"其他传统没有像欧洲人那样在相异的设置里表现出相同的活力和吸引力：作为世界的塑造者，它没有竞争对手"。③ 他甚至直言，"我不应但却势必以一个年长的英国中产阶级白人男性身份来书写"。④ 多米尼克·萨克森迈尔也指出，虽然美国绝大部分学者都公开反对"欧洲中心论"，但这并不必然意味着"欧洲中心论"已经在美国销声匿迹了。⑤ 西方全球史固然取得了显著的学术成果，但在殖民主义、帝国主义、非殖民化研究等问题上的回护之情显而易见，其中很多观点和处理手法是我们需要注意、分析的。所以，从西方全球史当前的编撰实践来看，可以做到"放眼世界，展示全球"，但是要"不带成见和偏私，公正地评价各个时代和世界各地区一切民族的建树"，⑥ 显然仍非易事。

　　西方全球史的发展本身，正是这个变动世界在历史学领域的反映。同时，这也说明与西方传统世界史相对而言，尽管全球史在实践中仍然存在问题与局限，但其关于人类历史的一种更加整体化和综合化的编撰视角已经得

---

　　① 何兆武、陈启能主编：《当代西方史学理论》，中国社会科学出版社 1996 年版，第 399—407 页。

　　② 参见董欣洁《西方全球史中的帝国主义》，《史学理论研究》2013 年第 2 期。

　　③ J. M. 罗伯茨：《全球史》下册，陈恒等译，东方出版中心 2013 年版，第 1257、1258 页。

　　④ J. M. 罗伯茨：《全球史》上册，陈恒等译，东方出版中心 2013 年版，"第五版序言"第 4 页。

　　⑤ Dominic Sachsenmaier, *Global Perspectives on Global History: Theories and Approaches in a Connected World*, p. 110.

　　⑥ 杰弗里·巴勒克拉夫主编《泰晤士世界历史地图集》，生活·读书·新知三联书店 1982 年版，"前言"第 13 页。

以确立。

三

按照大历史的观点，如果以 10 亿年为一个系数，将 130 亿年简化为 13 年，那么智人仅仅存在 50 分钟，整个有文字记载的文明只存在 3 分钟，现代工业革命只存在 6 秒钟。[①] 抑或按照全球环境史的估算，如果将 100 亿年的地球能源系统生命规划期压缩成一年，那么所有人类有记载的历史都仅不足 1 分钟，而 20 世纪仅仅是 1/3 秒的时长。[②] 正所谓："无边刹境，自他不隔于毫端。十世古今，始终不移于当念。"[③] 不过，只要涉及人类自身的历史，中西方的世界史编撰实际上面临着同样的核心问题，即如何在"宇宙"、"世界"或"全球"的时空框架内将其组织起来。显然，过于概念化、过于简单化或者过于碎片化的处理方式均不可取。

这里需要指出的是，以"全球史"之名在西方史学界发生的这种对世界史的新探索和新发展，20 世纪中期以来同样也在中国进行着。例如，周谷城在《世界通史》（1949）中指出，世界通史并非国别史之总和，故叙述时力避分国叙述的倾向，而特别着重世界各地相互之关联；欧洲通史并非世界通史之中心所在；概括的叙述不能转为抽象的空谈。[④] 又如，雷海宗在《世界史上一些论断和概念的商榷》（1954）中指出，研究中国和世界的关系要注意彼此间的联系和相互影响，自觉清除"欧洲中心论"的影响。[⑤] 吴于廑关于世界历史"纵向发展和横向发展"的思想成为中国世界史学界的主流理论。他认为，人类历史发展为世界历史，经历了纵向发展和横向发展漫长的过程；纵向发展是指人类物质生产史上不同生产方式的演变和由此引起的不同社会形态的更迭；横向发展是指历史由各地区间的相互闭塞到逐步开放，由彼此分散到逐步联系密切，终于发展成为整体的世界历史这一客观过程而言的；历史正是在不断的纵向、横向发展中已经在越来越大的程度上成为世

---

① ［美］大卫·克里斯蒂安：《时间地图：大历史导论》，晏可佳译，上海社会科学院出版社 2007 年版，第 538—539 页。

② Anthony N. Penna：《人类的足迹：一部地球环境的历史》，第 11 页。

③ 李通玄：《新华严经论》第 1 卷，西北大学出版社 2005 年版，第 23 页。

④ 周谷城：《世界通史》第 1 册，商务印书馆 2009 年版，"弁言"第 4—5 页。

⑤ 雷海宗：《世界史上一些论断和概念的商榷》，《历史教学》1954 年第 5 期。

界历史，因此，研究世界历史就必须以世界为全局，考察它怎样由相互闭塞发展为密切联系，由分散演变为整体的全部历程，这个全部历程就是世界历史。① 这些情况表明，中国的世界史研究始终努力在新的时代条件下发展自身，其观点亦取得与国际史学界可以同步切磋、印证的成绩。

经过众多世界史研究者的推进，特别是在马克思主义唯物史观的理论指导下，中国的世界历史学已经形成为一门独立的学科。2011 年，根据国务院学位委员会和教育部公布的《学位授予和人才培养学科目录》，世界史成为一级学科。当前，随着史学的国际交流日益频繁，中国的世界历史学面临着能否在与西方世界史的对话交流中实现自身话语权的突出问题。正如《尚书·大禹谟》中言道："人心惟危，道心惟微，惟精惟一，允执厥中"，唯有实事求是，扎实推进具体的科研工作。以西方全球史的发展为鉴，下面两个问题在当前的世界史编撰中值得重视。

首先，在如何把握世界历史纵向发展与横向发展的关系问题上，可考虑构建双主线、多支线的世界史编撰线索体系。双主线是指世界历史的纵向发展主线与横向发展主线，实际上分别是世界历史演变中的"生产"主线和"交往"主线。生产和交往是马克思世界历史理论的两个核心概念，两者纵横互相支撑，说明了"整个所谓世界历史不外是人通过人的劳动而诞生的过程"。② "只有随着生产力的这种普遍发展，人们的普遍交往才能建立起来"，③ 则表明生产和交往虽然互为前提，但是生产具有基础性的作用。由生产和交往构成的世界历史总画面，正如恩格斯曾经指出："是一幅由种种联系和相互作用无穷无尽地交织起来的画面，……其中各个细节还或多或少地隐藏在背景中……而我们要是不知道这些细节，就看不清总画面。为了认识这些细节，我们不得不把它们从自然的或历史的联系中抽出来，从它们的特性、它们的特殊的原因和结果等等方面来分别加以研究。"④ 这实际上提示我们，世界历史的总画面中既蕴含着主线，也蕴含着支线。所谓支线，就是那些构成或依附于主线的具体的、不同层面的、不同领域的细节线索。而对支线了解越清晰，越能促进对主线的理解，更有助于拨开笼罩在世界历史上的

---

① 吴于廑：《世界历史》，《中国大百科全书·外国历史卷》，中国大百科全书出版社 1990 年版，第 1—15 页。
② 《马克思恩格斯文集》第 1 卷，人民出版社 2009 年版，第 196—197 页。
③ 同上书，第 538 页。
④ 《马克思恩格斯文集》第 3 卷，人民出版社 2009 年版，第 538—539 页。

种种迷雾，穿透各种表象，看清真实的历史运动，进而理解当代世界的根本基础。

刘家和曾经指出，要看出纵向发展与横向发展之间的内在关系，其坚实的基础就在于切实的微观的研究。[1] 前述的西方全球史对人类交往史的挖掘，正是凭借深入的实证基础，扩展和深化了世界历史横向发展研究。环境变化、跨文化贸易、物种传播交流、疾病传染、移民与离散社群、人类饮食演变等全球史关注的研究主题，实际上均可视作历史发展中的支线线索，只不过受其基本历史文化立场的制约，就此停步不前而已。由双主线和多支线构成的世界史编撰线索体系是我们世界史研究体系的有机组成部分，是世界历史演变的内在整体动力机制的体现，体现着物质因素和精神因素、经济基础和上层建筑等多种动力因素的相互作用，体现着历史发展的合力，体现着人本身的能动的生活过程。同时它也意味着世界史理论研究与具体实证研究的结合，意味着从宏观和微观两个层面入手来进行对世界历史的综合思考。

其次，在如何处理中国史与世界史的关系问题上，可考虑充分发挥中国史在世界史编撰中的时间坐标效应。"时间实际上是人的积极存在，它不仅是人的生命的尺度，而且是人的发展的空间。"[2] 中华文明是世界上唯一没有中断并独立发展至今的文明，在整个人类发展史上具有不可替代的参照性和坐标意义，这种历史经验是其他国家无法比拟的。将这一点在通史著作中充分表达出来，有利于开展中外文明史的比较研究，展现人类文明发展过程的多中心本质。在人类发展过程中，不同时期出现过多个不同的文明中心，每个时代都有领导时代发展潮流的力量中心。例如，非洲、中东、埃及、希腊、罗马、中国都曾是历史长河中的发展中心。如果我们从自身这5000多年的、包含着人类整体的历史背景和历史视野出发来看待各个文明，便会发现各文明自身的历史及其互动都是人类发展成就的组成部分，是人类多样性和创造性的体现，而不再是仅仅与西方的兴起、与资本主义的全球扩张发生联系时才具有意义。因此，发挥中国史在世界历史中的时间坐标效应，进而构建出一套清晰明确、宜于理解、有民族特色的历史话语系统，不仅有利于我们把握中华民族5000多年文明史的重大价值，而且也是对整个世界的

---

[1] 刘家和、廖学盛主编：《世界古代文明史研究导论》，北京师范大学出版社2010年版，"引论"第18页。

[2] 《马克思恩格斯全集》第47卷，人民出版社1979年版，第532页。

贡献。

从上述认识出发，我们可以更好地理解资本主义对世界历史的双重性影响。其积极方面是世界历史的形成为人类的彻底解放创造了必要条件，其消极方面则是世界历史具有深刻的资本主义烙印，当今世界的发展失衡表现尤为明显。资本主义无限扩张的生产方式和消费方式，使得全球面临着环境污染、生态破坏、资源竞争、贫富严重分化、地区动荡冲突甚至战争相交织等困境。对此大卫·克里斯蒂安提出，"资本主义证明有能力生产丰富的物质财富；但是，迄今它已经证明不能平等地、人道地、可持续地分配全球财富。"① 霍布斯鲍姆也指出："资产阶级文明哪里出了问题？虽然它建立在摧毁一切，改变一切的大规模生产模式的基础之上，但是它的实际活动、它的机构以及政治和价值制度都是由少数人为少数人设计的，尽管这个少数可以，也必然会扩大。它过去是，今天仍然是精英制度，也就是说，它既非平等主义，亦非民主制度"；"多数人对这个社会制度持容忍甚至赞同的态度，只要它能够保证稳定、和平和公共秩序，并能满足穷人合情合理的期望"，但是现在，"把民主等同于全民投票和代议制政府的政治制度的缺陷开始显露"。② 这也印证了马克思主义经典作家对资本主义的基本判断，"如果说资本主义生产方式是发展物质生产力并且创造同这种生产力相适应的世界市场的历史手段，那么，这种生产方式同时也是它的这个历史任务和同它相适应的社会生产关系之间的经常的矛盾"。③ 对资本主义的兴起、发展及其世界历史意义的研究，无疑需要更加谨慎的考察和分析。

世界史的编撰过程同时也是史学家对世界进行综合认知与思考的过程。2100 多年前，中国通史编撰的开山之作《史记》问世，司马迁提出其撰著的宗旨在于"究天人之际，通古今之变，成一家之言"。这短短 15 字包含着时间和空间的双重向度，即不仅要在时间纵向上反映人类历史演变的脉络和规律，而且要在空间横向上揭示出各种复杂现象之间的联系，进而在此基础上实现内在的会通，阐释人类复杂的社会生活。如今世界一体化加速发展这个现实前提，使得司马迁这 15 字的丰富内涵在今天受到前所未有的重视。

---

① [美] 大卫·克里斯蒂安：《时间地图：大历史导论》，晏可佳译，上海社会科学院出版社 2007 年版，第 485 页。

② 艾瑞克·霍布斯鲍姆：《断裂的年代：20 世纪的文化与社会》，林华译，中信出版社 2014 年版，"序言"第 Ⅷ、Ⅸ 页。

③ 《马克思恩格斯文集》第 7 卷，人民出版社 2009 年版，第 279 页。

显然，世界史编撰亦面临新的要求，即自觉站在时代的高度，从自身的历史经历出发，说明全球一体的演变，阐明我们对人类历史的基本观点，展现中国文化认识世界并将之理论化的道路和方式。包括中国在内的各国的世界史编撰视角，实际上体现的是基于文化多样性基础之上的历史认识和历史判断的多样性。但是，各不相属的人类群体却同为一个物种，共处一个地球，这实际上要求认识主体自觉保持全球的视野。从这个意义上说，构建双主线、多支线的世界史编撰线索体系，和发挥中国史在世界史编撰中的时间坐标效应，显然有利于深化对人类历史和世界格局的整体认识。

马克思主义是历史虚无主义吗？

——评《炎黄春秋》发表的三篇有关历史虚无主义文章

张海鹏　龚　云

（中国社会科学院近代史研究所　马克思主义研究院）

近些年学术理论界致力于批评历史虚无主义思潮。从历史事实和理论逻辑上讲清楚历史虚无主义的本质和表现，对于澄清迷雾，巩固中国共产党的领导，巩固社会主义道路，巩固中国特色社会主义核心价值体系都是很有意义的。

所谓历史虚无主义，是一种曲解、否定近现代革命历史和中国共产党的历史从而否定中国共产党领导、马克思主义指导、社会主义道路和人民民主专政的政治思潮。这种政治思潮往往打着历史研究的幌子，以"重新认识历史"、"还原历史真相"的名义出现。这种思潮否定以马克思主义为指导形成的全部历史认识体系，否定中国人民的进步史和中国共产党领导的革命、建设和改革史，达到否定四项基本原则、搅乱人心的目的。最近，《炎黄春秋》杂志发表了尹保云、马龙闪等学者的三篇文章，试图重新阐述历史虚无主义思潮的内涵、来龙去脉和表现，重新界定历史虚无主义，抢夺批判历史虚无主义的旗帜。这些文章的核心观点，颠覆了人们以往对历史虚无主义的正确认识，提出马克思主义就是历史虚无主义，把马克思主义指导的历史认识体系，作为教条主义历史虚无主义来批判。这就使我们纳闷：《炎黄春秋》要把矛头指向哪里？是指向历史虚无主义呢还是指向马克思主义？

一　批判历史虚无主义已不再是单纯的学理探讨

历史虚无主义思潮是自20世纪90年代中期所谓"告别革命"论发表以来，在中国社会，尤其是学术理论界具有很大影响的政治思潮。学术理论界按照"百花齐放、百家争鸣"的方针，进行了长期的学术批评。最近，《炎黄春秋》一次推出三篇文章，在历史虚无主义定义上故弄玄虚，企图搅浑水，争夺批判历史虚无主义话语权，为其他错误思潮打前站，显现出明显的政治意图，试图影响中国正在进行的全面深化改革的方向。这表明，批判历史虚无主义已经不再是单纯的学理探讨。

唯物主义历史观的创立，是人类认识史上伟大的革命。列宁认为，"马克思的历史唯物主义是科学思想中的最大成果"①。他强调，唯物主义历史观是唯一科学的历史观，在我们还没有看见另一种科学地解释某种社会形态的活动和发展的尝试以前，它始终是社会科学的同义词。② 以马克思主义为指导的历史认识体系，实现了历史认识的革命，使人类可以最大程度地实现还原历史真相，科学地探究历史的规律。

但是，有的学者将马克思主义指导下的历史认识体系称之为教条主义虚无主义，提出："教条主义的历史虚无主义是迄今为止最大的历史虚无主义。"③ 他们说什么："历史虚无主义在理论上也源远流长。自 19 世纪末以降，一百多年来它以庸俗社会学为理论根基，穿着'革命'的外衣，在理论上以'马克思主义'的面目出现，实际上却是一种小资产阶级左倾幼稚病的根源之一。"④ 很显然，文章作者再明显不过地把批判历史虚无主义的矛头指向了马克思主义。

上述文章作者不仅把马克思主义说成是历史虚无主义，而且把中共党史上个别时期的"左"倾错误与正常的思想文化运动搅和在一起，把新民主主义革命时期左翼文化运动和新中国成立后的思想文化批判运动也歪曲为历史虚无主义。那位作者说："从中国 20 世纪初否定一切传统文化的'虚无党'，到 20 年代以'太阳社'为代表的一批上海'亭子间'文人，再到解放后的一系列思想文化批判运动，最后发展到'无产阶级文化大革命'的虚无主义思潮，这其中历史虚无主义的传承脉络是十分清晰的。"⑤ "长期以来，这股思潮高涨泛滥的时间久，而对之切实批判得不多，有些时期，甚至奉它为神圣，实际上把它当成了革命的主流和正统。改革开放以来，新时期对历史虚无主义有不小的冲击和压制，它虽也几经抬头，但始终没有像改革开放前那

---

① 《列宁专题文集·论马克思主义》，人民出版社 2009 年版，第 68 页。
② 《列宁专题文集·论辩证唯物主义和历史唯物主义》，人民出版社 2009 年版，第 163 页。
③ 尹保云：《要警惕什么样的历史虚无主义》，《炎黄春秋》2014 年第 5 期。
④ 马龙闪：《历史虚无主义的来龙去脉》，《炎黄春秋》2014 年第 5 期。
⑤ 同上。

样发展成主要的危险和潮流。"①

在他们看来，马克思主义指导下的历史认识体系是教条主义历史虚无主义。"教条主义是从马克思的思想中摘除一些教条并加以极端化发展。"②"教条主义把上述马克思历史观进一步片面化、极端化，从而走向极端的历史虚无主义。""在这个理论体系中，它把一个不存在的、仅仅是想象中的共产主义作为评判事务的唯一标准，不仅否定了奴隶社会、封建社会、资本主义社会这个漫长的人类历史，也否定了现实世界中的文明榜样。它自信地宣布，从原始社会解体后人类历史上就没有好的事物，充满了剥削、压迫、不平等和阶级斗争，只有到共产主义社会后才会获得彻底解放。这就把马克思主义历史观完全解释成了基督教神学的历史观，陷入极端的历史虚无主义。"③"在我们国家，某些反对历史虚无主义的人，很像尼采式的虚无主义者，在存在论与价值论上滑向虚无主义，因为他们一般不从存在的本体论意义上下功夫，只是否定其他所有的史观/价值，确立和维护自己的史观/价值，当做唯一的存在。他们虽然貌似尼采的那种强力意志，但这种强力并非来自批判者本身，而是来自只允许一种声音存在的举国宣传体制的支撑。"④

在他们看来，教条主义历史虚无主义带来了巨大的灾难。"这种极端的历史虚无主义必然带来严重的现实灾难。在搞了70多年之后，苏联模式突然全面崩溃。非但没有实现它所宣传的伟大历史目标，反倒成了世界现代化历史之树上的一个巨大疤痕。"⑤"教条主义历史虚无主义给中国带来的危害比原苏联有过之而无不及。尽管在发生1959—1962年的大饥荒之后，毛泽东看到了苏联模式的弊病，希望走中国自己的道路，但是，由于整个意识形态深深陷入历史虚无主义泥潭并已经构建了一个与现代文明对立的苏联模式框架，寻求中国道路也难以找到正确方向，结果反倒是一错再错，直到发生文化大革命的灾难。文化大革命给中国带来全面的破坏是必然的。因为历史虚无主义的力量超过了中世纪神学，达到了前所未有的极端形态，它不仅否定了所有存在过的和仍然存在着的制度文明（包括苏联"修正主义"），也否定了人类历史上的一切文化积淀，甚至把文物古迹也当作罪恶而加以摧

---

① 马龙闪：《历史虚无主义的来龙去脉》，《炎黄春秋》2014年第5期。
② 尹保云：《要警惕什么样的历史虚无主义》，《炎黄春秋》2014年第5期。
③ 同上。
④ 郭世佑：《历史虚无主义的实与虚》，《炎黄春秋》2014年第5期。
⑤ 尹保云：《要警惕什么样的历史虚无主义》，《炎黄春秋》2014年第5期。

毁。文明观和历史观完全颠倒，善恶美丑失去评价标准，历史没有了方向。这样，无休止的运动、斗争和破坏也就成了日常行为。"①

在他们看来，教条主义历史虚无主义是最大的历史虚无主义。"中国目前需要引起重视的历史虚无主义，仍然是教条主义历史虚无主义。它严重地扭曲了社会历史观，使人们不能对历史和现实做出恰当的理解和判断，从而构成改革开放和社会进步的巨大思想动力。"②"对于教条主义历史虚无主义的本质我们必须有清醒而深刻的认识。一个繁荣昌盛的文明中国不可能建立在一堆虚假历史故事所构筑的思想土壤之上。"③

上述观点表明，这些学者目标明确地挑战中国共产党的指导思想和中华人民共和国的主流意识形态，否认中国革命史和新中国的建国史，这已经威胁到中国共产党的执政安全和新中国的意识形态安全，暴露出这些学者的政治意图。

马克思主义是迄今为止认识人类社会唯一科学的世界观和方法论，它揭示了人类社会发展的规律和方向，是无产阶级和劳动人民解放的思想武器。以马克思主义为指导的历史认识，使历史研究发生了革命性的变革，科学地认识了人类历史，在推动世界进步和中国人民翻身解放中发挥了理论指导作用。对于马克思主义历史理论的贡献，英国著名历史学家杰弗里·巴勒克拉夫这样总结道："马克思主义作为哲学和总的观念，从五个主要方面对历史学家的思想产生了影响。首先，它既反映又促进了历史学研究方向的转变，从描述孤立的——主要是政治的——事件转向对社会和经济的复杂而长期的过程的研究。其次，马克思主义使历史学家认识到需要研究人们生活的物质条件，把工业关系当作整体的而不是孤立的现象，并且在这个背景下研究技术和经济发展的历史。第三，马克思主义促进了对人民群众历史作用的研究。第四，马克思的社会阶级结构观念以及他对阶级斗争的研究不仅对历史研究产生了广泛影响，而且特别引起了对研究西方资产阶级社会中阶级形成过程的注意，也引起了对研究其他社会制度——尤其是奴隶制社会、农奴制社会和封建制社会——中出现类似过程的注意。最后，马克思主义的重要在于它唤起了对历史研究的理论前提的兴趣以及对整个历史理论的兴趣。"④

---

① 尹保云：《要警惕什么样的历史虚无主义》，《炎黄春秋》2014 年第 5 期。
② 同上。
③ 同上。
④ 《当代史学主要趋势》，上海译文出版社 1987 年版，第 27 页。

"马克思主义在包括美国在内的绝大多数国家的历史学家当中是产生了最大影响的解释历史的理论。"① 巴勒克拉夫对马克思主义的评价，是对那种认为马克思主义是历史虚无主义、马克思主义指导下的历史认识体系是教条主义历史虚无主义的有力回击。

马克思主义历史唯物主义是人类历史观的伟大变革，但不会结束变革。马克思主义是与时俱进的，历史在前进，马克思主义也不会停滞。马克思主义发展的停滞，就是其生命的终结。马克思主义指导下的历史认识体系虽然在以往的实践过程中存在过公式主义、教条主义、简单化，但其主流却是在不断发展，也会不断丰富发展。对马克思主义及其指导下的历史认识扣上"历史虚无主义"帽子，无视 1848 年《共产党宣言》发表 160 多年以来，马克思主义在世界史上无与伦比的巨大影响和马克思主义预言的社会历史的巨大变动，这不是最大的历史虚无主义是什么？

历史虚无主义思潮是一种政治思潮。这是提出马克思主义是"历史虚无主义"的学者也不否认的。这些学者对历史虚无主义的泛化、随意解释，说明了他们在玩故弄玄虚。他们对历史虚无主义的政治性揭示，倒是说了实情。

历史虚无主义，着重在中国近代史、中华人民共和国史、中共党史上大做文章，虽然有时以"学术研究"的面目出现，却并非"发思古之幽情"，而具有很强的现实目的性和明确的政治诉求。历史虚无主义以"重新评价"和"还原历史"为旗号，攻击、否定中共革命的历史，不仅在于以此博取自身的声名，更重要的是以历史为切入口，来质疑、削弱中共执政的历史合法性。其根本目的是企图从历史依据和逻辑前提上否定马克思主义在当代中国的指导地位，否定中国共产党在现实政治中的执政地位，否定社会主义根本制度，以为另寻"自由主义出路"制造依据。历史虚无主义卖弄理论的玄虚，拆穿了，无非如此。

因此，对历史虚无主义思潮的探讨，就不单纯是一项学理探讨。在当前，反对历史虚无主义思潮有着特殊的紧迫的现实政治意义。

在当下中国，作为一种政治思潮，历史虚无主义思潮是有着特定的内涵，并不是随便什么人就可以命名、可以修改的。历史虚无主义思潮的观点集中表现为：第一，否定革命，认为革命是一种破坏性力量，只起到破坏作

---

① 《当代史学主要趋势》，上海译文出版社 1987 年版，第 3 页。

用，"五四运动"以后救亡压倒了启蒙，只有资产阶级性启蒙才具有建设性作用；第二，把五四以来中国人民选择社会主义方向视为偏离人类文明主流和走上歧路；第三，认为经济文化落后国家没有资格搞社会主义，新中国建设的社会主义是"农业社会主义"、"封建社会主义"和空想社会主义；第四，认为党的历史是一系列错误的延续和堆积。一句话，历史虚无主义思潮对中国近现代史进行"两个否定"和"一个肯定"：否定中国人民反抗外国侵略和封建压迫的革命斗争历史；否定中国共产党领导中国人民进行的革命斗争史和社会主义建设史；肯定近代中国统治阶级。这种肯定和否定，就是试图取消中国共产党成立以来的历史合法性。历史虚无主义的实质和要害在于通过否定近代中国人民的革命奋斗，否定中国共产党的历史、新中国的历史进而否定中国共产党的领导和社会主义制度。其名在历史，其剑锋却指向当今社会现实。

我们反对历史虚无主义思潮，并不是反对学者对历史进行全盘研究，提出新的认识。我们从来不否认没有以马克思主义为指导的历史学者可以在历史研究中得出有价值的认识，也从来没有说不符合马克思主义历史认识的一律都称之为历史虚无主义，并没有把学者通过建立在事实基础上的严肃的历史研究而改变过去的一些认识认为是历史虚无主义。我们反对的是对近现代中国历史、中国共产党的历史和中国走上社会主义道路的历史的本质、主流进行否定。

二　说共产主义终结历史是一种毫无根据的攻击

马克思主义是在欧洲资本主义发展旺盛的时候产生的，是人类思想发展的总结。《共产党宣言》没有宣布历史终结于共产主义，也不可能宣布历史终结于共产主义。马克思高度评价了资本主义对人类社会的贡献。从历史发展规律说，资本主义一定会被共产主义取代，这种取代是资本主义经济规律发展的合乎逻辑的结果，是否定之否定，是历史规律性的否定，不是任何人想否定就否定得了的。不能因为说马克思主义最早、最准确地揭示了这一规律就是历史虚无主义，它与通常所说的历史虚无主义是毫无关联的。这正如资本主义社会代替了封建主义社会，封建主义社会代替了奴隶社会一样，既是基本的历史发展轨迹，也代表人类历史进步的方向，是历史前进的基本规律。怎么可以说马克思主义揭示了资本主义必然为共产主义所取代是历史虚无主义呢?

马克思主义认为,资本主义社会是人类社会最后一个剥削阶级社会,资产阶级生产关系是社会生产过程的最后一个对抗形式。资产阶级生产关系的基础是生产资料的资本家所有制。资本主义生产方式是以生产剩余价值为目的的生产方式,它的存在以两个社会阶级的存在为前提,一方面是占有生产资料的资本家阶级,一方面是失去生产资料、仅有自己的劳动力可以出卖的无产阶级。资本和雇佣劳动的关系决定着这种生产方式的全部性质。剩余价值的占有是资本主义剥削的实质,因而资本主义生产关系是对抗性的生产关系。这种对抗从本质上说不是个人的对抗,而是个人生活于其中的社会关系的对抗。生产的社会性和生产资料的资本主义占有之间的矛盾是资本主义生产方式固有的基本矛盾,它包含着资本主义社会中一切阶级冲突的萌芽,决定了资本主义的历史命运。

资本主义生产关系曾经极大地推动了生产力的发展,马克思、恩格斯高度肯定过资本主义的这种历史作用。马克思、恩格斯指出:"资产阶级在历史上曾经起过非常革命的作用","资产阶级在它的不到一百年的阶级统治中所创造的生产力,比过去一切世代创造的全部生产力还要多,还要大。自然力的征服,机器的采用,化学在工业和农业中的应用,轮船的行驶,铁路的通行,电报的使用,整个大陆的开垦,河川的通航,仿佛用法术从地下呼唤出来的大量人口,——过去哪一个世纪料想到在社会劳动里蕴藏有这样的生产力呢?"①

但是,这种社会生产力发展到一定阶段,就不可避免地同狭隘的资本主义私有制发生冲突,达到它们的资本主义外壳不能相容的地步,要求炸毁这个外壳。虽然资产阶级可以在资本主义生产方式容许的范围内通过对生产关系做某些局部的调整来缓和矛盾,但终究不能从根本上克服这种矛盾和对抗。在资产阶级社会的胞胎里发展起来的强大的社会化的生产力,为全社会占有生产资料和共同组织社会化生产准备了物质经济条件;同时,资本主义越发展,无产阶级的力量就越壮大,资产阶级社会造就了置自身于死地的社会力量。因此,资本主义生产方式固有的矛盾决定了它的历史过渡性质,它必然为社会主义社会所代替。资本主义社会是人类历史上最后一个内在地包含着对抗性的社会基本矛盾和阶级结构的社会形态。马克思、恩格斯在《共

---

① 《共产党宣言》,载《马克思恩格斯文集》第 2 卷,人民出版社 2009 年版,第 33、36 页。

产党宣言》中指出："资产阶级的灭亡和无产阶级的胜利是同样不可避免的。"①

马克思主义没有终结历史，更从来没有说过历史终结在共产主义社会。马克思主义通过探究人类社会发展的规律，认为人类社会是在不断发展进步的，是在否定之否定中不断向前螺旋式发展的。人类即使到了共产主义社会，也还要不断发展的。"历史唯物主义不同于历史进化论，也不同于历史循环论。历史唯物主义关于历史螺旋性前进的理论既包括历史进步的客观必然性，又包括历史仿佛复归的辩证现象。历史循环论把历史看作无数互不相关的自我封闭的圆圈，每个圆圈都经历兴起、发展、灭亡的过程，因此历史没有发展、没有进步，只在盛衰兴灭中转圆圈。历史进化论把历史的进步视为自然界的进化，视为简单的直线的没有曲折的上升运动。""历史唯物主义关于社会进步的观念是充满辩证法的历史进步的观念，社会发展从社会形态演变看是进步的上升的过程，而不是循环运动。""无论是社会五形态论或三形态论都是前进运动，社会形态更替中包括曲折、退步、反复、复辟甚至向后的倒退，而且有些现象仿佛回归。""实际上是更高基础上的回归。我们称之为'历史辩证法'，用这种方法观察历史是历史的辩证思维。历史辩证法是历史自身具有的，而不是研究主题强加于历史的。"②认为马克思主义把历史终结于共产主义是对马克思主义的严重歪曲。马克思、恩格斯在谈到共产主义时，是把共产主义分成社会主义和共产主义两个不同的阶段，这就说明他们没有把历史终结于共产主义的设想。中国特色社会主义，是共产主义学说在实践中的产物，我们说的中国社会主义只是社会主义的初级阶段，初级阶段以后怎么发展，这只有靠社会主义、共产主义的实践来解答。怎么可以说马克思主义把历史终结于共产主义呢？那些认为"马克思的历史图式与基督教历史图式十分相似"的人，那些把马克思主义当作基督教神学的人，不是对马克思主义的无知，就是对马克思主义毫无根据的攻击。

马克思主义本身也是要发展的。与时俱进是马克思主义的鲜明的特点。"历史唯物主义在当代应该发展。当代现实并不是历史唯物主义的单纯试金石，不是仅仅用以验证、说明历史唯物主义正确性的新例证，而是使历史唯

---

① 《马克思恩格斯文集》第 2 卷，人民出版社 2009 年版，第 43 页。
② 《谈谈历史唯物主义的方法论问题——访中国人民大学一级教授陈先达》，《马克思主义研究》2014 年第 6 期。

物主义更加锋锐的磨刀石。当代现实既是对历史唯物主义基本理论的试金石，又是推动历史唯物主义发展的动力。"① 但是发展马克思主义是在坚持基本原理基础上的发展，任何推倒马克思主义基本原理的所谓重建、重构，不是发展，而是修正，是对马克思主义的虚无。

马克思主义指导下的历史认识也是要发展的。随着马克思主义本身的发展，随着社会主义和共产主义运动的不断发展，随着人们对历史规律认识得更清楚，马克思主义历史认识体系还要不断发展。这种发展不是否定过去的基本认识，不是简单地"翻案"，而是在坚持基本认识上的发展。马克思主义对历史的认识，揭示了历史的本质和主流，是需要坚持的。否则，就是历史虚无主义。

三 历史发展是有规律可循的

人类历史发展是有规律的，历史进程受内在一般规律支配，是按照历史的逻辑由低级向高级发展的。唯物史观的目的就是要发现那些支配规律在人类社会的历史上起作用的一般运动规律。"现代唯物主义把历史看做人类的发展过程，而它的任务就在于发现这个过程的运动规律。"② 正是在人类社会发展规律的作用下，人类历史从低级向高级发展。在马克思主义看来，"一切依次更替的历史状态都只是人类社会由低级到高级的无穷发展进程中的暂时阶段"③。唯物的历史观就是发现、揭示和阐明人类历史规律的历史认识论。

通俗地说，唯物史观对历史的认识，首先是唯物主义的，它认为，有史以来的人类历史，是客观存在的，不是主观形态的；历史现象虽然千姿百态、纷繁复杂，却不是虚无缥缈的，人们虽然不能像自然科学那样在实验室里重复制造历史过程，但在掌握了尽可能多的历史资料以后，是可以对过往的历史过程加以描述的，是可以获得对往史的较为近真的影像的，因此历史是可以认识的，不是不可知的；历史现象是可以理出头绪的，我们可以看到人类社会历史显示了一种由低级到高级的发展过程，人们从茹毛饮血到今天

---

① 《谈谈历史唯物主义的方法论问题——访中国人民大学一级教授陈先达》，《马克思主义研究》2014 年第 6 期。
② 《马克思恩格斯文集》第 9 卷，人民出版社 2009 年版，第 28 页。
③ 《马克思恩格斯文集》第 4 卷，人民出版社 2009 年版，第 270 页。

享受现代化的网络工具，很自然地说明了这个过程的一个重要方面，而马克思、恩格斯指出的五种社会发展形态，则是对这一过程的最一般的描绘；人类的经济生活是社会生存的基本方式，社会依生产力的发展、前进而发展、前进，生产力和生产关系的矛盾运动推动着社会的前进，决定着人们依赖其中的社会政治、经济、阶级关系和文化从属的基本面貌；物质生产和精神生产是社会运行的主要内容，物质生产的状况决定了精神生产的状况，劳动者是物质生产的主体，是决定历史前进方向的终极力量；人们（包括劳动群众和社会精英）创造了一定的历史环境，一定的历史环境反过来又决定了生活其中的人们的面貌。我们认为，这就是唯物史观告诉我们的基本东西。它所概括出来的人类社会发展的基本规律虽未穷尽真理，却指示了社会发展的一般方向及其未来。同时也应该说，它只是提出了社会发展的一般方向和未来走向，丝毫没有给出各地区各国家历史发展的具体方向。各地区各国家的社会历史发展还要靠那里的历史学家去研究去总结。各个地区各个国家不一定都要按照五种社会形态的先后演进，像中国的历史，就没有经历过纯粹的资本主义社会时期，我们通常是把 1840—1949 年期间的半殖民地半封建社会归入中国历史上的资本主义社会时期。

肯定历史前进的规律，就是要肯定共产主义取代资本主义是历史发展的必然。对中国近现代历史来说，就是要肯定从旧民主主义革命到新民主主义革命再到社会主义革命的历程，肯定中共带领人民革命、拼搏、奋斗的历史，肯定中华人民共和国取得的与 1949 年前截然不同的历史成就，肯定中国特色社会主义道路对于推进人民福祉的历史。因为中国共产党是代表了近现代中国历史发展的方向，走社会主义道路是近现代中国历史的选择。《炎黄春秋》三篇文章否定的就是这几段历史，他们不承认历史是前进的，认为资本主义终结了历史，把现代资本主义当作"现实世界中的文明榜样"①。这些学者假借批判历史虚无主义，妄图否定马克思主义、否定社会主义、否定共产党的领导，是徒劳的，在历史的大潮面前难以掀起浪花。社会主义运动 500 年的历史证明，虽然出现过波折，甚至是巨大的波折，但是运动的潮头始终向前，没有一种力量是可以阻挡的，这就是历史规律在起作用。

有的论者断言："马克思的历史图式与基督教历史图式十分相似。他虽然肯定了资本主义的成就，也认为资本主义是目前世界文明高峰，但他最终

---

① 尹保云：《要警惕什么样的历史虚无主义》，《炎黄春秋》2014 年第 5 期。

还是以一个设想中的未来社会阶段把资本主义的历史否定了。在他的历史观中，从奴隶社会、封建社会到资本主义社会都是'阶级社会'，是人的本性的堕落；资本主义社会无论取得了怎样的成就也是异化的，它的政治制度、经济制度、社会组织与道德观念等等都将被彻底抛弃，陷入历史虚无主义了。"① 号称马克思主义学院的教授，对马克思主义的历史认识理论如此无知，不能不说是一种悲哀，是一种唐·吉珂德似的对着风车开战的可怜的无知。

基督教是神学，马克思主义是科学。基督神学认为世界是上帝创造的，上帝创造了亚当、夏娃，才有了人类；自然科学认为地球上的所有生物都是在无数千万年的演变中产生的，低级生物到高级动物的产生都是遵循了自然的规律，马克思主义认为劳动使猴子变成了人，劳动创造了人，创造了世界，世界是人民创造的。基督教神学与马克思主义科学在认识论上没有任何相似之处。

所谓"马克思的历史图式"，应该是指马克思主义的社会形态学说，是指历史唯物主义对人类历史的规律性发展的阐明。人类社会从原始社会到奴隶社会，再到封建社会，再到资本主义社会，再到社会主义、共产主义社会，这种"历史图式"与上帝造人、造世界的"历史图式"有任何相似之处吗？

马克思主义的社会形态学说阐明了人类社会从低级到高级发展的规律性，不是简单的否定论，要说否定，是奴隶社会否定了原始社会，封建社会否定了奴隶社会，资本主义社会否定了封建社会；同时也是奴隶社会肯定了原始人类社会对于生物界的进步，封建社会肯定了奴隶社会对于原始社会的进步，资本主义社会肯定了封建社会对于奴隶社会的进步。

这位无知者还说，马克思主义以"一个设想中的未来社会阶段把资本主义的历史否定了"，所以马克思主义是历史虚无主义。这更是一种无知妄说。世界社会主义运动500年，今天世界上已经存在多个社会主义国家，苏联作为第一个社会主义国家虽然崩溃了，但是70年的存在毕竟是一个历史事实。中国特色社会主义正在欣欣向荣地发展，并且取得世界第二的经济总量的巨大成就，根据国际知名经济组织的估计，中国经济总量取得世界第一的地位是指日可待的。对社会主义、共产主义运动在世界和中国的实践及其所取得

---

① 尹保云：《要警惕什么样的历史虚无主义》，《炎黄春秋》2014 年第 5 期。

的伟大成就怎么能可以视而不见呢？中国特色社会主义怎么可以说成是"一个设想中的未来社会阶段"呢？或者说成是"仅仅是想象中的共产主义"呢？中国特色社会主义所取得的巨大成就难道是"建立在一堆虚假历史故事所构筑的思想土壤之上"吗？

这位无知者还说，马克思主义还认为"资本主义是目前世界文明高峰"。这句话是很不准确的。在马克思、恩格斯那个时代，说资本主义是世界文明高峰是可以的，在今天这个时代，还说"资本主义是目前世界文明高峰"，就是不可以的！世界文明高峰正在转变到中国特色社会主义上来，这也是今天不能视而不见的。

毋庸讳言，有些学者特别是一些历史亲历者发表的文章，有助于我们重新认识过去的历史，特别是走过的弯路，有利于总结历史教训。但是一些学者否认历史规律的存在，把自己亲身的历史过节当作历史前进的真实，并试图用这些细节去否定中国共产党历史、新中国历史的主流。真实的历史细节可能是历史前进环节中的一个点，并不等于前进历史的真实，并不能代表历史的全部和本质，无法揭示历史的规律。这些学者对于中国共产党和新中国的失误缺乏具体的历史的分析，对于中国共产党在探索革命和建设过程中所犯的错误，必须结合历史条件进行具体分析。打着反思历史的旗号，从暴露、控诉、攻击的目的出发，把中国共产党的历史和新中国的历史描绘成是错误的堆积，这是十分有害的，不仅违背了新中国历史前进的方向，违背了历史前进的逻辑，也违背了亿万中国人民的意愿。马克思主义经典作家早就指出："在分析任何一个社会问题时，马克思主义理论的绝对要求，就是要把问题提到一定的历史范围之内"[1]。

有的学者脱离客观历史事实，以自己的价值尺度，尤其是政治的价值尺度对历史进行剪裁甚至重塑，背离了最起码的客观性标准，是典型的实用主义和唯心主义，与马克思主义唯物史观根本对立。他们以"价值中立"相标榜，否认马克思主义史学家对历史规律的探寻，强调史学应该与政治保持距离，谩骂马克思主义史学是政治史学，攻击马克思主义史学家为"御用文人"，是"学阀"[2]。实际上自古以来哪里有离开政治的史学呢？历史虚无主义者自己并不客观，并不中立。他们把近代历史上人民群众的斗争视为"暴

---

① 《马克思恩格斯选集》第 4 卷，人民出版社 1995 年版，第 432 页。

② 资中筠：《革新中国传统历史观》，《炎黄春秋》2014 年第 7 期。

乱"，对于敢于反抗的人民英雄、爱国志士一味地苛求，甚至用今天的标准来要求。相反，离开阶级分析法，对待统治阶级的人物，却采取"善待先人"的态度，对统治阶级的行为给予"同情式理解"。把统治阶级对人民的镇压视为维护社会秩序之举。爱憎如此分明，本身就彰显了他们的政治立场、政治诉求。他们的政治诉求就是在现代中国反对四项基本原则这一立国之本，力图扭转现代化建设和改革开放的发展方向，把中国纳入到西方资本主义体系中去。所谓普世价值论、西方宪政民主论、告别革命论、历史虚无主义等，都归属于这一体系。历史虚无主义思潮以它自身的特点来表达它们共同的政治诉求。历史虚无主义归根结底，就在于站错了立场，背离了马克思主义的指导，站到了人民对立面的立场，站在了替历史上的统治阶级说话的立场。他们的观点，实际上成为现实中国的一些人走资本主义道路的舆论前奏。

历史虚无主义者并不是对所有历史都采取虚无的态度。相反，从他们的政治需要出发，随意否定扭曲他们想否定的历史。他们的共同特点就是否定中国历史上，特别是近现代史上的一切进步事物和正面人物，否认中国近现代历史发展规律，把历史统统颠倒过来。着重点在于否定革命是近代中国社会矛盾的产物，否定人民革命的历史，把革命说成是"破坏"，主张告别"革命"。集中攻击中国共产党执政后的历史，把新中国说成一团漆黑，而否认新中国走社会主义道路是中国历史规律的要求。因为中国近现代历史与现实息息相关，特别是革命史、党史，更是直接关系到中国共产党执政的历史依据。显然，直接否定共产党的领导，宪法是不允许的，人民是不答应的。所以他们就采取了从与现实密切相关的中国近现代历史着手，以此为突破口，来颠覆中国共产党的领导、社会主义道路的选择、马克思主义的指导、人民民主专政的必要。

历史虚无主义思潮假借客观公正、还原历史真相之名，对民众具有一定的迷惑性和欺骗性，在社会上具有较大的影响。他们的观点在社会上被一些人认可，一定程度上折射了历史虚无主义思潮的影响在扩大，反映了我们这些年来在意识形态管理问题上不敢"亮剑"，存在一些漏洞，值得深思。

历史虚无主义思潮颠倒了历史，混淆历史是非，引起人们历史观的混乱，使人们丧失对历史的鉴别力。事实证明，这种是非判断标准的颠倒，必然会在社会上造成极大的思想混乱，削弱对马克思主义的信仰，丧失对共产党的信任，降低对社会主义的信心。这将导致社会主义根基和共产党基础的坍塌。苏联解体前民众的冷漠态度，就是历史虚无主义的恶果。党的十八大提倡道路自信、理论自信、制度自信，历史虚无主义思潮恰恰是破坏这种自信，拉中国特色社会主义前进的倒车。

总体来看，历史虚无主义的目的不在于总结历史教训，而在于通过历史虚无主义的认识论否认中国共产党执政的历史合法性，离间民众对中国共产党的认同，消解对马克思主义、社会主义的信心。这些观点如果任其发展下去，将会严重影响到中国共产党的执政安全，影响到中国人民选择的历史道路，导致开历史的倒车。

鉴于历史虚无主义思潮的严重政治危害，我们既要重视对其进行学理批判，通过说理，让群众看清事实的真相，增强对中国共产党和社会主义的信心；又要对极少数具有明显政治意图的历史虚无主义者，特别是公开以马克思主义理论作为攻击对象的人，进行必要的党纪国法的处理。对于那些严重违犯党纪的个别党员，要用党纪来约束，不让他们成为党纪的例外。一个政党用党纪处理自己党员，这在任何国家都是很普通的，不要怕海外少数人说三道四。对于那些违背宪法和法律的人，要严格依照法律进行处理。这是任何一个法治国家都会做的。美国法典第 18 篇第 2385 条规定："任何蓄意鼓吹、煽动、劝说或讲授推翻或摧毁美国政府的行为，包括因此而印刷、出版、发表、传递、出售、分发或公开展出任何书写或印刷品，都要处 20 年徒刑或 2 万美元罚款，或者两者并罚。"① 在这个问题上，我们要敢于"亮剑"，不能做开明绅士。

可以明确地指出：《炎黄春秋》最近发表的三篇有关历史虚无主义的文章，打着批判历史虚无主义的旗号，攻击的是马克思主义的基本理论，矛头指向的是中国社会主义道路，是坚持中国特色社会主义的中国共产党的领导。这种倾向罔顾基本的历史事实，理论完全是苍白的，手段是极其恶劣的，应当引起学术理论界的关注。

---

① 转引自周新城《围绕改革问题马克思主义同反马克思主义的斗争——改革开放 30 年历程的回顾与总结》，中国社会科学出版社 2010 年版，第 163 页。

历史虚无主义思潮的泛起、
特点及其主要表现

梁 柱

（北京大学）

　　历史、现实、未来是相通的。历史是过去的现实，现实是未来的历史。只有正确地认识历史，才能正确地认识现实，并以史为鉴，察往知来，创造更加美好的明天。晚清著名思想家龚自珍说过："欲知大道，必先为史"；而"灭人之国，必先去其史；隳人之枋，败人之纲纪，必先去其史；绝人之材，埋塞人之教，必先去其史；夷人之祖宗，必先去其史"。① 古往今来，一切民族和国家在进步发展中都重视自己的历史，都善待自己的历史遗产。在新的历史时期，随着国内外环境的深刻变化，在我国社会出现了各式各样的社会思潮，其中，以对自己国家的历史、民族的文化采取轻蔑的、否定的态度，甚至把历史特别是把中国革命和社会主义建设的历史说得一无是处的历史虚无主义的泛起，为害甚烈，引起了一切关心党和国家命运的人们的关注和忧虑。今天拟就这个问题和同志们做一个交流。

一　历史虚无主义思潮的泛起及其特点

　　在近代中国，历史虚无主义是作为同"全盘西化"论相呼应而出现的一种错误思潮。持"全盘西化"论者往往对民族文化、历史遗产采取轻蔑、虚无的态度，表现为民族文化虚无主义。在 20 世纪 30 年代首先提出"全盘西化"主张的陈序经就声称："西洋文化无论在思想上，艺术上，政治上，教育上，宗教上，哲学上，文学上，都比中国的好。就是在衣、食、住、行的生活上，我们也不及西洋人的讲究。"他提出："今后中国文化的出路，惟有

---

① 《龚自珍全集》上册，中华书局 1959 年版，第 22 页。

努力去跑彻底西化的途径。"① 胡适同样主张以"西方化"作为中国文化的
出路，而他的具体方案则是要求仿照"美国模式"。这种"全盘西化"论、
民族文化虚无主义同文化复古主义一样，都不能正确反映近代中国文化发展
的要求，同近代中国历史发展的方向相违背，因而理所当然地受到了抵制和
批判。随着马克思主义在中国的广泛传播，特别是人民革命的胜利，使民族
自尊心、自信心和自豪感得到极大发扬，因而在一个长时期内，这种错误思
潮受到了抑制。

进入新的历史时期，在我们党拨乱反正、转入现代化建设和改革开放这
一特定历史条件下，历史虚无主义作为资产阶级自由化的一种表现形式，开
始在中国泛起。一些人以"反思历史"为名，歪曲"解放思想"的真意，
从纠正"文化大革命""左"的错误，走到"纠正"社会主义，认为我国不
该过早地搞社会主义，而应该让资本主义充分地发展；从纠正毛泽东晚年的
错误，走到全盘否定毛泽东的历史地位和毛泽东思想；从诋毁新中国的伟大
成就，发展到否定中国革命的历史必然性；从丑化、妖魔化中国共产党领导
的革命和建设的历史，发展到贬损和否定近代中国一切进步的、革命的运
动；从刻意渲染中国人的落后性，发展到否定五千年中华文明，等等。改革
开放 30 多年来，历史虚无主义思潮时隐时现，但从未止息和退落，特别是
每当我们坚持四项基本原则不一贯的时候，它就会以极端的、尖锐的形式表
现出来。

应当看到，历史虚无主义思潮的泛起，是世界社会主义运动处在低潮、
西强东弱态势明显的形势下出现的一种历史现象。以苏东剧变为标志的世界
社会主义运动急剧转入低潮，这不能不深刻地影响人们的思想走向。应当肯
定，苏联解体的原因是多方面的、综合的，但其中起决定作用的，是戈尔巴
乔夫为首的苏共中央推行一条自我否定、自我丑化的机会主义路线。它的发
展有一个过程，而否定十月革命的道路、抹杀苏联社会主义的历史成就则起
了先行的作用。前有赫鲁晓夫全盘否定斯大林，后有戈尔巴乔夫推行的"新
思维"，使得颠倒历史、混淆是非的种种歪理邪说大行其道。戈尔巴乔夫的
所谓"改革"，实际上是自觉的改制。他认定，已建立的社会主义制度存在
着政治上、经济上和思想上的垄断，是"极权的"、"专横的"、"官僚专制

---

① 《中国文化之出路》，引自罗荣渠主编《从"西化"到现代化》，北京大学出版社 1990 年
版，第 363—364 页。

的"社会主义,改革就是要"告别过去","形象地说,应该炸毁一切",这就是要"根本改造社会大厦:从经济基础到上层建筑"。① 这就是说,他要从根本上改造社会主义制度,取而代之的就是他所鼓吹的民主社会主义,即按照西方模式重新创立所谓新的社会制度。他们制造了所谓十月革命不如二月革命,二月革命不如斯托雷平改革,使革命不如改良、苏联不如沙俄、社会主义不如资本主义的谬说,甚嚣尘上。历史被糟蹋到如此地步,现实的社会制度也就失去了它的依据。这样,整个党和社会的理想信念就动摇了。全面否定苏联历史、苏共历史,否定列宁、否定斯大林,一路否定下去,搞历史虚无主义,思想完全搞乱了。最后"城头变幻大王旗"只是一夜之间。这是以戈尔巴乔夫为首的苏共领导层中叛徒集团自上而下掀起的一场否定苏共和苏联的革命历史的恶浪,导致人心涣散、信念破碎,最终使雄居世界的第二强国、为人类进步做出重大贡献的社会主义苏联毁于一旦。值得注意的是,在苏联演变过程中,不但可以看到西方反共势力的作用,而且他们也极力利用这一历史事件,制造马克思主义、社会主义的"失败论"、"死亡论"、"终结论"。布热津斯基的《大失败》和福山的《历史的终结》就成了这股世界范围的"告别革命"思潮的代表作。这一惨痛的历史悲剧,深刻说明在社会主义遭遇困难和挫折,历史的列车急转弯的时候,会有一些人丧失信心,悲观失望,企图另找出路。历史虚无主义在中国重新泛起,正是同这样的国际背景相关联的。

正是在这样的国际大背景下,有些人利用我国改革开放这场深刻的社会变革,要把中国引向适合西方需要的资本主义发展方向。他们在"反思历史"的名义下,利用我们党经历的曲折,任意夸大党和毛泽东晚年的错误,蓄意歪曲历史,制造思想混乱。改革开放以来,从北京"西单墙事件"到1989年的政治风波,以及这些年来出现的"告别革命"思潮,可以说都贯穿着资产阶级自由化的改革要求。其基本主张是:在经济上根本否定社会主义公有制,要求全面彻底地实行私有化;在政治上鼓吹多元化,要求实行多党制、议会制;在意识形态上要求取消马克思主义的指导地位。很显然,这种改革观的实质,就是资本主义化,就是与国际反共势力的"和平演变"战略相呼应,并按照西方的模式和价值观,把中国纳入西方资本主义体系。

在新的历史条件下重新泛起的历史虚无主义思潮,也带有自身的特点,

---

① [苏]米·戈尔巴乔夫:《社会主义思想与社会性改革》,《真理报》1989年11月26日。

这主要表现在如下几个方面。

第一，它的一个突出表现，就是竭力贬损和否定革命，诋毁和嘲弄中国人民争取民族独立和人民解放而进行的反帝反封建斗争，诋毁和否定我国社会发展的社会主义取向及其伟大成就。而所谓"告别革命"论，既是这种思潮的集中表现，又是它不加隐讳的真实目的。在他们看来，革命只起破坏性作用，没有任何建设性意义。一些人拼命渲染革命的"弊病"和"祸害"，在一本名为《告别革命》的书中，对革命做了这样的描述："革命容易使人发疯发狂，丧失理性"，"革命残忍、黑暗、肮脏的一面，我们注意得很不够"。"革命是一种能量的消耗，而改良则是一种能量积累"。"改良可能成功，革命则一定失败"。"中国在20世纪选择革命的方式，是令人叹息的百年疯狂与幼稚"。在反对所谓"激进主义"、推崇保守主义的名义下，否定革命，颂扬改良。他们把近代中国凡是追求变革进步的都斥为"激进"而加以否定，而维护封建专制统治的则被称为"稳健"而加以肯定，断言是"激进主义"祸害了中国，阻碍了中国现代化进程。他们否定近现代中国历史上农民运动的进步性，认为"每次农民革命都造成社会生产大规模的破坏"，"很难得出农民运动是推动历史前进的动力这个普遍的结论"。继而，抬高洋务运动，贬低戊戌变法，抬高清廷的"新政"，贬抑辛亥革命、五四运动和中国共产党领导的革命运动。有些人则对近现代史下了这样的断语："谭嗣同是近代激进主义的开头"，"现在看来，它所带来的负面效应也相当大。这一效应影响到革命派，甚至可以说一直影响到现在"。"辛亥革命是搞糟了，是激进主义思潮的结果。清朝的确是腐朽的王朝，但是这个形式存在仍有很大意义。宁可慢慢来，通过当时立宪派所主张的改良来逼着它迈上现代化和'救亡'的道路；而一下子痛快地把它改掉，反而糟了，必然军阀混战"。正是经过这样的"重新评价"，从鸦片战争到中华人民共和国成立的109年历史，因革命而走上社会主义道路并获得伟大成就的历史，就从根本上被否定了。从这里也可以使我们看到，历史虚无主义把"重新评价"的重点放在近现代史的原因，就是为了否定革命，为了否定现实的社会主义制度。

第二，它以"学术研究"的面目出现，在"重新评价"、"重写历史"的名义下，做翻案文章，设置"理论陷阱"。他们有的是通过赤裸裸的谩骂、恶毒攻击的方式，来丑化和否定革命历史和革命领袖，相对地说，这比较容易被人们识破，因而他们更多地是在学术的幌子下，贩卖他们的私货。比如，在中国近代史的研究中，有的论者否定近代中国是一个半殖民地半封建社会的性质，生造了一个所谓"半封建半资本主义"的提法，来取代半殖民地半封建的科学判断。表面上看，这是一个学术问题，实际上这是一个"理论陷阱"。因为对近代中国半殖民地半封建社会性质的定位，是中国革命，包括孙中山领导的民主主义革命和同社会主义相联系的新民主主义革命的前提，如果这个前提被否定了，革命的历史必然性和进步性也就不存在了，有关近代中国社会和中国革命的一系列结论也都要被改写，与此相关的重要历史人物的评价标准也就完全不同了。事实上这种提法，不但违背了判定社会形态的常识，否认"半殖民地半封建"是相互统一、不可分割的，是中国社会的二重性质交互作用的结果所决定的，而且把对半殖民地半封建社会性质的科学判断看作是产生"左"的错误的重要根源，在有的论者看来，近代中国应当用大力发展资本主义来取代"半封建"，而不应该采取社会主义的发展方向。这样就把纠正"左"的错误变成了"纠正"社会主义。又如，历史虚无主义在糟蹋、歪曲历史的时候，却声称自己是在进行"理性的思考"，是要实现所谓"研究范式"的转换，似乎只要戴上这种理性的光环，他们就会名正言顺地占据史坛的话语权了。实际上，历史虚无主义同理性思考是完全背道而驰的。他们为了否定革命的正义性和必要性，就竭力美化帝国主义和封建主义，他们把推动历史前进的革命政党、领袖和革命的群众运动边缘化，甚至加以丑化，而对阻碍历史前进的反动势力及其代表人物则加以颂扬，把他们放到了历史舞台的中心位置。这从根本上歪曲、颠倒历史的做法，是不折不扣的反理性思考。

第三，它有着明确的政治诉求。改革开放以来相继出现了危害社会的各式各样的错误思潮，如新自由主义思潮、民主社会主义思潮、儒化中国思潮和普世价值观等，虽然他们主张各异，表现形式不同，但却有共同的政治诉求，这主要表现在：反对四项基本原则这一立国之本，力图扭转现代化建设和改革开放的发展方向，把中国纳入到西方资本主义体系中去。历史虚无主义思潮则以它自身的特点来表达这一共同的政治诉求。其中最具代表性的，是1998年有学者为《北大传统与近代中国》一书所写的序言，竭力否定近代中国特别是五四以来的爱国的、革命的传统，而把自由主义说成是最好的、当今中国应当继承发扬的五四传统，并要求把它作为一种政治学说、经济思想和社会政治制度加以实现，这样才"会把一个自由的中国带入一个全球化的世界"。这就不加遮掩地把自由主义作为今天中国要加以实现的资本主义社会政治制度提了出来。诚然，作为政治思潮的自由主义，在五四时期确曾存在过。如五四时期形成了一个新文化运动的统一战线，它包括具有共产主义思想的知识分子、革命的小资产阶级知识分子和资产阶级知识分子这三部分人。五四运动后，随着斗争的深入，这个统一战线发生了分裂，一部分人继承了五四传统，并在马克思主义的指导下加以发展；另一部分人则向右发展，走所谓自由主义的发展道路，他们虽然在反封建斗争中起过一定作用，但最终走向了历史的反面。这两种思潮的不同发展趋势及他们之间的交锋，可以说是贯穿在五四以来历史发展的全过程，而人民革命的胜利则为他们做出了公正的结论和历史性的选择。怎么能够把五四时期历史发展中非本质的方面，即人民革命洪流中的逆向潮流，作为主流传统加以颂扬，并要求今天的中国加以复兴和弘扬呢?! 事实上，持自由主义传统论者有着明确的政治诉求。他们认为，这种自由主义，"曾有九十年是中国社会上的主流思潮之一"，只是"一九四九年后"，被"持续地、彻底地、大规模'肃清'"了，现在的任务就是使之"在今天的中国复兴"，使"中国由此而开始走向世界，走向现代化，走向全球化"。后来此人又明确地说"全球化就是美国化"。明白无误地把矛头指向了人民革命和中国的社会主义制度，而他们所要求的自由主义，正是资本主义的现代化和全球化。值得注意的是，这种自由主义的说教，今天又加上了一层"普世价值"的包装，具有很大的欺骗性，应该引起我们足够的、清醒的认识。

二　历史虚无主义的主要表现

历史虚无主义思潮不仅表现在史学研究中，而且也表现在涉及历史和历史人物的某些文学、艺术和影视等领域的作品中，影响面大，危害至深。现就它的主要表现，做一点分析。

其一，颂扬改良，否定革命的历史进步性。这个问题前面已经谈到。现就其所谓"研究范式"转换，用"理论创新"的名义，来达到否定革命，颂扬改良的目的，做一些分析。所谓"范式转换"，就是用所谓的"现代化史观"取代"革命史观"，把革命同现代化对立起来，借以否定中国近代史上的革命斗争。当然，从理论和实践上探讨中国现代化的源流、曲折和发展，不失为近代史研究的一种角度，但问题在于，持"现代化史观"论者往往是以否定争取民族解放和人民民主这一近代中国主旋律为前提的，这就从根本上违背了近代中国的历史实际和首要的历史要求。正因为这样，经过上述历史"研究范式"的转换，现代化就成为近代中国历史发展的唯一要求和唯一主题，而革命便成了破坏社会稳定、制造社会动荡、阻碍现代化的消极力量。其实，这种"现代化史观"并不是什么创新，早在1938年蒋廷黻在《中国近代史》一书中就说过："近百年的中华民族根本只有一个问题，那就是：中国人能近代化吗？能赶上西洋人吗？能利用科学和机械吗？能废除我们家族和家乡观念而组织一个近代的民族国家吗？能的话，我们民族的前途是光明的；不能的话，我们这个民族是没有前途的。"① 他由此得出结论，以落后的中国抵抗西方列强的入侵必遭失败；"明智的选择"是放弃无益的抵抗，甘于认输，一心一意学习西方，去实现中国的现代化。而此时正是抗日烽火连天、全民族抗战之时，这样的论调对争取民族解放战争的消解作用是不言自明的。可以说，这是"现代化史观"的最早表述，而今天持此论的正是继承和发展了这样的观点。我们知道，争取民族独立和实现国家富强即现代化，是近代中国历史的两大要求。但在民族灾难深重，国家不独立，人民受压迫的情况下，是无法实现现代化的。近代中国有多少爱国者抱着科学救国的理想，苦苦追求和奋斗，结果都一一失败了。这就是因为当时的社会环境不容许。所以只有通过革命来解放生产力，才有可能实现国家的富强。那种用所谓的"现代化史观"取代"革命史观"，把革命同现代化对立起来，目的是为了否定中国近代史上的革命斗争。有人说，如果没有康有为、梁启超的变法维新和孙中山的革命，"中国早就实现现代化了"。还有人说，慈禧太后在20世纪初推行"新政"，又搞了"立宪"，如果孙中山不革命，照这样慢慢进行下去，不仅军阀混战的局面就不会出现，而且中国可以走上民主的富强的道路，中国今天也就现代化了。这真是历史的天方夜谭。在一些人眼里，革命成了破坏现代化的"万恶之源"。其实，所谓"革命史观"是他们否认革命而生造出来的一个概念，并不反映中国近现代史研究中的马克思主义历史观。对于中国革命和中国的现代化，我们都主张要用科学的历史观，即以唯物史观为指导加以研究。我们并不否认，改良和革命都是社会改造的途径。所谓改良，它不像革命那样最彻底最根本地摧毁旧的事物，而是缓慢地、渐进地改造旧的事物。在一定的历史时期这种改良具有进步的意义，像近代中国维新变法运动就有积极的历史作用。但又不能否认，近代中

---

① 《中国近代史》，岳麓书社1987年版，第11页。

国的改良虽然取得了一定成绩，但最终都以失败告终，这是近代中国的社会历史条件使然的。而当革命条件成熟，把根本改造社会的任务提上日程的时候，继续鼓吹改良，反对革命，就会成为历史进步的阻碍者。事实表明，革命绝不是同现代化相矛盾、相对立的，革命是现代化最重要、最强劲的推动力量；如果没有革命为现代化创造民族独立、人民解放这个前提条件，中国的现代化就永无实现之日。

由上可见，这种所谓"研究范式"的转换，都是违背近代中国历史事实的，都是按照他们的主观愿望和政治诉求来剪裁历史的。这其实是他们设置的一种"理论陷阱"。正是在这样"研究范式"转换的基础上，和这种"现代化史观"相呼应的，就是有些学者所认为的，近代中国的主要问题，是"救亡压倒了启蒙"，所以现代化被耽误了。这成了他们诉说革命的一大罪状，也是某些人鼓吹"告别革命"的一个主要依据。毫无疑义，救亡是近代中国的主题；救亡需要思想启蒙，而救亡本身也是一场具有极大威力的思想启蒙，特别是中国共产党领导的人民大革命，彻底的反帝反封建斗争，对中国人民的觉醒并由此而组织起来，是前所未有的。这说明所谓"救亡压倒了启蒙"，只不过是某些人为了否定和反对革命而制造出来的一个伪命题。

其二，轻蔑黄土文明、颂扬海洋文明（蓝色文明），把西方的政治思想、政治制度、价值观念作为普世价值，反对共产党领导和社会主义制度。从历史虚无主义思潮的表现中，我们可以看到一个规律性的现象，这就是历史虚无主义和"全盘西化"论仍然如同难兄难弟一样，二者如影随形。这里要指出，历史虚无主义必然导致民族虚无主义和文化虚无主义，一些人不但歪曲近现代中国的历史，而且对我们以爱国主义为核心的民族精神，中华源远流长的灿烂文化也恣意抹杀。在一些人的笔下，我们的民族不仅"愚昧"、"丑陋"，而且充满"奴性"、安于现状、逃避现实，如此等等；而把中国优秀的文化和文化传统说成是走向没落的"黄色文明"，要现代化只有乞灵于西方的"蓝色文明"。华裔美籍著名物理学家李政道教授看了电视剧《河殇》后撰文指出："中华民族文化发源于黄河。当黄土文化移入了长江流域，使长江居住的黄人结合了北方的黄人。黄河的黄水流入了大海，使海外的华人也永远连接了这伟大的河流。黄帝的儿女们，我们必须团结，发扬民族理想，建立自尊、自信。……一个只依赖过去的民族是没有发展的，但是，一个抛弃祖先的民族是不会有前途的。5000年的黄土文化值得我们骄傲，希望我们今后的创业，也能得到未来子孙们的尊敬。黄帝的儿女们，我们只要有志气，不必害怕目前的贫穷。盼能启新自兴，望弗河殇自丧。"① 这说得何等好啊！他对这种民族虚无主义给我们民族可能造成的伤害表达了深刻的忧虑和不安。

其三，颂扬侵略有功，否定中国人民反侵略的救亡斗争。历史虚无主义的一些鼓吹者丧失了起码的民族良知，他们不但渲染民族失败主义情绪，而且公开走上称颂帝国主义侵略，称颂殖民统治的道路上去。在他们看来，像琦善、李鸿章这样主张妥协投降的人物，是实事求是的、明智的，是负责任的态度，是真正的爱国，而主张抵抗的林则徐等人则成了不负责任的蛮干。是非被颠倒到如此地步，连起码的爱国之心、民族大义，都化为乌有。这种不可思议的言论，要在过去将会被看作是可耻的卖国言论，人人喊打的过街老鼠，而今天却成为某些人的"思想解放"的时髦话语。试举数例说明之：

有人说，鸦片战争后"资本主义终于打入了封建主义禁锢着的神圣天国"，是好事，应当"大恨其晚"，如果再早一点，"我们中国就远不是如此的面貌了"。还有文章说，"从根本意义上来说，是鸦片战争一声炮响，给中国带来了近代文明"。②

有人认为，无论是清王朝的抵抗，还是农民自发的三元里抗英斗争和义和团运动，"在形式上都是民族自己的斗争，而在实质上，都是站在维护本民族封建传统的保守立场上，对世界资本主义历史趋势进行本能的反抗，是以落后对先进，保守对进步，封建闭关自守孤立的传统对世界资本主义'自由贸易'经济变革的抗拒"。③

有人认为，过去"只是更多地从'侵略与反侵略'、'压迫与被压迫'、'奴役与被奴役'这个正义与非正义的道德立场出发去审视，因此，见到的只是血与火的悲惨场面，想到了爱国保家，维护的是独立与尊严，表现的是愤怒与声讨，最终便是对'世界走向中国'这一历史做出消极的、片面的、情绪化的彻底否定"。④

还有人认为，近代中国政府和人民对不平等条约应当遵守，因为"即使

---

① 李政道：《读〈河殇〉有感》，《光明日报》1988 年 11 月 4 日。
② 郑炎：《打破束缚，更新观念》，《学术研究》1994 年第 4 期。
③ 周清泉：《中国近代史应当提到世界史的历史范围内研究》，《成都大学学报》1985 年第 3 期。
④ 《走向世界：中国近代历史不可忽视的主题》，《学术研究》1994 年第 4 期。

是不平等条约，也是国家信誉所系"。① 有的论者说："如果中国当时执行一条'孙子'战略（此人特别声明：不是孙子兵法的孙子，而是爷爷孙子的孙子），随便搭上哪一条顺风船，或许现在的中国会强得多。比如追随美国，可能我们今天就是日本。"②

看了这些高论，真是"侵略有功，反抗有罪"了。连自己的脊梁骨都抽掉了，还有什么民族气节可言？从这里不难看出历史虚无主义思潮的实质究竟是什么。这使我们更深切理解邓小平的预言：如果中国复辟资本主义，就只能成为某个大国的附庸。有那么一些人就是要心甘情愿地做别人的"附庸"，当"孙子"！这里还用得着一句老话：就是不能依了他们，若依了他们，就会亡党亡国。

其四，致力于做"翻案文章"，颠倒对历史人物功过是非的评价。历史虚无主义对待历史的态度，有哗众取宠之心，无实事求是之意。一些人越过了学术研究应有的底线，却在"学术研究"的名义下，不尊重历史事实，片面引用史料，根据他们的政治诉求，任意打扮历史、假设历史，胡乱改变对近现代历史中重大事件、重要人物和重要问题的科学结论；有的则以"客观"、"公正"的面貌出现，崇尚"坏人不坏"、"好人不好"的模式，要求按照人性论的原则治史，否则就是"脸谱化"、"扣帽子"；一些人还以"思想解放"、"理论创新"的名义糟蹋、歪曲历史。在一定意义上说，他们确是一种"研究范式"的转换，不过是转换到旧史学中常常能够看到的，维护封建正统，蔑视人民群众的力量，为统治阶级辩护的老路上去。这绝不是什么"创新"，而是历史观上的复旧。公正地说，他们比旧史学还不如，因为他们不是研究历史，而是玩弄历史。正因为这样，已经被历史判明属于反动的一些历史人物，像慈禧、曾国藩、李鸿章、袁世凯这样一些人，都被描述成为有功于现代化的、忧国忧时的"悲剧英雄"，甚至成了"改革的先驱者"；而对林则徐、洪秀全、谭嗣同、孙中山则加以非难、贬低。

近年来，有的论者仅仅根据蒋介石个人的日记，就武断地得出"可以改写中国近代史"，说我们对国共两党的斗争，对中国革命历史的阐述，诸如把国民党蒋介石集团说成是"大地主、大买办、大资产阶级利益的代表"等，都是根据"土匪史观"和"内战思维"得出的"荒唐、谬误的观点"，

① 资中筠：《爱国的坐标》，《读书》1996 年第 6 期。
② 李慎之：《从全球化的观点看中国的现代化问题》，《战略与管理》1994 年第 1 期。

要求人们要彻底摆脱这种"土匪史观"和"内战思维",要"重写中国近代史";声明"我的任务,找寻并告诉读者一个真实的蒋介石"。这就是说,我们史书上的蒋介石,人民群众所认识的蒋介石,都是不真实的,只有蒋介石日记中的蒋介石,才是真实的。这就自觉地站到了为蒋介石辩护的立场上去,这显然是很不严肃的,为一个正直的史学工作者所不取的轻浮的学风。当然,在历史研究中,个人的日记、信件和回忆录等,都是有价值的史料,是值得研究的。但同任何史料一样,都需要进行辨伪求真的考证,都要放到一定的历史背景下加以分析,特别是对于个人自己的言论,更要如此。中国是一个史学很发达的社会,而在史学研究中考据学又受到了高度重视,对史料采取什么态度,往往是对史学家史识、史德的一个评价标准。像蒋介石这样纵横捭阖于政治舞台,善于以权术消灭异己的人,又怎么能够把他自己的言论作为历史的主要的、甚至是唯一的依据呢?如果历史可以这样来写的话,那么,从秦桧到李鸿章、袁世凯、汪精卫,都可以被描绘成高大的爱国者形象。当下一些人做翻案文章不正是用这种手法吗?他们仅仅根据蒋介石在日记中写了自己的隐私,就断定所记述的内容是真实的,就以此为根据来评判历史事件,而不必去考察全部历史事实,无须考察中国社会性质和阶级关系的特点,无须考察蒋介石国民党的全部政策及其社会后果,以为经过这样轻轻一笔,就可以抹杀中国革命斗争的性质,就可以为蒋介石"脱帽加冕"了。这是对极其严肃的史学研究工作的亵渎。

马克思主义史学家刘大年在《方法论问题》一文中,曾针对英国出版的《中国季刊》上刊载的一篇研究性长文,发表评论。该文坚决反对说蒋介石是大地主大资产阶级的代表,他引用一些材料说明蒋介石在"四·一二"反革命政变后,为与武汉政权对抗需要款项,遂通过发行国库券强迫资本家认购,甚至采取逮捕、没收财产、绑票勒索等恐怖手段,逼迫资本家就范。文章作者因此得出结论:"蒋介石国民党占统治地位的领导是反资本家的。"刘大年指出:"《季刊》所述事实不假,然而它的结论却是完全错误的。道理很简单:此时共产党领导的人民革命力量仍然强大存在,南京与武汉的斗争胜负未决。1928年蒋再次上台,地位也不巩固。对于蒋介石只有两条道路可供选择:极力加强南京政权,把共产党进一步打下去,保住大地主大资产阶级统治,或者相反,看着人民力量发展,在全国出现一个'反资产阶级'政权。蒋选择了前者,即牺牲资产阶级局部的暂时的利益,换来保护大资产阶级的长远利益。这说明蒋确实是大地主大资产阶级最得力的代表人物。《季刊》作者眼光短浅，见不及此，而得出蒋介石'反资产阶级'的结论。根本原因仅在：拒绝对中国近代复杂的历史事变作基本的阶级分析，否认阶级分析。"① 这个分析无疑是十分正确、深刻的。然而，当年国外的这种错误观点，却被今天国内的某些学者接受，并走得更远了。

其五，否定共产党领导的人民革命和社会主义建设的历史成就，竭力搞所谓的"非毛"、"反毛"。毛泽东是中国共产党和人民共和国的主要缔造者，他的伟大的历史功绩、思想理论和在人民群众中的崇高威望，成为国内外反共势力企图西化、分化中国的不可逾越的障碍，因而诋毁、诬蔑、攻击毛泽东和和毛泽东思想就成为历史虚无主义的"重中之重"。他们任意夸大毛泽东晚年的错误，把毛泽东领导时期说得一无是处，企图以此打开缺口，全面否定党的领导和社会主义制度。新近流行的一本论述经济改革的畅销书，其中涉及党的历史问题的论断，把改革开放前30年的历史说成是"1949年以后的多次政治运动和'大跃进'使普通工人、农民和知识分子受难"，"是一种'国将不国'的深重危机"，② 就是一个很典型的荒谬论断。对此，我们要依照历史的本来面目，给以有力的回答。

这里需要指出，评价一个国家、一个社会政策的效果，应该有一个共同的标准，这主要是：看它是不是促进了社会生产力的发展，是不是推动了社会进步，是不是为人们的生存和发展创造更加优越的条件。从这样的标准来看，只要比较一下旧中国，我们在毛泽东领导时期取得的是历史性的伟大成就，是极大地促进了经济发展和社会进步，在总体上带给人民的是福利而不是灾难。记得1964年我国第一颗原子弹爆炸时，远在美国的原国民党政府代总统李宗仁对友人感叹：我们不能不服气，我们搞了20多年连一辆像样的单车（自行车）都造不出来，不能不服气呀！这就是旧中国的现实，新中国就是在这样的基础上起步的。只有深刻理解新中国经济建设面临的巨大困难，才会真切体会到我们所取得的巨大成就是何等的可贵。比如，在国民经济恢复时期，我们是在经历20年战争（其中，从1931年日本帝国主义侵占东北开始进行了长达14年的抗日战争，三年的解放战争，再加上新中国成立后三年的抗美援朝战争），在短短的三年时间内，主要工农业产品产量大

① 《走什么路——关于中国近现代历史上的若干重大是非问题》，山东人民出版社1997年版，第18页。

② 吴敬琏、马国川：《重启改革议程》，生活·读书·新知三联书店2013年版，第2页。

多数超过解放前最高年份（1936年）。正如陈云所说："三年恢复，赶上蒋介石二十二年。"① 创造了二次大战结束后医治长期战争创伤、恢复国民经济和社会稳定的一个奇迹。从1956年开始了大规模的社会主义建设，虽然在这期间发生过像"大跃进"、"文化大革命"这样严重的失误，但在经济建设和社会进步方面取得的巨大成就是不能否定的。从1953至1978年，工农业总产值年均增长率为8.2%，其中工业总产值年均增长率为11.4%，农业总产值年均增长率为2.7%。这个增长速度不但是旧中国无法比拟的，而且与当时世界各国相比也是不低的。在这期间建立了独立的、比较完整的工业体系和国民经济体系，填补了我国工业的许多空白，工业布局有了明显改善，内地和边疆地区都建起了不同规模的现代工业和现代交通运输业，基本上改变了旧中国工业畸形发展的局面；农田基本建设初见规模，效果明显，其间依靠农村集体力量修建了84000多座水库，至今仍在农业生产中发挥灌溉、发电、拦洪等方面的重要作用；科学技术水平有了显著提高，现已进入世界先进行列的我国航天技术，就是从1956年起步的，对于"两弹一星"的成就，邓小平明确指出："如果六十年代以来中国没有原子弹、氢弹，没有发射卫星，中国就不能叫有重要影响的大国，就没有现在这样的国际地位。"② 此外，在涤荡旧社会留下的污泥浊水，惩治贪腐、廉洁奉公，反对封建迷信，发扬社会主义新道德，计划生育等方面，都取得显著成绩。这里还要指出，一个国家的人均预期寿命，是反映这个国家的综合实力和社会进步状况的一个标志性的重要指标。毛泽东领导时期，人均预期寿命从35岁提高到65岁，而印度1952年人均预期寿命41岁直到2011年人均预期寿命才达到65岁，比中国晚了整整35年。这些成就，都为新时期的改革开放和现代化建设奠定了坚实的基础，这是任何人都否定不了的历史事实。

三 要充分认识历史虚无主义思潮的严重危害

应当说，历史虚无主义只是史学研究中的支流，但尽管是支流，我们也必须认真对待，因为持历史虚无主义态度的一些人，是有很强的现实目的性的，是按照他们对现实的要求，来"改造"历史的。当然，从学术研究的角

---

① 《陈云文选》第3卷，人民出版社1995年版，第366页。
② 《邓小平文选》第3卷，人民出版社1994年版，第279页。

度看，这些观点并没有什么学术价值可言，因为他们从根本上违背了历史事实；但从政治上看，这作为一种错误思潮，它的流传和泛滥，会造成人们思想的混乱，甚至导致严重后果，这是值得我们高度警惕和重视的。

我们首先要看到，历史虚无主义起到消解主流意识形态，搞乱人们思想的恶劣作用。历史虚无主义所散布的种种言论，不仅涉及史学领域的大是大非问题，而且还直接关系到做人立国的根本问题。这主要体现在：是维护历史本来面目，还是歪曲历史真相；是高扬民族精神，还是鼓吹妥协投降；是从历史主流中吸取精神力量，还是在历史支流中寻找负面影响；是坚持唯物史观，还是回到唯心史观。如果这些原则问题被颠倒、被消解，就会从根本上搞乱了人们的思想，一个民族、一个国家就会失去自己的凝聚力和艰苦奋斗、发奋图强的精神动力，就会失去立足和发展的思想基础。

同时我们还要看到，历史虚无主义是从根本上动摇社会主义中国的立国之本和强国之路。如前所述，历史虚无主义思潮攻击的主要方向，就是竭力贬损和否定革命，诋毁和嘲弄中国人民争取民族独立和人民解放而进行的反帝反封建斗争，诋毁和否定我国社会发展的社会主义取向，而新中国的诞生和社会主义制度的确立，正是中国共产党领导的人民大革命的产物，如果人民革命这个前提被否定了，社会主义制度也就失掉了存在的基础。我们知道，建设中国特色社会主义是中国人民的共同理想，这是近代中国的历史性选择，是实现国家富强、民族振兴的唯一正确道路，具有极大的凝聚力。然而，在历史虚无主义者那里，把中国革命和社会主义建设的历史，说成是"杀人食人"的历史，他们否定中国走上社会主义道路的历史必然性，散布社会主义失败论，颠倒是非、混淆视听，如果听任其发展下去，就会动摇中国人民的共同理想，摧毁近代中国所苦苦追求的国家富强、民族振兴的伟大事业，陷国家于万劫不复的境地。历史虚无主义思潮的终极目的，就是要否定四项基本原则，把中国历史拉向倒退。这不但摧毁了社会主义中国的立国之本，而且也在实际上使强国之路归于破灭。这是历史虚无主义和其他错误思潮相配合，对我们国家和民族将会造成的严重危害，我们对此应该有清醒的认识。

历史是一面镜子。从苏联解体的过程中，我们可以清楚地看到乱史灭国的轨迹，看到历史虚无主义思潮所造成的严重危害。我们要认真吸取这一沉痛的历史教训。

"文革"前十七年历史学界的两种思潮

周文玖

（北京师范大学历史学院）

自新中国建立至"文化大革命"爆发的十七年，中国历史学既有很多的发展和进步，又经历了不少曲折，留下了沉重的经验教训，很值得研究史学史的人们进行总结和反思。就史学思潮而言，有两种明显的倾向，一种是努力学习马克思主义，将马克思主义的基本原理运用于具体的历史研究中，探讨历史发展的特点和规律；一种是僵化马克思主义的基本理论，以教条主义的态度对待唯物史观，使历史学逐步失去其应有的活力和生机。两种思潮，相互斗争，在"左"的政治背景下，后者最终占据上风，对前者进行围攻和批判，并以政治斗争的方式，将前者压制下去。然而，真理毕竟是压不住的，正是前者的艰苦探索，才有十七年间中国历史学的成就和发展。当然，前者在这一过程中，也受到教条主义的影响，也有失误，但与后者在性质上是不同的。

一　历史主义史学思潮

新中国成立后，中国马克思主义史学进入了一个新的发展阶段。马克思主义史学在民主革命时期，取得了辉煌的成就，在研究方法、研究范围、研究成果等方面，得到广泛的好评，并被认为是代表了中国历史学发展的新方向①。不仅如此，它还以对国家和民族的高度责任感，积极配合了各个时期的民族民主革命斗争，为新民主主义革命的胜利做出了贡献。新中国建立初期，马克思主义史学家总结经验教训，对过去历史研究中的一些失误进行检讨，以期更正确地运用马克思主义研究历史。他们针对失误，着重强调了历

---

① 参见周文玖《我国 20 世纪三四十年代的史学述评》，《史学理论研究》1999 年第 2 期。

史主义。

范文澜是解放区马克思主义史学家的代表，他的《中国通史简编》在解放区出版以后，影响很大，发行到国统区，也产生了很大的反响，有力地配合了当时的政治斗争。但范文澜在新中国成立后对该著中的非历史主义观点做了严肃的自我批评。他说，在这部著作中，"借吴蜀联合拒魏来类比抗日民族统一战线，借孙权来类比国民党反动派破坏统一战线"，以至于"把孙权描写成几乎是全部黑暗的人物"。"借武则天来斥责特务政治，着重写了特务的残暴，甚至把宫廷私事也写了出来，意在增加对特务统治的鄙视"。"又有些地方因'借古说今'而损害了实事求是的历史观点"。"本来'借古说今'并不是绝对不可以，但如果简单地借古人古事来类比今人今事，这就不是'一切都依条件、地点以及时间为转移'的历史的观察社会现象的态度，而是古今不分，漫谈时事了"①。

翦伯赞长期生活在国统区，是国统区马克思主义史学家的重要代表，他的史学著作很多，有些作品，以历史为武器，对国民党政府进行抨击。但其中也有一些不恰当的类比。他对这方面的失误也进行了自我批评，说："我在解放以前，也常用以古喻今的方法去影射当时的反动派。其实这样以古喻今的办法，不但不能帮助人们对现实政治的理解，而且相反地模糊了人们对现实政治的认识。特别是今天的现实与历史上的现实已经起了本质上的变革，把过去历史上的现实和今天的现实等同起来，那不是把历史上的现实现代化使之符合于今天的现实，就是把今天的现实古典化去迁就历史上的现实，两者都是非历史主义的，因而都是错误的"②。他由此批评研究历史，动辄联系现实的错误倾向："从历史人物的评论中，我们又可以看到这样一种

① 范文澜：《关于"中国通史简编"》，《新建设》1951 年第 4 卷第 2 期。按：范文澜先生对自己的要求非常严格，以致现在有学者用范氏的这些自我批评文字来否定范著的学术价值。其实，范文澜在《中国通史简编》中所写的孙权、武则天的有关事项，都有历史记载的根据，不是范氏凭空编纂的。该著主要是叙事，评论极少。如果范文澜不做这些自我批评，很难看出作者的这些叙事系出于某种想法。对孙权，延安版的《中国通史简编》是这样写的："鲁肃死后，孙权夺还荆州，与刘备失和，怕曹操袭击，上表请降，甚至无耻地劝操做皇帝。曹丕篡汉，封权做吴王，权俯首称臣，不敢不受。"接着写了孙权的政治，包括"造谣言""掠人口""杀贤能""伐山越"（见范文澜著《中国通史简编》，河北教育出版社 2000 年版，第 160—161 页）。对武则天的描写也是采用寓论断于叙事之中的做法，并没有像范氏自我批评的那样有明显的"借古说今"之表达。以西人"一切历史都是当代史"、"一切历史都是思想史"的史学理论来解释，范氏的历史叙事不过是作者对现实的感应或者说现实对作者的影响在其历史写作的反映而已，与"影射史学"具有本质的不同。

② 翦伯赞：《关于历史人物评论中的若干问题》，《新建设》1952 年 9 月号，总第 48 期。

倾向，即人们为了结合现实政治，常常把过去的历史人物或事件和现在的历史人物或事件作一种轻率的历史类比，甚至不科学地把他们等同起来，好像不如此，就是脱离现实，就失掉了历史科学的现实意义"①。吴晗在新中国成立前是著名的民主人士，以研究明史著称，著有《明太祖传》。新中国建立后，接受马克思主义，运用唯物史观，对旧著进行改写，批评其中的非历史主义观点，说："由于当时对反动统治蒋介石集团的痛恨，以朱元璋影射蒋介石，虽然一方面不得不肯定历史上朱元璋应有的地位，另一方面却又指桑骂槐，给历史上较为突出的封建帝王朱元璋以过分的斥责。不完全切合历史的评价"②。

上述几位著名史学家，在新的历史条件下，通过对马克思主义的重新学习，进一步提高了认识水平，看到了不足，检讨可谓真诚。

如果说，这几位史学家通过对自己的作品进行自我批评，代表了他们的个人认识的话，那么，1951年，《学习》编辑部的文章《关于历史人物的评价问题——反对非历史主义的观点》，则反映了整个史学界的自觉。该文分析了过去出现非历史主义的原因："过去在国民党反动统治时期，由于出版言论完全没有自由，许多作者曾经不得不用隐晦的语言表达自己的思想。有些人就采取了'借古说今'的方法，用历史事件或历史人物影射当前的时事和当代的人物，以达到揭露反动统治者的罪恶的目的。这是和国民党的检查制度进行斗争的一种方法"。认为这种做法是不对的，是非历史主义的："但是必须承认，这种'借古说今'的方法实际上也是违反历史主义的。"并指出仍然存在的非历史主义倾向："我们评论历史人物或以历史人物的事迹编为戏剧，固然都可以，也应该和当前的某种政治任务相配合，然而我们不应该用简单的历史类比来实现这种政治任务。在当前的抗美援朝运动中，有许多新编的历史剧把信陵君窃符救赵和刘永福抗法的事迹比作今天的抗美援朝运动，这种比拟是不适当的，既不能使人正确认识历史事件，而且会模糊群众对当前伟大的政治运动的认识"③。新中国成立初期的中国，百废待举，国内开展了一系列的政治运动，国际上进行了抗美援朝。在复杂的形势之下，史学界仍能认识到历史主义的重要性，反对进行简单的历史类比，反映了马

① 翦伯赞：《关于历史人物评论中的若干问题》，《新建设》1952年9月号，总第48期。
② 《朱元璋传·自序》，载《吴晗选集》，天津人民出版社1988年版，第446页。
③ 《关于历史人物的评价问题——反对非历史主义的观点》，《学习》1951年第4卷第12期。

克思主义史学的科学理性精神。这种精神，在此后反对史学界的教条主义的过程中，还得到了进一步的发展。

1957 年后，伴随着经济大跃进，学术上也提出了大跃进的口号，一时间，"左"的、教条主义的思想倾向在史学研究及历史教学中颇有市场，大有蔓延之势。1959 年，郭沫若在接受《新建设》记者的采访中，对历史研究中出现的一些问题提出自己的意见，比较全面地说明了在历史研究中运用历史主义的重要性。这年，他发表的论文《替曹操翻案》，再次引发关于历史人物评价问题的热烈讨论。讨论中，吴晗等著名史学家发表大量论文，主张要历史主义地评价历史人物。60 年代初，针对史学界几年来出现的"左"倾教条主义，范文澜、翦伯赞发表了有影响的文章，特别是翦伯赞的多篇文章，从理论上对教条主义的史学方法进行了系统清算，把历史主义作为马克思主义史学的根本方法论提出来，丰富了马克思主义史学理论。

历史主义对教条主义的批评主要表现在就以下问题而进行的争论。

1. 关于打破封建王朝体系问题。在 1958 年开展的"史学革命"中，有人主张讲中国历史，要打破封建王朝体系，不要一个朝代一个朝代地讲，甚至主张废除帝王年号。对此，郭沫若发表意见，说："打破王朝体系，并不是要求把中国历史上的朝代抹掉。事实上既然存在过朝代，如何能抹得掉呢？我们要打破的是旧的历史观点，封建正统观点，专为帝王将相作家谱的办法，而不是简单地把王朝抹掉"。他不同意废除帝王年号的做法，认为纪年以"采用双轨制为宜，即把王朝纪年和公元纪年同时并列，这对读者是很方便的"①。

翦伯赞针对上述主张，也做了如下评论："有关打破王朝体系的意见，有些是很好的，也有些意见是不妥当的。例如有一种主张认为为了打破王朝体系，连王朝的称号和王朝本身的历史也要从中国通史中削减或删去，这就等于在倾倒脏水的时候连小孩也一并泼掉。"他明确地说："不管按照什么体系编写中国通史，都不应该从中国历史上删掉王朝的称号"②。这是因为：第一，王朝的称号不是历史学家任意臆造的一种名词，而是曾经存在过的历史事实，是客观存在。第二，王朝的称号是时代的符号。第三，作为时代的符

---

① 郭沫若：《关于目前历史研究中的几个问题——答〈新建设〉编辑部问》，《新建设》1959 年第 4 期。

② 翦伯赞：《关于打破王朝体系问题》，《光明日报》1959 年 3 月 28 日。

号，王朝的称号和公元与世纪一样并不妨碍我们去发现历史规律性。郭沫若、翦伯赞的论述，批评了在打破封建王朝体系问题上的简单做法，提出了处理这一问题的正确方法，可谓是有根有据。

范文澜在 1961 年 5 月举行的纪念太平天国革命 110 周年学术讨论会上，严肃地批评史学界流行的"打破王朝体系论"和"打倒帝王将相论"，强调要透过这些论调貌似"革命"的表象，认识其对史学研究的危害，坚持严格的历史主义。

2. 关于对待剥削阶级的地位问题。如何看待剥削阶级的历史地位，也是当时有争议的一个问题。有的人片面理解阶级斗争理论，把历史上的剥削阶级说得一无是处，完全否定它在历史上的作用，认为任何剥削阶级，只能对历史的发展起阻碍作用。在这种认识指导下，要么在史书中不写剥削阶级，要么对之进行批判、鞭挞。郭沫若针对这种情况，说："从新的历史观点出发，固然应该着重写劳动人民的活动，但以往的社会既是阶级社会，统治阶级的活动也就不能不写"[1]。"有些帝王，如秦始皇、汉武帝、唐太宗，甚至如康熙、乾隆等，对民族、对经济、对文化等方面的发展，在当时是有过贡献的，我们就应该给以一定的地位"。"过去的史学家没有重视这些，也不必责怪他们；可是今天我们的新史学工作者，却不能不加以重视了"[2]。郭沫若在这些非历史主义观点刚刚出现的时候，就提出了不同的意见，认为对待统治阶级，要全面地看，辩证地看，要实事求是地书写历史。翦伯赞比较全面地罗列了这方面的现象，深刻地揭示了出现这种状况的理论根源，他说："为了站稳阶级立场，有些同志见封建就反，见地主就骂"。"为了站稳阶级立场，有一个时期，有些同志把全部中国古代史说成漆黑一团，说成是一堆垃圾，说成是罪恶堆积"。"讲历史上的矛盾，只讲敌对阶级间的矛盾，不讲统治阶级内部的矛盾，认为统治阶级内部的矛盾是狗咬狗，值不得一提。不仅不讲统治阶级内部的矛盾，就是讲敌对阶级间的矛盾，也只讲革命的一面，不讲反革命的一面，甚至讲革命的一面，也只讲优点，不讲缺点，好像讲了反革命的一面，或者讲了革命的一面的缺点，就会丧失立场"[3]。也就是说，这些非历史主义的现象，既表现为研究内容方面，也表现在认知方法

---

① 郭沫若：《关于目前历史研究中的几个问题——答〈新建设〉编辑部问》，《新建设》1959 年第 4 期。

② 同上。

③ 翦伯赞：《目前历史研究中存在的几个问题》，《江海学刊》1962 年第 6 期。

上，其共同特点是片面性。从现实的阶级立场出发，为了站稳立场，感情用事，是不能对统治阶级在历史上的作用作出正确评价的。因为"用这样的态度对待古代史，也是非历史主义的"①。翦伯赞引用恩格斯批评简单地诅咒奴隶制的话，说明非历史主义不是一种科学的态度。吴晗也说："不能一见历史上的奴隶主、封建主、资产阶级等等，就喊打倒。笼统地喊打倒，是打不倒的。"② 这些批评，抑制了阶级感情用事的片面化、简单化学风。

3. 关于历史人物评价问题。50 年代末，史学界通过对马克思主义的学习，对某些历史人物进行了重新评价，从而引发历史人物评价的讨论。其中既有对历史人物的研究，又有对历史人物评价理论的研究。针对在评价历史人物中出现的问题，许多著名史学家发表文章，强调要把历史人物放到他所处的时代背景，看他对当时的社会做了什么，是推动了社会前进还是阻碍了社会进步，不能用阶级出身作为评价历史人物的标准。郭沫若说："对历史人物的评价，如同其他方面的历史研究一样，应该根据辩证唯物主义和历史唯物主义的原理进行研究。当然，我们要坚守我们的阶级立场，从事批判。但同时我们要注意到，历史是发展的，我们评定一个历史人物，应该以他所处的历史时代为背景，以他对历史发展所起的作用为标准，来加以全面的分析。这样就比较易于正确地看清他们在历史上所应处的地位"。"评定历史人物的作用，我们一定要实事求是，不夸大，也不缩小"③。翦伯赞批评说："在对待历史人物的问题上，也有非历史主义的倾向。有些同志简直用阶级成分作为评论历史人物的标准。很多历史人物之所以被否定，不是因为别的什么原因，就是因为他们出身于地主阶级。……最普遍的现象是用现代的标准，甚至用现代无产阶级先锋队的标准去要求古人。在这种要求之前，所有的历史人物都要被否定"④。吴晗说："如果光拿阶级成分来评价历史人物，那就糟了，因为这样做的结果，几乎所有卓越的历史人物都要被否定了"⑤。"不能因为他这个人是皇帝、是国王、是宰相、是将军，他的阶级成分不好，就不承认他在历史上的贡献；也不能因为说这个人成分很好，一无所有，贫

---

① 翦伯赞：《目前历史研究中存在的几个问题》，《江海学刊》1962 年第 6 期。

② 吴晗：《论历史人物评价》，《人民日报》1962 年 3 月 23 日。

③ 郭沫若：《关于目前历史研究中的几个问题——答〈新建设〉编辑部问》，《新建设》1959 年第 4 期；《郭沫若全集》历史编第三卷收入该文，文字有改动，此处引自《全集》。

④ 翦伯赞：《目前史学研究中存在的几个问题》，《江海学刊》1962 年第 6 期。

⑤ 吴晗：《论历史人物评价》，《人民日报》1962 年 3 月 23 日。

雇农出身，可是他一辈子没有什么成就，也把他写在历史上，这样，历史就太多了，读不胜读了，也就取消了历史"①。"正确地评价历史人物，不能采取这种方法，而应该从当时当地人民利益出发，看他所作所为是好是坏？对当时生产是起促进作用还是破坏作用？对文化艺术是起提高作用还是摧毁作用"②。历史人物评价，是一个十分复杂的理论问题，当时发表了许多文章，虽在某些评价的原则问题上，仍有分歧存在，但对用阶级出身作为评价历史人物标准的做法，大多数史学家都进行了批评，认为这不符合历史主义的原则。

4. 关于古与今的问题。古与今的关系也是一个与历史主义有紧密联系的问题，新中国初期，一些马克思主义史学家曾就这个问题进行反思。1958年批判厚古薄今，主张历史研究应厚今薄古。认为只有"厚今"，才能更好地使史学为现实服务。然而这种主张很容易走向另一个极端，即动辄古今联系，使古人现代化，或者以古人古事来比附现在。实际上这种提法的片面性，对历史教学和历史研究均造成一定的不良影响。以后，翦伯赞就针对这种情况，指出了这个问题的严重性。他说："在讲授历史的时候，贯彻古为今用的精神是对的，但如果把古为今用理解为古今类比，那是错误的。……在不同的历史时代，不同的历史条件下发生的历史事件，必然具有不同的内容与性质，我们不应该因为某些表面的类似就抹煞它们本质上的差别，而把古人古事拉扯到现在"③。就是说，历史只能借鉴，而不能照搬。简单地类比，不是严肃求实的科学态度。他还就此提出了一些原则性的意见，说："不要影射，以古射今或以今射古。不要推论，一再推论就会用主观观念代替客观的历史。不要附会"④。这些意见，可以说，既是他本人治学经验教训的总结，也是他对当时史学界错误倾向的纠正。

5. 关于史与论的关系问题。一个时期，在学校里曾经流行过"以论带史"的口号，这个口号在当时是起了一定的积极作用的。通过这个口号，批判了"唯史料论"、"史料即史学"等错误观点，从原则上扭转了轻视理论的倾向。但是这个口号带有很大的片面性，如不少人写文章，大量地引用经典作家的语言，而不去下工夫搜集史料，从充分的史料中引出结论。对历史

---

① 吴晗：《学习历史知识的几个问题》，《新闻业务》1962年第7期。
② 吴晗：《论历史人物评价》，《人民日报》1962年3月23日。
③ 翦伯赞：《目前历史教学中的几个问题》，《红旗》1959年第10期。
④ 翦伯赞：《对处理若干历史问题的初步意见》，《光明日报》1963年12月22日。

问题的研究，企图从经典著作那里寻找答案，争论成为经典作家语录之间的争论，不是在马克思主义理论的指导下，从固有的史料中引出结论。"研究的全部艺术就在于多多益善地引用经典著作中的词句。经典著作变成了历史科学的标签"。翦伯赞从历史研究法的高度，分析了"以论带史"的错误，说："'以论带史'的提法和马克思主义经典作家的提法是背道而驰的。这个提法应该废除。正确的提法应该是观点与材料统一。……由于'以论带史'的口号带有片面性，所以后来产生了流弊，以致把'以论带史'变成了'以论代史'"。①

范文澜针对上述情况，指出，学习马克思主义要神似，不能貌似。把马克思主义当成灵丹妙药，不是马克思主义，而是教条主义。他说："学习理论是要学习马克思主义处理问题的立场、观点和方法。学了之后，要作为自己行动的指南，把马克思主义理论和实践联系起来，也就是把普遍真理和当前的具体问题密切结合，获得正确的解决。问题的发生新变无穷，解决它们的办法也新变无穷，这才是活生生的富有生命力的马克思主义，这才是学习马克思主义得其神似。貌似是不管具体实践，把书本上的马克思主义词句当成灵丹妙药，把自己限制在某些抽象的公式里面，把某些抽象的公式不问时间、地点和条件，千篇一律地加以应用。这是伪马克思主义，是教条主义"②。

在文风上，翦伯赞强调："不要过多地引用经典著作的文句，最好把文句内含的精神体现在史实的叙述中。历史是具体的科学，论证历史，不要从概念出发，必须从具体的史实出发，从具体史实的科学分析中引出结论。不要先提出结论，把结论强加于具体的史实。每一个论点，都要有论据，不要写空话"③。文风是学风的体现，好的学风与优良的文风是一致的。提倡扎实的文风，对纠正不良学风也具有重要的意义。

6. 关于阶级观点与历史主义问题。这是众多理论问题的关键所在，许多问题之所以出现偏差，就是历史主义和阶级斗争理论的关系没有处理好。翦伯赞在《目前史学研究中存在的几个问题》中专门谈到这个问题，他首先说明历史学是具有阶级性的科学，用阶级观点分析历史问题，这是一个历史学

---

① 翦伯赞：《目前史学研究中存在的几个问题》，《江海学刊》1962年第6期。

② 范文澜：《历史研究中的几个问题》，载《范文澜历史论文选集》，中国社会科学出版社1979年版，第208页。

③ 翦伯赞：《对处理若干历史问题的初步意见》，《光明日报》1963年12月12日。

家的阶级性或党性在历史学上的表现。"公开地站在无产阶级的立场,用无产阶级的观点来对待任何历史问题,这是对于一个马克思主义历史学家的基本要求"。但他认为,除了阶级观点以外,还要有历史主义。历史主义地分析问题是马克思主义理论的绝对要求。因此必须把阶级观点与历史主义结合起来。"如果只有阶级观点而忘记了历史主义,就容易片面地否定一切,只有历史主义而忘记了阶级观点,就容易片面地肯定一切。只有把二者结合起来,才能对历史事实做出全面的公正的论断"。"当然过分地强调历史主义,用历史主义来辩护落后的东西,也不是马克思主义而是客观主义。……历史主义必须具有阶级观点的内容,否则就不是唯物主义,而是客观主义了"①。阶级观点和历史主义本来不是相互对应的观点,历史主义的对应概念是非历史主义,之所以把他们二者联系在了一起,是因为在历史研究中运用阶级斗争理论的时候,出现了非历史主义观点。翦伯赞把二者的关系作为理论问题提出来,说明他看到了问题的要穴。这是一个十分重要的问题,然翦伯赞没有在此深究,因为他的出发点极其简单,他提出历史主义,不过是为了限制在阶级斗争理论问题上的片面做法,纠正一下不良学风而已。这一命题,很快就引起了全国范围的阶级观点与历史主义的论战,这大概是翦伯赞没有想到的。这说明,历史研究中教条主义的产生,还有更深层次的理论原因,而绝不仅仅是一个认识论的问题,一个学风的问题。

二 学术批判与教条主义思潮的膨胀

教条主义不断膨胀,与十七年间不断开展的学术批判是有关系的。

十七年间的学术批判,可以分为前后两个阶段。从 1950 年至 1957 年是一个阶段;从 1957 年反右到 1966 年是另一个阶段。第一个阶段基本上是在正常的学术研究范围内进行的,尽管在争鸣中,学术讨论的问题与当时政治形势有不可分割的联系;不同的观点也程度不同地受到"左"的思想的影响。因为讨论各方都力图辨明事实,搞清是非,探求真理,也就是说,写文章的动机还是端正的,而不是通过争论,整倒对方;是针对问题而不是针对人。第二阶段从陈伯达鼓吹社会科学大跃进开始,史学界一度出现"史学革命"的浪潮,提出了许多把历史简单化、片面化的观点,这些观点受到历史

---

① 翦伯赞:《目前史学研究中存在的几个问题》,《江海学刊》1962 年第 6 期。

主义者的批判。之后，简单化、片面化的做法有所收敛，但并没有根除。从1964年开始，"左"的思潮又开始膨胀，可以说，在历史理论和史学理论的许多问题上与历史主义者进行交锋。在政治上"左"的思想日益占支配地位的形势下，历史主义处于守势。教条主义思潮以阶级斗争理论为武器，利用历史主义自身的理论缺陷，对历史主义穷追猛打，并借助于政治，将历史主义扼杀。

新中国成立后，马克思主义史学逐渐占据主导地位。史学界大多数史学家，自觉接受马克思主义，努力运用唯物史观进行历史研究。过去长期没有解决的重大历史理论问题，通过对马克思主义的重新学习，又有了新的认识，于是掀起了一个又一个的学术讨论热潮，如古史分期问题、近代史分期问题、中国封建社会所有制形式问题、亚细亚生产方式问题、农民战争问题、汉民族形成问题以及中国封建社会长期延续的原因问题、中国资本主义萌芽问题等。对这些问题的集中研究，能够使各种不同的意见充分展开，有利于把问题讨论引向深入，反映了学术界欣欣向荣、朝气蓬勃的崭新气象。

在进行重大学术问题讨论的同时，也进行了一系列的学术批判运动，如对电影《武训传》的批判，关于《红楼梦》研究的批判，对胡适的批判，对胡风的批判，对杨献珍的"合二而一论"、孙冶方的提高经济效益论、冯友兰的抽象继承法的批判，等等。这些学术批判，大都是伴随着政治运动的开展而进行的，有的超出了学术批判的范围，后来证明是完全错误的，如对胡风及所谓的"反革命集团"的揭发批判。有的批判虽是必要的，却带有很大的片面性，如对胡适的批判，本来是通过批判，来清算胡适思想对知识分子的不良影响，但在批判过程中，把他说得一无是处，无限上纲，连他在新文化运动中的贡献、他的某些有益的治学方法也一概否定。此后，梁启超、何炳松、傅斯年、萧一山、蒋廷黻等人也在1957年、1958年、1961年受到批判，批判的情形，与批判胡适差不多。他们被划定为资产阶级史学家，他们的立场观点就是资产阶级的，他们就是资产阶级的代言人，他们的学术思想，就要与他们的政治观点一样受到批判。政治与学术的不分，使学术批判出现简单化、片面化，助长了教条主义史学思潮的形成和发展。

史学思潮往往直接表现在史学理论上。十七年间，史学界也集中讨论了一些史学理论问题。根据时间的先后，这一时期探讨的史学理论问题大约有：从1951年到1956年，比较重视关于历史人物评价问题的探讨，发表文章17篇。1959年，郭沫若发表《替曹操翻案》后，遂又将历史人物评价问题的研究推向一个高潮。根据《中国史学论文索引》（第三编），仅吴晗一人在1959—1964年间，就发表历史人物评价方面的文章9篇，其他人发表35篇。与此相关的还有民族英雄问题，这方面的文章也有多篇。1956年，党中央倡导"百家争鸣，百花齐放"的方针，范文澜发表《百家争鸣和史学》的文章①，倡导开展学术争鸣。不久，由于反右派斗争的开展，这一方针没有贯彻下去。而1961年，随着经济上"调整、巩固、充实、提高"方针的提出，政治上提倡民主，文化上又提出贯彻"百家争鸣"的方针，这年共发表19篇关于"百家争鸣"的文章。1958年，在经济上开展大跃进运动的形势下，文化上也开展了大跃进。3月10日，国务院科学规划委员会第五次会议召开，陈伯达在会议上做报告《厚今薄古，边干边学》，大谈哲学社会科学如何跃进的问题，由此史学界提出"史学革命"，并开展厚今薄古问题的大讨论。从1958年到1962年，发表关于厚今薄古的论文53篇，其中，以1958年发表的占绝大多数，出版了相关的讨论集。厚今薄古的讨论，带有很大的片面性，如不恰当地强调历史学为政治服务，并根据这一点，推出历史研究应遵循厚今薄古的原则。这一阶段，史学界"左"的思潮盛行，在中国通史的问题上，有的观点主张讲中国通史，要打破历代王朝体系，用五种生产方式取而代之，有的甚至主张取消朝代和帝王年号，而一律用公元纪年。据统计，关于王朝体系问题，自1958年10月至1961年，共发表约13篇。史论关系，一度成为讨论的热点。自1961年至1964年，共发表相关论文16篇，以1962年、1963年发表的居多。当时有人提出"以论带史"，后来又进一步提出"以论代史"，以致在研究和写作中，重理论而轻史料、大量充斥经典作家的语录的现象比较严重。这种浮华的学风和文风受到翦伯赞、范文澜等著名史学家的批评。从1961年开始，史学界重点探讨了史学方法论的问题，翦伯赞、吴晗、刘节、彭明等人发表的文章，具有较大的影响。刘节在广东《学术研究》1963年第2期组织的"关于学术研究方法论问题的讨论"中，发表文章《怎样研究历史才能为当前政治服务》，引起了史学界对他的批判。该文认为，古代的一些抽象的名词、概念，并不带阶级的色彩，是任何阶级都可以使用的。古代人并不懂得阶级斗争理论，阶级斗争理论用之于当前政治是切实有效的，用以解释古代历史事件，是不是可以不要这样教条化，机械地利用起来呢？这一观点是在学术界开展百家争鸣的

---

① 《学习》1956年第7期。

背景下提出的，提出来本是开展商榷的，然一提出就受到了批判。此文固然有不准确乃至不正确的地方，但其本意并非反对阶级斗争理论，而是对简单化、教条化地运用这一理论表示不同意见。自 1963 年 6 月至 1965 年 2 月，批判刘节的文章发表 22 篇，广东省历史学会专门召开座谈会进行批判，北京市历史学会也进行了批判。此外，合肥师范学院历史系、中国科学院历史研究所、南京大学历史系等专门组织讨论会，批判刘节的观点。刘节的这篇短文之所以引起这么大的影响，是因为刘节大胆地向阶级斗争理论在历史学的应用范围提出了疑问。从人们对他的批评可以看出，阶级斗争理论在当时的史学界所占的地位极其重要，它是不容怀疑的。这从与刘节在同期刊物上发表的朱杰勤、杨荣国等人的观点中也可以看出。朱杰勤说："对于历史人物的评价，我们要首先分析他属于什么阶级，反映什么阶级的利益，他的活动违反或符合人民群众的愿望和社会发展的倾向。""在阶级社会，每个人都有阶级的烙印。而人类历史自有阶级社会以来，就是一部阶级斗争史，只有运用阶级分析才能正确阐明历史上的重大问题"[①]。杨荣国说："阶级分析的方法是马克思列宁主义研究阶级社会一切社会现象的基本方法。只有通过阶级分析，才能看清无数复杂的历史事变真相，给予历史人物以恰如其分的评价，认识各种各样思想学说的本质"[②]。朱、杨对阶级斗争理论的这种认识，在当时是被大多数人所接受的，一定程度上反映了 60 年代学术界对唯物史观理解的状况。在 60 年代初，刘节及吴晗等人提出了关于封建道德的批判继承问题，进而引起历史遗产批判继承问题的探讨，故历史遗产的批判继承又成为一时讨论的热点。1963—1964 年，全国掀起对李秀成、"合二而一"以及时代精神汇合论的批判。1964 年，由吴晗《海瑞罢官》引起关于清官问题的讨论，又形成一个高潮，短短几个月就发表文章 100 余篇。清官问题与历史遗产、传统道德的批判继承问题，都是有联系的。它们固然是史学理论上的问题，但是这些讨论与当时的政治背景也不无联系，讨论中所出现的观点如认为清官也是维护封建统治的，比贪官还坏，与不恰当地强调阶级斗争理论有关，是这种理论的必然的逻辑结果。其他针对个别史学家的批判也不时出现，如自 1964 年 9 月到 1965 年 5 月，发表批判周谷城的文章 29 篇。此前，对他的《中国通史》的批判也进行了多年。

---

① 朱杰勤：《历史科学与调查研究》，《学术研究》1963 年第 2 期。
② 杨荣国：《科学和科学方法》，《学术研究》1963 年第 2 期。

进入 1966 年，批判的对象集中在吴晗和翦伯赞二人身上。吴晗以研究明史著称，新中国成立前出版过《明太祖传》。1959 年，他响应毛泽东主席提倡海瑞精神、学习海瑞的号召，写了有关海瑞的文章多篇，依次有《海瑞骂皇帝》、《论海瑞》、《海瑞》、《清官海瑞》、《海瑞的故事》、剧本《海瑞罢官》。吴晗对海瑞的研究及发表文章的出发点是极其明确的，就是学习海瑞刚直不阿的精神，敢于讲真话。剧本《海瑞罢官》是应戏剧界之邀而写的，原来题目是《海瑞》，后来吸收他人的意见，经过反复修改，定名《海瑞罢官》，为的是增强艺术感染力。然而，吴晗却不自觉地陷入政治漩涡。江青、张春桥在背地里磨刀霍霍，准备拿这个剧本开刀了。经过七、八个月的准备，1965 年 11 月 10 日，江青、张春桥一伙精心炮制的姚文元的《评新编历史剧〈海瑞罢官〉》在上海《文汇报》发表，此文开始并没有引起学界重视，学术界甚至对姚文元恶意中伤、把学术问题与政治牵强地联系起来的做法表示愤慨，北京各大报刊给予了抵制，然而"树欲静而风不止"，吴晗最终没有摆脱挨批受整的命运。从 1966 年 1 月到 1966 年 5 月，发表批判吴晗的文章 17 篇。臭名昭著的有戚本禹的《〈海瑞骂皇帝〉和〈海瑞罢官〉的反动实质》，关锋、林杰的《〈海瑞骂皇帝〉和〈海瑞罢官〉是反党反社会主义的两株大毒草》。在那种政治形势下，这两篇文章足以从政治上将吴晗置于死地，接着就是对他进行疯狂的揪斗和毒打。吴晗于 1969 年被迫害致死。

翦伯赞在十七年间，对各种非历史主义倾向进行了最明确、最系统的批评，因而在"文革"之初，他就成为另一个被重点批判的对象。1965 年 12 月 8 日，戚本禹在《红旗》杂志和《人民日报》同时发表《为革命而研究历史》，以历史主义为攻击目标，不点名地把矛头指向翦伯赞。1966 年 3 月 24 日，戚本禹、林杰、阎长贵的文章《翦伯赞同志的历史观点应当批判》同时在《红旗》杂志和《人民日报》发表，标志着对翦伯赞的批判正式开始。文章指出："在史学领域两条路线的斗争中，坚持历史唯心主义，坚持资产阶级、封建阶级的史学方向的一方，吴晗是一个挂帅的人物。此帅之外，还有一帅，这就是翦伯赞"。"其中特别是一九六一年至一九六二年发表的《对处理若干历史问题的初步意见》和《目前史学研究中存在的几个问题》，系统地论述了他的资产阶级、封建阶级的历史观点。这是两篇反马克思主义的史学纲领"。把这两篇重要文章作为典型来批判，正说明这两篇文章击中了教条主义的要害，打在了他们的痛处。从 1966 年 2 月到 1966 年 4

月，发表批判翦伯赞的文章 17 篇。批判中所采取的方式貌似学术探讨，实则处处与政治牵强附会地联系，不断进行上纲上线，以致进行政治陷害。1966 年 12 月，戚本禹、林杰、阎长贵三人署名的《反共知识分子翦伯赞的真面目》在《红旗》杂志发表，把翦伯赞定性为反共知识分子，政治上置翦伯赞于死地。他们批判翦伯赞史学的险恶用心最终显现。残酷的人身迫害和精神迫害随之而来，翦伯赞终于不堪其辱，与妻子一起自尽身亡。

在批判资产阶级学术权威的鼓噪下，大批的优秀知识分子受到了冲击和迫害。正常的学术争论已无法开展，历史研究被粗暴地践踏，历史主义、实事求是的治学态度被否定，形而上学、教条主义完全占了上风。

教条主义利用学术批判而不断滋长，与政治上"左"的指导思想是有密切关系的。在民主革命时期，民族矛盾、阶级矛盾尖锐，马克思主义的阶级斗争理论，在分析和解决中国的社会问题，正确制定中国革命的策略、方针和政策等方面，起到了巨大的作用，这个时候强调阶级斗争，是符合当时中国社会的实际情况的。所以，那时的历史著作，虽然在这方面存在非历史主义观点，但在当时仍然起到了积极的作用。新中国建立后，特别是社会主义改造基本完成以后，剥削阶级作为一个阶级已经消灭了，社会的主要矛盾是落后的社会生产力和广大人民群众的物质文化需要的矛盾，中心任务应该是发展社会生产力，这时强调阶级斗争就有些不合时宜了，再把阶级斗争作为推动当前中国社会的动力就不符合中国社会的实际情况了，必然给社会造成不必要的损失。中国共产党的八大制定了正确的方针政策，但是没有坚持下去，毛泽东以后改变八大的论断，在 1957 年 9、10 月间的八届三中全会上提出，中国社会的主要矛盾仍然是无产阶级和资产阶级、社会主义道路和资产阶级道路的矛盾。在 1958 年 5 月召开的八大二次会议上，根据毛泽东的意见又进一步断言："在整个过渡时期，也就是说，在社会主义社会建成以前，无产阶级同资产阶级的斗争，社会主义道路同资本主义道路的斗争，始终是我国内部的主要矛盾"①。毛泽东关于阶级斗争的"左"倾理论在 1959 年庐山会议后继续向前发展，在社会主义教育运动中更是发展到一个新阶段，为发动"文化大革命"做好了理论准备。在这种形势下，阶级斗争理论在历史研究中的地位就远不是历史主义能够束缚的了。不仅不能束缚，而且二者还形成了尖锐的对立，因此，历史主义在当时失败的命运也就不可避

---

① 胡绳主编：《中国共产党的七十年》，中共党史出版社 1991 年版，第 359—360 页。

免了。

但真理是不会失败的。吴晗、翦伯赞等都表现了坚持真理的英勇气概。翦伯赞说："在真理问题上不能让步。"① 吴晗对姚文元的政治陷害嗤之以鼻，在身陷囹圄的情况下，决心将与他们争辩到底。可惜的是，他们没有机会看到自己的最后胜利。

"文革"前十七年的史学界，在史学为无产阶级政治服务的思想指导下，与政治的联系是比较密切的，特别是其中的后十年，这种情况更加突出。因此，史学思潮的两种倾向实际上也是政治上的两种趋向在历史学领域的反映。胡绳主编、中共中央党史研究室著的《中国共产党的七十年》曾论述过后十年（1957—1966）的两种趋向，说："十年探索中，党的指导思想有两个发展趋向。一个发展趋向是正确的和比较正确的趋向，这就是党在探索中国自己的建设社会主义道路的过程中，形成的一些正确的和比较正确的理论观点和方针政策，积累的一些正确的和比较正确的实践经验。……另一个发展趋向是错误的趋向，这就是党在探索中国自己的建设社会主义道路的过程中，形成的一些错误的理论观点、政策思想和实践经验"②。"文化大革命"爆发后，错误的趋向终于暂时压倒了正确的发展趋向。于是，作为与政治关系密切的历史学，所遭受的灾难比其他学科更加深重。

三　沉重的经验教训

历史主义至"文革"前夕，被教条主义压制，受到了批判。坚持历史主义的史学家在政治上被打倒，连发表文章进行申辩的权利都被剥夺了。真理成了谬误，谬论反成了"真理"，是非颠倒，黑白混淆，这实在是中国历史学的悲哀。十七年历史学的曲折发展，的确有许多的教训需要总结和吸取。

首先，坚持历史主义的史学家，自身存在理论缺陷。第一，他们也认为，阶级斗争是唯物史观的核心。如翦伯赞说："历史学是具有阶级性的科学。任何阶级的历史学家都会自觉或不自觉地站在自己的阶级立场，用他们自己的阶级观点来分析历史问题。用阶级观点分析历史问题，这是一个历史学家的阶级性或党性在历史学上的表现。公开地站在无产阶级的立场，用无

---

① 《翦伯赞史学论文选集》第 3 辑，人民出版社 1980 年版，第 505 页。
② 胡绳主编：《中国共产党的七十年》，中共党史出版社 1991 年版，第 418 页。

产阶级的观点来对待任何历史问题，这是对于马克思主义历史学家的基本要求"①。"我们研究中国历史，就必须把中国历史上的任务及其行动归纳到他所属的阶级予以说明"。"在阶级社会中任何个人都要隶属于一定的阶级，因而任何个人的行动也必然是阶级行动的一部分"②。强调历史学的阶级性以及阶级理论在历史研究中的重要性。吴晗在给"历史"下定义时，也是突出了阶级斗争的内容，他说："什么叫历史？毛主席说的很清楚：'阶级斗争，一些阶级胜利了，一些阶级消灭了。这就是历史，这就是几千年的文明史。拿这个观点解释历史的就叫做历史的唯物主义，站在这个观点的反面的是历史的唯心主义'。历史是记录阶级斗争的，这就叫历史。当然，人类除了阶级斗争以外，还有生产斗争，即人跟自然界的斗争。记录过去这方面的真实情况的，也叫历史。总之，记录阶级斗争的、生产斗争的，都叫历史"③。范文澜在《反对放空炮》中，强调历史研究对开展阶级斗争的意义。他说："资本主义世界死亡为期不是很远的了。但是，决不能等待它自己寿终，自己寿终是不可能的，必须用各种口径的大炮一齐向它轰击，迫使它死亡"。"我们习惯上听到大炮这个名词，就意味为放空炮，说大而无当的空话。其实大炮等于空炮的时代已经早过去了。我说的历史学大炮是指实弹射击，空炮是打不倒任何靶子的"④。第二，在反对教条主义的过程中，一方面反对在历史研究中乱贴标签，另一方面又把经典作家的话当作"放之四海而皆准的真理"，如翦伯赞说："为了从思想上解决厚今薄古的问题，必须做一个历史唯物主义的自觉信徒"⑤。"马克思主义的一般原理原则是放之四海而皆准的真理，但并不等于具体历史，更不能代替具体历史"⑥。吴晗说："学了马克思列宁主义、毛泽东著作中的放之四海而皆准的理论，要在科学研究具体工作中加以运用"⑦。这些话有的虽是从反对教条主义的意义上说的，重点强调具体问题具体分析，但其前提与教条主义的理论基础并无二致。第三，在阶级斗争理论的指导下，也强调开展历史学领域内的阶级斗争。如邓拓在北京历史学会上指出："我们在历史科学领域中必须开展两条道路（无产阶级同资产阶

① 《翦伯赞史学论文选集》第 3 辑，人民出版社 1980 年版，第 93 页。
② 同上书，第 148 页。
③ 《吴晗文集》第 1 卷，北京出版社 1988 年版，第 562 页。
④ 范文澜：《反对放空炮》，《历史研究》1961 年第 3 期。
⑤ 《翦伯赞史学论文选集》第 3 辑，人民出版社 1980 年版，第 36 页。
⑥ 同上书，第 86 页。
⑦ 《吴晗文集》第 4 卷，北京出版社 1988 年版，第 55 页。

级）和两条战线（'左'的和右的偏向）的斗争。历史科学方面的修正主义观点还有一定的市场，我们必须进一步加以彻底批判。我们要从正面树立正确的观点，先立后破"①。翦伯赞也说："厚古薄今，烦琐的考证、唯史料论等等，都是资产阶级历史学的特点，也是资产阶级历史学的道路"②。把历史学方法论的不同看作是无产阶级历史学和资产阶级历史学的分歧，看作两条道路的斗争，是不符合实际的，也是一种简单化的做法。当然，历史主义者的失误，绝不是教条主义合理的理由。但是，教条主义正是利用了这些失误，对历史主义进行反攻。蒋大椿在详细分析了60年代历史主义与阶级观点的论战后，指出："在60年代那场历史主义与阶级观点论战中，历史主义思潮被政治大批判和文化大革命扼杀，固然有政治上的原因，但还在学术讨论的过程中，突出阶级斗争观点的一派便已在理论上渐据上风了。这显然也与当时历史主义理论的不彻底性相关。既然承认阶级斗争是唯物史观的核心，既然承认人类文明史的全部内容都是阶级斗争，那也就是说，历史科学研究的内容便只能是阶级斗争。那么，历史主义作为研究历史的一个原则和方法，便只能以阶级斗争作为实质和基础，也就不可避免地要被包括、被融入作为唯物史观核心的阶级斗争观点中去。只要承认上述两个理论前提，突出阶级斗争观点派的理论，反而显得更加彻底。彻底的理论才能说服人，征服人。所以还在1964年，便有文章以总结的口气说，我们研究中外历史，只能运用马克思主义的历史主义的阶级观点。历史主义已经成为阶级（斗争）观点的定语，自然失去了独立存在的地位"③。这个分析是深刻的，也是符合实际的。由此可见，历史主义不能限制阶级观点的片面化，与自身理论的不彻底性、软弱性也有一定的关系。"文革"前，关锋、林杰、戚本禹等人从理论上正是抓住了这个弱点，来批驳历史主义的，然后，再从政治上做文章，将历史主义扼杀。

其次，在历史学如何为政治服务的问题上，历史主义者同样带有简单化的倾向。经世致用，这是中国史学的一个传统。但史学怎样为现实服务，却是一个复杂的问题。历史能够借鉴，但不能照搬。简单地把历史研究与现实的政治相结合，从而批判"厚古薄今"，提倡"厚今薄古"，是片面的。

---

① 邓拓：《毛泽东思想开辟了中国历史科学发展的道路》，《历史研究》1961年第1期。

② 《翦伯赞史学论文选集》第3辑，人民出版社1980年版，第22页。

③ 蒋大椿：《重看历史主义与阶级观点论战》，《安徽史学》1997年第1期。

1958 年陈伯达提出的"厚今薄古"之论，得到许多史学家的响应，包括倡导历史主义的史学家，并与批判资产阶级的"重考据"相联系，认为"厚古薄今"和"厚今薄古"反映了资产阶级历史学和无产阶级历史学两条路线的斗争。这种思想倾向的结果，是历史研究动辄即与社会现实相联系。以后出现的严重的非历史主义的现象不能说与此无关。翦伯赞等人对大量的非历史主义倾向所做的批评——"历史学为政治服务，不是配合当前的每一个政治运动，政治上来一个什么运动，历史上就要塞进这个运动"①，是对"古"与"今"、历史与现实关系的矫正。因为"历史主义"自身在历史与现实的关系问题上存在理论上的片面性，所以对许多现象的批评恰与自己坚持的理论产生矛盾，以致又被被批评者所反击，批评他们反对历史研究、历史教学为当前的政治服务。吴晗写海瑞，本来是响应毛泽东的号召，宣传海瑞敢于讲真话、刚直不阿的精神。但他庐山会议前写的《论海瑞》，在庐山会议以后发表时，为了与批判右倾机会主义相联系，又画蛇添足地加了一段与全文毫不相干的文字："今天有些人自命海瑞，自封'反对派'，但是，他们同海瑞相反，不站在今天人民方面，……"② 对这样的文字，吴晗的朋友周予同就不理解，在吴晗受到批判的巨大压力而被迫做出"检讨"后，周予同看了"检讨"，痛惜地埋怨吴晗没有政治敏感性："但是文中有些奇怪，反右倾怎么会联想到海瑞上面去的？他的政治敏感性到哪里去了？吴晗是好人，是'清官'，但他的政治敏感性大有问题"③。这种埋怨，说到底是指出吴晗在历史与现实的关系问题上存在弱点。关锋、林杰等人，就紧紧抓住吴晗理论中的矛盾和弱点，进行政治陷害。吴晗在检讨《海瑞罢官》时，说自己忽然"糊涂"，对它的现实意义"一点也没有想了"，"完全是为古而古，为写戏而写戏"。而批判他的人则说，你吴晗一向注意将历史与现实联系，写历史为当前的政治服务，你说写《海瑞罢官》是"为写戏而写戏"，这可能吗？《海瑞罢官》的要害就是"罢官"！于是硬是把这出戏与 1959 年庐山会议联系起来，与 1962 年的所谓"翻案风"联系起来，以致无论吴晗怎样解释都不能摆脱他们的纠缠。

再次，民主的政治环境是史学健康发展的前提。十七年史学所以最终以

---

① 翦伯赞：《目前史学研究中存在的几个问题》，《江海学刊》1962 年第 6 期。
② 《吴晗文集》第 1 卷，北京出版社 1988 年版，第 519 页。
③ 转引自苏双碧、王宏志《吴晗传》，上海人民出版社 1988 年版，第 355 页。

悲剧结尾，根本的原因在于政治，是政治上的不民主把正常的学术争论扼杀了。教条主义的东西并不可怕，如果把教条主义作为一种思潮的话，它也是学术潮流的一部分。通过正常的学术争鸣，完全能够将它清除，因为真理愈辩愈明，教条主义是没有生命力的。就像邓拓说的："树立一个正确的观点是不容易的，需要反复辩论，一直到别人驳不倒的时候才能成立。研究的过程就是一个斗争的过程"①。翦伯赞在学术大批判猛烈的时候，也深感民主的学术氛围对探明真理的重要，他说："在过去的讨论中，我也受到了教育。我是一个共产党员，一定服从党的领导，以后能够活几年，就为党做几年工作。我总希望史学界在党的领导下团结起来，在毛泽东思想指导下写出几部好的中国历史。而不要搞得剑拔弩张，以致不敢写文章。即使有错误，也要采取商量的态度，顶多说'值得商榷'，用不着扣帽子。谁能说百分之百的正确呢?"② 这说明，学术研究需要争论，更需要平等的、友好的、协商的争论氛围，因为争论是为了弄清真相，辨别正误，探讨真理，而不是抱着敌对的态度在政治上整倒对方。然而，在政治不民主的形势下，这是不可能实行的。没有政治的民主，就不可能有学术的民主。

有人说，"文革"前十七年的学术研究之所以遇到了挫折，是因为没有正确地处理政治与学术的关系。处理好政治与学术的关系，从研究者的角度说，就是不能把历史研究与当前政治简单地联系在一起；从执政者的角度说，学术上的争论要限制在学术的领域之内，不能用政治的手段来解决学术问题。也就是说，要分清学术和政治的界限，不要把学术问题扯到政治上。这种说法有一定的道理，然而历史经验证明，这是很难做到的。"文革"前，在讨论《海瑞罢官》时，《人民日报》、《北京日报》在被迫转载姚文元的文章时，均加了"编者按"，申明这是学术讨论，应本着百家争鸣的精神进行开展，允许批评，也允许不同意见的反批评。应该说，"编者"的本意是好的，但后来形势的发展并不像"编者"所说的那样，《海瑞罢官》还是作为一个政治问题被批判，并成为文化大革命爆发的导火线。50年代，在倡导"百花齐放，百家争鸣"的双百方针时，也一再强调政治问题与学术问题的不同。这说明，关于政治与学术的关系问题，过去也有清醒的认识，然而在

---

① 邓拓：《毛泽东思想开辟了中国历史科学发展的道路》，《历史研究》1961年第1期。

② 转引自张传玺《翦伯赞传》，北京大学出版社1998年版，第472页；又见《翦伯赞史学论文选集》第3辑，人民出版社1980年版，第505页。

贯彻的时候，特别是政治气氛紧张的情况下，总是出现偏差，总会有一些学术上的冤案发生。要深刻地总结经验教训，仅仅是区分学术问题和政治问题是不够的，最根本的还是一个政治民主的问题。只有政治上真正实现民主，才能真正解决这个问题。

历史学家黎澍曾说："如果社会主义民主制度不健全，人民在政治上不能享有言论自由的权利，学术问题的自由讨论也就没有保障"。这是一个学者从历史的经验和学术自身的特点中总结出来的。他甚至批评某些观点的幼稚，说："要求分清学术问题和政治问题，争取学术问题得以自由讨论，实际上就是承认可以不要政治上的言论自由，只要讨论学术问题的自由"①。此话虽然讲得比较尖锐，可谓点到了问题的实质。

前全国人大常委会委员长万里也说："（百花齐放，百家争鸣）这个方针不能得到贯彻的一个重要原因，是过去往往把政治问题理解为反党、反社会主义、反革命，这个概念带来了很大的副作用。不改变这个概念，就会认为只有学术问题可以争鸣，政治问题不可争鸣，而这两者又经常分不开，一旦出了问题，即使是学术问题，也就变成政治问题，也只好一股脑挨棍子。其实在许多场合下，学术问题与政治问题是很难分开的……"万里接着说："所以关键不在把学术问题和政治问题分开，而在于对政治问题，对决策研究本身，也应实行双百方针。所有的政治问题，政策问题，都是应该进行研究的，在没有作出决定之前，都是可以讨论，可以争鸣的"。他还说："我们应该广开言路，破除言禁，把宪法规定的言论自由切实付诸实施"②。

"文革"前十七年史学发展的曲折说明，政治上的民主对史学的正常发展和繁荣具有重要的意义。接着而来的"文化大革命"给史学界带来的灾难性的巨大破坏，更是从反面有力地说明了这一点。

"文革"前十七年的教训是沉重的，这些教训永远值得汲取，只有这样，才能避免类似的悲剧再度出现。

---

① 黎澍：《再思集》，中国社会科学出版社 1985 年版，第 113 页。
② 万里：《决策民主化和科学化是政治体制改革的一个重要课题》，《人民日报》1986 年 8 月 15 日。

历史虚无主义的认识论根源

左玉河

（中国社会科学院近代史研究所）

历史虚无主义，就是以虚无主义的态度看待历史，对自己的历史采取轻蔑的、否定的态度。很显然，它在认识历史的态度和方法上存在严重偏向，在历史认识上存在着重大误区。历史虚无主义的基本态度，是歪曲否定近代以来中国革命的历史、中国共产党的历史和中华人民共和国的历史。对于历史虚无主义的实质和危害，学术理论界进行了严厉批评。笔者拟对从学理层面对历史虚无主义的认识论根源略做分析，揭示其历史认识上的误区。

历史研究的目的在于求真。追求历史的真实性，是历史学家的天职。每个严肃的历史学家都将探求历史的真实作为自己的最高学术追求。但如何才能探寻到历史的真实呢？历史事实分为两种：一种是客观存在的历史事实；另一种是历史学家通过分析史料而探求的历史事实。历史学家探寻的历史事实，与客观存在的历史事实之间存在着一定的差距，它永远不可能与客观历史事实相符，但可以无限逼近于历史的真实。历史学家要探寻客观历史真实，揭示并无限逼近历史真相，必须树立正确的历史观并掌握科学的认识方法。正确的历史观和科学的认识论，是历史学家探寻客观历史真相的有效途径。马克思主义是认识客观世界的科学理论，是指导认识客观历史事实的有效工具。唯物辩证法是科学的思维方法，也是正确认识客观历史世界的方法。马克思主义指导下的历史研究，要求用全面的、发展的、矛盾的原则来认识客观历史进程。历史虚无主义在认识论上的错误，恰恰就在于违背了这些基本原则。

第一，历史研究的客观性原则。历史作为人的活动，是一种客观存在。历史学是建立在客观历史事实的实证研究基础上的。研究历史必须以历史事实为出发点，必须首先全面、系统地掌握有关资料。马克思说："研究必须充分地占有材料，分析它的各种发展形式，探寻这些形式的内在联系。只有这项工作完成以后，现实的运动才能适当地叙述出来。"① 史料是弄清历史事实的基础，只有充分地占有和利用一切可靠资料，并把这些资料甄别清楚，才能弄清历史事件的真相和来龙去脉。文献记载的历史事实未必就是客观的历史真实，不能随便拿来作为历史事实依据，必须进行详细的分析和认真的鉴别。特别是对于政治人物的言论，要把个人、党派和集团的言辞、幻想与其真实本质区别开来，不能以历史人物自己的言行作为评论的依据。列宁指出："马克思主义教导我们，要从发展中观察一切现象，不要只满足于作表面的东西，不要相信漂亮的招牌，要分析各个政党的经济基础和阶级基础，要研究预先决定的这些政党的政治活动的意义和结局的客观政治环境。"② 党史专家胡乔木也指出："写历史不是简单地罗列历史现象，要对材料进行筛选。科学的历史观认为，历史总是要不断地重新写下去，因为随着历史的发展，人民（包括历史的著作者）的思想会不断更新，对史料的取舍、评价会有所不同，甚至大不一样。"③ 历史虚无主义在运用史料（尤其是各种回忆录、日记）来建构所谓历史事实方面，缺乏必要的详细的分析鉴别。这是导致其产生错误历史认识的重要原因。

第二，历史研究的全面整体性原则。任何历史事物均与他事物相互制约，各事物内部诸要素之间处在相互制约之中，没有绝对孤立的历史事物存在，这是马克思主义的基本原则。用全面联系的而非片面的观点来考察历史，是正确认识历史的方法论原则。它要求历史学家必须在全面地、详细地掌握历史材料基础上弄清客观存在的历史事实，分析历史事实背后的因果关系，在把握历史活动的全貌中确定历史发展方向，得出正确的历史认识。马克思指出："即使只是在一个单独的历史实例上发展唯物主义的观点，也是一项要求多年冷静钻研的科学工作，因为很明显，在这里只说空话是无济于事的，只有靠大量的、批判地审查过的、充分掌握了的历史资料，才能解决这样的任务。"④ 它要求历史研究中不能用片面的、割裂的态度对待历史中的某些细节，而要把这些细节放入整个历史的宏观发展当中去考察。

历史虚无主义不是从整体上、从联系中去把握历史事实，不是从错综复杂的各种关系、各种因素相互作用中把握历史的潮流，没有充分地占有历史

---

① 《马克思恩格斯选集》第 2 卷，人民出版社 1972 年版，第 217 页。
② 《列宁全集》第 12 卷，人民出版社 1987 年版，第 262 页。
③ 《胡乔木谈中共党史》，人民出版社 1999 年版，第 285 页。
④ 《马克思恩格斯选集》第 2 卷，人民出版社 1972 年版，第 118 页。

材料，而是用一些片面的材料来大胆立论，出现了以点概面、以偏概全的偏向。这种片面引用史料及"取其一点、不及其余"的态度，曾受到列宁的严厉批判："在社会现象领域，没有哪种方法比胡乱抽出一些个别事实和玩弄实例更普遍、更站不住脚的了。挑选任何例子是毫不费劲的，但这没有任何意义，或者有纯粹消极的意义，因为问题完全在于，每一个别情况都有其具体的历史环境。如果从事实的整体上、从它们的联系中去掌握事实，那么，事实不仅是'顽强的东西'，而且是绝对确凿的证据。如果不是从整体上、不是从联系中去掌握事实，如果事实是零碎的和随意挑出来的，那么，它们就只能是一种儿戏，或者连儿戏都不如。"① 因此，历史研究的全面性原则，要求历史学家必须在历史活动的全貌中把握历史发展的方向，分清历史发展的主流和支流。

第三，历史发展的矛盾性原则。历史进程充满矛盾的运动，复杂的事件是由各种各样具体的事件组成的，在分析、研究历史事件时必须分析历史发展的主要矛盾，抓住历史过程的本质方面，才能把握历史发展的主流。评价历史事件和历史人物，必须抓住它的主流，而不能抓住支流就妄下结论。历史虚无主义承认支流而否定主流，在对中国百年历史的认识中，产生了否定革命的严重认识误区。

近代以来中国社会的主要矛盾，是帝国主义和中华民族的矛盾、封建主义和人民大众的矛盾，正是因为这些矛盾极其尖锐，才引发了近代以来日益壮大的革命运动。革命成为近现代中国历史的主旋律，这是历史的必然选择。近代以来，中国农民选择了革命，资产阶级革命派选择了革命，无产阶级选择了革命，这不是洪秀全、孙中山和中国共产党人的心血来潮、鼓吹煽动和随意选择的。正是根据两大矛盾，中华民族面临着两大历史任务，一是求得民族独立和人民解放，二是实现国家富强和人民共同富裕。帝国主义及其在中国的反动统治势力不仅不愿自动退出历史舞台，而且不断加强国家机器，加强对人民的镇压，这就决定了中国人民只能通过革命手段来完成前一个任务。用革命手段完成民族独立和人民解放，是实现国家繁荣富强和人民共同富裕的政治前提和制度基础。

现代化与革命是近代中国的两大任务，但究竟以何者为主？这同样是由近代中国的主要矛盾决定的。历史虚无主义否定革命并将革命与现代化对立

---

① 《列宁全集》第28卷，人民出版社1972年版，第364页。

起来的看法是没有道理的。革命是现代化的必要前提和条件，是现代化最重要、最强劲的推动力量，没有革命也就不可能有现代化。毛泽东指出："没有独立、自由、民主和统一，不可能建设真正大规模的工业。没有工业，便没有巩固的国防，便没有人民的福利，便没有国家的富强。""正是帝国主义和封建主义束缚了中国人民的生产力，不破坏它们，中国就不能发展和进步，中国就有灭亡的危险……革命是干什么呢？就是要冲破这个压力，解放中国人民的生产力，解放中国人民，使他们得到自由。所以，首先就应该求得国家的独立，其次是民主。没有这两个东西，中国是不能统一和不能富强的。"①

第四，透过现象看本质，是唯物辩证法的基本原则。列宁指出："马克思主义教导我们，要从发展中观察一切现象，不要只满足于作表面的描述，不要相信漂亮的招牌，要分析各个政党的经济基础和阶级基础，要研究赖以决定这些政党的政治活动的意义和结果的客观政治环境。"② 历史虚无主义的重要方法论特征，是通过历史个别现象而否认历史活动的本质，孤立地分析历史的阶段错误而否定历史运动的整体过程。历史虚无主义在评价中共历史时，就出现了明显的认识误区。

中共创立以来领导中国人民做了三件大事：一是开展反帝反封建的新民主主义革命，推翻了半殖民地半封建的旧社会制度，创建了人民共和国，使得近代以来受尽压迫和欺凌的中华民族和中国人民站起来了；二是进行社会主义改造，全面确立社会主义的基本制度，为中国以后的进步和发展奠定了基础；三是开始全面建设社会主义的经济、政治、文化，开创了中国特色社会主义道路，使中国摆脱了极度贫弱的状况，变成了一个初步繁荣昌盛的国家。这就是中共历史的本质和主流。但不可否认的是，中共在认识社会矛盾和阶级关系、确定战略方针、实施政策措施等方面，犯过一些错误，甚至是路线性的错误，但这毕竟是非本质和主流。中共的伟大之处在于，敢于坦白地承认错误，并积极改正错误；善于总结经验教训，不断完善自己。历史虚无主义热衷于暴露中共历史上的缺点和错误，把中共党史描绘成是错误的堆积，根本否定其历史功绩，在研究方法上采取"攻其一点、不及其余"的片面性的偏向。

---

① 《毛泽东选集》第 3 卷，人民出版社 1991 年版，第 432 页。
② 《列宁全集》第 10 卷，人民出版社 1972 年版，第 190 页。

第五，具体历史问题进行具体分析的原则。历史事物与思想意识的形成，离不开特定的时间、处所及具体的社会环境。唯物史观的基本要求，就是必须尊重历史的实际情况，将事物放在一定的历史范围内加以考察。马克思主义经典作家指出："在分析任何一个社会问题时，马克思主义理论的绝对要求，就是要把问题提到一定的历史范围之内"。对于中共在历史上所犯的错误，必须放在具体的历史环境中进行分析，在指出其错误表现的同时必须着力弄清一些重要问题：中共为什么会犯错误？错误与成就相比，哪个是主要的？这些错误是由谁来纠正的？错误被纠正以后，这些历史教训，究竟是成了我们前进路上的绊脚石，还是成为我们探索新路的宝贵财富？中国共产党和党的领导人所犯的错误，主要是由于经验不足和历史的局限所造成的，而不是党的领导地位和社会主义制度本身造成的；中国共产党经历的曲折和犯过的错误，并不是中国共产党的本质和主流。历史虚无主义不是把历史事件、人物、制度、思想等置于历史场景中加以分析，而是脱离特定历史条件，指责中共的错误，进而将中共党史说得一无是处，显然是形而上学的思想方法。

总之，历史虚无主义对待历史态度的错误，是因其在认识论上出现的诸多偏向和认识误区所致。在批判历史虚无主义危害时，必须揭示其认识论的偏向，才能真正肃清其危害。在批判历史虚无主义时应该注意两点：一是不能将史学界根据新史料或采用新方法研究得出的新观点，一概视为历史虚无主义，应严格区分历史虚无主义与史学理论创新之间的差异；二是不能在批判历史虚无主义时陷入另一种"取其所需"的历史虚无主义，更不能以"左"倾历史虚无主义批判右倾历史虚无主义，以隐性的历史虚无主义批判显性的历史虚无主义。无论是"左"倾还是右倾的历史虚无主义，无论是显性的还是隐性的历史虚无主义，同样都在认识论上犯了片面化、现象化、静止化的偏向，同样难以得出正确的历史认识，因而都难以令对方信服。

历史虚无主义问题述评

高希中

（中国社会科学院历史研究所）

在我国发展的新时期，历史研究领域成绩显著，思想活跃，研究深入，成果丰硕。但在如何对待历史等重大问题上，也出现了不同的思潮与声音，其中之一就是历史虚无主义思潮的泛起。尽管历史虚无主义只是社会思潮的支流，我们也必须认真对待和坚决抵制。

自 1989 年来，研究历史虚无主义的论著很多，主要内容是对历史虚无主义的批评、批判与抵制。沙健孙、梁柱、龚书铎等先生的著述具有很强的代表性。其论著有《警惕历史虚无主义思潮》和《历史虚无主义评析》，①以及下文提及的多篇文章。同时，也有论著阐述历史虚无主义在西方的渊源，比如王俊的《于"无"深处的历史深渊——以海德格尔哲学为范例的虚无主义研究》，② 以及多篇硕士博士论文。另外针对历史虚无主义尚有多篇政论性批评文章、学术性批判文章、综述性概括文章，总计近百篇。

此外，有多项学术会议针对历史虚无主义予以批评与抵制。例如为揭示中国近现代历史研究中历史虚无主义的表现、特点、谬误、危害以及产生的根源，澄清这一思潮造成的思想混乱，来自多所院校与科研机构的 30 余位专家学者于 2005 年 3 月 19 日在北京联合召开了"近现代历史研究与历史虚无主义思潮研讨会"。2008 年 12 月 31 日，中山大学马克思主义哲学与中国现代化研究所在中山大学联袂主办"虚无主义、现代性与现代中国"学术会议。③

---

① 梁柱、龚书铎主编：《警惕历史虚无主义思潮》，人民教育出版社 2006 年版；梁柱：《历史虚无主义评析》，社会科学文献出版社 2012 年版。

② 王俊：《于"无"深处的历史深渊——以海德格尔哲学为范例的虚无主义研究》，浙江大学出版社 2009 年版。

③ 李珍：《""中国近现代历史研究与历史虚无主义思潮"学术研讨会召开》，《高校理论战线》2005 年第 4 期；梁立军：《教育部社科中心和中国史学会研讨——近现代史研究与历史虚无主义思潮》，《人民日报》2005 年 4 月 23 日；邓先珍、郭奕鹏：《"虚无主义、现代性与现代中国"会议综述》，《现代哲学》2009 年第 1 期。

在所见文献中，学者们对历史虚无主义思潮的渊源、形成的国际国内背景、历史演变、主要观点、具体表现、实质危害与克服方法等方面问题进行了较为深刻的论述，主要内容如下。

一　历史虚无主义渊源

从时代背景上讲，历史虚无主义滥觞于19、20世纪之交的西方。当时一些西方学者开始质疑启蒙运动以来西方文明中所笃信的理性乐观主义、历史进步主义以及对自然的理性结构的信仰，并颂扬非理性在人类生存发展中的重要作用。

虚无主义（Nihilism）一词系德文 Nihilismus 的意译，源自拉丁文 nihil，意为虚无，即什么也没有。动词"虚无化"意指完全毁灭和归于无的过程。德国哲学家弗里德里希·海因里希·雅各比（Friedrich Heinrich Jacobi）1799年在《给费希特的信》中首次使用，并引入现代哲学领域。虚无主义作为一个流行概念出现在屠格涅夫的小说《父与子》中，意指唯有我们的感官所获得的存在者才是现实地存在着，其余的一切皆为虚无。

虚无主义真正作为一个哲学问题为人们所关注，始于尼采，并且影响巨大。尼采将虚无主义理解为最高价值的自行废除，因此是一种价值论的虚无主义。海德格尔对尼采的思想进行了全面的分析，由价值转到存在，进而在存在论的意义上洞察虚无主义。海德格尔之后，卡尔·洛维特和列奥·施特劳斯是从哲学上深入洞悉虚无主义的代表性思想家。洛维特认为，欧洲走向虚无主义是在崇敬尼采呼唤"超人"（superman）中就已经得到彰显的一个倾向。施特劳斯首先从字面上将虚无主义理解为"意欲虚无"，即"包括自身在内的万物的毁灭"。①

尽管对虚无主义的概念稍有争论，但价值论的虚无主义和存在论的虚无

---

① 参见王俊《于"无"深处的历史深渊——以海德格尔哲学为范例的虚无主义研究》，浙江大学出版社2009年版；刘森林：《物与意义：虚无主义意蕴中隐含着的两个世界》，《中山大学学报（社会科学版）》2012年第4期；余玥：《雅各比的洞见：康德体系中隐含虚无主义危机》，《中国社会科学报》2011年8月16日第9版；高山奎：《洛维特与施特劳斯——对虚无主义的历史与哲学克服》，《同济大学学报（社会科学版）》2013年第2期；韩炯：《破解历史虚无主义的理论陷阱》，《中国社会科学报》2013年7月5日第A07版。唐忠宝：《虚无主义及其克服：马克思的启示》，博士学位论文，中共中央党校，2013年6月；杨金华：《虚无主义生成的理性逻辑及其超越》，《江汉大学学报（社会科学版）》2013年第4期。

主义是虚无主义的最主要的两种形态。就价值论方面来看，虚无主义主要指的是最高价值的废除，也就是如尼采所说的上帝之死；就存在论方面来看，虚无主义指的是存在的无根基状态。前者否定的是价值的绝对性，后者否定的是存在的基础性。

作为一种哲学思潮，虚无主义否认存在着普遍永恒的正确原则，因而具有怀疑主义、相对主义、解构主义与颓废主义等思想特色。作为一种社会思潮和文化思潮的历史虚无主义，其实质就是秉持虚无主义历史观来认识、分析和解释历史现象。这与西方哲学中的存在主义、现象学、解构主义、相对主义等思潮不无关系。就当下而论，历史虚无主义又与后现代主义史学理论的影响密切相关。[①]

二　历史虚无主义思潮在中国泛起的历史背景和原因

虚无主义伴随着西方资本的扩张、连绵不断的侵略战争，以及西方文明的影响来到我国，其表现形态多种多样，其中历史虚无主义尤为突出。与上述西方虚无主义相比而言，在我国所理解的"虚无主义"通常指："不加分析地盲目否定人类文化遗产、否定民族文化，甚至否定一切的思想倾向或社会思潮，是与唯物辩证法相对立的形而上学否定观的一种表现。"[②]历史虚无主义是虚无主义在历史研究中的表现，主要是否认历史的规律性，承认支流而否定主流，透过个别现象而否认本质，孤立地分析历史中的阶段错误而否定整体过程。其一个明显代表就是中国全盘西化的造势者，通过对我国一些阶段性错误发展的分析，全面抹杀先辈的革命史，抹杀我们民族独立斗争的历史。专家学者对历史虚无主义的定性为：其根本就是历史唯心主义。

历史虚无主义思潮滥觞于20世纪二三十年代的全盘西化论，余绪不绝于当代，20世纪90年代重新泛起，近几年来更是甚嚣尘上，其波及范围涉及史学、文学、艺术、教育等多个领域。这其中有国际、国内的背景及相关原因。

---

① 参见韩炯《历史事实的遮蔽与祛蔽——现时代历史虚无主义理论进路评析》，《毛泽东邓小平理论研究》2013年第3期。

② 冯契、全增嘏等主编：《哲学大辞典》，上海辞书出版社2001年版，第1727页。

（一）历史虚无主义思潮泛起的国际、国内背景

历史虚无主义思潮最早可追溯至 20 世纪二三十年代的全盘西化论。这种观点在对待传统文化与历史遗产方面采取了一种虚无主义的态度，认为中国传统文化在各个方面都不如西方文化先进，要为我们的民族寻求一条出路，就只有抛弃传统文化，全盘接受西方文化。由于这种观点否认民族文化的独立性与主体性，过分夸大西方文化的普世性意义，没有能解决中国文化的根本出路问题，因而这种观点一出现便受到各方的批评。抗日战争时期随着民族主义的高涨，全盘西化论逐渐失去市场。新中国成立之后，马克思主义确立为我们的指导思想，全盘西化论也逐渐走向沉寂。

自 20 世纪 70 年代后期，在我国拨乱反正、实行改革开放和转入现代化建设这一特定的历史条件下，历史虚无主义作为自由化思潮在历史观上的一种体现又有所抬头。一些人在文艺领域开展了一场否定、虚无传统文化，主张全盘学习西方文化的思潮。其中，尤以 1988 年 6 月以反思黄河文明为名否定中华民族历史与文化的电视片《河殇》的播出为最。

20 世纪 80 年代后期至 90 年代中期，由于国内政治形势的变化和国际上苏联、东欧的剧变，加之来自西方的各种社会科学新理论和新方法如潮水般涌入中国，马克思主义面临非马克思主义思想的强大挑战。20 世纪 90 年代中期以后，在社会上出现"告别革命"论，一些人对中国近代史尤其是中国共产党成立以来的历史采取极端虚无主义的态度。

总体而言，历史虚无主义思潮的重新泛起与世界社会主义处于低潮、各种西方社会思潮的冲击及改革开放以来国内形势的变化有很大的关系，有其国际与国内政治的原因与诉求。首先，苏东剧变和国际共产主义运动处于低潮，构成当前我国历史虚无主义重新泛起的重要国际背景。其次，历史虚无主义是对西方反共势力企图"和平演变"社会主义的一种呼应。再次，它也反映了新时期现代化建设和改革开放中的逆向发展要求。

纵观世界文化发展的历史，不同地区、不同民族的文化，总是互相开放、互相交流、互相吸收的，这是各民族文化发展的一条基本规律。例如在中国历史上，唐宋文化之所以放射出璀璨异彩，一个重要原因，就是当时的人们能够大胆地学习和吸收外来文化的精华。在当前我国全面改革开放的新的历史时期，我们更要学习和吸收外国其他民族一切优秀的文化结晶，来发展和光大我们民族优秀的传统文化。但这个吸收是有条件的，首先须在继承

和坚持中国优秀传统文化基础上的吸收，其次是必须符合中国的实际，与中国实际相结合，而不是不分良莠的照搬照抄。①

（二）历史虚无主义思潮泛起的原因

中国的学术土壤中并未曾独立孕育出历史虚无主义，但中国走向现代化过程中却不止一次遭遇历史虚无主义的挑战。其主要原因有以下几点：

第一，近年来随着我国与西方国家在经济与政治方面的交往不断增多，西方社会思潮对我国产生了相当影响。其中出现于欧美史学界否定革命鼓吹改良的历史相对主义思潮，对我国历史虚无主义的泛起起到了直接推动作用。

第二，西方敌对势力利用现代化传媒通过文化交流活动等一切机会和条件不断对社会主义国家进行思想和政治上的渗透。

第三，近年来随着我国改革开放事业的推进，一些反马克思主义反社会主义的思潮不断发展彼此呼应。由于新自由主义、新文化保守主义等思潮有着共同的前提和基础，因而它们能够相互转化和统一。在这种转化和统一中历史虚无主义再度泛起。

第四，从现实环境看，历史虚无主义是全球化背景下中国社会转型过程中，部分利益集团的政治社会诉求在历史领域中的投射，以及在市场意识驱动下肆意"消费"历史的外在显现。②

第五，从历史学的发展看，历史虚无主义是受二战后崛兴的叙事史（因其内容主要围绕大众日常社会生活，故又称新社会史）的负面影响所致，是以倡导讲故事为主的微观史学滥用的结果。

第六，对历史采取实用主义态度，而缺乏历史主义态度。一些历史虚无主义者把历史与现实等同起来，从现实出发，对中国近现代历史抱着为我所用的实用主义态度，抹杀历史与现实的界限，将历史与现实做简单的比附，丧失基本的历史主义立场。他们根据现实的变化重新解释历史，根

---

① 参见梁柱《历史虚无主义思潮的泛起、特点及其危害》，《中共福建省委党校学报》2009 年第 4 期；龚书铎：《历史虚无主义二题》，《高校理论战线》2005 年第 5 期；方艳华：《历史虚无主义思潮的演进及重新泛起原因论析》，《吉林师范大学学报（人文社会科学版）》2011 年第 6 期；梅荣政、杨瑞：《历史虚无主义思潮的泛起与危害》，《思想理论教育导刊》2010 年第 1 期。

② 李珍：《"中国近现代历史研究与历史虚无主义思潮"学术研讨会召开》，《高校理论战线》2005 年第 4 期；《历史虚无主义的危害不可低估》，《光明日报》2005 年 4 月 5 日；韩炯：《历史事实的遮蔽与祛蔽——现时代历史虚无主义理论进路评析》，《毛泽东邓小平理论研究》2013 年第 3 期。

据现实的需要任意裁剪历史，以现实比附历史，按照对现实的要求来"改造"历史。

第七，后现代主义思潮的影响。除了一些现实层面的原因之外，从历史哲学层面看，现阶段历史虚无主义的泛起主要与 20 世纪 90 年代以来传入的西方后现代主义史学思潮相关。

今天所说的后现代思潮，即现代西方哲学中的"后现代主义"（postmodernism）思潮。一般认为，它形成于 20 世纪中叶，但时至今日，"后现代主义"这一概念仍歧义纷呈，模糊不清。在西方学术界，它可表征社会形态、时代特征、思维方式，也指文化态度、精神价值、前沿的或怀旧的模式等。"后现代"作为一种主张多元、多变、多维、多样、怀疑的思潮，强调通过所谓"永恒的变化"反对僵化，张扬自由与活力，力主一切都没有确定性，而只有模糊性、间断性、散漫性、不确定性、无序和凌乱、反叛与变形，以及断裂和倒错等。"后现代主义"哲学思潮问世后，一时在人文社会科学领域蔓延。自 20 世纪 70 年代后期开始，后现代主义逐渐影响到历史学领域，使史学发展特别是史学理论的建构面临着严重的挑战。在后现代主义者看来，历史学家的主体性与历史事实之间不是历史认识主体与历史认识客体之间的关系，而是彼此融为一体，即融合在"历史叙述"的实践之中。在历史叙述之外，不存在任何客观历史。从后现代主义史学理论出发，历史只不过是"那些稍纵即逝"的没有内在联系的"事件"的堆积；通过"解构"宏大叙事，去"碎化"历史；用"颠覆"的方法否定一切，否定历史事实的客观性，否认历史的客观存在。历史虚无主义在基本理论、思维方式、研究方法以及价值判断上，都和后现代思潮有共同的语言，成为"后现代史学"的标本之一。在当代中国的社会生活中，历史虚无主义在基本理论、思维方式、研究方法以及价值判断上，都和后现代思潮有共同的语言，成为"后现代史学"的标本之一。①

三　历史虚无主义的表现、特点、危害

众多学者认为，历史虚无主义以唯心主义历史观为哲学基础，所反映的不仅是文化问题而且是政治问题，不仅是对待历史的态度问题而且是对待现

---

① 于沛：《后现代思潮与历史虚无主义》，《中国社会科学报》2013 年 6 月 19 日第 B04 版。

实的态度问题。

（一）历史虚无主义的表现与特点

历史虚无主义在中国历史研究领域有多方面的表现。在中国当代史与中国近代史领域，其表现为宣扬改良，否定革命的历史作用；在中国古代史研究中，则表现为不顾历史真实，公然篡改中国文明的起源，试图证明"中国文明'西来'说"。历史虚无主义的根源是唯心史观和主观臆想，要害是混淆历史的支流与主流、现象与本质。

其一，"告别革命"论是历史虚无主义思潮的集中表现。自 20 世纪 90 年代中期以来，历史虚无主义最突出的表现就是竭力贬损和否定革命，诋毁和嘲弄中国人民争取民族独立和人民解放而进行的反帝反封建斗争，诋毁和否定我国社会发展的社会主义取向及其伟大成就。在历史虚无主义者看，革命只起破坏性作用，没有任何建设性意义。同时，主张在近代史研究中以"现代化范式"代替"革命范式"，并由此出发虚无中国革命的历史，虚无中国共产党的领导、马克思列宁主义的指导，虚无社会主义制度和人民民主专政，虚无以马克思主义和唯物史观为指导的史学研究。历史虚无主义的实质，是借歪曲历史本来面目来证明"学习西方"的主流文化是无法抗拒的历史必由之路，从而改变中国的社会主义道路。

改良和革命都是社会改造的途径。所谓改良，它不像革命那样彻底、根本地摧毁旧的事物，而是缓慢地、渐进地改造旧的事物。在一定的历史时期，这种改良具有进步的意义，像近代中国维新变法运动就有积极的历史作用。但又不能否认，革命在一定历史条件下的积极意义。比如，近代中国的改良虽然取得了成绩，但最终都以失败告终，这是近代中国的综合社会历史条件使然。在这种历史背景下，革命条件已经成熟，当根本改造社会的任务提上日程的时候，革命就有其独特的历史进步意义。

其二，历史虚无主义以"学术研究"的面目出现，在"重写历史"的名义下，做翻案文章。

其三，历史虚无主义者有着明确的政治诉求。即反对四项基本原则这一立国之本，力图扭转现代化建设和改革开放的发展方向，把中国纳入到西方资本主义体系中去。

其四，历史虚无主义是唯心主义的历史观，与马克思主义唯物史观根本对立。这主要表现在：历史虚无主义违背"实事求是"的历史研究的根本原则，违背全面、客观的历史研究方法，否认和反对阶级分析的历史研究方法。历史虚无主义者否定历史认识的科学性，认为一切历史认识都是相对的，历史认识不存在真理。从这种认识出发，对过去在马克思主义指导下获得的对中国近现代史的正确认识采取了简单否定的态度。所以，他们所宣扬的观点不是在全面地、系统地掌握史料的基础上经过科学分析得出来的，而主要是表达自己的某种倾向、某种情绪，带有极大的主观随意性。

其五，对西方学者对中国历史的认识采取不加批判、分析，全盘接收、照搬照抄的态度。历史虚无主义者不是从错综复杂的各种关系、各种相互作用中寻找主要的历史线索，尤其是那些具有决定意义的本质性联系，而是以西方的模式、价值和发展道路来衡量中国，导致那些符合西方模式和价值观的历史被赞扬，而一些不符合西方模式和价值观的历史则被否定。并且，无论赞扬或否定，都统统被孤立地、片面地放大和渲染。

其六，反历史主义。就客观来讲，历史是一个相互联系，不断生成、发展、灭亡的整体演化过程。历史研究必须把历史事件、人物、制度、思想置于特定历史时空条件之下，作为统一的、有联系的、有机的整体来进行分析与研究，严格按照学术规范论定是非。但历史虚无主义者往往脱离特定历史条件，以非此即彼、割断历史的思维方式对待历史，甚至歪曲历史。

其七，史料问题。史料是历史研究的直接前提。史料有真伪、偏全、粗精、聚散等区分。所以，对史料必须进行大量的博采、钩沉、辨析、选择、确证、核定等工作。历史虚无主义者大多缺乏对这些专门学问系统、全面的训练与了解。甚至有的研究者轻视对史料的辨伪和充分占有，或仅凭一些表面的历史事实就大胆立论，或随意根据一点历史资料就大胆评论，结果导致了对历史事实的歪曲。

在中国史尤其是中国近现代史的研究中，历史虚无主义思潮对待历史事实的态度可概述为以下几类：一是精心挑选某些历史细节，比如，20世纪20年代、80年代初以及90年代后期关于中西文化（文明）对比研究、中西社会性质和社会转型的比较研究出现的某些情形；二是从传播学的角度解构具有"崇高"价值的历史，如用权谋解构延安整风运动等；三是假设、臆测、抽象推演历史事件，如《告别革命》中关于康梁维新变法的假设、关于未发生辛亥革命的假设；四是借某些历史事件戏说或恶搞党和国家创始者形象等。这些不同的态度其实有着共通的历史研究逻辑预设，即对历史事实的虚无，具体表现为：一是视"历史事实"为语言描述意义上的存在；二是视虚构、想象在历史研究中无处不在。①

（二）历史虚无主义的危害

众多学者普遍认为，历史虚无主义思潮已经对我国的文化安全和意识形态安全产生了一定的消极影响和危害。其主要观点如下：

其一，历史虚无主义起到消解主流意识形态、搞乱人们思想的恶劣作用。

其二，历史虚无主义适应西方反共势力"西化、分化"中国的战略企图。

其三，历史虚无主义具有否定中国革命的危害作用。

其四，历史虚无主义企图从根本上动摇社会主义中国的立国之本和中国特色社会主义道路。

其五，通过否定历史发展规律来否定历史进步，进而否定民族历史价值与成就，对历史采取非历史主义的态度。

其六，通过翻历史旧案的方法，妖魔化重大历史人物，曲解民族文化标识和表征符号，进而瓦解民族精神和信念。历史需要不断的认识、继承、解读与创新，以求得更全面、准确的历史认识和科学的历史知识。但这些都不等于颠倒黑白和全盘否定。

其七，历史虚无主义否定歪曲中国革命史，特别是中国共产党领导的革命建设和改革史，是要从历史依据上抽掉中国走社会主义道路的必然性，在理论深层上否定唯物史观，以达到从根本上否定马克思主义的指导地位、社会主义制度和共产党领导的合理性。

其八，历史虚无主义具有"虚无"中国传统文化的危害作用。它抹杀中国优秀传统文化，消解文化认同，瓦解人们的民族自尊心和自豪感，削弱中华民族的自信心和凝聚力，消融民族精神，导致民族虚无主义，解构中华民

---

① 参见韩炯《历史事实的遮蔽与祛蔽——现时代历史虚无主义理论进路评析》，《毛泽东邓小平理论研究》2013 年第 3 期。

族的灿烂文明。①

　　历史虚无主义所散布的种种言论，不仅涉及史学领域的大是大非问题，而且还直接关系到立党立国的根本问题。历史观是哲学与文化的重要组成部分和理论基础，涉及一个国家、民族如何看待自己的文化传统、历史经验和精神财富，涉及国家的认同感与民族自尊心和自信心。对一种社会制度、一个政权来说，历史的合法性是现实的合法性的基础。作为一种错误思潮，历史虚无主义的流传和泛滥，会造成人们思想的混乱，甚至导致严重后果。在苏联解体的过程中，否定和颠倒历史大行其道，从全盘否定斯大林，到全盘否定列宁和十月革命，把社会主义说得一无是处，这是最终导致苏联解体的一个重要原因。这个惨痛的历史教训值得认真汲取。是维护历史本来面目，还是歪曲历史真相；是高扬民族精神，还是鼓吹妥协投降；是从历史主流中吸取精神力量，还是在历史支流中寻找负面影响；是坚持唯物史观，还是回到唯心史观。如果这些原则问题被颠倒、被消解，就会从根本上搞乱了人们思想，一个民族、一个国家就会失去立足和发展的思想基础。

四　坚决抵制与克服历史虚无主义

　　对如何克服历史虚无主义，马克思、恩格斯本身的哲学研究就是很好

---

　　① 上述内容除个别注释外，详见孔利：《对待传统文化不能抱历史虚无主义态度》，《学习与研究》1989 年第 10 期；沙健孙：《科学地研究宣传党和人民光辉的斗争历史——兼评历史虚无主义思潮》，《高校理论战线》2005 年第 2 期；危兆盖：《警惕历史虚无主义思潮》（沙健孙、李文海、龚书铎、梁柱先生座谈），《光明日报》2005 年 3 月 15 日；李珍：《"中国近现代历史研究与历史虚无主义思潮"学术研讨会召开》，《高校理论战线》2005 年第 4 期；梅荣政、杨军：《历史虚无主义重新泛起的透视》，《马克思主义研究》2005 年第 5 期；龚书铎：《历史虚无主义二题》，《高校理论战线》2005 年第 5 期；田居俭：《历史岂容虚无——评史学研究中的若干历史虚无主义言论》，《高校理论战线》2005 年第 6 期；梁柱、龚书铎主编：《警惕历史虚无主义思潮》人民教育出版社 2006 年 10 月；《要充分认识历史虚无主义思潮的严重危害性——访中国社会科学院马克思主义研究院特聘研究员梁柱》，《马克思主义研究》2009 年第 3 期；梁柱：《历史虚无主义思潮的泛起、特点及其危害》，《中共福建省委党校学报》2009 年第 4 期；张晓红、梅荣政：《历史虚无主义的实质和危害》，《思想理论教育》2009 年第 7 期；梁柱：《历史虚无主义是唯心主义的历史观》，《思想理论教育导刊》2010 年第 1 期；邴正：《警惕历史虚无主义的滥觞》，《中国社会科学报》2011 年 5 月 24 日第 005 版；梁柱：《历史虚无主义评析》，社会科学文献出版社 2012 年版；杨军：《历史虚无主义虚无了什么？》，《中国社会科学报》2013 年 1 月 25 日第 A07 版；许恒兵：《历史虚无主义思潮的演进！危害及其批判》，《思想理论研究》2013 年第 1 期；耿雪：《历史虚无主义如何虚无历史》，《中国社会科学报》2013 年 8 月 7 日第 A02 版。

的范例。第一，从理论立足点来看，马克思始终关注的是人的现实经验世界，并揭示了经验世界的现实基础是人的物质实践。第二，从研究出发点来看，马克思是立足于"现实的个体"，以人的物质生产实践为核心，来构建立足于"人类社会"的"新唯物主义"。第三，从现实结合点来看，马克思始终将其理论与实践紧密结合，力图透过资本主义社会复杂的社会现象，透视资本的虚无化本质，进而打破资本逻辑的垄断和霸权地位，最终实现对私有财产及资本的扬弃。第四，从价值落脚点来看，马克思希冀的共产主义正是对虚无主义的最终克服。马克思所构想的共产主义是理想与现实运动、绝对价值与相对价值的统一。一方面，共产主义具有理想性的维度，即可以作为一种远大理想和终极目标，并以此来弥补去神圣化之后的价值真空；另一方面，共产主义又是一种现实的历史运动，旨在告诉世人，凭借自身的非神秘力量，人类一样可以改变现存世界，创造美好未来。①

就我国目前史学界的研究现状而言，学者们主要提出了两种观点，一是认为"用事实说话"是批判历史虚无主义思潮的有效途径，二是坚持唯物史观。历史研究，离不开一种科学历史观的指导。科学的历史观有助于人们少走弯路，以相对较少的代价揭示出历史的真相，而偏颇的历史观往往会将人们引入历史认识的歧途。唯物史观是系统科学的历史观。史学研究者必须深入学习马克思主义的立场、观点和方法，坚持唯物论，提高用马克思主义指导史学研究的自觉性和坚定性。②

就目前学界对历史虚无主义的研究可谓系统、全面，但同时还需进一步"有理有据"的深入分析。所谓"有理"就是深化对相关概念在学理上的分析；所谓"有据"就是强化对实际客观历史的分析，而避免仅仅从概念到概念的批评与批判。

社会各界对历史虚无主义的批评与抵制，有政论性和学术性两种。对政论性的批判已多有作者发表大作。作为政治问题，以政治的思维、态度或言论予以批评、抵制、反击、回应，这些都无可厚非。

但作为学术性问题，对历史虚无主义批判仍有进一步注意与解决的问

① 参见唐忠宝《虚无主义及其克服：马克思的启示》，博士学位论文，中共中央党校，2013年。

② 许恒兵：《历史虚无主义思潮的演进！危害及其批判》，《思想理论研究》2013年第1期。

题。主要是批判的内容、语气带有浓厚的政治色彩，而作为学术问题探讨与批评的深度则不够。这表现在史料的发掘、对客观历史的阐释，以及对历史虚无主义的理论分析等几个方面。"早晨太阳离我们近还是中午太阳离我们近"式的讨论或批判，无益于问题的澄清与解决。对待正常的学术问题与学术争论，不论对不同派别的纯学术性观点与思潮，还是对马克思主义的理解与坚持，都应该抱着实事求是的学术态度，以包容、开放的心态，遵守学术规范与学术规则而慎重考虑与进行。毕竟在这方面文革"影射史学"已给我们留下足够沉痛的教训，我们不应再重蹈历史的覆辙。

历史一般具双重含义，一是指人类经历过的客观过程，也就是人们所说的客观的历史；一是指人们根据一定的史料和历史观念、思想等，对客观历史的记述与阐释。对前者而言，不论是虚无主义还是什么主义，也不论什么主体，都是改变不了、歪曲不了的，因为前者已经固化在时间的长河之中，无法改变也无从改变。对后者而言，则具有很大的"变动"性，因为记述、研究主体不同，根据的史料不同，历史观与历史思想不同，从而对客观历史的叙述、理解与解释呈现出不同的面貌。对历史虚无主义的批判与抵制，则主要体现在后一方面。

对历史事实的甄别和判定是历史研究的重要内容，它同时构成了历史认识和历史解释的起点。尽管后现代主义者或历史虚无主义者，对"历史事实"标准的质疑一直存在。但历史的基本事实或事实粒子毕竟是否定不了的，比如孔子、黑格尔、希特勒等历史人物；又如第一次世界大战、第二次世界大战、日本的侵华战争等历史事件。对一些尚未弄清的重要史实，经过史学工作者不辞辛劳地筛选、辨析、考证等而能够逐步弄清楚。

同时，在研究过程中不论是对历史的叙述与解释，都必须遵守严格的学术规范，对历史虚无主义的批判与抵制也是如此。其一，以史学界普遍确证的史实为根据，有几分材料说几分话，没有"确证"的材料不说话。其二，回归具体的世界历史或中国历史的客观本体，进行深入研究，避免"以论代史"。其三，在历史观方面把握正确的方向，对具体的学术问题展开自由讨论。其四，唯物史观是科学的历史观，我们自觉地学习与坚持，但不能把唯物史观教条化。历史研究中的教条化或教条主义曾给史学研究造成严重危害，这方面的教训应吸取。目前，反对将唯物史观教条化，强调唯物史观与中国历史实际相结合，积极吸纳中国传统文化的精华和西方学术的进步观点，已成为专家学者的共识。①

　　总之，从史料的可靠性、史观的科学性、研究过程的规范性等综合方面系统、整体推进，或许更能起到对历史虚无主义批评与抵制的效果。

　　我们旗帜鲜明地反对历史虚无主义思潮，坚定不移地走中国特色社会主义的道路。在历史研究中，从理论与实践、历史与现实的结合上，融会贯通地借鉴、吸收中国优秀的史学传统，和西方有益的理论与方法，深入剖析历史虚无主义的种种谬论。以唯物史观为指导，在史实基础上深化中国历史整体发展时序及其内在理路的研究，不断丰富、完善和发展具有中国特色、中国风格、中国气派的马克思主义史学理论体系和话语系统。

---

　　① 《首届马克思主义史学理论论坛学术研讨会在京召开》，《团结报》2013 年 4 月 18 日，第 7 版。

究竟什么是"西方"？

——"层累的"西方文明史叙事批判

李友东

（天津师范大学历史文化学院）

近年来，国内引介出版了相当多的以"西方文明"为主题的通史著作。毋庸置疑，这些文明史提供了大量直观的、过去不为人所知的关于"西方"文明发展的不同侧面和细节。这对于促进国内读者对世界史的了解，促进世界史的普及、科研、教学，以至于提高世界史的学术地位及社会影响力，特别是在世界史学科提升为一级学科的背景下，都具有特别重要的意义和作用。

然而，书写历史未必就是客观历史，在以"西方"为主题的文明史中，我们常常见到一种关于西方文明的"层累的"叙事结构——它由所谓"西方"历史的各个阶段相加而成：以西亚北非文明（这一部分是可有可无的①）为西方文明的起源期，继之以希腊的民主与城邦，罗马的法律、共和和基督教，中世纪的封建制度、教权与王权的对立，文艺复兴时期的人文主义、自治城市的兴起与市民社会的出现，地理大发现，宗教改革，17世纪英国的君主立宪、18世纪的法国大革命、工业革命、资本主义、科层制等……这种叙事模式的直接后果就是使上述的每个历史阶段都成为"西方""现代性"的来源之一，从而赋予每个"历史"阶段以"现代性"，从而与同时期的"非西方"或"东方"历史产生了不同性质②。

---

① 所以如此，按照西方学者的话说，是因为这些地区"被拉入了别的文化传统"，譬如"信奉起了伊斯兰教"，就不再被包括在"西方"范畴之内了。参见［美］马修斯著《人文通识课2 中世纪时期插图》第7版，卢明华等译，世界图书北京出版公司2014年版，第8页。

② 伊恩·莫里斯（Ian Morris）提出过一个很有意思的问题，说如果将现代社会研究古文明的学者，与古文明的面积和人口做一个比值的话，那么古希腊文明无疑是世界上研究者人数最多的一种文明。他没有回答为什么。以笔者看来，所以如此的原因，正是因为希腊文明被"现代"化了。根据西方学者（其中以美国学者居多）的"西方"文明"层累"叙事模式，想要研究"西方"文明的崛起，怎么能从西方历史发展的逻辑上绕开古希腊文明呢？"古希腊"具有了"现代性"，研究的人数怎么会不多呢？这种"古代史"的"现代"意义正是由"西方"文明史"层累"的叙事模式赋予的。伊恩·莫里斯所提问题参见 Ian Morris, the dynamics of ancient empires, p. 99。

上述这种关于"西方"的叙事是否符合历史实际①，这种叙事模式又是什么时候开始出现的，其目的为何，背后隐藏的是一种什么样的对"西方"历史、"非西方"或"东方"历史的认知，对这种叙事模式应如何进行评述，是本文所尝试解决的问题，不当之处，还请方家指正。

一 历史上的"西方"与"东方"

"西方"② 与"东方"作为一对共生概念，在逻辑上属于一体，需要放在一起来进行探讨③。从词源上看，"东方"（oriental）、"西方"（occidental）两词最早是从拉丁语"太阳升起"（oriens）和"夕阳"（occidens）二词演化而来。所以最初的"东方"和"西方"本来只是指观察者所处的相对地理方位而言，并无价值观判断。

从历史上看，从青铜时代到古风时代，古希腊一直属于东部地中海世界。公元前八世纪中期以后，希腊向外殖民至小亚细亚的西海岸，亦即爱奥

---

① 以笔者所见，最早对这种"层累"的"西方"或"西洋"叙事结构提出质疑的中国学者是雷海宗先生。在《断代问题与中国史的分期》一文中，雷先生质疑道："西历前的希腊与近数百年的希腊是否同一的属于西洋的范围？若说欧洲与地中海沿岸为西洋，起初不知有地中海的古巴比伦人为何也在西洋史中叙述？…… 对于希腊以前的古民族，欧美人往往半推半就，既不愿放弃，又不很愿意直截了当地称它们为'西洋'，而另外起名为'古代的东方'（The Ancient East 或 the Ancient Orient）。但希腊文化最初的中心点在小亚细亚，与埃及处在相同的经线上，为何埃及为'东'而希腊为'西'，很是玄妙。回教盛时，西达西班牙，却也仍说它是'东方'。同时，西洋通史又非把这些'东方'的民族叙述在内不可，更使人糊涂。总之，这都是将事实去迁就理论的把戏。泛义的西洋实际包括埃及、巴比伦、希腊、罗马、回教、欧西五个独立的文化，各有各的发展步骤，不能勉强牵合。"参见《伯伦史学集》，第137—138页。

② 《中国大百科全书》并未收录"西方"词条、《不列颠百科全书》（英文网络版）中也没有收录"the Occident/West"，"the Western world/civilisation"等词条。在维基百科英文版中，对西方历史的定义基本上属于本文所说"层累的"叙事范畴：希腊罗马文明为根，基督教的发展、文艺复兴、宗教改革、殖民主义等。具体而言，传统的"西方"指的是西方基督教（天主教＋新教）国家；在现代意义上，包括欧洲及历史上由欧洲殖民所形成的北美和大洋洲国家。维基百科的解释基本上符合现代"西方"媒体关于"西方"的定义。如 Tim Hackler 于 2008 年 3 月 25 日在美国《基督教科学箴言报》上发表的"民主是人类的自然状态吗？"（*Is democracy a natural state of mankind?*）一文中认为，具有西方启蒙文化传统、西方民主制度的国家，一共有二十几个，包括英格兰、爱尔兰、苏格兰、法国、意大利、德国、奥地利、捷克斯洛伐克、斯洛文尼亚、比利时、卢森堡、瑞士、希腊、西班牙、葡萄牙、荷兰、美国、加拿大以及斯堪的纳维亚半岛的国家、日本。原文参见 http://www.csmonitor.com/Commentary/Opinion/2008/0325/p09s01-coop.html/（page）/3。

③ Makdisi, S., *Making England Western: Occidentalism, Race, and Imperial Culture*, University of Chicago Press, 2014, p. 16.

尼亚时，将非希腊人与希腊人（"Hellenes and non-Hellenes"）之间的不同，主要强调为语言上的差异，由此诞生了"barbarian"这个词①，当时并无任何贬义。② 直到希波战争爆发及以后，希腊人才有意识地宣称自己与波斯人在语言、习俗、文化、种族和文明特性上的不同，从而第一次将希腊与波斯的对立，定义为"西方"与"东方"、"欧洲"和"亚洲"、"自由"与"专制"的不同。尽管希罗多德笔下，对于古代希腊和古代波斯大相径庭有着夸张的描写（如希腊的与野蛮的、自由的与奴性的、公民的与非公民的）③，尽管修昔底德亦曾对伯克利时代雅典民主黄金时代做了进一步渲染，但总体来说，希腊古典学者对东西方仍属平等对待。如希波克拉底、亚里士多德等皆认为是气候（或温暖、或寒冷），造成了东西方的政治制度不同。亚洲人心明手巧，却欠缺勇敢、独立；欧洲人勇敢独立，却欠缺心明手巧。④

在西方文明史"层累"的叙事中，罗马历史理所当然的是其中重要的组成部分。但历史上的罗马人并没有将自己视作是"西方"文明。在他们看来，"西方"代表的是野蛮、残酷和凶残。西塞罗认为，高卢人、西班牙人和非洲人都是可怕和野蛮的民族。⑤ 罗马人眼中的"东方"指的是希腊世界、小亚细亚和近东的卓越文化⑥。他们对"东方"的评价可分成两方面。一方面，罗马人将自己的起源归结于"东方"的希腊人和特洛伊战争⑦；另一方面，公元前 1 世纪的罗马历史学家，因为不知如何解释罗马社会风气和政治制度在此时发生重大变化的原因，就将之归结于"东方"的影响。如李维将"亚洲"的性质定义为奴性、女性阴柔气质、奢侈等⑧，萨鲁斯特亦认

① 是古希腊人用于形容因为听不懂非希腊人说云、听上去只有貌似"bar-bar"的噪音而造出的一个象声词。

② Van Der Dussen and K. Wilson, *The History of the Idea of Europe*, Taylor & Francis. , 2005, p. 3.

③ 从古希腊戏剧看，也大致支持古希腊是划分"东方"、"西方"分界线的开始。从现存最早的雅典戏剧、埃斯库罗斯的《波斯人》；到现存最晚的雅典戏剧、欧里庇得斯的《酒神颂》中，划分东西方不同的特征为"欧洲强大无比且能言善辩，亚洲屡战屡败又非常遥远"。参见［美］爱德华·赛义德《想像的地理及其表述形式：东方化东方》，载张京媛主编：《后殖民理论与文化批评》，北京大学出版社 1999 年版，第 29—30 页。

④ van der Dussen, J. , *The History of the Idea of Europe*. p. 4.

⑤ Rosenstein, N. and R. Morstein-Marx, *A Companion to the Roman Republic*. Wiley, 2011, p. 460.

⑥ Isaac, B. , *The Invention of Racism in Classical Antiquity*, Princeton University Press, 2013, p. 305.

⑦ Rosenstein, N. and R. Morstein-Marx, *A Companion to the Roman Republic*, p. 473.

⑧ ［英］约翰·布罗：《历史的历史——从远古到 20 世纪的历史书写》，广西师范大学出版社 2012 年版。

为，"亚细亚"有着"骄奢淫逸的生活"，是"温柔乡"和"可以纵欲的国土"，它瓦解了罗马士兵的勇敢和"好战精神"。正是在"这个地方，罗马人民的一支军队第一次学会了谈情说爱和饮酒作乐；学会了欣赏雕像、绘画和刻有花纹人物的酒瓮并从私人的家庭和公共场所盗窃这类东西，学会了劫掠神殿并亵渎无分圣俗的一切事物"。① 老普林尼、弗洛鲁斯（Florus）亦都认为，从东方、亚洲获得的资源和财富破坏了罗马所赖以存在的道德和国家。②

将"西方"地位提升、将其视作是人类历史发展的归宿、是"现在"；而将"东方"视作是历史的"起点"、"过去"，是中世纪基督教哲学在东西方观念上的一个巨大变化。在中世纪的历史哲学上，"东方"不但是空间、时间和人类的发源地，而且还处在遥远的"过去"——"天堂"曾位于神秘的极东之地。因此，中世纪地图的上方是东方，而非现代地图的北方③。但"世界"历史的最终归宿却是在"西方"。12 世纪，奥洛西厄斯（Paulus Orosius）在《反对异教的历史》（*Seven Books of History against the Pagans*）中，具体论述了基督世界的历史运行轨迹，它从"东方"的巴比伦帝国，中途经过"北方"的马其顿帝国，和"南方"的迦太基帝国的短暂过渡，最终运动到"西方"恺撒的罗马帝国。这是一种类似于太阳的运行轨迹，因为它实现了从"东方""古代"巴比伦城到"西方"的"现代"罗马城市的"帝国西向"运动。从"东方"向"西方"的运动，就是基督教历史隐藏的真相。④

在基督教的"西方"看来，根据信仰的不同，现实世界中的"东方"可分成两部分：

一部分是与拉丁—罗马基督教世界有共同"古典根源"的希腊—拜占庭世界。12 世纪十字军东征时，"西方"人当时自称为"拉丁人"，强调的是"拉丁－罗马基督教"身份；而希腊人则称他们作"法兰克人"，二者之间的关系非常微妙。虽然不同于基督教与伊斯兰世界的敌对，但当教皇屡次试

---

① ［古罗马］撒路斯提乌斯：《喀提林阴谋朱古达战争 附西塞罗：反喀提林演说四篇》，王以铸、崔妙因译，商务印书馆 1995 年版，第 93—94 页。

② Isaac, B., *The Invention of Racism in Classical Antiquity*, p. 306.

③ Suzanne Conklin Akbari, *Idols in the East: European Representations of Islam and the Orient*, 1100 – 1450, p. 3.

④ Ananya Jahanara Kabir, Deanne Williams, *Postcolonial Approaches To The European Middle Ages*, 2005, pp. 106 – 108.

图将希腊教堂置于罗马教堂的管理之下时，遭到强烈抵制。希腊—拜占庭更倾向于在西方基督教与东方的伊斯兰教之间保持中立。正因为希腊—拜占庭与罗马教皇之间存在深深的敌意，所以当第四次十字军东征征服了君士坦丁堡时，"西方"将此宣传为"拉丁"的胜利。①虽然在希腊人、斯拉夫人之间也存在着流血冲突，但他们共同的更强大敌人却是来自西方②，所以"东正教前沿"的希腊此时正处在"西方"与"东方"对垒的中间地带。

另一部分是信仰、历史均不同于"西方"的"狂热""暴躁"的阿拉伯世界。7世纪中期后，波斯、叙利亚、埃及、土耳其、北非都相继被穆斯林军队所占领；8—9世纪，西班牙、西西里和法国的部分地区也被征服。到13—14世纪，伊斯兰教传播到了东至印度、印度尼西亚和中国的大片土地③。虽然15世纪后，天主教在西班牙收复失地运动中取得了进展，但土耳其人自14世纪中期以来在巴尔干半岛节节推进的趋势并没有终止，到1500年已经抵达匈牙利的边陲。到17世纪末，"奥斯曼危险"一直对整个基督教文明构成威胁④。但西方基督徒并非真的了解伊斯兰文明。他们认为撒拉逊人（阿拉伯人）之所以与"西方"不同，是因为其"东方"的气候和错误的宗教信仰，导致其体质、种族、心理状态与天主教徒皆不同，脾气也因而变得暴躁。亦因此，在中世纪文学作品中，撒拉逊人因信仰不同的宗教而被刻画成两种截然相反的形象：信仰基督教的温顺和平，信仰伊斯兰教的崇尚暴力。东西方不同的空间位置、信仰决定了生活在那里的人群有着不同的体质、心理和身份⑤。直到中世纪晚期，基督教世界仍然坚信阿拉伯世界在基督教世界的边缘，"是异教罪犯的天然避难所"，伊斯兰教与二流的基督教异端邪说相差无几。⑥

另外，通过威尼斯商人马可·波罗的游记，"西方"基督教世界开始对地理上更远的"东方"，包括"亚美尼亚，波斯，鞑靼（中国），印度"之

---

① Wilhelm Georg Grewe, Michael Byers, *The epochs of international law*, p. 56.

② 《剑桥插图中世纪史（950—1250）》，山东画报出版社　　年版，第492页。

③ ［美］爱德华·赛义德：《想像的地理及其表述形式：东方化东方》，载张京媛主编《后殖民理论与文化批评》，北京大学出版社1999年版，第33页。

④ 同上。

⑤ Suzanne Conklin Akbari , Idols in the East：European Representations of Islam and the Orient, 1100 – 1450, pp. 3 – 4.

⑥ ［美］爱德华·赛义德：《想像的地理及其表述形式：东方化东方》，载张京媛主编：《后殖民理论与文化批评》，北京大学出版社1999年版，第37页。

充斥"华贵的商品，财富和奇迹"有所向往。尽管马可·波罗游记中充满了想象，但是书中大量的可识别的人名和地名，又似乎向西方表明其历史的可靠性，从而激起了西方对于富裕的亚洲国家，特别是中国和日本的兴趣。

1492 年，随着西班牙在收复失地运动中的最后胜利和哥伦布发现美洲，欧洲人在美洲和亚洲都取得了突破。新"发现"的加勒比地区，从一开始被归入"东方"。不仅当地土著在名称上被称作"印度"，而且在观念上也被认为是东方属性：某种程度上它像"亚洲"，崇尚奢侈、财富、少量工作、纵欲；又在其他方面像"非洲"，充满原始、危险、野性。通过这种"亚洲"、"非洲"特性的混合，欧洲人像"理解""印度"一样，"理解"了加勒比和美洲地区。这反过来又加强了"西方"基督教世界对"东方"和"非洲"的认知。

显然，新航路开辟后，"东方"开始成为一种与西方"基督教欧洲""不同"的总集合的代名词。[1] 在这一阶段，殖民者把"基督教欧洲中心"以外的所有未经洗礼的异族，统称为"异教徒"；而"异教徒"往往就是野蛮人。哥伦布在其发现新大陆的记载中，把印第安人就刻画为吃人族，此后便兴起了种种吃人族的传说。通过这种"文明"与"野蛮"、"基督教"与"异教徒"的区分，"西方"殖民者在殖民世界自诩为启蒙者，对殖民地的侵略又由此成为启发、解放野蛮人的行为。[2]

17—18 世纪中期，欧洲人对亚洲"东方"的兴趣从奥匈帝国转移到中国。随着耶稣会士来华反馈回的大量信息，欧洲人了解了大量有关中国的情况，中国的形象也因此变得"色彩斑斓"。神往"东方"，特别是中国，曾经被视为欧洲寻找社会变革理论依据的源泉。如伏尔泰、魁奈等人利用中国科举制讽刺本国现实政治；格鲁贤等耶稣会士夸耀中国教育之于欧洲的优越性。但随着西方资产阶级革命和工业革命的成功，欧洲人的自信心增强，对传统中国从制度到文化的负面评价也日渐增多。例如中国政府法制的古老和稳定并不是先进，而恰恰是落后；又如亚当·斯密在《国富论》中论证了中国的停滞不前，而非此前的繁荣富裕；又如孔多塞将中国描述成一个为专

---

[1]　Mimi Sheller，Consuming the Caribbean：From Arwaks to Zombies，pp. 109 – 110.

[2]　叶维廉：《殖民主义·文化工业与消费欲望》，载张京媛主编：《后殖民理论与文化批评》，北京大学出版社 1999 年版，第 369 页。

制、迷信所束缚而不能在科学、艺术与精神的进步上有所成就的国家。①

1800 年前后，东西方出现了力量对比上的逆转，增强了欧洲中心论的看法。从 19 世纪到一战以前，以英法两国二者为核心的"西方"占领了世界 85% 的殖民地、保护地、附属国、自治领和联邦成员国。两国控制着大片的土地：加拿大、澳大利亚、新西兰、南北美殖民地和加勒比地区、非洲、中东、远东的大块地方以及整个印巴次大陆。19 世纪，"西方的崛起"达到了顶点。②。

在这样一种殖民背景下，尽管"东方"作为"他者"，截至 19 世纪已经被赋予了很多诸如"放纵、激情、停滞、异教、女性、古老、奢靡、野蛮"等标签，"他者"的形象已经很"丰满"。但究竟什么才是"西方"、什么才是专属于"西方"的特质、又怎么定义"西方"意义上的"我们"等问题，仍然没有得到解决。这导致的一个后果是，在英、法等老牌殖民帝国中，充斥的是一种根据种族、阶级而做的身份区分。例如法国的巴尔扎克称他的法国农民同胞为"纯粹而简单的野蛮人"，而意大利的北方人认为南方人落后不是因为其政治制度，而是因为其生物学上的低等、野蛮、无能③。

因为未能建立起一种文化或种族上的"均质"统一性以区分不同族群，所以在 19 世纪初的英、法等殖民帝国内部，如何在身份认同上区分英格兰人与印度人、区分中产阶级与沾染了"东方特质"的堕落贵族和不道德的穷人成了大难题。如何区分"我们"与"他们"、区分"本土"与"外国"、"中心"与"边缘"殖民地成为政治上、文化上一个最重要的问题。在这种情况下，一种以所谓"西方文明"为代表的新文化、新价值和新身份属性开始出现。所谓"西方"，已从之前更侧重于地理方位的名词"West"，变成了与启蒙运动之后形成的资本主义价值观，如民主、现代、公平、进步、科学、世俗理性、高生产效率等联系在一起的"Occidental"；所谓"文明"，则代表了接收这种"西方化"的程度。这样的一种区分，解决了此前在殖民帝国内部，"中心"与"边缘"的身份区分问题。处在"中心"，说明西方至少已经"部分"文明了，处在"边缘"，还没有实现"文明"；处在"文

---

① 张国刚：《时宜境迁：18 世纪晚期欧洲思想界的中国形象》，《清华历史讲堂初编》，生活·读书·新知三联书店，第 178 页。

② [美] 萨义德：《文化与帝国主义》，生活·读书·新知三联书店 2003 年版，第 4—8 页。

③ Makdisi, S., *Making England Western: Occidentalism, Race, and Imperial Culture*, pp. 16 – 25.

明"中的，可以去拯救那些还没有"文明"的人民。① 截至 19 世纪三四十年代，在英法老牌殖民帝国内部完成了东西方文明"二元对立"的"建设"工作，从而达成了两个目的：第一，在殖民帝国的中心，将"东方"的污染从"西方"空间中清除出去；第二，在海外，利用东方的差异性，突出"普世"的西方现代性。② 至此，"西方"的形塑得以完成，"东方"、"西方"的二元对立出现。

与英、法不同，美、德开始具有"西方"含义，则是 19—20 世纪中期的世界历史发展的产物。

美国独立后，因其向密西西比河流域的领土扩张，与欧洲列强发生尖锐冲突，美国很快提出了"西半球"（western hemisphere）、"新世界"和"西方的西方"（west of west）等概念，宣布自己从"旧欧洲"独立出来，认为美国与自 18 世纪七八十年代到拿破仑战争期间的"旧欧洲"有区别，后者仍处在君主制、专制主义、同盟政治和无尽战争中，而"西半球"将在美国领导下创建一个基于广泛信仰基础上世俗的政府，成为共和体制的坚强堡垒。③ 对美国的态度，欧洲人的看法要分成两方面：一方面，欧洲人将包括美国在内的美洲看作是不同于亚洲、非洲的文明，认为它们是欧洲的"女儿"和"继承者"④，但另一方面，又强调美洲文明与欧洲、"西方"有差异，只有"欧罗巴洲"才"绝对是西方"⑤。直到 19 世纪 30 年代，出于对拉丁美洲独立运动的恐惧，英、法亟须得到美国的帮助，才开始将美国视作是西方世界的一员，开始称美国为"美洲的西方人"（American Westerners）。此后在两次世界大战中，美国更是进一步提升了在西方世界中的地位，成为西方世界最重要的一股势力。⑥

就德意志地区而言，情况更有些复杂。一方面，以黑格尔为代表的"德意志思想界"认为德意志是"西方"世界的一部分，在历史进程上属于它；但另一方面就德意志民族而言，因为 19 世纪前十几年的拿破仑战争，德意

---

① Makdisi, S., *Making England Western: Occidentalism, Race, and Imperial Culture*, p. 26.

② Ibid., p. Xiii.

③ Brian Loveman, No Higher Law: American Foreign Policy and the Western Hemisphere Since 1776, 2010, p. 5.

④ Afzal-Khan, F. and K. Seshadri-Crooks, *The Pre-occupation of Postcolonial Studies.*, Duke University Press, 2000, p. 90.

⑤ ［德］黑格尔：《历史哲学》，王造时译，上海书店出版社 1999 年版，第 106 页。

⑥ Zea, L., A. A. Oliver, *The Role of the Americas in History*, Rowman & Littlefield, 1992, p. 158.

志民族对法兰西是拒斥和憎恨的，而法兰西则是德意志民族想象中"西方"的代表。由此，德意志确立了仇"法"、仇"西方"的传统。"可憎的法兰西民族"是德意志人"自然而传统的"敌人，是"肮脏、无耻、没有纪律的种族"。而英格兰则像法兰西一样无可挽救地属于"西方"，也许更甚。此后，在德意志民族看来，美利坚合众国这个"没有心灵的国度"取得了与另外两个邪恶之代表并排的位置，并且不久就位列首席。① 经过一个世纪与法国的敌对（"a centuries-old rivalry"），特别是 80 年中连打三场毁灭性战争（1870—1945），法国、德国两个国家开始意识到，要结束长期战争和苦难血腥的历史，必须要实现国家间和解，要认识到法国与德国之间在文化上具有亲和性（"affinity"），而其他欧洲国家对此也表示赞成和鼓励。② 直到1945—1959 年间才有所改变，此间德国不断有党政要人，在重要场合郑重重申了德国基督教和人文主义起源，才回到"西方"阵营③。

其他如西班牙、葡萄牙等，虽然在 16 世纪和 17 世纪的上半期时，曾经被视为是"欧洲的心脏"④，但随着宗教改革的进行，这一地位被否定。到19 世纪时，因为其是盲目的天主教徒（"blind papists"），是反对世界进步的大本营，反而不被"西方"接受，二战以后，又因为其威权体制（"authoritarian regimes"），长期受到孤立，直到 20 世纪 70 年代中期以后，才被接收为欧盟成员⑤。

显然，现代"西方"文明史所说的"西方"概念，并非是古已有之，而是 19 世纪三四十年代以后，直至 20 世纪中期，由西欧资本主义缓慢构建出来的一个产物。

二　层累地建构"西方"的目的

那么，在"西方"文明史的编撰中，为什么要运用层累的方法，不断地

---

① ［美］里亚·格林菲尔德：《民族主义 走向现代的五条道路》2010.01，第464—473 页。

② Krotz, U., Schild, J., *Shaping Europe: France, Germany, and embedded bilateralism from the Elysee Treaty to twenty-first century politics.* Oxford: Oxford University Press, p. 80.

③ ［法］尼摩：《什么是西方》，阎雪梅译，广西师范大学出版社 2009 年版，第 6 页。

④ Afzal-Khan, F. and K. Seshadri-Crooks, *The Pre-occupation of Postcolonial Studies*, Duke University Press, 2000, p. 90.

⑤ Edt. by Paul Christopher Manuel, Sebastian Royo, *Spain and Portugal in the European Union: The First Fifteen Years*, p. 241.

证明"西方"这一概念的历史性呢？

1. 黑格尔以"层累"的历史证明"西方"是"世界历史"的归宿。

根据哈贝马斯所说，黑格尔是第一个清晰和系统地表达"现代性"的哲学家。黑格尔将"现代性"的核心归之于主体性原则和批判性反思①。按照这一标准，波斯历史的开始，"是世界历史的真正开始"，此后希腊和意大利是"世界精神"的故乡，"到了希腊人那里，我们马上便感觉到仿佛置身于自己的家里一样，因为我们已经到了'精神'的园地"，"我早先已经把希腊比作青年时代"；罗马国家因为法律，因为其基督教，进入了"壮年时代"；日耳曼世界的自由精神、封建制度、教会和国家的对峙以及"理性的"宗教改革所代表的"精神的自由"等，则进入了"老年时代"。以上诸阶段都与"现代世界"、"现代世界的精神"有密切的联系②。而"东方"的"远亚细亚"（中国和印度）或者说是"广大的东亚""是和世界历史发展的过程隔开了的"，只是因为存在过，以及"我们研究的原故"，才"能够走进历史联系中间"。③ 在黑格尔的论述中，已经能够初步地看到他对"西方""现代性"的寻找，利用的正是"层累"地构建"世界历史"，即"西方"历史的思路。其中，"亚洲是起点"，"欧洲绝对地是历史的终点"。④

在黑格尔那里，这样一种"世界历史"的阐述，目的在于证明"西方"文明是"世界历史"的归宿，"西方"拥有不同于"东方"的"现代性"。人类历史从不自由到自由，是一个从"东方"向"西方"的运动过程。"进化论讲求的是历史变迁的顺序，今天的欧洲文明在进化论眼中，并非仅仅是跟古代文明不同，而且在时间顺序上处在初级到高级的演进顺序的高端"。⑤ 其他地区如果没有与欧洲接触，也就没有历史。只有与欧洲进行接触，包括中国在内的东方古代文明才可能拥有工业化、制度化的全民教育。由此肯定了西方在"世界历史"早期现代（the early premodern）和现代早期起到的历史原动力的作用。⑥

---

① D'Entrèves, M. P. and S. Benhabib, *Habermas and the Unfinished Project of Modernity: Critical Essays on The Philosophical Discourse of Modernity*, MIT Press, 1997, p. 5.

② ［德］黑格尔：《历史哲学》，王造时译，上海书店出版社 1999 年版，第 178、231、109、113—117、354—355 页。

③ 同上书，第 92、178 页。

④ 同上书，第 110 页。

⑤ 赵旭东：《文化的表达——人类学的视野》，中国人民大学出版社 2009 年版，第 34 页。

⑥ ［美］柯娇燕：《什么是全球史》，序言，北京大学出版社 2009 年版，第 1 页。

在黑格尔的"层累"的历史中，通过对"世界历史""过去"与"现代"的分类，还为空间上"西方"对"东方"的批判提供了合法性。通过将"东方"置于"世界历史"进化链条的远端，并打上"他者"（"东方"不参与"世界历史"）的标签，通过使用"原始的"（primitive）、"传统的"（traditional）、"前现代的"（premodern）这样的词汇，得以将"东方"社会置于西方"过去"的历史时间轴上，"东方"作为"他者"是落后的，"他们"在"我们"之后，并且要沿着"我们"走过的道路继续"前进"。① 在阅读黑格尔时，人们不会意识到孔子生活的年代与希波战争、埃斯库罗斯是一个时期，而是认为中国、印度、波斯、犹太、埃及只是"古文明"，它们在时间上位于"过去"，空间上位于"东方"。所以当1830年一个普鲁士公民旅行到了中国时，他看到的不是与他同时代的中国，而是"过去"的中国。②法比安（Fabian）给黑格尔的这种策略起了一个名字，叫作"否定共时性"（denial of coevalness），即观察者通过将被观察对象置于自己的历史，使自己能够获得一种按照自己意愿对待被观察对象的权力，尽管观察者与被观察对象的历史之间没有任何因果联系③。这为"西方"侵略"东方"披上了扩散"现代性"的合法外衣。"在欧洲将它的生产方式、社会制度以及与之相应的人类意识带到东方的时候，东方就产生了前所未有的新事物。……它使得欧洲入侵东方成为必然。这种东西恐怕和被称为'现代'的东西在本质上有着很深的渊源。所以既可以说欧洲之所以能发现自我意识是由于处在这一段历史时期，也可以说这一段历史之所以能出现是由于处于这样状况下的欧洲。"④

2. 马克斯·韦伯以"层累"的历史解释资本主义起源于"西方"的必然性。

在利用"层累"的历史回答资本主义何以在欧洲兴起，以及西方文明为何由此具有独特性的问题上，韦伯是个开创者。但需要指出的是，韦伯《新教伦理与资本主义精神》一书，自出版后，其实一直都没有引起足够重视，一直到二战结束后，随着帕森斯《社会行动的结构》以及汉斯·葛斯

① Early china, p. 37.
② Early china／ancient Greece, pp. 37 – 38.
③ Early china, p. 37.
④ 竹内好：载张京媛主编《后殖民理论与文化批评》，北京大学出版社1999年版，第445页。

（Hans Gerth）和赖特·米尔斯（C. Mills. Wright）的《韦伯社会学文集》等书的大力推荐之后[1]，韦伯才声名鹊起，被视为是 19 世纪末、20 世纪初的社会学之父、开创性的思想家、可以与马克思分庭抗礼的最杰出的社会学家而为西方世界所知。[2]

韦伯特别关注现代资本主义如何兴起，以及理性资本主义如何可能的问题。他试图从古典、中世纪，一直到 18、19 世纪的英国等各个历史阶段中寻找这一问题的答案。通过对比古代、中世纪等"前现代"与"现代"，通过对比"西方"与"非西方"社会，形成了他对资本主义及现代性起源的理解。他从包括古典、中世纪、现代等所谓"西方"历史的各个阶段中抽取各个要素来"层累"地定义现代资本主义的各种特色。[3] 韦伯认为，西方文明从近东发端，到古典时代的希腊罗马地中海，然后到中世纪基督教自治城市的文化，然后突然进入资本主义、科层制和科学理性的近代世界[4]，由此他得出结论，"泛欧洲"范围内的市场资本主义和"西方"理性，是西方独一无二的宗教和城市的产物 [5]。

韦伯"层累"地认识西方文明崛起的方法，其最关键处在于，通过这种看似"连贯"、"层累"的叙事，不仅使"现代"或"现在"的西方"发达"或"成功"得到了解释，更重要的是使西方历史的每一个阶段都具有了"现代性"。这是对黑格尔"西方"具有现代性的一种发挥和解释。因为"西方"各个历史各阶段一旦与"现代性"挂上钩，也就具有了在历史上解释"现代性"的因果性。西方崛起的神话由此可以上推至西方历史的任何一个时刻，"西方"的历史由此浑身是宝，开始具有了利奥塔所说的"自我指涉"（self-referential）——它能够自我证明其合法性和真理性[6]。

由此，东西方历史、文明的不同特性，变成了"传统"与"现代"的二元对立。马克斯·韦伯将从西方历史各阶段概括出的特性，放进了一个代

---

[1] trans. and ed. by H. Hans Gerth and W. Mills, *From Max Weber：Essays in Sociology*, New York：Oxford University Press, 1946.

[2] Hamilton, G. G. and P. I. S. S. Hamilton, *Commerce and Capitalism in Chinese Societies.* , Taylor & Francis. , 2006, p. 4.

[3] Classical horizon, pp. 65 – 69.

[4] ［英］德兰迪：《历史社会学手册》，李霞、李恭忠译，中国人民大学出版社 2009 年版，第402 页。

[5] Comerce and capitalism in china , p. 5.

[6] Venn, C., *Occidentalism：Modernity and Subjectivity*, SAGE Publications, 2000, p. 7.

表"现代性"的"理想类型"集合；而从东方历史上概括出的另一些特性，则被放进了另一个代表"传统性"的"相反理想类型"集合；最后在历史发展的结果上，构建出了一种西方"现代化"道路与东方"传统社会"的对比。也就是说，"西方"与"东方"的二元对立最终被转化成了"现代"与"传统"的对比。而且在韦伯看来，按照"理想类型——对比理想类型"方法，只能是非此即彼，不是正值就是负值，没有其他可能性。①

3. 库登霍夫 – 卡莱基利用层累的历史解决欧洲内部的"现代性"危机。

层累的"西方"概念之所以能够为欧洲广泛接受，有其现实原因。一战之后，欧洲自精英到大众都在反思民族主义、技术创新等所谓"现代性"特征对欧洲文明所造成的破坏。尽管在 19 世纪下半叶，欧洲各界精英们还曾大力支持和鼓吹过民族主义，但一战过后，精英们开始意识到，正是民族主义摧毁了欧洲凌驾于其他文明的优越感和自信心。欧洲文明若想持续，就必须让民族主义植根于一种对共同的欧洲意识的清醒认识上（"shared European destiny"）②。其中，由奥地利记者库登霍夫 – 卡莱基（Coudenhove-Kalergi）基于"层累"的西方历史，提出的"泛欧洲"（"paneuropa"）概念，在试图解决欧洲的"现代性危机"，调和欧洲民族国家的矛盾，实现欧洲团结、欧洲和平方面有突出贡献，影响最为深远。

卡莱基认为，因为历史上并不存在一个能够在地理上严格定义的欧洲，所以，只能在历史、文化以及价值观上找到"泛欧洲"联盟存在的基础，它"植根于上古（antiquity）和基督（Christianity）的白人种族（race）的文化。这种文化的基本原则是希腊个人主义（hellenistic individualism）、基督社会主义（christian socialism）"以及"民主治理的政府"③。

卡莱基承认，欧洲"国家"内部，存在不同的族群（ethnic group），但是还要考虑到欧洲共同的生活方式，普遍的欧洲心态（european mentality），植根于共同历史的宪法和法律："古罗马、蛮族入侵、封建主义、教廷、文艺复兴的人文主义、宗教改革、反宗教改革、绝对王权（absolutism）、启蒙

---

① 参见德兰迪《历史社会学手册》，李霞、李恭忠译，中国人民大学出版社 2009 年版，第 405 页，下注一。

② Lommers, S., *Europe - On Air: Interwar Projects for Radio Broadcasting*, Amsterdam University Press, 2012, pp. 182 – 183.

③ Persson, H. Å. and B. Stråth, *Reflections on Europe: Defining a Political Order in Time and Space*, P. I. E. Peter Lang, 2007, pp. 102 – 107.

运动、工业主义、民族主义、社会主义"等。卡莱基认为，正是这种共同的欧洲历史文化遗产，才可以将欧洲整合为一个国家。

卡莱基认为，基于这种"层累"的历史，寻求欧洲团结的运动（The quest for European unity）才具有现实性和可能性。只有在这种西方传统中（"Occidental Trandition"），欧洲团结才能实现，作为一种命运共同体（community of fate）的欧洲才能成为一种可能，才能重拾欧洲相较于其他文明的优越感和自信心①。

4. "现代化"理论利用"层累"的历史将"西方"道路上升为普遍规律。

20 世纪五六十年代，为对抗"共产主义"在亚非拉广大发展中国家的扩展，西方根据自己的历史经验，从各个角度概括"西方"历史发展各阶段的特征，试图找到导致一个国家"起飞"的因果机制，并以此作为发展中国家"现代化"的"普遍性标准"。其核心就是利用"层累"的西方历史，将"西方化"历史道路普遍化，并赋予"西方"以特权。

20 世纪 50—70 年代，集"西方"历史"现代性"特征之大成的现代化理论成为西方最有影响的理论范式。按照这种现代化的叙事，"现代性"就是根据"发达"的、"现代的"、"先进"的西方社会各阶段历史发展所概括出来的一切价值观和特征。这是对黑格尔和马克斯·韦伯"西方"概念的进一步发挥。在这些"价值观"和"特征"的基础上，"现代化"开始于 18 世纪中叶欧洲的工业革命（甚或更早），是一种不可逆转的全球化过程，在二战后，已经波及全世界的所有社会。根据勒纳的说法，西方的模式虽然历史上是属于"西方"，但从社会演进的角度上来讲，却是全球的。同样的模式可以不分洲际、肤色、种族在全世界重复出现。现代化是本土驱动型，需要有凝聚力的整体来推动；不同社会走向现代性的社会变迁，将采取非常一致的线性方式②。

"现代化"在名义上也可以等同于"欧化"、或者"西化"。C. E. 布莱克认为："从上一代人开始，'现代性'逐渐被广泛地运用于表述那些在技术，政治、经济和社会发展诸方面处于最先进水平的国家所共有的特征。

---

① Persson, H. Å. and B. Stråth, *Reflections on Europe: Defining a Political Order in Time and Space*, P. I. E. Peter Lang. 2007. pp. 102 – 107.

② ［英］德兰迪：《历史社会学手册》，李霞、李恭忠译，中国人民大学出版社 2009 年版，第 170 页。

'现代化'则是指社会获得上述特征的过程。"① "现代化"因与欧洲历史紧密相连，而被赋予了"西方"的特征，因此"现代化"就等同于西方化。由此"现代性"被赋予了一种特权、普适性、主体性，而这一切都与这种层累的历史相联系。②

这样的一种概括，一方面解释了西方在 19 世纪的崛起；另一方面，也是为其他国家"现代化"提供一种指导。因此，按照西方学界对自身历史的论述而言，"现代社会"虽然是西方文明独立发展出的一种特殊历史结果，但经过"现代化"理论的阐述，却可以是"东方"不发展或者说发展中国家未来发展路上的一种普世道路或者价值。由此，不仅使得"西方"可以作为其他东方国家发展的榜样，而且也能进一步为西方的历史赋予神圣性、合法性和现代性；同时反过来，也宣告了包括中国文明在内的东方文明道路的"传统"与不合时宜。这种论述本质上并没有逃脱黑格尔的窠臼。利用这种西方历史从过程到结果都具有"现代性"的宏大叙事，将"西方"成功地塑造成从传统到现代过渡的历史典范，从而也将西方置于道德的高地，进而有了批判包括东方文明在内的其他文明的武器。

现代化理论隐含的一种东西方二元对立思考模式是："现代化"是"传统""东方"走向"现代"社会的未来道路，在"东方"现有的"传统"与"西方"价值观基础上概括出的"现代性"之间存在尖锐对立。在"东方"的传统社会和国家，存在着一系列可以概括为"先赋"、"特殊主义"和"功能分化"的特征，它们是经济和政治发展的强有力障碍；与此相反，现代欧美文明的社会，却是世俗的、个人主义的、科学的价值观念，以及相应的角色群体，占据了主导地位。

由于从西方历史概括出的"现代化"理论不适应第三世界国家的发展道路，到 20 世纪 70 年代末 80 年代中期，按照沃勒斯坦的看法，这种理论走向衰落（wallerstein，1979：132 - 137）③。但到 20 世纪 80 年代，随着亚洲四小龙的崛起与苏联的缓慢衰落，似乎又证明了现代化理论的最初假设是对的，即对于非西方而言，确实存在可持续发展的机会。这使现代化理论重新

---

① ［美］布莱克：《现代化的动力 一个比较史的研究》，景跃进、张静译，浙江人民出版社 1989 年版，第 155、156 页。

② Couze venn, occidentalism, p. 15.

③ ［英］德兰迪：《历史社会学手册》，李霞、李恭忠译，中国人民大学出版社 2009 年版，第 171 页。

繁荣。西方现代性及其制度的稳定性，给予西方学者以信心，并将其宣传为发展中国家的终极目标。显见，按照现代化理论的看法，冷战结束后，"西方"（包括了统一的德国）同"东方"的二元对立主要是"现代"社会和"传统"社会的对立。

"现代化"理论是一种系统化"西方"和"东方"历史道路的企图。它包括两方面，一方面利用"层累"的叙事手法，让"西方"和"现代性"特征变成历史发展的必然性，并提炼出一种社会历史发展的理论纲领；另一方面则以前者为参照，对"东方"历史道路做相反特征的系统化认识、批判和改造，从而再次肯定"西方"的历史发展道路。

总体看来，两个世纪以来西方学术界对"西方"文明进程的"层累"叙事，其总的目的在于论证"东方"与"西方"文明是截然相反的、二元对立的两种不同文明。进而实现了四个意图：第一，解释了西方为何能走向"现代"，以及为何在"大分流"中领先于东方（韦伯）；第二，论证"西方"历史发展道路是"世界历史"的归宿和必然性（黑格尔）；第三，团结了西方，解决了西方的现代性危机（卡莱基）；第四，"西方"的道路是普遍的道路，是"东方"社会未来的必然之路，并由此使"西方"具有凌驾"东方"之上的批判权力。

三 马克思笔下关于"层累"的历史与普遍的历史规律

人类社会历史发展的规律，实际上可以分为两类，一类是归纳式的；一类是因果必然性的。"西方""层累"的叙事模式，按照其方法属性来看，是属于归纳式的；既然是归纳式的，也就无法说起是历史发展的"普遍规律"。不容否认，"西方"范畴内确实有二三十个国家和地区采取了较为相似的发展道路，并取得了社会发展的成功。这些成功的经验可为发展中国家学习和借鉴。但是，由此就断定"东方"文明的未来出路和现代化的标准必然是西方式的，却有失偏颇。那么究竟什么是人类社会历史发展的因果必然性规律呢？

与将"西方""层累"的历史道路直接表达为人类社会历史发展的普遍规律不同，马克思是按照"劳动发展史是理解人类社会历史发展的一把锁钥"的思路，从生产力与生产关系，经济基础与上层建筑的角度，"从历史起源和发展条件来考察"人类社会历史发展的因果必然性规律的。在《政治经济学批判（1857—1858 年草稿）》中，马克思提出了"三大社会形式"或"三大阶段"的论说："人的依赖关系（起初完全是自然发生的），是最初的社会形式，在这种形式下，人的生产能力只是在狭小的范围内和孤立的地点上发展着。以物的依赖性为基础的人的独立性，是第二大形式，在这种形式下，才形成普遍的社会物质变换、全面的关系、多方面的需要以及全面的能力的体系。建立在个人全面发展和他们共同的、社会的生产能力成为从属于他们的社会财富这一基础上的自由个性，是第三个阶段。第二个阶段为第三个阶段创造条件。因此，家长制的，古代的（以及封建的）状态随着商业、奢侈、货币、交换价值的发展而没落下去，现代社会则随着这些东西同步发展起来。"①这段论述，是马克思在运用唯物史观综合考察东西方历史的基础上得出的关于人类社会发展普遍规律的结论。从两个层面，都驳斥了将"西方"层累式的历史道路视作普遍规律的叙述。

第一，马克思并不认为西欧历史所展现出的"理想类型"就是人类社会的普遍历史发展道路，而认为那只是因为具体的生产生活方式不同，而展现出的不同表现形式。马克思根据他当时掌握的历史资料认为，"亚细亚公社所有制"是土地完全公有的、最原始的公社，是人类社会最早出现的所有制形式，这种类型的公社在"一切文明民族初期"②都存在过。只不过因为具体的生产生活方式不同，导致展现形式有所不同："亚细亚公社所有制"在"东方"因为长期定居的、基于比较弱小的个人生产力基础上的"共同劳动"或大"协作"生产的需要而保留下来；而在古希腊、罗马和日耳曼各历史阶段，则由于长期的游牧、游耕生活，又是在个体耕作占主导地位以后才转入了农耕生产方式，所以产生了"亚细亚公社所有制"的各种解体形式。并在此基础上，由于贫富分化而产生了古希腊、罗马的奴隶制和中世纪西欧的农奴制。就西欧中世纪而言，马克思认为，"罗马—日耳曼封建制"，同进入阶级社会后"亚细亚公社所有制"发生蜕变产生的以"世袭的占有者"或"家长制"为表现的"亚洲的"（也就是"亚细亚的"所有制形式）小农依附形态也有着共同的本质：都是在小生产和自然经济占主导地位的物

---

① 马克思：《政治经济学批判（1857—1858 年手稿）摘选》，载《马克思恩格斯文集》第 8 卷，人民出版社 2009 年版，第 52 页。

② 《马克思恩格斯全集》第 13 卷，人民出版社 1962 年版，第 21 页。

质经济基础上的，以人身依附关系为特征的社会①。进入阶级社会的"亚洲社会"或"东方社会"同西欧"古代的（以及封建的）状态"，都是从属于总称为以"人的依赖关系"为特征的"最初的社会形式"或第一大阶段。在回答西欧资本主义发展道路是否是一切民族都必然经历的普遍道路的问题上，马克思认为，没有西欧那样的历史环境，也就不可能产生西欧以农奴制为基础的封建制和资本主义制度。马克思从对西欧特定的历史道路的分析表明，原生性的资本主义的产生和发展其必然性仅限于欧洲。非西欧国家的发展道路历史上与西欧不同，现在和未来也可能有别于西欧。②

第二，在三形态论说中，马克思将"现代性"定义为"以物的依赖性为基础的人的独立性"，将"现代化"的基本特征定义为："普遍的社会物质变换，全面的关系，多方面的需求以及全面的能力的体系。"在此论断的基础上，马克思又引申出了另外两个对于"东方"社会发展道路的论断。（1）"非西方"民族完全有可能沿着不同于西欧资本主义的道路发展下去，从而跨越资本主义的"卡夫丁峡谷"，而东方世界的"传统"也并非是"现代性"的对立面，在现代化理论中严格局限于盎格鲁—美利坚模式在进化上的不可避免这一假设也并不成立。在19世纪50年代系统研究了"东方"国家的历史和现状后，马克思坚信西欧和"东方"社会的发展道路和模式是各不相同的，按照其自身历史的发展逻辑，是不大可能走与西欧相同的历史发展道路的。例如，马克思认为，印度的农村公社如果没有被英国殖民统治所摧毁，也可能成为发展印度的积极力量。因为"地广人多的公社，特别有能力减轻旱灾、瘟疫和地方所遭受的其他临时灾害造成的后果，往往还能完全消除这些后果。他们由血缘关系、比邻而居和由此产生的利害一致结合在一起，能够抵御各种变故，他们受害只不过是暂时的；危险一过，他们照旧勤勉地工作，遇有事故，每一个人都可以指望全体"③。（2）马克思认为，西欧的历史道路同样是有意义的，因为它彰显了"现代社会"的一切特征，由此，非西方国家需要借鉴和吸收"资本主义制度所创造的一切积极的成果"，从而避免"资本主义制度带来的一切灾难性的波折"，从而另走出一条社会

---

① 庞卓恒：《封建社会本质特征的共同性及其具体形态的多样性》，载中国社会科学院历史研究所编《封建名实问题讨论文集》，江苏人民出版社2008年版。

② 庞卓恒：《马克思关于社会形态演进理论的四次论说及其历史哲学含义》，《中国社会科学》2011年第1期。

③ 《马克思恩格斯全集》第45卷，人民出版社1985年版，第298页。

发展的新路来。必须吸收到"俄国公社"中来的"资本主义制度所创造的一切积极的成果"包括哪些内容呢？马克思讲到，"如果资本主义制度的俄国崇拜者要否认这种进化的理论上的可能性，那我要向他们提出这样的问题：俄国为了采用机器、轮船、铁路等等，是不是一定要像西方那样先经过一段很长的机器工业的孕育期呢？同时也请他们给我说明：他们怎么能够把西方需要几个世纪才建立起来的一整套交换机构（银行、信用公司等等）一下子就引进到自己这里来呢？"[1]

　　总体来看，西欧资本主义的历史发展道路并不像"层累"的西方文明史所说的那样，体现的是"世界历史"的归宿、人类社会的必然规律和普遍价值。它本质上体现的，仍然是生产力决定生产关系、经济基础决定上层建筑的普遍规律在具体社会历史发展条件下的特殊表现。而在近二百年以来，在"层累"的西方文明发展史的作用下，西欧的资本主义发展道路却被基于各种目的塑造成了一种必胜的西方"现代性"，并被利用来指导"非西方"社会的历史和现实，关于此点，必须要引起足够重视。

---

　　[1]　马克思：《给维·伊·查苏利奇的信》，载《马克思恩格斯文集》第 3 卷，人民出版社 2009 年版，第 571 页。